भाषाविज्ञान की भूमिका

भाषाविज्ञान की भूमिका

आचार्य देवेन्द्रनाथ शर्मा
पूर्व कुलपति एवं पूर्व आचार्य तथा अध्यक्ष
हिन्दी विभाग, पटना विश्वविद्यालय

संशोधन एवं परिवर्द्धन
दीप्ति शर्मा
आचार्य, संस्कृत विभाग, दिल्ली विश्वविद्यालय

राधाकृष्ण प्रकाशन

ISBN : 978-81-7119-537-4

भाषाविज्ञान की भूमिका

पहला संस्करण : 1966
संशोधित एवं परिवर्द्धित संस्करण : 2001
बारहवाँ संस्करण : 2024

मूल्य : ₹1195

प्रकाशक
राधाकृष्ण प्रकाशन प्राइवेट लिमिटेड
जी-17, जगतपुरी, दिल्ली-110 051
शाखाएँ : अशोक राजपथ, साइंस कॉलेज के सामने, पटना-800 006
पहली मंजिल, दरबारी बिल्डिंग, महात्मा गांधी मार्ग, प्रयागराज-211 001
1, अनमोल सोराबजी संतुक लेन, धोबी तलाव, मरीन लाइंस, मुम्बई-400 002
वेबसाइट : www.radhakrishnaprakashan.com
ई-मेल : info@radhakrishnaprakashan.com

मुद्रक
बी.के. ऑफसेट
नवीन शाहदरा, दिल्ली-110 032

BHASHA-VIGYAN KI BHUMIKA
by Acharaya Devendranath Sharma

वश्यवाक्

सर्वतन्त्रस्वतन्त्र

पूज्य पितृपाद

पं. शिवशरण शर्मा

काव्य-सांख्य-वेदान्ततीर्थ

को

सादर, सभक्ति

शब्दब्रह्मणि निष्णातः परं ब्रह्माधिगच्छति

—ब्रह्मबिन्दूपनिषद्

प्रथम संस्करण की प्रस्तावना

बात सन् 1954 के अगस्त की है। इंग्लैंड से स्वदेश लौटते समय जब मैं प्रोफेसर जे. आर. फ़र्थ (लन्दन विश्वविद्यालय के भाषाविज्ञान विभाग के यशस्वी अध्यक्ष) से अन्तिम बार मिला तो उन्होंने भाषाविज्ञान के विविध पक्षों पर हिन्दी में पुस्तकें लिखने का स्निग्ध आग्रह किया। उनका आग्रह एक प्रकार से आदेश था। भाषाविज्ञान-सम्बन्धी विचार-विमर्श के प्रसंग में जब कभी मैं पाश्चात्य विचारों के समानान्तर भारतीय विचारों को रखता तो वे उनकी सूक्ष्मता एवं गम्भीरता से आह्लादित हो उठते और प्रायः इस बात पर आक्रोश व्यक्त करते कि भारत से भाषाविज्ञान का अध्ययन करने के लिए विदेश आने वाले विद्यार्थी उन विचारों से परिचित नहीं होते। इंग्लैंड या फ्रांस के अन्य विद्वानों के साथ भी मुझे अनेक बार विचार-विमर्श करने का अवसर मिला और मैंने सदा उन्हें भारतीय भाषावैज्ञानिक उपलब्धियों से प्रभावित किया। उन विद्वानों में विशेषतः उल्लेख्य हैं—लन्दन विश्वविद्यालय के रूसी भाषा और साहित्य विभाग के अध्यक्ष प्रोफेसर डब्ल्यू. के. मैथ्यूज़। प्रोफ़ेसर मैथ्यूज़ का अंग्रेज़ी, रूसी, फ्रांसीसी, जर्मन, ग्रीक, लातिन और एस्तोनी भाषाओं पर तो समान अधिकार था ही, भाषाविज्ञान के क्षेत्र में भी उनकी देन महत्त्वपूर्ण है। रूसी भाषा के अध्ययन के सिलसिले में मैं सहज ही उनका स्नेह-भाजन बन गया था। उनकी इच्छा थी कि मैं रूसी और संस्कृत व्याकरणों का तुलनात्मक अध्ययन प्रस्तुत करूँ। रूसी, हिन्दी या संस्कृत की भाषिक समस्याओं पर हम घंटों विचार-विनिमय करते। मेरे विचारों को समाविष्ट करते हुए उन्होंने हिन्दी की 'ध्वनि-प्रक्रिया' पर एक लेख लिखा जो पेरिस से प्रकाशित होने वाली 'ल मेत्र फ़ोनेतीक' नामक प्रसिद्ध पत्रिका में 1954 में प्रकाशित हुआ था। उनकी उदारता एवं गुणग्राहिता ऐसी थी कि लेख का प्रारम्भ ही उन्होंने मेरी चर्चा से किया था। इन दोनों विद्वानों के, जो अब इस लोक में नहीं हैं, स्नेह, सद्भाव और सौजन्य को मैं कभी नहीं भूल सकता।

तो, मैं प्रोफ़ेसर फ़र्थ से प्रतिश्रुत हुआ था कि भाषाविज्ञान पर लिखूँगा, किन्तु दुर्योग ऐसा रहा और परिस्थितियाँ इतनी प्रतिकूल रहीं कि चाहता-चाहता भी अपना वचन पूरा न कर सका। यहाँ प्रत्यूहों की चर्चा अनावश्यक है, पर दुर्योग और सुयोग में इतना अन्तर है कि जो काम विगत बारह वर्षों में नहीं हो सका, वह दो महीनों में हो गया। इस पुस्तक का लेखन और मुद्रण साथ-साथ हुआ है। यह इसलिए सम्भव हो सका कि पूरी पुस्तक बोलकर आशुलिपि में लिखायी गयी है, अन्यथा अपनी लेखनी से दो वर्षों में भी इसे पूरा कर पाता, इसमें सन्देह है।

इस पुस्तक के लिखने में प्रोफ़ेसर फ़र्थ के आदेशकल्प आग्रह तथा मित्रों और आत्मीयों के अनुरोध के अतिरिक्त दो और प्रेरक तत्त्व रहे हैं– एक तो भाषाविज्ञान को प्रांजल एवं अक्लिष्ट रूप में प्रस्तुत करना; दूसरे, भाषाविज्ञान के क्षेत्र में भारत की उपलब्धियों को यथासम्भव उभारकर रखना।

भाषाविज्ञान सामान्यतः दुरूह और नीरस विषय माना जाता है। मेरे छात्रों की धारणा इसके विपरीत है। उनकी दृष्टि में भाषाविज्ञान सरल ही नहीं, सरस भी है। वस्तुतः कठिनाई विषय में नहीं, उसके उपस्थापन में रहती है। महर्षि पतंजलि ने कहा है कि विद्या चार प्रकार से उपयोगी होती है–आगम से, स्वाध्याय से, प्रवचन से और व्यवहार से (चतुर्भिश्च प्रकारैर्विद्योपयुक्ता भवति–आगमकालेन, स्वाध्यायकालेन, प्रवचनकालेन व्यवहारकालेनेति)। मैं समझता हूँ कि चालीस वर्षों से आगम और स्वाध्याय का तथा पच्चीस वर्षों से प्रवचन और व्यवहार का क्रम अव्याहत रखने के बाद मेरा भाषाविज्ञान पर लिखना अनधिकार चेष्टा नहीं है।

इस पुस्तक के लिखने का दूसरा उद्देश्य है भारत की उपलब्धियों की ओर ध्यान आकृष्ट करना। हमारे देश में ऐसे लोगों की कमी नहीं जिनकी दृष्टि आधुनिकता से आविल और हीनभावना से ग्रस्त है। ये लोग बिना विदेशी चश्मे के अपनी चीज़ों का भी रूप-रंग नहीं देख पाते। ऐसे लोगों के लिए मैंने यत्र-तत्र विदेशी चश्मे भी रख दिये हैं जिनकी सहायता से अपनी चीज़ें ठीक से दिखायी पड़ सकें। मैंने भारतीय विचारों का संकेत भर किया है; बोझिल होने के भय से अधिक विस्तार नहीं होने दिया, पर वह संकेत भी अब तक किसी ने नहीं किया था। भविष्य में विस्तार की भी इच्छा है।

मेरे विषय में प्रचलित धारणा है कि मैंने काव्यशास्त्र का थोड़ा-बहुत अनुशीलन किया है। स्वभावतः भाषाविज्ञान पर मेरा कुछ लिखना, सम्भव है, किसी को असंगत लगे। अतः वस्तुस्थिति का स्पष्टीकरण कर दूँ। पूज्य पितृचरणों के सान्निध्य के फलस्वरूप बचपन में ही पाणिनीय व्याकरण से परिचय हो गया, जिसने आगे चलकर भाषाविज्ञान की आधारशिला का कार्य किया। बोध विकसित होने पर महाभाष्य, वाक्यपदीय, मंजूषा आदि ग्रन्थों को भी देखने-समझने का अवसर मिला। किसी-न-किसी व्याज से संस्कृत के साथ प्राकृत, पालि और अपभ्रंश का अध्ययन भी करना पड़ा। बाद में हिन्दी, उर्दू, बँगला, अंग्रेज़ी, रूसी, फ्रांसीसी आदि भाषाओं के अध्ययन का भी सुयोग प्राप्त हुआ। इस प्रकार भाषाविज्ञान के लिए जो भाषिक पृष्ठभूमि होनी चाहिए, वह बन गयी। पितृचरणों के प्रसादस्वरूप व्याकरण के अतिरिक्त दर्शन और काव्यशास्त्र का ज्ञान भी अनायास अधिगत हो गया जिससे दृष्टि में विशदता आयी और शास्त्रों के उपकार्योपकारकभाव का बोध हुआ। व्याकरण, दर्शन और काव्यशास्त्र के प्रति जो रुचि शैशव में जगी वह संस्कार में परिणत होकर जीवन का अभिन्न अंग हो गयी है। सच तो यह है कि भाषाविज्ञान और काव्यशास्त्र एक-दूसरे के पूरक हैं। भाषाविज्ञान का निरूप्य है भाषा का निर्माणपक्ष और काव्यशास्त्र का निरूप्य है भाषा का अलंकरणपक्ष। बिना एक के ज्ञान के दूसरे का ज्ञान अधूरा रह जाता है। ग्रे ने ठीक ही कहा था कि

सच्चे साहित्य और सच्चे भाषाविज्ञान में कोई विरोध नहीं है; वास्तविक भाषाविज्ञानी कम-से-कम आधा साहित्यिक होता है और वास्तविक साहित्यिक कम-से-कम आधा भाषाविज्ञानी।[1]

विदेश जाने पर भाषाविज्ञान की पाश्चात्य और आधुनिक पद्धतियों के अनुशीलन का अवसर मिला जिसका श्रेय बिहार के सुधी शिक्षा-सचिव श्री जगदीशचन्द्र माथुर, आई. सी. एस. को है। माथुर साहब ने मेरे विदेशगमन की बाधाओं को ही दूर नहीं किया, बल्कि भाषाविज्ञान के अध्ययन की व्यवस्था भी की। बिहार सरकार ने मुझे विदेश भेजा था आधुनिक यूरोपीय भाषाओं के अध्ययन की योजना में, किन्तु भाषाविज्ञान के अध्ययन की सुविधा जुटायी माथुर साहब ने ही। यहाँ औपचारिक आभार-प्रदर्शन मात्र से माथुर साहब के स्नेह और साहाय्य का प्रतिदान नहीं हो सकता।

'कान्तासम्मिततयोपदेशयुजे' पढ़ा-पढ़ाया तो है सैकड़ों बार, पर उसकी व्यावहारिक सार्थकता का अनुभव जितना इस पुस्तक के प्रणयन के प्रसंग में हुआ, उतना कभी नहीं हुआ था। अर्धांगिनी कुसुम शर्मा के बार-बार के स्निग्ध आग्रह से ही मेरा ज्ञान आकार ग्रहण कर सका, पर वह तो नींव की ईंट हैं, जो कभी दृष्टिपथ में नहीं उतरतीं।

पुस्तक की पूर्ण टंकित प्रति को आरम्भ से अन्त तक ध्यान से पढ़कर मेरे प्रिय एवं विद्वान छात्र डॉ. रामतवक्या शर्मा, एम. ए., डी. लिट. ने कतिपय सुझाव दिये और टंकण-सम्बन्धी भूलें दूर करने में सहायता की। उन्हें मेरे शतशः आशीर्वाद। राधाकृष्ण प्रकाशन के संचालक श्री ओंप्रकाशजी ने जिस सुरुचि और तत्परता से पुस्तक को प्रकाशित किया है, उसके लिए उन्हें धन्यवाद।

इस पुस्तक के प्रणयन में मेरी एक दूसरी पुस्तक 'राष्ट्रभाषा हिन्दी : समस्याएँ और समाधान' का भी हाथ है जिसमें मैंने हिन्दी की समस्याओं पर भाषावैज्ञानिक दृष्टि से विचार किया है। वह पुस्तक इतनी लोकप्रिय हुई कि कुछ ही महीनों में उसका प्रथम संस्करण समाप्त हो गया और उसे पढ़नेवालों में से अनेक ने भाषाविज्ञान के सैद्धान्तिक पक्ष पर लिखने का ज़ोरदार आग्रह किया। 'सर्वं ब्रह्ममयं जगत्' की भावना से प्रेरित होकर उस अचेतन निमित्त (पुस्तक) को भी इस अवसर पर स्मरण करना उचित है।

प्रस्तुत पुस्तक के तीन खंड हैं—भाषा, भाषाविज्ञान और लिपि। जैसा नाम से स्पष्ट है, यह भाषाविज्ञान की 'भूमिका' है। अतः अनपेक्षित विस्तार और जटिलता से बचकर भाषाविज्ञान के आधारभूत सिद्धान्तों को बोधगम्य रूप में उपस्थित करना ही इसका उद्देश्य है। विषय में प्रवेश हो जाने पर ही सूक्ष्म और गम्भीर बातों की जिज्ञासा उत्पन्न होती है। आशा है, यह 'भूमिका' उस जिज्ञासा की भूमिका तैयार करने में समर्थ होगी।

—देवेन्द्रनाथ शर्मा

देवकुसुम

पथ 4, राजेन्द्र नगर, पटना

---

1. **Between true literature and true linguistics there is no conflict; the real linguist is at least half a litterateur and the real litterateur at least half a linguist.**

Foundations of Language, L.H. Gray, p. 143

द्वितीय संस्करण की प्रस्तावना

सार्वदेशिक स्वागत, व्यापक लोकप्रियता तथा अनल्प प्रशंसा इस पुस्तक की उपादेयता के प्रमाण हैं। इस संस्करण में मैं कुछ और सामग्री देना चाहता था पर निरन्तर माँग के कारण मुद्रण इतनी शीघ्रता में हुआ कि मैं उस विचार को कार्यान्वित नहीं कर पाया; फिर भी, स्वनिम सिद्धान्त पर एक अध्याय जोड़ दिया है। इस संस्करण में ग्रन्थ-सूची और नामानुक्रमणिका भी सन्निविष्ट हैं।

—देवेन्द्रनाथ शर्मा

तृतीय संस्करण की प्रस्तावना

इस संस्करण में 'भाषा-भूगोल' नामक एक नया अध्याय सन्निविष्ट है। कुछ विद्वानों के सुझाव को ध्यान में रखकर परिशिष्ट में भाषा-विज्ञान की पारिभाषिक शब्दावली (हिन्दी-अंग्रेज़ी और अंग्रेज़ी-हिन्दी) दे दी गयी है।

आशा है, यह संशोधित और प्रवर्धित संस्करण अधिक उपादेय सिद्ध होगा।

—देवेन्द्रनाथ शर्मा

संशोधित एवं परिवर्धित संस्करण की प्रस्तावना

'भाषाविज्ञान की भूमिका' का चतुर्थ संशोधित एवं परिवर्धित संस्करण पाठकों के हाथ में देते हुए मुझे अत्यधिक हर्ष का अनुभव हो रहा है। इस पुस्तक की उपादेयता, लोकप्रियता एवं सामयिकता का यह प्रमाण है कि गत चौंतीस वर्षों में इसके चार संस्करण और बीस से अधिक पुनर्मुद्रण हो चुके हैं। बीसवीं शताब्दी में भाषाविज्ञान का अद्वितीय गति एवं व्यापकता के साथ विकास हुआ है। न केवल विभिन्न भाषाओं के अध्ययन एवं विश्लेषण में, अपितु नवीन सिद्धान्तों की स्थापना एवं भाषाविज्ञान के बहुआयामी विस्तार में भी यह शताब्दी स्मरणीय रहेगी। इस दृष्टि से इस पुस्तक का नवीन संस्करण सन् 2001 में प्रकाशित होना विशेष महत्त्व रखता है।

भाषाविज्ञान जैसे गहन, नित्य विकासशील एवं सामयिक शास्त्र में प्रवेश के लिए यह पुस्तक भूमिका प्रस्तुत करती है। साथ ही इसमें भारतीय भाषाशास्त्रीय परम्परा की साम्प्रतिकता को भी उद्घाटित करने का सफल प्रयास किया गया है। जब भाई अशोक महेश्वरी ने इसके नवीन संस्करण का प्रस्ताव मेरे सामने रखा तो मेरे लिए बड़ी द्विविधा की स्थिति उत्पन्न हो गयी। पुण्यश्लोक आचार्य देवेन्द्रनाथ शर्मा जैसे सिद्ध भाषाशास्त्री के ग्रन्थ का परिवर्धन दुस्साहस का कार्य था पर पितृचरण के आशीर्वाद एवं सारस्वत प्रेरणा से मैंने इस दुष्कर कार्य को करने का साहस जुटाया। मन में एक भाव था कि इस ग्रन्थ के साथ मैं अनेक रूपों में जुड़ी रही हूँ। इसकी रचना के समय पिताजी को बोलते हुए सुना था (इस ग्रन्थ का प्रणयन बोलकर आशुलिपि में हुआ था)। पुनः छात्र के रूप में इसका अध्ययन किया था और समय-समय पर जब भी इसका नवीन संस्करण हुआ तो इसके परिवर्धन के आधार एवं विषय से भी परिचित होने का अवसर मिला था। इतना ही नहीं, अध्यापन के क्रम में मैंने इसका उपयोग आधारग्रन्थ के रूप में भी किया। इस प्रकार हर स्तर पर इस ग्रन्थ की आत्मा से मैंने अपने को जुड़ा हुआ पाया। अस्तु ! नवीन संस्करण में ग्रन्थ की आत्मा को अक्षुण्ण रखते हुए मैंने संशोधन एवं परिवर्धन का प्रयास किया है।

परिवर्धन के समय मेरी दृष्टि रही है 'भाषाविज्ञान की भूमिका' की समसामयिकता को बनाये रखने की और मैंने प्रयत्न किया है कि परिवर्धित रूप में भी इसकी सरलता एवं सम्प्रेषणीयता अबाधित रहे। इस दृष्टि से 'भाषाविज्ञान का इतिहास' नामक अध्याय में बीसवीं शताब्दी का प्रकरण जोड़ दिया गया है। वैसे तो बीसवीं शताब्दी के भाषाविज्ञान का इतिहास अपने आप में स्वतन्त्र लेखन का विषय हो सकता है पर मैंने प्रयत्न किया है कि इस संक्षिप्त परिचय से पाठकों को बीसवीं शताब्दी में भाषाविज्ञान के महत्त्वपूर्ण कार्यों एवं विद्वानों का परिचय हो जाये। अतः विषय के विस्तार में न जाकर परिचयात्मक विवरण ही उपस्थापित किया है। पिछले संस्करण में 'भाषा-भूगोल' नामक अध्याय आचार्यजी ने जोड़ा था जिसका लक्ष्य था भाषाविज्ञान के एक नये आयाम से पाठकों को परिचित कराना। इसी दृष्टि से इस संस्करण में कुछ अन्य आयामों का परिचय भी

जोड़ दिया गया है। ये हैं—समाज भाषाविज्ञान, मनोभाषाविज्ञान, अनुप्रयुक्त भाषाविज्ञान, व्यतिरेकी भाषाविज्ञान एवं संगणक भाषाविज्ञान। इससे पाठकों को न केवल इन विषयों की जानकारी मिलेगी अपितु भाषाविज्ञान के क्षेत्र में विशेषज्ञता प्राप्त करने के इच्छुक व्यक्ति को दिशा-चयन करने में भी सहायता मिलेगी।

जिन लोगों ने 'भाषाविज्ञान की भूमिका' के पूर्व संस्करण देखे हैं, उन्हें इस संस्करण की विषयानुक्रमणी में भी परिवर्तन दिखायी पड़ेगा। इस पुस्तक के मूल स्वरूप में तीन खंड थे—भाषा, भाषाविज्ञान और लिपि (देखिए प्रथम संस्करण की प्रस्तावना), अब इसमें भाषाविज्ञान के आयाम के रूप में एक और खण्ड जुड़ गया है। 'भाषा' के खण्ड में अध्यायों का क्रम विषय के परिचय की क्रमिकता की दृष्टि से थोड़ा परिवर्तित किया गया है।

इस दुष्कर कार्य को पूर्ण करने में डॉ. जयन्ती प्रसाद नौटियाल ने सुविचारित एवं विस्तृत सुझाव देकर मेरी मुश्किल को आसान किया, इसके लिए मैं उनकी आभारी हूँ। प्रो. ब्रह्मचारी सुरेन्द्र कुमार, पूर्व कुलपति, दरभंगा संस्कृत वि.वि. ने प्रूफ देखकर अनेकत्र संशोधन के अमूल्य सुझाव दिये, मैं उनकी भी ऋणी हूँ। पर अन्तिम रूप में किसी भी स्खलन का सम्पूर्ण दायित्व मेरा अपना है। इस पुस्तक की रचना में मेरी पूज्य जननी श्रीमती कुसुम शर्मा प्रेरक थीं, इसके परिवर्धन में भी उनके आशीर्वचनों ने मेरा मार्गदर्शन किया है। उनके चरणों में मेरा नमन ! पुस्तक को नवीन कलेवर में सुरुचिपूर्वक प्रकाशित करने का प्रशंसनीय कार्य करने के लिए राधाकृष्ण प्रकाशन के अधिष्ठाता श्री अशोक महेश्वरी को मेरा साधुवाद !

इस पुस्तक का परिवर्धित रूप विद्वानों को पसन्द आयेगा, ऐसी आशा है और यह विश्वास भी है कि इसे और उपयोगी बनाने के लिए समय-समय पर अपने सुझाव देकर वे मुझे उपकृत करेंगे। भाषाविज्ञान के क्षेत्र में मेरी रुचि एवं ज्ञान पितृचरणों की प्रेरणा का परिणाम है **तस्य भासा सर्वमिदं विभाति**। अतः उनसे प्राप्त तत्त्व को उन्हीं की स्मृति में समर्पित करते हुए अत्यधिक परितोष का अनुभव हो रहा है **त्वदीयं वस्तु गोविन्द तुभ्यमेव समर्पये**।

—दीप्ति शर्मा

6 जून, 2000
बोधिदीप
ई 2114, पालम विहार
गुड़गाँव

विषय-सूची

भाषा

भाषाविज्ञान

लिपि

भाषाविज्ञान के विविध आयाम

परिशिष्ट

भाषा

'भाषा' शब्द का प्रयोग कई अर्थों में होता है। सामान्य रूप से भाषा उन सभी माध्यमों का बोध कराती है जिनसे भावाभिव्यञ्जन का काम लिया जाता है। इस दृष्टि से पशु-पक्षियों की बोली भी भाषा है, इंगित भी भाषा है, सड़क की लाल-हरी बत्ती भी भाषा है और मनुष्य जो बोलता है वह भी भाषा है।

(क) भाषा शब्द का प्रयोग पशुओं या पक्षियों की बोली के लिए भी किया जाता है; जैसे, बन्दरों की भाषा, कुत्तों की भाषा, तोता-मैना की भाषा आदि। गोस्वामी तुलसीदासजी ने काक-भुशुंडि और गरुड़ के वार्तालाप के प्रसंग में लिखा है–

समुझै खग खग ही कै भाषा।

—मानस, 7-62-9 उ.

यहाँ खग-भाषा अर्थात् पक्षी की भाषा का स्पष्ट उल्लेख है। पशु-पक्षियों की भाषा का अध्ययन करनेवालों का कहना है कि उनकी भाषा में भी भाव और अभिप्राय के अनुसार भेद हो जाया करता है। प्रसन्नता के समय उनकी भाषा वही नहीं रहती जो कष्ट या क्रोध के समय। कुत्ते या बिल्ली की बोली ध्यान से सुनने पर हम भी देखते हैं कि अवसर के अनुसार अर्थात् मनोदशा के अनुसार उनकी ध्वनि में अन्तर हुआ करता है।

(ख) अपना अभिप्राय व्यक्त करने के लिए आँख, हाथ, सिर आदि का संचालन भी भाषा के अन्तर्गत आता है। इसे आंगिक या इंगित भाषा कहते हैं। आँखों से किसी को चलने का इशारा करना, किसी को बैठने को कहना, किसी को जाने का निर्देश देना, किसी के सामने दीनता दिखाना, किसी पर क्रोध प्रकट करना, किसी से प्रेम जताना आदि दैनिक व्यापार हैं। बिहारी के नायक-नायिका आँख की भाषा से ही अपने सारे भाव एक-दूसरे पर प्रकट कर देते हैं–

कहत नटत रीझत खिझत मिलत खिलत लजियात।
भरे भौन में करत हैं, **नैनन ही सों बात**।।

सहमति और असहमति, स्वीकृति और अस्वीकृति व्यक्त करने के लिए सिर हिलाना साधारण बात है। इसी तरह हाथ हिलाकर हम किसी को बुलाते हैं, किसी को दूर हटने को कहते हैं, किसी को कुछ करने से मना करते हैं, किसी से कुछ माँगते हैं, किसी से आरज़ू-मिन्नत करते हैं, किसी को मारने का इशारा करते हैं। आंगिक या इंगित भाषा का

प्रयोग केवल गूँगे ही नहीं करते, वाणी-सम्पन्न भी करते हैं। अन्तर यह है कि गूँगों के लिए वह अनिवार्य है और वाणी-सम्पन्न मनुष्यों के लिए वाचिक भाषा की पूरक। किसी को डाँटते समय केवल वाणी के प्रयोग से ही सन्तोष नहीं होता; हम हाथ और आँख के संचालन से भी क्रोध व्यक्त करते हैं। व्याख्यान देते समय मेज़ पर हाथ पटककर या जमीन पर पैर पटककर हम अपने वक्तव्य को अधिक सबल रूप में व्यक्त करने का प्रयास करते हैं। बहुत बार आंगिक भाषा के बिना वाचिक भाषा अपूर्ण और असमर्थ-सी प्रतीत होती है, पर इसका अर्थ यह नहीं कि वह वाचिक भाषा का स्थान ग्रहण करने के योग्य है। वाचिक भाषा की पूर्णता इंगित में सम्भव है ही नहीं।

(ग) अर्थबोध के अनुसार मनुष्य कई प्रकार के चिह्न भी काम में लाता है। स्काउट, नाविक या सैनिक झंडे की सहायता से अपना सन्देश एक-दूसरे तक भेजते हैं। झंडे की भाषा का इतना विकास हो चुका है कि दो दूरस्थ पहाड़ों पर खड़े सैनिक या दो दूरस्थ जहाज़ों पर खड़े नौ-सैनिक परस्पर भली-भाँति बातें कर लेते हैं। गार्ड अपनी लाल-हरी झंडियों की सहायता से ड्राइवर को गाड़ी रोकने और चलाने का आदेश दूर से ही दे देता है। सड़क की लाल-हरी बत्तियाँ रुकने और जाने का निर्देश करती हैं। तार की टकु-ट्रा ध्वनियाँ (मोर्स कोड) चिह्न-भाषा के ही अन्तर्गत आती हैं। यातायात का नियन्त्रण करने वाले सिपाही का हाथ उठाना इसी कोटि की भाषा है।

कहने की आवश्यकता नहीं कि भावाभिव्यञ्जन या अर्थबोध के ये सभी साधन गौण और स्थूल रूप में ही भाषा की सीमा में आते हैं।

(घ) भाषा का मुख्य प्रयोग ध्वनि-संकेतों की सहायता से भावों या विचारों की अभिव्यञ्जना के लिए ही होना चाहिए। अभिव्यञ्जना के उपर्युक्त साधनों में अपूर्णता और अस्पष्टता रहती है। ध्वनि-संकेत की भाषा ही एकमात्र ऐसी भाषा है जो वक्तव्य को पूर्णता और स्पष्टता से सम्प्रेषित कर सकती है। भाषाविज्ञान में भाषा के इसी रूप का अध्ययन किया जाता है। भाषाविज्ञान का सम्बन्ध पशुओं की बोली या चिह्न-भाषा से नहीं है।

'भाषा' शब्द संस्कृत के **भाष्**[1] धातु से निष्पन्न है जिसका अर्थ है **व्यक्त वाणी**। एक प्रकार से इस धातु के अर्थ में ही भाषा का लक्षण विद्यमान है। व्यक्त वाणी का अर्थ है स्पष्ट और पूर्ण अभिव्यञ्जना; और वह उच्चरित या वाचिक भाषा से ही सम्भव है जिसमें सूक्ष्म-से-सूक्ष्म अर्थों के बोधक अनन्त ध्वनि-संकेत हैं। इसीलिए 'भाषा' मनुष्य की वाचिक भाषा के लिए ही संगत है, भाव-बोधन के अन्य माध्यमों के लिए नहीं, और उनके लिए यदि भाषा का प्रयोग होता है तो गौण अर्थ में ही।

भाषा की परिभाषा

किसी वस्तु की परिभाषा देना बड़ा कठिन कार्य है। परिभाषा बनाते समय तीन दोषों से बचने की चेष्टा करनी होती है और वे हैं—अव्याप्ति, अतिव्याप्ति और असम्भव।

1. भाष् व्यक्तायां वाचि।—धातुपाठ

न्यायशास्त्र के अनुसार शुद्ध लक्षण (परिभाषा) वह है जो अव्याप्ति, अतिव्याप्ति और असम्भव इन तीनों दोषों से शून्य हो–

तदेव हि लक्षणं यदव्याप्ति-अतिव्याप्ति-असम्भवरूप-दोषत्रय-शून्यम्।

अव्याप्ति–जितने पर परिभाषा लागू होनी चाहिए उतने पर लागू न हो। जैसे, कोई मनुष्य की परिभाषा बनाये कि मनुष्य उसे कहते हैं जिसने भाषाविज्ञान पढ़ा हो, तो इस परिभाषा में **अव्याप्ति** है, क्योंकि करोड़ों मनुष्य ऐसे हैं जिन्होंने भाषाविज्ञान नहीं पढ़ा है। **अतिव्याप्ति** का अर्थ है कि जितने पर परिभाषा लागू होनी चाहिए उससे अधिक पर लागू हो जाये। जैसे, कोई कहे कि मनुष्य उसे कहते हैं जिसके दो नेत्र हों, तो इस परिभाषा में **अतिव्याप्ति** आ गयी, क्योंकि पशु-पक्षियों के भी दो नेत्र होते हैं। अतः वे भी मनुष्य कहलाने के अधिकारी बन जायेंगे। **असम्भव** दोष तब होता है जब परिभाषा किसी पर लागू हो ही नहीं। जैसे, यह कहना कि मनुष्य वह है जिसके सौ पैर हों। सौ पैरों के मनुष्य का होना सम्भव नहीं, इसलिए इस परिभाषा में **असम्भव** दोष है। इन तीनों दोषों से बचकर परिभाषा बनाना बहुत कठिन होता है। एक दोष से बचने के प्रयास में दूसरा दोष आ जाता है। इसलिए परिनिष्ठित लक्षण या परिभाषा बहुत श्रम, अवधान और ज्ञान से ही बन पाती है।

भाषा की परिभाषा भी इस कठिनाई का अपवाद नहीं है। भाषाविज्ञानियों ने भाषा की अनेक परिभाषाएँ दी हैं और आलोचना करने पर वे सर्वथा निर्दोष नहीं सिद्ध हो पातीं। किसी में कोई त्रुटि दीखती है तो किसी में कोई। अव्याप्ति, अतिव्याप्ति और असम्भव के अतिरिक्त और भी अनेक दोष हैं जिन पर परिभाषा बनाते समय ध्यान रखना होता है। उदाहरणार्थ, परिभाषा में अनावश्यक शब्द का प्रयोग अर्थात् ऐसा शब्द दे देना जिससे कोई लाभ न हो। इसी तरह यदि परिभाषा ऐसी बन गयी जिससे प्रतिपाद्य स्पष्ट न हो तो इसे भी दोष ही कहेंगे।

इस सन्दर्भ में आधुनिक भाषाविज्ञानियों द्वारा दी गयी कतिपय परिभाषाओं को देख लेना उपयोगी होगा।

ध्वन्यात्मक-शब्दों द्वारा विचारों का प्रकटीकरण ही भाषा है।–हेनरी स्वीट।

मनुष्य ध्वन्यात्मक-शब्दों द्वारा अपना विचार प्रकट करता है। मानव मस्तिष्क वस्तुतः विचार प्रकट करने के लिए ऐसे शब्दों का निरन्तर उपयोग करता है। इस प्रकार के कार्य-कलाप को ही भाषा की संज्ञा दी जाती है।–ओत्तो येस्पर्सन।

भाषा एक प्रकार का चिह्न है, चिह्न से तात्पर्य उन प्रतीकों से है, जिनके द्वारा मनुष्य अपना विचार दूसरों पर प्रकट करता है। ये प्रतीक भी कई प्रकार के होते हैं। जैसे नेत्रग्राह्य, श्रोत्रग्राह्य एवं स्पर्शग्राह्य। वस्तुतः भाषा की दृष्टि से श्रोत्रग्राह्य प्रतीक ही सर्वश्रेष्ठ हैं।–वांद्रेये।

ध्वन्यात्मक-शब्दों द्वारा हृद्गत भावों तथा विचारों का प्रकटीकरण ही भाषा है। –पी. डी. गुणे।

जिन ध्वनि-चिह्नों द्वारा मनुष्य परस्पर विचार विनिमय करता है, उसे भाषा कहते हैं।—बाबूराम सक्सेना।

अर्थवान, कण्ठोद्‌गीर्ण ध्वनि-समष्टि ही भाषा है।—सुकुमार सेन।

भाषा यादृच्छिक ध्वनि-संकेतों की वह प्रणाली है जिसके माध्यम से सामाजिक समूह परस्पर सहयोग करते हैं।—ब्लॉख तथा ट्रेगर।

भाषा यादृच्छिक ध्वनि-संकेतों की वह व्यवस्था है जिसके द्वारा सामाजिक समूह के सदस्य परस्पर सहयोग एवं विचार-विनिमय करते हैं।—स्त्रुतेवाँ।[1]

उपर्युक्त सभी परिभाषाओं में किसी न किसी प्रकार की अपूर्णता प्रतीत होती है जिससे भाषा का निर्दुष्ट लक्षण हमारे सामने नहीं आता। स्वीट एवं येस्पर्सन के लक्षण में मूलतः एक ही बात दुहरायी गयी है कि भाषा ध्वन्यात्मक होती है एवं विचारों को प्रकट करने का काम करती है। वांद्रेये भाषा की प्रतीकात्मकता पर बल देते हैं। गुणे की परिभाषा में स्वीट की परिभाषा की प्रतिध्वनि सुनायी पड़ती है। बाबूराम सक्सेना तथा सुकुमार सेन भी अन्य परिभाषाओं की तुलना में बहुत सफल परिभाषा नहीं बना सके। ब्लॉख, ट्रेगर तथा स्त्रुतेवाँ ने भाषा की अन्तर्निहित नियमबद्धता को अपनी परिभाषा में समाहित करने का प्रयत्न किया है, किन्तु रूढ़ि की बात फिर भी रह जाती है। इतना ही नहीं, इनमें से कुछ परिभाषाओं में अनावश्यक शब्द-प्रयोग के कारण अत्यधिक विस्तार भी दिखायी देता है।

भाषा की सर्वांगीण एवं संक्षिप्त परिभाषा निम्नलिखित प्रकार से बनायी जा सकती है : भाषा यादृच्छिक, रूढ़, उच्चरित संकेत की वह प्रणाली है जिसके माध्यम से मनुष्य परस्पर विचार-विनिमय, सहयोग अथवा भावाभिव्यक्ति करते हैं।

इस परिभाषा में चार बातें ध्यान देने योग्य हैं—(1) भाषा उच्चरित संकेत है; (2) वह यादृच्छिक है; (3) वह रूढ़ है; (4) वह एक प्रकार की प्रणाली या व्यवस्था है। इन चार बिन्दुओं को ज़रा स्पष्टता से समझने की कोशिश करें।

(1) भाषा को **उच्चरित-संकेत** कहकर उसकी ऐसी विशेषता पर बल दिया गया है जिसके द्वारा वह विचारों या भावों की अभिव्यक्ति के अन्य साधनों, जैसे इंगित आदि से अलग हो जाती है। इंगित में भी विचार-विनिमय की क्षमता है किन्तु वह उच्चरित संकेत नहीं है। इसी तरह झंडी या लाल हरी रोशनी से अर्थ तो अभिव्यक्त हो जाता है, किन्तु उच्चरित संकेत नहीं होने के कारण वह भी भाषा की कोटि में नहीं आ सकती।

(2) भाषा **यादृच्छिक संकेत** है अर्थात् शब्द और अर्थ में कोई तर्कसंगत सम्बन्ध नहीं है। उदाहरणार्थ, पशु-विशेष को कुत्ता या घोड़ा क्यों कहते हैं, यह कहना असम्भव है। यदि इन ध्वनियों और इनसे बोधित होने वाले अर्थों में कोई नियत या युक्तिपूर्ण सम्बन्ध होता तो सभी भाषाओं में इन वस्तुओं के लिए ये ही ध्वनियाँ प्रयुक्त होतीं, किन्तु विभिन्न भाषाओं में इनके वाचक विभिन्न शब्द हैं। उदाहरणार्थ—

---

1. पारिभाषिक उद्धरणों का अनुवाद डॉ. उदयनारायण तिवारी से साभार गृहीत।

संस्कृत	**हिन्दी**	**अंग्रेज़ी**	**रूसी**	**फ्रांसीसी**	**जर्मन**
श्वान	कुत्ता	डॉग	सबाका	श्याँ	हुन्द
अश्वः	घोड़ा	हॉर्स	लोशज्	शव्हाल्	फ़्फ़ेर्द

इन पशुओं और इनकी वाचक ध्वनियों से कोई सम्बन्ध नहीं है। ये ध्वनियाँ मनमाने ढंग से गढ़ ली गयीं, समाज ने इन्हें स्वीकार कर लिया और ये उन पशुओं का बोधक बन गयीं। तो ध्वनि-संकेत यदृच्छा से प्रसूत है।

(3) भाषा के ध्वनि-संकेत रूढ़—अर्थ-विशेष में प्रसिद्ध—होते हैं। यह प्रसिद्धि परम्परा से प्राप्त होती है। पहले से लोग वस्तु-विशेष के लिए वृक्ष शब्द का प्रयोग करते आ रहे हैं। उसे सुनकर आज जन्म लेने वाला बच्चा उस वस्तु के लिए वृक्ष का प्रयोग करने लगता है। वह यह नहीं समझता, न समझने की कोशिश करता है और न कोशिश करने पर सफल होगा कि इसे वृक्ष क्यों कहा गया। तर्कहीन प्रयोग-प्रवाह ही रूढ़ि है। किसी भी भाषा में जितने ध्वनि-संकेत होते हैं, वे प्रायः रूढ़ ही होते हैं।

(4) भाषा में अन्तर्निहित नियमबद्धता होती है। इसीलिए उसे **प्रणाली** या **व्यवस्था** कहा गया है। शब्द और अर्थ में यदृच्छा सम्बन्ध होता है तथा वह रूढ़ि या परम्परा से प्राप्त होता है किन्तु भाषा के सफल प्रयोग के लिए उसके अन्तर्निहित नियमों का पालन भी अनिवार्य होता है। जैसे इन दो वाक्यों को लें—(क) लड़का पढ़ता है (ख) लड़की पढ़ती है। अब यदि कोई लड़का पढ़ती है कहे तो व्याकरण या भाषाविज्ञान को न जाननेवाला हिन्दी भाषाभाषी भी इसे अशुद्ध (नियमविरुद्ध) वाक्य बतायेगा। इतना ही नहीं, कई भाषाओं में तो नियम के अज्ञान से अर्थ का अनर्थ हो सकता है, जैसे अंग्रेज़ी का यह वाक्य लें—Ram beats Shyam। अंग्रेज़ी की व्यवस्था के अनुसार कर्ता पहले आता है, क्रिया उसके बाद और फिर कर्म। अब यदि इसी वाक्य को कोई गलती से Shyam beats Ram बोले, क्योंकि उसकी अपनी भाषा में शब्दक्रम का महत्त्व नहीं है तो अर्थ का अनर्थ होगा ही। यह नियमबद्धता केवल वाक्य के स्तर पर ही नहीं होती बल्कि शब्दों की संरचना में भी होती है। प्रत्येक भाषा की नियम-व्यवस्था भी अलग-अलग होती है, और तत्तत् भाषा का प्रयोग उसी के नियमों के आधार पर होता है। पर ऐसा कभी नहीं होता कि किसी भाषा में नियमबद्धता हो ही नहीं।

भाषा के तीन पक्ष

प्रसिद्ध फ्रांसीसी भाषाविज्ञानी द सोसूर ने भाषा के तीन पक्ष माने हैं—(1) व्यक्तिगत; (2) सामाजिक; (3) सामान्य या सर्वव्यापक।

(1) वैयक्तिक पक्ष को उसने 'पारोल' (Parole) कहा है। पारोल के लिए अंग्रेज़ी में 'स्पीच' (Speech) शब्द का प्रयोग होता है। हिन्दी में इसका कोई समानार्थक शब्द नहीं है। इसके लिए वाणी शब्द का प्रयोग किया जा सकता है। वाणी का प्रयोग व्यक्ति करता है इसलिए भाषा की उत्पत्ति व्यक्ति से ही होती है। ध्वनन अर्थात् ध्वनि के उच्चारण की क्षमता उसी में रहती है। व्यक्ति समाज से भाषा ग्रहण करता है, यह ठीक

है, पर समाज का अंग होने के कारण भाषा के सामाजिक रूप का वह स्वयं निर्माता भी होता है और भाषा के प्रसार में सहायक भी बनता है। व्यक्ति और समाज में आदान-प्रदान, क्रिया-प्रतिक्रिया चलती रहती है। व्यक्ति यदि समाज से भाषा लेता है तो समाज को अपनी ओर से कुछ देता भी है। वह भाषा को सर्वथा बदल नहीं सकता, मगर उसमें थोड़ा-बहुत हेर-फेर तो कर ही सकता है। यही हेर-फेर या परिवर्तन जब बहुत अधिक और व्यापक हो जाता है तो भाषा बदल जाती है। इसका विस्तृत विवेचन आगे होगा।

व्यक्तिगत भाषा या 'वाणी' के दो अनिवार्य पहलू हैं—**बोध और अभिव्यञ्जन**। बोध आदान का साधक है, अभिव्यञ्जन प्रदान का। बोध की सहायता से भाषा ग्रहण की जाती है और अभिव्यञ्जन के द्वारा वह फिर समाज को दी जाती है। बोध और अभिव्यञ्जन का यह क्रम लगातार चलता रहता है, क्योंकि जो अभी वक्ता है वही दूसरे क्षण श्रोता बन जाता है और जो अभी श्रोता है वही दूसरे क्षण वक्ता। दो आदमियों की बातचीत में बारी-बारी से दोनों व्यक्ति वक्ता और श्रोता बनते चलते हैं। **वक्ता** के रूप में वे **अभिव्यञ्जन** के आधार बनते हैं और **श्रोता** के रूप में **बोध** के।

(2) चूँकि भाषा का उद्देश्य और उपयोग सामाजिक है, अतः व्यक्ति की सीमा पार कर उसे समाज के विस्तृत परिवेश में आना पड़ता है। वस्तुतः भाषा का सामाजिक रूप ही सबसे महत्त्व का होता है।

भाषा के सामाजिक या सामुदायिक रूप को द सोसूर ने 'लाँग्' (Langue) कहा है। अंग्रेज़ी में इसके लिए 'टंग' (Tongue) का प्रयोग होता है। समुदाय-विशेष में प्रचलित और व्यवहृत भाषा को ही 'लाँग्' कहते हैं। इस दृष्टि से हिन्दी, बँगला, गुजराती, मराठी, अंग्रेज़ी, रूसी आदि 'लाँग्' हैं, क्योंकि इनका रूप सामुदायिक है—एक खास समुदाय के लोग इन भाषाओं को बोलते और समझते हैं। किसी भाषिक समुदाय के सदस्यों की संख्या निश्चित नहीं है; भाषिक समुदाय में दस आदमी भी हो सकते हैं और दस करोड़ भी। व्यक्ति किसी भाषिक समुदाय का अंग हुआ करता है; अतः न तो वह उस भाषा को उत्पन्न कर सकता है और न सर्वथा परिवर्तित। हिन्दी या अंग्रेज़ी को किसी व्यक्ति ने उत्पन्न नहीं किया और न किसी व्यक्ति में इतना सामर्थ्य है कि उसे बिल्कुल परिवर्तित कर दे; एक-दो शब्द दे देने की बात दूसरी है।

वाणी (पारोल) का जो वैयक्तिक पक्ष है उसमें मुख्यतः ध्वनन आता है; श्रवण का प्रश्न भाषा के सामुदायिक रूप (लाँग्) में ही उत्पन्न होता है। अकेला होने पर व्यक्ति बोल सकता है, किन्तु सुनना तभी सम्भव है जब उसके अतिरिक्त वहाँ कोई दूसरा भी हो। इसलिए भाषा के सामाजिक पक्ष का विचार करते समय **ध्वनन** और **श्रवण** पर विचार करना आवश्यक है।

बोलने के क्रम में ध्वनन वाले पक्ष की बड़ी सुन्दर व्याख्या 'पाणिनीय शिक्षा' में मिलती है—

आत्मा बुद्ध्या समेत्यार्थान् मनो युङ्क्ते विवक्षया।
मनः कायाग्निमाहन्ति स प्रेरयति मारुतम्।।
मारुतस्तूरसि चरन् मन्द्रं जनयति स्वरम्।
... ...
सोदीर्णो मूर्ध्न्यभिहतो वक्त्रमापद्य मारुतः।
वर्णाञ्जनयते तेषां विभागः पञ्चधा स्मृतः।।

—पाणिनीय शिक्षा, 6-9

—बुद्धि के साथ आत्मा अर्थों (वस्तुओं) को देखकर बोलने की इच्छा से मन को प्रेरित करती है; मन शारीरिक शक्ति पर दबाव डालता है जिससे वायु में प्रेरणा उत्पन्न होती है; प्रेरित वायु (श्वासवायु) फेफड़े में चलती हुई कोमल ध्वनि को उत्पन्न करती है; फिर, बाहर की ओर जाकर और मुख के उपरिभाग से अवरुद्ध होकर यह वायु मुख में पहुँचती है और पंचधा विभक्त ध्वनियों को उत्पन्न करती है।

मानसिक प्रत्यय (कन्सेप्ट) ध्वनि के रूप में कैसे अभिव्यक्त होता है, यह इन कारिकाओं में स्पष्टतः प्रतिपादित है। **आत्मा** से व्यक्ति का चेतना-पक्ष, **बुद्धि** से ज्ञान-पक्ष, **मन** से प्रेरणा-पक्ष, **वायु** के संचरण, निर्गमन और अवरोध से शारीरिक पक्ष निर्दिष्ट हैं। बिना चेतना के भाषा असम्भव है; अचेतन न तो कुछ समझ सकता है और न बोल सकता है। दीवार नहीं बोल पाती, चूँकि उसमें चेतना नहीं है। पर चेतना होने पर भी बुद्धि के बिना काम नहीं चल सकता। बैल में चेतना है पर बुद्धि (ज्ञान) नहीं। अतः वह भाषा-हीन है। मनुष्य में चेतना के साथ बुद्धि का भी योग है। इसलिए वह भाषा के प्रयोग में समर्थ है। किन्तु मनुष्य भी जब तक चाहता नहीं, तब तक नहीं बोलता। यह 'चाहना' मन का व्यापार है। और, यदि बोलना चाहकर भी कोई श्वासवायु को बाहर आने का अवसर न दे तो भी वाणी उत्पन्न नहीं हो सकती। इसीलिए वाणी की उत्पत्ति के लिए आत्मा, बुद्धि, मन और वायु को आवश्यक माना गया है। जिन वस्तुओं या जीवों में इन चारों पक्षों में से एक या अनेक का अभाव है, वे वाणी के वैभव से रहित हैं। मनुष्य ही एकमात्र ऐसा जीव है जो इन चारों पक्षों में पूर्ण समृद्ध है। इसीलिए भाषा की दृष्टि से उसका स्थान उच्चतम है। एक व्यक्ति का मानसिक प्रत्यय दूसरे व्यक्ति के मन में ठीक उसी प्रकार कैसे उत्पन्न होता है, यह अग्रांकित चित्र[1] में देखा जा सकता है—

1. यह रेखाचित्र लुई ग्रे की पुस्तक 'फाउंडेशंस ऑफ लैंग्वेज' से साभार लिया गया है।

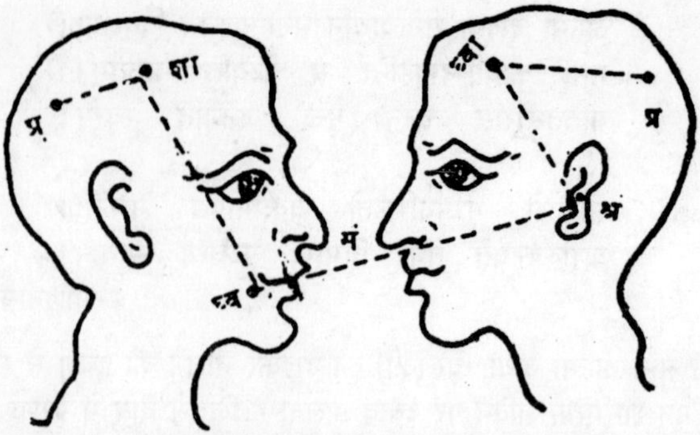

वक्ता एवं श्रोता का सम्बन्ध

(प्र—प्रत्यय; शा-शाब्द बिम्ब; ध्व-ध्वनन; सं—संकेत (शब्द);
श्र—श्रवण; ध्वा—ध्वानिक बिम्ब; प्र—प्रत्यय।)

वक्ता के मन में पहले प्रत्यय उत्पन्न होता है; फिर वह प्रत्यय शाब्द बिम्ब (संकेत) का रूप ग्रहण करता है; बाद में वह शाब्द बिम्ब ध्वनन के रूप में परिणत होता है; फिर श्रवण के द्वारा ध्वनन ध्वानिक बिम्ब का रूप ग्रहण कर श्रोता के मन में प्रत्यय (संकेत) उत्पन्न करता है। इस तरह

प्रत्यय→शाब्द बिम्ब→ध्वनन→ध्वानिक बिम्ब→प्रत्यय का क्रम

श्रोता और वक्ता में अनवरत चलता रहता है जिसमें वक्ता का प्रत्यय श्रोता के प्रत्यय में रूपान्तरित होता जाता है। इसीलिए दोनों छोरों पर प्रत्यय प्रतिष्ठित है—पहला प्रत्यय वक्ता का है और अन्तिम श्रोता का। वक्ता और श्रोता के प्रत्यय में सामानाधिकरण्य ला देना अर्थात् उन्हें समान मनोवैज्ञानिक तल पर ले आने में ही भाषा की उपयोगिता है। वक्ता का अभिप्राय कुछ और हो तथा श्रोता कुछ और समझे तो भाषा का प्रयोग निरर्थक होगा। वक्ता जो कहे श्रोता वही समझे, यही भाषा का सामानाधिकरण्य (समान अधिकरण=आधार=स्तर पर होना) है। उपर्युक्त प्रत्यय, बिम्ब, ध्वनन आदि में एक-एक का अध्ययन विभिन्न विज्ञानों का विषय है, जिनकी चर्चा आगे होगी। उदाहरणार्थ, प्रत्यय और बिम्ब का सम्बन्ध मनोविज्ञान से है और ध्वनन का शरीर-विज्ञान व भौतिक-विज्ञान से।

(3) भाषा के इस सामाजिक पक्ष के बाद वह सामान्य पक्ष आता है जिसके लिए द सोसूर ने 'लाँगाज़' (Langage) शब्द का व्यवहार किया है। लाँगाज़ से अभिव्यञ्जना के सामान्य माध्यम का अर्थात् मनुष्य-मात्र की भाषा का बोध होता है। इसमें हिन्दी, बँगला, गुजराती, मराठी, अंग्रेज़ी, रूसी आदि का भेद नहीं रहता। भाषा यहाँ पहुँचकर **सम्प्रेषण का सामान्य साधन** बन जाती है और उससे ध्वनन, श्रवण आदि मानव-भाषा-सम्बन्धी जितनी जटिल प्रक्रियाएँ हैं, उन सबका बोध होता है। भाषा का यह भेद-रहित सार्वभौम रूप है। इसे **अधिभाषा** कह सकते हैं।

उपर्युक्त चर्चा से यह स्पष्ट हो गया होगा कि किस प्रकार भाषा व्यक्ति से उत्पन्न होकर, समाज से आगे बढ़ती हुई, सार्वभौम बन जाती है।

भाषा के विकास-सोपान

आंगिक भाषा

विकासवाद के अनुसार मनुष्य भी एक दिन अन्य पशुओं की कोटि का ही जीव था, अर्थात् उसकी चेष्टाएँ पशुओं-जैसी ही होती थीं। भाषा नाम की वस्तु उसे उपलब्ध नहीं थी और वह आंगिक चेष्टाओं या इंगितों की सहायता से अपनी बात अपनी योनि के दूसरे सदस्यों तक पहुँचाता था। पशुओं में भी कुछ अधिक बुद्धि-सम्पन्न होते हैं और कुछ कम; जैसे, बैल की अपेक्षा कुत्ते में कुछ अधिक बुद्धि दीखती है और गदहे की अपेक्षा बन्दर में। मनुष्य अपनी प्रारम्भिक अवस्था में भी अन्य पशुओं की अपेक्षा अधिक बुद्धि-सम्पन्न था, इसमें कोई सन्देह नहीं। अतः उसकी चेष्टाएँ भी अधिक अर्थद्योतक होती होंगी। बन्दर आनन्द के समय किलकारी भरते हैं, क्रोध के समय किटकिटाते हैं, यदि कोई भगाने की चेष्टा करता है तो उसे डराने के लिए घुड़कते हैं। इस तरह किलकारी भरना, किटकिटाना और घुड़कना उनके मनोभाव की सूचक चेष्टाएँ हैं। कुत्ता मालिक को देखकर अपनी खुशी व्यक्त करने के लिए पूँछ हिलाता है, उसके पैर से सटने की चेष्टा करता है। मनुष्य भी ऐसी चेष्टाएँ करता होगा, क्योंकि तब तक उसमें वाणी का विकास नहीं हुआ था।

आंगिक चेष्टाओं या इंगितों से भाव का द्योतन तो अवश्य हो जाता है, किन्तु वह जीवन-निर्वाह के स्थूल उपयोग तक ही सीमित है। भूख, प्यास, प्रेम, क्रोध आदि व्यक्त करने के लिए सिर, आँख, हाथ, पैर आदि की सांकेतिक चेष्टाओं से मनुष्य काम लेता रहा होगा। पशुओं में सामुदायिकता की जो सहज वृत्ति काम करती है वह आदि-मानव में भी रही होगी। शिकार के लिए अकेले जाने की अपेक्षा झुंड में जाना सुविधा और सुरक्षा दोनों ही दृष्टियों से उसे अभिमत रहा होगा। झुंड बाँधने के लिए वह इतर मनुष्यों को कुछ अस्पष्ट ध्वनि के साथ, हाथ या सिर हिलाकर, इशारा करता होगा। दूसरे मनुष्य भी स्वीकृति में सिर हिलाते होंगे या कुछ ऐसी ही चेष्टाएँ करते होंगे। इस तरह आंगिक चेष्टाओं से उसके जीवन का योगक्षेम चलता होगा। उसकी आंगिक चेष्टाएँ ही अर्थबोधन का प्रारम्भिक रूप, और इस प्रकार भाषा का प्रथम सोपान, हैं।

इस भाषा की सीमाएँ स्पष्ट हैं–

(1) इंगित या आंगिक भाषा अत्यन्त **स्थूल**, कामचलाऊ, जीवन-धारण की मौलिक आवश्यकताओं की पूर्ति तक सीमित और भाव या विचार के सम्यक् वहन की शक्ति

से रहित होती है। भूख-प्यास मिटाने के लिए भोजन आदि माँग लेना उससे सम्भव हो सकता है किन्तु किसी समस्या का समाधान, विचार का सम्प्रेषण, काव्य का निर्माण आदि उससे सम्भव नहीं है।

(2) दूसरी सीमा यह थी कि इसका प्रयोग **प्रकाश** में ही सम्भव था। अन्धकार में आंगिक चेष्टाओं से कोई काम नहीं लिया जा सकता। यदि प्रकाश नहीं है और हम हाथ-पैर हिलाते भी हैं तो उसे कोई कैसे देख सकता है और बिना देखे हमारा अभिप्राय कैसे समझ सकता है ?

(3) तीसरी चीज़ यह है कि आंगिक भाषा **साम्मुख्य-सापेक्ष** होती है अर्थात् जब तक वक्ता और श्रोता दोनों आमने-सामने हैं तभी तक इसका प्रयोग सार्थक हो सकता है। यदि कोई मुँह फेरकर खड़ा हो और हम आँख या हाथ से कुछ इशारा करें तो कोई प्रयोजन सिद्ध नहीं होगा। आंगिक भाषा आँख की भाषा है और आँख का व्यापार प्रकाश में ही सम्भव है। इसलिए प्रकाश और साम्मुख्य, ये दोनों आंगिक भाषा की बोधगम्यता के लिए अनिवार्य हैं।

आंगिक भाषा इन तीन बड़ी सीमाओं से आबद्ध थी, अतः मनुष्य की सांस्कृतिक प्रगति के सर्वथा अयोग्य थी। आंगिक भाषा से सम्पन्न अन्य जीवों का सांस्कृतिक या बौद्धिक विकास कहाँ हो पाया है ? गदहों ने कोई काव्य नहीं रचा; बैलों ने किसी दर्शन का प्रणयन नहीं किया; बन्दरों के लिए वैज्ञानिक आविष्कार सम्भव नहीं हो सका; घोड़ों में चित्रकला का विकास नहीं हुआ, ऊँटों ने ताजमहल नहीं खड़ा किया।

वाचिक भाषा

आंगिक भाषा से आगे बढ़कर **वाचिक** भाषा तक पहुँचना मानव-इतिहास की क्रान्तिकारी उपलब्धि थी। जहाँ आंगिक भाषा इने-गिने स्थूल-इंगितों तक ही सीमित थी, वहाँ वाचिक भाषा भाव और विचार के सम्प्रेषण की असीम सम्भावनाओं से सम्पन्न थी। मनुष्य की वृत्तियाँ केवल खाने-पीने तक सीमित नहीं रहीं; वह भाषा की सहायता से सूक्ष्म-से-सूक्ष्म और गूढ़-से-गूढ़ बातें दूसरों तक पहुँचाने में समर्थ हो गया; उसके चिन्तन और विचार की परिधि इतनी विस्तृत हो गयी कि उसमें भूगोल, खगोल सब अँट गये।

वाचिक भाषा उपर्युक्त तीनों सीमाओं से मुक्त थी जो आंगिक भाषा में विद्यमान थीं। वाचिक भाषा का प्रयोग सूक्ष्म-से-सूक्ष्म बौद्धिक अभिव्यञ्जना के लिए हो सकता था। उससे सूची-भेद्य अंधकार में भी काम लिया जा सकता था और अभिप्राय पूरी स्पष्टता से व्यक्त किया जा सकता था। उसके लिए प्रकाश की बिल्कुल आवश्यकता नहीं थी। तीसरी चीज़ यह कि साम्मुख्य भी अनिवार्य नहीं था। कोई किसी की ओर देखे या न देखे, बातें उसकी सुन सकता था। इस प्रकार आंगिक भाषा की तुलना में वाचिक भाषा निश्चय ही बहुत बड़ी उपलब्धि थी, पर मनुष्य उसी से सन्तुष्ट नहीं रहा।

सभी दिशाओं में मनुष्य की प्रगति का एक ही मूल आधार है और वह है उसकी

जिज्ञासा, जिसे दूसरे शब्दों में असन्तुष्टि कह सकते हैं। वह अपनी स्थिति से कभी सन्तुष्ट नहीं होता; सदा आगे बढ़ना चाहता है, सदा ऊँचे चढ़ना चाहता है और जितनी दूरी तय कर लेता है, उससे आगे की दूरी को अपना लक्ष्य बनाना आरम्भ कर देता है। वाचिक भाषा की त्रुटियाँ उसे खलती रहीं। एक तो उसका **अस्थायित्व**; और दूसरे, **देश-काल से आबद्ध** होना। वाचिक भाषा उच्चारण के समय ही अपना काम करती है; जैसे-जैसे ध्वनि का उच्चारण होता जाता है वैसे-वैसे वह नष्ट होती जाती है। इसलिए घंटे-भर पहले की भाषा से घंटे-भर बाद या आज की उच्चरित भाषा से कल काम नहीं लिया जा सकता। मनुष्य में स्थायित्व प्राप्त करने की अदम्य लालसा होती है। दीर्घ जीवन की कामना उसी का प्रतिक्षेप है। दीर्घ जीवन की कामना केवल शारीरिक दृष्टि से ही उसे अभिप्रेत नहीं; वह अपनी प्रत्येक उपलब्धि में दीर्घजीवी बनना चाहता रहा है। किसी दूरस्थ प्रियजन तक अपनी बात पहुँचाना वाचिक भाषा के लिए सम्भव न था और न आगे की पीढ़ी के लिए अपनी बात सुरक्षित रख पाना। मनुष्य की सतत अन्वेषणपटु बुद्धि ने इस त्रुटि को दूर करने के लिए लिपि का आविष्कार किया जिससे वाचिक भाषा को लिखित रूप दिया जा सके।

लिखित भाषा

आग, चक्का और लिपि के आविष्कार को मानवता की प्रगति के इतिहास का सबसे क्रान्तिकारी सोपान माना गया है। आग से भोजन पकाने की मौलिक आवश्यकता की ही पूर्ति नहीं हुई, उस शक्ति का आविर्भाव भी हुआ जो संसार की स्थिरता को गतिशीलता में बदल सके। जल, तेल या बिजली की सारी शक्तियाँ उसी आग्नेय शक्ति का रूपान्तर हैं जो आज की गति और प्रगति का साधन बनी हैं। चक्के का आविष्कार उस गति का दूसरा पहलू है। किसी चीज़ को एक जगह से दूसरी जगह तक घसीटकर ले जाना एक सीमा के भीतर ही सम्भव था और अधिक भारी चीज घसीटी भी नहीं जा सकती थी, साथ ही उसमें सामूहिक श्रम भी अपेक्षित था। चक्के ने इन सारी सीमाओं को समाप्त कर दिया। भारी-से-भारी चीज़ को अधिक-से-अधिक दूर तक एक व्यक्ति के लिए भी ले जाना सम्भव हो गया और आज उसी चक्के की करामात रेल, मोटर से लेकर विमान तक में देखी जा सकती है। और, तीसरी चीज़ थी लिपि, जिसकी सहायता से क्षणभंगुर वाचिक भाषा चिरस्थायी बन गयी; एक पीढ़ी की उपलब्धि दूसरी पीढ़ी के लिए सुलभ हो गयी, युग-विशेष का ज्ञान अनन्त काल तक के लिए सुरक्षित हो गया।

लिपि का विस्तृत विवेचन आगे किया जायेगा। यहाँ इतना ध्यान में रखना आवश्यक है कि साहित्य, विज्ञान, कला के क्षेत्र में मनुष्य की समस्त बौद्धिक उपलब्धियों का सबसे बड़ा आधार लिपि या भाषा का लिखित रूप है। वाचिक भाषा कान की भाषा थी, किन्तु लिपि के आविष्कार के बाद आँख की भी एक भाषा बन गयी जिसमें कान की कोई आवश्यकता न रही। अब तो लिपि का विकास नेत्र की सीमा पार कर गया

है और नेत्रहीनों की ब्रेल नामक स्वतन्त्र लिपि हो गयी है जिसमें वे उसी उन्मुक्तता से लिख सकते हैं जिस तरह चाक्षुष लिपियों की सहायता से चक्षु-सम्पन्न।

लिपि के कारण ही, हज़ारों वर्ष पहले आविर्भूत व्यास, वाल्मीकि, कालिदास आदि की रचनाएँ हमें उपलब्ध हैं। इसी प्रकार हज़ारों मील दूर के लेखकों और कवियों की कृतियाँ सहज ही हमारे सामने आ जाती हैं। मिल्टन या शेक्सपियर हमारे लिए उतने ही सुलभ हैं जितने प्रसाद या प्रेमचन्द। भाषा के क्षेत्र में देश और काल के व्यवधान को मिटा देना लिपि की सबसे बड़ी देन है। जैसा पहले कहा गया है, लिपि ने वाचिक भाषा की क्षणस्थायिता को चिरस्थायिता में परिवर्तित कर दिया और ज्ञान के संचय का मार्ग प्रशस्त कर दिया। एक व्यक्ति के ही चिन्तन और विचार को बार-बार दुहराते रहने की समस्या का अन्त हो गया। अब एक व्यक्ति के चिन्तन को आधार बना कर दूसरा व्यक्ति उससे आगे बढ़कर कुछ कह सकता था, किन्तु मनुष्य लिपि की इस क्रान्तिकारी उपलब्धि से भी तृप्त नहीं हुआ।

यान्त्रिक भाषा

लिपि में स्थायित्व भले ही हो, उसकी सबसे बड़ी सीमा यह थी कि भाषा का रूप उसमें निर्जीव हो जाता है। आज बहुत बार यह इच्छा होती है कि कालिदास, विद्यापति या सूर के मुख से ही हम उनकी कविता का पाठ सुन पाते, किन्तु लिपि उनकी वाणी को प्रस्तुत करने में अक्षम है। बुद्ध की शान्त, स्निग्ध वाणी की हम कल्पना ही कर सकते हैं, अनुभव नहीं। शंकराचार्य के मुख से मन्दाकिनी की धारा के समान संस्कृत का प्रभावशाली प्रवाह कैसे निःसृत होता होगा ? भाषा की इस निर्जीवता को दूर करने के प्रयास से और ध्वनि को यथावत् अंकित करने की कामना से यान्त्रिक भाषा का प्रादुर्भाव हुआ। आज नाना प्रकार के रिकार्डिंग यन्त्रों के द्वारा हम किसी की ध्वनि को अनन्त काल तक के लिए सुरक्षित रख सकते हैं। महात्मा गाँधी को दिवंगत हुए बावन वर्ष हो गये, किन्तु आज भी उनकी वाणी टेपरिकार्डर आदि की सहायता से उसी रूप में हमारे कानों में गूँज उठती है जिस रूप में उनके जीवन-काल में गूँजती थी।

यान्त्रिक भाषा ने कई रूप धारण किये हैं; जैसे, पहले ध्वनि की रक्षा और स्थायित्व का काम ग्रामोफोन-रिकार्ड से लिया जाता था। अब वह काम टेप-रिकार्डर और काम्पैक्ट डिस्क से भी लिया जाने लगा है। एक स्थान से दूसरे स्थान तक वक्ता की ध्वनि को पहुँचाने का काम टेलीफोन करता है। पहले यह काम लिपि (टेलीग्राफ) के द्वारा ही सम्भव था। आज तो लिपि भी टेलीप्रिंटर, कम्प्यूटर, फैक्स आदि की सहायता से भेजी जा सकती है। तार से लिखित भाषा का रूप सामने आता था तो टेलीफोन से वाचिक भाषा का; एक नेत्र का विषय था तो दूसरा श्रोत्र का। टेलीविज़न और चित्रपट से दोनों का समन्वय हो गया; हम रूप और शब्द दोनों को एक साथ ग्रहण कर सकते हैं; अर्थात् एक साथ नेत्र और श्रोत्र दोनों की तृप्ति हो जाती है। रेडियो ने तार का बन्धन भी हटा दिया और उसका उद्देश्य केवल संवाद-प्रेषण ही नहीं, मनोरंजन भी हो गया।

टेलीफोन या तार (टेलीग्राफ) में तार बिछाने की आवश्यकता थी। समुद्र और पर्वत का व्यवधान पड़ जाने पर यह काम पहले असम्भव था और आज भी दुष्कर है। बेतार ने तार की इस सीमा को, और उसके कारण होने वाली असुविधा को, समाप्त कर दिया। इस तरह आधुनिक विज्ञान ने भाषा की समस्त सीमाओं को दूर कर उसे मनुष्य के लिए स्थायी ही नहीं, सजीव और सुलभ भी बना दिया जिसकी कल्पना भी हमारे पूर्वज नहीं कर सकते थे। आज **वाचिक** और **लिखित** के साथ भाषा का **यान्त्रिक** रूप भी अध्ययन का विषय बन गया है, क्योंकि उससे सम्प्रेषण-सम्बन्धी प्राविधिक आविष्कारों को विकसित करने में अत्यधिक सहायता मिलती है।

बीसवीं शताब्दी के अन्तिम चरण में कम्प्यूटर के बहुआयामी विकास के साथ भाषा को भी एक नयी दिशा मिली है। कम्प्यूटर की सहायता से लिखित भाषा का सम्प्रेषण तो सहज हुआ ही है, लिप्यन्तरण की प्रक्रिया भी बहुत आसानी से हो जाती है। भाषा के क्षेत्र में जो सर्वाधिक महत्त्वपूर्ण कार्य हो रहा है, वह है यन्त्र द्वारा अनुवाद करने का प्रयास। इसमें कुछ सफलता तो मिली है पर वह अत्यन्त सरल वाक्यों के सन्दर्भ में है। इस दिशा में कोई सार्थक सफलता प्राप्त करने की राह में अनेक प्रकार की बाधाएँ हैं जिनमें सर्वप्रमुख है भाषा का जीवन्त और स्पन्दनयुक्त होना। प्रत्येक भाषा की अन्तर्निहित नियमावली अलग-अलग होती है। इतना ही नहीं, हर समाज की भाषा उसकी संस्कृति, इतिहास और भूगोल से भी प्रभावित होती है। उच्चरित भाषा में काकु द्वारा अर्थ पूरी तरह बदल जाता है और फिर प्रत्येक भाषा के मुहावरे भी होते हैं जिनका शब्दानुवाद करने मात्र से काम नहीं चलता। इस प्रकार यन्त्रानुवाद कम्प्यूटर-वैज्ञानिकों के समक्ष एक बड़ी चुनौती है। इसमें सफलता प्राप्त करने के लिए कम्प्यूटर-विशेषज्ञों के साथ भाषाविज्ञानियों, मानवविज्ञानियों, समाजविज्ञानियों, मनोविज्ञानियों आदि को मिलकर काम करना होगा। फिर भी एक भाषा का दूसरी भाषा में पूर्ण अनुवाद हो सकेगा यह कष्ट-कल्पना प्रतीत होती है, क्योंकि प्रत्येक भाषा अपने समाज का दर्पण होती है और रंग बदल देने से मनुष्य की प्रकृति तो नहीं बदल जाती। उर्दू का एक शे'र देखें—

रंज की जब गुफ्तगू होने लगी।
आप से तुम तुम से तू होने लगी।

अब अगर इस शे'र का अनुवाद अंग्रेज़ी में करें तो कैसे करेंगे, जब उस भाषा में मध्यमपुरुष का सर्वनाम सिर्फ 'यू' होता है; आप, तुम और तू तीनों के लिए केवल यू का प्रयोग करने पर वह बात कैसे कही जायेगी जो इस शे'र में कही गयी है ? हाँ, यान्त्रिक अनुवाद से अगर वैज्ञानिक या तथ्यपरक साहित्य का अनुवाद भी सम्भव हो जाये तो वह बहुत बड़ी उपलब्धि होगी।

भाषा का उपयोग

भाषा के अनेकविध उपयोग हैं। उसे ठीक से समझने के लिए उन स्थितियों को जान लेना अच्छा होगा जिनमें भाषा का प्रयोग हुआ करता है। भाषा के प्रयोग की तीन प्रधान स्थितियाँ हैं :

1. व्यक्ति—स्वयं।
2. व्यक्ति—व्यक्ति।
3. व्यक्ति—समाज।

1. व्यक्ति—स्वयं

हमने देखा कि भाषा सामाजिक वस्तु है अर्थात् उसका प्रयोग सामाजिक सहयोग के लिए होता है। किन्तु भाषा का एकमात्र सामाजिक पक्ष ही नहीं है, सामाजिक के साथ उसका वैयक्तिक उपयोग भी है।

(क) भाषण का, या यों कहें कि भाषा का, प्रयोग साधन न होकर साध्य भी हो सकता है अर्थात् भाषण भाषण के आनन्द के लिए, बोलना बोलने के लिए। निरुद्देश्य बोलने का भी अपना आनन्द है और यह प्रवृत्ति व्यापक रूप में देखी जाती है। बच्चों का निरर्थक जल्पन तो प्रसिद्ध ही है मगर सयाने भी उससे मुक्त नहीं हैं। बच्चा जब किसी गुड़िया या कुत्ता-बिल्ली जैसे पालतू पशुओं से बातें करता है तो उसका सामाजिक पक्ष क्या है ? बच्चा अपने-आप भी बा-बा-बा-बा या मा-मा-मा-मा बोलता रहता है। निश्चय ही इसके पीछे सामाजिक सहयोग की कोई भावना नहीं होती है और न वह राजनीति या अर्थनीति की समस्या सुलझाना चाहता है। वह बोलता है बोलने के आनन्द के लिए; या सम्भव है, आपसे उसने जो नई ध्वनियाँ सुनी हों, उनकी आवृत्ति या अभ्यास कर रहा हो। सयाने बार-बार एक ही ध्वनि का प्रयोग कर बच्चे को भाषा सिखाते हैं और बच्चा जब भोजन और शयन से मुक्त रहता है तो उन ध्वनियों को दोहराता रहता है। इस आवृत्ति से वह भाषा सीखता है, पर भाषा सीख जाने के बाद भी 'स्वगत-भाषण' का क्रम बन्द नहीं हो जाता। स्वगत-भाषण केवल नाटकों में ही नहीं, जीवन में भी चलता है, और सम्भवतः अधिक चलता है। सयाने की गानेच्छा एकान्त में जग पड़ती है। स्नानागार के अनेक गायकों से आपको परिचय होगा जो स्नानागार में, जहाँ किसी के सुनने की सम्भावना नहीं है, सुर में या बेसुरे, बड़ी मस्ती में राग

अलापते हैं और जैसे ही किसी के पैरों की आहट मिलती है, वैसे ही उनकी तान टूट जाती है। स्वगत-भाषण या एकान्त-संगीत की यह विशेषता है कि वह किसी दूसरे के ताकने या सुनने की सम्भावना-मात्र से बन्द हो जाता है। बच्चा कुछ बोल या गा रहा हो और आपकी आँखें उससे मिलीं नहीं कि वह चुप हो जाता है। यही हालत सयानों की भी है।

(ख) बहुत बार भय आदि की भावना दूर करने के लिए मनुष्य भाषा का प्रयोग करता है। इस स्थिति में कोई श्रोता नहीं होता। उदाहरणार्थ, अँधेरे में निर्जन मार्ग पर जाते हुए जब कभी हृदय में भय का संचार होता है तो मनुष्य ज़ोर से गाने लगता है। भीतर से भयभीत होने पर भी ऊपर से वह अपनी निर्भीकता प्रदर्शित करना चाहता है और ऐसा करने के लिए वह गीत (भाषा) का सहारा लेता है। जाड़े में बहुतों को स्नान के समय आपने ज़ोर-ज़ोर से 'सीताराम, सीताराम' या कोई मन्त्र जपते सुना होगा। उच्च स्वर का यह जप किसी को सुनाने के लिए नहीं, ठंडे जल के स्पर्श से उत्पन्न कष्ट को कम करने का साधन-मात्र है।

(ग) कुछ सोचने या किसी समस्या को सुलझाने के लिए भी स्वगत-भाषण चलता है। एकान्त में हिसाब करते समय बहुतों को ज़ोर-ज़ोर से बोलते आपने सुना होगा; जैसे, "पाँच तीन आठ तीन ग्यारह पाँच सोलह एक सत्रह का सात, हाथ में रहा एक; दो सात नौ तीन बारह का दो, हाथ में रहा एक; एक चार पाँच दो सात=सात सौ सत्ताईस।" इस योग को मन में भी किया जा सकता था, मगर बोलकर करना अधिक सुविधाजनक है।

इसी तरह यदि कोई इन्जीनियर किसी मकान का नक़्शा बना रहा है या लम्बाई-चौड़ाई ठीक कर रहा है तो वह अक्सर बोलकर वैसा करता है; जैसे, "यदि कमरे की दीवार एक फुट और बढ़ा दें तो कमरा बड़ा हो जाता है। पर डाइनिंग हॉल...और...किचेन छोटा हो जायेगा...अच्छा, बरामदे की ओर एक फुट बढ़ चलें तो क्या हानि है ? मगर तब...दरवाजा बगल में पड़ जाता है...।" इस तरह काफ़ी देर तक वह अपने ऊहापोह को उच्च स्वर में व्यक्त करता हुआ नक़्शे की रेखाएँ खींचता है। एकान्त-भाषण की यह स्थिति पर्याप्त व्यापक है जो कवि, कलाकार, दार्शनिक से लेकर साधारण व्यक्ति तक में पायी जाती है।

इन कतिपय उदाहरणों से स्पष्ट है कि भाषा का प्रयोग सदा सामाजिक उद्देश्यों की सिद्धि के लिए ही नहीं होता।

2. *व्यक्ति–व्यक्ति*

(क) एक व्यक्ति का दूसरे व्यक्ति से भाषिक सम्बन्ध प्रायः सामाजिकता के निर्वाह की भावना से प्रेरित होता है। रास्ते में किसी से भेंट होने पर हम पूछ बैठते हैं- 'कहिए, कुशल तो है ?' वस्तुतः उसके कुशल में हमारी कोई ख़ास दिलचस्पी नहीं होती। वह भी उत्तर देता है, 'हाँ, सब आपकी दया से ठीक है' तो उपचार मात्र का पालन करता

है। सम्भव है; उस समय उसके मन में कोई उलझन या समस्या, कष्ट या द्वंद्व हो, मगर वह हमसे कहना नहीं चाहता। रहीम की यह सीख—

रहिमन निज मन की बिथा, मन ही राखो गोय।
सुनि इठलैहैं लोग सब, बाँटि न लैहैं कोय।।

बहुत बार हमें अपने मन की बात दूसरों से न कहने को बाध्य करती है और उपचार का उत्तर हम उपचार से दे देते हैं। इसी तरह जाने की अनुमति माँगने पर अतिथि का जाना मनसा अभिमत होते हुए भी हम ऊपर से कहते हैं—'अरे, कल ही तो आये हैं ! अभी जाने की क्या जल्दी है ? दो-चार दिन ठहरिए तो जाइएगा।' अनुमति माँगते ही जाने की स्वीकृति दे देना उदासीनता का परिचायक माना जाता है। किसी के काम कर देने पर धन्यवाद-ज्ञापन, कोई भूल हो जाने पर खेद-प्रकाश, किसी अपरिचित से कुछ पूछते समय 'क्षमा कीजिएगा' की भूमिका के साथ प्रश्न करना सामाजिक शिष्टाचार का अंग-मात्र है। ऐसा करने से कोई लाभ नहीं, किन्तु नहीं करने से अशिष्टता व्यक्त होती है। इसीलिए हमें प्रतिदिन हज़ारों निरर्थक ध्वनियों का उच्चारण करना पड़ता है। उसमें समय और श्रम का अपव्यय भले ही हो पर शिष्टता के निर्वाह के लिए वह आवश्यक होता है।

(ख) एक व्यक्ति से दूसरे व्यक्ति के भाषिक सम्पर्क का अवसर सामान्य वार्तालाप के द्वारा भी उपस्थित होता है। दो व्यक्ति घंटों किसी विषय पर बातचीत करते हैं, जो सोद्देश्य भी हो सकती है और निरुद्देश्य भी। सम्भव है, वे किसी गूढ़ समस्या पर विचार-विमर्श कर रहे हों या यों ही समय काटने के लिए गप्प लड़ा रहे हों।

(ग) किसी को किसी कार्य के लिए निर्देश देना भी इसी श्रेणी में आ जाता है। उदाहरणार्थ, 'तुम अभी यह काम कर डालो', 'तुम आज शाम की गाड़ी से दिल्ली चले जाओ' आदि वाक्य व्यक्ति-व्यक्ति की सीमा में ही आते हैं।

(घ) भाव या विचार व्यक्त करने के लिए, जैसे खीझ, क्रोध, असहमति आदि सूचित करने के प्रसंग में भी, व्यक्ति का व्यक्ति से भाषिक व्यवहार होता है। किसी की राय जानने के समय भी यही स्थिति रहती है।

3. व्यक्ति—समाज

कहने की आवश्यकता नहीं कि भाषा के उपयोग का सबसे व्यापक क्षेत्र व्यक्ति और समाज के सम्पर्क से उत्पन्न होता है। मनुष्य का अपने आप से या किसी दूसरे व्यक्ति से भाषा की दृष्टि से जो सम्बन्ध है वह अपेक्षाकृत सीमित है। जिस प्रकार कोई कार्य करने के लिए अपने अंगों में भी समन्वय करने की आवश्यकता होती है—एक पैर पूर्व को चलने लगे और दूसरा पश्चिम को, तो गन्तव्य स्थान तक पहुँचना असम्भव हो जायेगा—उसी प्रकार सभी व्यक्ति समाजरूपी अंगी के अंग होते हैं और परस्पर समन्वय और संघटन करके ही लोक-यात्रा सुगम बनायी जा सकती है। जिस समाज में

इस समन्वय और संघटन की कमी होती है, उसमें हर कदम पर बाधा और कठिनाई का अनुभव होता है। सामाजिक दृष्टि से भाषा के चार मुख्य उपयोग हैं–

(1) सूचन; (2) प्रेरण; (3) रसन; और (4) चिन्तन।

(1) भाषा का बहुलांश सूचनात्मक होता है। तकनीकी विषय, विज्ञान, इतिहास, भूगोल आदि का उद्देश्य किसी-न-किसी प्रकार की सूचना देना ही है। किन-किन तत्त्वों के मिश्रण से वायु अथवा जल का निर्माण होता है; अशोक ने कब से कब तक राज्य किया और प्रजा की भलाई के लिए कौन-कौन से कार्य किये; भारत का भौगोलिक विस्तार कितना बड़ा है और कहाँ क्या है, आदि बातें सूचना की ही कोटि में आती हैं। समाचार-पत्र मुख्यतः कहाँ क्या हो रहा है, इसी की सूचना देते हैं। उदाहरणार्थ, एक समाचार का यह अंश लीजिए–

'तीन दिनों तक भीषण युद्ध के बाद, जिसके सिलसिले में बड़ी संख्या में शत्रु हताहत हुए, भारतीय सेनाएँ जम्मू-सियालकोट क्षेत्र में काफ़ी आगे बढ़ गयी हैं। सैनिक विशेषज्ञ इस प्रगति को बहुत महत्त्वपूर्ण समझते हैं। उनकी राय है कि यदि इस स्थिति को कायम रखा गया तो भारतीय सेनाएँ न केवल शत्रु को रसद भेजनेवाले सैनिक अड्डों को नष्ट कर सकेंगी, बल्कि शत्रु-सेना के भागने का मार्ग भी बन्द कर देंगी।'

यह भाषा भारतीय सेना की सांग्रामिक प्रगति की सूचना-मात्र उपस्थित करती है।

(2) प्रेरण को भाषा का गत्यात्मक उपयोग कह सकते हैं। इस प्रकार की भाषा का प्रयोग जनमत के निर्माण या किसी वस्तु के पक्ष-विपक्ष में धारणा उत्पन्न करने के लिए किया जाता है। राजनीतिक मैनिफेस्टो, चुनाव के परचे, प्रचार, विज्ञापन, नेताओं के भाषण आदि इसी कोटि में आते हैं। इसका उद्देश्य सूचना देना नहीं, बल्कि जनमत को अपने पक्ष में करना होता है। नारा भी इसी कोटि की चीज़ है जैसे, 'रोज़ी रोटी कपड़ा दो, नहीं तो गद्दी छोड़ दो !' इस नारे का उद्देश्य अल्पवित्त लोगों के असन्तोष को उभारकर सरकार पर दबाव डालना है। सन् 1930 में चार-पाँच स्वयंसेवकों का दल झंडा लिए प्रभातफेरी करता था और तड़के सड़कों से गुजरता हुआ 'वन्दे मातरम् !', 'इंक़लाब ज़िंदाबाद !', 'स्वतन्त्रता हमारा जन्मसिद्ध अधिकार है !' आदि नारे लगाता था जिसका लक्ष्य था जनता में स्वतन्त्रता-संग्राम के लिए जागरण उत्पन्न करना। धर्मग्रन्थों में अधिकतर बातें प्रेरणार्थक होती हैं; जैसे, 'सच बोलना चाहिए', 'हिंसा नहीं करनी चाहिए' आदि विधि-निषेधकर वाक्य प्रेरणार्थक ही हैं। किसी वस्तु का भड़कीला विज्ञापन उसमें रुचि और आकर्षण उत्पन्न करने की दृष्टि से ही किया जाता है। उदाहरणार्थ, यह विज्ञापन देखिए–

खादी के दाम में भारी कमी !

गाँधी-जयन्ती के अवसर पर एक रुपये की सूती खादी की खुदरा-बिक्री पर 25 पैसे की छूट !

'खादी के दाम में भारी कमी' देखते ही हम इस विज्ञापन की ओर आकृष्ट हो जाते हैं और हमारे मन में दाम की इस कमी से खादी खरीदने की इच्छा जग पड़ती है।

राजनीतिक विप्लव, महायुद्ध आदि भाषा के इसी प्रयोग के कारण होते हैं। 'इस्लाम खतरे में' के नारे ने मुसलमानों की धर्मान्धता को उभारकर भारत के दो टुकड़े करा दिये। विभाजन के बाद से पाकिस्तानी नेता धर्म के नाम पर अपने देश की जनता को उभारते रहे और भारत पर आक्रमण के लिए प्रेरित करते रहे जिसके परिणामस्वरूप युद्ध होकर रहा। भाषा के प्रयोग का यह सबसे खतरनाक रूप होता है। इस स्थिति में समाज की विवेक-शक्ति कुंठित हो जाती है और वह नेताओं के वाग्जाल में फँसकर अकार्य और अनर्थ करने को भी प्रस्तुत हो जाता है।

(३) सामाजिक दृष्टि से भाषा का तीसरा उपयोग रचनात्मक या आस्वादनात्मक है जिसमें भाषा का रमणीय पक्ष सामने आता है। रमणीय भाषा का प्रयोग न तो सूचना देने के लिए होता है और न प्रेरणा देने के लिए। उसका मुख्य लक्ष्य है भाव को उद्दीप्त करना। यह ठीक है कि भाव को उद्दीप्त करके भी सूचना दी जा सकती है या किसी कार्य के लिए प्रवृत्त किया जा सकता है, जैसे युद्ध आदि के अवसर पर वीररस की कविताएँ वीरता की भावना को जगाने की दृष्टि से ही रची जाती हैं, किन्तु उसका प्रधान उद्देश्य सौन्दर्यबोध ही है।

भाषा के इन उपयोगों में परस्पर संकीर्णता का अवकाश नहीं है, ऐसा नहीं कहा जा सकता। एक की सीमा दूसरे से मिल जाती है, एक कोटि की भाषा का प्रयोग दूसरी कोटि में भी पड़ जा सकता है, किन्तु प्रधानता के आधार पर इनका सीमा-भेद स्वीकार करने में कोई कठिनाई नहीं है। संसार की जितनी साहित्यिक रचनाएँ हैं, वे सब आनन्द या आस्वाद के लिए ही प्रणीत हुई हैं। 'कामायनी' में श्रद्धा के सौन्दर्य का वर्णन करते हुए जब प्रसाद कहते हैं—

नील परिधान बीच सुकुमार,
खिल रहा मृदुल अधखुला अंग।
खिला हो ज्यों बिजली का फूल,
मेघ वन बीच गुलाबी रंग।।

—**श्रद्धा-सर्ग**

तो इसमें न प्रचार की भावना है और न कोई सूचना देने की। यह शुद्ध सौन्दर्यानुभूति की वस्तु है। भाषा के उपयोग का यह पक्ष भाषाविज्ञान का विषय न होकर काव्यशास्त्र का विषय बन जाता है और इसकी विशेषताओं की चर्चा वहीं होती है।

(4) भाषा का अन्यतम सामाजिक उपयोग चिन्तन से सम्बद्ध है। जब हम अपने मन में कोई वैयक्तिक समस्या सुलझाते हैं या अपने अतीत जीवन का सिंहावलोकन करते हैं या सुनहले भविष्य का स्वप्न देखते हैं, तो हमारा यह चिन्तन **समाज-निरपेक्ष** होता है क्योंकि इसका सम्बन्ध किसी दूसरे से नहीं, स्वयं अपने-आप से है। इसके प्रतिकूल धर्म, दर्शन, अर्थनीति, राजनीति आदि का सैद्धान्तिक निरूपण **समाज-सापेक्ष** चिन्तन के अन्तर्गत आयेगा, कारण कि उसका सम्बन्ध समाज से है। दर्शन, राजनीति

या अर्थनीति के सिद्धान्त दूसरों को, अर्थात् समाज को, ध्यान में रखकर ही प्रस्तुत किये जाते हैं। एक तो उन सिद्धान्तों से बौद्धिक जिज्ञासा की तृप्ति होती है; दूसरे, वे दूसरों की चिन्तन-शक्ति का विकास करने में सहायक होते हैं। न्यायशास्त्र और वेदान्तदर्शन न सूचनात्मक हैं न प्रेरणात्मक और न रसात्मक। वे चिन्तन से प्रसूत हैं और उनका उद्देश्य है दूसरों के चिन्तन को प्रभावित करना।

इस प्रकार भाषा की तीन स्थितियाँ–व्यक्ति की अपने-आप से, व्यक्ति की दूसरे व्यक्ति से और व्यक्ति की समाज से–स्पष्ट हो जाती हैं और भाषा की व्यापकता का बोध हो जाता है। भाषा के अभाव में मनुष्य की सामाजिक ही नहीं, वैयक्तिक स्थिति भी निरुपयोगी बन जाती है। दंडी ने भाषा के इसी महत्त्व को ध्यान में रखकर कहा है–

इदमन्धंतमः कृत्स्नं जायेत भुवनत्रयम्।
यदि शब्दाह्वयं ज्योतिरासंसारं न दीप्यते।।

–**काव्यादर्श,** 1-4

–यदि सृष्टि के आरम्भ से भाषा (शब्द) की ज्योति न जलती होती तो यह त्रिभुवन घोर अन्धकार में निमग्न हो जाता।

भाषा की विशेषताएँ और प्रवृत्तियाँ

भाषा-सम्बन्धी कुछ ऐसी विशेषताएँ और प्रवृत्तियाँ हैं, जो सभी भाषाओं में समान रूप से पायी जाती हैं। व्याकरण के नियम किसी भाषा-विशेष में लागू होते हैं, किन्तु जिन विशेषताओं और प्रवृत्तियों की चर्चा आगे की जायेगी उनका सम्बन्ध भाषा-मात्र से है।

1. भाषा सामाजिक वस्तु है

भाषा की उत्पत्ति समाज से होती है और उसका विकास भी समाज में ही होता है। प्रजातन्त्र की प्रसिद्ध परिभाषा के अनुसार, चाहें तो भाषा के सम्बन्ध में भी कह सकते हैं कि 'भाषा समाज की, समाज के लिए और समाज द्वारा' निर्मित होती है। मातृभाषा शब्द सुनकर यह भ्रम नहीं होना चाहिए कि भाषा की उत्पत्ति माता से होती है या माता की कोई विशिष्ट भाषा है। भाषा सीखी तो जाती है पूरे समाज से और सिखाता है पूरा समाज किन्तु उसका प्रारम्भ माता से ही होता है; आरम्भिक पाठ माता ही पढ़ाती है, क्योंकि जन्म के बाद जितना सीधा और निकट का सम्बन्ध उससे होता है, उतना समाज के किसी और प्राणी से नहीं। वस्तुतः, भाषा-जैसी सामाजिक वस्तु को शिशु तक पहुँचाने का काम, या यों कहें कि शिशु को भाषा से परिचित कराने का काम, पहले-पहल माता करती है। इसीलिए उसके ऋण या आभार को स्वीकार करने के लिए मातृभाषा शब्द का प्रयोग कर दिया जाता है। किन्तु जिस भाषा को वह सिखाती है वह समाज की ही सम्पत्ति है, जिसे स्वयं उसने अपनी माता से प्राप्त किया था। समाज को छोड़कर भाषा की कल्पना हो ही नहीं सकती। यद्यपि भाषा के अन्य अनेक आधार भी होते हैं, जैसे भौतिक या साहित्यिक, पर ये भी उसके सामाजिक रूप के ही विभिन्न पक्ष हैं। भौतिक आधार भाषा को एक व्यक्ति से दूसरे व्यक्ति तक पहुँचाने का काम करता है तो साहित्यिक आधार भावों और विचारों की संचित राशि को। तात्पर्य यह है कि चाहे जिस दृष्टि से देखें, भाषा का सामाजिक रूप स्पष्ट है। सच पूछिए तो भाषा की उत्पत्ति प्रधानतः सामाजिकता के निर्वाह के लिए ही हुई है।

2. भाषा का प्रवाह अविच्छिन्न है

मनुष्य के समान भाषा की भी धारा सतत प्रवहमान है। जिस प्रकार उद्गम-स्थल से लेकर समुद्र-पर्यन्त नदी की धारा अविच्छिन्न होती है, वह कहीं भी सूखती या टूटती

नहीं, उसी प्रकार जब से भाषा आरम्भ हुई तब से आज तक चली आ रही है और जब तक मानव-समाज रहेगा तब तक इसी प्रकार चलती रहेगी। भाषा की यह गतिशीलता समाज में ही रहती है; व्यक्ति उसे अर्जित कर सकता है, उसमें थोड़ा-बहुत परिवर्तन भी कर सकता है, किन्तु न तो उसे उत्पन्न कर सकता है और न उसे समाप्त कर सकता है। वह उस विशाल कालजयी प्रवाह का एक नगण्य बिन्दु-मात्र है जो चाह कर भी अपनी सत्ता पृथक् नहीं कर सकता। पृथक् करने के प्रयास में उसी की सत्ता मिट जायेगी।

3. भाषा सर्व-व्यापक है

मनुष्य का समस्त कार्य-कलाप भाषा से व्याप्त और परिचालित है। व्यक्ति-व्यक्ति का सम्बन्ध या व्यक्ति-समाज का सम्बन्ध भाषा के बिना अकल्पनीय है। संस्कृत के महान भाषाविज्ञानी भर्तृहरि ने इसे ऐसे कहा है–

इतिकर्त्तव्यता लोके सर्वा शब्दव्यपाश्रया।

और

न सोऽस्ति प्रत्ययो लोके यः शब्दानुगमादृते।
अनुविद्धमिव ज्ञानं सर्वं शब्देन भासते।।

–वाक्यपदीय, ब्रह्मकाण्ड; 123-24

–'लौकिक कर्तव्यबोध का, अर्थात् क्या, कैसे करना चाहिए, इसका ज्ञान भाषा पर ही आश्रित है। संसार में कोई ऐसा प्रत्यय नहीं है जो भाषा के बिना सम्भव हो। समस्त ज्ञान भाषा से अनुस्यूत-जैसा दीखता है।'

उपयुर्क्त कारिकाओं में 'शब्द' भाषा का ही परामर्शक है। तात्पर्य कि मनुष्य का आन्तरिक और बाह्य, वैयक्तिक और सामाजिक, चिन्तन और अभिव्यञ्जन, सब-का-सब भाषा का परिणाम है।

4. भाषा सम्प्रेषण का मौखिक साधन है

जैसा हमने पहले देखा है, सम्प्रेषण के सांकेतिक, आंगिक, लिखित आदि अनेक रूप हैं अर्थात् इनमें से किसी के द्वारा व्यक्ति अपना अभिप्राय दूसरों पर प्रकट कर सकता है। किन्तु इनकी सीमाएँ भी हमने देखी हैं अर्थात् इनमें किसी के द्वारा वक्तव्य की पूर्ण अभिव्यक्ति सम्भव नहीं है। सांकेतिक या आंगिक साधनों की अपूर्णता तो स्पष्ट है ही, लिखित साधन भी उससे मुक्त नहीं हैं। उच्चरित भाषा में ध्वनि के आरोह-अवरोह, काकु आदि की भंगिमा के द्वारा जो प्रभाव उत्पन्न हो जाता है वह लिखित भाषा में असम्भव है। जहाँ उच्चरित भाषा सप्राण होती है, वहाँ लिखित निष्प्राण। पाठक को अपनी ओर से भाषा की भंगिमाओं को लिखित भाषा पर आरोपित करना पड़ता है। उदाहरणार्थ, यदि आप कोई नाटकीय सन्दर्भ किसी को पढ़कर सुनाते हैं तो उसे उसी रूप से पढ़ते हैं जिस रूप

में वह पात्र उसे बोलता, यद्यपि उसके लिखित रूप में आरोह-अवरोह आदि का कोई निर्देश नहीं होता। तो भाषा का सर्वप्रमुख उपयोग यही है कि उसे बोलकर पारस्परिक सम्प्रेषण का काम लिया जाये अर्थात् अपना अभिप्राय दूसरों तक पहुँचाया जाये।

5. भाषा अर्जित वस्तु है

मनुष्य जिस प्रकार आँख, कान, नाक, मुँह आदि लेकर उत्पन्न होता है, उसी प्रकार भाषा लेकर नहीं, तात्पर्य कि भाषा जन्मजात वस्तु नहीं है। मनुष्य में पशुओं की अपेक्षा इतनी ही विलक्षणता और विशिष्टता होती है कि वह भाषा सीख सकता है, पशु नहीं सीख सकते अर्थात् मनुष्य में भाषा ग्रहण करने की नैसर्गिक शक्ति होती है। उसके मनुष्य होने का इतना ही लाभ है, अन्यथा उसे भाषा सीखनी पड़ती है और जिस वातावरण और समाज में वह रहता है, उसी की भाषा सीख सकता है। भाषा-विशेष की क्षमता लेकर कोई उत्पन्न नहीं होता। भारतीय बच्चे भी अंग्रेज़ी वातावरण में रहने पर उसी दक्षता से अंग्रेज़ी बोलने लगते हैं, जिस दक्षता से अंग्रेज़ों के बच्चे। हमने पहले देखा है कि भाषा सामाजिक वस्तु है और उसकी सामाजिकता का यह अनिवार्य परिणाम है कि जो उसमें रहेगा, वह उसे ग्रहण करेगा। यही कारण है कि जिस भाषा के क्षेत्र में जो व्यक्ति उत्पन्न होता है, उसे वह अनायास सीख लेता है। भाषा के अर्जन का अर्थ यही है कि उसे अपने चारों ओर के वातावरण से सीखना पड़ता है।

6. भाषा व्यवहार द्वारा अर्जित की जाती है

भाषा कैसे अर्जित की जाती है, अर्थात् सीखी जाती है, यह शिशुओं को देखने से स्पष्ट हो जाता है। शिशु को जैसे दूध की घूँटी दी जाती है, उसी तरह भाषा की भी। दूध की घूँटी से उसका शारीरिक विकास होता है और भाषा की घूँटी से बौद्धिक। छोटी-छोटी ध्वनियों से आरम्भ कर शब्दों से होते हुए, वाक्यों तक की शिक्षा उसे देनी होती है। आस-पास के बड़े लोगों को ध्वनियों का जैसा प्रयोग करते वह देखता है, वैसा ही स्वयं अनुकरण करने का प्रयास करता है। बा-बा, मा-मा, दा-दा जैसी सरल ध्वनियों से आरम्भ कर वह जटिल-से-जटिल ध्वनियों के उच्चारण में समर्थ बन जाता है। यह सब मनुष्य की अन्तर्निहित और सहज अनुकरण-शक्ति के द्वारा ही सम्भव होता है किन्तु यह अनुकरण-शक्ति तभी कार्य कर सकती है जब अनुकरण का अवसर दिया जाये। अनुकरण की शक्ति रहने पर भी यदि शिशु को निर्जन एकान्त स्थान में छोड़ दिया जाये तो वह वाणी-विहीन होकर रह जायेगा, भाषा नहीं सीख सकेगा। अतः भाषा सीखने में सीखनेवाले की ओर से जहाँ अनुकरण की आवश्यकता है, वहाँ यह भी उतना ही आवश्यक है कि वातावरण भाषा सीखने के अनुकूल हो। जिनकी गोद में या जिनके पास में शिशु रहता है वे यदि चौबीस घंटे मौन धारण किये रहें, तो वह कुछ नहीं सीख सकेगा। इसीलिए आपने देखा होगा कि एक-एक शब्द को बच्चे के सामने बार-बार दोहराना पड़ता है। यह क्रिया इस स्वाभाविकता के साथ चलती है कि न तो सिखाने

वाले को बोध होता है कि वह कुछ सिखा रहा है और न सीखने वाले को कि वह कुछ सीख रहा है। अलक्ष्य भाव से चलने वाली भाषा की इस शिक्षा से एक दिन वह भाषाहीन शिशु समर्थभाषा-सम्पन्न प्राणी बन जाता है। इसका सारा श्रेय सामाजिक व्यवहार को है जो भाषा सीखने का सर्वप्रमुख साधन है। यों व्याकरण, कोश, आप्त-वाक्य, उपमान, विवृति आदि भाषा सीखने के और भी अनेक साधन हैं, लेकिन व्यवहार द्वारा अर्जित भाषा के बाद ही वे सम्भव हो पाते हैं। यही कारण है कि भाषा सीखने की प्रक्रिया में भारतीय विद्वानों ने व्यवहार को पहला स्थान दिया है। सीखनेवाले की दृष्टि से इसे **अनुकरण** कहेंगे किन्तु समाज की दृष्टि से **व्यवहार;** शिशु सामाजिक, भाषिक व्यवहार का ही अनुकरण करता है। आरम्भ में बुद्धि की कमी और भाषणेन्द्रियों के यथेच्छ संचालन की क्षमता के अविकसित होने से अनुकरण अधूरा होता है, इसीलिए शिशु द्वारा शब्दों का सम्यक् उच्चारण नहीं हो पाता। उसके मुँह से 'रोटी' 'ओती' बनकर निकलती है और 'पानी' 'बा' या 'पा'। व्यवहार से यह अपूर्ण उच्चारण, जो अपूर्ण अनुकरण का परिणाम है, क्रमशः पूर्णता तक पहुँचता है।

7. भाषा सहज और नैसर्गिक क्रिया है

भाषा दो प्रकार से सीखी जाती है—**अनुकरण** द्वारा या **बौद्धिक प्रयत्न** द्वारा। हम अपनी मातृभाषा अनुकरण द्वारा सीखते हैं और संस्कृत, अंग्रेज़ी, रूसी आदि भाषाएँ बौद्धिक प्रयत्न द्वारा। भाषा का अर्जन, चाहे वह अनुकरण द्वारा हो या सचेत बौद्धिक प्रयत्न द्वारा, श्रमसाध्य व्यापार है। अन्तर यही है कि अनुकरण की प्रक्रिया से भाषा आदमी तब सीखता है जब बुद्धि अविकसित रहती है। इसलिए उस समय का श्रम न तो ज्ञात होता है और न बाद में याद रहता है, परन्तु बुद्धि विकसित हो जाने के बाद जब सचेत प्रयत्न द्वारा हम कोई दूसरी भाषा सीखते हैं, तब श्रम का अनुभव होता है। इसीलिए मातृभाषा की तुलना में दूसरी भाषा को सीखना कठिन मालूम पड़ता है। तात्त्विक दृष्टि से दोनों में कोई भेद नहीं होता। भाषा चाहे जैसे भी सीखी जाये, अधिकार में आ जाने पर सहज हो जाती है और उसके प्रयोग में कोई आयास नहीं करना पड़ता। मातृभाषा के प्रयोग में तो आयास का प्रश्न ही नहीं उठता, परन्तु जो भाषा बौद्धिक प्रयास द्वारा सीखी जाती है वह भी कुछ दिनों के बाद इतनी आयत्त हो जाती है कि मातृभाषा के समान ही उसका प्रयोग सहज भाव से होने लगता है। जिस प्रकार आंगिक चेष्टाएँ स्वाभाविक ढंग से हुआ करती हैं, उसी प्रकार भाषिक चेष्टाएँ भी अर्थात् भाषा-प्रयोग भी।

8. भाषा सामाजिक दृष्टि से स्तरित होती है

भाषा एक होने पर भी सामाजिक स्तर-भेद से उसमें भेद आ जाता है। सामान्यतः सभी हिन्दी बोलने वाले हिन्दी का ही प्रयोग करते हैं, किन्तु सबकी हिन्दी एक-जैसी नहीं होती। जिसका जैसा सामाजिक स्तर होता है, उसकी भाषा वैसी ही हो जाती है। यह **स्तर-भेद** शैक्षिक, सांस्कृतिक, आर्थिक, बौद्धिक, सामाजिक एवं व्यावसायिक कारणों से

हुआ करता है। दार्शनिक की भाषा वही नहीं होगी जो तम्बोली की और न कवि की भाषा वह होगी जो कुली की। विभिन्न स्तर के लोगों की भाषा को ध्यान से सुनने पर यह बात स्पष्ट हो जाती है। यह स्तर-भेद सबसे अधिक **शब्द-भण्डार** में देखा जाता है, उससे कम **व्याकरण** में और उससे कम **ध्वनि** में। हर पेशे के लोगों का अपना-अपना शब्द-भण्डार होता है; स्वभावतः बोलते समय उस पेशे से सम्बद्ध शब्द अधिक काम में आते हैं। वकील की भाषा में कानून और कचहरी से सम्बद्ध शब्द अधिक होते हैं तो व्यापारी की भाषा में व्यापार से सम्बद्ध। साधारण बातचीत में भी वे अपनी शब्दावली से मुक्त नहीं हो पाते। एक पेशे के दो व्यक्तियों की बातचीत सुनकर ही आप आसानी से अनुमान कर सकते हैं कि वे किस पेशे के हैं। यह स्तर-भेद विषय तक ही सीमित नहीं रहता, भाषा में भी दिखायी पड़ता है। शिक्षित व्यक्ति जिस सतर्कता से ध्वनि का उच्चारण करेगा, उस सतर्कता से अशिक्षित नहीं; व्याकरण के नियमों का जिस कठोरता से शिक्षित पालन करेगा, उस कठोरता से अशिक्षित नहीं और शब्द-भण्डार में तो भेद होगा ही। यह प्रवृत्ति सभी स्थानों और कालों की भाषा के लिए सत्य है।

9. भाषा परिवर्तनशील है

सृष्टि की प्रत्येक वस्तु के समान भाषा भी परिवर्तित होने वाली वस्तु है। किसी देश और किसी युग की भाषा ऐसी नहीं रही जो परिवर्तित न हुई हो। अनुकूल और प्रतिकूल परिस्थितियों के कारण परिवर्तन में मात्रा का अन्तर भले ही हो, परिवर्तन का क्रम अनिवार्य है। यह परिवर्तन भाषा के सभी तत्त्वों में पाया जाता है। **ध्वनि, शब्द, व्याकरण, अर्थ**—इनमें कोई भी अपरिवर्तित नहीं रहता। बिन्दु से बूँद, शाक से साग, मेघ से मेह में ध्वनि-परिवर्तन स्पष्ट है। इसी तरह प्रयोग में आने वाले शब्दों का प्रयोग एक दिन समाप्त हो जाता है और नये शब्द उत्पन्न होकर प्रयोग में आने लगते हैं। उदाहरणार्थ, सत्याग्रह या आन्दोलन जैसे शब्द सन् 1921 के बाद प्रयोग में आने लगे। अर्थ में कैसे परिवर्तन होता है, यह 'असुर' शब्द को देखने से स्पष्ट हो जाता है। वैदिक भाषा में असुर शब्द का अर्थ देव होता था जो बाद में राक्षस का वाचक बन गया। गर्भिणी से ही गाभिन शब्द बना है, पर उसका प्रयोग पशुओं के प्रसंग में ही होता है। इस तरह के असंख्य उदाहरण भाषा पर ध्यान देनेवाले के सामने आते हैं जो परिवर्तन के चलते क्या से क्या हो गये। 'झा' के रूप में 'उपाध्याय' को कौन पहचानेगा ? किसी दिन 'चतुर्वेदी' ने सोचा भी नहीं होगा कि वे 'चौबे' बन जायेंगे। किन्तु परिवर्तन का क्रम ऐसा है जो चतुर्वेदी और उपाध्याय की ज्ञान-गरिमा को भी कुछ नहीं समझता और उन्हें तोड़-मरोड़ देता है।

10. भाषा संयोगात्मकता से वियोगात्मकता की ओर उन्मुख होती है

संयोगात्मकता का अर्थ है अर्थतत्व तथा रचनातत्व का परस्पर मिला रहना। इसी प्रकार प्रकृति-प्रत्यय के मेल से अथवा अनेक अर्थतत्त्वों को मिलाकर नये शब्दों की

रचना की क्षमता भी संयोगात्मकता ही है। संस्कृत के पदों में विभक्ति का जुड़ा रहना अथवा कृत्, तद्धित प्रत्ययों तथा समास आदि की प्रक्रिया से नवीन शब्दों की रचना की सम्भावना उसकी संयोगात्मक प्रवृत्ति के कारण ही है। जैसे 'बालकः पुस्तकं पठति' में विभक्ति शब्दों के साथ जुड़ी हुई है। इसी प्रकार दुष्यन्त का पुत्र या कुन्ती का पुत्र कहने की बजाय संस्कृत में दौष्यन्ति और कौन्तेय शब्दों का प्रयोग हो सकता है। संस्कृत साहित्य के अध्येता बाणभट्ट के लम्बे-लम्बे समासों से सुपरिचित हैं।

परिवर्तन के क्रम में भाषा संयोगात्मक से वियोगात्मक होती जाती है अर्थात् सम्बन्धतत्व अर्थतत्व से जुड़े रहने की बजाय अलग से प्रयुक्त होने लगता है; जैसे हिन्दी में राम ने पुस्तक पढ़ी, छुरी से सब्जी काटो आदि वाक्यों में 'ने' और 'से' विभक्तियाँ हैं जो स्वतन्त्र रूप से प्रयुक्त हुई हैं। कभी-कभी विभक्तियों का लोप भी हो जाता है, जैसे बालक पुस्तक पढ़ता है। यहाँ न बालक के साथ कोई विभक्ति प्रयुक्त है और न पुस्तक के साथ। इनके कर्तृत्व और कर्मत्व का निर्धारक वाक्य में उनका स्थान है। इसी प्रकार वियोगात्मकता की स्थिति में 'दौष्यन्ति' और 'कौन्तेय' जैसे शब्दों के स्थान पर 'दुष्यन्त का पुत्र' और 'कुन्ती का पुत्र' जैसे प्रयोग होते हैं। यही स्थिति समास की भी होती है। वियोगात्मक भाषाओं में दो शब्दों के छोटे-छोटे समास तो बन जाते हैं, जैसे—राजमार्ग, लोककल्याण आदि, पर अनेक शब्दों को मिलाकर लम्बे-लम्बे समास नहीं बनते।

11. भाषा स्थिरीकरण और मानकीकरण से प्रभावित होती है

भाषा में दो विरोधी प्रवृत्तियाँ देखी जाती हैं—एक, **विविधता** और परिवर्तन की तथा दूसरी, **एकता** और स्थिरीकरण की। परिवर्तन भाषा का अनिवार्य क्रम है, यह हमने अभी देखा है और उसके परिणामस्वरूप भाषा में विविधता आ जाती है। इसलिए एक युग की भाषा दूसरे युग की भाषा से भिन्न होती है, किन्तु यदि परिवर्तन के इस क्रम पर नियन्त्रण न हो तो इतनी जल्दी और इतना अधिक परिवर्तन हो जाये कि एक ही पीढ़ी में भाषा अबोध्य बन जाये। भाषा को बोधगम्य बनाये रखने के लिए आवश्यक है कि परिवर्तन के क्रम और गति पर नियन्त्रण हो। भाषा में परिवर्तन की प्राकृतिक प्रवृत्ति है और रूढ़ि से चिपके रहने की, या यों कहें कि अपरिवर्तन की, सहज मानवीय प्रवृत्ति। परिवर्तन और अपरिवर्तन की इन दोनों प्रवृत्तियों में सदा संघर्ष चला करता है। दूसरे शब्दों में, इसे केन्द्रापगामी और केन्द्राभिगामी प्रवृत्तियों का संघर्ष कह सकते हैं। भाषा नैसर्गिक नियम से परिवर्तित होना चाहती है और मनुष्य उस परिवर्तन को रोकना चाहता है। इससे परिवर्तन का काम रुकता तो नहीं, पर उसकी गति मन्द अवश्य पड़ जाती है जो भाषा को आपेक्षिक स्थिरता प्रदान करती है। यह स्थिरता सामाजिक दृष्टि से बहुत वांछनीय है। परम्परा-प्राप्त साहित्य, केन्द्रीय शासन, परिनिष्ठित भाषा द्वारा शिक्षा, संचार के सुविधाजनक साधन, सैनिक सेवा, समाचार-पत्र, रेडियो आदि भाषा की स्थिरता को बनाये रखने के साधन हैं। जहाँ वे नहीं हैं, वहाँ भाषा में परिवर्तन अधिक तीव्रता से होता है।

12. भाषा पहले उच्चरित रूप में परिवर्तित होती है

भाषा में परिवर्तन उसके उच्चरित और लिखित दोनों रूपों में होता है, किन्तु लिखित रूप में परिवर्तन बहुत बाद को आता है। पहले उच्चरित रूप में ही परिवर्तन होता है; कारण यह है कि लिखित रूप उच्चरित का ही सांकेतिक अंकन है। उच्चारण जैसा होता है, लेखन तदनुकूल ही हुआ करता है, किन्तु भाषा के उच्चरित रूप में परिवर्तन हो जाने पर भी लिखित रूप में परिवर्तन नहीं होता। उच्चारण और वर्तनी के भेद का यही कारण है। अंग्रेज़ी में आज बहुत सारे शब्दों की वर्तनी वही है जिस रूप में आज से शताब्दियों पहले उनका उच्चारण होता था। Laughter, Daughter, Though, Through, Subtle आदि शब्दों का उच्चारण आज बहुत बदल गया है, किन्तु इनका लिखित रूप वही है जो उच्चारण में आज से शताब्दियों पूर्व था। जब यह खाई बहुत चौड़ी हो जाती है तो वर्तनी में सुधार और संशोधन का प्रश्न उठ खड़ा होता है।

13. प्रत्येक भाषा का ढाँचा स्वतन्त्र होता है

प्रत्येक भाषा की बनावट ही नहीं, ढाँचा भी दूसरी भाषा से भिन्न होता है। इसके अनेक कारण हैं जिनकी चर्चा यहाँ अनपेक्षित है। हिन्दी में दो लिंग हैं, गुजराती में तीन; हिन्दी में भूतकाल के छः भेद हैं, रूसी में केवल दो; हिन्दी में दो वचन हैं, संस्कृत में तीन। कुछ भाषाओं में कुछ ध्वनियों का संयोग सम्भव है, पर दूसरी भाषाओं में नहीं। उदाहरणार्थ, अंग्रेज़ी में स् ट् र का संयोग खूब प्रचलित है, जैसे स्ट्रेटा, स्ट्रीट आदि में, पर जापानी में वह बिल्कुल सम्भव नहीं है। रूसी में ज् द् र् का संयोग खूब चलता है, पर अंग्रेज़ी या फ्रांसीसी में नहीं। जापानी में कोई भी अक्षर या शब्द स्वरान्त ही होगा, व्यञ्जनान्त नहीं, जैसे हरा-की-री, ना-गा-सा-की। इसके प्रतिकूल संस्कृत में या हिन्दी में अनेक व्यञ्जनों का संयोग सुलभ है। उदाहरणार्थ, कात्स्न्र्य में पाँच व्यञ्जनों का संयोग है। यह प्रवृत्ति किसी भाषा के अपने ही शब्दों में नहीं पायी जाती, दूसरी भाषाओं से जो शब्द लिये जाते हैं, उनमें भी काम करती है; जैसे, ग्रीक में च ध्वनि नहीं थी और न प्-त (प्त) के संयोग की सुविधा थी। अतः ग्रीक इतिहास-लेखकों ने चन्द्रगुप्त को सांद्रकोत्तस लिखा। रूसी में ह नहीं होता, ख़ होता है, अतः नेहरू को नेख़रू ही लिख सकते हैं।

14. भाषा भौगोलिक रूप से स्थानीकृत होती है

प्रत्येक भाषा की भौगोलिक सीमा होती है अर्थात् एक स्थान से दूसरे स्थान की भाषा में भेद होना अनिवार्य है। 'चार कोस पर पानी बदले आठ कोस पर बानी' वाली कहावत में इसी तथ्य को कहा गया है। भेद कम हो या अधिक, पर होगा अवश्य। इसी से भाषा में भाषा या बोली का प्रश्न उठता है। यह भाषा का स्वरूपगत भेद भौगोलिक भेद के आधार पर ही हुआ करता है।

भाषा के विभिन्न रूप

वस्तुतः जितने व्यक्ति हैं, उतनी भाषाएँ हैं; कारण कि किन्हीं दो व्यक्तियों के बोलने का ढंग एक नहीं होता। इसका प्रमाण यह है कि अन्धकार में भी किसी की वाणी सुनकर हम उसे पहचान लेते हैं। यह अन्तर केवल बोलने के ढंग में ही नहीं, उच्चारण, शब्द-भण्डार, यहाँ तक कि वाक्य-विन्यास में भी देखा जाता है। साहित्य में इसी का अध्ययन शैली के अन्तर्गत होता है। प्रेमचन्द की भाषा प्रसाद से भिन्न है और पन्त की निराला से। हिन्दी का प्रयोग तो यों सभी करते हैं, फिर यह अन्तर क्यों ? जो इन लेखकों या कवियों की रचनाओं से परिचित हैं, वे दो-चार पंक्तियाँ पढ़ते-पढ़ते भी अनायास कह देते हैं कि यह अमुक की भाषा है। प्रेमचन्द और प्रसाद की भाषा में किसी को भ्रम नहीं हो सकता। यह इसलिए कि उस भाषा के पीछे उनका व्यक्तित्व है। व्यक्तित्व का यह प्रभाव शिक्षित व्यक्तियों की ही भाषा में नहीं, बल्कि अशिक्षितों की भाषा में भी उसी रूप में पाया जाता है। जिसका जैसा व्यक्तित्व है, उसकी भाषा उसी साँचे में ढल जाती है।

इस तथ्य को स्वीकार कर लेने पर भाषा के अनन्त रूप हो जाते हैं; वस्तुतः उसके अनन्त रूप हैं भी। भाषा का आविर्भाव व्यक्ति में होता है, इसलिए भाषा की उत्पत्ति का आधार वही है, किन्तु उसका प्रेरक तत्त्व समाज है क्योंकि भाषा का उपयोग सामाजिक योग-क्षेम के लिए ही किया जाता है। भाषा के वैयक्तिक और सामाजिक पक्षों की चर्चा अंशतः पहले भी हो चुकी है। भाषा के रूपों पर विचार करते समय इन दोनों पक्षों को ध्यान में रखना आवश्यक है। ये दोनों पक्ष भाषा के पूरक हैं, एक के बिना दूसरे की सत्ता ही सम्भव नहीं है।

हमने अभी देखा कि प्रत्येक व्यक्ति की भाषा भिन्न होती है। यदि इस तथ्य तक ही अपने को सीमित रखें तो भाषा के भी अनन्त भेद मानने होंगे। एक दृष्टि से यह सही है, किन्तु सामाजिक दृष्टि से विचार न करना दृष्टि की एकांगिता का द्योतक होगा।

वक्ता के भेद से भाषा के अनेक रूप हो जाते हैं। जिस प्रकार व्यक्ति की निरपेक्ष सत्ता नहीं है, उसी प्रकार उसकी भाषा की भी निरपेक्ष सत्ता नहीं है। विभिन्न दृष्टियों से देखने पर एक ही व्यक्ति विभिन्न श्रेणियों में आता है; उदाहरणार्थ, **शिक्षा, संस्कृति, व्यवसाय, वातावरण, पर्यावरण** आदि के भेद से व्यक्ति की स्थिति और संस्कार में भेद पड़ता है जिसका अनिवार्य प्रभाव भाषा पर पड़ता है। अंग्रेज़ी पढ़े सभी लोग एक ही

भाषा का व्यवहार नहीं करते। डॉक्टर की भाषा से वकील की भाषा भिन्न होती है तो इन्जीनियर की भाषा से भाषाविज्ञानी की। स्थूल दृष्टि से देखने पर सभी अधीत और शिक्षित हैं, किन्तु उनके विशेषीकरण का प्रभाव उनकी भाषा में भी परिलक्षित होता है। भाषा के पार्थक्य में उपर्युक्त कारणों के अतिरिक्त **इतिहास, भूगोल, राजनीति, आर्थिक स्थिति, सामाजिक स्थिति** आदि का भी पर्याप्त प्रभाव पाया जाता है। भाषा के रूपों का विचार करते समय इन सारी बातों को स्मरण रखना आवश्यक है।

हमने पीछे देखा है कि भाषा के तीन रूप होते हैं–वाणी, भाषा और अधिभाषा; अर्थात् भाषा की स्थिति तीन प्रकार से सम्भव है–व्यक्ति में, समुदाय में और सामान्य अमूर्त रूप में। सामान्य या अमूर्त रूप भाषा की वह व्यापकता है जिसमें भेद का अवकाश नहीं है। वहाँ पहुँचकर भाषा निरुपाधि हो जाती है, किन्तु शेष दो व्यावहारिक हैं और उन पर विचार किया जा सकता है।

1. परिनिष्ठित भाषा

भाषा का आदर्श रूप वह है जिसमें वह एक वृहत्तर समुदाय के विचार-विनिमय का माध्यम बनती है, अर्थात् उसका प्रयोग शिक्षा, शासन, और साहित्य-रचना के लिए होता है। हिन्दी, अंग्रेज़ी, रूसी, फ्रांसीसी इसी श्रेणी की भाषाएँ हैं। भाषा के इस रूप को मानक, आदर्श या परिनिष्ठित कहते हैं, जो अंग्रेज़ी के 'स्टैंडर्ड' शब्द का रूपान्तर है। परिनिष्ठित भाषा विस्तृत क्षेत्र में प्रयुक्त और व्याकरण से नियन्त्रित होती है। कोई भाषा कैसे परिनिष्ठित बन जाती है, इसकी चर्चा आगे की जायेगी।

2. विभाषा (बोली)

एक परिनिष्ठित भाषा के अन्तर्गत अनेक विभाषाएँ या बोलियाँ हुआ करती हैं। भाषा के स्थानीय भेद से प्रयोग-भेद में जो अन्तर पड़ता है, उसी के आधार पर विभाषा का निर्माण होता है। जैसा हमने अभी देखा है, प्रत्येक व्यक्ति की भाषा दूसरे व्यक्ति से भिन्न होती है। ऐसी स्थिति में यह असम्भव है कि बहुत दूर तक भाषा की एकरूपता कायम रखी जा सके। स्वभावतः एक भाषा में भी कुछ दूरी पर भेद दिखायी देने लगता है। यह स्थानीय भेद, जो मुख्यतः भौगोलिक कारणों से प्रेरित होता है, विभाषाओं का सर्जक बनता है। उदाहरणार्थ–

खड़ी बोली–जाता हूँ।
ब्रजभाषा–जात हौं।
भोजपुरी–जात हईं।
मगही–जा ही।

इन चारों वाक्यों को देखने से विभाषा का रूप स्पष्ट हो जाता है। स्थान-भेद से एक ही क्रिया विभिन्न रूप धारण कर लेती है। फिर भी ये रूप इतने भिन्न नहीं हैं कि परस्पर समझ में न आयें। बोधगम्यता रखते हुए स्थानीय भेद को **विभाषा** कहते

हैं। इस कसौटी पर उपरिलिखित चारों वाक्य खरे उतरते हैं। यही भेद जब इतना अधिक हो जाता है कि समझ न आये तो वह विभाषा का नहीं, भाषा का भेद बन जाता है। उदाहरणार्थ, 'जाता हूँ' के बदले यदि 'आई गो' कहें तो दोनों में कोई सम्बन्ध नहीं रह जाता। 'जाता हूँ' समझने वाला यदि अंग्रेज़ी नहीं जानता तो 'आई गो' नहीं समझ सकता। भाषा-भेद और विभाषा-भेद का अन्यतम आधार बोधगम्यता है। प्रायः विभाषाओं में से ही कोई परिस्थिति की अनुकूलता से भाषा बन बैठती है। भाषा और विभाषा का अन्तर बहुव्यापकता और अल्पव्यापकता का है जिसके मूल में भौगोलिक सीमा काम करती है। अंग्रेज़ी में विभाषा को 'डायलेक्ट' कहते हैं।

3. अपभाषा

भाषा में ही जब सामाजिक दृष्टि से ऐसे प्रयोग आ जाते हैं जो शिष्ट रुचि को अग्राह्य प्रतीत होते हैं तो उनको **अपभाषा** कहते हैं। अंग्रेज़ी में इसे स्लैंग' कहते हैं। अपभाषा की निम्नलिखित विशेषताएँ हैं–

(क) शास्त्रीय आदर्शों की उपेक्षा–भाषा में शास्त्रीय आदर्शों जैसे शुद्धता; श्लीलता आदि की रक्षा का आग्रह रहता है, किन्तु अपभाषा में नहीं।

(ख) शब्दों के निर्माण के सिद्धान्तों की उपेक्षा–भाषा में शब्दों का निर्माण कैसे होगा, इसके व्याकरण-सम्मत नियम हैं। उन नियमों को ध्यान में रखकर ही शब्दों का या एक शब्द के अनेक रूपों का निर्माण होता है। अपभाषा में उन नियमों पर ध्यान नहीं दिया जाता। जैसे, **टंडैल** या **अगड़धत्त** आदि शब्द किसी नियम से सिद्ध नहीं हैं।

(ग) भाषा के शब्दों का अपभाषा में अर्थ-विस्तार दीखता है। भाषा में जो शब्द सामान्यतः जिस रूप में प्रचलित रहते हैं, अपभाषा में उससे हटकर हीन अर्थ में प्रयुक्त होने लगते हैं; जैसे उसने उसकी अच्छी **हजामत बनायी** या **मरम्मत की**; मारते-मारते **कचूमर निकाल दिया**; उसने मुझे **धसा दिया**। कोई **मक्खन लगाना** उससे सीखे; एक इसी बल पर वह **कहाँ से कहाँ पहुँच गया**।

(घ) अपभाषा कुछ विशेष **श्रेणियों,** सामाजिक वर्गों या समवयस्कों में **प्रचलित** रहती है अर्थात् अपभाषा के प्रयोगों के लिए वर्ग-विशेष, समाज-विशेष या वय-विशेष की सीमा देखी जाती है। एक ख़ास तरह का प्रयोग इस सीमा में विशेष लोकप्रियता प्राप्त कर लेता है।

अपभाषा की इन विशेषताओं को देखने से स्पष्ट हो जाता है कि उसका निर्माण शैक्षिक, सांस्कृतिक और सामाजिक तत्त्वों से होता है जिनमें लोक-मर्यादा और शिष्ट रुचि को प्रायः ध्यान में नहीं रखा जाता या जान-बूझकर उनकी उपेक्षा की जाती है। अपभाषा के प्रयोगों पर विचार करने से प्रयोक्ता के शैक्षिक, मानसिक स्तर आदि का आसानी से पता लग जाता है।

'स्लैंग' के लिए हमने **अपभाषा** शब्द का प्रयोग किया है जिसका आधार महाभाष्यकार की यह पंक्ति है–

ब्राह्मणेन न म्लेच्छितवै नापभाषितवै।

—महाभाष्य : पस्पशाह्निक

अर्थात् ब्राह्मण को न तो अस्पष्ट बोलना चाहिए और न अपभाषण करना चाहिए। अपभाषण उसी अर्थ का बोधक है जिसके लिए 'स्लैंग' का प्रयोग होता है। किसी भी भाषा के अन्तर्गत अपभाषा की श्रेणी में आनेवाले प्रयोगों का अध्ययन भाषाविज्ञान की दृष्टि से बड़ा उपादेय सिद्ध हो सकता है, क्योंकि उससे जीवन एवं समाज के अनेक पक्षों पर प्रकाश पड़ने की सम्भावना रहती है।

कहने की आवश्यकता नहीं कि **नवीनता, विनोद, उच्छृंखलता, संस्कारहीनता** आदि अनेक कारण अपभाषा के प्रेरक हुआ करते हैं। सामान्यतः अपभाषा शिष्ट भाषा में गृहीत नहीं होती, किन्तु जब कोई प्रयोग बहुत चल पड़ता है तो उसमें इतनी शक्ति आ जाती है कि वह शिष्ट भाषा में प्रवेश पा जाता है।

4. विशिष्ट (व्यावसायिक) भाषा

समाज कोई अरूप वस्तु नहीं है। व्यक्ति को जब सामाजिक प्राणी कहा जाता है तो समाज के किसी विशिष्ट रूप को ही ध्यान में रखकर। समाज में उसकी कोई-न-कोई स्थिति होती है, वह कोई-न-कोई काम करता है। व्यवसाय के अनुसार अनेक श्रेणियाँ बन जाती हैं; जैसे, किसान, लोहार, बढ़ई, जुलाहा, सोनार, दर्जी, कुम्हार, शिकारी, मल्लाह, डॉक्टर, वकील, अध्यापक, दूकानदार, पंडित, पुजारी, मौलवी आदि। इन सभी व्यवसायों की अलग-अलग शब्दावली होती है। यह शब्दावली एक तरह से वैसी ही प्राविधिक या पारिभाषिक हो जाती है जैसे साहित्य, दर्शन, अर्थशास्त्र, मनोविज्ञान, भौतिकी, रसायन आदि की, अर्थात् किसी व्यवसाय की शब्दावली उसी में चलती है। आप किसी की भाषा सुनकर आसानी से निर्णय कर सकते हैं कि वह किस व्यवसाय का व्यक्ति है।

कबीर जाति के जुलाहा थे; अतः उनकी कविता में ऐसे अनेक प्रतीक अनायास आ गये हैं जो जुलाहों के व्यवसाय से सम्बद्ध हैं, जैसे—

झीनी झीनी बीनी चदरिया।
काहे के **ताना** काहे के **भरनी** कौन **तार** से बीनी चदरिया।

ताना, भरनी या तार आदि शब्द सूर, तुलसी या बिहारी की रचनाओं में इस रूप में नहीं पाये जाते।

अंग्रेज़ी पढ़े-लिखे लोगों की भाषा में अंग्रेज़ी के शब्दों का इतना बाहुल्य रहता है कि हिन्दी के शब्द बहुत प्रयास करने पर ही दिखायी देते हैं। उदाहरणार्थ, 'एयर स्पेस वायोलेशन और डिप्लोमैटिक मेल बैग टेम्पर करने के लिए एक्सटर्नल अफेयर्स मिनिस्ट्री ने पाकिस्तान गवर्नमेंट को स्ट्रौंग प्रोटेस्ट लेटर भेजा है' या 'डिस्ट्रिक्ट कांग्रेस कमेटी ने एक इमर्जेंट मीटिंग कॉल कर एक मेम्बर के अगेंस्ट डिसिप्लिनरी ऐक्शन का रिज़ोल्युशन पास किया है।'

इस तरह की अंग्रेज़ी-लदी हिन्दी वे ही लोग बोलते हैं जिनको हिन्दी का ज्ञान या अभ्यास नहीं है या जो जान-बूझकर यह दिखाना चाहते हैं कि वे अंग्रेज़ी जानते हैं, क्योंकि भारत में शिष्ट-सभ्य कहलाने के लिए अंग्रेज़ी का ज्ञान अनिवार्य समझा जाता है। दूसरे देशों में जो चीज़ हेय समझी जाती है, वही यहाँ प्रशस्य।

भारतीय कचहरी की भाषा की छटा कुछ और निराली होती है जिसमें अरबी-फ़ारसी के शब्दों की अधिकता पायी जाती है; जैसे—'मुंसिफ़ अव्वल के इजलास में जो आपका दीवानी का मुक़दमा था वह तारीख़ पर गवाहान के हाज़िर न होने से ख़ारिज हो गया।' वकील, मुख़्तार या पैरवीकार अपने व्यवसाय के अनुकूल इसी तरह की भाषा प्रयोग करते हैं।

भक्त जब शरणागत-वत्सल भवभयहारी वृन्दावनविहारी दयानिधान भगवान् कृष्ण को स्मरण करते हैं तो उनकी भाषा का अन्तर मौलाना अबुलक़लाम आज़ाद की निम्नलिखित भाषा से स्पष्ट हो जाता है—

'इस्लाम की तालीम, इस्लाम की तारीख़, इस्लाम के उलूम व फ़नून, इस्लाम की तहज़ीब, मेरी दौलत का सरमाया है और मेरा फ़र्ज़ है कि इसकी हिफ़ाज़त करूँ। लेकिन इन तमाम एहसासात के साथ मैं एक और एहसास भी रखता हूँ जिसे मेरी ज़िंदगी की हक़ीकतों ने पैदा किया है। इस्लाम की रूह मुझे इससे नहीं रोकती। मैं हिन्दुस्तान की एक और नाक़ाबिले तक़सीम मुत्तहदा क़ौमियत का एक अंसर हूँ। मैं इसकी तकवीन का एक नागुज़ीर आनिल हूँ। मैं अपने इस दावे से कभी दस्तेबरदार नहीं हो सकता।'

दर्ज़ी की भाषा मौलाना आज़ाद की भाषा से भिन्न कुछ इस प्रकार की होती है, 'पहले कच्चा करके तब बखिया करना और आस्तीन की मोहरी नाख़ूनी सीना। काज बनाकर बटन भी टाँक देना।'

अधिक उदाहरण देने की आवश्यकता नहीं। इन कतिपय उदाहरणों से स्पष्ट हो गया होगा कि शिक्षा और संस्कृति के साथ व्यवसाय का भी असर भाषा पर कितना पड़ता है। जो जिस व्यवसाय में है, वह उसकी बँधी शब्दावली से मुक्त हो सके, यह असम्भव है। कहने को ऊपर के सभी उदाहरण हिन्दी के हैं, फिर भी इनमें परस्पर कितना अन्तर है ? भाषा की प्रकृति पर विचार करने वाले इन विशेषताओं पर भी ध्यान देते हैं। इन उदाहरणों की शब्दावली में जो अन्तर है वह क्यों है ? किसी की भाषा में अंग्रेज़ी शब्दों का बाहुल्य है तो किसी की भाषा में संस्कृत शब्दों का और किसी की भाषा में अरबी-फ़ारसी शब्दों का।

5. *कूटभाषा*

हमने अब तक देखा है कि भाषा सामान्यतः अपनी बात दूसरों तक पहुँचाने का माध्यम है अर्थात् भाषा का प्रयोग अभिव्यञ्जन के लिए होता है, किन्तु भाषा का एक और उपयोग है। संसार में जितना मिथ्या-भाषण होता है, वह सब किसी-न-किसी बात को छिपाने के लिए ही। अगर छिपाना उद्देश्य नहीं होता तो मिथ्या-भाँषण की कोई

आवश्यकता न थी और मात्रा की दृष्टि से मिथ्या-भाषण कुछ कम नहीं होता। इसीलिए एक विद्वान ने कहा है कि भाषा का काम बात को बताना नहीं, छिपाना है। अलंकारशास्त्र में व्याजोक्ति या छेकापह्नुति आदि अलंकार गोपन के आधार पर ही खड़े हैं।

सामान्य भाषा में जहाँ बोध्यता अभीष्ट होती है वहाँ कूटभाषा (code language) में अबोध्यता, या यों कहें कि बोध्यता और अबोध्यता दोनों, क्योंकि उसमें कुछ तो बताना अभीष्ट होता है और कुछ छिपाना। कूट-भाषा के दो प्रमुख प्रयोजन हैं–(1) **मनोरंजन** और (2) **गोपन**। कविता में कूट-भाषा का जो प्रयोग होता है वह मनोरंजन के लिए ही। सूर के कूट इसके उदाहरण हैं। अनेक बार बालक या सयाने भी शब्दों को उलटकर बोलते हैं; जैसे बालक रोटी माँगते समय 'टीरो' कहकर या भात को 'तभा' या पानी को 'नीपा' कहकर अपना बौद्धिक उत्कर्ष दिखाना चाहते हैं। मनोरंजन के साथ कूटभाषा का दूसरा और सम्भवतः अधिक उपयोगी पक्ष है किसी वस्तु का गोपन। अपराधी, चोर, विद्रोही या गुप्तचर भाषा का जो प्रयोग करते हैं वह अपनी बात छिपाने के उद्देश्य से ही। उन संकेतों से जो परिचित है वह तो उनका अर्थ समझ पाता है और जो अपरिचित है उसके लिए वे निरर्थक प्रमाणित होते हैं। उदाहरणार्थ, चोरी करने जाना चोरों के यहाँ 'बारात जाना' कहा जाता है। जेल को कुछ चोर 'ससुराल' कहते हैं। सिद्ध है कि बारात या ससुराल का जो प्रचलित अर्थ है, उससे भिन्न अर्थ में इन शब्दों का प्रयोग अभिप्रेत है; इसका एकमात्र उद्देश्य है अपने अभिप्राय को केवल उसी व्यक्ति को बताना जो आत्मीय हो।

कूटभाषा का प्रयोग कई रूपों में होता है–

(1) कूटभाषा का व्यापक प्रयोग **सांकेतिक** रूप में होता है। इसमें शब्द का प्रचलित और प्रसिद्ध अर्थ छोड़कर उसे किसी दूसरी वस्तु का संकेत मान लिया जाता है; जैसे, चोरी के लिए 'बारात', जेल के लिए 'ससुराल'। इसी तरह 'इनकी पूरी ख़ातिरदारी करना' का सांकेतिक अर्थ है 'इनकी अच्छी मरम्मत करना।' 'आज **रत्नाकर** आने वाले हैं; उनके लिए **रस** का प्रबन्ध करो', यह वाक्य कोई चोर अपने साथी से इस उद्देश्य से कह सकता है कि आज कोई मालदार (रत्नाकर) आने वाला है; उसे मारने के लिए **विष** (रस) का प्रबन्ध करना चाहिए। सेना की टुकड़ियों में इसी तरह विभिन्न वस्तुओं के विभिन्न संकेत दे दिये जाते हैं। शाम को शिविर से जब सैनिक बाहर जाने लगते हैं तो उन्हें कोई संकेत दे दिया जाता है। लौटने पर उस संकेत के बोलने के बाद ही वे शिविर में घुसने की अनुमति पाते हैं। यदि ऐसा न किया जाये तो शत्रु-दल के सैनिक भी वेश बदलकर भीतर घुस आ सकते हैं ओर सारा रहस्य जान ले सकते हैं या तोड़-फोड़ कर सकते हैं। ये सैनिक संकेत प्रायः प्रतिदिन बदल दिये जाते हैं; जैसे आज 'हंस' रखा गया तो कल 'हाथी'। अब जितने लोग शिविर के बाहर जायेंगे, वे लौटते ही पहरे के संतरी के सामने 'हंस' या 'हाथी' का उच्चारण करेंगे जो इस बात का सूचक होगा कि वे अपनी सेना के अंग हैं। यह कहने के बाद ही उन्हें भीतर जाने की स्वीकृति मिलती है। ये संकेत अत्यन्त गुप्त रखे जाते हैं।

कूटभाषा का सांकेतिक प्रयोग **समुदाय-विशेष** के परस्पर समझने की चीज़ है। जो समुदाय इस भाषा का प्रयोग करता है वह पहले से विभिन्न वस्तुओं के लिए विभिन्न संकेत गढ़ लेता है, समझ लेता है और तब समय पर उनका प्रयोग करता है। कूटभाषा में ध्वनि या पद का सामान्यतः परिवर्तन नहीं होता, केवल **शब्द-भण्डार** सांकेतिक होता है। कभी-कभी प्रचलित शब्द को अधिक अबोध्य बनाने के लिए ध्वनि में भी परिवर्तन किया जा सकता है, लेकिन सामान्यतः शब्द-परिवर्तन से ही काम चल जाता है।

(2) कूटभाषा का दूसरा रूप **वर्ण-विपर्यय** में देखने को मिलता है। यह सांकेतिक कूटभाषा की अपेक्षा अधिक सुगम होती है और थोड़ी बुद्धि लगाने पर समझ में आ जाती है; जैसे पूर्वोक्त उदाहरण 'टीरो'=रोटी; 'तभा'=भात; 'नीपा'=पानी। वर्ण-विपर्ययमूलक भाषा का उपयोग गोपन और मनोरंजन दोनों के लिए होता है। अधिक गोपनीय वस्तु को वर्ण-विपर्यय के द्वारा अभिव्यक्त नहीं किया जा सकता, क्योंकि उसमें बात खुल जाने की आशंका रहती है। गोपनीयता की रक्षा सांकेतिक भाषा से ही अच्छी तरह हो पाती है। वर्ण-विपर्यय से अधिकतर उत्सुकता या मनोरंजन की भावना ही व्यक्त की जाती है।

(3) कूटभाषा का एक प्रचलित रूप यह है कि अक्षरों के साथ किसी दूसरे अक्षर को जोड़कर उन्हें एक-दूसरे से अलग कर दिया जाता है और अबोध्य बना दिया जाता है। इस उद्‌देश्य की सिद्धि के लिए किसी भी अक्षर को जोड़ा जा सकता है। मुझे याद है कि बचपन में अपने कई साथियों को मैं इस तरह की कूटभाषा का प्रयोग करते देखता था, जिसका थोड़ा-बहुत अभ्यास मैंने भी किया था। किसी अक्षर के प्रयोग के अनुसार, यदि चि का प्रयोग हो तो इसे 'चिकारी' या ट का प्रयोग हो तो 'टकारी' आदि नामों से पुकारते थे। एक उदाहरण लीजिये—

चिकारी—चिहचिमाचिरेचिघचिरचिकचिबचिचचिलिचियेचिगा ?

(हमारे घर कब चलियेगा ?)

टकारी—हटमाटरेटघटरटकटबटचटलिटयेटगाट ?

(हमारे घर कब चलियेगा ?)

'चिकारी' और 'टकारी' का प्रयोग देखने से स्पष्ट हो जाता है कि 'चि' या 'ट' के व्यवधान से सामान्य भाषा भी कैसी अबोध्य बन जाती है। चिकारी-टकारी में अन्तर यही है कि चि का प्रयोग वर्णों के पहले होता है और ट का बाद में। अभ्यास कर लेने पर न बोलने वाले को कठिनाई होती है और न सुनने वाले को। इसमें सामान्य रहस्य-गोपन ही हो सकता है, गूढ़ रहस्य-गोपन नहीं, क्योंकि एक बार इस प्रयोग की कुंजी जान लेने पर वाक्य का अर्थ लगा लेना कठिन नहीं है। थोड़े-से अभ्यास से किसी की बात पकड़ ली जा सकती है।

(4) हमारे बचपन में एक **अंकात्मक कूटभाषा** प्रचलित थी। उस समय उसका प्रयोग बहुत प्रिय लगता था। अंकात्मक कूटभाषा अपेक्षाकृत अधिक कठिन होती है, वर्ण-विपर्यय या चिकारी-टकारी जैसी सुगम नहीं। वह रहस्यात्मकता में एक प्रकार से

सांकेतिक भाषा के समीप पड़ती है। जिस भाषा की मैं चर्चा कर रहा हूँ, वह एक कृत्रिम वाक्य पर आश्रित है जिसमें वर्णमाला के सभी अक्षर उलट-पुलटकर रख दिये गये हैं। जिस क्रम से अक्षर रखे गये हैं, उसी क्रम से उनकी संख्या दे दी जाती है और फिर अक्षरों के बदले उन संख्याओं का ही प्रयोग होता है और मात्राएँ भी उन्हीं में लगती हैं। वह वाक्य है–

1	2	3	4	5	6	7	8	9	10	11	12	13	14	15	16	17	18	19	20	21
गो	बिं	द	क	था	र	स	पे	ख	ना	जा	च	हि	मा	धो	लो	भ	ते	अ	उ	झ

22	23	24	25	26	27	28	29	30	31	32	33
ट	घो	ड़ा	फ	छ	डु	ढा	ठा	ओ	आ	इ	ए।

इसमें वर्णमाला के कामचलाऊ सभी अक्षर आ गये हैं। ङ, ञ, ण, श, ष, व, आदि का समावेश नहीं है, क्योंकि सामान्य बोलचाल में इन वर्णों का प्रयोग नहीं होता। इसमें क्रमशः प्रत्येक वर्ण की संख्या निर्धारित कर दी जाती है। जैसे–

1	2	3	4	5	6	7	8	9	10
गो	बिं	द	क	था	र	स	पे	ख	ना

में क्रमशः प्रत्येक अक्षर की 1, 2, 3 आदि संख्या निर्धारित कर उसी में मात्रा लगाकर लिखते या बोलते हैं। जो श्रोता इस गुप्त सूत्र से परिचित नहीं है, वह हतप्रभ रह जाता है। जैसे, उपरि-उदाहृत वाक्य 'हमारे घर कब चलियेगा' को इसमें ऐसे बोलेंगे या लिखेंगे–

13-14ा6े 23-6 4-2 12-ि16-33-1ा ?

6. कृत्रिम भाषा

कृत्रिम भाषा उसे कहते हैं जो स्वाभाविक रूप से विकसित नहीं हुई हो बल्कि जिसे गढ़कर बनाया गया हो। संसार में भाषाओं की अधिकता के कारण बोधगम्यता में बड़ी बाधा पड़ती है और जब तक एक-दूसरे की भाषाएँ ज्ञात न हों तब तक परस्पर बात करना सम्भव नहीं है। इसको लेकर राजनीति, वाणिज्य, व्यवसाय, भ्रमण आदि में बहुत असुविधाएँ होती हैं। भाषा-भेद-जनित असुविधाओं को दूर कर अन्तरराष्ट्रीय व्यवहार के लिए एक सामान्य भाषा प्रस्तुत करना ही कृत्रिम भाषा के आविष्कार का उद्देश्य है। अतः चाहें तो कृत्रिम भाषा को **अन्तरराष्ट्रीय** भाषा भी कह सकते हैं। इस उद्देश्य की पूर्ति के लिए विगत दो शताब्दियों में सैकड़ों भाषाएँ बनायी गयीं, किन्तु उनमें अधिकतर उत्पत्ति के साथ ही गतायु हो गयीं। आज एक ही कृत्रिम भाषा जी रही है और वह है **एसपेरांतो**। संसार में एसपेरांतो का प्रयोग करने वालों की संख्या अस्सी लाख बतायी जाती है। यूरोप में इस भाषा को बहुत लोग शौक से सीखते हैं। कृत्रिम भाषा का उद्देश्य बहुत ऊँचा है, इसमें कोई सन्देह नहीं और यदि इसको सभी लोग अपना सकें तो निश्चय ही भाषा-भेद-जनित कठिनाई मिट जायेगी जो आज मनुष्य-मनुष्य के बीच दीवार बनकर खड़ी है। किन्तु यह लक्ष्य जितना ऊँचा है उतना ही दुरूह भी है। कृत्रिम भाषा को अपनाने में कुछ कठिनाइयाँ तो स्पष्ट हैं–

(1) कृत्रिम भाषा दैनिक व्यवहार के लिए ही उपयुक्त, अतः कामचलाऊ, है। इसमें गम्भीर विषयों की आलोचना-प्रत्यालोचना सम्भव नहीं है।

(2) कृत्रिम भाषा में साहित्य-रचना सम्भव नहीं है, कारण कि इस भाषा का सम्बन्ध मनुष्य के व्यक्तित्व के विकास के साथ नहीं है। हृदय के भावों, आवेगों, संवेदनों की अभिव्यक्ति निसर्ग-सिद्ध भाषा में ही सम्भव है, किसी कृत्रिम और अपरागत भाषा में नहीं। अंग्रेज़ी का उदाहरण हमारे सामने है। अंग्रेज़ी की साधना में सारा जीवन व्यतीत करने वाले भी अपनी आशा-आकांक्षा अंग्रेज़ी में व्यक्त करने में पूर्णतः सफल नहीं हो सके। रवीन्द्रनाथ ठाकुर के जैसा कवि भी बँगला के द्वारा ही स्थायी कीर्ति का भागी बना। अंग्रेज़ी में लिखने की कोशिश बहुतों ने की, मगर अंग्रेज़ी साहित्य में उनको कोई स्थान नहीं मिल पाया। इसके प्रतिकूल अपनी भाषा में लिखने वाले, भले ही उनकी अपनी भाषा की साधना अंग्रेज़ी की तुलना में बड़ी हलकी रही, अमर हो गये। यह इसलिए कि अंग्रेज़ी हमारे रक्त और मांस, हमारे हृदय और आत्मा की भाषा नहीं है। वह अमरबेल की तरह ऊपर से फैली है, अतः उसमें जीवन के रस का अभाव है। यही स्थिति एसपेरांतो को भी लेकर होगी। हिन्दी, बँगला, अंग्रेज़ी, रूसी, फ़्रांसीसी आदि भाषाओं को माता के दूध के साथ पचाने वाला व्यक्ति बाद को सीखी गयी भाषा में अपने हृदय के उद्गार यथावत् व्यक्त नहीं कर सकता।

(3) अपनी मातृभाषा के प्रति प्रेम और गौरव का भाव भी एसपेरांतो के व्यापक ग्रहण में बाधक सिद्ध होगा। जिस तरह अपना देश प्यारा होता है, उसी तरह अपनी भाषा भी। उसके प्रति सहज आकर्षण और प्रेम होता है जो प्रायः पक्षपात की सीमा छूने लगता है। ऐसी स्थिति में किसी सर्वथा अपरिचित भाषा को मातृभाषा के बदले अपना लेना सरल नहीं है।

(4) भाषा-भेद को मिटाने की जिस भावना से एसपेरांतो का जन्म हुआ है वह भी आगे चलकर बाधित होगा; कारण कि जो जिस भाषा का बोलने वाला है वह एसपेरांतो की ध्वनियों का उच्चारण उसी रूप में करेगा, क्योंकि उसके संस्कार और अभ्यास वैसे ही बने हैं। उदाहरणार्थ, हम एसपेरांतो कहेंगे तो अंग्रेज़ 'एसपेरेंटो'। यह उच्चारण-भेद कालान्तर में एसपेरांतो में भी अनेक विभाषाओं के निर्माण का प्रेरक होगा, जो किसी दिन परस्पर अबोध्यता की कोटि में पहुँच जा सकती हैं। इस तरह जिस लक्ष्य को ध्यान में रखकर इस अन्तरराष्ट्रीय भाषा का निर्माण हुआ है वह कहाँ तक सिद्ध होगा, यह कहना कठिन है।

7. मिश्रित भाषा

हलके-फुलके व्यापारिक उद्देश्य की पूर्ति के लिए अनेकत्र मिश्रित भाषा का उपयोग होता है। उदाहरणार्थ, **पिजिन** (Pidgin) इंग्लिश को लीजिए जिसका प्रयोग चीन में होता है। पिजिन इंग्लिश में शब्द अंग्रेज़ी के रहते हैं किन्तु ध्वनि-प्रक्रिया और व्याकरण चीनी का। यह भाषा सम्प्रेषण-सम्बन्धी स्थूल, प्रारम्भिक बातों तक सीमित है। किसी

चीज़ का भाव-मोल कर लेना, कुछ ख़रीद लेना, कुछ बेच लेना आदि कार्य ही इसके द्वारा सिद्ध हो पाते हैं। इसमें दर्शन या विज्ञान या साहित्य की रचना सम्भव नहीं है। इसी तरह भूमध्यसागर के बन्दरगाहों में **सबीर** नाम की एक भाषा का प्रयोग होता है जिसमें फ्रांसीसी, स्पेनी, इतालवी, ग्रीक और अरबी का मिश्रण है। इन भाषाओं से कुछ वस्तुओं के नाम ले लिये गये हैं और उन्हें मिलाकर एक खिचड़ी भाषा तैयार कर ली गयी है जिससे सामान्य आवश्यकताओं की पूर्ति हो जाती है।

उपर्युक्त चर्चा से यह स्पष्ट है कि भाषा का उद्देश्य केवल अभिव्यञ्जन ही नहीं गोपन भी है और भौगोलिक, वैयक्तिक, व्यावसायिक आदि दृष्टियों से उसके अनेक रूप हो जाते हैं। उपर्युक्त भेदों में अन्य सारे भेद भी समाहित हो जाते हैं। प्रान्तीय भाषा, राजभाषा, राष्ट्रभाषा आदि भेद अमान्य हैं, क्योंकि इनमें रूप-भेद नहीं होता। उदाहरणार्थ, राजभाषा और राष्ट्रभाषा की विभाजक रेखा क्या होगी ?

भाषाओं के सम्बन्ध में एक मौलिक तथ्य है कि न तो कोई भाषा सरल होती है न कठिन; न अच्छी, न बुरी। सरलता-कठिनता का प्रश्न, अच्छाई-बुराई का प्रश्न अभ्यास और संस्कार से सम्बद्ध है। जो भाषा आपको कठिन लगती है वह उसे कठिन नहीं लगती जिसकी वह मातृभाषा है, क्योंकि वह उसे जन्म से और सहज भाव से सीखे हुए है। इसी प्रकार अपनी भाषा हर आदमी को अच्छी लगती है। दोष दूसरे की भाषा में दीखते हैं, अपनी भाषा में नहीं। जिस प्रकार प्रत्येक व्यक्ति अपनी दृष्टि में दूसरे व्यक्ति की अपेक्षा अधिक सुन्दर है, वैसे ही अपनी भाषा भी दूसरी भाषा की अपेक्षा अधिक पूर्ण, सरल और अच्छी मालूम पड़ती है। अतः भाषा अच्छी या बुरी नहीं होती। भाषा बुरी तब कही जायेगी जब उससे काम न चल सके अर्थात् अभिव्यञ्जना समुचित रूप में न हो सके। आज अंग्रेज़ी को लेकर यह समस्या उठ खड़ी हुई है। बारह वर्ष सिरतोड़ परिश्रम करने पर भी शुद्ध अंग्रेज़ी लिखने या बोलने वाले दुर्लभ हो गये हैं। इस दृष्टि से अंग्रेज़ी बुरी कही जायेगी, क्योंकि हमारी अभिव्यञ्जना में वह साधक न होकर बाधक बन रही है।

दूसरी बात ध्यान में रखने की यह है कि भाषा का सतत विकास ही होता है। विद्वानों की दृष्टि में जो 'अपभ्रंश' है वह भी भाषाविज्ञान की दृष्टि से विकास ही है। व्याकरण के मानदंडों से हट जाने पर भाषा अपभ्रष्ट (गिरी हुई) लगती है, किन्तु भाषाविज्ञान उसे 'अपभ्रष्ट' न कहकर 'विकसित' कहेगा, क्योंकि वह परिवर्तन कुछ अनिवार्य कारणों से प्रेरित और नियन्त्रित होता है। हम बूढ़े हो गये, इसका यह अर्थ कहाँ हुआ कि हम गिर गये ? यह तो विकासजनित रूप-परिवर्तन हुआ। इसी तरह यदि आज की भाषा दो सौ वर्षों के बाद बदल जाती है तो इसका यह अर्थ नहीं कि वह भाषा गिर गयी, बल्कि उसमें प्राकृतिक परिवर्तन हो गया जो सृष्टि का अपरिहार्य क्रम है। जैसे नदी की धारा कभी नहीं रुकती, सदा आगे बढ़ती जाती है, वैसे ही भाषा का प्रवाह भी कभी नहीं रुकता, सदा आगे बढ़ता जाता है। विकास के इस अनिवार्य प्रवाह को अपभ्रंश कहना भाषावैज्ञानिक दृष्टि से असंगत है।

भाषा और विभाषा (बोली)

हमने देखा है कि शिक्षा, संस्कार, पालन-पोषण, व्यवसाय, सामाजिक स्थिति, वातावरण आदि के भेद से व्यक्ति की भाषा का निर्धारण होता है और एक व्यक्ति की भाषा दूसरे व्यक्ति की भाषा से भिन्न हो जाती है। इसलिए यदि सूक्ष्मता से विचार करें तो प्रत्येक व्यक्ति की भाषा स्वतन्त्र बोली मानी जायेगी, अर्थात् उसकी अपनी विशेषताएँ होंगी जो दूसरे से भिन्न होंगी, किन्तु एक व्यक्ति की भी भाषा सदा एकरूप नहीं होती। विभिन्न परिस्थितियों में उसकी भाषा विभिन्न रूप धारण कर लेती है; उदाहरणार्थ, परिवार में बोलते समय हम जिस भाषा का प्रयोग करते हैं, उसी का अपरिचित लोगों से मिलते समय नहीं; जिस रूप में नौकर या दूकानदार से बातें करते हैं उसी रूप में मन्त्री या राष्ट्रपति से नहीं; कार्यालय में बोलने का ढंग दूसरा होता है तो सार्वजनिक भाषण में दूसरा; आनन्द के अवसरों की भाषा शोकोद्‌गार की भाषा से भिन्न होती है। इस तरह स्पष्ट है कि एक व्यक्ति की भाषा परिस्थिति-भेद से भिन्न हो जाती है। फिर, वाचिक भाषा और लिखित भाषा में भी भेद हो जाता है। कोई भी बोलते समय जैसी भाषा का प्रयोग करता है, लिखते समय वैसी ही भाषा का प्रयोग नहीं करता। लिखते समय उसकी भाषा कुछ कृत्रिम और गम्भीर बन जाती है। प्रसाद ने जो भाषा लिखी है वही बोलते नहीं थे। लिखते समय भी विषयों के अनुसार भाषा में परिवर्तन हो जाता है; जैसे, पत्र की भाषा निबन्ध की भाषा से भिन्न होती है; नाटक में भाषा का जो रूप रहता है, वही शोध-प्रबन्ध में नहीं। इससे स्पष्ट है कि भाषा की भंगिमाओं की कोई सीमा नहीं है। व्यक्ति-विशेष की भी भाषा आन्तरिक और बाह्य परिस्थितियों से प्रेरित और नियन्त्रित होकर अनन्त रूप धारण कर सकती है।

किन्तु जहाँ भाषा में वैयक्तिक दृष्टि से भेद की इतनी सम्भावनाएँ वर्तमान हैं वहीं सामाजिक दृष्टि से उसका नियन्त्रण भी अपेक्षित है। अगर भेद पर कोई नियन्त्रण न रखा जाये तो भाषा का उद्‌देश्य ही नष्ट हो जायेगा, अर्थात् वह सामाजिक सम्प्रेषण की वस्तु न होकर निरर्थक जल्पन-मात्र बनकर रह जायेगी। भाषा में व्यक्ति और समाज की क्रिया-प्रतिक्रिया सदा चलती रहती है। व्यक्ति सदा स्वतन्त्रता का आग्रही होता है, वह अपनी इच्छा और सुविधा के अनुसार सारे काम करना चाहता है, किन्तु दूसरी ओर, उसे समाज का भी ध्यान रखना पड़ता है। यह बात हमारे प्रत्येक दैनिक व्यवहार में देखी जा सकती है। समाज में हम वैसा कोई काम नहीं करते जो सामाजिक दृष्टि से वांछनीय न

हो। मन में इच्छा उत्पन्न होने पर भी हम उस पर अंकुश लगा देते हैं। इसी को सामाजिक शिष्टाचार कहते हैं। सामाजिक शिष्टाचार का पालन नहीं करनेवाला अभद्र समझा जाता है और समाज में निन्दा का पात्र बनता है। सामाजिक दृष्टि से यह बहुत बड़ा दंड है। सामाजिकता की जो भावना खान-पान, रहन-सहन, बोल-चाल, उठने-बैठने, मिलने-जुलने आदि में काम करती है, वही भाषा में भी। व्यक्ति भाषा में भी स्वाधीनता चाहता है, पर स्वाधीनता एक सीमा तक ही सम्भव है जिसे पार कर जाने पर उसकी भाषा सामाजिक दृष्टि से निरुपयोगी बन जायेगी। यदि कोई जो चाहे, जैसा चाहे बोलना शुरू कर दे तो दूसरे उसे नहीं समझ सकेंगे। थोड़ी-बहुत वैयक्तिक स्वाधीनता का अवकाश भाषा में सदा रहता है, पर उसकी भी मर्यादा है। जैसे, 'मुझे पानी चाहिए' के बदले कोई कहे कि 'मुझे जल चाहिए' तो 'पानी' के बदले 'जल' का प्रयोग करने की स्वाधीनता उसे है और उससे अर्थ में कोई अन्तर उपस्थित नहीं होता। किन्तु पानी के लिए किसी सर्वथा नये शब्द का प्रयोग कर वह अपनी बात दूसरों तक नहीं पहुँचा सकता; जैसे, 'मुझे लावा चाहिए' कहकर हम पानी नहीं पा सकते; हमें जल-वाचक किसी वैसे शब्द का ही प्रयोग करना होगा जो समाज द्वारा स्वीकृत है; इसी तरह वाक्य में शब्दों के स्थान-परिवर्तन की भी थोड़ी-बहुत छूट रहती है; जैसे, 'यही होना भी चाहिए' कहें या 'होना भी यही चाहिए'—इससे अर्थ में कोई अन्तर नहीं होता, पर इसे अधिक बदलना अर्थ-बोध में बाधा उपस्थित करेगा।

हमने देखा कि व्यक्ति की दृष्टि से **स्वाधीनता** और समाज की दृष्टि से **नियन्त्रण**—ये दो बातें मनुष्य के समस्त क्रिया-कलाप में वर्तमान रहती हैं और इन दोनों के घात-प्रतिघात से ही समाज का विकास होता है। भाषा में इन दोनों प्रवृत्तियों को **केन्द्रापगामी** और **केन्द्राभिगामी** कह सकते हैं। व्यक्ति की प्रवृत्ति केन्द्रापगामी होती है और समाज की केन्द्राभिगामी—व्यक्ति अपनी रुचि तथा शक्ति के अनुसार भाषा को अपने ढंग से व्यवहृत करना चाहता है, पर समाज उसकी रुचि और शक्ति को अनियन्त्रित नहीं छोड़ना चाहता, क्योंकि भाषा का प्रयोग अन्ततः सामाजिक व्यवहार के लिए ही होता है। यदि यह नियन्त्रण न रहे तो भाषा अबोध्य बन जायेगी। केन्द्रापगामी प्रवृत्ति में **पृथकता** या बिलगाव की भावना रहती है और केन्द्राभिगामी प्रवृत्ति में **एकीभाव** की। व्यक्ति की भाषणभंगी विभाषा या बोली को प्रोत्साहित करती है तो सामाजिकता की भावना भाषा को।

भाषा और बोली के इस सैद्धान्तिक भेद को स्वीकार कर लेने पर उनके बीच स्पष्ट विभाजक रेखा खींचना बहुत कठिन है। वस्तुतः ये केवल नाम हैं जो शास्त्रीय विवेचन के लिए आवश्यक हैं।[1] इससे स्पष्ट है कि भाषा और विभाषा (बोली) व्यावहारिक से

1. (a) To the linguist there is no real difference between a 'dialect' and a 'language' which can be shown to be related, however remotely, to another language. By preference the term is restricted to a form of speech which does not differ sufficiently from another form of speech to be unitelligible to the speakers of the latter.
—Selected Writings of Edward Sapir; p. 83

(b) It is impossible to draw exact lines of demarcation between either dialects or languages, though at their frontiers they merge imperceptibly one into another.
—Foundations of Language by L. H. Gray; p. 26

→

अधिक सैद्धान्तिक नाम हैं। जब बोली ही किन्हीं कारणों से प्रमुखता प्राप्त कर लेती है तो भाषा कहलाने लगती है। इसलिए भाषा और बोली का अन्तर प्रकार का नहीं, केवल मात्रा का है। कब कली फूल बन जाती है, कब शैशव यौवन में परिणत हो जाता है, यह कहना कठिन है।

भाषा और बोली के प्रमुख **भेदक तत्त्व** निम्नलिखित हैं–

(1) भाषा का क्षेत्र **व्यापक** होता है और बोली का **सीमित**, अर्थात् भाषा का व्यवहार अधिक दूर तक होता है और बोली का अपेक्षाकृत कम दूर तक। अतः एक भाषा के क्षेत्र में अनेक बोलियाँ होती हैं, किन्तु एक बोली के क्षेत्र में अनेक भाषाएँ नहीं हो सकतीं।

(2) एक भाषा की विभिन्न बोलियाँ बोलने वाले परस्पर एक-दूसरे को समझ लेते हैं, किन्तु विभिन्न भाषाएँ बोलने वाले एक-दूसरे को नहीं समझ सकते। दूसरे शब्दों में इसे यों कहें कि किसी भाषा की विभिन्न बोलियों में परस्पर **बोधगम्यता** रहती है, किन्तु विभिन्न भाषाओं में नहीं। उदाहरणार्थ, खड़ी बोली में 'जाता हूँ' बोलने वाला ब्रजभाषा का 'जात हौं' अनायास समझ लेगा, किन्तु अंग्रेज़ी का 'आई गो' नहीं समझ सकता। इसलिए खड़ी बोली और ब्रजभाषा हिन्दी की बोलियाँ हुईं, पर हिन्दी और अंग्रेज़ी दो भाषाएँ।

(3) भाषा का प्रयोग **शिक्षा, शासन, साहित्य-रचना** आदि के लिए होता है किन्तु बोली का दैनिक व्यवहार के लिए। यह स्थिति स्थूल दृष्टि से ही ग्राह्य है, अन्यथा प्रतिभा के धनी कभी-कभी बोलियों में भी ऐसी उत्कृष्ट रचनाएँ उपस्थित कर देते हैं जो विस्मयजनक बन जाती हैं। उदाहरणार्थ, मैथिली में रचे विद्यापति के पद या अवधी में रचित तुलसीदास का 'रामचरितमानस'। ये दोनों रचनाएँ बोलियों की होकर भी किसी साहित्यिक, परिनिष्ठित भाषा की रचनाओं के समकक्ष रखी जा सकती हैं।

जैसा पहले कहा गया है, भाषा और बोली में कोई तात्त्विक अन्तर नहीं है। बोली ही अनुकूल परिस्थितियाँ पाकर भाषा बन जाती है। भाषा किसी देश की राजधानी के शिक्षित और उच्चवर्ग के लोगों की बोली हुआ करती है। किसी देश के जीवन में राजधानी का महत्त्व स्वयंसिद्ध है। राजधानी शासन का ही केन्द्र नहीं होती, बल्कि शिक्षा, न्याय, वाणिज्य, आभिजात्य और वैभव का भी केन्द्र होती है। स्वभावतः वह समस्त देश के लिए अनुकरणीय बन जाती है। खान-पान, रहन-सहन में ही नहीं, भाषा में भी उसका अनुकरण होने लगता है। यह अनुकरण केवल अनुकरण की भावना से ही प्रेरित नहीं

→

(c) There is no intrinsic difference between language and dialect, the former being a dialect which, for some special reason, such as being speech-form of the locality which is the seat of the government, has acquired pre-eminence over the other dialects of the country. Actually there is no clear-cut reply to the question. Even a linguist shrinks from answering it and rightly.

—The Story of Language by Mario Pei; p. 26

होता, बल्कि व्यावहारिक आवश्यकताओं से भी नियोजित होता है। राजधानी से हर तरह का सम्पर्क रखना होता है और वह सम्पर्क वहाँ की भाषा में ही सुगमता से सम्भव है। इसीलिए राजधानी की भाषा दूर-दूर तक फैल जाती है।

यह बात कई बार सामने आयी है कि भाषा की उत्पत्ति व्यक्ति में होती है। फिर भी, भाषा केवल व्यक्ति-सापेक्ष नहीं है, उसका सम्बन्ध समुदाय या समाज से भी है। भाषिक समुदाय की सबसे छोटी इकाई परिवार है। परिवार से आरम्भ कर गाँव, ज़िला, प्रदेश, देश और राष्ट्र होते हुए हम उस महत्तम सामुदायिक इकाई तक पहुँचते हैं जिसे विश्व कहते हैं। ये सब मानव-समाज की इकाइयाँ ही हैं, केवल उनकी सीमा का विस्तार होता गया है। इनमें प्रत्येक स्तर पर भाषा का भेद देखा जा सकता है। जैसे प्रत्येक व्यक्ति की भाषा भिन्न होती है, वैसे ही प्रत्येक परिवार की भी भाषा भिन्न होती है। इसका प्रमाण आपस में बात करने के ढंग या दुलार के नामों में पाया जाता है। किसी परिवार में बच्चों के ललन या मनन आदि नाम रखे जाते हैं तो किसी परिवार में टुल्ली, फुल्ली आदि। इसी प्रकार भाषिक समुदाय का भेद क्रमशः बढ़ता जाता है जिससे आगे चलकर भाषा अबोध्य बन जाती है। संसार में जो प्रायः तीन हज़ार भाषाएँ आज व्यहृत हो रही हैं, वह इसी भाषा-भेद के कारण, अन्यथा सर्वत्र एक ही भाषा होती और भाषा-भेद के कारण जो कठिनाइयाँ उठानी पड़ती हैं, उनका अवसर ही नहीं आता।

पारस्परिक सम्पर्क की सुलभता और अधिकता **भाषा** के निर्माण में सहायक होती है और सम्पर्क की दुर्लभता और अल्पता से **बोलियों** का भेद बढ़ता है। इस सम्पर्क के साधक और बाधक अनेक कारण हैं। जहाँ साधक कारण हैं वहाँ भाषा विस्तार आसानी से होता है और जहाँ बाधक कारण हैं वहाँ स्थानीय बोलियाँ जमी रहती हैं। बोली को भाषा में परिणत करने का सबसे बड़ा साधन है **सम्पर्क**, जिसके कारण भाषा का भेद ही नहीं मिटता, उसकी रुक्षता भी दूर होती है। रुक्षता के दूर होने को परिमार्जन कहते हैं। निम्नलिखित कारण सम्पर्क के सहायक हैं—

(1) **प्राकृतिक**—दुर्लंघ्य पर्वत, बड़ी नदियाँ, विस्तृत जंगल, दुर्गम मरुभूमि आदि भाषिक समुदाय के सम्पर्क में प्राकृतिक अवरोधक हैं। समतल मैदान में एक स्थान से दूसरे स्थान तक आना-जाना जितना सुगम है उतना ऊँचे पर्वतों को पार कर नहीं। आज बड़ी नदियों को पार करना जितना आसान हो गया है उतना पहले नहीं था; न आज-जैसी पुलों की सुविधा थी और न स्टीमरों की। इसी तरह सघन, विस्तृत जंगलों को भी पार करना न आसान था, न खतरे से खाली। इसीलिए जहाँ ये अवरोध उपस्थित हुए वहाँ भाषिक समुदाय का बाहर से सम्पर्क स्थापित नहीं हो सका और वह समुदाय अपनी बोली की सीमा में घिरा रहा। पहाड़ी भागों में बसी जातियों या आदिवासियों की भाषाएँ अपने घेरे से बाहर नहीं निकल सकीं और न दूसरों से प्रभावित हो सकीं। पहाड़ी इलाकों में थोड़ी-थोड़ी दूर पर ही इतना अधिक भाषा-भेद दिखायी पड़ता है कि एक क्षेत्र का व्यक्ति दूसरे क्षेत्र की भाषा नहीं समझ सकता। इसके प्रतिकूल समतल मैदानों में हजारों मील तक की भाषा बोधगम्य बनी रहती है। जैसे-जैसे प्राकृतिक अवरोध

समाप्त होते जा रहे हैं, वैसे-वैसे भाषा का सीमा-विस्तार होता जा रहा है। प्राचीन काल में प्राकृतिक अवरोधों की अधिकता के कारण आज की तुलना में बोलियों की संख्या अधिक थी, किन्तु आज कम हो गयी है और आगे चलकर उसके और कम होने की सम्भावना है।

(2) **सामाजिक**–सामाजिक सम्पर्क से भी बोलियों की सीमा घटती है और भाषाओं की बढ़ती है। सामाजिक दृष्टि से विवाह, खेल-कूद, मेले आदि महत्त्वपूर्ण हैं। जब दो बोलियों के बोलने वालों के बीच विवाह-सम्बन्ध स्थापित होता है तो उसका अनिवार्य प्रभाव उनके भाषिक अभ्यास पर पड़ता है। यदि परिवार अशिक्षित हुआ तो धीरे-धीरे बहू अपनी बोली छोड़कर ससुराल की बोली अपना लेती है और यदि परिवार शिक्षित हुआ तो वहाँ परिनिष्ठित भाषा का प्रयोग आरम्भ हो जाता है। मेरे एक आत्मीय की पत्नी मैथिली-भाषी हैं और वे स्वयं भोजपुरी-भाषी हैं। शिक्षित होने से उन्होंने खड़ी-बोली अपनाकर बोली के इस भेद को दूर कर दिया है और उनके बच्चे भी खड़ी बोली का ही प्रयोग करते हैं। यह स्थिति बहुत-सारे परिवारों में देखने को मिलती है। पहले जब यातायात के साधन आज की तरह समुन्नत नहीं थे तो लोग बहुत दूर विवाह करने से परहेज करते थे, कारण कि आने-जाने में बहुत असुविधा थी; लड़की को बुलाना और भेजना भी आसान नहीं था। परिणामतः वैवाहिक सम्बन्ध अपने ही भाषिक समुदाय में हो जाया करता था। किन्तु अब यातायात के साधनों के समुन्नत हो जाने से दूरी की बाधा समाप्त हो गयी है और विभिन्न भाषिक समुदायों में सम्बन्ध हो जाया करते हैं। ये सम्बन्ध भाषा के विकास और प्रसार को प्रोत्साहन देने वाले सिद्ध होते हैं। और इनसे बोलियों की दीवारें टूटती हैं। खेल-कूद के बड़े आयोजन या मेले भी, जहाँ विभिन्न स्थानों से लोग बड़ी संख्या में आते हैं, अभिव्यञ्जना के सामान्य माध्यम की अपेक्षा रखते हैं और ऐसे अवसरों पर अपनी बोलियों के बदले लोग अधिकतर परिनिष्ठित भाषा का ही सहारा लेते हैं। खेल-कूद में एक और बात देखने को मिलती है। विभिन्न भाषा-भाषी बच्चे माता-पिता की अपेक्षा अपने साथियों की भाषा के प्रति अधिक जागरूक रहते हैं। लन्दन विश्वविद्यालय के रूसी भाषा विभाग के प्रोफ़ेसर एवं अध्यक्ष स्वर्गीय डॉ. डब्ल्यू. के. मैथ्यूज़ अंग्रेज़ी, रूसी, फ़्रांसीसी, जर्मन, ग्रीक, लातिन आदि अनेक भाषाओं के अधिकारी विद्वान थे। मैंने एक बार उनसे पूछा कि इतनी भाषाओं पर उनका अधिकार कैसे हुआ तो उन्होंने जो उत्तर दिया उससे मालूम हुआ कि जर्मन उन्होंने अपने खेल-कूद के साथियों से सीखी थी, क्योंकि जिस मुहल्ले में वे रहते थे उसमें जर्मन परिवार अधिक थे। अतः खेलने के समय जर्मन बच्चों से ही उनका अधिक सम्पर्क होता था और इस तरह बड़ी आसानी से उन्होंने जर्मन सीख ली थी। पांडिचेरी के श्री अरविन्द आश्रम में भारत के विभिन्न क्षेत्रों के लोग रहते हैं और उनके बच्चे खेलते समय सामान्य भाषा के रूप में बँगला, गुजराती, मराठी आदि छोड़ कर हिन्दी का प्रयोग करते हैं; भले ही वह टूटी-फूटी हो, पर होती है हिन्दी ही।

(3) **धार्मिक**–धार्मिक कारणों से भाषा के प्रसार का हमारे यहाँ सर्वोत्तम उदाहरण

है संस्कृत। प्राचीन समय में साहित्यिक, प्राविधिक और सांस्कृतिक कारणों से तो संस्कृत का प्रसार हुआ ही, किन्तु उसके प्रसार का एक प्रमुख कारण धार्मिक भी था। भारत तब धर्मनिरपेक्ष नहीं बल्कि धर्मप्राण था और धार्मिक दृष्टि से जितने कृत्य—यज्ञ, पूजा-पाठ, संस्कार आदि—होते थे सब संस्कृत के ही माध्यम से। स्वभावतः संस्कृत सीखनी पड़ती थी और देश के विभिन्न भाषा-भाषी अंगों को जोड़ने में वह संयोजक शृंखला का काम करती थी। शंकराचार्य का जन्म केरल में हुआ था, किन्तु उन्होंने समस्त भारत में अपना सन्देश संस्कृत के माध्यम से ही फैलाया। आज संस्कृत के अध्ययन-अध्यापन से विरत हो जाने पर भी यज्ञोपवीत, विवाह आदि अवसरों पर संस्कृत का प्रयोग अनिवार्य समझा जाता है और बिना मन्त्रों के उच्चारण के काम नहीं चलता, भले ही उच्चारण ग़लत हो या बिना अर्थ समझे। भारत के किसी तीर्थ में जायें—चाहे उत्तर में हिमालय के क्रोड़ में स्थित बदरीनाथ हो, चाहे सुदूर दक्षिण में महासागर से प्रक्षालित रामेश्वरम्, चाहे पूर्व-स्थित जगन्नाथपुरी हो या पश्चिम-स्थित द्वारका—सर्वत्र हिन्दी सुनने को मिलती है। वस्तुतः आज इस देश में हिन्दी ही एकमात्र ऐसी भाषा है जो विभिन्न भाषिक समुदायों के बीच विचार-विनिमय और ऐक्य-सम्पादन का माध्यम है। शिक्षित समुदाय का काम अंग्रेज़ी से चल जाता है, पर अशिक्षित लोगों को जोड़ने का एकमात्र माध्यम हिन्दी ही है और इसका प्रमाण भारत के तीर्थस्थानों में जाने से अनायास मिल जाता है।

(4) **साहित्यिक**—जैसा पहले कहा गया है, भाषा के निर्माण का अन्यतम साधन साहित्य है। बोलियों में भी जब पर्याप्त साहित्य-रचना हो जाती है तो वे भाषा की सीमा में आ जाती हैं। यद्यपि यह ठीक है कि भाषा बनाने के लिए केवल साहित्य ही पर्याप्त नहीं है और ऐसी अनेक बोलियाँ हैं जिनका साहित्य समृद्ध होने पर भी वे भाषा की संज्ञा नहीं पा सकीं, फिर भी बोली को भाषा बनाने में साहित्य का महत्त्वपूर्ण योग है, इसे अस्वीकार नहीं किया जा सकता। संस्कृत का उदाहरण यहाँ भी अनुपेक्षणीय है। संस्कृत जब सामान्य भाषा के रूप में गृहीत हुई तो अनेक बोलियाँ रही होंगी, इसमें सन्देह नहीं, किन्तु संस्कृत की साहित्यिक समृद्धि ने उसके गौरव को अक्षुण्ण रखा। विद्यापति की रचनाओं ने मैथिली को, सूर की रचनाओं ने ब्रजभाषा को और तुलसी की रचनाओं ने अवधी को जो गरिमा दी, वह किसी भी गौरवशाली भाषा से टक्कर ले सकती है। अन्तर यही है कि इन बोलियों की समृद्धि साहित्य के, और उसमें भी कविता के, क्षेत्र तक ही सीमित रह गयी। अतः ये भाषा की बृहत्तर उपयोगिता और व्यापक आवश्यकताओं की पूर्ति का साधन नहीं बन सकीं। इतालवी में दांते ने, अंग्रेज़ी में चॉसर ने और जर्मन में लूथर ने साहित्य की दृष्टि से वही काम किया जो हमारे यहाँ विद्यापति, सूर या तुलसी ने। हम एक तरह से मान बैठे हैं कि साहित्य लिखित ही होता है, किन्तु ऐसी बात नहीं है। प्रत्येक देश का प्राचीन साहित्य मौखिक ही था और जिसे लोक-साहित्य कहते हैं, मौखिक ही होता है। वेद शताब्दियों तक मौखिक रूप से ही जीवित रहे, इसीलिए उन्हें 'श्रुति' भी कहा जाता है। श्रुति का अर्थ है सुनना अर्थात्

सुनने की वस्तु। 'रामायण' की रचना भी आरम्भ में मौखिक पाठ के लिए ही हुई थी जैसा लव-कुश की जनश्रुति से स्पष्ट है। 'आल्हा' सम्पूर्ण उत्तर भारत के जनकंठ में ही विगत कई शताब्दियों से जीवित चला आ रहा है। होमर के दो महाकाव्य—इलियद और ओदेसी—भी मौखिक ही रहे। एक स्थान से दूसरे स्थान तक घूमकर अपने अभिनयों से जनता का मनोरंजन करने वाली नाटक-मंडलियाँ या रामलीलाएँ भाषा के प्रसार के महत्त्वपूर्ण साधन हैं। तात्पर्य कि साहित्य से भाषा को स्थिरता भी प्राप्त होती है और व्यापकता भी।

(5) **राजनीतिक**—आधुनिक युग के आरम्भ के पूर्व भारत में क्षेत्रीय बोलियों या भाषाओं का बाहुल्य था और प्राधान्य भी, क्योंकि केन्द्रीय शासन का अभाव था। इसीलिए किसी व्यापक केन्द्रीय भाषा की आवश्यकता हुई ही नहीं और यदि कभी हुई भी तो उसकी पूर्ति संस्कृत के द्वारा हो जाती थी। आज शासन का रूप केन्द्रीय हो जाने से यह आवश्यक है कि सम्पूर्ण देश की एक भाषा हो। प्राचीन भारत में पालि का जो इतना प्रसार हुआ वह राजनीतिक आवश्यकताओं से प्रेरित होकर ही। बिहार से गन्धार तक अशोक ने अपने सन्देश और आदेश पालि में अंकित कराये। पालि को वह गौरव कभी नहीं मिल पाता यदि अशोक ने उसे नहीं अपनाया होता। वह इसी देश में सीमित नहीं रही, बल्कि बौद्ध हीनयान की भाषा के रूप में बर्मा, स्याम, लंका तक पहुँच गयी। यह महत्त्व उसके धार्मिक आधार के कारण ही था, किन्तु उससे कम महत्त्वपूर्ण राजनीतिक आधार नहीं था। जैन धर्म के प्रवर्तक महावीर की अर्धमागधी धार्मिक दृष्टि से पालि से किसी प्रकार हीन नहीं थी, किन्तु उसे राजकीय संरक्षण नहीं प्राप्त हो सका, अतः भारत के बाहर जाने की बात तो दूर, भारत में भी उसका प्रसार नहीं हो सका। आज ही अंग्रेज़ी का जो इतना प्रसार हो गया है, वह राजनीतिक कारणों से ही। अंग्रेज़ों ने अनेक देशों और द्वीपों को अपना उपनिवेश बनाया जिससे राजभाषा के रूप में अंग्रेज़ी सीखने को वहाँ के लोग बाध्य हुए। स्वभावतः उसका प्रसार हुआ। साहित्यिक दृष्टि से फ़्रांसीसी अंग्रेज़ी से श्रेष्ठ है, फिर भी उसका उतना प्रसार नहीं हो सका, क्योंकि फ़्रांस उतने उपनिवेश क़ायम नहीं कर सका। स्वयं इंग्लैंड में ही पहले अनेक भाषाएँ थीं, जैसे—स्कॉटलैंड में गेलिक, वेल्स में वेल्श, कॉर्नवाल में कॉर्निश; किन्तु आज अंग्रेज़ी के राजनीतिक महत्त्व के कारण ये सब भाषाएँ महत्त्वशून्य तो बन ही गयी हैं, धीरे-धीरे लुप्त भी हो रही हैं। हिन्दी के व्यापक प्रसार के पीछे भी केन्द्रीय शासन और राजनीतिक आवश्यकताओं का हाथ है। हिन्दी दिल्ली दरबार में अपनायी गयी और जब मुग़ल साम्राज्य का अन्त हुआ और शासन-सूत्र टूटकर बिखर गया तो सारे उत्तर भारत में फैल गयी। बाद में अंग्रेज़ों ने उसका महत्त्व समझा और देखा कि हिन्दी ही एकमात्र ऐसी भाषा है जो विभिन्न भाषा-भाषी क्षेत्रों में सामान्य सम्प्रेषण का कार्य कर सकती है। इसीलिए उन्होंने फ़ोर्ट विलियम में हिन्दी के अध्यापन की व्यवस्था की। यदि राजनीतिक और प्रशासनिक आवश्यकताओं की पूर्ति का प्रश्न नहीं उठा होता तो खड़ी-बोली अपनी सीमा से बाहर नहीं निकल पाती। उसके पहले साहित्यिक दृष्टि से

ब्रजभाषा की प्रभुता सुदृढ़ हो चुकी थी और वह लगभग पाँच सौ वर्षों तक गुजरात से बंगाल तक साहित्य-रचना के लिए प्रयुक्त हो रही थी, किन्तु उसका उपयोग केवल साहित्य तक सीमित था। खड़ी-बोली ने राजनीतिक, प्रशासनिक, व्यावसायिक और सैनिक आवश्यकताओं की पूर्ति की क्षमता और योग्यता का भी परिचय दिया। अतः साहित्यिक दृष्टि से हीन होने पर भी वह आगे आ गयी और बाद में साहित्यिक अल्पता को भी उसने बड़ी खूबी से पूरा किया। इतने कम दिनों में इतनी उत्कृष्ट साहित्यिक समृद्धि संसार की किसी भाषा के इतिहास में नहीं पायी जाती। इस दृष्टि से खड़ी-बोली की प्रगति विस्मयजनक और अप्रतिम है।

(6) **सैनिक**–सैनिक सेवाएँ राजनीतिक आवश्यकताओं और केन्द्रीय शासन का अंग हुआ करती हैं और भाषा के विकास में उनका भी महत्त्वपूर्ण योगदान होता है। सेना में किसी एक स्थान के लोग नहीं होते; विभिन्न स्थानों के और विभिन्न भाषाएँ बोलने वाले लोगों को एक साथ रहना पड़ता है और उनका शैक्षिक स्तर बहुत ऊँचा नहीं होता। स्वभावतः विचार-विनिमय के लिए उन्हें ऐसी सामान्य भाषा अपनानी होती है जो सर्वजन-बोध्य हो। विगत विश्वयुद्ध में अनेक देशों की सेनाओं को एक साथ युद्ध-भूमि में रहना और लड़ना पड़ता था। इंग्लैंड, संयुक्त राज्य, कनाडा, आस्ट्रेलिया, फ़्रांस, भारत, रूस आदि देशों की सेनाएँ एक साथ रहती और युद्ध करती थीं; अपनी-अपनी भाषा से चिपके रहने में असुविधा का होना अनिवार्य था। अंग्रेज़ी का कामचलाऊ ज्ञान उस असुविधा को थोड़ी हद तक दूर कर देता था, किन्तु यह नहीं समझना चाहिए कि दूसरे भाषा-भाषी ही अंग्रेज़ी सीखते थे; अंग्रेज़ों को भी दूसरों की भाषा सीखनी पड़ती थी और इसके लिए इंग्लैंड और अमरीका में अल्पकालीन प्रशिक्षण की व्यवस्था की गयी थी जिससे दो-चार महीनों के भीतर सैनिक हिन्दी, फ़ारसी, अरबी, जापानी आदि भाषाएँ सीख सकें। जिस देश की भूमि पर युद्ध होता है, वहाँ की भाषा का ज्ञान बहुत आवश्यक है। रास्ता पूछने के लिए या किसी आवश्यकता की पूर्ति के लिए उस देश की भाषा के बिना काम नहीं चल सकता। इसलिए वहाँ की भाषा की थोड़ी-बहुत जानकारी रखनी पड़ती है। यदि किसी देश पर अधिकार हो गया तो शासन की व्यवस्था के लिए वहाँ की भाषा आवश्यक होती है। आज भारतीय सेना में हिन्दी का बहुत प्रयोग हो रहा है, क्योंकि तमिल-तेलुगु या बँगला-उड़िया बोलकर आपस में सम्पर्क क़ायम रखना कठिन है। हिन्दी का प्रसार और बोधगम्यता उसे अपनाने में सहायक हुई है। इससे स्पष्ट है कि भाषा के प्रसार में सैनिक सेवाओं का भी अनल्प योगदान है।

(7) **शैक्षिक**–शिक्षा का प्रसार बोलियों के भेद को कम करने में और भाषा के विकास में बहुत अधिक सहायक होता है। कारण इसका यह है कि शिक्षा का कोई सामान्य माध्यम रखना पड़ता है। जब तक वैसा न किया जाये तब तक शिक्षा की व्यापकता सम्भव नहीं है। बोलियों को शिक्षा का माध्यम बनाने से उच्चतर ज्ञान की प्राप्ति कई दृष्टियों से अव्यवस्थित हो जायेगी। एक तो यह कि एक क्षेत्र की बोली में लिखित ज्ञान-सामग्री दूसरे क्षेत्र के लिए अनधिगम्य बन जायेगी। फिर, उसमें श्रम और

धन का बहुत व्यय अपेक्षित होगा। सम्प्रेषण का सामान्य माध्यम इन कठिनाइयों को दूर कर देता है। उदाहरणार्थ, यदि हिन्दी क्षेत्र की बोलियों को शिक्षा का माध्यम बनाया जाये तो समग्र हिन्दी क्षेत्र की बीसियों बोलियों में ज्ञान-विज्ञान की बातें रखनी होंगी जिसमें व्यर्थ की पुनरुक्ति होगी। एक हिन्दी को माध्यम बना लेने से सारा भेद, सारी कठिनाइयाँ दूर हो जाती हैं और बौद्धिक ही नहीं, भावात्मक ऐक्य भी सम्पन्न हो जाता है। विश्वविद्यालयों की शिक्षा का माध्यम कोई एक भाषा होती है और उस विश्व विद्यालय में अध्ययन-अध्यापन करनेवाले सभी व्यक्ति, चाहे वे किसी क्षेत्र के और किसी भाषा के बोलने वाले क्यों न हों, उस भाषा को अपनाने को उन्मुख रहते हैं। दिल्ली में बँगला या तमिल बोलने वाले भी अच्छी-खासी हिन्दी बोलते हैं। इसी तरह कलकत्ता विश्वविद्यालय में जो बँगला-भाषी नहीं हैं, वे भी बँगला का सहज-भाव से प्रयोग करते हैं। प्राचीन समय में शिक्षा का सामान्य माध्यम संस्कृत थी, अतः प्राकृतों का विकास स्थानीय विभाषाओं के रूप में ही हुआ। वे देश के एक कोने से दूसरे कोने तक शिक्षा और सम्प्रेषण का माध्यम नहीं बन सकीं। इस सम्बन्ध में शिक्षा के स्तर के साथ उसके प्रसार पर भी ध्यान देना उचित होगा। अशिक्षित जन-समुदाय अपनी बोलियों से लिपटा रहता है, किन्तु शिक्षित जनसमुदाय अपनी बोलियों के साथ उस सामान्य भाषा पर भी अधिकार प्राप्त कर लेता है जिसके माध्यम से शिक्षा दी जाती है। इस तरह साक्षरता और शिक्षा का प्रसार भाषा के प्रसार में आवश्यक हुआ करता है।

(8) **आर्थिक**–आर्थिक कारण भी भाषा के प्रसार में बहुत दूर तक सहायक बनते हैं। नगरों का निर्माण सांस्कृतिक, बौद्धिक, शैक्षिक या प्रशासनिक दृष्टियों से ही नहीं, आर्थिक दृष्टि से भी महत्त्वपूर्ण होता है, क्योंकि वे वाणिज्य-व्यवसाय के केन्द्र बन जाते हैं। आजकल औद्योगिक और यान्त्रिक दृष्टि से भी नगरों का महत्त्व हो गया है। औद्योगिक केन्द्रों में विभिन्न भाषा-भाषी इकट्ठे होते हैं और परस्पर सहयोग और कार्य के लिए उन्हें कोई सामान्य भाषा अपनानी पड़ती है। उदाहरण के लिए, जमशेदपुर को ले लीजिए। वहाँ बिहारी, गुजराती, मराठी, मद्रासी, बँगाली, पंजाबी, सभी हैं। ऊपर के कुछ कर्मचारियों को छोड़कर शेष मज़दूरवर्ग के हैं और वे अंग्रेज़ी से परिचित नहीं हैं। वे सामान्य रूप से हिन्दी का ही प्रयोग करते हैं और उनसे काम लेने के लिए भी अधिकारियों को हिन्दी का ही प्रयोग करना पड़ता है। इसलिए जो हिन्दी-भाषी नहीं हैं, उन्हें भी परिस्थिति के अनुरोध से हिन्दी बोलनी पड़ती है। अंग्रेज़ी का दूर-दूर तक प्रसार आर्थिक कारण से भी हुआ है। अंग्रेज़ व्यापारी अपना माल बेचने के लिए बाज़ार की तलाश में दूसरे देशों में गये और उनके साथ उनकी भाषा भी गयी। भारत में भी अंग्रेज़ों का आगमन आरम्भ में व्यापारिक दृष्टि से ही हुआ। बाद में उन्होंने राजनीतिक सत्ता भी जमा ली, जिससे भारत में अंग्रेज़ी के फैलने का अवसर मिला। व्यावसायिक पहलू भी मुख्यतः आर्थिक पहलू में ही गतार्थ हो जाता है। इसलिए उसकी चर्चा इसी शीर्षक में की गयी है।

(9) **वैज्ञानिक**–बोलियों की सीमाएँ तोड़ने में विज्ञान का जितना योगदान है, उतना

शायद ही किसी दूसरे कारण का हो। भाषाओं के प्रसार में विज्ञान का योगदान अनेक रूपों में देखा जा सकता है। रेल, मोटर, जहाज़, विमान आदि यातायात के साधनों से महीनों में होने वाली यात्रा घंटों में पूरी हो जाती है। इसलिए विभिन्न भाषा-भाषी क्षेत्रों से आसानी से सम्पर्क हो जाता है। स्वभावतः अपनी बोलियों तक सीमित रहना सम्भव नहीं हो पाता। मुद्रण के आविष्कार से पुस्तकें सुलभ हो गयीं, दैनिक समाचार-पत्रों का प्रकाशन होने लगा, अतः भाषा की एकरूपता के फैलने और स्थिर होने का अवसर मिला। आज कलकत्ता से लेकर बम्बई और दिल्ली तक हिन्दी की पुस्तकें छपती हैं, पत्र-पत्रिकाएँ निकलती हैं और भाषा का परिनिष्ठित रूप सबके सामने आता है जो अक़बर या शाहजहाँ के समय में सम्भव नहीं था। पुस्तकों या समाचार-पत्रों से जहाँ भाषा का लिखित रूप सामने आता है, वहीं रेडियो टेलीफ़ोन, टेलीविज़न, चित्रपट से उसका उच्चरित रूप। इससे भाषा का उच्चारणगत भेद मिटने में बड़ी सहायता मिलती है। भाषिक भेद को दूर करने और भाषा में एकरूपता लाने में रेडियो और चित्रपट का अकल्पनीय योगदान है। प्रतिदिन रेडियो से अनेक बार समाचार प्रसारित होते हैं और वे हिन्दी के परिनिष्ठित रूप को सजीव बनाकर उपस्थित करते हैं। उन्हें सुनकर अहिन्दी-भाषी भी अपनी उच्चारण-सम्बन्धी त्रुटियों को दूर कर सकते हैं और घर-बैठे परिनिष्ठित हिन्दी पर वैसा ही अधिकार प्राप्त कर सकते हैं जैसा हिन्दी-भाषी। विज्ञान भाषिक एकीकरण का सबसे समर्थ और सबल माध्यम है।

इस प्रकार स्पष्ट है कि बोलियाँ अनेक कारणों से भाषा बन जाती हैं। कहीं किसी कारण का प्राबल्य रहता है तो कहीं किसी कारण का; कहीं अनेक कारण एक साथ मिलकर काम करते हैं। पृथक्-पृथक् या एक साथ मिलकर ये ही कारण बोलियों को भाषा में परिणत करते हैं। एक अन्तरराष्ट्रीय भाषा का स्वप्न देखने वाले आधुनिक युग की गति बोलियों के प्रतिकूल है। बोली की कई स्वाभाविक निर्बलताएँ हैं—

(1) उसमें पार्थक्य-भावना है।

(2) उससे वर्ग-भावना को प्रश्रय मिलता है।

(3) बोलियों में घिरा रहने वाला व्यक्ति अपनी अभिव्यञ्जना की सीमा से घाटे में रहता है। उदाहरणार्थ, दिल्ली, बम्बई या मद्रास में मगही बोलकर न तो कोई अपने को आसानी से बोधगम्य बना सकता है, न सुगमता से काम कर-करा सकता है और न सामाजिक श्रेष्ठता का भागी बन सकता है। मगही के बदले हिन्दी का प्रयोग करने से ये सारी असुविधाएँ दूर हो जाती हैं। भाषा में बोली की अपेक्षा अधिक बोधगम्यता होती है, चूँकि वह विस्तृत भू-भाग में प्रयुक्त होती है, साथ ही उसमें भाषिक एकता सम्पादित करने की भी क्षमता होती है। यह ठीक है कि भाषावैज्ञानिक अध्ययन की दृष्टि से बोलियाँ अधिक उपादेय हैं, क्योंकि उनमें भाषिक विभिन्नताओं के अध्ययन का अधिक अवकाश रहता है, किन्तु व्यावहारिक दृष्टि से भाषाएँ अधिक उपादेय और वांछनीय हैं।

भाषा की उत्पत्ति

भाषा की उत्पत्ति से दो बातें अभिप्रेत हैं—(1) भाषण अर्थात् ध्वनन अर्थात् बोलने की शक्ति की उत्पत्ति, और (2) उच्चरित ध्वनि तथा अर्थ में परस्पर संसर्ग-स्थापना की क्षमता का आरम्भ। जहाँ तक ध्वनन (ध्वनि उत्पन्न करने) का प्रश्न है, वह अगणित पशु-पक्षियों में पाया जाता है; जैसे, कुत्ता भौं-भौं करता है, बिल्ली म्याऊँ-म्याऊँ, कोयल कू-कू, कौआ काँव-काँव। इस ध्वनि में सार्थकता का अभाव है, इसीलिए यह उस अर्थ में भाषा नहीं है जो मनुष्य में पायी जाती है। ध्वनन-समर्थ प्राणी होने के कारण मनुष्य को भी इस प्रकार की क्षमता रही होगी किन्तु वह ध्वनि के उच्चारण मात्र से सन्तुष्ट नहीं रहा, उसने अपने द्वारा उच्चरित ध्वनि में सार्थकता के आधान का विस्मयकारी प्रयत्न किया। **ध्वनि** और **अर्थ** का यह **संसर्ग-स्थापन** ही मानव भाषा की चरम उपलब्धि है। का-का ध्वनि को काक अर्थ से, कू-कू ध्वनि को कोकिल से, झर-झर ध्वनि को निर्झर से सम्बद्ध कर मनुष्य ने अभिव्यञ्जना की ऐसी सूक्ष्म और महत्त्वपूर्ण पद्धति का आविर्भाव किया जिसके कारण वह अन्य जीवों से सर्वथा भिन्न कोटि का जीव बन गया है।

भाषा का अर्थ केवल भाषण लेने पर भाषा की उत्पत्ति का प्रश्न ही नहीं उठता, क्योंकि जब सृष्टि के अन्य जीवों में भाषण की शक्ति थी तो मनुष्य में भी वह रही होगी। उसकी शक्ति का अकस्मात् आविर्भाव नहीं हुआ होगा। तब भाषा की उत्पत्ति का अभिप्राय यही है कि ध्वनि के साथ अर्थ का संयोग करना मनुष्य ने कब से सीखा अर्थात् शब्द अर्थों के वाचक कैसे बने ? इस प्रश्न का समाधान करने के लिए प्रत्यक्ष प्रमाण नहीं है। यह प्रश्न एक प्रकार से स्वयं मनुष्य के आविर्भाव के प्रश्न के साथ जुड़ा हुआ है। आज से लाखों साल पहले की स्थिति को बताने का कोई साधन नहीं है। दार्शनिकों, मानवविज्ञानियों, भाषाविज्ञानियों, इतिहासज्ञों ने अनेक सिद्धान्त प्रस्तुत किये हैं किन्तु वे सभी अनुमान-प्रसूत हैं। निश्चित और निर्णयात्मक सामग्री का अभाव होने से इनमें कोई भी सिद्धान्त निर्दोष नहीं है, क्योंकि इस प्रश्न का पूर्ण और सन्तोषप्रद समाधान किसी से नहीं होता। भाषा की उत्पत्ति कैसे हुई, यह प्रश्न लगभग वैसा ही है जैसा यह कि मनुष्य की उत्पत्ति कैसे हुई ? कहने वाला कह सकता है कि जिस प्रकार मनुष्य की उत्पत्ति हुई, उसी प्रकार भाषा की भी। यदि मनुष्य प्राकृतिक रूप से अथवा विकास के परिणामस्वरूप अन्य प्राणियों से श्रेष्ठ हो सकता था तो उसकी भाषा भी

श्रेष्ठ हो सकती थी। अब तक कोई समुचित और स्वीकार्य समाधान नहीं मिलने से आधुनिक भाषाविज्ञान ने इस समस्या पर विचार करना बन्द कर दिया है। 1866 ई. में स्थापित पेरिस की भाषाविज्ञान समिति (ला सोसिएते द लेंगिस्तीक) ने अपने अधिनियम में इस बात का स्पष्ट निर्देश कर दिया है कि समिति के तत्त्वावधान में भाषोत्पत्ति-विषयक विचार नहीं हो सकता।[1] आधुनिक भाषाविज्ञान का विषय है उपलब्ध भाषिक सामग्री का अध्ययन। उसका कहना है कि विज्ञान का काम अनुमान करना नहीं, प्रत्यक्ष सामग्री का उपयोग करना है। भाषोत्पत्ति की मीमांसा मानवविज्ञान या समाजविज्ञान या दर्शन का विषय हो सकता है, भाषाविज्ञान का नहीं। अतः भाषाविज्ञान की अत्याधुनिक पुस्तकों में भाषोत्पत्ति-विषयक सिद्धान्तों की चर्चा नहीं की जाती। कई विद्वानों ने इस विषय पर पहले विचार किया है और उनके सिद्धान्तों का ऐतिहासिक महत्त्व है; कम-से-कम उनसे इतना तो पता चलता है कि भाषोत्पत्ति के सम्बन्ध में उन्होंने क्या सोचा। इसलिए यहाँ उनका उल्लेख असंगत नहीं होगा। किसी भी शास्त्र में अतीत के चिन्तन का, और कुछ नहीं तो, ऐतिहासिक महत्त्व तो होता ही है।

1. दिव्योत्पत्ति (डिवाइन) सिद्धान्त

ईश्वरवादी प्रत्येक कार्य-कलाप का, यहाँ तक कि सृष्टि का भी, सम्बन्ध-सूत्र किसी दिव्य शक्ति से जोड़ते हैं। स्वभावतः भाषा की उत्पत्ति को भी लेकर उन्हें कोई उलझन नहीं है। जब ईश्वर मनुष्य को उत्पन्न कर सकता था तो उसकी भाषा को भी उत्पन्न कर सकता था। मनुष्य जब भी उत्पन्न हुआ होगा तो अपनी सम्पूर्ण विशेषताओं के साथ। उसमें अन्य प्राणियों की अपेक्षा शारीरिक सौष्ठव, आंगिक स्वच्छन्दता और विकसित चेतना के साथ भाषिक क्षमता भी आयी हो तो क्या आश्चर्य ? मनुष्य में जिस कारण से उच्च कोटि की शारीरिक और बौद्धिक श्रेष्ठता आ सकती थी, उसी कारण से भाषिक श्रेष्ठता क्योंकर न आती ? इसलिए प्रत्येक धर्म का अनुयायी न केवल अपने धर्म को, बल्कि अपने धर्मग्रन्थ को भी सर्वश्रेष्ठ मानता है और उसी से भाषा के आविर्भाव की कल्पना करता है। हिन्दू संस्कृत भाषा को 'देववाणी' कहकर सारी भाषाओं की जननी घोषित करते हैं। ऋग्वेद का एक मन्त्र है–

देवीं वाचमजनयन्त देवाः
तां विश्वरूपाः पशवो वदन्ति।

–ऋग्वेद, 8-100-11

–वाग्देवी (वाणी) को देवों ने उत्पन्न किया और उसे सभी प्राणी बोलते हैं।

इस मन्त्र में वाणी की दिव्य उत्पत्ति असन्दिग्ध शब्दों में कही गयी है। महर्षि पाणिनि द्वारा उद्धृत चौदह प्रत्याहार-सूत्रों को शिव के डमरू-निनाद से उत्पन्न मानना दिव्योत्पत्ति का ही रूपान्तरण कहा जा सकता है। अनीश्वरवादी बौद्ध और जैन भी पालि

1. लैंग्वेज : इट्स नेचर, डेवलपमेंट ऐंड ओरिजिन; ओत्तो येस्पर्सन; पृ. 96

और अर्धमागधी को आदिभाषा समझते हैं, क्योंकि बुद्ध और तीर्थंकर ने अपने उपदेशों के लिए पहले-पहल इन्हीं भाषाओं का प्रयोग किया था। ईसाई ओल्ड टेस्टामेंट की इब्रानी (हिब्रू) भाषा को और मुसलमान अरबी को संसार कीं प्रथम भाषा मानते हैं। ईसाइयों का विश्वास है कि ईश्वर ने आदम और हव्वा को पूर्ण विकसित इब्रानी भाषा दी और यदि मनुष्य ने अपनी महत्त्वाकांक्षा के कारण स्वर्ग तक पहुँचने का दुष्प्रयास न किया होता तो बाबुल की मीनार वाली घटना घटित न होती और आज संसार में जो भाषा-भेद दिखायी देता है, वह दिखायी न देता; सर्वत्र इब्रानी का ही प्रयोग चलता होता। 'बिनु हरि कृपा तृनहु नहिं डोलै' के अनुगामी की दृष्टि में ईश्वरेच्छा सारी समस्याओं का सहज समाधान कर देती है, किन्तु विज्ञान की तर्काग्रही दृष्टि उसे स्वीकार नहीं कर पाती।

समीक्षा : इस सिद्धान्त में आपत्ति की बात यह है कि यदि मानव-भाषा ईश्वर-प्रदत्त है तो उसमें इतना भेद क्यों है ? अन्य पशुओं की भाषा तो संसार में एक ही है। सभी देशों के कुत्ते एक-सा भूँकते हैं; घोड़े एक समान ही हिनहिनाते हैं; अन्य पशु-पक्षियों की बोली में भी एकरूपता दीखती है; फिर, वह एकरूपता मनुष्य की बोली में क्यों नहीं पायी जाती ? इस शंका का समाधान दिव्योत्पत्ति-सिद्धान्त नहीं कर पाता। बात यह है कि आस्तिकता के पीछे श्रद्धा काम करती है और वैज्ञानिकता के पीछे तर्क। दोनों की दृष्टियाँ ही दो हैं। इसीलिए श्रद्धा-प्रसूत दिव्योत्पत्ति-सिद्धान्त तर्क द्वारा उठायी जाने वाली कठिनाइयों की ओर से आँखें फेर लेता है। अस्वीकार्य होने पर भी दिव्योत्पत्ति-सिद्धान्त में इतना सार है कि मनुष्य को ही सार्थक भाषा के प्रयोग के योग्य ध्वनि-यन्त्र मिला और उसे संचालित करनेवाली बुद्धि भी। इस दृष्टि से वह ईश्वर का प्रिय पात्र अवश्य था, अन्यथा वैसा ही ध्वनि-यन्त्र या बुद्धि दूसरे पशुओं को भी मिल सकती थी। स्पष्ट है कि यह मत वैज्ञानिक दृष्टि से अग्राह्य है।

2. संकेत (सिम्बल) सिद्धान्त

कुछ विद्वानों का मत है कि आरम्भ में मनुष्य भी पशुओं के समान सिर, आँख, हाथ, पैर आदि अंगों को चलाकर अपना अभिप्राय व्यक्त किया करता था, किन्तु इससे उसका अभिप्राय पूर्णतः व्यक्त नहीं हो पाता था। इस असुविधा को दूर करने और अपने वक्तव्य को पूर्णता और स्पष्टता से व्यक्त करने की भावना से प्रेरित होकर मनुष्य ने पारस्परिक विचार-विनिमय द्वारा ध्वन्यात्मक भाषा को जन्म दिया, अर्थात् आंगिक संकेत की असुविधा और अपूर्णता को मिटाने के लिए उसने राय-बात कर भाषा जैसे समर्थ, पूर्ण और सुविधाजनक संकेत को प्रस्तुत किया।

समीक्षा : इस सिद्धान्त में अनेक असंगतियाँ हैं—

(1) यह सिद्धान्त मान लेता है कि एक समय ऐसा था जब मनुष्य को भाषा नहीं मिली थी पर यदि भाषा थी ही नहीं तो उसकी आवश्यकता का अनुभव मनुष्य को कैसे हुआ ? आज भी बन्दरों या बैलों को उसकी आवश्य[illegible] का अनुभव कहाँ हो रहा है ? यदि होता तो वे भी कोई महासभा करके अपने लिए एक भाषा बना लेते और अपने

विचारों को अधिक पूर्णता से व्यक्त कर पाते।

(2) भाषा के अभाव में उस मानव-महासभा में विचार-विमर्श किस माध्यम से हुआ, यह दूसरी असंगति है। जब हज़ारों या लाखों की संख्या में वाणी-विहीन मनुष्य इकट्ठे हुए होंगे तो ऐसे महत्त्वपूर्ण प्रश्न पर तर्क-वितर्क करने का कोई माध्यम तो होना ही चाहिए। वह क्या था ?

(3) उस महासभा में विभिन्न अर्थों के वाचक विभिन्न शब्द (संकेत) किसने गढ़े और किस आधार पर गढ़े ? सम्भव है, विभिन्न व्यक्तियों ने एक ही वस्तु के लिए अलग-अलग शब्द सुझाए हों। फिर, उन अनेक शब्दों में से एक को किस आधार पर स्वीकार किया गया ? आज भी दस आदमियों की बैठक में कोई बात आसानी से और एकमत से स्वीकृत नहीं हो पाती। सभ्यता की आदिम अवस्था में यह आश्चर्यजनक एकता कैसे सम्भव हो गयी ?

(4) यदि बिना भाषा के इतना महत्त्वपूर्ण विचार-विमर्श और निर्णय हो ही सकता था तो भाषा की आवश्यकता क्या थी ? उस समय भाषा का स्थानापन्न जो भी माध्यम रहा हो, वह पर्याप्त समर्थ था और उससे आगे भी काम लिया जा सकता था।

यह सिद्धान्त भामह ने ऐसे उपस्थित किया है—

इयन्त ईदृशा वर्णा ईदृगर्थाभिधायिनः।
व्यवहाराय लोकस्य प्रागित्थं समयः कृतः।।[1]

—इतने, ऐसे वर्ण, ऐसे अर्थ का बोध करायें, इस प्रकार पहले (सृष्टि के आरम्भ में) लोक-व्यवहार के लिए संकेत किया गया।

बिहार राष्ट्रभाषा परिषद से प्रकाशित भामह-विरचित 'काव्यालंकार' के भाष्य में मैंने इस कारिका की जो व्याख्या की है वह प्रस्तुतोपयोगी है—'सृष्टि के आरम्भ में ही यह संकेत निश्चित कर लिया गया कि इतने वर्ण, इस क्रम से उच्चरित होने पर अमुक अर्थ का बोध करायेंगे। जैसे, क के बाद म और म के बाद ल रहे तो उससे पुष्प-विशेष (कमल) का बोध होगा, यह शुरू में ही निश्चित हो गया। इसी तरह अनन्त संकेत बना लिये गये जिनसे आज तक काम चल रहा है।'

सृष्टि के आरम्भ में इस प्रकार का संकेत कर लिया गया, पर यह संकेत किसने किया ? और, जब तक संकेत स्थिर हुआ नहीं था, तब तक लोक-व्यवहार कैसे सम्पन्न होता था ? आख़िर कुछ लोगों ने मिलकर यह निर्णय किया होगा कि अमुक क्रम से अमुक वर्ण उच्चरित होकर अमुक अर्थ के बोधक हों। जिस दिन यह निर्णय हुआ, उसके पहले कैसे काम चलता था ? जिस प्रकार पहले चलता था उसी प्रकार बाद में भी चल सकता था। फिर, एकाएक यह कैसे अनुभव हुआ कि हमें सुनिश्चित संकेतों की आवश्यकता है ? अनुभव हुआ भी तो संकेतों का निर्धारण किस माध्यम के द्वारा किया गया ? जो संकेत निर्धारित हुए, वे आगे चलकर बदल क्यों गये ? बदले गये तो

1. भामह : काव्यालंकार; 6/13

किसकी सम्मति से ? आज वही भाषा तो नहीं बोली जा रही जो सृष्टि के आरम्भ में बोली जाती थी ? न जाने कितनी बार उसका रूप-परिवर्तन हुआ। इस तरह की अनेक शंकाएँ हैं जिनका समाधान इस सिद्धान्त से नहीं होता।

3. रणन (डिङ्-डॉङ्) सिद्धान्त

इस सिद्धान्त की ओर सर्वप्रथम संकेत प्लेटो ने किया था, किन्तु इसको पल्लवित किया मैक्समूलर ने। रणन-सिद्धान्त के अनुसार शब्द और अर्थ में एक प्रकार का **रहस्यात्मक नैसर्गिक सम्बन्ध है।** संसार में प्रत्येक वस्तु की अपनी विशिष्ट ध्वनि हुआ करती है जो किसी वस्तु से आहत होने पर व्यक्त हो जाती है। उदाहरणार्थ, यदि हथौड़े से किसी धातु, लकड़ी, ईंट, पत्थर, शीशे आदि पर आघात करें तो उनसे विभिन्न प्रकार की ध्वनियाँ उत्पन्न होंगी और उन ध्वनियों को सुनकर ही कोई पहचान ले सकता है कि वे किस वस्तु से उत्पन्न हुईं। परोक्ष में कोई वस्तु गिर जाने पर केवल उसकी आवाज़ से ही हम पहचान लेते हैं कि क्या गिरा है। शीशे के गिलास की आवाज़ काँसे के गिलास से भिन्न होती है; लकड़ी टूटने की आवाज़ मिट्टी का गमला फूटने-जैसी नहीं होती। तात्पर्य कि प्रत्येक वस्तु की अपनी विशिष्ट ध्वनि होती है जो आघात पड़ने पर सुनायी देती है। इसी ध्वनि को **रणन** कहते हैं।

सृष्टि के आरम्भ में मानव वाणी-विहीन था, किन्तु जब वह संसार की विभिन्न वस्तुओं के सम्पर्क में आया तो तत्तत् वस्तुओं का उसके ऊपर जो प्रभाव पड़ा, उससे अनायास तत्तत् वस्तुओं के बोधक शब्द उसके मुँह से निकल पड़े। जैसे, विस्तृत जल-प्रवाह को देखने पर उसके मुँह से एकाएक 'नदी' शब्द निकल पड़ा; तीव्रगामी पशु-विशेष को देखते ही 'अश्व' शब्द उत्पन्न हो गया। इसी तरह संसार की समग्र वस्तुओं के लिए शब्द बन गये। भाषा का निर्माण हो जाने के बाद मनुष्य की यह सहज शक्ति समाप्त हो गयी। जैसे एक वस्तु से दूसरी वस्तु की आवाज़ भिन्न होती है, वैसे ही एक वस्तु के वाचक शब्द से दूसरी वस्तु का वाचक शब्द भी स्वभावतः भिन्न हो गया। नदी-वाचक शब्द पर्वत-वाचक शब्द से भिन्न, तो अश्व-वाचक शब्द गज-वाचक से भिन्न।

समीक्षा : यह सिद्धान्त शब्द और अर्थ में **नैसर्गिक सम्बन्ध** मानता है जो तर्कसंगत से अधिक रहस्यात्मक है। जैसे जादूगर अपनी जादू की छड़ी से पलक मारते कुछ-का-कुछ कर दिखाता है, वैसे ही बाह्य वस्तुओं से सम्पर्क होते ही मनुष्य शब्द बनाता चला गया और जैसे सारे शब्द निष्पन्न हो गये, वैसे उसकी शक्ति भी समाप्त हो गयी। कहने की आवश्यकता नहीं कि इसमें वैज्ञानिकता का बिल्कुल अभाव है। बाह्य वस्तु की ऐसी प्रतिक्रिया कभी नहीं होती। यह कल्पना सर्वथा यादृच्छिक है; इसका कोई सुसंगत आधार नहीं है। आगे चलकर यह सिद्धान्त स्वयं मैक्समूलर को इतना सदोष प्रतीत हुआ कि उन्होंने इसे छोड़ दिया। आज इसका उल्लेख केवल इस दृष्टि से किया जाता है कि हम जान सकें कि भाषोत्पत्ति-विषयक सिद्धान्तों की कल्पना के प्रसंग में कैसे-कैसे विलक्षण

सिद्धान्त उपस्थित किये गये थे। अंग्रेज़ी में डिङ्-डॉङ् घंटे की ध्वनि को कहते हैं; इसीलिए घंटे की ध्वनि के सादृश्य पर मनुष्य के मुख से उच्चरित होने वाली ध्वनियों के लिए इस शब्द का प्रयोग किया गया। घंटे पर आघात करने के बाद जो ध्वनि होती है उसे रणन कहते हैं; इसलिए इसका यह हिन्दी-रूपान्तर उचित है।

4. आवेग (पुह-पुह) सिद्धान्त

इस सिद्धान्त को मनोरागव्यंजकशब्दमूलकतावाद या मनोभावाभिव्यञ्जकतावाद जैसे लम्बे और दुरुच्चार्य शब्दों से हिन्दी की अनेक भाषाविज्ञान की पुस्तकों में प्रस्तुत किया गया है। उनकी तुलना में **आवेग-सिद्धान्त** सुखोच्चार्य तो है ही, सार्थकता की दृष्टि से भी अधिक व्यापक है।

इस सिद्धान्त के अनुसार हर्ष, शोक, विस्मय, क्षोभ, क्रोध, घृणा आदि मनोभावों की सहज अभिव्यक्ति से जो ध्वनियाँ उत्पन्न होती हैं, उन्हीं से भाषा की उत्पत्ति हुई है। **संवेदन या भाव की तीव्रता** होने पर आप-से-आप ध्वनि निकल पड़ती है; जैसे, हर्ष में वाह-वाह, आहा; शोक या कष्ट में आह, ओह, हाय; विस्मय में ऐं, हैं, ओहो; तिरस्कार में छिः; धिक्, दुत् आदि। जब भाषा का विकास नहीं हुआ था तो मनुष्य ऐसी ही ध्वनियों से अपने मनोभावों को व्यक्त करता था। क्रमशः उसकी भाषण-शक्ति का विकास हुआ और बाद में भाषा निर्मित हुई।

समीक्षा : इस सिद्धान्त के अनेक दोष हैं—

(1) सबसे पहली बात तो यह कि ये शब्द आवेगात्मक तीव्रता के ही बोधक हैं, इनका सम्बन्ध स्वाभाविक अभिव्यञ्जन से नहीं है। अतः ये सम्प्रेषण-प्रधान भाषा के सहज अंग नहीं कहला सकते।

(2) इन शब्दों का मानसिक से अधिक शारीरिक प्रतिक्रियाओं से साहचर्य है। ये शब्द सोच-विचार कर नहीं बोले जाते, आवेग के अतिरेक की स्थिति में आप-से-आप मुँह से निकल पड़ते हैं।

(3) कभी-कभी आवेगों की अभिव्यक्ति केवल उच्छ्वास या हुंकार द्वारा ही हो जाती है। आवेग के तीव्रता के समय मुख-विवर खुला होने से यों भी आ, ओ, ऐं आदि ध्वनियाँ निकल पड़ती हैं। भाषा का चिन्तन से घनिष्ठ सम्बन्ध है और इन आवेग-व्यंजक शब्दों में चिन्तन का सर्वथा अभाव पाया जाता है।

(4) आवेग-बोधक शब्दों की संख्या किसी भी भाषा में अत्यल्प है। साथ ही वे भाषा का अनिवार्य अंग भी नहीं हैं। उनका वाक्य में प्रयोग शायद ही होता हो।

(5) विभिन्न भाषाओं में इस वर्ग के शब्दों में एकरूपता भी नहीं है। उदाहरणार्थ हर्ष के लिए अंग्रेज़ी में हुर्रा (Hurrah), शोक के लिए एलास (Alas), तिरस्कार के लिए फ़ाइ (Fie), अनुमोदन के लिए ब्रेवो (Bravo) आदि शब्दों का प्रयोग करते हैं। पीड़ा की अभिव्यक्ति के लिए जर्मन में आउ (Au), फ्रांसीसी में आहि (Ahi), अंग्रेज़ी में ओह (Oh) आदि शब्द चलते हैं। इससे स्पष्ट है कि आवेगात्मक स्थितियों में भी विभिन्न

भाषा-भाषियों की शाब्दिक प्रतिक्रिया एक जैसी नहीं होती।

(6) इन शब्दों का प्रयोग प्रायः वहीं होता है जहाँ भावावेग के कारण भाषा मूक हो जाती है अर्थात् मनुष्य बोलना चाहते हुए भी बोल नहीं पाता और तब किसी प्रकार अपने मन का भाव व्यक्त कर मन हलका कर लेना चाहता है। इस दृष्टि से भी इन्हें सामान्य, स्वाभाविक भाषा का अंग मानना कठिन है।

(7) प्रत्येक भाषा में देखा जाता है कि एक मूल शब्द से अनेक शब्द निष्पन्न हो जाते हैं। आवेगबोधक शब्द इस दृष्टि से भी अनुपयोगी हैं। वे किसी आवेग को व्यक्त भले ही कर दें, दूसरे शब्दों को निष्पन्न नहीं कर सकते। दूसरी बात यह कि आवेगों की भी उनसे पूर्ण अभिव्यक्ति नहीं होती। आह या ओह कहने से केवल इतना ही पता चलता है कि वक्ता को कोई कष्ट या शोक है, पर वह कब से है, किस कारण से है, कितना तीव्र है आदि का पता नहीं चलता।

(8) इन ध्वनियों को यथावत् लिपिबद्ध करना भी सम्भव नहीं है। जैसे, किसी पर तरस खाते समय या खेद व्यक्त करते समय जो ध्वनि निकलती है उसे च-च लिखकर व्यक्त करते हैं, पर वस्तुतः वह न तो च-च है, न त-त; उसको लिपिबद्ध करने का कोई संकेत है ही नहीं। यही स्थिति अनेक अन्य आवेगबोधक ध्वनियों की भी है।

सारांश यह कि आवेग-सिद्धान्त भी भाषोत्पत्ति-विषयक उलझन को सुलझाने में असमर्थ है। ऊपर के विवेचन से इसका खोखलापन स्पष्ट है।

5. श्रमध्वनि (यो-हे-हो) सिद्धान्त

शारीरिक श्रम करते समय स्वभावतः श्वास-प्रश्वास की गति तीव्र हो जाती है, जिसके परिणामस्वरूप पेशियों का ही नहीं, स्वर-तन्त्रियों का भी आकुंचन-प्रसारण (सिकुड़न-फैलाव) होने लगता है और उनका कम्पन बढ़ जाता है। अतः कुछ ध्वनियाँ अनायास निकलने लगती हैं। उदाहरणार्थ, कपड़ा धोते समय धोबी 'हिच्छो-हिच्छो' या 'छियो-छियो' बोलता रहता है। इसी तरह पालकी ढोते समय कहार, नाव खेते समय मल्लाह, रोलर खींचते या छप्पर उठाते समय मज़दूर किसी-न-किसी प्रकार की ध्वनि के साथ अपना काम करते हैं। आरम्भ में मनुष्य सामूहिक रूप में काम किया करता था। मेलिनोव्स्की जैसे मानवविज्ञानी ने कुछ वन्य प्रजातियों के आचार-व्यवहार का अध्ययन करने के बाद यह प्रमाणित किया कि अकेले काम करने की अपेक्षा समूह में काम करना मनुष्य की सहज प्रवृत्ति रही है। सभ्यता के विकास के साथ यह प्रवृत्ति क्षीण होती गयी और मनुष्य आत्मकेन्द्रित होता गया। एक प्रकार से बौद्धिक कार्य के विकास का यह अनिवार्य परिणाम था। शारीरिक कार्य समूह में किया जा सकता है, किन्तु बौद्धिक नहीं। इसलिए आज भी अशिक्षित जनों के बीच अकेले काम करने की अपेक्षा समूह में काम करने की प्रवृत्ति देखी जाती है। रेल के डिब्बे में चढ़ते समय भी यह प्रवृत्ति दिखायी देती है। पढ़ा-लिखा व्यक्ति प्रायः एकान्त स्थान ढूँढ़ता है किन्तु देहात के रहने वाले एक ही डिब्बे में घुसने का प्रयास करते हैं। किसी प्रकार की ध्वनि उत्पन्न करते हुए

साथ काम करने में अधिक शक्ति का बोध होता है। रोलर खींचते या छप्पर उठाते समय एक साथ 'हो' कहकर बोझ खींचने या उठाने में आसानी मालूम पड़ती है। इसलिए इसे **श्रमध्वनि**–श्रम के साथ उत्पन्न होने वाली ध्वनि–कहना सर्वथा उपयुक्त है। इसको श्रमपरिहरण-मूलकतावाद जैसे अनावश्यक लम्बे शब्द से व्यक्त करने की कोई आवश्यकता नहीं है और वस्तुतः उस ध्वनि के द्वारा श्रम का परिहार नहीं होता। वह तो किसी शारीरिक क्रिया के साथ अनायास उत्पन्न होने वाली ध्वनि है जो श्रम या कार्य में सहायक है। न्वारे (Noire') जैसे भाषाविज्ञानी श्रमध्वनि से ही भाषा की उत्पत्ति मानने के आग्रही हैं।

समीक्षा : आवेगबोधक ध्वनियों के समान ही इन ध्वनियों में भी सार्थकता का अभाव स्पष्ट है। हिच्छो-हिच्छो, छियो-छियो, हो-हो या हूँ-हूँ से कोई अर्थ नहीं निकलता। **आवेगबोधक** ध्वनियों का सम्बन्ध **भाव की तीव्रता** से है और **श्रमध्वनि का शारीरिक क्रिया** से, अन्यथा तात्त्विक दृष्टि से दोनों एक हैं, दोनों का अर्थ-पक्ष शून्य है। निरर्थक ध्वनियों से सार्थक भाषा की उत्पत्ति की कल्पना अयुक्तिसंगत है।

6. अनुकरण (बोउ-वोउ) सिद्धान्त

बोउ-वोउ, भों-भों का अंग्रेज़ी रूपान्तर है। इस सिद्धान्त का यह नाम मैक्समूलर ने विनोद में रख दिया। इस सिद्धान्त का वास्तविक नाम 'ओनोमेटोपीक थियरी' है। कुछ लोग इसको 'एकोइक थियरी' भी कहते हैं। हिन्दी में इसके लिए शब्दानुकरणमूलकतावाद चलता है जो अनावश्यक रूप से बड़ा है।

इस सिद्धान्त के अनुसार वस्तुओं का नामकरण उनसे उत्पन्न होने वाली **प्राकृतिक ध्वनियों** के आधार पर हुआ है अर्थात् जिस वस्तु से जैसी ध्वनि उत्पन्न होती सुनी गयी, उसका उसी के अनुकरण पर नाम रख दिया गया। जैसे, का-का रटने वाले को काक, कू-कू कूकने वाली को कोकिल, दर्-दर् ध्वनि करने वाले को दर्दुर, झर-झर करने वाले जलप्रवाह को निर्झर या झरना कहा जाने लगा। इसी तरह मर्मर, गर्जन, झन-झन, कल-कल, चटपट, झमाझम, गड़गड़ाहट, घरघराहट सनसनाहट, घिघियाना, मिमियाना, किकियाना, तड़तड़ाना, फड़फड़ाना, कड़कड़ाना, बड़बड़ाना, खटखटाना, हिनहिनाना जैसे शब्द ध्वनिसाम्य के आधार पर प्रयोग में आये। ध्वनि के समान चाक्षुष प्रभाव के आधार पर अनेक समान शब्द बने हैं; जैसे चकचक, चकमक, जगमग, झकझक आदि। सुमित्रानन्दन पन्त की एक कविता[1] का निम्नलिखित अंश ऐसे शब्दों से भरा है–

जीवन का उल्लास
यह सिहर-सिहर
यह लहर लहर
यह फूल-फूल करता विलास

1. गुंजन : गीत 35

रे फैल-फैल फेनिल हिलोल
उठती हिलोल पर लोल-लोल
शतयुग के शत बुदबुद विलीन
बनते पल-पल शत-शत नवीन
जीवन का जलनिधि डोल-डोल
कल-कले, छल-छल करता किलोल।

समीक्षा : (1) यह सिद्धान्त मनुष्य को वाणी-विहीन मान लेता है और उसकी भाषा का आरम्भ पशु-पक्षियों या प्राकृतिक वस्तुओं की ध्वनियों के अनुकरण पर सिद्ध करता है। परिणामतः भाषा की दृष्टि से मनुष्य पशु-पक्षियों से भी हीन कोटि का जीव सिद्ध होता है। यह कल्पना दो दृष्टियों से अग्राह्य है—एक तो यह कि मनुष्य से पहले पशु-पक्षियों को भाषा मिली और उसने उनके अनुकरण से भाषा सीखी। दूसरी यह कि जब मनुष्य को बोलने की शक्ति थी ही नहीं तो उसे ध्वन्यात्मक अनुकरण करना कैसे आया ? जिसमें ध्वनि उत्पन्न करने की सम्भावनाएँ नहीं होंगी वह ध्वन्यात्मक अनुकरण करने में समर्थ कैसे हो सकता है ?

(2) इस सिद्धान्त को स्वीकार कर लेने पर भी भाषा की उत्पत्ति का प्रश्न हल नहीं होता, क्योंकि अनुकरणात्मक शब्दों की संख्या भी किसी भाषा में अत्यल्प है। अथबस्की (अमेरिका की एक भाषा) जैसी भाषा में तो अनुकरणात्मक शब्द हैं ही नहीं। फिर, उसकी उत्पत्ति की समस्या का समाधान क्या होगा ?

(3) आवेगबोधक शब्दों के समान अनुकरणात्मक शब्दों के भी रूप विभिन्न भाषाओं में विभिन्न हैं। इससे स्पष्ट है कि अनुकरण की एकरूपता भी सभी भाषाओं में नहीं रही है—

संस्कृत	हिन्दी	अंग्रेज़ी	जर्मन	रूसी	फ्रांसीसी
निर्झर	झरना	स्ट्रीम	स्ट्रोम	रुचेइ	रिवृसो
दर्दुर	मेढक	फ्रॉग	फ्रोश	ल्यागूश्का	ग्रेनूइ

(4) अनुकरणमूलक या ध्वन्यर्थव्यंजक शब्द मुख्यतः भाषा के अलंकरण-पक्ष में आते हैं, वे भाषा का आधार प्रस्तुत नहीं करते, जैसा पन्त के उपरि-उद्धृत उदाहरण से स्पष्ट है।

(5) यह सिद्धान्त किसी भी भाषा की शब्दावली के सीमित अंश के विकास की ही व्याख्या करता है, सम्पूर्ण भाषा की उत्पत्ति की नहीं।

इस सिद्धान्त का सार इतना ही है कि अन्य प्राणियों की जो ध्वनि अर्थहीन, किन्तु उसके किसी वैशिष्ट्य से सम्बद्ध थी, वह मनुष्य के द्वारा सार्थक बना दी गयी। दूसरों की निरर्थक ध्वनि को सार्थक शब्द में परिणत कर देने की क्षमता वाले बौद्धिक प्राणी (मनुष्य) को पशु-पक्षी या अचेतन पदार्थों की अर्थहीन ध्वनियों का ऋणी मानने की कल्पना कितनी निस्सार है, यह कहने की आवश्यकता नहीं।

7. इंगित (जेस्चर) सिद्धान्त

इस सिद्धान्त का सर्वप्रथम संकेत डॉ. राये ने किया था किन्तु इसे पल्लवित किया अलेक्ज़ेंडर जोहानसन ने। उनका विवेचन भारत-यूरोपीय भाषाओं के अतिरिक्त प्राचीन चीनी, हिब्रू, तुर्की तथा कतिपय अन्य भाषाओं पर आधारित था। उनके अनुसार भाषा का विकास चार चरणों में हुआ है। प्रथम चरण में भाव-व्यंजक शब्द हैं जो आनन्द, क्रोध, भूख, प्यास जैसे मूल भावों को अभिव्यक्त करते हैं। ये शब्द मनुष्य द्वारा तत्तत् स्थितियों में उत्पन्न की गयी ध्वनियों से बने होंगे। जिस प्रकार बन्दर उपर्युक्त स्थितियों में नाना प्रकार की ध्वनियाँ करता है उसी प्रकार सम्भवतः मनुष्य भी करता रहा होगा और बाद में उन्हीं ध्वनियों के अनुकरण से इन भावों के व्यंजक शब्दों का विकास हुआ होगा। दूसरे चरण में विभिन्न जीव-जन्तुओं तथा निर्जीव पदार्थों की ध्वनियों के अनुकरण पर शब्द बने होंगे। तीसरे चरण में मनुष्य ने स्वयं अपने आंगिक संकेतों के अनुकरण पर शब्द-निर्माण किया होगा। चौथे चरण में मानव के मानसिक विकास के साथ सूक्ष्म भावों को अभिव्यक्त करनेवाले शब्दों की भी उत्पत्ति हुई होगी। इस चरण में किस प्रकार के इंगितों का अनुकरण किया गया होगा, इसका कोई उल्लेख नहीं किया गया।

समीक्षा : यह सिद्धान्त भी अन्य सिद्धान्तों से किसी अर्थ में श्रेष्ठ नहीं है, बल्कि अनेक की तुलना में सारहीन ही है। दूसरों के अनुकरण की बात तो कुछ जँचती भी है पर अपना अनुकरण कौन करता है ? भले ही वह आवेगात्मक ध्वनियों का हो या फिर आंगिक चेष्टाओं का ! वस्तुतः अनुकरण शब्द ही अन्य-सापेक्ष है। अपने हाथ के अनुकरण, अपने पैर के अनुकरण का क्या अर्थ होगा ? पशु-पक्षी भी ऐसा नहीं करते फिर मनुष्य जैसा बौद्धिक प्राणी ऐसा क्यों करेगा ?

इस सिद्धान्त में एक दोष और भी है। यदि भाषा की उत्पत्ति को उतना ही यान्त्रिक माना जाये जितना जोहानसन ने प्रतिपादित किया है तो संसार की सभी प्राचीन भाषाओं में प्रारम्भिक भावों को व्यक्त करने वाले शब्दों में काफी समानता होनी चाहिए थी किन्तु ऐसा नहीं है।

8. टा टा सिद्धान्त

यह सिद्धान्त भी बहुत कुछ इंगित सिद्धान्त जैसा ही है। इसके अनुसार आरम्भ में मनुष्य काम करते समय अपने अंगों की गति का अनुकरण उच्चारण अवयवों से करता था। इस क्रम में कुछ ध्वनियों या ध्वनि-संयोगों (शब्दों) का उच्चारण अनजाने में ही हो जाता था। इन्हीं ध्वनियों या ध्वनि-संयोगों से बाद में भाषा का विकास हुआ होगा ऐसा इस सिद्धान्त के समर्थक मानते हैं।

समीक्षा : जिन कारणों से इंगित सिद्धान्त को अस्वीकार कर दिया गया वही कारण टा-टा सिद्धान्त की अस्वीकार्यता पर भी लागू होते हैं। अंगों की गति का अनुकरण करते हुए ध्वनियों या शब्दों की उत्पत्ति और फिर उससे भाषा का विकास कल्पना के विलास के अतिरिक्त और कुछ नहीं। इस प्रकार के अनुकरण की प्रवृत्ति तो बन्दरों

में भी दिखायी नहीं पड़ती फिर मनुष्य का तो कहना ही क्या ?

9. संगीत (सिंग-सांग) सिद्धान्त

आदिम मानव भावुकता के क्षणों में संगीतात्मक ध्वनियाँ उत्पन्न करता रहा होगा। बाद में इन्हीं संगीतात्मक ध्वनियों से अर्थ का योग हुआ होगा और उससे भाषा का विकास ! येस्पर्सन ने गाने के खेल (singing sport) से उच्चारण के अवयवों के द्वारा उच्चारण के अभ्यास की बात कहकर इसका समर्थन किया है।

समीक्षा : भावुक क्षणों में मनुष्य की संगीतात्मक प्रवृत्ति का कोई ठोस प्रमाण नहीं मिलता। और फिर गुनगुनाने से अक्षर और शब्द तथा बाद में भाषा कैसे विकसित हुई होगी इस सम्बन्ध में भी यह सिद्धान्त मौन है। कहना नहीं होगा कि संगीत सिद्धान्त भी भाषा की उत्पत्ति के प्रश्न पर की गयी अन्य कल्पनाओं के समान एक और कल्पना है, इसमें वैज्ञानिकता या तर्कपूर्ण विवेचन का सर्वथा अभाव है।

10. प्रकृति (नेचर) सिद्धान्त

प्रकृति ने जिस प्रकार मनुष्य को उत्पन्न किया उसी प्रकार उसकी भाषा को भी, यह मान्यता जर्मन विद्वान् हर्डर की थी। इसीलिए इस सिद्धान्त का नाम प्रकृति सिद्धान्त रखा गया। मनुष्य ने जब दो पैरों से चलना सीखा तब उसके हाथ अन्य कार्यों के लिए मुक्त हो गये। जब हाथ भी नाना प्रकार के कार्यों में व्यस्त रहने लगे तो भावाभिव्यक्ति के लिए वागंगों से काम लिया जाने लगा। भोजन करने के अतिरिक्त मुँह को और कोई काम था नहीं, ऐसी स्थिति में संकेत के बोझ से हाथों को मुक्त करने के लिए वागंगों ने संकेत का भार सँभाल लिया। इस प्रकार मनुष्य के विकास के साथ स्वाभाविक रूप से भाषा का भी विकास हुआ।

समीक्षा : इस सिद्धान्त के द्वारा यह स्थापित करने का प्रयास किया गया है कि भाषा की उत्पत्ति सचेष्ट प्रयत्न का परिणाम नहीं है। यह मनुष्य के विकासक्रम का अंग है। किन्तु इससे यह स्पष्ट नहीं होता कि उस विकास का स्वरूप क्या था, अर्थात् आद्य शब्द कौन से थे ? उन 'शब्दों' द्वारा अर्थ का सम्प्रेषण किस प्रकार होता था ? अतः प्रकृति सिद्धान्त भी भाषा की उत्पत्ति के प्रश्न का समाधान करने में असफल है।

11. समन्वय सिद्धान्त

कुछ भाषाविज्ञानियों ने इन सिद्धान्तों की अव्याप्ति और परिसीमा देखकर सबके समन्वय को भाषा की उत्पत्ति का आधार माना है। तात्पर्य यह कि किसी एक सिद्धान्त को भाषा का आरम्भक मानने के बदले सारे सिद्धान्तों को मानना अधिक उचित है। जैसा हमने देखा, कुछ शब्द अनुकरण से उत्पन्न हुए तो कुछ आवेग की तीव्रता से और कुछ श्रम के साहचर्य से। इस तरह एक-एक सिद्धान्त को अलग-अलग मानने की अपेक्षा उनके समन्वय को भाषा की उत्पत्ति का कारण मानना निश्चित ही अधिक

व्यापक है।

समीक्षा : (1) सभी सिद्धान्तों को समन्वित कर देने पर भी भाषा के अत्यन्त साधारण अंश की उत्पत्ति का ही समाधान हो पाता है। उदाहरणार्थ, निम्नलिखित वाक्य लीजिए–

> 'भाषा और विचार की उत्पत्ति का प्रश्न मानव-समाज के विकास के प्रश्न के साथ अनिवार्य रूप से संयुक्त है।'

इस छोटे वाक्य में भी एक शब्द भी ऐसा नहीं है जो उपर्युक्त सिद्धान्तों के समन्वित रूप से भी निष्पन्न किया जा सके। भाषा की असीम व्यापकता और गम्भीरता को देखते हुए ये सभी सिद्धान्त केवल कल्पना-विलास प्रतीत होते हैं।

(2) ये सभी सिद्धान्त यह मानकर चलते हैं कि आरम्भ में मानव मूक था, पर यह बात शारीरिक और मानसिक दोनों ही दृष्टियों से अस्वीकार्य है। जो प्राणी वाणी-सम्पन्न थे वे तो जहाँ-के-तहाँ रह गये और मूक मानव भाषा-जैसे समृद्ध-समर्थ अभिव्यञ्जना-माध्यम का अधिकारी बन गया !

(3) सूक्ष्म, अमूर्त भावों के व्यंजक शब्दों की उत्पत्ति की व्याख्या इनमें किसी सिद्धान्त से नहीं होती। केवल स्थूल अर्थों के बोधक शब्दों को लेकर न तो किसी भाषा का आरम्भ हो सकता है और न भाषा की असीम शक्ति और व्यापकता की व्याख्या।

इन सिद्धान्तों को आलोचनात्मक दृष्टि से देखने के बाद यह स्पष्ट हो जाता है कि इनके उपस्थापकों ने तथ्यान्वेषण से अधिक कल्पना से काम लिया है। यह समस्या कब सुलझेगी, और कभी सुलझेगी भी, यह सन्दिग्ध है। इसीलिए आधुनिक भाषाविज्ञान इस पर विचार-विमर्श करना भी समय का अपव्यय मानता है।

भाषा की परिवर्तनशीलता और परिवर्तन के कारण

परिवर्तन सृष्टि की प्रत्येक वस्तु का नियम है। कोई भी वस्तु जिस रूप में उत्पन्न होती है, उसी रूप में सदा नहीं रहती। वस्तुतः परिवर्तन का ही नाम उत्पत्ति, विकास या विनाश है; ये तीनों परिवर्तन के विभिन्न रूप हैं, किन्तु परिवर्तन की गति सभी वस्तुओं में एक-जैसी नहीं होती। धान-गेहूँ का विकास आसानी से दिखायी पड़ता है, चूँकि बोने से लेकर काटने तक की अवधि चार-पाँच महीनों से अधिक की नहीं होती। दशहरे की जई छाँह में रहने से दस दिनों में ही एक बित्ते से भी बड़ी हो जाती है, पर वही धूप में प्रायः एक महीने में उतनी बड़ी होती है। इसके प्रतिकूल पीपल या आम का पौधा बहुत धीरे-धीरे बढ़ता है और उसके विकास की गति अनुभव में नहीं आती। स्वयं मनुष्य के शारीरिक या बौद्धिक विकास की गति भी कितनी मन्द होती है ! पाँच फुट की ऊँचाई पाने में बीस-पच्चीस-वर्ष लग जाते हैं और एक-एक अक्षर से ज्ञान का विस्तार करते-करते बी. ए., एम. ए. करने में भी लगभग उतना ही समय लग जाता है। विकास का क्षण कभी रुकता नहीं, किन्तु किस क्षण कितना विकास हुआ, इसको नाप लेने का यन्त्र आज तक नहीं निकला। जब विकास काफ़ी अधिक हो जाता है तभी वह अनुभवगम्य होता है। सभी वस्तुओं के विकास की गति एक नहीं होती और न एक ही वस्तु के विकास की गति विभिन्न परिस्थितियों और वातावरण में एक होती है। अभी दशहरे की जई का उदाहरण देखा गया। छाँह और सरस भूमि में रहने से उसका विकास जितना शीघ्र होता है, उतना खेत में बोए जौ का नहीं। जो पौधा धीरे-धीरे बढ़ता है वही खाद-पानी देने से अधिक तेज़ी से बढ़ने लगता है। मनुष्य का विकास भी पोषक तत्त्वों से प्रभावित होता है। इन उदाहरणों से यह सिद्ध होता है कि विकास की गति में वस्तु और परिस्थिति के भेद से भेद हो जाता है।

भाषा भी परिवर्तन के इस नियम का अपवाद नहीं है। आज कोई भाषा उसी रूप में नहीं बोली जाती जिस रूप में आज से एक हज़ार वर्ष पहले बोली जाती थी। यदि यह किसी प्रकार सम्भव होता कि सौ पीढ़ियों पहले के अपने पूर्वजों से हमारी भेंट हो पाती तो दोनों बड़ी उलझन और पशोपेश की स्थिति में मिलते। न तो हम उनकी बात समझ पाते और न वे हमारी। इस कथन में सन्देह हो तो अपभ्रंश की कोई रचना उठाकर देख लीजिये।

एक दिन हमारे पूर्वज यही भाषा बोलते थे, किन्तु आज इसे समझना बहुतों के लिए असम्भवप्राय है। कारण कि इन एक हज़ार वर्षों में भाषा अनवरत बदलती रही और आज इतनी बदल गयी है कि इसका प्राचीन रूप पहचान में भी नहीं आता। बचपन के किसी साथी को पच्चीस-तीस वर्ष बाद देखने पर पहचानना मुश्किल हो जाता है, क्योंकि उसकी जिस आकृति से हम परिचित होते हैं वह इतनी बदल चुकी होती है कि वह सर्वथा भिन्न व्यक्ति प्रतीत होने लगता है। ठीक यही स्थिति भाषा की भी है। यों भाषा में परिवर्तन तो प्रतिपल होता रहता है, किन्तु वह अनुभवगम्य नहीं होता। जब परिवर्तन पुंजीभूत हो जाता है तभी पकड़ में आता है और ऐसा कई सौ वर्षों में हुआ करता है। यदि एक ही पीढ़ी में वैसा परिवर्तन होने लगे तो पिता की बात पुत्र नहीं समझ सके और तब भाषा का प्रयोजन ही खंडित हो जाये।

भाषा में परिवर्तन होता है, यह किसी भी भाषा के प्राचीन इतिहास को देखने से स्पष्ट हो जाता है। भारत में ही वैदिक युग से लेकर आज तक भाषा कई रूपों में बदल चुकी है। एक ही मूल भाषा में स्थान, काल और परिस्थिति के भेद से हिन्दी, मराठी, गुजराती, पंजाबी, बँगला, उड़िया, असमी आदि अनेक भाषाएँ हो गयीं जो आज परस्पर बहुत-कुछ अबोध्य बन गयी हैं, किन्तु किसी दिन इन भाषाओं के बोलने वालों के पूर्वज एक या एक-जैसी भाषा का ही प्रयोग करते थे। परिवर्तन के ग्राह्य एवं स्पष्ट सोपानों को ही संस्कृत, प्राकृत, अपभ्रंश आदि नामों से अभिहित किया गया है। अंग्रेज़ी का प्राचीन रूप, जिसे एंग्लो-सैक्सन कहते हैं, आज के अंग्रेज़ी-भाषी के लिए अपरिचित है। तब से आज की अंग्रेज़ी में आकाश-पाताल का अन्तर हो गया है। प्रश्न है कि यह परिवर्तन क्यों होता है ? कैसे होता है ? परिवर्तन की गति सर्वत्र एक-सी रहती है या भिन्न ? भिन्न रहती है तो क्यों ? इन प्रश्नों का कोई एक तथा सुनिश्चित उत्तर देना कठिन है। मनुष्य का इतिहास, चाहे वह राजनीतिक हो या सामाजिक, धार्मिक हो या सांस्कृतिक, सीधी रेखा में नहीं चलता। व्यक्ति या समाज में, अथवा एक समाज और दूसरे समाज में, इतने प्रकार के घात-प्रतिघात चलते रहते हैं कि उनके परिणाम को निश्चित रूप के सूत्रबद्ध कर देना असम्भव है। आज से तिरपन साल पहले कौन कह सकता था कि धर्म के नाम पर भारत का बँटवारा हो जायेगा ? यह भी कौन कह सकता था कि अंग्रेज़ भारत छोड़कर इतनी जल्दी और इतनी आसानी से चले जायेंगे ? किन्तु विश्व के घटना-चक्र ने अंग्रेज़ों को भारत छोड़ने को मजबूर कर दिया और भावना तथा घटनाओं के घात-प्रतिघात से ही पाकिस्तान का निर्माण हो गया। जिस ब्रिटिश साम्राज्य में कभी सूर्य अस्त नहीं होता था वह साम्राज्य ही आज अस्त हो गया और रूस एवं अमेरिका दुर्धर्ष शक्ति के प्रतीक के रूप में सामने आ गये। हवा की गति की तरह घटनाओं की गति की भी कोई भविष्यवाणी नहीं कर सकता। भाषा में परिवर्तन होता है, इतना सर्वमान्य है, किन्तु परिवर्तन के कारणों के सम्बन्ध में ऐकमत्य नहीं है।

जिस प्रकार भाषा कहने पर **ध्वनि, शब्द, वाक्य** और **अर्थ** का बोध होता है। उसी प्रकार भाषा के परिवर्तन से भी इन चारों का परिवर्तन अभिप्रेत है, अर्थात् भाषा के

परिवर्तन के क्रम में ध्वनि, शब्द, वाक्य और अर्थ के परिवर्तन पर विचार करना पड़ता है। किन्तु परिवर्तन के कारणों को लेकर विद्वानों में मतभेद है। इस प्रसंग में कई सिद्धान्त प्रस्तुत किये गये हैं। उन सभी में थोड़ा-बहुत तथ्य है, पर कोई भी एक सिद्धान्त सर्वात्मना ग्राह्य नहीं है और न भाषा-सम्बन्धी समस्त परिवर्तनों की व्याख्या करने में समर्थ है।

परिवर्तन-सम्बन्धी कारणों को दो वर्गों में रख सकते हैं। परिवर्तन के कुछ कारण तो स्वयं भाषा में ही विद्यमान रहते हैं, जिन्हें अन्तर्निहित या **आभ्यन्तर** कारण कह सकते हैं। वक्ता का शारीरिक वैशिष्ट्य, अनुकरण की क्षमता, उच्चारण की प्रक्रिया, मानसिक स्तर, अर्थबोध की योग्यता आदि इसी कोटि में हैं, क्योंकि इनका सम्बन्ध किसी दूसरे से नहीं है। पर भाषा परिवेश-सापेक्ष वस्तु भी है, अतः उस पर अनेक बाह्य तत्त्वों का भी प्रभाव पड़ता है जिनमें भौगोलिक, ऐतिहासिक, सांस्कृतिक, साहित्यिक प्रभाव आते हैं। इन्हें **बाह्य** कारण कह सकते हैं। इनमें एक-एक की समीक्षा कर यह देखने का प्रयास करें कि भाषा के परिवर्तन में किसका कितना हाथ है।

बाह्य कारण

1. भौगोलिक प्रभाव

कुछ विद्वानों ने, जिनमें हाइनरिख़ मेयर-बेन्फ़ी और कोलित्स उल्लेख्य हैं, भाषा के परिवर्तन में भौगोलिक प्रभाव को महत्त्वपूर्ण माना है। उनके अनुसार जलवायु का प्रभाव मनुष्य के शारीरिक गठन पर ही नहीं, उसके चरित्र और ध्वनि-पद्धति पर भी पड़ता है। पहाड़ी भागों या मरुभूमियों के निवासी, जैसे अफ़गानी, पंजाबी, राजस्थानी, अधिक श्रम-सहिष्णु होने से दृढ़ और सुगठित होते हैं। उन्हें अपनी जीविका के उपार्जन के लिए मेहनत भी ज़्यादा करनी पड़ती है। स्वभावतः उसका प्रभाव उनके शरीर, चरित्र और भाषा पर पड़ता है। उनकी भाषा में मार्दव के बदले पौरुष दिखायी देता है। इसके प्रतिकूल जो समतल मैदान में रहने वाले हैं (जैसे बंगाली), जहाँ जीवन-धारण के उपकरण आसानी से उत्पन्न होते और मिल जाते हैं, उनके व्यक्तित्व में एक प्रकार की कोमलता रहती है जो भाषा में भी परिलक्षित होती है। येस्पर्सन ने इस सिद्धान्त का खंडन किया है।[1] उनका कहना है कि पहाड़ी भागों या मरुभूमियों में रहने वालों को अधिक श्रम करना पड़ता है, इससे उनके फेफड़ों पर अधिक ज़ोर पड़ता है, किन्तु भाषणेन्द्रियाँ फेफड़ों से भिन्न हैं, इसलिए फेफड़ों के ज़ोर से ध्वनियों के प्रभावित होने की बात बड़ी लचर है। अधिक मेहनत करने से श्वास-प्रश्वास बढ़ सकता है, शरीर के अवयव कठोर और हट्टे-कट्टे हो सकते हैं, पर ध्वनियों के उच्चारण में फ़र्क नहीं पड़ सकता। इसलिए भौगोलिक प्रभाव को भाषा के परिवर्तन का कारण मानना असंगत है।

येस्पर्सन की आपत्ति सहसा ठीक मालूम पड़ती है और अंशतः ठीक है भी, पर

---

1. लैंग्वेज, इट्स नेचर, डेवलपमेंट ऐंड ओरिजिन; ओत्तो येस्पर्सन; पृ. 257

भौगोलिक प्रभाव को बिल्कुल स्वीकार न करना कठिन है। भाषणेन्द्रियों को फेफड़ों से बिल्कुल पृथक् और अप्रभावित नहीं माना जा सकता। वस्तुतः ध्वनियों के उच्चारण में फेफड़ों का बहुत बड़ा महत्त्व है। फेफड़ों से निकली हुई हवा से ही ध्वनियों का उच्चारण सम्भव हो पाता है और हवा के अधिक झोंके या धक्के से ध्वनियों में हेर-फेर हुआ करता है। हारमोनियम की भाथी ज़ोर से दबाने पर पटरियों से जैसी आवाज़ निकलती है, वैसी ही आवाज़ धीरे-धीरे भाथी चलाने पर नहीं निकलती। एकाएक भाथी दबाने पर आवाज़ कड़ी और कठोर निकलती है, पर धीरे-धीरे भाथी चलाने पर मधुर और सुरीली। इसी तरह प्रश्वास वायु के आधिक्य और वेग से निकलने के कारण ध्वनियों की घनता में अन्तर पड़ना अनिवार्य है। किसी बात पर ज़ोर देने के लिए हम अधिक वायु का प्रयोग करते हैं, जिसे भाषाविज्ञान की बोली में 'बल' कहते हैं। कभी-कभी बल का प्रयोग करने पर यदि ध्वनि में परिवर्तन हो सकता है तो जहाँ प्रश्वास की अधिकता के कारण सदा बल का प्रयोग हो रहा है, वहाँ ध्वनि बिल्कुल अप्रभावित और अपरिवर्तित रह जायेगी, ऐसा कैसे कहा जा सकता है ?

मनुष्यों के ही नहीं, पशु-पक्षियों और पेड़-पौधों के विकास पर भी भौगोलिक परिस्थितियों का प्रभाव देखा जाता है। जैसा सेब या अंगूर कश्मीर की जलवायु में उत्पन्न होता है, वैसा अन्यत्र नहीं। सेब के वे ही पौधे, अंगूर की वे ही लताएँ दिल्ली, लखनऊ या पटना में वैसे फल नहीं देतीं। इधर की मिट्टी कम उपजाऊ नहीं है, किन्तु उसमें वह विशेषता नहीं है जो कश्मीर की मिट्टी में है। यदि जलवायु का असर पेड़-पौधों पर इतना पड़ सकता है तो मनुष्यों पर क्यों नहीं पड़ सकता ?

यदि यह कहें कि पहाड़ी भागों में रहने वालों की भी भाषा कोमल होती है, जैसे इटली के निवासियों की, और समतल मैदानों में भी रहने वालों की भाषा परुष होती है, जैसे भोजपुरी बोलने वालों की; अतः भौगोलिक प्रभाव की व्यापकता सन्दिग्ध बन जाती है, क्योंकि वह निश्चित रूप से सभी परिस्थितियों में सही नहीं उतरता, तो इसका समाधान यह है कि भाषा या किसी दूसरी वस्तु पर एकमात्र भूगोल का ही प्रभाव नहीं पड़ता। सम्भव है, वहाँ दूसरे कारण काम कर रहे हों और उन कारणों का प्रभाव इतना अधिक हो कि भौगोलिक प्रभाव गौण पड़ जाता हो। भाषा के परिवर्तन में भौगोलिक स्थिति का बिल्कुल हाथ नहीं है, ऐसा कहना ग़लत होगा। मात्रा चाहे जितनी भी कम हो, उसके प्रभाव को अस्वीकार नहीं किया जा सकता।

2. ऐतिहासिक प्रभाव

भाषा के परिवर्तन पर भूगोल का प्रभाव तो अलक्षित पड़ता है, किन्तु इतिहास का बहुत स्पष्ट। ऐतिहासिक कारणों में विदेशी आक्रमण, राजनीतिक विप्लव, व्यापारिक सम्बन्ध आदि को रख सकते हैं। हिन्दी में हज़ारों शब्द अरबी, फ़ारसी, तुर्की, अंग्रेज़ी आदि के आ गये हैं। इनमें कुछ तो इतने सहज और स्वाभाविक बन गये हैं कि उन्हें विदेशी कहना भी कठिन मालूम होता है। इन शब्दों से हिन्दी में अनेकविध परिवर्तन

हुए हैं—ध्वनि में, शब्द-भण्डार में, यहाँ तक कि वाक्य-विन्यास में। हिन्दी में पहले क़, ख़, ग़, ज़ आदि ध्वनियाँ नहीं थीं। ऐसे ही इनाम, ईमान, फ़ुर्सत, क़दम, मैदान आदि फ़ारसी के; हवा, हुनर, जमा, अजब, किताब, ताबीज़ आदि अरबी के; कैंची, काबू, कुली, गलीचा, चाकू, तोप, दारोग़ा, बहादुर, सौग़ात आदि तुर्की के और अर्दली, ऑफ़िस, स्कूल, स्प्रिंग, एजेंट, कमीशन, कॉलिज, गिलास आदि अंग्रेज़ी के हज़ारों शब्द भी नहीं थे। ये शब्द विदेशियों के सम्पर्क के कारण आये। यदि वे सम्पर्क नहीं होते तो ये शब्द भी हिन्दी में नहीं होते। ध्वनि या शब्द-भण्डार तक ही यह परिवर्तन सीमित नहीं है। शब्दों के बहुवचन आदि बनाने में या वाक्य-विन्यास में भी विदेशी प्रभाव देखा जाता है; जैसे मकान से मकानात, काग़ज़ से काग़ज़ात, गवाह से गवाहान, मुद्दई से मुद्दइयान आदि बहुवचन हिन्दी-व्याकरण का अनुसरण नहीं करते। आज के अंग्रेज़ी पढ़े-लिखे लोगों का वाक्य-विन्यास बहुत अधिक अंग्रेज़ी-विन्यास के ढर्रे पर होता है। इन सारे परिवर्तनों का निदान देशी घटनाओं में नहीं, बल्कि विदेशी सम्पर्कों में ढूँढ़ना होगा, चाहे वे सम्पर्क राजनीतिक रहे हों अथवा व्यापारिक, धार्मिक रहे हों या सांस्कृतिक। हिसाब लगाने वालों ने देखा है कि अंग्रेज़ी में बहुत कम शब्द अंग्रेज़ी के हैं, अन्यथा ग्रीक, लातिन और फ़्रांसीसी शब्दों से अंग्रेज़ी भरी है। ये शब्द कैसे और क्यों आये, इसका उत्तर इतिहास देता है। बहुत दिनों तक इंग्लैंड रोमन साम्राज्य का अंग था जिसके कारण लातिन शब्द आये। दसवीं शताब्दी में फ़्रांस की नॉर्मन जाति ने इंग्लैंड पर राजनीतिक प्रभुता जमायी जो शताब्दियों तक क़ायम रही और उसके कारण हज़ारों फ़्रांसीसी शब्द अंग्रेज़ी में प्रविष्ट होकर उसके अभिन्न अंग बन गये। ग्रीस के राजनीतिक प्रभाव में तो इंग्लैंड कभी नहीं आया, किन्तु ग्रीस के सांस्कृतिक महत्त्व के कारण अंग्रेज़ी ही नहीं, यूरोप की अन्य भाषाओं को भी हज़ारों की संख्या में ग्रीक शब्द लेने पड़े। भाषा के विकास के इस पक्ष की व्याख्या इतिहास ही कर सकता है। इसीलिए भाषा-सम्बन्धी परिवर्तन के कारणों पर विचार करते समय ऐतिहासिक प्रभाव पर भी ध्यान देना आवश्यक होता है।

3. सांस्कृतिक प्रभाव

सांस्कृतिक प्रभाव की चर्चा भी इतिहास के अन्तर्गत की जा सकती है, चूँकि वह भी ऐतिहासिक घटनाओं का एक अंग है। किन्तु स्पष्टता के लिए उस पर पृथक् विचार करना अच्छा है। फिर, यह कोई आवश्यक नहीं कि दो संस्कृतियों का संगम राजनीतिक कारणों से ही प्रेरित हो। भारत में ही नहीं, दूसरे देशों में भी अनेक बार सांस्कृतिक जागरण हुए हैं, जब रूढ़ि और पुरातनता को त्यागकर जनता ने नवीनता को अपनाया है। भारत में स्वदेशी भाषा का आग्रह स्वाधीनता-संग्राम से प्रेरित सांस्कृतिक जागरण का अन्यतम परिणाम है। इसके पहले सारा आदर और स्नेह अंग्रेज़ी को प्राप्त था और अपनी भाषाएँ उपेक्षित थीं। भाषाएँ ही नहीं, अपनी वेशभूषा, रहन-सहन, खान-पान के प्रति भी शिक्षित समुदाय का भाव गर्हा का था, परन्तु स्वदेशी आन्दोलन ने प्रत्येक स्वदेशी वस्तु के प्रति प्रेम-भाव जगाया। उसके भी पहले स्वामी दयानन्द सरस्वती ने,

और उनके द्वारा संस्थापित आर्यसमाज ने, हिन्दी की महत्ता घोषित कर उसके प्रसार के लिए उर्वर क्षेत्र तैयार किया। आर्यसमाज का मुख्य कार्य-क्षेत्र पंजाब रहा जहाँ उर्दू का प्राबल्य था। उर्दू के बदले हिन्दी के पठन-पाठन की, और फ़ारसी-अरबी शब्दों के बदले संस्कृत के तत्सम शब्दों के प्रयोग की पृष्ठभूमि आर्यसमाज ने तैयार की। इस सांस्कृतिक जागरण के कारण भाषा के स्वरूप में बड़ा क्रान्तिकारी परिवर्तन हुआ। हिन्दी का शब्द-भण्डार संस्कृत-बहुल हो गया और वाक्य-विन्यास में भी उर्दू के बदले हिन्दी की प्रकृति पर अधिक ध्यान दिया जाने लगा। स्वाधीनता-संग्राम के फलस्वरूप 'सत्याग्रह', 'असहयोग-आन्दोलन' आदि शब्द उत्पन्न हुए।

4. साहित्यिक प्रभाव

भाषा को परिवर्तित करने में कभी-कभी साहित्यिक प्रभाव भी महत्त्वपूर्ण सिद्ध होते हैं। मध्ययुग का भारतीय अथवा यूरोपीय इतिहास इसका प्रमाण है। भारत में संस्कृत का एकच्छत्र प्रभाव था। भक्ति-आन्दोलन के कारण जनरुचि में ऐसा परिवर्तन हुआ कि पाठक ही नहीं, लेखक भी संस्कृत से लोक-भाषाओं पर उतर आये। यह एक प्रकार से साहित्यिक आभिजात्य पर साहित्यिक लोकतन्त्र की विजय थी। उत्तर से लेकर दक्षिण तक समग्र भारत इस लहर में निमज्जित हो गया। कबीर, जायसी, सूर, तुलसी आदि ने हिन्दी की विभिन्न बोलियों को अभिव्यञ्जना की ऐसी क्षमता से सम्पन्न किया जो अदृष्टपूर्व थी। उनके द्वारा प्रयुक्त शब्द, वाक्य-विन्यास और शैली युग-युग तक अनुकरणीय बनी रही। आधुनिक युग में छायावाद ने लगभग वही काम किया। खड़ी-बोली की रुक्षता को दूर कर पेशलता और मधुरता को प्रतिष्ठित करने का, और इस तरह ब्रजभाषा के समकक्ष खड़ी-बोली को काव्य-भाषा बनाने का, श्रेय छायावाद को ही है।

मध्ययुग में यूरोप की भी स्थिति बहुत-कुछ भारत-जैसी ही थी। लातिन का चतुर्दिक् प्रभाव था। शिक्षा, संस्कृति, राजनीति, कविता—सबकी भाषा लातिन ही थी। भारत ही की तरह वहाँ भी पुनर्जागरण की ऐसी लहर उठी कि क्षेत्रीय भाषाएँ उठ खड़ी हुईं और लातिन का प्रभाव फीका पड़ गया। लातिन के बदले सभी क्षेत्रों में इन नवोदित भाषाओं का अधिकार हो गया। भाषा के इस क्रान्तिकारी परिवर्तन ने यूरोप के साहित्यिक और सांस्कृतिक रूप को ही बदल दिया।

5. वैज्ञानिक प्रभाव

विज्ञान की विभिन्न शाखाओं ने विगत दो शताब्दियों में अकल्पनीय प्रगति की है जिसके कारण असंख्य नयी वस्तुओं और नये तत्त्वों का आविष्कार हुआ है। उन वस्तुओं और तत्त्वों के नामकरण की आवश्यकता से हज़ारों-हज़ार नये शब्द गढ़ने पड़े हैं, जिनसे भाषा अत्यधिक समृद्ध हुई है। यह वैज्ञानिक शब्दावली आधुनिक युग की, और विज्ञान की, देन है। विज्ञान ने मनुष्य को ही नहीं, भाषा को भी रूपान्तरित कर दिया है। अतः भाषा-सम्बन्धी परिवर्तन के कारणों पर विचार करते समय विज्ञान की

उपेक्षा करना उचित नहीं होगा। सामान्य रूप से जितने शब्द शताब्दियों में नहीं बन पाते, उतने वर्षों में बन गये हैं।

6. *वैयक्तिक प्रभाव*

भाषा के विकास में समाज का तो महत्त्व है ही, किन्तु व्यक्ति का भी महत्त्व मानना पड़ता है। कभी-कभी ऐसे युग-पुरुष उत्पन्न होते हैं जो अपने व्यक्तित्व से भाषा की गतिविधि को बहुत दूर तक प्रभावित कर देते हैं। वे निश्चित रूप से साहित्यिक हों, यह कोई आवश्यक नहीं। उदाहरणार्थ, महात्मा गाँधी को लीजिए। उन्होंने खादी आदि अभिनव अर्थों के व्यंजक शब्द ही नहीं दिये, बल्कि हिन्दुस्तानी नाम से हिन्दी-उर्दू-मिश्रित भाषा का एक नया स्वरूप भी सामने रखा। यह बात और है कि उनकी हिन्दुस्तानी कई कारणों से लोक-मानस को पूर्णतः ग्राह्य नहीं हो सकी, किन्तु उसका प्रभाव बिल्कुल नहीं पड़ा, यह भी नहीं कहा जा सकता। मराठी में लोकमान्य तिलक का व्यक्तित्व ऐसा ही था। जर्मनी में मार्टिन लूथर ने जर्मन भाषा को एकबारगी कहाँ से कहाँ पहुँचा दिया। इस तरह भाषा के विकास में महिमाशाली व्यक्तियों का प्रभाव अनुपेक्षणीय हो जाता है।

साधारणतः बाह्य कारणों में ये ही आते हैं। जैसा आरम्भ में कहा गया है, प्रत्येक प्रभाव की मात्रा सदा एक ही नहीं होती; कभी वह लक्षित होती है और कभी अलक्षित भाव से ही भाषा को प्रभावित करती है। किन्तु करती है अवश्य। ऐसा भी होता है कि तत्काल वह परिवर्तन दृष्टिगोचर न हो, किन्तु समय पाकर वह दृष्टिगोचर होता है।

आभ्यन्तर कारण

प्रत्येक वस्तु के विकास में कुछ तो बाह्य कारणों और परिस्थितियों का हाथ होता है और कुछ कारण स्वयं उस वस्तु में अन्तर्निहित होते हैं। इसीलिए बाह्य परिस्थितियों के समान होने पर भी वस्तुओं के विकास की श्रेणी में अन्तर पड़ता है। एक ही वातावरण में पलने पर कोई मनुष्य नाटा होता है, कोई लम्बा; कोई सबल होता है, कोई निर्बल; कोई अल्पायु होता है, कोई दीर्घायु। इसका कारण स्वयं उस मनुष्य की अन्तर्निहित शक्ति ही है। इसी प्रकार भाषा के विकास या परिवर्तन में भी बाह्य कारणों का तो प्रभाव रहता ही है, किन्तु स्वयं भाषा की प्रकृति भी उस परिवर्तन की भूमिका तैयार करती है। जो कारण भाषा की प्रकृति या स्वरूप से सम्बद्ध है, उन्हें आभ्यन्तर कारण कहा जा सकता है। वे ये हैं–

1. *प्रयत्न-लाघव*

भाषा में परिवर्तन करने वाले आभ्यन्तर कारणों में सबसे महत्त्वपूर्ण है प्रयत्न-लाघव। प्रयत्न-लाघव का सीधा अर्थ होता है–**श्रम की अल्पता** अर्थात् अधिक श्रम न करना।

मनुष्य की सहज प्रवृत्ति है कि न्यूनतम श्रम से वह अधिकतम लाभ उठाना चाहता है। मजूदर काम से जी चुराता है, बीच-बीच में तम्बाकू खाने के बहाने कुछ देर बैठ जाता है। झाड़ू देते समय नौकर कहीं-कहीं गन्दगी छोड़ देता है; बर्तन साफ़ करने में रगड़कर दाग छुड़ाने के बदले हलका हाथ चला कर अपने कर्तव्य की पूर्ति मान लेता है। बच्चे को कोई चीज़ पाँच बार पढ़ने को कहिये तो दो ही बार पढ़कर किताब बन्द कर देता है और खेल में लग जाता है। काम पर देर से पहुँचने के बहुत उदाहरण मिलते हैं, लेकिन काम बन्द करने में समयनिष्ठा का बड़ी तत्परता से पालन किया जाता है। तात्पर्य यह कि मनुष्य सदा यह चाहता है कि कैसे कम-से-कम मेहनत में अधिक-से-अधिक लाभ हो। यह भावना भाषा के प्रयोग में भी काम करती है और इसके कारण भाषा में काफी हेर-फेर होता है। टेलिफ़ोन के बदले 'फ़ोन', रेलवे ट्रेन के बदले 'रेल', ऐयरोप्लेन के बदले 'प्लेन', न्यूज़-पेपर या क्वेश्चन-पेपर के बदले केवल 'पेपर', ब्लॉटिंग पेपर के बदले 'ब्लॉटिंग', पोस्टकार्ड के बदले 'कार्ड', रेलवे स्टेशन के बदले 'स्टेशन' आदि कहना श्रम बचाने की मनोवृत्ति का ही परिणाम है। मनुष्य सोचता है कि यदि 'फ़ोन' कहने से काम चल जाता है तो दो अक्षर और अधिक उच्चारण करने की क्या आवश्यकता ? श्रम बचाने की या प्रयत्न-लाघव की इसी मनोवृत्ति के कारण चतुर्वेदी 'चौबे' हो गये और उपाध्याय 'ओझा' या 'झा'। 'दुबे' (द्विवेदी) की भी हालत कोई अच्छी नहीं रही। नीलिमा का नीली, दादा का दा, प्रयत्न-लाघव के ही फल हैं। इसी तरह रेवती (रेवतीरमण), नलिनी (नलिनीरंजन), मोहिनी (मोहिनीमोहन), शशांक (शशांकशेखर) आदि नामांशों का प्रयोग प्रयत्न-लाघव से ही प्रेरित रहता है। आदित्यवार इसी प्रवृत्ति के कारण सिमटकर 'इतवार' बन गया। अंग्रेज़ी के एन. सी. सी., यू. एन. ओ., यू. एस. एस. आर., यू. एस. ए., यू. ए. आर., यू. के. आदि संक्षिप्त रूप प्रयत्न-लाघव से ही उत्पन्न हैं।

प्रयत्न-लाघव आलस्य की सम्मानित संज्ञा है। आलस्य न तो कहने में अच्छा लगता है, न सुनने में। उसके बदले प्रयत्न-लाघव से गम्भीरता टपकती है। प्रयत्न-लाघव को और भी स्पष्ट करना चाहें तो **उच्चारण-सौकर्य** कह सकते हैं। हाथ-पैर हिलाने में ही नहीं, जीभ हिलाने में भी मनुष्य संकोच करता है। एक-एक शब्द के जो वाक्य होते हैं वे उच्चारण-सौकर्य से ही प्रेरित रहते हैं। जैसे—

'तुम कब घर जाओगे ?'

'कल।'

'और लौटोगे कब ?'

'परसों।'

'आज शाम को मेरे यहाँ आने का समय निकाल सकोगे ?'

'हाँ।'

इन वाक्यों में उत्तर वाला जो अंश है उस पर ध्यान दिया जाये तो प्रयत्न-लाघव की बात स्पष्ट हो जाती है। 'कल', 'परसों' या 'हाँ' का अपने-आप में कोई सुनिश्चित

अर्थ नहीं और तीनों प्रश्न-वाक्यों का उत्तर इस प्रकार होना चाहिए था–'मैं कल घर जाऊँगा', 'मैं परसों घर से लौटूँगा।', 'हाँ, आज शाम को तुम्हारे यहाँ आने का समय मैं निकाल सकूँगा।' किन्तु पूरे वाक्यों के प्रयोग के बदले एक-एक शब्द का प्रयोग कर हम अभिप्राय व्यक्त कर देते हैं। यह एक प्रकार का सामाजिक समझौता है। पूरा वाक्य न बोलकर एक शब्द से वाक्यार्थ का काम निकाल लेना पारस्परिक सहयोग पर निर्भर है। अभी एक शब्द बोलकर आपने वाक्य का काम चला लिया; बाद में मैं भी एक शब्द बोलता हूँ और आप उससे वाक्यार्थ निकाल लेते हैं। इसमें दोनों की मेहनत बचती है और अर्थबोध में कोई कठिनाई नहीं होती ।

प्रयत्न-लाघव से केवल **श्रम** की ही नहीं, **समय** की भी बचत होती है। उपर्युक्त प्रणाली से भाषा का प्रयोग करने पर श्रम तो बचता ही है, समय भी कम नहीं बचता। पाँच शब्दों के प्रयोग के बदले यदि एक शब्द के प्रयोग से काम चल जाये तो 80 प्रतिशत समय और श्रम की बचत हो गयी जिसका उपयोग दूसरे कार्यों में किया जा सकता है।

प्रयत्न-लाघव के अन्तर्गत भाषा-सम्बन्धी परिवर्तन की कई प्रकियाएँ आती हैं। वे हैं–आगम, लोप, विकार, विपर्यय, समीकरण, विषमीकरण, स्वर-भक्ति आदि।

(1) आगम

कभी-कभी ऐसा होता है कि शब्द में ऐसे संयुक्ताक्षर आ जाते हैं जिनका उच्चारण आसानी से नहीं हो पाता। अतः किसी स्वर की सहायता लेकर उसका उच्चारण करना अधिक सुविधाजनक मालूम होता है। शब्द में नयी ध्वनि का आ जाना आगम कहलाता है। आगम स्वर और व्यंजन दोनों का हो सकता है। स्थान-भेद से आगम के तीन भेद हैं–**आदि, मध्य** और, **अन्त्य**। ऊपर चढ़ने में सीढ़ियों का, आहत पैर से चलने में बैसाखी का, कमज़ोर आदमी के खड़े होने में किसी के कन्धे या हाथ के सहारे का जो उपयोग है, वही शब्द के आरम्भ में प्रयुक्त स्वर का होता है। उदाहरणार्थ–

स्कूल, स्खलित, स्तुति, स्त्री, स्थायी, स्थिर, स्टूल, स्पष्ट आदि शब्दों का उच्चारण बहुत लोग इस्कूल, अस्खलित, अस्तुति, इस्त्री, अस्थायी, इस्टूल, अस्पष्ट करते हैं–

इन शब्दों में स्वरागम उच्चारण में ही हुआ करता है, लिखने में नहीं, किन्तु गोस्वामी तुलसीदास ने तो 'अस्तुति' लिखकर स्वरागम के लिखित रूप पर भी मुहर लगा दी है–

सुनि बिरंचि मन हरष तन पुलकि नयन बह नीर।
अस्तुति करत जोरि कर सावधान मति धीर।।

–रामचरितमानस, बालकाण्ड, 185

या

कह दुइ कर जोरी **अस्तुति** तोरी, केहि बिधि करौं अनन्ता।।

–रामचरितमानस, बालकाण्ड, 192

इसीलिए कुछ लोगों को जब अस्थायी कहना होता है तो एक और अ लगाते हैं और अ-अस्थायी कहते हैं। यह स्वरागम प्रायः वैसे शब्दों के आरम्भ में ही होता जिनमें स् के साथ किसी दूसरे वर्ण का संयोग रहता है; जैसे–

स्+क=स्क, स्+ख=स्ख, स्+त=स्त स्+त्र=स्त्र, स्+ट्=स्ट, स्+थ=स्थ आदि।

यहाँ स्वर का आगम शब्द के आदि में हुआ है, इसलिए इसको **आदि-स्वरागम** कहेंगे। कहीं-कहीं स्वर शब्द के मध्य में भी आ जाता है, उसे **मध्य-स्वरागम** कहते हैं; जैसे–

मर्म > मरम; धर्म > धरम; कर्म > करम; पूर्व > पूरब।

आगम **व्यंजन** का भी हो सकता है; जैसे–शाप > सराप; यहाँ र का आगम हो गया। इसी तरह पण > प्रण।

(2) लोप

जब दो संयुक्त ध्वनियों के उच्चारण में कठिनाई होती है तो उच्चारण-सौकर्य के लिए उनमें से एक का लोप कर दिया जाता है अर्थात् उच्चारण नहीं होता। जैसे–

ज्येष्ठ > जेठ; श्रेष्ठ > सेठ; स्थल > थल; दुग्ध > दूध; श्मशान > मसान; स्टेशन > टेसन।

पैर की तरह जीभ भी समतल पर चलना चाहती है। जिस तरह पैरों को जोते हुए या ढेलेवाले खेतों के बीच चलने में कठिनाई होती है और बराबर, चिकनी सड़क पर आराम मिलता है, उसी तरह जीभ को भी संयुक्त व्यंजनों के उच्चारण में कठिनाई होती है। शब्दों के ऊबड़-खाबड़ (संयुक्त) रूप को बराबर करने के लिए जीभ कहीं कोई ध्वनि डाल देती है जिसे 'आगम' कहते हैं; कहीं से कोई ध्वनि निकाल लेती है जिसे 'लोप' कहते हैं। रास्ते में यदि कहीं ज़मीन ऊँची रहती है तो उसे छाँटकर बराबर कर देते हैं। कहीं गड्ढा रहता है तो उस पर मिट्टी डाल देते हैं। यही नियम भाषा पर भी लागू है। कहीं कोई ध्वनि डाल देने से, कहीं से कोई ध्वनि निकाल लेने से शब्द भी ज़मीन की तरह बराबर हो जाते हैं और उनका खुरदरापन मिट जाता है, जीभ को उन पर चलने में आसानी होने लगती है। आगम के समान लोप भी शब्द के आदि, मध्य या अन्त में कहीं भी हो सकता है।

(3) विकार

उच्चारण की सुविधा के लिए एक ध्वनि का दूसरी ध्वनि में परिवर्तित हो जाना **विकार** कहलाता है; जैसे–

कृष्ण > कान्ह, कान्हा (यहाँ ष् का ह, ण का न हो गया है); मेघ > मेह; शाक > साग; गभीर > गहिर; स्तन > थन; हस्त > हाथ; मध्यम > मज्झिम।

(4) विपर्यय

विपर्यय का अर्थ है उलटना। कभी-कभी शब्द के वर्णों का क्रम उच्चारण में उलट जाता है; इसे ही **विपर्यय** कहते हैं। विपर्यय मुख्यतः दो कारणों से होता है–एक तो बोलने की तेज़ी से और दूसरे, अपूर्ण या भ्रान्त श्रवण से। बोलते समय मन और वागिन्द्रियाँ एक साथ काम करती हैं। मन में विचार उत्पन्न होता है और वह वागिन्द्रियों

की सहायता से अभिव्यक्त होता है। वागिन्द्रियों की अपेक्षा मन की गति स्वभावतः तीव्र होती है। इसलिए कभी-कभी ऐसा होता है कि जब तक वागिन्द्रियाँ पीछे की ध्वनि पर ही रहती हैं, तब तक मन आगे की ध्वनि पर पहुँच जाता है। अतः बाद की ध्वनि पहले उच्चरित हो जाती है और पहली ध्वनि बाद में। विपर्यय का एक कारण तो यह है। दूसरा यह कि पहली बार जब वह शब्द सुना गया तो उसके सुनने में या तो धोखा हो गया या श्रवण अधूरा रह गया और यह शब्द उसी रूप में मन में बैठ गया। अतः बाद में भी उसके उच्चारण में विपर्यय होता रहता है। विपर्यय के निम्नलिखित उदाहरण पर्याप्त प्रचलित हैं–

अमरूद > अमधूर या अरमूद; आदमी > आमदी; वस्तु > बतुस (चीज-बतुस); पहुँचना > चहुँपना; डूबना > बूड़ना; ह्रद > दह; पिशाच > पिचास आदि।

(5) समीकरण

जब दो भिन्न ध्वनियाँ पास रहने से सम हो जाती हैं तो उसे **समीकरण** या समीभवन कहते हैं। समीकरण के दो भेद हैं–(क) पुरोगामी समीकरण, और (ख) पश्चगामी समीकरण। जब परवर्ती ध्वनि पूर्ववर्ती ध्वनि के समान हो जाती है तो उसे **पुरोगामी** समीकरण कहते हैं; जब पूर्ववर्ती ध्वनि परवर्ती ध्वनि के समान हो जाती है तो उसे **पश्चगामी** समीकरण कहते हैं।

पुरोगामी समीकरण–वार्त्ता > बात; दूर्वा > दूब; ऊर्णा > ऊन; वल्कल > बाकल; कर्म > काम; जगत्‌नाथ > जगन्नाथ; दुग्ध > दूध; मुद्‌ग > मूँग।

पश्चगामी समीकरण–अग्नि > आग; पुत्र > पूत; कल्य > कल; पथ्य > पथ; पत्र > पात या पत्ता; रात्रि > रात; निद्रा > नींद।

शीघ्रता से उच्चारण करने पर समीकरण का प्रभाव वाग्धारा में आये शब्दों पर भी पड़ता है, जैसे रात-दिन उच्चारण में राद्दिन बन जाता है या **भात-दाल** भाद्दाल। संस्कृत या हिन्दी में सन्धि के जो विस्तृत नियम हैं, वे मुख्यतः समीकरण के ही रूप-भेद हैं।

(6) विषमीकरण

जब दो निकटस्थ (अव्यवहित) ध्वनियों के उच्चारण में कठिनाई का अनुभव होता है तो उनमें भेद कर दिया जाता है। भेद या वैषम्य ला देने के कारण ही इस परिवर्तन को **विषमीकरण** कहते हैं। ऐसा प्रायः तब होता है जब एक ही प्रकार की दो ध्वनियाँ पास-पास रहती हैं; जैसे–

कंकण > कंगन; लाला > लार; प्रकट > प्रगट; मुकुट > मउर; काक > काग।

(7) स्वर-भक्ति

संयुक्त व्यंजनों के उच्चारण में जीभ को अधिक असुविधा होती है और वहाँ धक्का देकर जीभ को आगे बढ़ाना पड़ता है। उस असुविधा को दूर करने के लिए संयुक्त व्यंजनों के बीच जब कोई स्वर रख दिया जाता है तो उसे **स्वर-भक्ति** (स्वर से बाँट देना अर्थात् अलग कर देना) कहते हैं। स्वर के आ जाने से व्यंजनों का संयोग मिट जाता है और उच्चारण में सौकर्य आ जाता है। स्वर-भक्ति भी एक प्रकार का

स्वरागम ही है जिसका स्थान शब्द के बीच में हुआ करता है। इसलिए इसे मध्य-स्वरागम भी कह सकते हैं। वस्तुतः स्वर-भक्ति जैसा एक नया नाम गढ़ने की अपेक्षा मध्य-स्वरागम शब्द का प्रयोग अधिक सुविधाजनक है। स्वरागम को जान लेने पर स्थान-भेद से आदि-स्वरागम, मध्यम-स्वरागम आदि को समझ लेना बिल्कुल आसान हो जाता है।

व्रत > बरत; मूर्ति > मूरत; राजेन्द्र > राजिन्दर, स्नान > सनान; प्राण > परान; स्मरण > सुमिरन; भ्रम > भरम; कर्म > करम; नर्म > नरम; दर्द > दरद।

(हे री मैं तो प्रेम दिवाणी, मेरो दरद न जाणे कोय।—मीरा)

ध्वनि-सम्बन्धी इन समस्त परिवर्तनों को देखने पर यह स्पष्ट हो जाता है कि इस सबका मूल एक ही है और वह है उच्चारण-सौकर्य या प्रयत्न-लाघव। जैसा पहले कहा गया है, ध्वनि या शब्द-सम्बन्धी अधिकतर परिवर्तन प्रयत्न-लाघव के कारण ही होते हैं।

2. बल

बोलते समय किसी बात पर अधिक ज़ोर देने के लिए या उसे स्पष्ट करने के लिए शब्द या वाक्य के किसी अवयव का उच्चारण अधिक बल देकर किया जाता है। बोलने के क्रम में मेज़ पर हाथ पटकना या पंजों पर खड़ा हो जाना उसी बल को दृढ़ करने का साधन है। इन आंगिक चेष्टाओं से रहित भी बल का प्रयोग होता है; जैसे—'था ही' के बदले 'थैए था'; 'है ही' के बदले 'हैए है'; 'करेंगे' के बदले 'करबे करेंगे' आदि प्रयोग चलते हैं। ये सभी प्रयोग बल देने की इच्छा के प्रमाण हैं। पक्व शब्द से दो शब्द निष्पन्न हो गये हैं—पका और पक्का। पका का प्रयोग सामान्यतः पक्वता का भाव सूचित करने के लिए होता है। जैसे पका आम, पकी रोटी, किन्तु जहाँ पक्वता में दृढ़ता या कठोरता दिखानी होती है वहाँ पक्का का प्रयोग होता है, जैसे—पक्का बदमाश, पक्का चोर, पक्की सड़क आदि। यहाँ पका बदमाश या पकी सड़क नहीं कहते, क्योंकि जो दृढ़ता या कठोरता बताना अभिप्रेत है वह पका से सिद्ध नहीं होती। 'द्वे' बल के कारण ही हिन्दी में 'दो' और गुजराती में 'बे' हो गया; पहली ध्वनि पर बल पड़ने से 'दो' और दूसरी ध्वनि पर बल पड़ने से 'बे'। गुजराती में दो के बदले 'बे' कहते हैं। ग्रीक बी (bi) से निष्पन्न अंग्रेज़ी के बाइपेड, बाइसाइकिल, बाइगैमी आदि शब्दों में द्वि का अपरांश (वि) ही बाइ के रूप में उच्चरित होता है। अंग्रेज़ी उच्चारण में वह 'बाइ' हो जाता है द्विपाद—बाइपेड। बच्चन की निम्नलिखित कविता में नदी का नद्दी के रूप में प्रयोग बल से ही प्रेरित है—

बैठा नहीं जाता बेकार;
जाओगे ऊब,
नद्दी में डूब,
दे न दो कहीं अपनी जान।

बुद्ध और नाचघर; पृ. 105

रेडियो-पाकिस्तान से प्रसारित होने वाले उर्दू-समाचारों को प्रभावशील बनाने के लिए अनावश्यक, ग़लत और भद्दे ढंग से बल का प्रयोग किया जाता है जिससे उच्चारण बिल्कुल विकृत बन जाता है। उर्दू का वैसा उच्चारण रेडियो-पाकिस्तान के समाचार-वाचकों को छोड़कर और कोई नहीं करता। पाकिस्तान की बल-प्रदर्शन की भावना शब्दों के उच्चारण तक में काम करती है।

3. भावातिरेक

प्रेम, क्रोध, शोक आदि भावों में अतिरेक (आधिक्य) से भी शब्दों का रूप बदल जाता है। उदाहरणार्थ—बाबू का बबुआ, बच्चा का बचवा, राजा का राजू या रजवा, बेटी का बिटिया, बहिन का बहिनिया आदि रूपान्तर भावातिरेक के कारण ही हो जाते हैं। लोकगीतों में बहुत बार 'लहुरा देवरवा' सुनने को मिलता है। यह लघु देवर का स्नेहपूर्ण रूप है (लघु > लहुरा, देवर > देवरवा)। प्रेम या खीझ के कारण राम का रामू या रमुआ बन जाता है।

4. अपूर्ण अनुकरण

किन्हीं दो व्यक्तियों का शारीरिक संघटन या अंगों का निर्माण एक-जैसा नहीं होता। यही कारण है कि दो व्यक्तियों की आकृति नहीं मिलती। शारीरिक या आंगिक संघटन की यह भिन्नता जैसी बाहर होती है वैसी ही भीतर भी। अन्तर यही है कि बाहरी भिन्नता दिखायी पड़ती है और भीतरी नहीं। दो व्यक्तियों के हृदय, फेफड़े या स्वरतन्त्रियों में भेद तो रहता ही है, किन्तु वह दिखायी नहीं देता। किसी की आवाज़ बड़ी सुरीली होती है और किसी की उतनी ही कर्कश। किसी की आवाज़ सुनने से जी नहीं भरता और किसी की आवाज़ सुनने को जी नहीं चाहता। आवाज़ के इस अन्तर का प्रमुख कारण है वागिन्द्रियों की भिन्नता। इस भिन्नता के कारण शब्दों के उच्चारण के अनुकरण में भिन्नता आ जाती है। भाषा सुनकर सीखी जाती है, यह हम देख चुके हैं। आस-पास के लोग जैसा उच्चारण करते हैं, बच्चा वैसा ही उच्चारण करने की चेष्टा करता है। जिनका वह अनुकरण करता है उनका भी उच्चारण परस्पर भिन्न होता है और बच्चे का उच्चारण भी उसके आंगिक संघटन से नियन्त्रित होता है। इसलिए दो व्यक्तियों द्वारा एक ही ध्वनि का उच्चारण बहुत-कुछ समान होने पर भी बिल्कुल एक नहीं हो पाता। यदि किसी की वागिन्द्रियों में कोई त्रुटि है तो उसका उच्चारण भी त्रुटिपूर्ण हो जाता है और वह आजीवन बना रहता है। **आंगिक संघटन** के साथ **मानसिक संघटन** या स्तर का भी अनुकरण में प्रभाव पड़ता है। जिस तरह सबकी आकृति एक नहीं होती, उसी तरह प्रकृति भी एक नहीं होती, कारण कि मस्तिष्क के निर्माण में और उसके कारण बुद्धि में अन्तर पड़ता है। जैसे कोई बहुत सुन्दर होता है, कोई कुरूप; वैसे ही कोई बहुत तीव्र-बुद्धि होता है और कोई मन्द-बुद्धि। अब तीव्र-बुद्धि किसी शब्द को जिस रूप में ग्रहण करेगा, उसी रूप में मन्द-बुद्धि नहीं कर सकता। ग्रहण अर्थात् अनुकरण में

भेद हो जाने से उच्चारण में भी भेद हो जाया करता है। अपूर्ण उच्चारण में **अज्ञान** का भी हाथ होता है। शब्द का शुद्ध रूप क्या है या क्या होना चाहिए; यह न जानने के कारण बहुत बार उच्चारण में भूल हो जाती है। अज्ञान और अशिक्षा एक नहीं हैं। बहुत सारे अशिक्षित व्यक्तियों का भी उच्चारण बड़ा परिमार्जित होता है और बहुत सारे शिक्षित व्यक्तियों का भी उच्चारण दूषित होता है। विश्वविद्यालय की उपाधियों से अलंकृत व्यक्ति भी कभी-कभी तालव्य-दन्त्य, व-ब, ण-न, र-ड़, य-ज आदि का भेद नहीं कर पाते। शिक्षितों की उच्चारण-सम्बन्धी भूलें प्रबुद्ध श्रोताओं का पर्याप्त मनोरंजन करती हैं। इसलिए अशिक्षा को उच्चारण की अपूर्णता का कारण मानना तर्कसंगत नहीं है। वस्तुतः उसके लिए उत्तरदायी अज्ञान हुआ करता है। शिक्षित न होने पर भी रेलवे-गार्ड और मिलिटरी-गार्ड का अन्तर देहात का व्यक्ति अच्छी तरह कर लेता है। रेलवे-गार्ड को वह 'गाड' (गाड साहेब) और मिलिटरी गार्ड को वह 'गारद' कहता है। दोनों को गारद या गाड कहने में अर्थ का सांकर्य आ जाने का भय था जिसे वह उच्चारण-भेद से मिटा देता है। पोस्टकार्ड को 'पोस्ट कारड' न कहकर वह 'पोस काड' कहता है। कारण इसका यह है कि वह शब्द के शुद्ध रूप से परिचित नहीं है। तो **आंगिक एवं मानसिक संघटन** तथा **अज्ञान** के द्वारा ध्वनियों का सम्यक् अनुकरण नहीं हो पाता जिसके कारण भाषा में परिवर्तन हुआ करता है। जैसा अभी कहा गया है, अपूर्ण उच्चारण के लिए वक्ता और श्रोता दोनों उत्तरदायी होते हैं। यह अपूर्णता जान-बूझकर नहीं होती बल्कि शारीरिक-मानसिक सीमाओं से नियन्त्रित होती है। अनुकरण की अपूर्णता को दूर करने का एक ही उपाय है—सावधानी से ध्वनियों को सुनना और अभ्यास द्वारा उन्हें निर्दोष बनाना। जैसे संगीत में एक ही स्वर का बार-बार अभ्यास करना होता है, वैसे ही ध्वनियों के उच्चारण पर भी अभ्यास से ही अधिकार किया जा सकता है।

अपूर्ण अनुकरण क्रमशः एक पीढ़ी से दूसरी पीढ़ी में बढ़ता जाता है। पिता का अपूर्ण अनुकरण पुत्र ने किया; फिर उसका अपूर्ण अनुकरण उसके पुत्र ने किया। इस तरह कई पीढ़ियों के बाद अनुकरण की अपूर्णता काफ़ी व्यापक हो जाती है जिसका अनिवार्य प्रभाव भाषा पर पड़ता है। स्वभावतः कई पीढ़ियों के बाद भाषा में भी परिवर्तन दृष्टिगोचर होने लगता है।

5. जातीय मनोवृत्ति

कुछ विद्वानों ने भाषा के परिवर्तन में जातीय मनोवृत्ति को भी स्थान दिया है। उनका कहना है कि प्रत्येक जाति की विशिष्ट मनोवृत्ति होती है जो एक-दूसरी से भिन्न होती है। फिर, कोई जाति किसी से श्रेष्ठ होती है और कोई किसी से हीन। यदि ऐसा नहीं होता तो सभी जातियों की बौद्धिक, साहित्यिक और सांस्कृतिक उपलब्धियाँ एक-ही जैसी होतीं। काव्य, दर्शन, संगीत, कला आदि का समान विकास सभी जातियों में नहीं हुआ है। इसका कारण जातियों की मनोवृत्ति या मानसिक अवस्था का भेद है। यह

मनोवृत्ति भाषा में भी अभिव्यक्त होती है। जो जाति जैसी रहती है, उसकी भाषा वैसी ही बन जाती है। जिन जातियों में कोमलता, स्निग्धता है, उनकी भाषा मधुर है और जिन जातियों में दृढ़ता या सबलता है, उनकी भाषा कठोर है। उदाहरणार्थ—जर्मन जाति की कठोरता और सबलता जर्मन भाषा के पारुष्य में प्रतिबिम्बित है। इसी तरह फ्रांसीसियों की कोमलता और कलाप्रियता के कारण फ्रांसीसी भाषा मधुर बन गयी है।

जातीय मनोवृत्ति या मानसिक अवस्था के कारण भाषा में परिवर्तन होता है इसे बहुत से विद्वान नहीं मानते। उनका तर्क है कि नैसर्गिक रूप से मनुष्य की मनोवृत्ति में कोई भेद नहीं होता और न कोई जाति मानसिक दृष्टि से श्रेष्ठ होती है, न हीन। बाह्य परिस्थितियों के प्रभाव के परिणामस्वरूप किसी जाति की बौद्धिक प्रगति हो जाती है और किसी की नहीं होती। अवसर मिलने पर कोई भी जाति उत्कर्ष को प्राप्त कर सकती है। दूसरी बात यह है कि मार्दव या पारुष्य भी वस्तुनिष्ठ न होकर आत्मनिष्ठ हुआ करता है। सच तो यह है कि अपनी भाषा किसी को कठोर नहीं लगती। कोमलता व कठोरता का आरोप दूसरे किया करते हैं, अन्यथा किसी भी भाषा के बोलने वालों की दृष्टि में उनकी ही भाषा सर्वोत्कृष्ट होती है।

जातीय मनोवृत्ति को भाषा के परिवर्तन का कारण मानने वालों और न मानने वालों में बहुत-कुछ एकांगिता दीखती है। शारीरिक निर्माण या रंगों में जातीय प्रभाव तो पाया ही जाता है। अफ्रीका की कई जातियों का रंग काला, बाल घुँघराले, होंठ चिपटे और अंग पुष्ट होते हैं। इसके प्रतिकूल चीनियों का रंग पीला, केश सीधे, होंठ पतले और अंग दुबले होते हैं। दोनों के निर्माण में मौलिक अन्तर है। जो अन्तर उनके शारीरिक निर्माण में दिखायी देता है वह उनके मानसिक निर्माण में बिल्कुल ही नहीं होगा, ऐसा कैसे मान लिया जाये ? संस्कार का असर जीवविज्ञान भी स्वीकार करता है। इसलिए जातीय मनोवृत्ति का भाषा के विकास या परिवर्तन में हाथ है ही नहीं, ऐसा मानना एकपक्षीय होगा।

मैंने जो इस पर थोड़ा-बहुत विचार किया है, उससे बड़े रोचक तथ्य सामने आये हैं। अंग्रेज़ी में वर्तमान-काल के दो भेद होते हैं—सामान्य वर्तमान और तात्कालिक वर्तमान; इसके प्रतिकूल फ्रांसीसी में एक ही वर्तमान काल दोनों के लिए प्रयुक्त होता है। इससे यह निष्कर्ष निकालना अतर्कसंगत नहीं होगा कि अंग्रेज़ी की काल-धारणा उनकी समय-निष्ठा से प्रेरित है। फ्रांस में किसी क़ाम में देर करना सह्य है, किन्तु इंग्लैंड में असह्य। समय-निष्ठा ने समय को व्यक्त करने वाले क्रिया-रूपों में भी अन्तर कर दिया है। 'आइ गो' और 'आइ एम गोइंग' में स्पष्ट ही अन्तर है। संस्कृत में गमनार्थक धातुओं का बाहुल्य है जो सम्भवतः इस बात का प्रमाण है कि आर्य स्थिर रहने के बदले चलते रहना पसन्द करते थे। रूसी में भूत और भविष्य काल के दो ही भेद हैं—पूर्ण और अपूर्ण। काम आज हुआ या कल, अथवा कल होगा या परसों, इससे उन्हें कोई मतलब नहीं। उनका मतलब इससे है कि काम पूरा हुआ या नहीं, हो चाहे वह कभी। आज रूस की आशातीत भौतिक प्रगति के मूल में क्या यह पूर्णता-अपूर्णता की

भावना नहीं देखी जा सकती ? काम की पूर्णता पर हमेशा ध्यान रखने वाला पूर्णता की ओर अग्रसर हो तो इसमें क्या आश्चर्य ? इसीलिए जिस सरलता से जातीय मनोवृत्ति के प्रभाव वाले सिद्धान्त को उपेक्षित कर दिया जाता है, वह अमान्य ठहरती है।

6. सादृश्य

किसी प्रयोग को देखकर उसके मूल में बिना गये उसी के आधार पर दूसरा प्रयोग कर बैठना सादृश्य के अन्तर्गत आता है। कुछ भाषाविज्ञानी इसे मिथ्या-सादृश्य कहते हैं, कारण कि वह सादृश्य वास्तविक न होकर अवास्तविक होता है—एक प्रकार से प्रयोक्ता के अज्ञान का परिणाम। चूँकि सादृश्य के आधार पर किये गये परिवर्तन अज्ञानमूलक होते हैं, इसीलिए इसे आभ्यन्तर कारणों में ही गिनना उचित है। 'कुछ लोग 'स्रष्टा' के बदले 'सृष्टा' लिखते हैं। वे 'सृष्टि' के सादृश्य पर 'सृष्टा' गढ़ लेते हैं, पर उन्हें नहीं मालूम कि सृष्टि और सृष्टा में दो प्रत्यय हैं, इसीलिए उनके रूप में भी भेद हो जाता है। 'अभि' उपसर्ग से अपरिचित कुछ लेखक अभिज्ञ के अ को असुर के अ जैसा निषेधार्थक मानकर जानने वाले के लिए 'भिज्ञ' और नहीं जानने वाले के लिए 'अभिज्ञ' का प्रयोग कर बैठते हैं। असुर के नञ् के कारण अभि उपसर्ग का अ भी नञ्-वाची बन गया ! वैसे असुर का अ भी अज्ञानमूलक परिवर्तन के कारण ही नञ्वाचक बना है अन्यथा वेदों में तो असु अर्थात् प्राणों की रक्षा करनेवाले को असुर कहा गया है और उसका अर्थ होता है देव। पर अब संस्कृत और हिन्दी दोनों में ही असुर का अ नञ्वाचक के रूप में स्वीकृत हो चुका है। अंग्रेज़ी में शैल (shall), विल (will) में एल (l) रहने से शुड (should), वुड (would) में एल का रहना तो समाधेय है, किन्तु कैन (can) से कुड (could) बन गया जिसका कोई युक्तिसंगत आधार नहीं है। यदि है तो यही कि शुड और वुड के सादृश्य पर कुड में भी एल आ गया। वस्तुतः शब्दों की व्युत्पत्ति और वास्तविक रूप न जानने से इस तरह की भ्रान्ति हो जाती है। ऐसा सादृश्य एक प्रकार की भ्रान्ति ही है, इसलिए कुछ लोगों ने इसे मिथ्या-सादृश्य कहना पसन्द किया है। मिथ्या-सादृश्य अर्थात् जो सादृश्य मिथ्या हो, जो वस्तुतः हो नहीं, फिर भी मान लिया जाये।

भाषा में परिवर्तन के ये ही मुख्य प्रयोजक कारण हैं। भाषण की द्रुतता आदि भी भाषा-परिवर्तन के कारण माने गये हैं, किन्तु वे अकिंचित्कर हैं, इसीलिए उनकी चर्चा अनपेक्षित है।

भाषाओं का वर्गीकरण

संसार में जितनी भाषाएँ बोली जाती हैं उनकी निश्चित संख्या ज्ञात नहीं है, किन्तु अनुमान किया जाता है कि 3,000 के लगभग भाषाएँ हैं। कुछ लोगों ने अधिक निश्चयात्मक ढंग से भाषाओं की संख्या 2,796 मानी है। वस्तुतः भाषाओं की निश्चित संख्या बताना असम्भव है, क्योंकि यह वही बता सकता है जो सारी भाषाओं को जानता हो और एक भाषा से दूसरी भाषा के अन्तर से परिचित हो। पर पाँच-सात भाषाएँ जानने वाले भी अपवाद के रूप में ही मिलते हैं। ऐसी स्थिति में 3,000 भाषाओं को जानने वाले व्यक्ति की कल्पना भी नहीं हो सकती। अतः यह संख्या चाहे 2,796 हो या 3,000 हो, आनुमानिक ही है।

वर्गीकरण से किसी वस्तु के अध्ययन में सौकर्य आता है और उसे अच्छी तरह समझने में सहायता मिलती है। वर्गीकरण की यही व्यावहारिक उपयोगिता है। संसार की भाषाओं के वर्गीकरण के कई आधार हो सकते हैं, किन्तु भाषाविज्ञान की दृष्टि से दो ही आधार माने गये हैं। वे हैं—

(1) **आकृतिमूलक** और (2) **पारिवारिक**।

आकृतिमूलक वर्गीकरण को **रूपात्मक, रचनात्मक** या **पदात्मक** भी कहते हैं। आकृति और रूप का अर्थ प्रायः एक ही है। अतः आकृतिमूलक और रूपात्मक पर्याय-से हैं। रचना उस आकृति या रूप की निष्पत्ति-प्रक्रिया की व्याख्या है। पदात्मक का सम्बन्ध भी रचना से ही है।

इस विषय को स्पष्ट करने के लिए शब्द और पद की रचना-प्रक्रिया का स्पष्टीकरण आवश्यक है। शब्द की निष्पत्ति के लिए दो तत्त्व—**प्रकृति** और **प्रत्यय**—आवश्यक हैं और कभी-कभी एक तीसरा तत्त्व भी काम में लाया जाता है, जिसे **उपसर्ग** कहते हैं। **प्रकृति** मूल तत्त्व है जो अर्थ का आधार है; **प्रत्यय** उसके व्यापार को स्पष्ट करने वाला अंश है और **उपसर्ग** प्रकृति-प्रत्यय के योग से उत्पन्न शब्दार्थ का द्योतक या रूपान्तरक है। इस तरह अधिकतर शब्दों की निष्पत्ति में इन तीनों का रहना आवश्यक होता है—

उपसर्ग + प्रकृति + प्रत्यय = शब्द
द्योतक + अर्थतत्त्व + व्यापार

उदाहरणार्थ–

उपसर्ग		प्रकृति		प्रत्यय		शब्द
प्र	+	चर्	+	घञ् (अ[1])	=	प्रचार
प्र	+	हृ	+	घञ् (अ)	=	प्रहार

उपर्युक्त उदाहरणों से उपसर्ग, प्रकृति और प्रत्यय का स्पष्टीकरण हो जाता है। उपसर्ग के भेद से अर्थ में कैसे भेद हो जाता है, यह निम्नलिखित शब्दों से स्पष्ट होगा–

प्रचार	संचार	विचार	आचार	उपचार
प्रहार	संहार	विहार	आहार	उपहार

आप देखते हैं कि एक ही शब्द (चार या हार) प्र, सम्, वि, आ और उप उपसर्गों के योग से कितने भिन्न अर्थों का वाचक हो जाता है। प्रचार, संचार, विचार, आचार और उपचार के अर्थ में कोई मेल है ? इसी तरह प्रहार, संहार, विहार, आहार और उपहार भी सर्वथा भिन्न अर्थों के वाचक हैं। यह अन्तर उपसर्ग के कारण हुआ है। इसी दृष्टि से उपसर्ग को अर्थ का **द्योतक** कहते हैं, अर्थात् शब्द में निहित अनेक अर्थों को वह प्रकाशित कर देता है। वैयाकरण मानते हैं कि उपर्युक्त विभिन्न अर्थ 'चार' या 'हार' में ही वर्तमान हैं, किन्तु दिखायी नहीं पड़ते; प्र, सम्, वि, आ, उप आदि उपसर्गों से वे द्योतित अर्थात् प्रकाशित हो जाते हैं। तो, शब्द की निष्पत्ति के लिए ये तीन अवयव आवश्यक हैं। उपसर्ग सर्वत्र रहे, यह कोई ज़रूरी नहीं। बहुत सारे शब्द उपसर्ग के बिना भी रहते हैं, जैसे–सुन्दर, मंजुल आदि विशेषण, या यौवन, तारुण्य आदि संज्ञाएँ। और स्पष्ट करना चाहें तो कह सकते हैं कि उपसर्गों का प्रयोग उन शब्दों के साथ होता है जो धातु से बनते हैं, अर्थात् उपसर्ग मुख्यतः कृदन्त शब्दों में लगते हैं, तद्धित में नहीं।

प्रयोग के लिए शब्द की निष्पत्ति ही पर्याप्त नहीं है। शब्द बन जाने पर उसमें कुछ और जोड़ना पड़ता है जिसे **विभक्ति** कहते हैं। विभक्ति का अर्थ है विभाजन अर्थात् जिससे शब्द के अर्थ का विभाजन हो जाये, बँटवारा हो जाये अर्थात् यह मालूम हो जाये कि शब्द का कौन-सा अर्थ अभिमत है। उदाहरणार्थ, निम्नलिखित तीन शब्दों को लीजिए–

वह पाठशाला आना

ये तीनों शब्द स्पष्ट हैं, मगर इन्हें सुनकर यह स्पष्ट नहीं होता कि वक्ता क्या कहना चाहता है। 'वह' पुरुष है या स्त्री, एक है या अनेक ? आना पाठशला से या पाठशाला

1. घञ् में तीन अवयव हैं–घ् + अ + ञ्। मुख्य प्रत्यय तो अ ही है, किन्तु उसके आगे-पीछे दो अनुबन्ध (घ् और ञ्) लगे हैं। पाणिनि के प्रत्ययों में अनुबन्ध विशेष कार्य के लिए लगे होते हैं। जैसे, घञ् प्रत्यय में ञ् का उपयोग है आदि-स्वर की वृद्धि करना। जिस प्रत्यय में ञ् होता है उसके योग से निष्पन्न होने वाले शब्द के आदि-स्वर की वृद्धि हो जाती है। वृद्धि के नियमानुसार अ का आ, इ का ऐ, उ का औ और ऋ का आर् हो जाता है। इसलिए पूर्वोद्धृत शब्दों में चर् का चार और हृ का हार हो जाता है।

में ? आना वर्तमान काल में, भूतकाल में या भविष्यत् काल में ? आना एकवचन या बहुवचन ? इसी तरह शब्द सुपरिचित होने पर भी अर्थ स्पष्ट नहीं हुआ। कारण है कि इन शब्दों में विभक्तियाँ नहीं लगी हैं अर्थात् शब्द के अर्थ का विभाजन नहीं हुआ है। विभक्तियों के लग जाने पर अर्थ विभक्त हो जाता है और उसकी अस्पष्टता जाती रहती है, जैसे—

वह पाठशाला से आता है।
वह पाठशाला से आती है।
वह पाठशाला से आया।
वह पाठशाला से आयी।
वह पाठशाला से आयेगा।
वह पाठशाला से आयेगी।
वह पाठशाला में आता है।
वह पाठशाला में आती है।

इस तरह इन तीन शब्दों से अनेक वाक्य बन जाते हैं। वचन के अनुसार और भी भेद हो सकते हैं।

एक दूसरा शब्द-समूह लीजिए—

राम श्याम देना

शब्दों के अर्थ स्पष्ट हैं, मगर यह मालूम नहीं होता कि राम श्याम को देता है या श्याम राम को देता है ? देता है, दिया या देगा—यह इन शब्दों से ज्ञात नहीं हो पाता। इन्हीं में जब विभक्तियाँ लग जाती हैं तो सन्देह की गुंजाइश नहीं रह जाती, जैसे—राम श्याम को देता है। यहाँ विभक्तियों के लग जाने से अर्थ स्पष्ट हो गया। तात्पर्य यह कि शब्द दो प्रकार के होते हैं—विभक्ति-हीन और विभक्ति-युक्त। विभक्तिहीन शब्द **शब्द** कहलाता है और विभक्तियुक्त शब्द **पद**। वाक्य में प्रयोग शब्द का नहीं, पद का होता है। वस्तुतः बिना पद के वाक्य बन ही नहीं सकता। व्याकरण का नियम है—'अपदं न प्रयुंजीत' अर्थात् जो पद नहीं है, उसका प्रयोग नहीं करना चाहिए, क्योंकि उससे वक्तव्य स्पष्ट नहीं होता।

प्रत्यय और विभक्ति के अर्थ में बहुत बार भ्रम देखा गया है और कुछ लोग एक के लिए दूसरे का प्रयोग किया करते हैं। प्रत्यय और विभक्ति का अन्तर स्पष्ट है। **प्रत्यय** का प्रयोग **शब्द** की निष्पत्ति के लिए होता है और **विभक्ति** का **पद** की निष्पत्ति के लिए। इसको यों भी कह सकते हैं कि **शब्द** के लिए प्रत्यय आवश्यक है, किन्तु **वाक्य** के लिए विभक्ति। जब तक विभक्तियाँ नहीं लगेंगी, तब तक शब्दों का परस्पर अन्वय ही नहीं होगा और जब तक अन्वय नहीं होगा, तब तक वाक्य नहीं बन सकता।

पद-रचना और वाक्य-रचना को आधार बनाकर जो वर्गीकरण होता है उसे **आकृतिमूलक** वर्गीकरण कहते हैं, अर्थात् जिन भाषाओं के पदों या वाक्यों की रचना का ढंग एक-जैसा होता है, उनमें आकृतिमूलक साम्य रहता है और उन्हें एक वर्ग में

रखा जा सकता है। जब वर्गीकरण का आधार केवल **आकृतिसाम्य** न होकर **अर्थसाम्य** होता है तो उसे **पारिवारिक** या **ऐतिहासिक** वर्गीकरण कहते हैं। इसको यों और भी स्पष्ट कर सकते हैं कि भाषा में दो तत्त्व माने जाते हैं—एक **रचना-तत्त्व**, दूसरा **अर्थ-तत्त्व**। केवल रचना-तत्त्व के आधार पर किया गया वर्गीकरण आकृतिमूलक वर्गीकरण है और रचना-तत्त्व तथा अर्थ-तत्त्व के सम्मिलित आधार पर किया गया वर्गीकरण पारिवारिक या ऐतिहासिक वर्गीकरण है।

आकृतिमूलक वर्गीकरण—रचना-तत्त्व।

पारिवारिक वर्गीकरण—रचना-तत्त्व+अर्थ-तत्त्व।

आकृतिमूलक वर्गीकरण का सम्बन्ध अर्थ से नहीं होता; उसका सम्बन्ध शब्द की केवल बाह्य आकृति या रूप या रचना-प्रणाली से होता है। इसलिए इस वर्गीकरण में उन भाषाओं को एक साथ रख जाता है जिनके पदों या वाक्यों की रचना का ढंग एक होता है। पद या वाक्य की रचना को ध्यान में रखकर इस वर्गीकरण को पदात्मक या वाक्यात्मक भी कहते हैं। इस तरह **आकृतिमूलक, रूपात्मक, रचनात्मक, पदात्मक** या **वाक्यात्मक** एक ही वर्गीकरण के विभिन्न पर्याय हैं। अंग्रेज़ी में इसे Morphological (पदात्मक), Typical (रूपात्मक) या Syntactical (वाक्यात्मक) कहते हैं।

आकृतिमूलक या रूपात्मक वर्गीकरण के दो प्रमुख भेद हैं—

(1) **अयोगात्मक** और (2) **योगात्मक**।

अयोगात्मक

अयोगात्मक भाषा उसे कहते हैं जिसमें प्रकृति-प्रत्यय जैसी कोई चीज़ नहीं होती है और न शब्दों में कोई परिवर्तन होता है। प्रत्येक शब्द की स्वतन्त्र सत्ता होती है और वाक्य में प्रयुक्त होने पर भी वह सत्ता ज्यों-की-त्यों रहती है। इसलिए इस वर्ग की भाषा में शब्दों का व्याकरणिक विभाजन नहीं होता अर्थात् संज्ञा, सर्वनाम, विशेषण, क्रिया-विशेषण आदि कोटियाँ नहीं होतीं। एक ही शब्द वाक्य में स्थान-भेद से संज्ञा, सर्वनाम, विशेषण, क्रिया-विशेषण कुछ भी हो सकता है। इस स्थिति को समझने के लिए अंग्रेज़ी का यह उदाहरण लीजिए—

राम बीट्स श्याम।

श्याम बीट्स राम।

इन दोनों वाक्यों के शब्दों में कोई अन्तर नहीं है; केवल स्थान बदल दिया गया है। पहले वाक्य में राम कर्ता और श्याम कर्म है, किन्तु दूसरे वाक्य में केवल स्थान बदल जाने से ही श्याम कर्ता और राम कर्म हो गया है; कर्तृत्व और कर्मत्व का भेदक कोई चिह्न शब्दों के साथ लगा नहीं है। इसी तरह हिन्दी के ये वाक्य द्रष्टव्य हैं—

साँप मेढक खाता है।

मेढक साँप खाता है।

यहाँ भी वही बात है। कर्ता और कर्म का निर्णय केवल स्थान से ही हो पाता है। पहले वाक्य में साँप कर्ता और मेढक कर्म है और दूसरे वाक्य में मेढक कर्ता और साँप कर्म है। संस्कृत में इस सन्देह का अवकाश नहीं होता, क्योंकि विभक्तियाँ पदों के साथ स्पष्टतः दिखायी पड़ती रहती हैं और पदों को उलट-पलट दें तब भी अर्थ में कोई अन्तर नहीं आता। उदाहरणार्थ, सर्पः दर्दुरं खादति। इस वाक्य को चाहे जैसे भी लिखें, अर्थ एक ही होगा—दुर्दरं सर्पः खादति; खादति दुर्दरं सर्पः; सर्पः खादति दर्दुरम्; दुर्दरं खादति सर्पः आदि। स्थान-भेद हो जाने से पद के व्यापार में अन्तर नहीं आता; कर्ता कहीं भी रहकर कर्ता ही रहता है और कर्म भी कर्म ही। वाक्य-विन्यास की यह स्वाधीनता और सुविधा अयोगात्मक भाषाओं में नहीं होती। वहाँ शब्द का क्रम बदला नहीं कि अर्थ बदल जाता है, जैसा ऊपर के उदाहरणों में देखा जाता है।

एक ही शब्द संज्ञा, विशेषण या क्रिया कैसे बन जाता है, यह निम्नलिखित उदाहरणों से स्पष्ट होगा। अंग्रेज़ी का mail[1] शब्द ले लीजिए—

Send it in the mail. —संज्ञा
Mail the letter. —क्रिया
Put it in the mail-bag —विशेषण

इन वाक्यों में एक ही शब्द mail संज्ञा, क्रिया और विशेषण-जैसा प्रयुक्त हुआ है। इसी तरह अयोगात्मक भाषाओं में एक ही शब्द से संज्ञा, क्रिया, विशेषण आदि का काम लिया जाता है। हिन्दी में भी ऐसे उदाहरण पाये जाते हैं, जैसे—

तुम्हारा **आना** सुनकर मुझे खुशी हुई। —संज्ञा
तुम कल सुबह **आना**। —क्रिया

अयोगात्मक वर्ग की प्रतिनिधि भाषा **चीनी** है। चीनी के अतिरिक्त तिब्बती, बर्मी, स्यामी, अनामी तथा सुदानी (अफ्रीका के सुदान देश की भाषा) आदि भाषाएँ इसी वर्ग में आती हैं। इस वर्ग की भाषाओं की निम्नलिखित विशेषताएँ हैं—

(1) अयोगात्मक भाषाओं का व्याकरण नहीं होता।

(2) पदक्रम का बहुत महत्त्व होता है।

(3) स्वर के कारण अर्थ में परिवर्तन होता है, इसलिए स्वर-भेद से एक ही शब्द अनेक अर्थों का वाचक हो जाता है।

(4) कहीं-कहीं निपात (सम्बन्धसूचक अव्यय) से भी शब्द या वाक्य की रचना में सहायता ली जाती है।

चीनी में एक शब्द है **'ता'** जिसके अनेक अर्थ हैं—महत्ता (संज्ञा), महान् (विशेषण), महान् होना (क्रिया), महत्तापूर्वक (क्रिया-विशेषण)। इनमें कौन-सा अर्थ अभिमत है, यह वाक्य में **'ता'** शब्द की स्थिति से ही जाना जा सकता है।

इसी तरह **तो**=अनेक; **जिन**=मनुष्य; दोनों को मिला देने पर **तोजिन** का अर्थ हुआ

---
1. द स्टोरी ऑफ़ लैंग्वेज; मारियो पेई; पृ. 120

बहुत मनुष्य (बहुवचन)। चीनी भाषा में बहुवचन-बोधक विभक्तियाँ नहीं होतीं, समूहवाचक किसी शब्द का ही प्रयोग कर देने से बहुवचन का बोध हो जाता है, जैसे हिन्दी में कभी-कभी 'लोग' या 'गण' शब्द का प्रयोग कर बहुवचन बनाते हैं, उदाहरणार्थ—'**अध्यापकगण** ऐसा कहते हैं' या 'वे **लोग** आते हैं।'

एक दूसरा वाक्य लीजिए—

न्गो (मैं) ता (मारना) नी (तुम)—मैं मारता हूँ तुम्हें।

नी (तुम) ता (मारना) न्गो (मैं)—तुम मारते हो मुझे।

शब्दों के रूप ज्यों-के-त्यों रह गये, किन्तु स्थान-भेद से उनके अर्थ भिन्न हो गये।

पदक्रम का उदाहरण 'नी ता न्गो' वाले वाक्य में स्पष्ट है। पदक्रम बदल देने से ही वाक्य का अर्थ बदल जाता है। **स्वर** के वैशिष्ट्य से अर्थ बदलने का उदाहरण है एक शब्द—'मु'। 'मु' के कई अर्थ हैं, जैसे—माता, जंगल आदि। वक्ता के स्वर (आरोह-अवरोह आदि) से ही स्पष्ट हो सकता है कि 'मु' का कौन-सा अर्थ उसे अभीष्ट है। स्वर में भूल हो जाने से अर्थ का अनर्थ हो सकता है। चीनी में स्वर का प्रयोग शब्द में भी होता है और वाक्य में भी। स्वर के अभाव में न शब्द का सही अर्थ लग सकता है, न वाक्य का। **निपात** के प्रयोग के निम्नलिखित उदाहरण हैं—

'चु' का अर्थ है भावबोधन, जिसे हिन्दी के ता त्व आदि प्रत्ययों से व्यक्त करते हैं अर्थात् चु भाववाचक निपात है।

चीनी में हाउ का अर्थ है अच्छा और चाङ् का अर्थ है लम्बा। अतः हाउ + चु = हाउचु (अच्छाई) और चाङ् + चु = चाङ्चु (लम्बाई)।

अयोगात्मक को **एकाक्षर** या **निरवयव** भी कहते हैं, क्योंकि चीनी के शब्द एक अक्षर के होते हैं। निरवयव का अर्थ अवयवहीन स्पष्ट है, क्योंकि उन शब्दों का अवयवों में अर्थात् प्रकृति-प्रत्यय आदि में विभाजन नहीं हो सकता जैसा संस्कृत या हिन्दी के शब्दों में होता है। हिन्दी के 'बनावट' शब्द में दो अवयव स्पष्ट हैं—बना+वट या सुन्दरता में सुन्दर+ता, किन्तु चीनी के किसी शब्द का इस प्रकार अवयव पृथक् कर नहीं दिखाया जा सकता; इसीलिए उसे निरवयव कहते हैं।

योगात्मक

जैसा योगात्मक शब्द से स्पष्ट है, इस वर्ग की भाषाओं में प्रकृति-प्रत्यय के योग से शब्दों की निष्पत्ति होती है। योगात्मक के तीन प्रमुख भेद हैं—

(1) अश्लिष्ट योगात्मक (Agglutinating)।

(2) श्लिष्ट योगात्मक (Inflecting)।

(3) प्रश्लिष्ट योगात्मक (Incorporating)।

अश्लिष्ट योगात्मक वर्ग की भाषाओं में अर्थतत्त्व के साथ प्रत्यय या विभक्ति का योग होता है, किन्तु वह योग बिल्कुल स्पष्ट दिखायी पड़ता है। जैसे, हिन्दी के इन

शब्दों को लीजिए—

घन—त्व, मधुर—ता, जन—ता, तीखा—पन, बना—वट।

इन शब्दों में अर्थतत्त्व के साथ प्रत्यय लगे हैं, किन्तु उनका अस्तित्व अलग दिखायी दे रहा है। वे शब्द के साथ मिलकर भी अलग हैं और अलग रहकर भी मिले हैं। यही स्थिति अश्लिष्ट योगात्मक भाषाओं की होती है। अश्लिष्ट का अर्थ है—न+श्लिष्ट अर्थात् जो चिपके नहीं; योगात्मक होने से उनमें योग (मेल) है, मगर श्लिष्टता नहीं है, अर्थात् वे अर्थतत्त्व के साथ इतना नहीं चिपक गये हैं कि उनका पार्थक्य नहीं जाना जा सके। **अश्लिष्ट** में प्रकृति एवं प्रत्यय का पार्थक्य स्पष्टतः दिखायी पड़ता रहता है। **श्लिष्ट** में रचनातत्त्व में जुटने पर अर्थतत्त्व में कुछ परिवर्तन हो जाता है, फिर भी अर्थतत्त्व और रचनातत्त्व का भेद सर्वथा लुप्त नहीं होता। उदाहरणार्थ, नीति से नैतिक, मुनि से मौन, सुन्दर से सौन्दर्य, लवण से लावण्य आदि। इन शब्दों में रचनातत्त्व (प्रत्यय) के कारण परिवर्तन तो हो गया है, पर मूल शब्द पहचान में आ जाता है। इसके प्रतिकूल **प्रश्लिष्ट** में अर्थतत्त्व और रचनातत्त्व का मेल इस प्रकार होता है कि उनका अन्तर करना सुकर नहीं होता। इसीलिए इसे **प्रश्लिष्ट** कहते हैं—अच्छी तरह श्लिष्ट। जैसे, ऋतु से आर्तव, ऋजु से आर्जव आदि।

1. अश्लिष्ट योगात्मक

ऊपर स्पष्ट किया जा चुका है कि अश्लिष्ट योगात्मक भाषाओं में अर्थतत्त्व के साथ रचनातत्त्व का योग होता है किन्तु दोनों की स्थिति बिल्कुल स्पष्ट दिखायी देती है। इस वर्ग की प्रतिनिधि भाषा **तुर्की** है। तुर्की में शब्द के निष्पादक अवयवों का योग इतना स्पष्ट होता है कि मालूम होता है जैसे किसी ने शब्दों को सुडौल ढाँचे में काट-छाँटकर बैठा दिया हो। निम्नलिखित उदाहरण लीजिए—

एव=घर (एकवचन)
एव-देन=घर से।
एव-इम=मेरा घर।
एव-इम-देन=मेरे घर से।
एव-लेर=घर (बहुवचन)।
एव-लेर-देन=घरों से।
एव-लेर-इम=मेरे घर।
एव-लेर-इम-देन=मेरे घरों से।

एक दूसरा उदाहरण—

सेव=प्यार।
सेव-एर=प्यार करने वाला।
सेव-एर-इम=मैं प्यार करने वाला हूँ, अर्थात् मैं प्यार करता हूँ।
सेव-दिर-मेक=प्यार करवाना।

सेव-इश-मेक=परस्पर प्यार करना।

सेव-इश-दिर-मेक=परस्पर प्यार करवाना।

सेव-इन-मेक=अपने को प्यार करना।

सेव-मे-मेक=प्यार नहीं करना।

अश्लिष्ट योगात्मक में रचनातत्त्व अर्थतत्त्व के कहीं पूर्व में जुटता है, कहीं मध्य में, कहीं अन्त में और कहीं पूर्वान्त में। इस प्रकार स्थिति के अनुसार उसके चार भेद हो जाते हैं—**पूर्वयोग, मध्ययोग, अन्तयोग** और **पूर्वान्तयोग।**

पूर्वयोग

पूर्वयोग के उदाहरण **बंतू** परिवार की काफ़िर और जुलू भाषाओं में मिलते हैं। काफ़िर भाषा में—

कु=के लिए (सम्प्रदान का चिह्न)

ति=हम।

नि=उन।

अतः कुति=हमको या हमारे लिए।

कुनि=उनको या उनके लिए।

जुलू भाषा में—

उमु=एकवचन का चिह्न।

अब=बहुवचन का चिह्न।

न्तु=मनुष्य।

इनके मिलने से निम्नलिखित शब्द बने—

उमुन्तु=एक मनुष्य।

अबन्तु=बहुत मनुष्य।

काफ़िर और जुलू के उपर्युक्त शब्द पूर्वयोग के उदाहरण हैं, क्योंकि रचनातत्त्व अर्थतत्त्व के पहले लगा है। अंग्रेज़ी में रचनातत्त्व इसी प्रकार आ जाता है, जैसे—

फ़ॉर अस=हमारे लिए।

फ़ॉर देम=उनके लिए।

मध्ययोग

संथाली भाषा में मध्ययोग के उदाहरण प्रायः मिलते हैं, जैसे—

मंझि=मुखिया

प=बहुवचन का चिह्न।

मपंझि=मुखिए।

इसी तरह—

दल=मारना

दपल=एक-दूसरे को मारना।

इन दोनों शब्दों में बहुत्व का बोधक **पं** और परस्परता का बोधक **प** बीच में आये

हैं; अतः ये दोनों उदाहरण मध्ययोग के माने जायेंगे।

अन्तयोग

तुर्की के जो उदाहरण ऊपर दिये गये हैं, वे अन्तयोग के ही हैं। भारत की द्रविड़ भाषाएँ भी अन्तयोग का ही उदाहरण प्रस्तुत करती हैं, जैसे—**कन्नड़** में सेवक शब्द के विभिन्न कारकों में निम्नलिखित रूप होते हैं—

	एकवचन	**बहुवचन**
कर्त्ता	सेवक-नु	सेवक-रु
कर्म	सेवक-नन्नु	सेवक-रन्नु
करण	सेवक-निंद	सेवक-रिंद
सम्प्रदान	सेवक-निगे	सेवक-रिगे
सम्बन्ध	सेवक-न	सेवक-र
अधिकरण	सेवक-नल्लि	सेवक-रल्लि

मलयालम में इसी प्रकार विभक्तियाँ अलग से अन्त में लगती हैं। तुर्की या कन्नड़ के उपर्युक्त उदाहरण अन्तयोग का स्वरूप सम्यक् स्पष्ट करते हैं।

पूर्वान्तयोग

जैसा नाम से ही स्पष्ट है, इस वर्ग की भाषाओं में रचनातत्त्व शब्द के पूर्व भी लगता है और अन्त में भी। पूर्वान्तयोग के उदाहरण न्यूगिनी की मफोर भाषा में मिलते हैं, जैसे—

म्नफ़=सुनना।

ज़-म्नफ़-उ=मैं सुनता हूँ तुझे।

यहाँ 'म्नफ़' के आदि और अन्त दोनों ओर रचनातत्त्व का योग हुआ है। फ्रांसीसी में निषेधसूचक शब्द (ne pas) का प्रयोग इसी तरह निषेध्य के आदि और अन्त में होता है।

अश्लिष्ट योगात्मक के ये ही चार प्रमुख भेद हैं।

2. श्लिष्ट योगात्मक

श्लिष्ट योगात्मक वर्ग में वे भाषाएँ आती हैं जिनमें रचनातत्त्व के योग से अर्थतत्त्व वाले अंश में कुछ परिवर्तन हो जाता है, जैसे—नीति, वेद, देह, देव, भूत, भूगोल आदि शब्दों से 'इक' प्रत्यय करने पर क्रमशः नैतिक, वैदिक, दैहिक, दैविक, भौतिक, भौगोलिक आदि शब्द बनते हैं। यहाँ रचनातत्त्व (इक) के योग से अर्थतत्त्व वाले अंश में परिवर्तन हो गया है, फिर भी अर्थतत्त्व और रचनातत्त्व को पहचानने में कठिनाई नहीं होती। इसी प्रकार अरबी के निम्नलिखित उदाहरण द्रष्टव्य हैं। अरबी में क-त-ब का अर्थ है लिखना। इस क-त-ब से अनेक शब्द बनते हैं।

किताब; कुतुब (किताब का बहुवचन); कुतबा (लेख); कातिब (लिखने वाला); मकतब (वह स्थान जहाँ लिखना सिखाया जाये); मकातिब (मकतब का बहुवचन);

मकतूब (लिखित); मकतूबात (मकतूब का बहुवचन)।

एक मूल (क-त-ब) से निष्पन्न इन सभी शब्दों में परिवर्तन होने पर भी अन्तर्वर्ती स्वरों का योग स्पष्ट प्रतीत होता है। इसी प्रकार क़-त-ल से क़त्ल (वध), क़ातिल (वध करने वाला) शब्द बने। इल्म से आलिम, इश्क़ से आशिक़ और माशूक़ आदि शब्द भी श्लिष्ट योगात्मक के ही उदाहरण हैं।

भारत-यूरोपीय तथा सामी परिवार की भाषाएँ श्लिष्ट योगात्मक वर्ग में आती हैं। संस्कृत के अतिरिक्त ग्रीक, लातिन, अवेस्ता, रूसी आदि की भी रचना-प्रणाली एक-जैसी है। संस्कृत के ये उदाहरण लीजिए—

बालकः पठति। बालिका खेलति।
बालकं पश्य। बालिकाम् आकारय।

इन वाक्यों में रचनातत्त्व का योग होने पर भी अर्थतत्त्व स्पष्ट दिखायी पड़ता है।

कुछ लोगों ने संस्कृत को बहिर्मुखी और अरबी को अन्तर्मुखी कहा है, किन्तु यह भेद मान्य नहीं है। ऊपर के नैतिक, वैदिक आदि उदाहरणों में अरबी के समान परिवर्तन शब्द के बीच में ही हुआ है। इसी प्रकार पठ्, मृ आदि धातुओं के लिट् लकार के पपाठ, ममार आदि रूपों में अरबी के समान शब्द के भीतर ही परिवर्तन होता है, बाहर नहीं।

श्लिष्ट योगात्मक वर्ग की भाषाएँ क्रमशः योगात्मक से वियोगात्मक होती जा रही हैं। संस्कृत से हिन्दी का या लातिन से फ़्रांसीसी आदि का विकास इसका प्रमाण है। संस्कृत योगात्मक थी; हिन्दी बहुत-कुछ अयोगात्मक हो गयी है, क्योंकि उसकी विभक्तियाँ शब्दों के साथ नहीं लगतीं यही बात फ़्रांसीसी में भी दिखायी देती है। लातिन की योगात्मकता फ़्रांसीसी तक आते-आते खंडित हो जाती है और अंग्रेज़ी या हिन्दी की तरह फ़्रांसीसी भी प्रायः अयोगात्मक हो गयी है।

3. प्रश्लिष्ट योगात्मक

प्रश्लिष्ट योगात्मक भाषा वह है जो जिसमें अर्थतत्त्व और रचनातत्त्व का ऐसा मिश्रण हो जाता है कि उनका पृथक्करण सम्भव नहीं होता। इस वर्ग की भाषाओं में अनेक अर्थतत्त्वों का थोड़ा-थोड़ा अंश कटकर एक शब्द बन जाता है। स्वभावतः वह शब्द केवल शब्द का अर्थ नहीं देता, बल्कि पूरे वाक्य का अर्थ देता है। प्रश्लिष्ट योगात्मकता का अर्थ संस्कृत के निम्नलिखित क्रिया-रूप से स्पष्ट हो जायेगा—

जिगमिषति = वह जाना चाहता है।

'जिगमिषति' इस एक शब्द में ही वह, जाना, चाहना, वर्तमान काल, अन्य पुरुष, एकवचन—इतने अर्थ वर्तमान हैं। इस प्रकार 'जिगमिषति' एक शब्द होते हुए भी पूरे वाक्य का काम करता है। इसी तरह 'पिपठिषामि' का अर्थ होता है—मैं पढ़ना चाहता हूँ। यह भी एक शब्द होकर पूरे वाक्य का अर्थ देता है। ठीक इसी तरह प्रश्लिष्ट योगात्मक भाषाओं में अनेक अर्थतत्त्व सिमटकर एक में मिल जाते हैं। एस्किमो या

बास्क भाषाएँ इस कोटि में आती हैं। एस्किमो[1] का एक उदाहरण—

तकुसर-इअर्तोर-उम-गलुअर-नेर्प-आ ?

—क्या तुम सोचते हो कि वह वस्तुतः इसकी देख-रेख करने को जाना चाहता है ?

तकुसर=वह उसके साथ व्यस्त होता है;

इअर्तोर=वह जाता है;

उम=वह चाहता है;

नेर्प=किन्तु

आ=क्या तुम सोचते हो ?

एक-एक अवयव से जितना अर्थ व्यक्त हो सकता है, वह संक्षिप्त होकर एक अर्थ का वाचक हो जाता है। बास्क[2] के निम्नलिखित उदाहरणों में भी प्रश्लिष्टता दीखती है—

दकर्किओत=मैं इसे उस तक ले जाता हूँ।

नकार्सु=तू मुझे ले जाता है।

हकार्त=मैं तुझे ले जाता हूँ।

संस्कृत के उपरिउद्धृत 'जिगमिषति' के समान देखने में ये एक-एक शब्द हैं, किन्तु काम ये वाक्य का कर रहे हैं।

आकृतिमूलक या रूपात्मक वर्गीकरण के ये ही प्रमुख चार भेद हैं। भाषाविज्ञानियों का अनुमान है कि भाषा के विकास का चक्र अयोगात्मकता से योगात्मकता की ओर और योगात्मकता और अयोगात्मकता की ओर अनवरत चलता रहता है। आज की अनेक अयोगात्मक भाषाओं का प्राचीन रूप योगात्मक था, किन्तु आज वे अयोगात्मक हो गयी हैं। संस्कृत योगात्मक थी; हिन्दी अयोगात्मक हो गयी है। लातिन योगात्मक थी; उससे विकसित फ़्रांसीसी, स्पेनी, पुर्तगाली आदि अयोगात्मक हो गयीं। सम्भव है, कुछ दिनों में ये अयोगात्मक भाषाएँ पुनः योगात्मक बन जायें।

कुछ दिनों पहले तक आकृतिमूलक वर्गीकरण का बहुत महत्त्व था, किन्तु अब यह अनुभव किया जाने लगा है कि वर्गीकरण के इस आधार पर बहुत वैज्ञानिक निष्कर्ष नहीं निकाले जा सकते। इसके दो प्रमुख कारण हैं—

(1) एक तो यह कि श्लिष्ट अथवा प्रश्लिष्ट में स्पष्ट विभाजक रेखा खींचना कठिन है। प्रत्येक भाषा में कुछ अंश ऐसा है जो इन तीनों वर्गों में समाविष्ट हो जाता है। संस्कृत को ही ले लीजिए। उपसर्गों या क्रिया-विभक्तियों का अस्तित्व अर्थतत्त्व से पृथक्, झलकता रहता है, जैसे—प्रभवति, प्रहरति में उपसर्ग (प्र), धातु (भू एवं हृ) और विभक्ति (ति) का रूप बिल्कुल स्पष्ट है। वैदिक, नैतिक आदि श्लिष्ट के उदाहरण हैं और जिगमिषति आदि प्रश्लिष्ट के। अतः आकृतिमूलक भेद स्थूल दृष्टि से ही ग्राह्य

1. फ़ाउंडेशन्स ऑफ़ लैंग्वेज; एल. एच. ग्रे; पृ. 300

2. एलिमेंट्स ऑफ़ द साइंस ऑफ़ लैंग्वेज; तारापुरवाला; पृ. 24

हैं; सूक्ष्मता से विचार करने पर उनमें परस्पर सांकर्य आ जाता है जो वैज्ञानिकता का विरोधी है।

(2) संसार की समस्त भाषाओं का अब तक अध्ययन नहीं हो पाया है। सम्भव है, उनका अध्ययन होने पर और भी आकृतिगत या रूपात्मक विशेषताओं का पता लगे। अभी अयोगात्मक भाषाओं की जितनी जानकारी है वह भी अपर्याप्त है। जिस गहराई से भारत-यूरोपीय परिवार की भाषाओं का अध्ययन हुआ है, उस गहराई से चीनी, बर्मी आदि का नहीं। अतः अयोगात्मक भाषाओं के सम्बन्ध में जो निष्कर्ष निकले हैं वे अखंडनीय हैं, ऐसा नहीं कहा जा सकता। इसीलिए आकृतिमूलक वर्गीकरण का अब वह महत्त्व नहीं रह गया है जो पहले था। भाषाविज्ञानी अब आकृतिमूलक वर्गीकरण से पारिवारिक वर्गीकरण को अधिक महत्त्वपूर्ण मानने लगे हैं।

पारिवारिक वर्गीकरण

हमने देखा है कि केवल **रचनातत्त्व** के आधार पर भाषा का जो वर्गीकरण होता है वह **आकृतिमूलक** वर्गीकरण है, पर **रचनातत्त्व** और **अर्थतत्त्व** के सम्मिलित आधार पर किया गया वर्गीकरण **पारिवारिक** वर्गीकरण कहलाता है।

आत्म-विस्तार प्रकृति का सहज तथा अनिवार्य क्रम है। एक से अनेक की उत्पत्ति स्वाभाविक ढंग से हुआ करती है। 'एकोऽहं बहु स्यां प्रजायेय'—एक मैं बहुत होकर (नानारूपों में) उत्पन्न होऊँ, उपनिषद् का यह वचन सृष्टि की मूल भावना की व्याख्या है। एक मानव से समस्त मानव-जाति की उत्पत्ति की कल्पना सभी धर्मों में समान भाव से दीखती है। हिन्दू मनु से मानव-जाति की उत्पत्ति मानते हैं तो मुसलमान और ईसाई आदम से। यह क्रम मनुष्यों में ही नहीं, पशु-पक्षियों, कीट-पतंगों और पेड़-पौधों में भी देखा जाता है। भाषा भी इसका अपवाद नहीं है।

'चार कोस पर पानी बदले, आठ कोस पर बानी'—यह कहावत भाषाओं की अनन्तता की द्योतक है। हमने देखा है कि संसार में आज जितनी भाषाएँ बोली जाती हैं उनकी संख्या प्रायः 3,000 है। इस संख्या-बाहुल्य को देखने पर स्वभावतः यह प्रश्न उठता है कि भाषाओं में परस्पर कोई सम्बन्ध है या नहीं ? भाषाओं के रचनात्मक सम्बन्ध पर हम विचार कर चुके हैं कि वह सम्बन्ध बाह्य है, क्योंकि वह पदों या वाक्यों की रचना तक ही सीमित है। भाषाओं का एक अन्तरंग सम्बन्ध भी है जो केवल बाह्य रचना तक ही सीमित नहीं, बल्कि अर्थ को भी आधार बनाकर चलता है। जिस प्रकार एक पूर्वज से उत्पन्न सभी मनुष्य एक गोत्र के माने जाते हैं, उसी प्रकार एक भाषा से कालान्तर में अनेक सगोत्र भाषाओं की उत्पत्ति भी होती है जो एक परिवार में रखी जाती हैं। उत्पत्ति या परिवार को यहाँ बिल्कुल उसी अर्थ में नहीं लेना चाहिए, जिस अर्थ में मनुष्य की उत्पत्ति या परिवार की कल्पना की जाती है, अर्थात् भाषा के प्रसंग में इन शब्दों का प्रयोग लाक्षणिक होता है। अतः उत्पत्ति का अर्थ सहसा आविर्भाव नहीं, बल्कि क्रमिक विकास समझना चाहिए। एक भाषा से दूसरी भाषा उत्पन्न हुई, यह कहने का अभिप्राय यह है कि पहली भाषा दूसरी भाषा में रूपान्तरित हो गयी। यह रूपान्तरण या परिवर्तन भाषा में कैसे होता है, यह हम ऊपर देख चुके हैं और उन नियमों पर विचार कर चुके हैं जिनसे भाषा परिवर्तित होती है। उत्पत्ति, विकास और विनाश का क्रम सभी लौकिक वस्तुओं के समान भाषा में भी चला करता है। किसी पूर्ववर्ती भाषा से नई भाषा उत्पन्न होकर विकसित होती है और अन्ततः विनष्ट हो जाती है। भाषा

के विनष्ट या मृत हो जाने का अर्थ भी लाक्षणिक ही है। भाषा के मृत हो जाने का अर्थ है दैनिक प्रयोग में उसका न आना। प्राकृत या लातिन इसी दृष्टि से मृत हैं, अन्यथा उनकी वंश-परम्परा आज भी चल रही है। जैसा कहा जा चुका है, भाषाओं के लिए परिवार शब्द का प्रयोग भी लाक्षणिक ही है। भाषाओं के पिता-माता या भाई-बहन नहीं होते। एक मूल भाषा से जब अनेक भाषाओं का विकास होता है तो उस मूल भाषा को उनकी जननी मान लिया जाता है और जो भाषाएँ उससे विकसित होती हैं, वे लौकिक सम्बन्ध के आधार पर परस्पर बहनें बन जाती हैं। इसलिए लौकिक व्यवहार से गृहीत इन शब्दों का प्रयोग लाक्षणिक या आलंकारिक दृष्टि से ही करना चाहिए।

संस्कृत	**लातिन**	**फ़ारसी**	**अंग्रेज़ी**	**जर्मन**
पितृ	पातेर	पिदर	फ़ादर	फ़ातेर
मातृ	मातेर	मादर	मदर	मुत्तेर
भ्रातृ	फ्रातेर	बिरादर	ब्रदर	ब्रूदेर

संस्कृत, लातिन, फ़ारसी, अंग्रेज़ी और जर्मन के बीच हज़ारों मील की दूरी है, फिर भी इन शब्दों का साम्य आश्चर्यजनक है। इतना साम्य निश्चित ही आकस्मिक या अकारण नहीं हो सकता। स्वभावतः प्रश्न उठता है कि परस्पर दूरस्थ भागों में बोली जानेवाली उपर्युक्त भाषाओं में इस असाधारण साम्य का क्या कारण है ? तब यह कल्पना असंगत नहीं प्रतीत होती कि हो न हो ये भाषाएँ किसी एक मूल रूप से विकसित हुई हैं अर्थात् ये परस्पर सम्बद्ध हैं। वह मूल रूप क्या था ? उसका प्रसार इतनी दूरी तक कैसे हुआ ? उसमें उच्चारण सम्बन्धी परिवर्तन क्यों हुए ? पितृ, पातेर, पिदर, फ़ादर, फ्रातेर में समानता है तो भिन्नता भी कम नहीं है। इस भिन्नता का कारण क्या है ? इन प्रश्नों का समाधान भाषाविज्ञान का विषय है। पर भिन्नता के बीच जो समानता है, वही पारिवारिक वर्गीकरण की भूमिका प्रस्तुत करती है। निःसन्देह ये शब्द किसी एक मूल से निकले हैं, अतः एक परिवार के हैं।

भाषाओं के परिवार-निर्धारण के लिए निम्नलिखित बातों पर विचार करना होता है—

(1) ध्वनि; (2) पद-रचना; (3) वाक्य-रचना; (4) अर्थ; (5) शब्द-भण्डार, और (6) स्थानिक निकटता। इन छः आधारों पर भाषाओं की परीक्षा करने पर ही यह कहा जा सकता है कि वे एक परिवार की हैं या नहीं।

इन आधारों के महत्त्व को लेकर भाषाविज्ञानियों में मतभेद है। कोई किसी को अधिक महत्त्वपूर्ण मानता है तो कोई किसी को। **ध्वनि** बाह्य प्रभाव के कारण या अन्तर्निहित परिवर्तनशीलता के कारण कालान्तर में बदल जा सकती है। अतः उसे पारिवारिक वर्गीकरण का दृढ़ आधार मानना कठिन है। उदाहरणार्थ, संस्कृत में ज़ ध्वनि नहीं है, यद्यपि भारत-यूरोपीय परिवार की अन्य भाषाओं, जैसे फ़ारसी, रूसी, जर्मन आदि में वह वर्तमान है। संस्कृत में टवर्ग है जो उपर्युक्त भाषाओं में नहीं है। स्वयं एक भाषा की ध्वनियाँ भी कालान्तर में बदल जाती हैं। उदाहरणार्थ, संस्कृत की ऋ, ए, ऐ, ओ,

औ आदि ध्वनियों का आज उसी रूप में उच्चारण नहीं होता, जिस रूप में वैदिक युग में होता था। इसी तरह ड़, ढ़ ध्वनियाँ संस्कृत में नहीं थीं, पर हिन्दी आदि अनेक आधुनिक भारतीय भाषाओं में आ गयी हैं, और संस्कृत में भी अनेक शब्दों का उच्चारण हम इन्हीं ध्वनियों के साथ करते हैं—क्रीडति, पीडा न कहकर अधिकतर संस्कृतज्ञ भी क्रीड़ति, पीड़ा ही कहते हैं। दृढ, गूढ, रूढ का उच्चारण दृढ़, गूढ़, रूढ़ हो गया है। भाषा का **शब्द-भण्डार** भी पारिवारिक वर्गीकरण का प्रामाणिक आधार नहीं है, क्योंकि किसी भाषा में अनेक कारणों से दूसरी भाषाओं के शब्द आ जाया करते हैं। उदाहरणार्थ, 'चाय' शब्द चीनी, रूसी, तुर्की, हिन्दी में समान रूप से प्रयुक्त होता है। किन्तु ये भाषाएँ एक ही परिवार की नहीं हैं। यदि इस शब्द को लेकर कोई इन चारों भाषाओं को एक परिवार में रखने का प्रयास करे तो यह उसकी भूल होगी। अरबी के हज़ारों शब्द फ़ारसी में आ गये हैं; इसी तरह तुर्की, अरबी के बहुत सारे शब्द हिन्दी में आ गये हैं। उससे यह निष्कर्ष निकालना ग़लत होगा कि तुर्की, अरबी, फ़ारसी या हिन्दी एक ही परिवार की भाषाएँ हैं। **अर्थ** की स्थिति भी ध्वनि या शब्द-भण्डार जैसी ही अनिश्चित है। ध्वनि-परिवर्तन के समान ही अर्थ-परिवर्तन भी भाषा की सहज विशेषता है। आरम्भ में 'मृग' का अर्थ पशु-मात्र था, किन्तु बाद में वह पशु-विशेष का वाचक हो गया। फ़ारसी में उसका ध्वनि-परिवर्तन भी हुआ और अर्थ-परिवर्तन भी; मृग से मुर्ग बना जिसका अर्थ हो गया पक्षी। तात्पर्य कि अर्थ भी स्थिर रहने वाली वस्तु नहीं है। परिशेषात् **पद-रचना** और **वाक्य-रचना,** ये दो ही आधार बचते हैं जिन पर व्याकरण का अनुशासन रहता है और इसके कारण उनमें कम-से-कम परिवर्तन होता है। परिस्थितियों से प्रभावित होकर किसी भाषा की ध्वनियाँ बदल सकती हैं, नये शब्द आ सकते हैं, अर्थ में परिवर्तन हो सकता है, किन्तु पद-रचना या वाक्य-रचना का प्रकार आसानी से नहीं बदल सकता। इसलिए पारिवारिक वर्गीकरण पर विचार करते समय सबसे अधिक महत्त्व इन्हें देना पड़ता है। **स्थानिक समीपता** का भी पारिवारिक वर्गीकरण में योगदान है, क्योंकि सम्बद्ध भाषाएँ प्रायः भौगोलिक दृष्टि से निकटस्थ होती हैं, किन्तु यह अनिवार्य नहीं है। उदाहरणार्थ, उड़िया और तेलुगू की सीमा एक है, किन्तु दोनों एक परिवार की नहीं हैं। इसी तरह अरबी और फ़ारसी में भौगोलिक दूरी नहीं है, फिर भी दोनों दो परिवार की हैं। इसके प्रतिकूल हिन्दी और अंग्रेज़ी के बीच हज़ारों मील की दूरी होने पर भी वे एक परिवार की हैं। अतः पारिवारिक वर्गीकरण के लिए मुख्यतः **पद-रचना** और **वाक्य-रचना** को ही आधार मानना चाहिए। ध्वनि, अर्थ, शब्द-भण्डार एवं स्थानिक निकटता पारिवारिक वर्गीकरण के आधार तो हैं, किन्तु गौण रूप में ही। उन पर पूर्णतः निर्भर नहीं किया जा सकता और सन्देह की स्थिति में इन सभी आधारों को यथासम्भव इतिहास, पुरातत्त्व तथा अन्य सम्बद्ध शास्त्रों से पूरित करना चाहिए। इन सबका योग होने पर ही जो निष्कर्ष प्राप्त होगा वह ग्राह्य होगा।

भाषाओं के पारिवारिक सम्बन्ध की **सन्दिग्धता** के अनेक कारण हैं—

(1) **सामग्री की अल्पता** के कारण निश्चित निर्णय में बाधा पहुँचती है। अनेक भाषाएँ

लुप्त हो चुकी हैं; कुछ भाषाओं के कतिपय शब्द ही अवशिष्ट रह गये हैं; जैसे, हित्ती के। ऐसी अपूर्ण सामग्री से सर्वथा सन्तोषप्रद और मान्य निष्कर्ष नहीं निकल सकता। किसी भी भाषा का प्राचीन रूप, शताब्दियों की कौन कहे, सहस्राब्दियों तक फैला होता है। इस बीच उस भाषा में न जाने कितने उतार-चढ़ाव होते हैं। जिस भाषा का रूप लिखित नहीं है उसका तो कभी-कभी नाम-ओ-निशान तक मालूम नहीं होता। जो भाषाएँ लुप्त हो गयीं या जिनका ज्ञान अधूरा है, उन्हें किस परिवार में रखा जाये, यह एक समस्या है। सामग्री की अल्पता की कठिनाई अपभ्रंश (शब्दों के रूप-परिवर्तन) से और भी बढ़ जाती है और यदि साहित्य लिखित रहा तो प्रतिलिपिकारों की संशोधनवृत्ति के कारण भी शब्दों के रूप बदल जाते हैं। इसलिए एक नयी उलझन पैदा हो जाती है।

(2) भाषाओं के इतिहास में समकालिकता के अभाव के कारण भी कठिनाई उत्पन्न होती है। आज जो प्राचीन भाषाएँ ज्ञात हैं, उन सबमें ऐतिहासिक दृष्टि से हज़ारों वर्षों का अन्तर है। उदाहरणार्थ, पाश्चात्य विद्वानों के अनुसार सबसे प्राचीन ज्ञात भाषा सुमेरी है जिसका समय 4,000 वर्ष ई. पू. है। इसी तरह मिस्री 3,500 ई. पू.; सामी 2,800 ई. पू.; भारत-यूरोपीय 2,000 ई. पू.; चीनी 1,500 ई. पू.; द्राविड़ 500 ई. पू.; तुर्की 800 ई.; और तिब्बती 900 ई. की मानी जाती है। भारत-यूरोपीय परिवार में भी भारत-ईरानी का समय 2,000 से 1,500 ई. पू.; हित्ती का 1,850 ई. पू.; ग्रीक का 800 ई. पू.; ट्यूटॉनिक का 300 ई.; इतालिक का 700 ई.; केल्टिक का 800 ई.; स्लाविक का 900 ई.; बाल्तिक का 1,500 ई. है। अब यदि भारतीय अथवा ग्रीक भाषा की तुलना स्लाविक या बाल्तिक से करें तो उनमें कई हज़ार वर्षों का अन्तर दीखता है। इस अवधि में भाषाएँ निश्चित ही स्थिर नहीं रही होंगी; उनमें अत्यधिक परिवर्तन हुआ होगा और उत्तरवर्ती भाषाएँ पूर्ववर्ती भाषाओं से बहुत दूर हट गयी होंगी। आन्तरिक कारणों के अतिरिक्त सैनिक, धार्मिक, राजनीतिक, आर्थिक, व्यापारिक कारणों से भी भाषिक भेद की खाई बढ़ने में सहायता मिली होगी। इस तरह **काल-भेद** से भाषाओं के पारिवारिक सम्बन्ध के अन्वेषण और स्थापना में पर्याप्त कठिनाई हो जाती है।

(3) एक तीसरी कठिनाई यह भी है कि संसार की सभी भाषाओं का समान रूप से **अध्ययन** नहीं हुआ है। कुछ भाषाओं का अध्ययन पर्याप्त सन्तोषप्रद है तो कुछ का अत्यल्प और कुछ का बिल्कुल नहीं। ज्ञान के इन तीन स्तरों पर प्रतिष्ठित भाषाओं में एकरूपता स्थापित करना न सम्भव है, न संगत।

इस प्रकार स्पष्ट है कि **प्रामाणिक सामग्री की अल्पता, ऐतिहासिक समकालिकता का अभाव और अध्ययन की अपूर्णता** भाषाओं के बीच सुनिश्चित सम्बन्ध-स्थापन में बाधक हैं। इसलिए भाषाओं के परिवार की संख्या में एकरूपता नहीं है। विभिन्न विद्वानों ने विभिन्न संख्याएँ दी हैं जो बारह से लेकर सौ तक हैं। संख्या की यह अनिश्चितता ही इस बात का प्रमाण है कि पारिवारिक वर्गीकरण के लिए जिस ठोस आधार की आवश्यकता है वह अभी तक उपलब्ध नहीं हो सका है। जैसे-जैसे भाषाओं के सम्बन्ध में हमारा ज्ञान बढ़ता जायेगा, वैसे-वैसे वर्गीकरण भी निर्दोष होता जायेगा।

संसार के भाषा-परिवार

जैसा हमने देखा है, संसार की भाषाओं को अनेक परिवारों में बाँटा गया है जिनकी संख्या बारह से लेकर सौ तक है। यहाँ उन्हीं परिवारों का उल्लेख किया जाता है जो अपेक्षाकृत निर्विवाद और प्रमुख हैं—

1. भारत-यूरोपीय परिवार
2. द्राविड़ परिवार
3. बुरुशस्की परिवार
4. उराल अल्ताई परिवार
5. कॉकेशी परिवार
6. चीनी परिवार
7. जापानी-कोरियाई परिवार
8. अत्युत्तरी (हाइपरबोरी) परिवार
9. बास्क परिवार
10. सामी-हामी परिवार
11. सुदानी परिवार
12. बंतू परिवार
13. होतेंतोत-बुशमैनी परिवार
14. मलय-बहुद्वीपीय परिवार
15. पापुई परिवार
16. आस्ट्रेलियाई परिवार
17. दक्षिणपूर्व-एशियाई परिवार
18. अमेरिकी परिवार

भौगोलिक दृष्टि से उपर्युक्त भाषा-परिवारों का विभाजन निम्नलिखित होगा—

(क) 1 से 10 तक—यूरेशिया (यूरोप और एशिया)।

(ख) 10 से 13 तक—अफ्रीका। 10 संख्यक सामी-हामी भाषा-परिवार उभयनिष्ठ है क्योंकि उसका विस्तार एशिया और अफ्रीका दोनों महादेशों में है।

(ग) 14 से 17 तक—प्रशान्त महासागर के द्वीप-पुंज।

(घ) 18—अमेरिका।

चीनी को चीनी-तिब्बती, बास्क को इबेरो-बास्क और सुदानी को सुदानी-गिनी भी कहते हैं।

1. भारत-यूरोपीय परिवार

कई दृष्टियों से संसार की भाषाओं में भारत-यूरापीय परिवार का महत्त्व सबसे अधिक है। इस महत्त्व के निम्नलिखित कारण हैं–

[1] **जनसंख्या** की दृष्टि से इस परिवार का स्थान प्रथम है, क्योंकि जितने लोग इस परिवार की भाषाएँ बोलते हैं उतने किसी दूसरे परिवार की भाषाएँ नहीं।

[2] भारत-यूरोपीय परिवार की भाषाएँ सारे संसार में फैली हुई हैं। कोई ऐसा भू-भाग नहीं जहाँ इस परिवार की भाषाएँ न बोली जाती हों। अन्य भाषाएँ एक-एक स्थान में सीमित हैं, अतः उन्हें वह **व्यापकता** उपलब्ध नहीं है जो इस परिवार की भाषाओं को है।

[3] साहित्यिक दृष्टि से भी इस परिवार की समृद्धि किसी दूसरी भाषा से अधिक है। जितना प्राचीन, जितना विविध और जितना उत्कृष्ट **साहित्य** भारत-यूरोपीय परिवार का है उतना और किसी भाषिक परिवार का नहीं।

[4] **सभ्यता** और **संस्कृति** की दृष्टि से भी इस परिवार के भाषा-भाषी अन्य भाषा-भाषियों से आगे हैं।

[5] इस परिवार की भाषाओं में विद्यमान **वैज्ञानिक साहित्य** भी अप्रतिम है। विगत कई शताब्दियों में विज्ञान के क्षेत्र में जो भी प्रगति हुई है, वह इसी परिवार की भाषाओं के द्वारा, चाहे वह अंग्रेज़ी हो या जर्मन, फ्रांसीसी या रूसी। इसीलिए नवोदित राष्ट्रों के सामने जब भी विज्ञान के अध्ययन-अध्यापन की समस्या उत्पन्न होती है तो उपर्युक्त भाषाओं में से ही किसी-न-किसी को अपनाना पड़ता है। अन्य भाषा-परिवारों में चीनी और जापानी दो ही ऐसी हैं जिनका अपना वैज्ञानिक साहित्य है, किन्तु वह भी उतना समृद्ध नहीं है जितना इस परिवार की भाषाओं का।

[6] भारत-यूरोपीय परिवार की भाषाओं के महत्त्व का अन्यतम कारण **राजनीतिक प्रभाव** भी है। यूरोप के देशों ने संसार के बहुत बड़े भाग में राजनीतिक सत्ता क़ायम की और बहुत सारे देशों को अपना उपनिवेश बनाया। स्वभावतः उपनिवेशों में शासकों की भाषाएँ अपनायी गयीं और उनके प्रसार का आशातीत अवसर मिला। उत्तर अमेरिका में अंग्रेज़ी, फ्रांसीसी और स्पेनी; दक्षिण अमेरिका में स्पेनी और पुर्तगाली; दक्षिण अफ्रीका, आस्ट्रेलिया, न्यूज़ीलैंड में अंग्रेज़ी और इंदोनेशिया में डच भाषा का प्रसार राजनीति के कारण ही हुआ। भारत में भी अंग्रेज़ी का प्रवेश राजनीतिक सत्ता के कारण ही हुआ। अफ्रीका के अन्य भागों में फ्रांसीसी, जर्मन, इतालवी, बेल्जियन आदि भाषाओं का प्रसार राजनीतिक प्रभाव का ही परिणाम है।

[7] **भाषाविज्ञान** की दृष्टि से इस परिवार के सबसे अधिक महत्त्वपूर्ण होने का

कारण यह भी है कि इस परिवार की भाषाओं का जितना अध्ययन हुआ है, उतना अन्य परिवार की भाषाओं का नहीं। वस्तुतः भाषाविज्ञान का आरम्भ ही इस परिवार के अध्ययन से हुआ। छुटपुट रूप से कुछ भाषाओं में समता देखी गयी थी; किन्तु उसका पहली बार प्रामाणिक और तुलनात्मक निरूपण सर विलियम जोन्स के 1886 ई. के ऐतिहासिक भाषण में मिलता है जो उन्होंने बंगाल की रॉयल एशियाटिक सोसाइटी के सामने दिया था और जिसमें उन्होंने यह घोषित किया था कि ग्रीक और लातिन का संस्कृत से इतना घनिष्ठ सम्बन्ध है कि वे निश्चित ही किसी एक सामान्य स्रोत से निकली प्रतीत होती हैं, जो स्रोत अब सम्भवतः नष्ट हो गया है। तुलनात्मक भाषाविज्ञान का आरम्भ सर विलियम जोन्स के इस भाषण से ही होता है।

इस तरह जनसंख्या, विस्तार, साहित्य, सभ्यता, संस्कृति, वैज्ञानिक प्रगति, राजनीतिक एवं भाषावैज्ञानिक महत्त्व—इन सभी दृष्टियों से भारत-यूरोपीय परिवार संसार की भाषाओं में प्रथम स्थान का अधिकारी ठहरता है।

भारत-यूरोपीय परिवार के विभिन्न नाम

समय-समय पर भारत-यूरोपीय परिवार के अनेक नाम सुझाए गये, किन्तु सभी में कोई-न-कोई दोष देखकर उन्हें छोड़ दिया गया।

(क) आरम्भ में भाषाविज्ञान के क्षेत्र में जर्मन विद्वानों ने उल्लेखनीय कार्य किया और उन्होंने इस परिवार का नाम **भारत-जर्मनिक** (इंडो-जर्मनिक) रखा। उनके अनुसार इस नाम की सार्थकता यह थी कि पूर्वी छोर पर भारत में और पश्चिमी छोर पर इंग्लैंड तक इस परिवार की भाषाएँ बोली जाती हैं। अतः इस नाम के द्वारा उन्होंने उस भौगोलिक विस्तार को सूचित करना चाहा जहाँ तक इस परिवार की भाषाओं का प्रसार देखा जाता है। किन्तु इस नाम में अव्याप्ति पायी गयी। दक्षिण यूरोप के देशों, जैसे इटली, फ्रांस, स्पेन, पुर्तगाल, रूमानिया आदि में भी इसी परिवार की भाषाएँ बोली जाती हैं, पर वे न तो भारतीय शाखा के अन्तर्गत आती हैं और न जर्मनिक शाखा के। इसी प्रकार इंग्लैंड, स्कॉटलैंड और आयरलैंड में भी केल्टिक परिवार की भाषाएँ व्यवहृत होती हैं और केल्टिक भी जर्मनिक से भिन्न शाखा है, अतः वह भी इस नाम में गतार्थ नहीं होती। इसलिए यूरोप के अन्य देशों के विद्वानों को यह नाम बहुत अभिमत नहीं हुआ। इसका एक और कारण था। प्रथम महायुद्ध के बाद जर्मनी की प्रति यूरोप के देशों की जो द्वेष-भावना थी, उसने भी इस नाम को ग्रहण करने में बाधा पहुँचायी। इस भाषा-परिवार के साथ जर्मनी का नाम सम्पृक्त करना उसे अनुचित महत्त्व देना था, जो यूरोप के अन्य देशों को स्वीकार्य नहीं हुआ। इसलिए जर्मनी के अतिरिक्त अन्य देशों में यह नाम गृहीत नहीं हो सका। यों, जर्मन विद्वान् आज भी इस परिवार को इंडो-जर्मनिक ही कहते हैं।

(ख) कुछ विद्वानों ने इस परिवार के लिए **आर्य** शब्द का प्रयोग किया, किन्तु इसमें दो आपत्तियाँ उठायी गयीं। एक तो यह कि आर्य शब्द का सम्बन्ध जाति-विशेष से है

और इस परिवार की भाषाओं के सभी बोलने वाले आर्य जाति के ही नहीं हैं। दूसरी यह कि आर्यों का सम्बन्ध भारत-ईरान से ही था। इसलिए समस्त भाषा-परिवार को आर्य कहने के बदले भारत-ईरानी उपशाखा के लिए ही आर्य शब्द का प्रयोग संगत माना गया। अतः आर्य नाम भी नहीं चल सका।

(ग) **भारत-यूरोपीय** (इंडो-यूरोपियन) नाम का प्रयोग पहले-पहल फ्रांसीसियों ने किया। भारत-जर्मनिक की अपेक्षा भारत-यूरोपीय नाम इस परिवार की भाषाओं के भौगोलिक विस्तार को अधिक स्पष्टता से व्यक्त करता है, किन्तु यह भी सर्वथा निर्दोष नहीं है। इस वर्ग की भाषाएँ न तो समस्त भारत में बोली जाती हैं और न समस्त यूरोप में। दक्षिण भारत में द्राविड़ परिवार की (तमिल, तेलुगू, कन्नड़ और मलयालम) भाषाएँ बोली जाती हैं और यूरोप में भी अनेक दूसरे परिवारों की भाषाएँ, जिनकी चर्चा आगे होगी। साथ ही इस परिवार की भाषाएँ केवल यूरोप में ही नहीं चलतीं; अमेरिका, दक्षिण अफ्रीका, आस्ट्रेलिया, न्यूज़ीलैंड आदि देशों में भी इनका बहुत प्रचार है। इसलिए 'यूरोपीय' कहने में अव्याप्ति भी है और अतिव्याप्ति भी। एक तीसरी बात यह भी है कि चीनी-तुर्किस्तान में किसी समय तोख़ारी बोली जाती थी जो भारत-यूरोपीय कहने से इस परिवार से बहिष्कृत हो जाती है। इस तरह इस नाम को लेकर भी अनेक कठिनाइयाँ हैं, किन्तु यह इतना अधिक चल पड़ा कि उपर्युक्त अव्याप्ति-अतिव्याप्ति के रहते हुए भी सबसे अधिक मान्य हो गया है। वस्तुतः कोई भी ऐसा नाम ढूँढ़ निकालना सम्भव नहीं है जो किसी-न-किसी दोष से ग्रस्त न हो। ऐसी अवस्था में प्रसिद्धि को आधार बनाकर भारत-यूरोपीय नाम स्वीकार कर लेने में कोई हानि नहीं है।

(घ) कुछ विद्वानों ने इस परिवार का नाम **भारत-हित्ती** (इंडो-हित्ताइत) सुझाया है। सन् 1893 ई. में एशिया माइनर के बोग़ाज़कोई नामक स्थान की पुरातात्त्विक खुदाई के प्रसंग में कुछ कीलाक्षर लेख मिले, जिन्हें 1917 में चेक विद्वान होज़्नी ने पढ़कर यह स्थापना रखी कि हित्ती भारत-यूरोपीय परिवार की ही भाषा है। हित्ती के सम्बन्ध में एक और मान्यता भी सामने आयी कि वह मूल भारत-यूरोपीय भाषा से संस्कृत, ग्रीक, लातिन की तरह उत्पन्न नहीं है, बल्कि उसके समानान्तर प्रयुक्त होती थी। इस तरह वह मूल भारत-यूरोपीय भाषा की पुत्री न होकर बहन प्रमाणित हुई। अतः उसको भारत-यूरोपीय भाषा के समकक्ष ही रखना उचित समझा गया और तब इस परिवार का नाम भारत-हित्ती रखने का प्रस्ताव हुआ। किन्तु जो कठिनाई भारत-यूरोपीय नाम देने में देखी गयी है वह भारत-हित्ती कहने में घटती नहीं, बल्कि और भी बढ़ जाती है। भारत एक देश का नाम है और हित्ती एक जाति का; इसलिए इस नाम में कोई एकरूपता नहीं रह जाती। दूसरी बात यह कि हित्ती कहने से यह भी पता नहीं लगता कि इस भाषा का विस्तार कहाँ तक है। इसलिए इस नाम को ग्रहण करने से व्यर्थ की उलझन होगी और कोई लाघव नहीं होगा। नामकरण में प्रसिद्धि भी एक बहुत बड़ी चीज़ है और उसकी अकारण उपेक्षा नहीं होनी चाहिए। अतः सभी दृष्टियों से **भारत-यूरोपीय** नाम ही अधिक संगत ठहरता है।

मूल भारत-यूरोपीय भाषा का स्थान

भारत-यूरोपीय परिवार की विभिन्न भाषाओं के अध्ययन से यह निष्कर्ष निकलता है कि आज से हज़ारों साल पहले कोई एक प्राचीन रूप था जिससे ये भाषाएँ विकसित हुईं। संस्कृत, अवेस्ता, ग्रीक, लातिन, रूसी, जर्मन आदि के अध्ययन से इस निष्कर्ष की पुष्टि होती है। ऐसी कल्पना की जाती है कि आरम्भ में जो भाषा थी, उसकी भी अनेक बोलियाँ थीं और राजनीतिक या अन्य कारणों से उनमें से कुछ को प्रमुखता प्राप्त थी। संस्कृत, ग्रीक आदि की तुलना से इन भाषाओं के पारस्परिक अन्तर का ज्ञान होता है। वैदिक भाषा में भी रूप-भेद दिखायी पड़ते हैं। इसी तरह ग्रीक में भी अनेक भेद थे, जैसे—इयोनी, दोरिक, आत्तिक आदि। क्रमशः परिनिष्ठित भाषाओं के आगे बोलियाँ लुप्त हो गयीं जिन्हें जानने का आज कोई साधन नहीं रह गया है।

मूल भारत-यूरोपीय भाषा-भाषियों को कुछ विद्वानों ने **आर्य** कहना पसन्द किया है यद्यपि, जैसा पहले कहा जा चुका है, यह शब्द शाखा-विशेष के लिए रूढ़ हो गया है। फिर भी, सामान्य रूप से आर्य शब्द का प्रयोग उस व्यापक अर्थ में करने में कोई हानि नहीं है। आर्यों का अर्थात् मूल भारत-यूरोपीय भाषाओं के बोलने वालों का आदि स्थान कहाँ था, इसे लेकर ऐकमत्य नहीं है। भारत से लेकर उत्तर-पश्चिम में स्कैंडिनेविया तक और उत्तरी ध्रुव से लेकर कास्पियन सागर के तट तक आर्यों के मूल-स्थान को स्थापित करने की चेष्टा की गयी है। वस्तुतः इस विषय को लेकर जो विभिन्न मतवाद प्रवर्तित हुए हैं, उनका अध्ययन एक स्वतन्त्र विषय है। डेढ़-दो सौ वर्षों तक इस पर विभिन्न देशों के विद्वानों द्वारा इतना अधिक लिखा गया है कि यह प्रश्न सुलझने के बदले और उलझ गया है। इस समस्या के नहीं सुलझने का एक प्रधान कारण यह है कि विद्वानों की दृष्टि वस्तुनिष्ठ न होकर आत्मनिष्ठ रही है। जिस किसी विद्वान् ने इस समस्या का समाधान ढूँढ़ने का प्रयास किया है, उसका ध्यान इस बात पर रहा है कि उसी का देश आर्यों का आदि स्थान प्रमाणित हो। मनुष्य की यह स्वाभाविक निर्बलता है कि वह अपने को, या अपने से सम्बद्ध को, गौरव एवं श्रेय का अधिकारी बनाना चाहता है। इस भावना के कारण यह प्रश्न और भी जटिल हो गया है। जितनी दूर में भारत-यूरोपीय परिवार की भाषाओं का प्रसार हुआ है—उतनी दूर तक आदि-स्थान की कल्पना की गयी है। भारत, मध्य एशिया, दक्षिणी रूस, कॉकेशस का उत्तरी ढाल, जर्मनी, स्कैंडिनेविया, उत्तरी ध्रुव, पोलैंड में विश्चुला नदी का तट, हंगरी में कार्पेथियन पर्वत का समीपस्थ भाग, बाल्तिक सागर का किनारा, लिथुआनिया, तिब्बत (त्रिविष्टप), एशिया माइनर (आधुनिक तुर्की), मेसोपोटामिया (आधुनिक इराक़), रूसी-तुर्किस्तान, वोल्गा नदी का मुहाना और कास्पियन सागर का उत्तरी किनारा आदि आर्यों के मूल स्थान माने गये हैं। कहने की आवश्यकता नहीं कि इन स्थानों को मूल स्थान मानने में ऐतिहासिक तटस्थता का अभाव रहा है। यह प्रश्न लगभग वैसा ही असमाधेय है जैसा भाषा की उत्पत्ति का प्रश्न। जिस तरह भाषा की उत्पत्ति को लेकर अटकलें लगायी गयी हैं, उसी

तरह इस प्रश्न को लेकर भी, और जैसे भाषा की उत्पत्ति का सिद्धान्त अनिर्णीत है, वैसे ही आर्यों का मूल स्थान भी। इस सम्बन्ध में इतना ही कहा जा सकता है कि कोई एक स्थान ऐसा था जहाँ से आर्य विभिन्न दिशाओं में गये। इसके अतिरिक्त निश्चयात्मक रूप से कुछ भी कहना असम्भवप्राय है।

भारतीय साहित्य में कहीं भी इस बात का उल्लेख नहीं मिलता कि आर्य कहीं बाहर से इस देश में आये। यदि वे बाहर से आये होते तो किसी-न-किसी रूप में इसका उल्लेख हुआ होता; कारण कि ऐसी महत्त्वपूर्ण घटना परम्परा या जनश्रुति के द्वारा भी समाज में अवश्य प्रचलित रहती और अवसर पाकर विद्वान् उसकी चर्चा अवश्य करते। इसलिए कुछ भारतीय विचारकों का मत है कि आर्य मूलतः भारत के ही निवासी थे और कहीं बाहर से न आकर, वे यहीं से बाहर गये। इतने परस्पर-विरोधी मतों के बीच किसी एक को चुन लेना और उसके पक्ष में निर्णय करना बड़ा कठिन है।

आर्य चाहे कहीं के भी मूल निवासी रहे हों, वे विभिन्न दिशाओं में गये। क्यों गये, यह प्रश्न भी असमाहित है। सम्भव है कोई प्राकृतिक प्रकोप हुआ हो या राजनीतिक विप्लव हुआ हो ! इतना बड़ा उलट-फेर निश्चय ही किसी हलके-फुलके कारण से नहीं हुआ होगा, किन्तु वह कौन-सा कारण था, यह कहना आज सम्भव नहीं है।

जिस तरह मूल स्थान को लेकर अनेक कल्पनाएँ की गयी हैं, उसी प्रकार विभिन्न भाषाओं के तुलनात्मक अध्ययन के आधार पर भाषाविज्ञानियों ने मूल भारत-यूरोपीय भाषा की ध्वनियों के निर्माण का प्रयास किया है, किन्तु यह भी अनुमान-प्रसूत ही है। इसलिए इसे भी स्वीकार करते समय सतर्कता से काम लेना उचित होगा, क्योंकि अनुमान आख़िर, अनुमान ही है। जब स्थान का निर्णय नहीं हो पाया तो उच्चारण को सुरक्षित रखने वाले साधनों के अभाव में ध्वनियों का यथावत् निश्चय कर लेना कहाँ तक मान्य हो सकता है ? हज़ारों वर्षों की अवधि में और हज़ारों मील की दूरी में फैली ध्वनियाँ कितनी बदल गयी होंगी, यह कहने की आवश्यकता नहीं। फिर, उसके आधार पर उस प्रागैतिहासिक युग की ध्वनियों का निर्धारण कहाँ तक वैज्ञानिक होगा ? भारत में ही ऋ का उच्चारण पहले क्या था, यह बताना किसी के लिए सम्भव नहीं है। ऋ की गणना स्वरों में की गयी है, किन्तु आज उसका उच्चारण व्यंजन का हो गया है और तत्त्वतः ऋ और रि में उच्चारण की दृष्टि से कोई भेद नहीं है। इस प्रकार से स्वर व्यंजन बन गया है। दूसरी बात यह कि ऋ का उच्चारण भी सर्वत्र एक-जैसा नहीं होता। हिन्दी-भाषी क्षेत्र में ऋ का उच्चारण 'रि' जैसा होता है तो उड़ीसा या महाराष्ट्र में 'रु' जैसा। वहाँ अमृत और कृष्ण अम्रुत और क्रुष्ण के रूप में उच्चरित होते हैं। लृ की स्थिति और भी विषम है। लृ का उच्चारण तो ल्+र्+इ हो गया है अर्थात् यह व्यंजन ही नहीं, संयुक्त व्यंजन बन गया है। कहाँ तो लृ की गणना स्वरों में हुई है और कहाँ उसका उच्चारण संयुक्त व्यंजन हो गया और वह भी भारत जैसे देश में जहाँ व्याकरणिक परम्परा को अधिक-से-अधिक अविकृत और अमिश्रित रखने की सतत चेष्टा रही है। जिस देश ने हज़ारों वर्षों तक वेदों को कंठस्थ रखा और उनमें एक अक्षर का परिवर्तन

या मिश्रण नहीं होने दिया, वह देश भी ऋ और लृ का उच्चारण भूल गया। और भी अनेक ध्वनियों की यही अवस्था हुई है। ऐसी स्थिति में जो भाषाएँ परस्पर देश और काल की दृष्टि से बहुत दूर हट गयी हैं और जिनमें अपनी साहित्यिक परम्परा को अनुस्यूत रखने का कोई प्रयास नहीं हुआ, उनकी ध्वनियों के आधार पर मूल भाषा की ध्वनियों का वैज्ञानिक निरूपण हो सके, यह असम्भव है। फिर भी कुछ प्रयास हुए हैं और उनका परिणाम, कल्पना-प्रसूत भी क्यों न हो, देख लेना अच्छा होगा। मूल भारत-यूरोपीय भाषा में निम्नलिखित ध्वनियों की कल्पना की गयी है—

स्वर

मूल ह्रस्व—	अ	इ	उ	ऍ	ऑ	
मूल दीर्घ—	आ	ई	ऊ	ए	आ	
संयुक्त ह्रस्व—	अइ	अउ	अऋ	अलृ	अऩ	अम़
	ऍइ	ऍउ	ऍऋ	ऍलृ	ऍऩ	ऍम़
	ऑइ	ऑउ	ऑऋ	ऑलृ	ऑऩ	ऑम़
संयुक्त दीर्घ—	आइ	आउ	आऋ	आलृ	आऩ	आम़
	एइ	एउ	एऋ	एलृ	एऩ	एम़
	ओइ	ओउ	ओऋ	ओलृ	ओऩ	ओम़

उदासीन—अ

अर्धस्वर—यृ, वृ

व्यंजन

कवर्ग—	क्	ख्	ग्	घ्		
	क़्	ख़्	ग़्	घ़्		
	क्व	ख्व	ग्व	घ्व		
तवर्ग—	त्	थ्	द्	ध्		
पवर्ग—	प्	फ्	ब्	भ्		
ऊष्म—	स्	(ज़्)				
अन्तःस्थ व्यंजन—	य्	र्	ल्	व्	न्	म्

जैसा ऊपर कहा गया है, यह केवल कल्पना का विलास है और इसको उसी रूप में ग्रहण करना चाहिए।

मूल भारत-यूरोपीय भाषा की विशेषताएँ

[1] प्राचीन भाषाओं के तुलनात्मक अध्ययन से यह पता चलता है कि मूल भारतीय-यूरोपीय भाषा **श्लिष्ट योगात्मक** थी।

[2] इस भाषा में प्रत्ययों की बहुलता थी, इसलिए रूपों में भी बाहुल्य था।

[3] मुख्यतः धातुओं से शब्द निष्पन्न होते थे। संस्कृत में यह प्रवृत्ति खूब पायी जाती है। उदाहरणार्थ, पठ्, हस्, वद् आदि धातुओं से भाववाचक प्रत्यय करके पाठ, हास, वाद या पठन, हसन, वदन आदि रूप बनते हैं।

[4] उपसर्गों का सम्भवतः अभाव था। उपसर्गों के बदले पूर्ण शब्दों का प्रयोग होता था जो बाद में घिसते-घिसते परिवर्तित हो गये और स्वतन्त्र रूप से अर्थबोध की शक्ति खोकर उपसर्ग कहलाने लगे।

[5] उस भाषा में तीन लिंग थे—पुंलिंग, स्त्रीलिंग, नपुंसकलिंग।

[6] तीन वचन थे—एकवचन, द्विवचन, बहुवचन। अर्थात् एकवचन और बहुवचन के अतिरिक्त द्विवचन का भी प्रयोग होता था। द्विवचन संस्कृत के अतिरिक्त यूरोप की अनेक भाषाओं में बहुत बाद तक रहा है। रूसी के प्राचीन रूप में, जिसे 'चर्च स्लावोनिक' कहते हैं, द्विवचन का प्रयोग होता था। लिथुआनी में आज भी है।

[7] तीन पुरुष थे—उत्तम, मध्यम, प्रथम।

[8] विभक्तियाँ आठ थीं जो संस्कृत में आज भी पायी जाती हैं। ग्रीक या लातिन में कुछ विभक्तियाँ छँट गयी हैं; जैसे—लातिन में करण तथा अधिकरण कारकों की तृतीया और सप्तमी विभक्तियाँ नहीं होतीं।

[9] क्रिया में फल का भोक्ता कौन है, इस आधार पर आत्मनेपद और परस्मैपद होते थे। यदि फल का भोक्ता कोई स्वयं है तो वह आत्मनेपद का प्रयोग करता था और यदि दूसरा है तो परस्मैपद का प्रयोग होता था। (आत्मने=अपने लिए; परस्मै=दूसरे के लिए) आज भी पूजा-पाठ या यज्ञ के प्रसंग में संकल्प करते समय यजमान आत्मनेपद का प्रयोग करता है, चूँकि फल का भोक्ता वह स्वयं बनना चाहता है; परस्मैपद का प्रयोग करने पर अनुष्ठान का फल दूसरे को प्राप्त होगा।

[10] क्रिया के रूपों में भूत, भविष्य आदि कालों की धारणा तो थी, किन्तु उनके अवान्तर भेद नहीं थे, क्योंकि क्रिया **कब** निष्पन्न हुई, इससे अधिक ध्यान उसकी **निष्पत्ति के प्रकार** पर रहता था। संस्कृत में भूतकाल के सामान्य, आसन्न, पूर्ण आदि भेद नहीं हैं; भेद इतना ही है कि क्रिया आज हुई या कल; प्रत्यक्ष में या परोक्ष में। इसी प्रकार रूसी में भूत या भविष्य काल के आज भी दो ही भेद हैं—पूर्ण और अपूर्ण। जो क्रिया आरम्भ हुई वह समाप्त हो गयी या नहीं, और समाप्त होगी या नहीं, रूसी में इतना ही कह सकते हैं। अंग्रेज़ी की तरह भूतकाल के अनेक भेद वहाँ अकल्पनीय हैं। इसका कारण यह है कि संस्कृत या रूसी आज भी श्लिष्ट योगात्मक हैं, अतः मूल भारत-यूरोपीय भाषा के निकट हैं, किन्तु अंग्रेज़ी बहुत-कुछ अयोगात्मक हो गयी है,

इसलिए मूल भाषा से दूर हट गयी है।

[11] समास इस भाषा की अन्यतम विशेषता है। संस्कृत में यह विशेषता तो इतनी विकसित हुई कि अनेक पंक्तियों का एक समास साधारण-सी बात हो गयी, जैसा सुबन्धु या बाणभट्ट के गद्य में हम देखते हैं। जर्मन में यह विशेषता आज भी विद्यमान है। अंग्रेज़ी में छोटे समास तो चलते हैं, जैसे सूट-केस, होल्ड-ऑल, बैंक-ड्रॉफ़्ट आदि, पर बड़े नहीं। हिन्दी में भी बड़े समास नहीं खप पाते; कारण है इसकी विश्लेषणात्मकता। समास का पूर्ण बन्ध श्लिष्ट भाषा में ही सम्भव है।

[12] स्वर-क्रम के कारण अर्थ में अन्तर हो जाता था। इसको समझने के लिए अंग्रेज़ी के निम्नलिखित क्रिया-रूप लिये जा सकते हैं—

सिंग्   सैंग्   संग्

रिंग्   रैंग्   रंग्

[13] भाषा संगीतात्मक थी, इसलिए उदात्त आदि स्वरों के प्रयोग से अर्थबोध में सहायता ली जाती थी। वैदिक मन्त्र इसके उदाहरण हैं, जिनके उच्चारण में स्वरों—उदात्त, अनुदात्त, स्वरित—का प्रयोग आवश्यक माना जाता है। प्राचीन ग्रीक में भी स्वरों का उपयोग होता था। बाद में स्वरों का स्थान बल ने ले लिया। आधुनिक भारतीय भाषाओं में स्वरों के बदले हम बल का प्रयोग करते हैं। रूसी, जर्मन, अंग्रेज़ी आदि की भी यही स्थिति है। मूल भारत-यूरोपीय भाषा में केवल स्वरों का ही प्रयोग नहीं होता था, बलाघात से भी सम्भवतः काम लिया जाता था।

[14] अनेक रूपों में धातु का अभ्यास (द्वित्व) हो जाया करता था; जैसे—पपाठ, ननाद यहाँ पठ् और नद् धातुओं के प्रथम व्यंजन का अभ्यास (द्वित्व) हो गया है।

भारत-यूरोपीय परिवार की शाखाएँ

इस परिवार की निम्नलिखित शाखाएँ हैं—

1. भारत-ईरानी (आर्य)—(क) भारतीय; (ख) ईरानी।
2. बाल्तो-स्लाविक—(क) बाल्तिक; (ख) स्लाविक।
3. आरमीनी।
4. अलबानी (इलीरी)।
5. इतालिक
6. ग्रीक (हेलेनिक)।
7. जर्मनिक (ट्यूटॉनिक)।
8. केल्टिक।
9. तोख़ारी।
10. हित्ती।

इन भाषाओं की सविस्तार चर्चा आगे होगी। अस्कोली नामक भाषाविज्ञानी ने

1870 ई. में इन भाषाओं को दो वर्गों में रखा। इन भाषाओं की ध्वनियों की तुलना के बाद वह इस निष्कर्ष पर पहुँचा कि मूल भारत-यूरोपीय भाषा की कंठ्य ध्वनियाँ कुछ शाखाओं में **कंठ्य** रह गयीं और कुछ में **संघर्षी** (श स ज़) हो गयीं। इस प्रवृत्ति की प्रतिनिधि भाषा के रूप में उसने लातिन और अवेस्ता को लिया और सौ के वाचक शब्दों की सहायता से अपने निष्कर्ष को प्रमाणित किया। लातिन में सौ को **केन्तुम्** कहते हैं और अवेस्ता में **सतम्**। इसीलिए उसने केन्तुम् और सतम् नाम के वर्गों में समस्त भारत-यूरोपीय भाषाओं का विभाजन करने का प्रयास किया। प्रथम चार 'सतम्' वर्ग में आती हैं और शेष छः 'केन्तुम्' वर्ग में।

सतम्	**केन्तुम्**
भारतीय—शतम्	लातिन—केन्तुम्
ईरानी—सतम्	ग्रीक—हेकातोन
बाल्तिक—ज़िम्तस	जर्मनिक—हुन्द
स्लाविक (रूसी)—स्तो	केल्टिक—केत्
	तोख़ारी—कन्ध

आरम्भ में ऐसा माना जाता था कि सतम् वर्ग की भाषाएँ पूर्व में और केन्तुम् वर्ग की भाषाएँ पश्चिम में प्रचलित हैं, किन्तु तोख़ारी और हित्ती का पता लग जाने के बाद यह धारणा खंडित हो गयी, क्योंकि ये दोनों भाषाएँ पूर्व में प्रचलित थीं, फिर भी केन्तुम् वर्ग की थीं।

भारत-यूरोपीय परिवार की विशेषताएँ

[1] यह परिवार रचना की दृष्टि से **श्लिष्ट योगात्मक** वर्ग के अन्तर्गत आता है। आरम्भ में इस परिवार की भाषाएँ योगात्मक थीं, किन्तु इनमें कई अयोगात्मक हो गयी हैं। उदाहरण के रूप में हिन्दी, अंग्रेज़ी, फ्रांसीसी या ईरानी को ले सकते हैं। श्लिष्ट योगात्मक के लक्षण के अनुसार विभक्तियाँ शब्दों में इस प्रकार लगी होती थीं कि उनको अलग करना सम्भव नहीं था, किन्तु आज उनकी सत्ता शब्दों से अलग दीखती है। संस्कृत और हिन्दी के निम्नलिखित रूपों की तुलना से यह बात स्पष्ट हो जायेगी—

संस्कृत	**हिन्दी**
देवम्	देव को
देवेन	देव से
देवाय	देव के लिए
देवात्	देव से
देवस्य	देव का
देवे	देव में

ऊपर के उदाहरणों को तुलनात्मक दृष्टि से देखने से स्पष्ट हो जाता है कि जहाँ

संस्कृत की विभक्तियाँ पदों का अंग बन गयी हैं, वहाँ हिन्दी की विभक्तियाँ बिल्कुल अलग हैं। इस परिवार की अधिकतर भाषाओं का विकास विभक्तियुक्तता से विभक्तिहीनता की ओर हुआ है। यों, कुछ भाषाएँ ऐसी भी हैं, जैसे रूसी, लिथुआनी आदि, जो अब भी विभक्तियुक्त ही हैं।

[2] शब्दों की रचना; उपसर्ग, धातु और प्रत्यय के योग से होती है, यह पृष्ठ 94 पर दिखाया जा चुका है। यह प्रवृत्ति रूसी, अंग्रेज़ी आदि में भी पायी जाती है। जैसा कहा जा चुका है, आरम्भ में उपसर्ग स्वतन्त्र सार्थक शब्द थे, किन्तु आगे चल कर उनकी सार्थकता लुप्त हो गयी और स्वयं अर्थ देने में वे असमर्थ हो गये; इसलिए अर्थ के **वाचक** न होकर वे **द्योतक** बन गये, अर्थात् वे धात्वर्थों के परिवर्तन के साधन बने।

[3] वाक्य-रचना शब्दों से नहीं, पदों से होती है, अर्थात् शब्दों में विभक्तियाँ लगाकर पद बनाते हैं और विभक्तियों के द्वारा ही पदों का पारस्परिक अन्वय सिद्ध हो पाता है। बिना पद-निष्पत्ति के वाक्य निष्पत्ति नहीं हो सकती, तात्पर्य कि बिना शब्द में विभक्ति लगे वाक्य नहीं बन सकता।

[4] मूल भारत-यूरोपीय भाषा में समास बनाने की जो प्रवृत्ति थी, वह भारत-यूरोपीय भाषाओं में भी रही। संस्कृत में समास का जैसा बाहुल्य और प्रयोग है वैसा दूसरी भाषाओं में नहीं, किन्तु दूसरी भाषाएँ भी सर्वथा समास-मुक्त नहीं हैं।

[5] स्वर-क्रम की चर्चा ऊपर हो चुकी है। स्वर-परिवर्तन से अर्थ-परिवर्तन इस परिवार की विशेषता रही है, जैसे—कुमार से कौमार, निशा से नैश, कुल से कौल। केवल स्वर बदल जाने से इन शब्दों के अर्थ बदल गये हैं।

स्वर-परिवर्तन सामी परिवार की भाषाओं में भी होता है, किन्तु वहाँ वह मुख्यतः **वाक्य-रचना** का अंग है और भारत-यूरोपीय परिवार में **शब्द-रचना** का। ऐसा अनुमान किया जाता है कि भारत-यूरोपीय परिवार में स्वर-परिवर्तन के द्वारा अर्थ-परिवर्तन की पद्धति बलाघात द्वारा उत्पन्न ध्वन्यात्मक परिवर्तन का परिणाम है। तात्पर्य यह कि शब्द के अवयव-विशेष पर बलाघात पड़ता था और वही स्थायी होकर अर्थ-परिवर्तन का कारण बन गया।

[6] भारत-यूरोपीय परिवार में प्रत्ययों का आधिक्य है। इसका कारण सम्भवतः यह है कि मूल भाषा में जो प्राचीन प्रत्यय थे वे भाषाओं से अलग हो जाने पर छिन्न-भिन्न होकर बिखर गये। स्वभावतः उनकी कमी को पूरा करने के लिए नये प्रत्ययों की कल्पना हुई, जिससे प्रत्ययों की संख्या में वृद्धि हुई। इस परिवार की समग्र भाषाओं के प्रत्ययों को एक साथ रखकर देखने पर उनका बाहुल्य आसानी से समझ में आ जाता है।

भारत-ईरानी (आर्य)

जैसा नाम से ही स्पष्ट है भारत-ईरानी परिवार के दो वर्ग हैं—(क) भारतीय आर्य-भाषाएँ और (ख) ईरानी भाषाएँ। पहले हम भारतीय आर्य भाषाओं का स्वरूप देखेंगे।

(क) भारतीय आर्य-भाषाएँ

समय की दृष्टि से भारतीय आर्य-भाषा-समूह तीन वर्गों में विभक्त है—

(क) **प्राचीन भारतीय आर्य-भाषा** (प्रा. भा. आ. भा.)—1500 ई पू. से 500 ई. पू. तक।

(ख) **मध्य भारतीय आर्य-भाषा** (म. भा. आ. भा.)—500 ई. पू. से 1000 ई. तक।

(ग) **आधुनिक भारतीय आर्य-भाषा** (आ. भा. आ. भा.)—1000 ई. से वर्तमान समय तक।

प्राचीन भारतीय आर्य भाषा
(प्रा. भा. आ. भा.–1500 ई. पू. से 500 ई. पू.)

भारतीय आर्य भाषा-समूह का प्राचीन रूप ऋग्वेद में देखने को मिलता है। ऋग्वेद का समय अनिश्चित है। ऋग्वेद के मन्त्रों को देखने से स्पष्टतः ज्ञात होता है कि उसकी रचना न एक समय में हुई है और न एक स्थान में। वह कई शताब्दियों और कई स्थानों की रचना है जैसा उसमें विद्यमान भाषा-भेद से जाना जाता है। यह भाषा-भेद देश और काल के भेद के कारण है। ऋग्वेद के दस मंडलों में प्रथम और दशम मंडल बाद की रचना माने जाते हैं।

वैदिक साहित्य के अन्तर्गत संहिता, ब्राह्मण, आरण्यक और उपनिषद्—इन चार की गणना होती है। संहिता से उपनिषद् तक का विकास भाव-धारा की दृष्टि से ही नहीं, भाषा की दृष्टि से भी महत्त्वपूर्ण है। यह अन्तर शताब्दियों में ही सम्भव हुआ होगा। उदाहरणार्थ, निम्नलिखित उदाहरणों की तुलना रोचक होगी—

उप त्वाग्ने दिवेदिवे दोषावस्तर्धिया वयम्।
नमो भरन्त एमसि।।

—ऋग्वेद; 1-1-7

—हे अग्नि ! हम प्रतिदिन प्रातः-सायं बुद्धिपूर्वक प्रणाम करते हुए तुम्हारे पास आते हैं।

यतो वाचो निवर्तन्ते अप्राप्य मनसा सह।
आनन्दं ब्रह्मणे विद्वान् न बिभेति कुतश्चन।।

—तैत्तिरीयोपनिषद्; नवम अनुवाक

जहाँ से मन के साथ वाणी उसे न पाकर लौट आती है, उस ब्रह्म के आनन्द को जाननेवाला किसी से भयभीत नहीं होता।

पहला उद्धरण ऋग्वेद का है और दूसरा तैत्तिरीयोपनिषद् का। ऋग्वेद के उद्धरण की भाषिक प्राचीनता बिना कहे भी स्पष्ट है। ऋग्वेद को छन्दस् भी कहा गया है, क्योंकि उसकी रचना छन्दोबद्ध है। वेदों की तुलना में ब्राह्मण-ग्रन्थों की महत्ता कई

दृष्टियों से है जिनमें एक यह भी है कि ब्राह्मण-ग्रन्थ मुख्यतः गद्य में हैं, इसलिए उनसे वाक्य-रचना की प्रणाली को जानने में सहायता मिलती है। वह सुविधा छन्द में सम्भव नहीं, क्योंकि उसमें छन्द के अनुरोध से शब्दों का क्रम परिवर्तित हो जाया करता है।

विद्वानों की धारणा है कि जिस भाषा में ऋग्वेद की रचना हुई है, वह बोल-चाल की भाषा न होकर उस समय की परिनिष्ठित, साहित्यिक भाषा थी। उसके समानान्तर लोक-भाषा भी रही होगी, किन्तु लिखित साहित्य के अभाव में उसे जानने का आज कोई साधन नहीं है। वैदिक भाषा से ही संस्कृत का विकास हुआ है। यों, एक मत यह भी है कि संस्कृत का विकास वैदिक के बदले तद्युगीन किसी बोली से हुआ है जो अनेक कारणों से महत्त्वपूर्ण बन गयी। संस्कृत की स्थिति को समझने के लिए हम खड़ी-बोली का उदाहरण ले सकते हैं। खड़ी-बोली मेरठ के आस-पास के कुछ ज़िलों की बोली है, किन्तु राजनीतिक, आर्थिक, व्यापारिक आदि कारणों से वह अन्य बोलियों की तुलना में आगे निकल गयी और आज सम्पूर्ण भारत की राष्ट्रभाषा बन गयी है। खड़ी-बोली के राष्ट्रभाषा या साहित्यिक भाषा होने का यह अर्थ नहीं कि आज दूसरी बोलियाँ या भाषाएँ हैं ही नहीं। बोलियाँ तो अनेक हैं, किन्तु जो महत्ता खड़ी-बोली को मिली है वह अन्यों को नहीं। इसी तरह संस्कृत भी समसामयिक इतर भाषाओं की तुलना में आगे निकल गयी और भारत की सांस्कृतिक भाषा बन गयी, किन्तु जो भाषाएँ उस समय जन-साधारण में प्रचलित रही होंगी, उनका विकास अवरुद्ध नहीं हुआ होगा। उनसे भारत की अनेक वर्तमान भाषाओं का विकास मानना असंगत न होगा। संस्कृत शब्द में वैदिक का भी बोध होता है, किन्तु उससे भेद दिखाने के लिए संस्कृत के पहले लौकिक विशेषण लगा दिया जाता है। संस्कृत उस समय की शिष्ट भाषा थी जो बोलचाल के अतिरिक्त साहित्य-रचना का भी माध्यम थी। उसमें अभिव्यञ्जना की कुछ ऐसी विशेषताएँ आ गयीं कि हज़ारों वर्षों के बाद आज भी वह अपना महत्त्व बनाये हुए है।

वैदिक भाषा की सामान्य विशेषताएँ

1. वैदिक भाषा **श्लिष्ट योगात्मक** है।

2. उसकी रूप-रचना में **विविधता** और **जटिलता** है। उदाहरणार्थ, प्रथमा विभक्ति के बहुवचन में देव शब्द के देवाः और देवासः दोनों रूप मिलते हैं। इसी तरह तृतीया के बहुवचन में देवैः और देवेभिः दोनों रूप होते हैं। संस्कृत में आकर रूप अधिक व्यवस्थित हो गये और अपवादों तथा भेदों की कमी हो गयी। उदाहरणार्थ, पूर्वोक्त दोनों वैकल्पिक रूप छँट गये और एक-एक रूप (देवाः तथा देवैः) को मान्यता मिली।

3. वैदिक भाषा **स्वर-प्रधान** है, किन्तु संस्कृत बल-प्रधान हो गयी है।

4. संस्कृत के समान वैदिक में भी तीन लिंग और तीन वचन होते हैं।

5. वैदिक भाषा में उपसर्ग का प्रयोग मूल शब्द से हटकर भी हो सकता है, किन्तु

संस्कृत में नहीं। उदाहरणार्थ, ऋग्वेद का यह मन्त्र—

परि द्यावापृथ्वी यन्ति सद्यः।

—ऋग्वेद; 1-4-3

इस चरण में परि उपसर्ग यन्ति के साथ होना चाहिए था, किन्तु वह उससे हटकर प्रयुक्त हुआ है। संस्कृत में यह प्रवृत्ति नहीं दिखायी देती।

मध्य भारतीय आर्य भाषा
(म. भा. आ. भा.—500 ई. पू. से 1000 ई.)

पालि

मध्य भारतीय आर्य भाषा-काल को प्राकृत काल भी कहते हैं। इसके तीन स्पष्ट स्तर हैं—

(क) **प्रथम प्राकृत** (500 ई. पू. से ई. सन् के आरम्भ तक)—पालि; अशोक के अभिलेख।

(ख) **द्वितीय प्राकृत** (ई. सन् के आरम्भ से 500 ई. तक)—साहित्यिक प्राकृतें (महाराष्ट्री आदि)।

(ग) **तृतीय प्राकृत** (500 ई. से 1000 ई. तक) अपभ्रंश।

प्राकृत भाषा की उत्पत्ति को लेकर विद्वानों में मतभेद है। इस सम्बन्ध में तीन मत उपस्थित किये गये हैं—

[1] संस्कृत से प्राकृत की उत्पत्ति हुई है। जैसा हेमचन्द्र ने कहा है—

प्रकृतिः संस्कृतम्। तत्र भवं तत आगतं वा प्राकृतम्।

अर्थात् संस्कृत मूल है और उससे जो उत्पन्न हुई उसे प्राकृत कहते हैं। इस मत के अनुसार संस्कृत में रूप-परिवर्तन होने से प्राकृत की उत्पत्ति हुई।

[2] दूसरा मत यह है कि प्राकृत का ही संस्कार कर संस्कृत का निर्माण हुआ। इसकी पुष्टि स्वयं संस्कृत शब्द से होती है। जिसका संस्कार हुआ हो वह संस्कृत। इस मत के समर्थक कहते हैं—प्रकृत्या स्वभावेन सिद्धम् प्राकृतम् अर्थात् जो स्वभाव-सिद्ध हो वह प्राकृत है। तात्पर्य कि स्वाभाविक, सहज या साधारण भाषा प्राकृत है। जब तुलसीदास ने 'कीन्हें प्राकृत जन गुन गाना' कहा तो प्राकृत शब्द का प्रयोग साधारण के अर्थ में ही किया।

[3] तीसरा मत यह है कि न तो संस्कृत से प्राकृत उत्पन्न हुई न प्राकृत से संस्कृत। दोनों का पृथक्-पृथक् स्वतन्त्र रूप में विकास हुआ। संस्कृत के समानान्तर जो जन-भाषाएँ थीं, उन्हीं का विकसित रूप प्राकृतें हैं।

निश्चयात्मक सामग्री के अभाव में इन तीनों में से किसी एक मत को स्वीकार

करना कठिन है, पर तीसरा मत ही अधिक समीचीन प्रतीत होता है।

प्रथम प्राकृत के रूप में **पालि** का निर्देश हुआ है। पालि शब्द का अर्थ क्या है और वह कहाँ की भाषा थी, इन दोनों प्रश्नों को लेकर ऐकमत्य नहीं है। पालि शब्द की निरुक्ति को लेकर अनेक कल्पनाएँ की गयी हैं—

[1] **पंक्ति** शब्द के निम्नलिखित विकास-क्रम से पालि की निष्पत्ति बतायी जाती है।

पंक्ति > पंति > पत्ति > पट्ठि > पल्लि > पालि।

इस विकास-क्रम में ध्वनि-नियम से अधिक अपनी बात प्रमाणित करने का आग्रह दीखता है। पत्ति से पट्ठि या पट्ठि से पल्लि कैसे होगा, यह कहना कठिन है।

[2] **पल्लि** (गाँव) से पालि को निष्पन्न बताया जाता है—पल्लि-भाषा अर्थात् गाँव की भाषा। इस व्युत्पत्ति में भी कठिनाइयाँ हैं। एक तो यह कि ल का लोप और पूर्व स्वर का दीर्घत्व प्रथम प्राकृत-काल की प्रवृत्ति के अनुकूल नहीं है। दूसरी यह कि सामान्यतः अन्तिम स्वर दीर्घ ही होना चाहिए था जिसके बदले पालि में ह्रस्व पाया जाता है। तीसरी यह कि पालि का प्रयोग केवल गाँव तक सीमित नहीं है, वह तो बौद्ध-धर्म के महनीय माध्यम के रूप में इस देश में ही नहीं, विदेशों में भी गयी और शताब्दियों से विद्वानों के स्वाध्याय और सम्मान की वस्तु बनी है।

[3] प्राकृत > पाकट > पाअड़ > पाअल > पाल > पालि।

यह रूप-परिवर्तन भी दूरारूढ़ है।

[4] एक विद्वान् ने **पाटलिपुत्र** शब्द से पालि को व्युत्पन्न करने का प्रयास किया है। उनका कथन है कि ग्रीक में पाटलिपुत्र को पालिबोथ्र कहते हैं। निश्चय ही पालिबोथ्र में पालि-अंश किसी जनपदीय भाषा के आधार पर गृहीत हुआ होगा। परन्तु 'पाटलि' का विदेशियों द्वारा अपूर्ण उच्चारण ही पालिबोथ्र लिखने का कारण है। उसका सम्बन्ध पालि भाषा से स्थापित करना संगत नहीं।

[5] एक मत यह भी है कि **पाल्** धातु से पालि शब्द बना है जिसका अर्थ पालन या रक्षा करना है। जिस भाषा द्वारा बुद्ध के वचनों की रक्षा हुई, वह पालि।

[6] एक विद्वान् ने पालि का सम्बन्ध **पर्याय** शब्द से जोड़ा है—

पर्याय > परियाय > पलियाय > पालियाय > पालि।

प्राचीन बौद्ध-साहित्य में बुद्ध के उपदेश के लिए पर्याय शब्द का प्रयोग होता था, इसलिए पर्याय से पालि को निष्पन्न बताया गया है। कहने की आवश्यकता नहीं कि यह भी कष्ट-कल्पना ही है।

इसी प्रकार प्रकट, प्रालेय, पाठ आदि शब्दों से भी पालि शब्द को निष्पन्न करने की चेष्टा हुई है। इस शब्द का भी भाग्य बहुत-कुछ 'रासो' शब्द के जैसा ही है; दोनों की स्थिति एक ही है। इनमें किसी भी कल्पना को मत का रूप देना असम्भव है।

पालि के **स्थान** को लेकर भी वही कठिनाई है जो अर्थ को लेकर। मगध, कलिंग, कोशल, उज्जैन, मालवा, विन्ध्यप्रदेश और मध्यदेश आदि के बीच किसी एक क्षेत्र को

चुन लेना बहुत कठिन है। यों, बहुमत मध्यदेश की भाषा को ही पालि का आधार मानता है। 'मनुस्मृति' के अनुसार मध्यदेश कुरुक्षेत्र से पूर्व, प्रयाग से पश्चिम, हिमालय से दक्षिण और विन्ध्याचल से उत्तर माना गया है–

हिमवद्विन्ध्ययोर्मध्यं यत् प्राग्विनशनादपि।
प्रत्यगेव प्रयागाच्च मध्यदेशः प्रकीर्तितः।।

–मनुस्मृति, 2-21

पालि का सम्बन्ध उस भू-भाग से जोड़ा जाता है जो शौरसेनी का क्षेत्र रहा है, अर्थात् मथुरा के आस-पास का भू-भाग।

पालि की कतिपय विशेषताएँ

[1] वैदिक ध्वनियों में से ऋ, ॠ, ऌ, ऐ, औ, श, ष और विसर्ग का पालि में लोप पाया जाता है। ऋ के स्थान पर अ, इ या उ का प्रयोग मिलता है। ऋ का अ जैसे नृत्यम्>नच्चं कृतम्>कतं में; ऋ का इ जैसे ऋणम्>इणं दृष्टम्>दिट्ठं में; ऋ का उ जैसे ऋतु>उतु ऋजु>उजु में।

[2] वैदिक ळ और ळ्ह ध्वनियाँ पालि में संरक्षित हैं जो संस्कृत में लुप्त हो गयी हैं।

[3] ऐ औ के बदले पालि में क्रमशः ए और ओ मिलता है; जैसे–कैलाश>केलाश; वैदेह>वेदेह; गौतम>गोतम; औषध>ओषध।

[4] दीर्घ ए ओ के साथ ह्रस्व ऍ ऑ का विकास दीखता है।

[5] अघोष वर्ण का घोष में परिवर्तन होता है; जैसे–क का ग, शाकल>सागल; च का ज, स्त्रुच्>सुजा; त का द, उताहो>उदाहो।

[6] बलात्मक आघात का प्रयोग होता है।

[7] पालि में लिंग तीन हैं, किन्तु वचन दो ही–द्विवचन का प्रयोग नहीं होता।

[8] शब्द-रूपों में व्यंजनान्त रूपों का अभाव हो गया है। सभी शब्द सस्वर बन गये हैं।

[9] धातुओं में आत्मनेपद लुप्तप्राय है, परस्मैपद का ही बहुल प्रयोग पाया जाता है।

अशोक के अभिलेख के अध्ययन से स्पष्ट ज्ञात होता है कि पालि में भी स्थान-भेद से भेद हो गये थे। पाँच प्रकार के भेद दिखायी पड़ते हैं–पश्चिमी, उत्तर-पश्चिमी, मध्यदेशीय, पूर्वी और दक्षिणी। पालि का महत्त्व बौद्धमत की हीनयान शाखा के माध्यम के रूप में बहुत बड़ा है। अशोक के अभिलेखों को लेकर उसका ऐतिहासिक महत्त्व भी अनल्प है। बौद्धमत से सम्बद्ध होने के कारण ही विद्वत्-समाज में यह धारणा फैली है कि पालि का उद्भव मगध में हुआ। लंका में यह धारणा आज भी प्रचलित है।

प्राकृत

प्राकृतें लोक-भाषा के रूप में फूलती-फलती रहीं, किन्तु आज उन्हें जानने का आधार उनका साहित्यिक रूप ही है। वाचिक भाषा अस्थायी होती है, यह हम देख चुके हैं। किसी भी भाषा का रूप लिखित न रहने पर कालान्तर में उसका ज्ञान असम्भव हो जाता है। प्राकृतों की संख्या को लेकर पर्याप्त मतभेद है, किन्तु उनमें निम्नलिखित प्रमुख हैं–

महाराष्ट्री (विदर्भ, महाराष्ट्र)।

शौरसेनी (शूरसेन–मथुरा के आस-पास)।

मागधी (मगध)।

अर्द्धमागधी (कोशल)।

पैशाची (सिन्ध)।

वस्तुतः प्राकृतों की संख्या निर्धारित करना कठिन है, क्योंकि वे विभिन्न जनपदों की लोक-भाषाएँ थीं। इसलिए जितनी लोक-भाषाएँ रही होंगी उतनी ही प्राकृतें भी माननी चाहिए, किन्तु अन्य प्राकृतों को जानने का कोई साधन नहीं है। यों आभीरी, आवन्ती, गौड़ी, ढक्की, शावरी, चाण्डाली आदि अनेक नाम यत्र-तत्र पाये जाते हैं।

प्राकृत भाषाओं का ज्ञान मुख्यतः संस्कृत नाटकों और जैन साहित्य पर आधारित है।

महाराष्ट्री

महाराष्ट्री प्राकृत पद्य की भाषा है। संस्कृत नाटकों में जो प्राकृत की पद्यात्मक रचना हुई है, वह महाराष्ट्री में ही। इसके अतिरिक्त हाल की 'गाहा सत्तसई' (गाथासप्तशती) और प्रवरसेन के 'रावणवहो' (सेतुबन्ध) नामक प्रसिद्ध काव्यों की भाषा महाराष्ट्री है। कुछ विद्वान् महाराष्ट्री को शौरसेनी का ही विकास मानते हैं। महाराष्ट्री की उत्पत्ति दक्षिण में मानी जाती है और वह मराठी का पूर्व-रूप है।

विशेषताएँ : [1] महाराष्ट्री प्राकृत की उल्लेखनीय विशेषता है **स्वर-बाहुल्य**। सम्भवतः इस स्वर-बाहुल्य के कारण ही उसमें संगीतात्मकता आ गयी है।

[2] दो स्वरों के मध्यवर्ती व्यंजन का लोप हो जाता है, जैसे–नूपुर>णेउर; लोको>लोओ; रिपु>रिऊ।

[3] कुछ महाप्राण वर्णों का लोप न होकर ह में परिवर्तन हो जाता है। उदाहरणार्थ, मेघः>मेहो; नाथः>नाहो; शाखा>शाहा।

[4] ऊष्म वर्णों–श ष स–का ह हो जाता है; जैसे–दश>दह; पाषाण>पाहाण; दिवस>दिअह।

शौरसेनी

महाराष्ट्री का प्रयोग यदि पद्य में होता है तो शौरसेनी का गद्य में। संस्कृत नाटकों

में मध्यम पात्रों और नारियों के सम्भाषण में शौरसेनी से ही काम लिया गया है। इसका कारण सम्भवतः यह था कि महाराष्ट्री के समान स्वरों का आधिक्य न होने से वह अधिक सुखोच्चार्य, अतः सम्भाषण के अधिक अनुकूल थी। जैसा पहले कहा जा चुका है, शौरसेनी मध्यदेश की भाषा थी और उसका केन्द्र मथुरा के आस-पास था।

विशेषताएँ : [1] शौरसेनी में दो स्वरों के बीच संस्कृत के त का द और थ का ध हो जाता है; जैसे—भवति>होदि। किन्तु द का ध में परिवर्तन नहीं होता, उदाहरणार्थ—जलदः>जलदो।

[2] परस्मैपद का प्रयोग और आत्मनेपद की उपेक्षा।

[3] क्ष का क्ख, जैसे—चक्षु>चक्खु।

मागधी

जैसा नाम से स्पष्ट है, मागधी मगध की भाषा थी। नाटकों में इसका प्रयोग नीच पात्रों के लिए हुआ है। महाराष्ट्री और शौरसेनी की तुलना में मागधी का प्रयोग बहुत कम मिलता है।

विशेषताएँ : [1] मागधी में र का ल हो जाता है; जैसे—पुरुषः>पुलिशे; हरिद्रा>हलिद्दा।

[2] ष स का श हो जाता है; जैसे—पुरुषः>पुलिशे; सप्त>शत्त।

[3] प्रथमा विभक्ति के एकवचन में प्रायः ओ के बदले ए पाया जाता है; जैसे—पुरुषः>पुलिशे।

अर्द्धमागधी

अर्द्धमागधी की स्थिति मागधी और शौरसेनी प्राकृतों के बीच मानी गयी है। इसलिए उसमें कुछ-कुछ दोनों की विशेषताएँ पायी जाती हैं। अर्द्धमागधी का महत्त्व जैन-साहित्य के कारण है।

विशेषताएँ : [1] दन्त्य का मूर्धन्य हो जाना; जैसे—स्थित>ठिय।

[2] श ष स में केवल स का प्रयोग।

[3] अनेकत्र स्पर्श-ध्वनि का लोप हो जाने पर य-श्रुति आ जाती है; जैसे सागर>सायर।

पैशाची

पैशाची भारत के उत्तर में बोली जाती थी। गुणाढ्य ने पैशाची में ही अपनी प्रसिद्ध पुस्तक 'बृहत्कथा' लिखी थी, जिसकी उत्तरवर्ती कवियों ने मुक्तकंठ से प्रशंसा की है।

विशेषताएँ : [1] सघोष ध्वनि का अघोष हो जाना; जैसे—गगन>गकन; राजा>राचा।

[2] र ल का विपर्यास अर्थात् जहाँ र होना चाहिए वहाँ ल और जहाँ ल होना चाहिए वहाँ र; जैसे—कुमारं>कुमालं; रुधिरं>लुधिरं।

[3] ष के बदले कहीं श, कहीं स; जैसे—तिष्ठति>चिश्तदि; विषम>विसम।

अपभ्रंश

अपभ्रंश शब्द का प्रयोग पहले-पहल महाभाष्य में मिलता है।[1] उसके बाद भामह, दंडी आदि ने काव्य-भाषाओं की चर्चा के प्रसंग में अपभ्रंश का उल्लेख किया है। मार्कण्डेय ने नागर, ब्राचड़ और उपनागर—तीन ही अपभ्रंशों की चर्चा की है। इनमें नागर की गुजरात में, ब्राचड़ की सिन्ध में और उपनागर की दोनों के बीच में स्थिति बतायी गयी है। स्पष्ट है कि मार्कण्डेय ने केवल पश्चिम के सीमित भू-भाग के अपभ्रंशों की ही चर्चा की है। उनके समानान्तर भारत के अन्य भागों में भी किसी-न-किसी अपभ्रंश का व्यवहार होता होगा, इसमें सन्देह नहीं। न जाने क्या सोचकर मार्कण्डेय ने उनकी चर्चा नहीं की। इसलिए आधुनिक विद्वानों ने प्रत्येक प्राकृत से एक-एक अपभ्रंश का उद्भव माना है जो अधिक तर्कसंगत है। इन विभिन्न अपभ्रंशों से ही आधुनिक भारतीय आर्यभाषाओं का उद्भव हुआ है। इस प्रकार से अपभ्रंश प्राकृतों और आधुनिक भारतीय भाषाओं के बीच की संयोजक कड़ी है।

अपभ्रंश की विशेषताएँ

[1] अपभ्रंश की प्रवृत्ति **अयोगात्मकता** की है। अपभ्रंश तक पहुँचते-पहुँचते संस्कृत की योगात्मकता बहुत-कुछ अयोगात्मकता में परिणत हो जाती है और विभक्तियाँ पदों से पृथक् हो जाती हैं।

[2] प्राकृत की ध्वनियाँ अपभ्रंश में भी सुरक्षित हैं।

[3] द्वित्व व्यंजनों में से एक का लोप और पूर्ववर्ती अक्षर में क्षतिपूरक दीर्घीकरण हो जाता है; जैसे—सं० तस्य>प्रा० तस्स>अ० तासु।

[4] स्वर का स्थान बल ले लेता है।

[5] अकारान्त पुंलिंग शब्दों की प्रधानता दीखती है।

[6] नपुंसक लिंग लुप्त हो जाता है; केवल पुंलिंग और स्त्रीलिंग अवशिष्ट रहते हैं।

[7] द्विवचन का लोप प्राकृत काल में ही हो चुका था; वह स्थिति अपभ्रंश में भी रहती है।

[8] कारक-विभक्तियों का ह्रास हो जाता है। केवल तीन कारक-समूह सभी कारकों का स्थान ग्रहण कर लेते हैं—[1] कर्त्ता-कर्म; [2] करण-अधिकरण; [3] सम्प्रदान-अपादान-सम्बन्ध। स्वभावतः शब्दरूपों की संख्या कम हो जाती है। जहाँ संस्कृत में 24 और प्राकृत में 12 रूप थे, वहाँ अपभ्रंश में 6 रह गये।

प्रथमा, द्वितीया और सम्बोधन विभक्तियों का प्रयोग समाप्त हो गया, अर्थात् इन तीनों विभक्तियों में शब्द का प्रातिपदिक रूप ही चलने लगा। उदाहरणार्थ, पुत्त।

[9] पुरुषवाचक सर्वनामों के रूपों में भी कमी आ गयी।

[10] क्रिया के कालरूपों में जो विविधता थी, वह बहुत कम हो गयी।

---

1. एकैकस्य शब्दस्य बहवोऽपभ्रंशाः; तद् यथा गौरित्यस्य शब्दस्य गावी गोणी गोता गोपोतलिकेत्येवमादयोऽपभ्रंशाः।
—महाभाष्य, पस्पशाह्निक

[11] तिङन्त के बदले कृदन्त रूपों का बहुत प्रयोग होने लगा, अतः काल-रचना की जटिलता कम हो गयी। हिन्दी के क्रिया-रूप कृदन्तीय रूपों से ही विकसित हुए हैं, इसीलिए उनमें लिंग-भेद है।

[12] विभक्तियों के लोप के कारण अर्थ की सन्दिग्धता को मिटाने के लिए वाक्य में शब्दों का स्थान सुनिश्चित हो गया जो अयोगात्मक भाषाओं में आवश्यक हुआ करता है।

आधुनिक भारतीय आर्यभाषा

(आ. भा. आ. भा., 1000 ई. से वर्तमान समय तक)

आधुनिक भारतीय आर्यभाषाओं का विकास अपभ्रंश अथवा तृतीय प्राकृत से हुआ है। जैसा ऊपर कहा गया है, नागर, ब्राचड़ और उपनागर—इन तीन अपभ्रंशों से सभी आधुनिक आर्यभाषाओं का विकास नहीं दिखाया जा सकता। अतः प्राकृतों के आधार पर ही अपभ्रंशों की कल्पना की गयी है, अर्थात् जहाँ जो प्राकृत बोली जाती थी, वहाँ उसी के अपभ्रंश रूप का विकास हुआ।

आधुनिक भारतीय आर्यभाषा की सामान्य विशेषताएँ

[1] आधुनिक आर्यभाषाएँ लगभग पूर्णतः **अयोगात्मक** हो गयी हैं।

[2] ध्वनियों में अनेक परिवर्तन हो गये हैं, फिर भी लिपि में परम्परा का पालन किया जा रहा है। उदाहरणार्थ, ष का शुद्ध उच्चारण नहीं होता, किन्तु लिखने में प्रयोग होता है। ष का उच्चारण या तो श जैसा होता है या स जैसा। अर्द्धमागधी से विकसित भाषाओं के क्षेत्र में ष और स में कोई भेद नहीं किया जाता है। ऋ और रि में उच्चारण की दृष्टि से कोई भेद नहीं है। महाराष्ट्र और उड़ीसा में ऋ का उच्चारण रु हो जाता है। ज्ञ का उच्चारण ग्यँ, ज्यँ और घँ होता है। सामान्य उच्चारण ग्यँ है, पर आर्यसमाज के अनुयायी ज्यँ कहते हैं और महाराष्ट्र में घँ कहा जाता है। क्ष का उच्चारण क्छ किया जाता है। ङ् और ण् का दूसरे वर्गों से संयोग होने पर उच्चारण नहीं होता; जैसे, दण्ड या चञ्चल का उच्चारण दंड या चंचल होता है, जो अनुस्वार से भिन्न नहीं है। क़ ख़ ग़ ज़ फ़ अनेक विदेशी ध्वनियाँ भी स्वीकृत हो गयी हैं, किन्तु इनका प्रयोग इने-गिने शिक्षित लोगों द्वारा ही होता है।

[3] अपभ्रंश के समान द्वित्व व्यंजन के स्थान पर एक का लोप और पूर्ववर्ती अक्षर में क्षतिपूरक दीर्घता यहाँ भी पायी जाती है; उदाहरणार्थ—कर्म>कम्म>काम; निद्रा>णिद्दा>नींद; सप्त>सत्त>सात; अद्य>अज्ज>आज।

[4] स्वर के बदले बल का प्राधान्य है, किन्तु वाक्य में स्वर का प्रयोग भी पाया जाता है।

[5] अपभ्रंश के शब्द-रूपों की अपेक्षा आ. भा. आ. भा. के शब्द-रूप और भी

कम हैं। केवल दो शब्द-रूप पाये जाते हैं—विकृत और अविकृत। विभक्ति-सूचक तत्त्वों का अस्तित्व स्वतन्त्र हो गया है।

[6] केवल मराठी और गुजराती में तीन लिंग हैं, अन्यथा शेष भाषाओं मे दो ही हैं। वचनों की संख्या सर्वत्र दो ही है।

[7] आधुनिक भारतीय आर्यभाषा की एक महत्त्वपूर्ण विशेषता यह है कि अंग्रेज़ी, अरबी और फ़ारसी के बहुत सारे शब्द भारतीय भाषाओं में प्रविष्ट हो गये हैं। अपभ्रंश-काल तक शब्द-भण्डार देशी था।

अपभ्रंश से आधुनिक भारतीय आर्य भाषाओं का विकास निम्नलिखित रूप में हुआ है—

अपभ्रंश	**आधुनिक भाषाएँ**
शौरसेनी—	पश्चिमी हिन्दी (ब्रजभाषा, खड़ी-बोली, बाँगरू, कन्नौजी, बुन्देली)।
	राजस्थानी (मेवाती, मारवाड़ी, मालवी, जयपुरी, गुजराती)।
अर्द्धमागधी—	पूर्वी हिन्दी (अवधी, बघेली, छत्तीसगढ़ी)।
मागधी—	भोजपुरी।
	मैथिली।
	मगही।
	बँगला।
	असमी।
	उड़िया।
खस—	पहाड़ी (शौरसेनी से प्रभावित)।
ब्राचड़—	पंजाबी (शौरसेनी से प्रभावित)।
	सिन्धी।
महाराष्ट्री—	मराठी।

ग्रियर्सन ने भोजपुरी, मैथिली और मगही को एक साथ रखकर बिहारी नाम दिया था, किन्तु यह नाम वैज्ञानिक नहीं है, कारण कि जिस प्रकार बँगला एक भाषा है, उसी प्रकार बिहारी कोई एक भाषा नहीं है। बिहारी की तीनों भाषाओं में पर्याप्त अन्तर है। दूसरी बात यह है कि भौगोलिक दृष्टि से भी बिहारी नाम बहुत संगत नहीं है, क्योंकि भोजपुरी का विस्तार बिहार से अधिक उत्तर प्रदेश में पड़ता है। बनारस, मिर्ज़ापुर, जौनपुर, गाज़ीपुर, बलिया, गोरखपुर, देवरिया, बस्ती और आज़मगढ़ ज़िले भोजपुरी के क्षेत्र हैं, जो उत्तर प्रदेश में हैं। इस प्रकार भाषिक और भौगोलिक दोनों दृष्टियों से इन्हें बिहारी कहना अनुपयुक्त है।

पश्चिमी हिन्दी

पश्चिमी हिन्दी की पाँच प्रमुख बोलियाँ हैं—ब्रजभाषा, खड़ी-बोली, बाँगरू, कन्नौजी और बुन्देली।

ब्रजभाषा

ब्रजभाषा का महत्त्व साहित्यिक दृष्टि से बहुत बड़ा है। मध्ययुग में साहित्य-भाषा के रूप में उसका प्रचार गुजरात से लेकर बंगाल तक था। ब्रजभाषा मथुरा, अलीगढ़, आगरा में बोली जाती है। ब्रजभाषा के पश्चिमोत्तर क्षेत्र में (ग्वालियर, भरतपुर की ओर) राजस्थानी और बुन्देली का प्रभाव देखा जाता है।

खड़ी-बोली

खड़ी बोली मुख्यतः बिजनौर, मुरादाबाद, मुज़फ़्फ़रनगर, सहारनपुर, देहरादून की भाषा है। अम्बाला और पटियाला के पूर्वी भाग भी खड़ी-बोली की सीमा में पड़ते हैं। साहित्यिक दृष्टि से खड़ी-बोली के दो रूप हो गये हैं—हिन्दी और उर्दू। हिन्दी में तत्सम शब्दों की प्रधानता है और उर्दू में अरबी-फ़ारसी शब्दों की। इन भाषाओं का भेद लिपि के कारण भी है। हिन्दी देवनागरी लिपि में लिखी जाती है और उर्दू फ़ारसी लिपि में। साहित्य और लिपि का अन्तर मिट जाने पर हिन्दी-उर्दू में कोई भेद नहीं रहता। इसलिए कुछ लोग उर्दू को हिन्दी की एक शैली-मात्र मानते हैं। खड़ी-बोली का आश्चर्यजनक प्रसार हुआ है और आज वह सम्पूर्ण भारत की राजभाषा और सम्पर्कभाषा के रूप में गृहीत है।

बाँगरू

बाँगरू दिल्ली, रोहतक, करनाल, हिसार, पटियाला, नाभा में बोली जाती है। राजस्थान और पंजाब की सीमा समीप होने के कारण राजस्थानी और पंजाबी का बाँगरू पर प्रभाव पाया जाता है। बाँगरू का दूसरा नाम **हरियाणी** भी है। वस्तुतः यह खड़ी-बोली की ही एक विभाषा है।

कन्नौजी

कन्नौजी का क्षेत्र अवधी और ब्रजभाषा के मध्य में पड़ता है। यह मुख्यतः फ़र्रुख़ाबाद में बोली जाती है, किन्तु उत्तर में पीलीभीत, शाहजहाँपुर और दक्षिण में इटावा और कानपुर के पश्चिमी भाग तक इसका प्रसार पाया जाता है। जिस प्रकार हरियाणी खड़ी-बोली की विभाषा है, उसी प्रकार कन्नौजी भी ब्रजभाषा की विभाषा है।

बुन्देली

बुन्देली का क्षेत्र झाँसी, हमीरपुर, जालौन, ग्वालियर, भोपाल, सागर, ओरछा और नरसिंहपुर है। मिश्रित रूप में इसका प्रयोग पन्ना, चरखारी, दतिया, दमोह, छिन्दवाड़ा आदि के कुछ भागों में भी पाया जाता है। बुन्देली और ब्रजभाषा में अत्यधिक साम्य है। ब्रजभाषा, कन्नौजी और बुन्देली को एक ही बोली के विभिन्न रूप कह सकते हैं।

राजस्थानी

राजस्थानी के अन्तर्गत चार बोलियाँ हैं—मेवाती, मारवाड़ी, मालवी और जयपुरी।

मेवाती

मेवाती का क्षेत्र उत्तरी राजस्थान के अलवर तथा हरियाणा राज्य के गुड़गाँव ज़िले

का निकटवर्ती भाग है। मेवाती पर ब्रजभाषा का प्रभाव है।

मारवाड़ी

मारवाड़ी का प्रयोग पश्चिमी राजस्थान—जोधपुर, उदयपुर, जैसलमेर, बीकानेर—में होता है। पुरानी मारवाड़ी को ही डिंगल कहते हैं।

मालवी

मालवी मालवा की भाषा है जो राजस्थान के दक्षिण-पूर्व भाग में पड़ता है। मालवी का केन्द्र इन्दौर है।

जयपुरी

राजस्थान के पूर्वी भाग में जयपुरी और हाड़ौती बोली जाती है। इसका क्षेत्र जयपुर, कोटा तथा बूँदी है।

इस प्रकार राजस्थान के उत्तर में मेवाती, पश्चिम में मारवाड़ी, दक्षिण में मालवी और पूर्व में जयपुरी का क्षेत्र है।

गुजराती

जैसा नाम से ही स्पष्ट है, गुजराती गुजरात की भाषा है। गुजराती का राजस्थानी और पश्चिमी हिन्दी से साम्य है। गुजराती की अलग लिपि है जो देवनागरी का ही रूपान्तर है और कैथी से मिलती-जुलती है। गुजराती में विभाषाओं का भेद अधिक नहीं है।

पूर्वी हिन्दी

पूर्वी हिन्दी में तीन बोलियाँ हैं—अवधी, बघेली और छत्तीसगढ़ी।

अवधी

लखनऊ, फैज़ाबाद, सीतापुर, उन्नाव, रायबरेली, खीरी, गोंडा, बहराइच, सुल्तानपुर, बाराबंकी और प्रतापगढ़ में बोली जाती है। कानपुर, इलाहाबाद, फ़तेहपुर, मिर्ज़ापुर तथा जौनपुर के कुछ हिस्से भी अवधी की सीमा में पड़ते हैं। 'रामचरितमानस' तथा प्रेम-काव्यों की भाषा के रूप में अवधी स्थायी साहित्यिक महत्त्व की वस्तु बन गयी है।

बघेली

बघेली का क्षेत्र अवधी के दक्षिण में पड़ता है। इसका केन्द्र रीवाँ है, किन्तु प्रसार जबलपुर, दमोह, मांडला तथा बालाघाट ज़िलों तक पाया जाता है। कुछ लोग बघेली को अवधी का रूप-भेद मानते हैं।

छत्तीसगढ़ी

छत्तीसगढ़ी मध्यप्रदेश के रायपुर, बिलासपुर, नन्दगाँव, रायगढ़, खैरगढ़, सरगुजा, कोरबा आदि स्थानों में बोली जाती है।

भोजपुरी

भोजपुरी नाम का आधार है शाहाबाद ज़िले का भोजपुर नामक एक गाँव। भोजपुरी का क्षेत्र बहुत बड़ा है। यह उत्तर प्रदेश के बनारस, मिर्ज़ापुर, गाज़ीपुर, जौनपुर, बलिया, गोरखपुर, देवरिया, बस्ती और आज़मगढ़ तथा बिहार के शाहाबाद, पलामू, राँची, सारन, चम्पारण ज़िलों में बोली जाती है।

मैथिली

मैथिली का क्षेत्र गंगा के उत्तर में दरभंगा, सहरसा, पूर्णिया ज़िले तथा मुजफ़्फ़रपुर ज़िले का पूर्वी भाग है। मैथिली का ही रूप-भेद मुंगेर और भागलपुर में चलता है, जिसे अंगिका नाम की एक नयी संज्ञा दी गयी है।

मगही

मगही गंगा के दक्षिण में पटना और गया ज़िलों तथा हज़ारीबाग के कुछ भागों में बोली जाती है।

बँगला

बँगला बंगाल की भाषा है। बँगला के दो स्पष्ट रूप हैं—पूर्वी और पश्चिमी। पूर्वी का केन्द्र ढाका है और पश्चिमी का कलकत्ता। बँगला के मौखिक और लिखित रूपों में ही नहीं, नागर और ग्रामीण रूपों में भी अन्तर पाया जाता है। बँगला प्राचीन देवनागरी से ही विकसित एक लिपि में लिखी जाती है।

असमी

असमी या असमिया असम की भाषा है जिसकी बँगला से बहुत अधिक समानता है। असमी की लिपि कुछ परिवर्तित बँगला लिपि ही है।

उड़िया

उड़िया का क्षेत्र उड़ीसा है। उड़िया का भी बँगला से अत्यधिक साम्य है जिसके कारण बहुत दिनों तक लोग उसे बँगला की ही बोली समझते थे। वस्तुतः उड़िया बँगला से पृथक् स्वतन्त्र भाषा है। उड़िया की लिपि प्राचीन देवनागरी से ही विकसित हुई है।

पहाड़ी

भौगोलिक दृष्टि से पहाड़ी भाषा के तीन मुख्य रूप हैं—पश्चिमी पहाड़ी, मध्य पहाड़ी और पूर्वी पहाड़ी। पश्चिमी पहाड़ी शिमला के निकटवर्ती भाग में बोली जाती है। मध्य पहाड़ी की दो शाखाएँ हैं—एक कुमायूँनी, जो नैनीताल, अलमोड़ा में और दूसरी गढ़वाली, जो गढ़वाल और मसूरी के आस-पास बोली जाती है। पूर्वी पहाड़ी का क्षेत्र नेपाल की काठमांडू घाटी है। पूर्वी पहाड़ी को नेपाली, गोरखाली या खसकुड़ा भी कहते हैं। नेपाली के लिए देवनागरी लिपि का ही प्रयोग होता है।

पंजाबी

पंजाबी का क्षेत्र पंजाब है, जिसका कुछ अंश अब पाकिस्तान में चला गया है। पूर्वी पंजाब के पूर्व में हिन्दी बोली जाती है और पश्चिम में पंजाबी। पंजाबी पर दरद भाषा का प्रभाव पाया जाता है। पंजाबी की ही एक बोली डोगरी है जो जम्मू राज्य में बोली जाती है। पंजाबी गुरुमुखी लिपि में लिखी जाती है और डोगरी टाकरी लिपि में।

सिन्धी

सिन्धी सिन्ध प्रदेश की भाषा है जो अब पाकिस्तान में है। सिन्धी की उत्पत्ति ब्राचड़ अपभ्रंश से मानी जाती है। फ़ारसी का ही एक रूप सिन्धी की लिपि है। दैनिक व्यवहार में देवनागरी का भी प्रयोग होता है।

मराठी

मराठी महाराष्ट्र की भाषा है। मराठी की कई बोलियाँ हैं, पर पूना के पास बोली जाने वाली मराठी ही परिनिष्ठित भाषा मानी जाती है। मराठी की लिपि देवनागरी है।

(ख) ईरानी भाषाएँ

भारत-ईरानी शाखा में दूसरा वर्ग ईरानी भाषाओं का है। ईरान शब्द आर्याणाम् का ही अपभ्रंश है जो इस बात का सूचक है कि ईरान में किसी दिन आर्यों का निवास था। भारत और ईरान की प्राचीन भाषाओं में इतनी समानता है जितनी किन्हीं दो भाषाओं में नहीं पायी जाती। ऋग्वेद की भाषा और पारसियों के धर्मग्रन्थ अवेस्ता की भाषा की तुलना करने से दोनों की निकटता स्पष्ट हो जाती है। अवेस्ता की कोई गाथा यत्र-तत्र ध्वनि-परिवर्तन से वैदिक भाषा में परिवर्तित हो जाती है। इस दृष्टि से

निम्नलिखित उद्धरण की तुलना रोचक होगी–

तं अमवन्तं यज़तम्। सूरम् दामोहु सविश्तम्।
मिथ्रं यज़इ ज़ओथृद्ब्यो।
तं अमवन्तं यजतम्। सूरम् धामसु सविष्ठम्।
मित्रं यजे होत्राभ्यः।

इसी प्रकार अवेस्ता के एक पद का संस्कृत-रूपान्तर निम्नलिखित होगा–

हावी नीम् आ रतूम् आ	सवनिम् आ ऋतुम् आ
हआमो उपाइत् ज़रथुश्त्रम्।	सोम उपैत् जरथुष्ट्रम्।
आत्रम् पइरि-यआज़्दथंतम्	अत्रिम् परि-योस्-दधन्तम्।
गाथाश्च श्रावयंतम्।	गाथाश्च (अपि) श्रावयन्तम्।
आ-दिम् परसत् (ज़रथुश्त्रो) को, नर, अहि ?	आ तम् पृच्छत् (जरथुष्ट्रः) को नर असि ?
यिम् अज़ॅम् विस्पहे अंहउस्	यम् अहम् विश्वस्य असोः।
अस्त्वतो श्रऍश्तं दादरस।	अस्थिवतः श्रेष्ठम् ददर्श।

[प्रातःकाल सोम (होम) जरथ्रुष्ट्र के पास आया जो चारों ओर अग्नि-देवी को स्वच्छ कर रहा था और गाथा सुना रहा था। उससे जरथ्रुष्ट्र ने पूछा, 'आप कौन मनुष्य हैं जिन्हें मैं सभी अस्थिधारियों (प्राणियों) में श्रेष्ठ देख रहा हूँ ?']

ईरानी और संस्कृत के उपर्युक्त दोनों उद्धरणों की तुलना से स्पष्ट हो जाता है कि ईरान और भारत की भाषाओं में कितना अधिक साम्य था। यही कारण है कि इन दोनों शाखाओं को एक साथ रखकर विचार किया जाता है।

वेद का समय 2000 ई.पू. से 1500 ई.पू. के बीच माना जाता है। अवेस्ता का समय भी 700 ई.पू. के लगभग निर्धारित किया गया है। भारत यूरोपीय परिवार में इन दोनों भाषाओं का महत्त्वपूर्ण स्थान है। ऋग्वेद से अधिक प्राचीन साहित्य संसार की किसी भाषा में उपलब्ध नहीं है और संस्कृत का साहित्य कितना समृद्ध है, यह कहने की आवश्यकता नहीं। अवेस्ता से ईरानी की प्राचीनता सिद्ध है और उसका उत्तरवर्ती साहित्य भी बहुत सम्पन्न और रमणीय है। इस प्रकार ये दोनों भाषाएँ साहित्यिक दृष्टि से ही नहीं, भाषा-वैज्ञानिक दृष्टि से भी महत्त्वपूर्ण बन जाती हैं।

भारत-ईरानी (आर्य) भाषाओं की सामान्य विशेषताएँ

[1] मूल भारत-यूरोपीय भाषा के ह्रस्व अथवा दीर्घ अ ए ओ के स्थान पर भारत-ईरानी में अ अथवा आ पाया जाता है–

भारत-यूरोपीय	ग्रीक	लातिन	संस्कृत	अवेस्ता
एकुओस		एकुउस	अश्वः	अस्पो
नेभोस	नेफ़ोस	नेबुला	नभः	नबो
ओस्थ	ओस्तेओन	ओस	अस्थि	अस्त
रोथोस		रोता	रथः	रथों

अपो	अपो		अप	अप

[2] भारत-यूरोपीय अ का भारत-ईरानी में इ हो जाता है—

भारत-यूरोपीय	**ग्रीक**	**लातिन**	**संस्कृत**	**अवेस्ता**
पते	पातेर	पातेर	पिता	पिता
भेरत्रोन्	फ़ेरेत्रोन्		भरित्रम्	

[3] भारत-यूरोपीय र और ल का भारत-ईरानी में अभेद अर्थात् र के बदले ल और ल के बदले र दीखता है। यह उत्तरवर्ती 'रलयोरभेदः' वाले सिद्धान्त की भूमिका है—

भारत-यूरोपीय	**ग्रीक**	**लातिन**	**संस्कृत**	**अवेस्ता**
उलकुओस	लुकोस	लुपुए	वृकः	वह्र्को (ल का र)
रुंच	ओरुस्सो	रुनूकारे	लुंच (र का ल)	

[4] इ उ र और क के बाद स का इस शाखा में श हो गया जो बाद में भारतीय शाखा में ष् में परिवर्तित हो गया—

भारत-यूरोपीय	**ग्रीक**	**लातिन**	**संस्कृत**	**अवेस्ता**
		सिस्तो	तिष्ठति	हिसैति
		गुस्तुस	जोष्टी	जओश

[5] स्वरान्त संज्ञाओं के षष्ठी-बहुवचन के रूप में **'नाम्'** विभक्ति दोनों में लगती है।

[6] अनुज्ञावाचक (लोट् लकार) के अन्यपुरुष-एकवचन में **'तु'** प्रत्यय का योग दोनों में होता है।

भारतीय (संस्कृत) और ईरानी की भेदक विशेषताएँ

[1] संस्कृत और अवेस्ता के स्वरों की मात्राओं में अन्तर पाया जाता है। और वह भी अनियमित रूप से; उदाहरणार्थ—संस्कृत का ह्रस्व अवेस्ता में कहीं दीर्घ हो जाता है, जैसे—ऋतुम्>रतूम्; अथ>अथा।

[2] ऋ का प्रायः अर् हो जाता है; जैसे—कृणोति>करनओति; मृत्युः>मर्थ्युस्।

[3] स्वरों में अनेक प्रकार के अन्तर पाये जाते हैं; जैसे—

ए>अए—एतत्>अएतत्; वेद>वएदा; सेना>हएना।

ओ>अओ—ओजस्>अऑजो; प्रोक्तः>फ्रऑख़्तो;>होता>ज़ऑता।

ऐ>आइ—देवैः>दएवाइस्।

औ>आउ—गौः>गाउश्।

[4] अवेस्ता में स्वरागम की प्रवृत्ति प्रायः देखी जाती है। कहीं स्वरागम आदि में होता है और कहीं मध्य में।

अग्रागम—सं. रिणक्ति>अ. इरिनख़्ति; सं. रिष्यति>अ. इरिष्ए-इति।

मध्यागम—सं. भवति>अ. बवइति; सं. भरति>अ. बरइति; सं. अश्वेभ्यः>अ. अस्पएइब्यो।

[5] व्यंजनों में प्रायः समानता है, किन्तु संस्कृत के समान अवेस्ता में व्यंजनों की समृद्धि नहीं है। कंठ्य, दन्त्य और ओष्ठ्य वर्ण तो पूरे हैं, पर तालव्य में केवल च और ज हैं। अवेस्ता में टवर्ग का बिल्कुल अभाव है।

[6] दूसरे वर्णों के संयोग होने पर संस्कृत की अघोष अल्पप्राण (क् त् प्) ध्वनियाँ अवेस्ता के संघर्षी (ख़् थ् फ़्) हो जाती हैं; जैसे—

क्रतुः>ख़्रतुश्; सत्यः>हइथ्यो; स्वप्नः>ख़्वफ़्नम्।

कभी-कभी अघोष महाप्राण (ख् थ् फ्) का भी संघर्षी में परिवर्तन हो जाता है; जैसे—सखा>हख़ा; गाथा>गाथ़ा; कफम्>कफ़म्।

[7] संस्कृत की सघोष महाप्राण (घ् ध् भ्) ध्वनियाँ अवेस्ता में सघोष अल्प-प्राण (ग् द् ब्) के रूप में आती हैं; उदाहरणार्थ—

घ>ग—जंघा>ज़ंगा; दीर्घः>दरगो; घर्म>गर्म।

ध>द—धारयत्>दारयत्; अध्वानम्;>अद्वानम्; धेनु>दएनु।

भ>ब—भूमि>बूमि; भवति>बवइति; भरति>बरइति।

[8] आदिवर्ती स के बदले ह पाया जाता है; जैसे—सं. सिन्धु>अ. हिन्दु; सं. सर्व>अ. हर्व; सं. सप्त>अ. हफ़्त।

[9] संस्कृत ह के स्थान पर अवेस्ता में ज़ होता है। प्राचीन फ़ारसी में ज़ का द देखा जाता है; जैसे—सं. हस्त>अ. ज़स्तो (प्राचीन फ़ारसी दस्त) सं. अहम्>अ. अज़म् (प्राचीन फ़ारसी अदम्); सं. दहति>अ. दज़इति।

[10] संस्कृत में पाँच अनुनासिक वर्णों (ङ्, ञ्, ण्, न्, म्) में केवल ङ्, न् म् अवेस्ता में पाये जाते हैं; ञ् और ण् नहीं पाये जाते।

[11] अवेस्ता में ल का बिल्कुल अभाव है।

[12] अवेस्ता में दृढ़ बलाघात के कारण स्वरों की दीर्घता का लोप हो जाता है।

[13] शब्द रूपों में बहुत-कुछ समता है--कारकों की संख्या दोनों भाषाओं में समान है; उदाहरणार्थ—पंचमी एकवचन का आत् संस्कृत के केवल अकारान्त शब्दों में लगता है (देवात्, फलात् आदि), किन्तु अवेस्ता के सभी शब्दों में। उदाहरणार्थ—ख़्शत्र>ख़्शत्रात् (सं. में क्षत्रात्); विस्>वीसत् (सं. में विशः); त्विष्यन्त्>त्विष्यन्तात् (सं. में द्विषतः)

[14] सर्वनामों में अत्यधिक समता है—

	संस्कृत		अवेस्ता	
	ए. व.	**ब. व.**	**ए. ब.**	**ब. व.**
कर्त्ता	अहम्	वयम्	अज़म्	वाएम्
कर्म	मा	अस्मान्	मा	अह्मा
सम्प्रदान	मह्यम्, मे	अस्मभ्यम्	मोवोय, मे	अह्मइब्या
अपादान	मत्	अस्मभ्यम्	मत्	अह्मइब्या

[15] सर्वनामों के समान क्रियारूपों में भी बहुत-कुछ समानता है; उदाहरणार्थ—सं. भरति>अ. बरइति; सं. भरसि>अ. बरहि; सं. भरामि>अ. बरामि।

उपरिनिर्दिष्ट अन्तर भी भारतीय और ईरानी की अत्यधिक समानता के प्रमाण हैं।

ईरानी भाषाएँ

जिस प्रकार काल की दृष्टि से भारतीय आर्यभाषाओं के तीन वर्ग–प्राचीन, मध्यकालीन और आधुनिक–पाये जाते हैं, उसी प्रकार ईरानी में भी तीन वर्ग हैं। ईरानी की स्थिति निम्नांकित सारणी से स्पष्ट हो जायेगी–

ईरानी

	पश्चिमी शाखा	पूर्वी शाखा
प्राचीन युग	प्राचीन फ़ारसी (पश्चिमी)	अवेस्ता (पूर्वी)
मध्य युग	पहलवी	
आधुनिक युग	आधुनिक फ़ारसी (ईरानी)	पश्तो, बलोची, पामीरी

प्राचीन ईरानी

प्राचीन ईरानी की दो प्रमुख भाषाएँ थीं जिनमें एक पश्चिम में बोली जाती थी और दूसरी पूर्व में। पश्चिमी ईरानी को ही **प्राचीन फ़ारसी** कहते हैं। पूर्वी ईरानी में पारसियों का धर्मग्रन्थ है जिसे **अवेस्ता** कहते हैं। प्राचीन फ़ारसी का साहित्य सम्भवतः समृद्ध था, लेकिन दो भयंकर आक्रमणों ने उसे समाप्त कर दिया। एक आक्रमण 323 ई.पू. में सिकन्दर का हुआ और दूसरा नवीं शताब्दी के पूर्वार्द्ध में इस्लाम का। इन दोनों आक्रमणों के कारण प्राचीन ईरानी साहित्य लुप्त हो गया। जो थोड़ा-बहुत बचा है वह अवेस्ता में संगृहीत है। प्राचीन फ़ारसी में खुदे हुए दारिउस (522 से 486 ई.पू.) के कुछ अभिलेख मिलते हैं। उन्हीं से प्राचीन फ़ारसी का ज्ञान होता है। ये अभिलेख पश्चिमी ईरानी में हैं। जैसा कहा गया है, पूर्वी ईरानी का प्रतिनिधित्व अवेस्ता में है।

मध्यकालीन ईरानी

मध्यकालीन ईरानी में सबसे प्रमुख **पहलवी** है। पहलवी में सामी शब्दों का अत्यधिक मिश्रण पाया जाता है और वाक्य-रचना भी सामी से प्रभावित है। पहलवी की लिपि बहुत अवैज्ञानिक है। 13 संकेतों से ही 27 ध्वनियों को अंकित करने की चेष्टा की जाती है। पहलवी में सामी शब्दों का अनुपात इतना अधिक है कि कुछ दिनों तक यह निर्णय करना कठिन था कि वह आर्य परिवार की भाषा है। ससानी शासकों के समय में सामी शब्दों के बहिष्कार और उनके बदले आर्य शब्दों के समावेश की बड़ी चेष्टा हुई थी। पहलवी में अवेस्ता की टीका लिखी गयी है।

पूर्वी-ईरानी (अवेस्ता) का मध्यकालीन रूप उपलब्ध नहीं है।

आधुनिक ईरानी

आधुनिक ईरानी में फ़ारसी या ईरानी नाम की भाषा प्रमुख है जो ईरान की राष्ट्रभाषा है। आधुनिक ईरानी पूर्णतः **अयोगात्मक** हो गयी है और उसका साहित्य बहुत समृद्ध है। आधुनिक ईरानी के शब्द-भण्डार में अरबी शब्दों का अनुपात 70 प्रतिशत तक पाया जाता है, किन्तु आज अरबी शब्दों के बहिष्कार की और उनके बदले ईरानी शब्दों के प्रयोग की प्रवृत्ति दीखती है। आधुनिक ईरानी अरबी लिपि में ही लिखी जाती है। ईरानी की अनेक बोलियाँ हैं; जैसे—कुरदिश, बरगिस्ता, माज़न्दरानी, समनानी, दारी, काशानी, नियानी आदि। ये विभिन्न क्षेत्रों में बोली जाती हैं।

पूर्वी ईरानी से विकसित भाषाओं में तीन उल्लेखनीय हैं—(क) **पश्तो** (अफ़ग़ानी), (ख) **बलोची,** और (ग) **पामीरी**। पश्तो अफ़गानिस्तान में बोली जाती है, बलोची बलोचिस्तान में और पामीरी हिन्दूकुश पर्वत के आस-पास पामीर के पठार में।

दरदी

भारत-ईरानी शाखा की एक उपशाखा दरदी है जिसका क्षेत्र पंजाब के पश्चिमी-उत्तर में पड़ता है। दरदी भारतीय और ईरानी दोनों की विशेषताओं से सम्पन्न है। दरद जाति का उल्लेख पुराणों में आया है। पैशाची प्राकृत की सीमा में दरदी भी आती है। भारतीय व्याकरण-ग्रन्थों में पैशाची को भारतीय भाषा के रूप में ही माना गया है।

दरदी भाषाओं के कई वर्ग हैं जिनमें काफ़ीरी और ख़ोवारी उल्लेख्य हैं।

बाल्तो-स्लाविक

बाल्तो-स्लाविक उपपरिवार की दो शाखाएँ हैं—बाल्तिक और स्लाविक।

(क) बाल्तिक—लिथुआनी, लेत्ती।

(ख) स्लाविक—

[1] पूर्वी—महारूसी, श्वेतरूसी, लघुरूसी (उक्राइनी)।

[2] पश्चिमी—पोली, चेक, स्लोवाक।

[3] दक्षिणी—बुल्गारी, सर्बो-क्रोती, स्लोवेनी।

जैसा बाल्तो-स्लाविक नाम से स्पष्ट है, इस उपपरिवार की भाषाएँ दो वर्गों में बँट जाती हैं—एक तो बाल्तिक और दूसरी स्लाविक। कुछ भाषाविज्ञानियों का विचार है कि इन शाखाओं को विभिन्न उपपरिवार मानना चाहिए, किन्तु दूसरे इन्हें एक साथ रखने के ही आग्रही हैं।

(क) बाल्तिक

बाल्तिक नाम का आधार यह है कि इस नाम से अभिहित भाषाएँ जिन देशों में

बोली जाती हैं, वे बाल्तिक समुद्र के तट पर हैं। **लिथुआनिया** और **लातविया** नामक दो छोटे देशों की भाषाएँ ही इस शाखा के अन्तर्गत आती हैं। द्वितीय महायुद्ध के पहले ये दोनों देश स्वतन्त्र थे, किन्तु बाद में सोवियत संघ के अंग बन गये। लिथुआनिया की भाषा **लिथुआनी** और लातविया की **लेत्ती** आज भी मूल भारत-यूरोपीय भाषा की विशेषताओं के पास हैं और इनमें अधिक परिवर्तन नहीं हुआ है। कारण इसका सम्भवतः यह है कि इन भाषाओं के बोलने वाले बाह्य सम्पर्क से अप्रभावित रहे हैं। भौगोलिक स्थिति के कारण ये एक प्रकार से अपने ही स्थान पर सीमित रहे और इसलिए इनमें न्यूनतम परिवर्तन हुआ है। लिथुआनी आज भी प्रायः पूर्ण श्लिष्ट भाषा है और वैदिक संस्कृत से मिलती-जुलती है। इसका अर्थ यह है कि पिछले चार हज़ार वर्षों से यह भाषा एक प्रकार से स्थिर है। अत्यधिक शीत, घने जंगल, दलदल तथा व्यावसायिक साधनों और वस्तुओं का अभाव, इस देश के बाह्य सम्पर्क में बाधक रहे हैं। बाहर निकलने का रास्ता एकमात्र समुद्र है जो ठंड के कारण छः महीने से अधिक समय तक जमा रहता है। स्वभावतः इस देश की भाषा बाहरी प्रभावों से मुक्त रही है और उसमें बहुत कम परिवर्तन हो पाया है। लिथुआनी में आज भी संस्कृत की तरह द्विवचन का प्रयोग होता है और भाषा संगीतात्मक है, अर्थात् वैदिक या ग्रीक के समान उसमें स्वरों का प्रयोग होता है।

लिथुआनी और लेत्ती का साहित्य समृद्ध नहीं है। सोलहवीं शताब्दी के पहले का साहित्य नहीं मिलता। इस भाषा का महत्त्व साहित्यिक से अधिक भाषावैज्ञानिक है।

(ख) स्लाविक

जैसा पहले कहा गया है, स्लाविक की तीन उपशाखाएँ हैं—पूर्वी, पश्चिमी और दक्षिणी।

[1] इस शाखा की भाषाएँ प्रायः **श्लिष्ट योगात्मक** हैं और शब्द-रूप तथा धातु-रूप संस्कृत के समान चलते हैं।

[2] अधिकतर भाषाओं में बल का प्रयोग होता है। अनेक बार बल-परिवर्तन से अर्थ-परिवर्तन भी हो जाता है; जैसे—रूसी के ये दो शब्द—मुका (आटा) और मूका (यन्त्रणा)।

पूर्वी स्लाविक

पूर्वी वर्ग में **महारूसी, श्वेतरूसी और लघुरूसी** आती हैं। जिसे महारूसी या केवल रूसी कहते हैं, वह तत्कालीन सोवियत संघ की राजभाषा या राष्ट्रभाषा थी; शासन, शिक्षा, प्राविधिक और वैज्ञानिक साहित्य में उसी का प्रयोग होता था। रूसी का प्राविधिक साहित्य अत्यन्त उन्नत है, क्योंकि सोवियत संघ के इतिहास में रूस ने आशातीत प्राविधिक एवं वैज्ञानिक प्रगति की है। रूसी का साहित्यिक विकास अठारहवीं शताब्दी से आरम्भ होता है और उसमें अनेक विश्वविख्यात उपन्यासकार, कहानीकार और नाटककार उत्पन्न हुए हैं। तुर्गेनेव, दस्तायेव्स्की, चेख़फ़, तल्सतोय, गोर्की आदि नाम

सुपरिचित हैं। रूसी-भाषा बड़ी समर्थ और सबल है।

श्वेतरूसी रूस के पश्चिम और लघुरूसी उक्राइन में बोली जाती है। इन दोनों भाषाओं का साहित्यिक दृष्टि से विशेष महत्त्व नहीं है। कुछ विद्वान इन्हें महारूसी की बोलियाँ मानते हैं।

पश्चिमी स्लाविक

पश्चिमी स्लाविक में **पोली, चेक,** और **स्लोवाक** प्रमुख हैं।

पोली पोलैंड की भाषा है जिसका साहित्य बारहवीं शताब्दी से मिलता है। अनेक आक्रमणों और उन्मूलनों के ख़तरे के बावजूद पोली जीवित रही है और आज बड़ी तेज़ी से विकसित हो रही है। पोली का आधुनिक साहित्य पर्याप्त सम्पन्न है।

चेक चेकोस्लोवाकिया की भाषा है जिसमें अनेक बोलियाँ बोली जाती हैं। चेक का प्राचीन साहित्य महत्त्वपूर्ण नहीं है, किन्तु पिछली शताब्दी से अच्छी साहित्यिक प्रगति हुई है। यों, चेक साहित्य तेरहवीं शताब्दी से मिलने लगता है, लेकिन उत्कर्ष की दृष्टि से वह बहुत महत्त्व का नहीं है। **स्लोवाक** एक प्रकार से चेक का ही वैभाषिक रूप है जिसकी कोई पृथक उल्लेख्य विशेषता नहीं है।

दक्षिणी स्लाविक

दक्षिणी स्लाविक में **बुल्गारी, सर्बो-क्रोती** और **स्लोवेनी** आती हैं।

स्लाविक शाखा की सबसे प्राचीन भाषा प्राचीन **बुल्गारी** है जिसे दूसरे शब्दों में चर्च-स्लाविक भी कहते हैं। स्लाविक शाखा का प्राचीनतम साहित्यिक अवशेष बाइबिल का एक अनुवाद है जो आठवीं शताब्दी के लगभग हुआ था। नवीं से बारहवीं शताब्दी के बीच संत सिरिल और मेथोदिउस ने धार्मिक साहित्य की रचना की। आज रूसी के लिए जिस लिपि का प्रयोग किया जाता है उसका निर्माण सिरिल ने ही किया था। इसीलिए उसे सिरिलिक कहते हैं। चर्च-स्लाविक संस्कृत और ग्रीक के अधिक निकट पड़ती है। आधुनिक बुल्गारी प्राचीन बुल्गारी या चर्च-स्लाविक से बहुत दूर हट गयी है। यह प्रायः वियोगात्मक हो गयी है और उसमें ग्रीक, तुर्की, रूमानी और अलबानी भाषाओं के शब्दों का बाहुल्य हो गया है।

सर्बो-क्रोती युग (दक्षिण) स्लाविया की भाषा है, अर्थात् वह स्लाविया जो दक्षिण में हो। सर्बो-क्रोती की अनेक बोलियाँ हैं। स्लाविक भाषाओं में सर्बो-क्रोती का महत्त्वपूर्ण स्थान रहा है और बारहवीं शताब्दी से उसका साहित्य उपलब्ध है।

स्लोवेनी युगस्लाविया के दक्षिण आद्रियातिक सागर के किनारे पर बोली जाती है। स्लोवेनी का कोई उल्लेख्य साहित्य नहीं है।

अलबानी (इलीरी)

लिखित रूप में आने के पहले अलबानी में ध्वनि और पद-रचना की दृष्टि से इतना अधिक परिवर्तन हो गया कि कुछ भाषाविज्ञानी उसे भारत-यूरोपीय परिवार में रखने में भी संकोच करते थे। ग्रीस की निकटता, स्लाविक का प्रभाव और वेनिस तथा तुर्की के राजनीतिक प्रभुत्व के परिणामस्वरूप अलबानी में विदेशी शब्दों का बाहुल्य होने से उसका स्वदेशी तत्त्व अन्तर्हित-जैसा हो गया। अलबानी इलीरी नामक एक व्यापक शाखा का अवशेष है जिसके अध्ययन की सामग्री अत्यल्प है। केवल कुछ प्राचीन अभिलेख प्राप्त होते हैं। साहित्य का उसमें अभाव है; सोलहवीं शताब्दी का बाइबिल का एक अनुवाद उपलब्ध है। साहित्य का आरम्भ सत्रहवीं शताब्दी से पाया जाता है जिसमें प्रमुखता लोक-गीतों की है। अलबानी आद्रियातिक सागर के पूर्व-स्थित पहाड़ी प्रदेश की भाषा है।

आरमीनी

आरमीनिया की सीमा ईरान से सटी है। स्वभावतः ईरान से उसका घनिष्ठ सम्बन्ध रहा है जिसके कारण आरमीनी पर ईरानी का गहरा प्रभाव देखा जाता है। पाँचवीं शताब्दी तक ईरान का युवराज ही आरमीनिया पर शासन किया करता था, अतः आरमीनी में ईरानी शब्दों का बाहुल्य है। आरमीनिया के राजाओं और सामन्तों के नाम तक ईरानी होते थे। घर, युद्ध, सेना, पोशाक, व्यापार, तौल, नाप, कचहरी, संगीत, चिकित्सा, शिक्षा, साहित्य, कला आदि में ईरानी शब्दों का बहुत प्रयोग हुआ है। प्राचीन धर्म की भाषा मुख्यतः ईरानी थी।[1] ईरानी के अनेक उपसर्ग और प्रत्यय तक आरमीनी में प्रयुक्त होते हैं। यों, भाषा का ढाँचा ईरानी से अवश्य भिन्न है।

तारापुरवाला के अनुसार आरमीनी बाल्तो-स्लाविक और आर्य शाखाओं की संयोजक कड़ी के रूप में है। आरमीनी पर अ-भारत-यूरोपीय भाषाओं का भी पर्याप्त प्रभाव पड़ा है। काकेशी और अरबी का प्रभाव स्पष्ट है। प्राचीन आरमीनी साहित्य मुख्यतः ईसाई धर्म से सम्बद्ध है। कुछ ऐतिहासिक सामग्री भी मिलती है और कुछ कीलाक्षर के अभिलेख भी प्राप्त हैं। जिस तरह भारत में धार्मिक कार्यों में संस्कृत का प्रयोग होता है, उसी तरह आरमीनी पुरोहित आज भी धार्मिक अवसरों पर उस प्राचीन भाषा का प्रयोग करते हैं। आधुनिक आरमीनी की स्तम्बुल बोली कुस्तुन्तुनिया और कृष्णसागर के किनारे पर बोली जाती है।

ग्रीक (हेलेनिक)

क्षेत्र : ग्रीस, ईजियन द्वीपसमूह : दक्षिण अलबानिया और युगस्वालिया; दक्षिण-पश्चिमी बुलगारिया; तुर्की का कुछ भाग; साइप्रस और क्रीट द्वीप।

---

1. एन्साइक्लोपीडिया ब्रिटानिका (प्रथम भाग)—आरमीनियन लैंग्वेज।

ग्रीक में अनेक बोलियाँ थीं जिनमें आत्तिक, दोरिक, इयोनी और आएओली प्रमुख थीं। इन बोलियों में परस्पर पर्याप्त भेद था जिसके कारण ग्रीसवासी उनका सम्बन्ध भी मानने को तैयार न थे। एकाध बोलियों को वे बर्बर भाषा तक कहते थे। सामान्य भाषा के रूप में जो भाषा प्रचलित थी उसे **कोइने** कहते थे, जो आत्तिक और दोरिक पर आधारित थी। होमर के दोनों महाकाव्यों—इलियद और ओदिसी—में भी विभिन्न बोलियों के रूप दिखायी पड़ते हैं।

विशेषताएँ

[1] संस्कृत के समान ग्रीक में भी मूल भारत-यूरोपीय परिवार की विशेषताएँ सुरक्षित हैं। ग्रीक के स्वर और संस्कृत के व्यंजन मूल भारत-यूरोपीय भाषा के अधिक निकटवर्ती माने जाते हैं। संयुक्त स्वरों की दृष्टि से ग्रीक अधिक समृद्ध है।

[2] संस्कृत और ग्रीक दोनों भाषाओं में स्वर अर्थात् संगीतात्मक आघात का प्रयोग देखा जाता है।

[3] ग्रीक की अपेक्षा संस्कृत में संज्ञा और सर्वनाम के रूप अधिक विस्तृत हैं। ग्रीक में कर्त्ता, कर्म, सम्प्रदान और सम्बन्ध—ये चार ही कारक पाये जाते हैं।

[4] संस्कृत और ग्रीक दोनों में अव्ययों (उपसर्गों और क्रिया-विशेषणों) का बाहुल्य है, पर इससे यह नहीं समझना चाहिए कि उनमें ऐकरूप्य भी है। कहने का अभिप्राय यह है कि केवल संख्या-बाहुल्य की दृष्टि से संस्कृत और ग्रीक में साम्य है, अन्यथा उनके अव्यय भिन्न रूप हैं।

[5] दोनों भाषाओं में परस्मैपद और आत्मनेपद क्रियाएँ पायी जाती हैं। परस्मैपद को ग्रीक में एक्टिव व्हायस और आत्मनेपद को मिड्ल व्हायस कहते हैं। संस्कृत में लकारों और क्रिया-रूपों का आधिक्य है, परन्तु ग्रीक में पूर्वकालिक तुमन्त और निष्ठा-रूपों का।

[6] दोनों में समास की सुविधा है, किन्तु ग्रीक में संस्कृत के समान लम्बे समास नहीं होते। समास की सम्भावनाएँ जैसी संस्कृत में हैं वैसी किसी अन्य भाषा में नहीं।

[7] ग्रीक में तीन लिंग हैं—पुंलिंग, स्त्रीलिंग और नपुंसकलिंग। दो वचन हैं—एकवचन और बहुवचन।

ग्रीक भाषा यूरोपीय सभ्यता का प्रथम माध्यम एवं स्रोत है। दर्शन, साहित्य, विज्ञान सभी दृष्टियों से इस भाषा का महत्त्व अप्रतिम है। ग्रीक वर्णमाला से ही (जिसे ग्रीसवासियों ने फ़िनीशिया से लिया था) समस्त यूरोप की लिपियों का विकास हुआ है। एक विलक्षण बात यह है कि प्राचीन और आधुनिक ग्रीक में अत्यल्प भेद है। जिस सुदीर्घ अवधि में दूसरी भाषाएँ सर्वथा बदल गयी हैं, उसमें भी ग्रीक का परिवर्तन नगण्य है। ग्रीस के उच्च विद्यालयों के छात्र बिना अधिक कठिनाई का अनुभव किये होमर के काव्यों को पढ़ सकते हैं।

इतालिक (रोमांस)

क्षेत्र : इतालवी (इताली, सिसिली और कोर्सिका)।
फ़्रांसीसी (फ़्रांस)।
स्पेनी (स्पेन)।
पुर्तगाली (पुर्तगाल)।
रूमानी (रूमानिया)

इतालिक या रोमांस वर्ग की पाँचों भाषाओं का विकास लातिन से हुआ है। यूरोप के जो भू-भाग रोम-साम्राज्य के अन्तर्गत थे, वहाँ लातिन का प्रचार हुआ, किन्तु साम्राज्य के पतन के बाद उन भू-भागों को संयुक्त और सम्पृक्त रखने का कोई साधन नहीं रहा। इसलिए राजनीतिक दृष्टि से नहीं, भाषिक दृष्टि से भी वे भाग स्वतन्त्र हो गये और लातिन का विभिन्न बोलियों में रूपान्तरण हो गया जिससे आगे चलकर उपर्युक्त भाषाओं का विकास हुआ। रोमांस (Romance) शब्द लातिन के रोमानिके (Romanice) का परिवर्तित रूप है जिसका अर्थ है 'रोम के अनुसार'। रोमांस शब्द के सभी अर्थ उसके इस मूल प्रयोग से ही विकसित हुए हैं।

इतालिक या रोमांस भाषाओं का अन्तर रचनात्मक से अधिक ध्वन्यात्मक है। लिखित रूप में पुर्तगाली, स्पेनी और इतालवी बहुत-कुछ परस्पर बोधगम्य हैं; इनमें किसी एक भाषा को जाननेवाला दूसरी भाषा को पढ़कर बहुत-कुछ समझ ले सकता है। फ़्रांसीसी का ध्वन्यात्मक भेद सबसे अधिक है। वस्तुतः ध्वनि की दृष्टि से फ़्रांसीसी की एक पृथक् श्रेणी ही माननी चाहिए। रूमानी का अन्तर मुख्यतः रचनात्मक है, क्योंकि वह भौगोलिक दृष्टि से अपनी सजातीय भाषाओं से दूर, स्लाविक भाषाओं के क्रोड़ में, पड़ जाती है। इसलिए उस पर ग्रीक, स्लाविक आदि का गहरा प्रभाव पाया जाता है।

साहित्यिक दृष्टि से फ़्रांसीसी और इतालवी बहुत समृद्ध और महत्त्वपूर्ण हैं। फ़्रांसीसी का साहित्य समग्र यूरोप के लिए अनुकरणीय रहा है और फ़्रांसीसी भाषा बीसवीं शताब्दी के प्रथम चरण तक यूरोप की सांस्कृतिक और कूटनीतिक भाषा मानी जाती रही है। स्पेनी और पुर्तगाली का भी साहित्य अच्छा है।

यूरोप के अतिरिक्त रोमांस वर्ग की भाषाओं का प्रसार दूसरे देशों में भी पाया जाता है जिसका कारण उपनिवेश-विस्तार है। उत्तरी अमेरिका (कनाडा) में फ़्रांसीसी, मेक्सिको में स्पेनी, दक्षिण अमेरिका में स्पेनी और पुर्तगाली के बोलने-वाले बहुत बड़ी संख्या में हैं। दक्षिण अमेरिका को तो लातिन अमेरिका कहते ही हैं, क्योंकि वहाँ लातिन से उत्पन्न भाषाएँ बोली जाती हैं।

विशेषताएँ

[1] रोमांस वर्ग की सभी भाषाएँ योगात्मकता से अयोगात्मकता की ओर विकसित हुई हैं। लातिन श्लिष्ट योगात्मक थी, किन्तु ये सभी भाषाएँ **अयोगात्मक** हैं।

[2] लातिन में संस्कृत की तरह कारक विभक्तियों का प्रयोग होता था, किन्तु इन भाषाओं में उपसर्गों या निपातों से विभक्तियों का काम लिया जाता है।

[3] लातिन में तीन लिंग थे, किन्तु इन भाषाओं में केवल पुंलिंग और स्त्रीलिंग रह गये हैं। लातिन की नपुंसकलिंग संज्ञाएँ या तो पुंलिंग में प्रयुक्त होती हैं या स्त्रीलिंग में।

[4] वचन दो ही हैं—एकवचन और बहुवचन।

[5] विशेषण के लिंग और वचन संज्ञा के लिंग और वचन के अनुसार चलते हैं।

[6] क्रिया-रूपों में पर्याप्त परिवर्तन हो गया है, पर उससे सरलता नहीं आयी है। विशेषतः लातिन की अपेक्षा रोमांस भाषाओं में क्रिया-रूपों की रचना अधिक जटिल हो गयी है, क्योंकि कालों एवं रूपों को बाहुल्य हो गया है।

[7] सभी रोमांस भाषाओं की वाक्य-रचना में एकरूपता है। इसके दो कारण हैं—एक तो यह कि सभी एक ही स्रोत से विकसित हुई हैं और दूसरा यह कि सम्पर्क की सुलभता के कारण इनमें परस्पर आदान-प्रदान एवं अनुकरण होता रहा है। शब्द-भण्डार की भी यही स्थिति है।

[8] इन सभी भाषाओं में आर्टिकल का प्रयोग होता है जो लातिनी के निश्चयवाचक सर्वनाम **इल्ले** से विभिन्न रूपों में विकसित हुआ है। अन्तर यह है कि पश्चिमी भाषाओं (इतालवी, फ़्रांसीसी, स्पेनी, पुर्तगाली) में आर्टिकल का प्रयोग संज्ञा के पहले होता है और रूमानी में संज्ञा के बाद; उदाहरणार्थ—लातिन का लुपुस (lupus=भेड़िया) बिना आर्टिकल के प्रयुक्त होता है, किन्तु दूसरी भाषाओं में आर्टिकल के साथ; जैसे—फ़्रांसीसी में ल लू (le loup); स्पेनी में एल् लोबो (el lobo); पुर्तगाली में ओ लोबो (o lobo); इतालवी में इल् लुपो (il lupo) होता है, किन्तु रूमानी में लुपुल (lupul), अर्थात् आर्टिकल अन्त में लगता है।

[9] अयोगात्मक होने से वाक्य में पद का स्थान महत्त्वपूर्ण हो जाता है। संस्कृत के समान लातिन में विभक्तियाँ पदों के साथ लगी होती थीं, इसलिए पदों का क्रम उलट जाने पर भी अर्थ वही रहता था, किन्तु अयोगात्मक होने से रोमांस भाषाओं की विभक्तियाँ पदों के साथ लगी नहीं होतीं अतः पदक्रम बदलने से अर्थ-भेद हो जाता है। यही कारण है कि वाक्य-रचना में पदक्रम को महत्त्व देना पड़ता है।

जर्मनिक (ट्यूटॉनिक)

क्षेत्र : उत्तरी—आइसलैंडी (आइसलैंड)।
डेनी (डेनमार्क)।
नारवेई (नार्वे)।
स्वीडी (स्वीडेन)।
पश्चिमी—अंग्रेज़ी (इंग्लैंड)।

उच्च और निम्न जर्मन (जर्मनी)।
डच (हॉलैंड)।
फ़्लेमी (बेल्जियम)।

प्रसार की दृष्टि से जर्मन शाखा की भाषाओं का भी महत्त्वपूर्ण स्थान है। अंग्रेज़ी तो अंग्रेज़ों की उपनिवेशवादी नीति के कारण दूर-दूर तक फैली ही है, जर्मन और डच का भी प्रसार नगण्य नहीं है। उत्तरी अमेरिका (कनाडा, संयुक्तराज्य), दक्षिणी अफ्रीका, आस्ट्रेलिया, न्यूज़ीलैंड और सैकड़ों दूसरे छोटे-मोटे द्वीपों में अंग्रेज़ों के साथ अंग्रेज़ी भी पहुँची है।

साहित्य, दर्शन, विज्ञान की दृष्टि से भी अंग्रेज़ी पर्याप्त महत्त्वपूर्ण है। यों, दर्शन और विज्ञान के क्षेत्र में जर्मन का महत्त्व अंग्रेज़ी से बढ़कर माना जाता है। भाषाविज्ञान के क्षेत्र में ही जितना काम जर्मन में हुआ है, उतना अंग्रेज़ी में नहीं।

विशेषताएँ

[1] ये सभी भाषाएँ आरम्भ में योगात्मक थीं, पर क्रमशः **अयोगात्मक** हो गयीं। जर्मन बहुत दूर तक आज भी योगात्मक है।

[2] जर्मनिक शाखा की भाषाएँ ध्वनि-परिवर्तन के कारण उल्लेखनीय हैं। अन्य भारत-यूरोपीय भाषाओं की कुछ ध्वनियाँ जर्मनिक में कुछ और ही हो गयीं (देखिए—ध्वनि-प्रकरण में ग्रिम-नियम)।

[3] क्रियाएँ **सबल और निर्बल**—दो भागों में विभक्त हैं। सबल क्रियाएँ वे हैं जिनमें धातु के अन्तर्वर्ती स्वर में ही परिवर्तन करके भूतकाल बना लिया जाता है; जैसे—कम-केम, सी-सॉ, इट-एट, ब्रेक-ब्रोक आदि। निर्बल क्रियाएँ वे हैं जिनमें प्रत्यय जोड़कर भूतकाल बनाया जाता है; जैसे—लव्ह-लव्ह्ड, वॉक्-वॉक्ड, रेकर्ड-रेकर्डेड।

[4] सभी भाषाओं में बल का प्रयोग होता है; स्वर का प्रयोग केवल स्वीडी में अवशिष्ट है।

केल्टिक

प्रायः दो हज़ार वर्ष पूर्व केल्टिक शाखा के अन्तर्गत पड़ने वाली भाषाओं का प्रयोग यूरोप के बड़े भू-भाग (ब्रिटेन, फ़्रांस, स्पेन, उत्तरी इटली) से लेकर एशिया माइनर (आधुनिक तुर्की) तक होता था। केल्टिक भाषा बोलने वाले बड़े युद्धप्रिय और बहादुर थे और उन्होंने इस भू-भाग में अपना राज्य-विस्तार कर रखा था। बाद में जब रोमनों का प्रभुत्व बढ़ा और उन्होंने अपना राज्य-विस्तार आरम्भ किया तो केल्टिक जाति का, और उसके साथ केल्टिक भाषा का, ह्रास आरम्भ हो गया। आज इस शाखा की भाषाओं के बोलने वालों की संख्या बहुत कम हो गयी है और उनका राजनीतिक या अन्य महत्त्व भी नहीं रह गया है। केल्टिक शाखा की भाषाएँ आज उत्तर-पश्चिमी फ़्रांस और

ग्रेट-ब्रिटेन (स्कॉटलैंड आयरलैंड, वेल्स और कॉर्नवाल) में बोली जाती है।

विशेषताएँ

[1] भारत-यूरोपीय परिवार की भाषाओं में भाषाविज्ञान की दृष्टि से केल्टिक भाषाएँ सबसे कठिन और अस्पष्ट हैं। केल्टिक भाषाओं के शब्दों में इतना परिवर्तन हो गया है कि उन्हें पहचानना भी मुश्किल होता है। अतः उन परिवर्तनों के आधार पर **ध्वनि प्रक्रिया**-सम्बन्धी नियमों का निर्माण भी टेढ़ी खीर है। संज्ञा के रूप अंग्रेज़ी के समान **विश्लिष्ट** हो गये हैं।

[2] वाक्य-रचना की दृष्टि से भी इस शाखा की भाषाएँ अत्यधिक जटिल हैं। इसलिए कुछ विद्वानों की कल्पना है कि इस शाखा की **वाक्य-रचना** का आधार अ-भारत-यूरोपीय है। वे बर्बर भाषा को केल्टिक की वाक्य-रचना का आधार मानते हैं। इन्हीं अन्तरों के कारण आरम्भ में कुछ दिनों तक केल्टिक को भारत-यूरोपीय परिवार की भाषा मानने में भी विद्वानों को हिचक हुई थी। बाद में सूक्ष्मता से विचार करने पर उसे भारत-यूरोपीय परिवार में स्थान दिया गया।

[3] भारत-यूरोपीय की प-ध्वनि केल्टिक की एक उपशाखा में **प** रहती है और दूसरी में **क** हो जाती है; उदाहरणार्थ—मूल भारत-यूरोपीय भाषा का 'पेंकुए' (पाँच) वेल्श में पंप और आइरिश में कोइक हो जाता है।

पेंकुए : वेल्श—प(पंप)
आइरिश—क(कोइक)।

ध्वनि-परिवर्तन के आधार पर कुछ लोगों ने केल्टिक भाषाओं को प-वर्ग और क-वर्ग में बाँटना सुविधाजनक माना है।

केल्टिक की निम्नलिखित **उपशाखाएँ** हैं—

[1] गेलिक (गोइदेलिको)—**क-वर्ग**
(क) आइरिश या एर्स।
(ख) स्कॉच गेलिक।
(ग) मांक्स।

[2] ब्रिटानिक (ब्रियोनिक)—**प-वर्ग**
(क) वेल्श।
(ख) कॉर्निश।
(ग) ब्रिटन (आरमोरिकी)।

[3] गालिक।

आइरिश

केल्टिक भाषाओं में आइरिश सबसे महत्त्वपूर्ण है। आइरिश में प्राचीन साहित्य भी पर्याप्त मात्रा में मिलता है। आयरलैंड में अंग्रेज़ी शासनतन्त्र रहने से भारतीय भाषाओं

के समान आइरिश का भी पूर्ण विकास नहीं हो सका। किन्तु स्वाधीनता के बाद आइरिश ने बड़ी प्रगति की है। आइरिश बोलनेवालों में अपनी भाषा के लिए बड़ी ममता, आदर और गौरव का बोध है। इसलिए उन्होंने थोड़े ही दिनों में अपनी भाषा को बहुत समृद्ध कर लिया है। प्राचीन आइरिश के नमूने प्रायः 350 उपलब्ध अभिलेखों में सुरक्षित हैं। प्राचीन आइरिश का साहित्य बहुत सम्पन्न नहीं है, फिर भी अनेक सुन्दर काव्य मिलते हैं।

स्कॉच गेलिक

स्कॉच गेलिक वस्तुतः आइरिश की ही एक शाखा है जो पाँचवीं शताब्दी के बाद आयरलैंड से स्कॉटलैंड पहुँची थी। स्कॉच गेलिक का प्रयोग स्कॉटलैंड के उत्तर-पश्चिम में होता है, किन्तु धीरे-धीरे अंग्रेज़ी के प्रभाव के कारण यह क्षीण होती जा रही है। साहित्य की दृष्टि से स्कॉच गेलिक का विशेष महत्त्व नहीं है।

मांक्स

मांक्स इंग्लैंड के समीपस्थ मान द्वीप में बोली जाती है। इसके बोलनेवालों की संख्या कुछ सौ ही है। यह क्रमशः लुप्त होती जा रही है। मांक्स का कोई साहित्य नहीं है।

वेल्श

वेल्श बोलनेवालों की संख्या लगभग दस लाख है और यह ग्रेट ब्रिटेन के पश्चिम (वेल्स) में बोली जाती है। आइरिश के समान ही वेल्श बोलनेवालों को अपनी भाषा के प्रति गहरा अनुराग है और वे भी इसे समृद्ध करने के लिए सचेष्ट हैं। दसवीं और तेरहवीं शताब्दी के बीच वेल्श में अच्छे साहित्य का निर्माण हुआ। यों, आठवीं शताब्दी तक के प्राचीन लेख मिलते हैं।

कॉर्निश

कॉर्निश कॉर्नवाल में बोली जाती थी, किन्तु उन्नीसवीं शताब्दी के आरम्भ में लुप्त हो गयी। पन्द्रहवीं शताब्दी के आस-पास कॉर्निश में रचित कुछ अच्छे नाटक उपलब्ध हैं। आज कॉर्निश का स्थान अंग्रेज़ी ने ले लिया है।

ब्रिटन

ब्रिटन को फ्रांसीसी उच्चारण के अनुसार 'ब्रेतों' कहते हैं। पाँचवीं-छठी शताब्दी में सैक्सन जाति के आक्रामकों द्वारा दबाये गये कॉर्नवाल के निवासी फ्रांस में आरमोरिका चले गये और उनकी भाषा भी उनके साथ गयी। आज कॉर्निश फ्रांस के ब्रितानी प्रदेश में बोली जाती है। इस प्रदेश का ब्रितानी नाम ही इस बात का स्मारक है कि इस भाग के रहनेवाले किसी समय ब्रिटेन से आये थे। ब्रिटन भाषा का कॉर्निश से निकटतर

सम्बन्ध है। इस भाषा का थोड़ा साहित्य बारहवीं शताब्दी से मिलना आरम्भ होता है। फ़्रांसीसी-जैसी-समृद्ध भाषा के क्रोड़ में पड़ी 'ब्रिटन' की वही स्थिति है जो किसी विशाल वृक्ष की छाया में पड़े छोटे पौधे की होती है; उसके विकास और प्रसार का अवकाश ही नहीं रहता।

गालिक

एक समय गालिक का बहुत प्रचार था, किन्तु ईसवी सन् के आरम्भ में वह लुप्त हो गयी। एशिया माइनर में प्राप्त कुछ अभिलेखों तथा कुछ स्थानों के नामों से पता चलता है कि इसका विस्तार वहाँ तक हुआ था, किन्तु आज गालिक नामशेष मात्र रह गयी है जिसकी चर्चा केवल ऐतिहासिक दृष्टि से ही की जाती है।

तोख़ारी

उन्नीसवीं शताब्दी तक भारत-यूरोपीय परिवार की आठ ही शाखाएँ (1. भारत-ईरानी; 2. बाल्तो-स्लाविक; 3. आरमीनी; 4. अलबानी; 5. इतालिक; 6. ग्रीक; 7. जर्मनिक; 8. केल्टिक) ज्ञात थीं। बीसवीं सदी के आरम्भ में दो और शाखाओं—तोख़ारी और हित्ती—का पता लगा और उनके योग से इस परिवार की शाखाओं की संख्या दस हो गयी।

ग्रीक और भारतीय तोख़ारी से परिचित थे। महाभारत में 'तुषार' शब्द से तोख़ारी का उल्लेख मिलता है। तोख़ारों का राज्य मध्य एशिया में दूसरी शताब्दी ई. पू. से सातवीं शताब्दी ई. तक था जिसे हूणों ने विनष्ट कर दिया।

फ़्रांसीसी और जर्मन विद्वानों के अनुसन्धान के फलस्वरूप बीसवीं शताब्दी के आरम्भ में तोख़ारी की बहुसंख्यक पांडुलिपियाँ उपलब्ध हुईं जो प्राचीन भारतीय लिपि में लिखित थीं। उनका अध्ययन करने के बाद प्रो. सीग इस निष्कर्ष पर पहुँचे कि तोख़ारी भारत-यूरोपीय परिवार के केन्तुम् वर्ग की भाषा है।

क्षेत्र : मध्य एशिया (तुर्फ़ान)।

विशेषताएँ

[1] तोख़ारी में भारत-यूरोपीय के **स्वर** सरल हो गये हैं और स्वर-मात्राएँ उपेक्षित हो गयी है। व्यंजनों की संख्या अत्यल्प है। भारत-यूरोपीय स्पर्श **व्यंजनों** में केवल तीन—प्-त्-क्—अवशिष्ट हैं।

[2] **कारकों** की संख्या नौ है। प्रधान कारक तीन ही हैं—कर्ता, कर्म और सम्बन्ध, जिनके एकवचन-रूपों की भारत-यूरोपीय रूप से समानता है। बहुवचन में केवल कर्त्ता और कर्म के रूप ही भारत-यूरोपीय रूप के समान हैं। अन्य कारकों का बहुवचन अश्लिष्ट योगात्मक पद्धति से बनता है।

[3] तोख़ारी में **द्विवचन** पाया जाता है।

[4] **सर्वनाम** भारत-यूरोपीय के ही हैं।

[5] **संख्यावाचक** शब्द भी भारत-यूरोपीय के ही हैं। सौ का वाची 'कंध' शब्द तोख़ारी को **केन्तुम्** वर्ग की भाषा सिद्ध करता है।

[6] **क्रियारूपों** में जटिलता पायी जाती है।

[7] शतृ-प्रत्ययान्त रूप सुरक्षित हैं।

हित्ती

बीसवीं शताब्दी के आरम्भ में बोगाज़कोई में (तुर्की में अंकारा से 90 मील पूर्व) कीलाक्षरों में लिखित कई हज़ार अभिलेख उपलब्ध हुए। अध्ययन के पश्चात् प्रमाणित हुआ कि ये हित्ती भाषा में हैं। इसके पहले हित्ती जाति के केवल नाम का पता था। ये अभिलेख हित्ती-साम्राज्य (1900 ई.पू. से 1650 ई.पू.) से सम्बद्ध हैं। हित्ती के ये अभिलेख भारत-यूरोपीय परिवार के प्राचीनतम लेख माने जाते हैं। इन अभिलेखों में अनेक सुमेरी और अक्कदी भाव-लेख (आइडियोग्राम) भी हैं जिनके कारण बहुत दिनों तक यह निर्णय नहीं हो सका कि हित्ती वस्तुतः किस परिवार के सम्बद्ध है। एक मत मानता था कि हित्ती सामी से उत्पन्न है, जिस पर भारत-यूरोपीय का प्रभाव है; दूसरा मत मानता था कि हित्ती भारत-यूरोपीय परिवार की भाषा है जिस पर सामी का प्रभाव है। अन्ततः यह सिद्ध हुआ है कि हित्ती भारत-यूरोपीय परिवार के केन्तुम् वर्ग की भाषा है।

भारत-यूरोपीय परिवार की अन्य शाखाओं से हित्ती का स्पष्ट अन्तर है। भारत-यूरोपीय से हित्ती का वही सम्बन्ध है जो ग्रीक या संस्कृत का इतालिक से। अतः अर्वाचीनतम सिद्धान्त यह है कि तोख़ारी और हित्ती सबसे पहले भारत-यूरोपीय परिवार से अलग हुईं। इसीलिए स्टर्टवांट-जैसे कुछ भाषाविज्ञानी भारत-यूरोपीय परिवार को भारत-हित्ती परिवार कहने के पक्षपाती हैं।

क्षेत्र : बोगाज़कोई (तुर्की में)

विशेषताएँ

[1] हित्ती की संज्ञाओं, विशेषणों एवं सर्वनामों में केवल दो ही **लिंग** पाये जाते हैं—पुंलिंग और नपुंसकलिंग; स्त्रीलिंग का अभाव है। यह विशेषता इस परिवार की किसी दूसरी भाषा में नहीं पायी जाती।

[2] भारत-यूरोपीय के कारकों में से केवल छः कारक हित्ती में हैं; अधिकरण उपेक्षित है।

[3] भारत-यूरोपीय सर्वनामों से हित्ती के सर्वनामों की अत्यधिक समानता है। उदाहरणार्थ—

हित्ती	**लातिन**
उक(मैं)	एगो

क्विस, क्विद (कौन) क्विस, क्विद
क्विस्क्वि (कोई) कुइस्कुअम्
क्विसा (जो कोई) कुइस्कुए

[4] प्राचीन भारतीय-यूरोपीय की अपेक्षा हित्ती की **क्रियाओं** में सरलता है। **काल** दो हैं—वर्तमान और भूत।

2. द्राविड़ परिवार

क्षेत्र : तमिल (मद्रास),
तेलुगु (आन्ध्र प्रदेश)।
कन्नड़ (मैसूर)।
मलयालम (केरल)।
गोंडी—(मध्य भारत, बुन्देलखंड, उत्तर भारत में अनेकत्र)।
उरावँ—(बिहार, उड़ीसा, मध्यप्रेदश)।
ब्राहुई—बलूचिस्तान।

इनके अतिरिक्त इस परिवार की और भी अनेक भाषाएँ हैं जो सीमित क्षेत्रों में भारत के अनेक भागों में फैली हुई हैं; जैसे—तुलु (कुर्ग-मुम्बई की सीमा पर), कोड़गु (कुर्ग-मैसूर में); टोडा, कोटा, माल्टो (राजमहल—बंगाल में); कूई या कंधी (उड़ीसा में); कोलामी (बरार के पश्चिमी भाग में)। तमिल, तेलुगू, कन्नड़ और मलयालम को छोड़कर इस परिवार की शेष भाषाएँ अविकसित अवस्था में हैं और उनके बोलने वाले प्रायः द्विभाषिक हैं, क्योंकि आसपास के लोगों से सम्पर्क रखने के लिए उन्हें दूसरी भाषाओं का प्रयोग करना पड़ता है।

विशेषताएँ

[1] इस परिवार की भाषाएँ **अश्लिष्ट अन्तयोगात्मक** हैं। इनमें प्रकृति-प्रत्यय का भेद बिल्कुल स्पष्ट रहता है। प्रकृति में कोई परिवर्तन नहीं होता। इस दृष्टि से इस परिवार का तुर्की से साम्य है।

[2] **मूर्धन्य** ध्वनियों का बाहुल्य है। कुछ विद्वानों का अनुमान है कि संस्कृत में मूर्धन्य ध्वनियों का प्रवेश इन्हीं भाषाओं के सम्पर्क के कारण हुआ। (भारत-यूरोपीय परिवार की अन्य भाषाओं में मूर्धन्य ध्वनियाँ नहीं हैं।)

[3] उराल-अल्ताई परिवार के समान **समस्वरता** पायी जाती है।

[4] ए ओ दीर्घ ही नहीं, ह्रस्व (ऍ ऑ) भी होते हैं।

[5] संज्ञा का विभाग उच्च-निम्न या सज्ञान-अज्ञान में किया जाता है।

[6] तीन लिंग और दो वचन हैं। लिंग का आधार पुरुषत्व-स्त्रीत्व नहीं, प्राणित्व-अप्राणित्व है। लिंग-बोध के लिए आवश्यकतानुसार संज्ञाओं के साथ 'पुरुष' और 'स्त्री'

वाचक शब्द जोड़ दिये जाते हैं।

[7] संज्ञा के अनुरूप विशेषण के रूप में परिवर्तन नहीं होता।

[8] विभक्तियों का काम प्रत्ययों से लिया जाता है।

[9] क्रिया में तिङन्त से अधिक कृदन्त रूपों का प्रयोग होता है। 'पुरुष' का बोध पुरुषवाचक सर्वनाम जोड़कर कराया जाता है। कर्मवाच्य का अभाव होने से उसका काम सहायक क्रिया के द्वारा चलाया जाता है। काल निश्चय-अनिश्चय की भावना से निर्धारित होता है।

3. बुरुशस्की (खजुवा या कुंजूती) परिवार

क्षेत्र : भारत का उत्तरी-पश्चिमी छोर—हुंजा; नगर; गिज़िर घाटी; यासिन का एक भाग।

बुरुशस्की का क्षेत्र तुर्की, तिब्बत और भारत-ईरानी परिवार की भाषाओं से घिरा है। कुछ लोगों ने इसे द्राविड़ अथवा मुंडा से सम्बद्ध करने का प्रयास किया है, पर यह उनसे सर्वथा भिन्न है। यह किसी समय भारत का महत्त्वपूर्ण भाषा-परिवार था जो अब महत्त्वशून्य है।

अन्दमन की भाषा **अन्दमनी** का भी एक स्वतन्त्र परिवार माना जाता है, क्योंकि परिगणित भाषा-परिवार में से किसी में उसका समावेश नहीं हो पाता।

4. उराल-अल्ताई परिवार

क्षेत्र : उरालो (फ़िनो-उग्री) : फ़िनी (दक्षिणी फ़िनूलैंड)।
लापी (उत्तरी फ़िनूलैंड; उत्तरी नॉर्वे)।
एस्तोनी (एस्तोनिया)।
मग्यार (हंगरी)।
सामयेद (साइबीरिया)।

अल्ताई : (क) तुर्की (तुर्की)।
किरग़िज़ (किरग़िज़)।
अज़रबैजान (अज़रबैजान)।
उज़्बेक (उज़्बेकिस्तान)।
(ख) मंगोली (मंगोलिया)।
(ग) मंचुई (मंचूरिया)।
तुंगुज़ा (येनेसी से अख़ोत्स्क सागर तक)।

विशेषताएँ

[1] इस परिवार की भाषाएँ **अश्लिष्ट योगात्मक** हैं।

[2] इस परिवार की दूसरी विशेषता **समस्वरता** है। समस्वरता से तात्पर्य यह है कि मूल शब्द में जैसा स्वर होगा, प्रत्ययों में भी वैसा ही स्वर होगा। उदाहरणार्थ, यदि मूल शब्द में अग्रस्वर है तो प्रत्ययों में भी अग्रस्वर होगा और यदि मूल शब्द में पश्चस्वर है तो प्रत्ययों में भी पश्चस्वर होगा; जैसे—तुर्की का **यज़्मक्** शब्द ले लें। यहाँ यज़् में 'अ' है तो मक् प्रत्यय में भी 'अ' है। पर सेव्-मेक् में सेव् में एकार है तो मेक् में भी एकार है।

इसी प्रकार मग्यार में—केज़—हाथ; हाज़—घर; बेन—में।

केज़-बेन—हाथ में (केज़ के एकार के अनुसार बेन में भी एकार)।

किन्तु हाज़-बान—घर में (हाज़ में आकार तो बान में भी आकार)।

कहने की आवश्यकता नहीं कि यह समस्वरता उच्चारण की सुविधा के लिए होती है।

सामी-हामी के समान कुछ विद्वान् उराल-उल्ताई को एक परिवार मानते हैं कुछ दो। अब दो भिन्न परिवार मानने वाला पक्ष अधिक सबल हो रहा है।

5. कॉकेशी परिवार

क्षेत्र : कृष्ण सागर और कास्पियन सागर के बीच कॉकेशस पर्वत का आसन्न भू-भाग।

प्रमुख भाषाएँ

उत्तरी कॉकेशी—सरकारी, चेचेन, लेगी।

दक्षिण कॉकेशी—जॉर्जी[1], मिंग्रेली, स्वानी।

विशेषताएँ

इस परिवार में बहुत सारी भाषाएँ हैं जिनका सम्यक् अध्ययन नहीं हो पाया है। अतः उनका परस्पर सम्बन्ध-स्थापन और विशेषताओं का निर्धारण कठिन है। वस्तुतः 'कॉकेशी' नाम भौगोलिक है, भाषावैज्ञानिक नहीं। इसीलिए इस नाम से भाषिक विशेषताओं का पता नहीं चलता। सम्भव है, इस परिवार की कुछ भाषाएँ परस्पर असम्बद्ध भी हों। पहाड़ी भू-भाग होने से सम्पर्क की कमी के कारण बोलियों की संख्या अधिक है।

[1] कुछ समय तक कॉकेशी परिवार की भाषाएँ श्लिष्ट योगात्मक समझी जाती थीं, पर अब **अश्लिष्ट** वर्ग में परिगणित की जाती हैं। यों कभी-कभी **प्रश्लिष्टता** के भी लक्षण मिलते हैं। उदाहरणार्थ, क्रिया-रूपों में बहुत बार धात्वंश का निर्धारण भी दुष्कर हो जाता है, अर्थात् धातु और प्रत्यय का इस प्रकार योग हो जाता है कि उनका पार्थक्य सम्भव नहीं होता।

---

1. स्तालिन की मातृभाषा जॉर्जी ही थी। आज कॉकेशस क्षेत्र में रूसी भाषा का बहुत प्रचार है।

[2] शब्द-निष्पत्ति के लिए **उपसर्ग** और **प्रत्यय** दोनों का योग किया जाता है।

[3] कॉकेशी की उत्तरी शाखा में **व्यंजनों** की बहुलता और स्वरों की अल्पता है। उदाहरणार्थ, 'अवर' में व्यंजनों की संख्या तैंतालीस तक है।

[4] **पद-रचना** अत्यन्त जटिल है। **अवर** नामक भाषा में तीस विभक्तियाँ हैं और चेचेन में छः लिंग।

[5] अनेकत्र सर्वनाम और क्रिया का योग हो जाता है जो प्रश्लिष्टता का लक्षण है।

6. चीनी (एकाक्षर) परिवार

क्षेत्र : चीन, तिब्बत, बर्मा, स्याम।

विशेषताएँ

[1] **एकाक्षर शब्द** जिनमें विभक्ति या प्रत्यय के कारण रूप-परिवर्तन नहीं होता।

[2] पदों का पारस्परिक (व्याकरणिक) सम्बन्ध वाक्य में उनके स्थान से बोधित होता है।

[3] अर्थ-भेद के लिए **स्वर** और **तान** का प्रयोग किया जाता है।

[4] अर्थ की स्पष्टता के लिए कभी-कभी **शब्द-युग्म** का प्रयोग आवश्यक होता है।

[5] व्याकरण का अभाव।

चीनी भाषा 'अयोगात्मक' है जिसका वर्णन पहले हो चुका है। इस परिवार की भाषाओं के शब्द **एकाक्षर और अपरिवर्तनीय** होते हैं, अर्थात्, इनमें उपसर्ग, प्रत्यय, विभक्ति आदि के जैसा कोई तत्त्व नहीं होता।

वाक्य में शब्द के व्यापार का ज्ञान—अर्थात् कोई शब्द संज्ञा है या विशेषण, क्रिया है या क्रियाविशेषण—वाक्य में उसके स्थान से निर्धारित होता है। एक ही शब्द स्थान-भेद से संज्ञा, विशेषण, क्रिया कुछ भी हो सकता है।

अनेकार्थक शब्दों के अर्थ-निर्णय के लिए स्वर या तान का प्रयोग किया जाता है। उदाहरणार्थ, 'येन्' शब्द के कई अर्थ हैं—धुआँ, नमक, आँख, हंस। ऐसे ही 'फु' के अर्थ हैं—मनुष्य, भाग्य, धनी, प्रमुखता। अर्थ-भेद की ऐसी स्थिति में स्वर या तान के द्वारा अर्थ-निर्णय हुआ करता है। अर्थ-निर्णय का एक और साधन है—एक शब्द में दूसरे शब्द को जोड़ देना। जैसे उपर्युक्त 'येन्' में 'चिङ्' (पुतली) जोड़ देने से आँख का अर्थ स्पष्ट हो जाता है। इसी प्रकार 'येन्' में 'पाइ' (महीन) जोड़कर नमक का अर्थ स्पष्ट करते हैं। यही शब्द-युग्म का प्रयोग है।

चीनी में व्याकरण का अभाव है। न तो चीनी में व्याकरणवाचक शब्द हैं और न आज तक कोई व्याकरण लिखा गया है। बात यह है कि जब शब्द के रूप में परिवर्तन होना ही नहीं है तो व्याकरण की उपयोगिता क्या रही ? अन्य भाषाओं में व्याकरण के द्वारा जो काम लिया जाता है, उसका चीनी में अवसर ही नहीं है।

बहुतों की धारणा है कि चीनी में बोली (विभाषा) का भेद नहीं है और सम्पूर्ण देश में एक ही भाषा व्यवहृत होती है, पर स्थिति ऐसी नहीं है। चीनी में बोलियों की संख्या प्रचुर है, साथ ही वे परस्पर अबोध्य भी हैं। उत्तर का निवासी न तो दक्षिण की भाषा समझता है और न दक्षिण का निवासी उत्तर की भाषा। चीनी संसद में दुभाषियों की सहायता लेनी पड़ती है। वस्तुतः चीन की भाषिक एकता का आधार भाषा नहीं, बल्कि लिपि है। उत्तर और दक्षिण में भाषा-भेद होते हुए भी लिपि की एकता के कारण कुछ दूरी तक बोधगम्यता सम्भव हो पाती है। लिपि की यह एकता इसलिए है कि आज भी चीन में चित्रलिपि का उपयोग होता है। अतः भाषा भिन्न होने पर भी चित्र की सहायता से अर्थ स्पष्ट हो जाता है।

कालक्रमानुसार चीनी के चार विभाग हैं—

(क) आर्षयुग—प्रारम्भ (प्रायः 3000 ई.पू.) से छठी शताब्दी ई.पू. तक।

(ख) प्राचीन युग—छठी शताब्दी ई.पू. से दसवीं शताब्दी ई. तक।

(ग) मध्ययुग—दसवीं शताब्दी ई. से तेरहवीं शताब्दी ई. तक।

(घ) आधुनिक युग—तेरहवीं शताब्दी ई. से आज तक।

7. जापानी-कोरियाई परिवार

क्षेत्र : जापान, कोरिया। (फ़ारमोसा, मंचूको तथा केरोलीन एवं मार्शल द्वीपों में भी जापानी का व्यवहार होता है।)

विशेषताएँ

[1] इस परिवार की भाषाएँ मुख्यतः **अश्लिष्ट योगात्मक हैं।**

[2] **शब्द अनेकाक्षर** होते हैं, चीनी की तरह एकाक्षर नहीं।

[3] ह्रस्व और दीर्घ स्वरों के अतिरिक्त कुछ ऐसे स्वर भी पाये जाते हैं जिनका प्रायः उच्चारण नहीं होता। उदाहरणार्थ, अरिमासु (है-हैं) का उच्चारण अरिमास होता है। इसी प्रकार आरिमाशिता (था, थे) का उच्चारण अरिमाश्ता हो जाता है।

[4] शब्द के सभी अक्षरों पर **समान बल** पड़ता है, अंग्रेज़ी या रूसी के समान दृढ़ बल नहीं; जैसे—यो-को-हा-मा में सभी अक्षरों का समान बल से उच्चारण होता है। हाँ, दीर्घ स्वर, संयुक्त व्यंजन के पूर्ववर्ती स्वर तथा विभक्तियों पर अपेक्षाकृत अधिक बल पड़ता है।

[5] व्याकरणिक **लिंग का अभाव** होने से पुरुषत्व-स्त्रीत्व का बोध प्रकारान्तर से कराया जाता है; जैसे—'इनु' का अर्थ कुत्ता होता है पर 'इनु' कहने से यह स्पष्ट नहीं होता कि कुत्ता या कुत्ती। इस सन्देह को ऐसे दूर करते हैं—ओ-इनु (कुत्ता); मे-इनु (कुत्ती)। इसी प्रकार 'को'=शिशु; ओतोको नो को (बच्चे का पुरुष अर्थात् बच्चा); ओन्ना वो को (बच्चे की स्त्री अर्थात् बच्ची)।

[6] व्याकरणिक लिंग की तरह **वचन** की धारणा भी अस्पष्ट है। यदि कोई चाहे तो प्रत्यय जोड़कर बहुवचन का बोध करा सकता है। उदाहरणार्थ, को=बच्चा, दोमो=बहुवचन-बोधक; को दोमो=बच्चे किन्तु 'को दोमो' से एक बच्चे का भी बोध होता है। इसीलिए कहा गया है कि वचन की धारणा अस्पष्ट है।

[7] **पुरुष**-सम्बन्धी धारणा भी अनिश्चित और **अस्पष्ट** है। मैं, हम, तुम, वह, वे के वाचक शब्द तो हैं, पर प्रायः उनका प्रयोग नहीं होता। उदाहरणार्थ, 'दोको ए इकिमासु का' (कहाँ जाना हो रहा है ?) का प्रयोग 'मैं कहाँ जा रहा हूँ'; 'हम कहाँ जा रहे हैं'; 'तुम कहाँ जा रहे हो'; 'वह कहाँ जा रहा है'; 'वे कहाँ जा रहे हैं'—इन सबके लिए होता है।

[8] **कारक-सम्बन्धों** का बोध परसर्ग के द्वारा कराया जाता है; जैसे—

वाताकुशि **गा**—मैं।

वाताकुशि **नो**—मेरा।

वाताकुशि **नि**—मुझे।

[9] **पद-क्रम** पर्याप्त नियमित हैं।

[10] **संख्यावाचक** शब्दों का रूप संज्ञा के अनुसार बदलता है, जैसा संस्कृत में देखा जाता है। उदाहरणार्थ, 'गो' शब्द पाँच का वाचक है, पर पाँच कलमें='पेन गो' न होकर 'पेन गोहोन'; पाँच मनुष्य='हितो गोनिन'; पाँच चिड़ियाँ='तोरी गोवा'; पाँच कुत्ते='इनु गोहिकी'।

[11] जापानी **क्रिया** पूर्णतः **पुरुषहीन** होती है, अतः पुरुष-विभक्तियों (उत्तम पुरुष, मध्यम पुरुष आदि की विभक्तियों) को जानने की बिल्कुल आवश्यकता नहीं है। एक ओर पुरुषहीनता के कारण क्रिया रूपों में सरलता है, किन्तु दूसरी ओर परिचित तथा विनम्रतासूचक रूपों की जटिलता और कालों की विविधता भी है। प्रश्न-वाक्य बनाने के लिए अंग्रेज़ी के समान पद-क्रम में हेर-फेर की आवश्यकता नहीं होती, केवल प्रश्न-बोधक 'का' अव्यय जोड़ देने से काम चल जाता है।

कुछ विद्वान् जापानी-कोरियाई परिवार को उराल-अल्ताई परिवार की शाखा मानते हैं, कुछ मलय-पोलिनेशियाई की और कुछ स्वतन्त्र परिवार। कुछ के अनुसार जापानी और कोरियाई को भी एक साथ न रखकर पृथक्-पृथक् रखना उचित है। इसका स्पष्ट अर्थ यह है कि सुनिश्चित वर्गीकरण के लिए जो गम्भीर भाषावैज्ञानिक अध्ययन अपेक्षित है, वह अभी तक नहीं हो पाया है। इसीलिए एक ही भाषा विभिन्न परिवारों में रखी जाती है। यह सामग्री की अपूर्णता का प्रमाण है। इस सन्दिग्धता और अनिश्चितता की स्थिति में इन भाषाओं का एक स्वतन्त्र परिवार मानना ही अधिक उपयुक्त दीखता है।

8. अत्युत्तरी (हाइपरबोरी) परिवार

इस परिवार को पुरा-एशियाई या पैलियो-एशियाटिक भी कहते हैं। हाइपरबोरी भौगोलिक नाम है, भाषिक नहीं (हाइपर=अति; बोरी=उत्तरी)। इस परिवार में अनेक

छोटे-छोटे भाषावर्ग आते हैं जिनका औत्पत्तिक सम्बन्ध अनिर्णीत है।

क्षेत्र : एशिया का उत्तर-पूर्वी छोर।

एशिया के उत्तर-पूर्वी छोर पर अनेक द्वीप या प्रायद्वीप हैं, जहाँ इस परिवार की भाषाएँ बोली जाती हैं। वस्तुतः इस परिवार का पूरा अध्ययन नहीं हो पाया है। इसलिए भाषाओं का न तो पारस्परिक सम्बन्ध ज्ञात है और न उनकी विशेषताएँ। इस परिवार में अनेक भाषाएँ परिगणित हैं जो क्षेत्रों के अनुसार निम्नलिखित हैं–

(क) युकगिर (उत्तर-पश्चिम में)।

(ख) चुकची-कमचदल

चुकची (उत्तर-पूर्व के छोर पर)।

कोरियक (अनादिर नदी से कमचतका प्रायद्वीप तक)।

कमचदल (कमचतका)।

गिलियक (उत्तरी सखालिन द्वीप)।

(ग) अइनू (येज़ो द्वीप के दक्षिण सखालिन; शिकातेन)।

विशेषताएँ

[1] **कारक** बनाने के लिए अन्त में प्रत्यय लगते हैं।

अइनू : कोत त्सि–मनुष्य का घर।

[2] **काल** का निर्धारण सहायक क्रियाओं से होता है।

अइनू : कु किक–मैं मारता हूँ।

कु किक निसा–मैंने मारा है।

[3] संख्याओं में **दशमिक** और **विंशतिक** प्रणालियों का मिश्रण पाया जाता है।

अइनू : अर-वन (दस में से तीन)=सात

रे-कशिम-वन (तीन जोड़ दस)=तेरह

इन-होत्ने (चार बीस)=अस्सी

9. बास्क (एडस्कर) परिवार

क्षेत्र : फ़्रांस और स्पेन की सीमा (पश्चिमी पेरिनीज़ के निकट)।

विशेषताएँ

[1] बास्क मुख्यतः **अश्लिष्ट योगात्मक** भाषा है, किन्तु क्रियारूपों में प्रश्लिष्टता दिखायी देती है।

[2] ध्वनियों–विशेषतः स्फोट, ऊष्म और तालव्य–की दृष्टि से बास्क पर्याप्त समृद्ध है।

[3] पदरचना में **प्रत्ययों** का प्राधान्य है।

[4] **क्रिया** के रूपों में जटिलता है, क्योंकि उसमें सर्वनाम तथा प्रधान एवं गौण कर्म भी मिल जाते हैं। प्रत्येक क्रिया के कम-से-कम चौबीस रूप होते हैं। कर्तृवाच्य नहीं होता। उदाहरणार्थ, 'मनुष्य कुत्ते को देखता है' के बदले 'मनुष्य के द्वारा कुत्ता देखा जाता है' कहेंगे।

[5] कर्त्ता के स्थान से दोनों कालों—वर्तमान और भूत—का स्पष्टीकरण होता है। वर्तमान काल में कर्त्ता क्रिया के अन्त में आता है और भूतकाल में क्रिया के आदि में। जैसे, दकि-गु=हम इसे जानते हैं। गि-दकि=हम इसे जानते थे।

[6] बहुसंश्लेषणात्मक पद्धति से **समास** सम्भव हैं। संयुक्त या समस्त शब्दों के एक या अनेक अक्षर लुप्त हो जाते हैं; जैसे—ओदेइ (मेघ)+ओत्स (ध्वनि) से ओदोत्स (गर्जन) बनता है। इसी प्रकार बेलर (अग्रभाग)+ओइन (पैर)=बेलउन (घुटना)।

[7] **लिंग-व्यवस्था** केवल **क्रियारूपों** में पायी जाती है। विलक्षणता यह है कि क्रिया का लिंग सम्बोधित व्यक्ति (श्रोता) के अनुसार होता है; जैसे—

एज़्तकिक्=मैं इसे नहीं जानता।

एज़्तकि-न-त्=मैं इसे नहीं जानता, ओ **स्त्री** !

एज़्तकि-अ-त्=मैं इसे नहीं जानता, **ओ पुरुष** !

एज़्तकि-ज़ु-त्=मैं इसे नहीं जानता, ओ **आदरणीय** !

एज़्तकि-चु-त्=मैं इसे नहीं जानता, ओ **बच्चे** !

[8] सामी-हामी सर्वनामों से बास्क के सर्वनामों की बाह्य समता है।

[9] शब्द-भण्डार सीमित है। अमूर्त विचारों के बोधक शब्द बिल्कुल नहीं हैं।

[10] वाक्य-रचना के सम्बन्ध में मतभेद है। ग्रे के अनुसार वाक्य-रचना अत्यन्त जटिल है, पर तारापुरवाला का कथन है कि वाक्य-रचना अत्यन्त सरल है।[1] बास्क उन भाषाओं में है जिनका वर्गीकरण नहीं हो पाया है।

10. सामी-हामी परिवार

क्षेत्र : सामी—फ़िलिस्तीन; अरब; इराक; सीरिया; मिस्र; इथियोपिया; तुनीसिया; अलजीरिया; मोरक्को।

हामी—लीबिया; सोमालीलैंड; इथियोपिया।

कुछ भाषाविज्ञानी सामी-हामी को एक ही परिवार की शाखाएँ मानते हैं और कुछ दो भिन्न, स्वतन्त्र परिवार। दोनों पक्षों के समर्थक तर्क उपलब्ध हैं, अतः निश्चित रूप से कुछ कहना असम्भव है।

---

1. The great difficulty of the language is its highly intricate syntax.—Foundations of Language, L. H. Gray, p. 377.
The syntax is qiute simple—
—Elements of the Science of Language, l. J. S. Taraporewala, p. 422.

सामी-हामी परिवार की सामान्य विशेषताएँ

[1] दोनों परिवारों में क्रिया-सम्बन्धी कालधारणा से अधिक महत्त्व क्रिया की पूर्णता और अपूर्णता का है, अर्थात् किया **कब हुई** यह न कहकर, **पूर्ण हुई या नहीं,** यह कहा जाता है।

[2] दोनों परिवारों के **बहुवचन-बोधक** प्रत्ययों को देखने से ऐसा लगता है जैसे वे समान स्रोत से उत्पन्न हों।

[3] दोनों परिवारों में **'त' स्त्रीलिंग बोधक** प्रत्यय है।

[4] दोनों में **व्याकरणिक लिंग** वर्तमान है।

[5] दोनों के **सर्वनामों** का स्रोत एक है।

सामी हामी परिवार की भेदक विशेषताएँ

[1] सामी परिवार की प्रमुख विशेषता—त्रिव्यंजनात्मक धातु—का हामी में अभाव है।

[2] सामी के समान स्वरभेद से रूपभेद (क-त-ब से किताब, कुतुब, कातिब आदि) हामी में नहीं पाया जाता।

सामी परिवार की विशेषताएँ

[1] त्रिव्यंजनात्मक धातु; जैसे—कतब, कतल, नसर, सलम।

[2] **मध्ययोग**—धातुओं के मध्य में स्वर लगाकर पद-रचना होती है; जैसे—कतब से किताब, कुतुब, कातिब आदि। इसी प्रकार सलम से सलाम, सलीम, मुसलिम, इसलाम आदि।

पद-निष्पादक स्वर मात्रा, गुण, स्थान और वचन में भिन्न होते हैं।

[3] स्वरों के अतिरिक्त **उपसर्ग** और **प्रत्यय** के योग से भी शब्दों की निष्पत्ति होती है; जैसे—अरबी में कतब से अक्तब (उसने लिखवाया); तकातब (उसने परस्पर लिखा); इन्कतब (लिखा गया); इक्ततब (उसने श्रुतिलेख से लिखा); इस्तक्तब (उसने किसी से लिखने को कहा) आदि।

[4] व्याकरणिक **लिंग** होता है। भारत-यूरोपीय परिवार की भाषाओं के समान प्राकृतिक लिंग के बदले व्याकरणिक लिंग का सद्भाव सामी और हामी दोनों शाखाओं में पाया जाता है। 'त' जोड़कर स्त्रीलिंग बनता है, यह कहा जा चुका है।

[5] सामी में तीन **कारक** होते हैं—कर्त्ता, कर्म और सम्बन्ध। कर्म और सम्बन्ध का प्रयोग बिल्कुल उसी रूप में होता है, जैसा भारत-यूरोपीय परिवार की भाषाओं में। इन दोनों कारकों से शेष कारकों का भी काम चलाया जाता है; साथ ही विशेषण और क्रिया-विशेषण का सम्बन्ध भी बोधित कराया जाता है।

[6] संज्ञा के अन्त में सम्बन्ध-वाचक सर्वनाम जोड़कर सम्बन्ध सूचित किया जाता है; जैसे—अरबी में कतब-इ (मेरी किताब); इब्रानी में एल-इ (मेरा ईश्वर)।

[7] भारत-यूरोपीय भाषाओं की तरह सामी भाषाओं में **समास** नहीं होता।

[8] वाक्य में पदों के सम्बन्ध को स्पष्ट करने के लिए पहले कारक-बोधक प्रत्ययों का प्रयोग होता था, पर बाद में ध्वन्यात्मक परिवर्तन के फलस्वरूप प्रत्यय लुप्त हो गये और उनका स्थान निपातों ने ले लिया। अतः कालान्तर में ये भाषाएँ वियोगात्मक हो गयीं। आधुनिक इब्रानी इसका स्पष्टतम उदाहरण है।

[9] दूसरे परिवार की भाषाओं की अपेक्षा सामी-परिवार की भाषाओं में पारस्परिक भेद बहुत कम है। यदि भेद है भी तो ध्वनि का। अतः इस परिवार की भाषाओं का भेद किसी भाषा की बोलियों के भेद से अधिक नहीं है। सम्भवतः इस स्थिरता का कारण है प्राचीन सामी व्याकरण की सरलता और नियमितता, जिसमें व्यंजनों से अर्थतत्त्व का और स्वरों से रचनातत्त्व का काम लिया जाता रहा है।

सामी की पाँच **शाखाओं**–अक्कदी, कनानी, अरमी, अरबी और इथियोपी–में अन्तिम दो ही जीवित हैं। इस्लाम की भाषा के रूप में अरबी का पर्याप्त महत्त्व रहा है और उसका प्रभाव स्पेन से लेकर इंदोनेशिया तक दृष्टिगोचर होता है।

हामी परिवार की प्रमुख विशेषताएँ

[1] पद-रचना के लिए, **उपसर्ग** और **प्रत्यय** का प्रयोग होता है। संज्ञाओं में प्रायः प्रत्यय लगते हैं और क्रियाओं में उपसर्ग तथा प्रत्यय दोनों। कुछ रूप **अभ्यास** (द्वित्व) से निष्पन्न होते हैं; जैसे–सोमाली में 'लब' का अर्थ है मोड़ना, पर 'लबलब'=बार-बार मोड़ना। गोइ=काटना; गोइंगोइ=टुकड़े-टुकड़े करना। कुछ रूपों में आभ्यन्तर स्वर का परिवर्तन हो जाता है; जैसे–गल=जाना; गेलि=भीतर रखना।

[2] जैसा पहले कहा जा चुका है, क्रिया में **काल** की धारणा उतनी महत्त्वपूर्ण नहीं है जितनी **पूर्णता** और **अपूर्णता** की। काल का बोध कराने के लिए **सहायक क्रियाओं** की सहायता लेनी पड़ती है।

[3] **लिंग** का आधार पुरुषत्व और स्त्रीत्व नहीं, बल्कि वस्तुओं की सबलता-विशालता या कोमलता-लघुता है। सबल, विशाल और शक्तिशाली वस्तुएँ पुंलिंग होती हैं और निर्बल, छोटी और कोमल स्त्रीलिंग। उदाहरणार्थ, तलवार, पुंलिंग है, पर छुरी स्त्रीलिंग; हाथी पुंलिंग, पर खरहा स्त्रीलिंग; पहाड़ पुंलिंग पर पत्थर स्त्रीलिंग। लिंग का निर्धारण शब्द की प्रथम ध्वनि से होता है; कंठ्य ध्वनि पुंलिंग का और दन्त्य ध्वनि स्त्रीलिंग का बोध कराती है; जैसे–गल्ल भाषा में कंक का अर्थ 'तेरा' पर तंते का अर्थ 'तेरी' है।

[4] **वचन** का बोध कराने के लिए कई तरीके काम में लाये जाते हैं; साथ ही **समूहात्मक** और **विभागात्मक** बहुवचन भी होते हैं। उदाहरणार्थ, इथियोपिया की खमीर भाषा में लिसा–आँसू (एकवचन), लिस्–आँसू (बहुवचन), लिस्से–आँसू की धारा (समूहात्मक)। इसी प्रकार बिला–पतिंगा, बिल्–पतिंगे, बिल्ले–पतिंगों का झुंड (समूहात्मक)। अन्न, बालू, घास आदि छोटी वस्तुएँ अधिकतर समूहात्मक, अतः बहुवचन, मानी जाती हैं। इनमें एकत्व का प्रयोग विशेष अवसरों पर ही होता है।

[5] इस परिवार की भाषाओं में वचन-सम्बन्धी एक विलक्षणता यह है कि संज्ञाओं का वचन बदलने पर उनका लिंग भी बदल जाता है। उदाहरणार्थ, सोमाली में—

होयो-दि (माता) (स्त्री.) होयिन-कि (माताएँ) (पु.)

लिबह-हि (शेर) (पुं.) लिबह् ह्यो-दि (बहुत शेर) (स्त्री.)

माता स्त्रीलिंग, पर माताएँ पुंलिंग; एक शेर पुंलिंग, पर बहुत शेर स्त्रीलिंग। वचन-सम्बन्धी यह लिंग-विपर्यय **ध्रुवाभिमुख नियम** (लॉ ऑफ़ पोलेरिटी) कहलाता है।

11. सुदानी परिवार

क्षेत्र : अफ्रीका—भूमध्यरेखा के उत्तर में पश्चिमी छोर से लेकर पूर्वी छोर तक। इस परिवार के उत्तर में सामी-हामी परिवार की भाषाएँ बोली जाती हैं और दक्षिण में बन्तू परिवार की।

प्रमुख भाषाएँ

सुदानी परिवार की भाषाओं की संख्या चार सौ से ऊपर है जिनमें हउसा, वुले, मानफ़ू, कनूरी आदि उल्लेखनीय हैं। कुछ ही भाषाएँ लिपिबद्ध हैं।

विशेषताएँ

[1] सुदानी परिवार की भाषाएँ मुख्यतः **अयोगात्मक** हैं।

[2] धातुओं की **एकाक्षरता** और **विभक्तियों के प्रभाव** के कारण पद और वाक्य की रचना के लिए बहुत-कुछ वैसी ही युक्तियाँ अपनानी होती हैं जैसी चीनी में।

[3] चीनी के समान ही अर्थ के अन्तर को स्पष्ट करने के लिए **स्वर** और **तान** का प्रयोग होता है।

[4] इस परिवार में भी व्याकरणिक **लिंग नहीं** होता। 'पुरुष' और 'स्त्री'-वाचक शब्दों की सहायता से लिंग का बोध कराया जाता है। अन्य पुरुष के सर्वनाम में एक ही लिंग होता है।

[5] 'ये', 'वे' वाचक सर्वनामों अथवा 'लोग' शब्द को जोड़कर बहुवचन की अभिव्यक्ति की जाती है। वस्तुतः इन भाषाओं में बहुवचन की धारणा बहुत स्पष्ट नहीं है। पूर्वी सुदान की भाषाओं में ह्रस्व स्वर को दीर्घ कर देने से बहुवचन बन जाता है; जैसे—रार—जंगल; रोर—बहुत जंगल।

[6] उपसर्ग और निपात का अभाव होने से संयुक्त या मिश्र वाक्य की रचना सम्भव नहीं होती, अतः वाक्य छोटे और सरल होते हैं। उदाहरणार्थ, तोगो भाषा में 'मैं शहर में जाता हूँ' कहना होगा तो 'मैं जाता हूँ। शहर की ओर पहुँचता हूँ' कहेंगे। इसी प्रकार 'उसने उसे छड़ी से मारा' को 'उसने छड़ी उठाई। उसने उसे मारा'—ऐसे व्यक्त करेंगे।

[7] इस परिवार की भाषाओं में एक विशेष प्रकार के शब्द होते हैं जिन्हें 'ध्वनि-चित्र', 'शब्द-चित्र', 'ध्वन्यर्थव्यंजक' अथवा 'वर्णनात्मक' क्रियाविशेषण कहते हैं।

ये शब्द अपरिवर्तनीय होते हैं और इनकी सहायता से ध्वनि और गति की ही नहीं, रूप, स्थिति, रंग, स्वाद, गन्ध की भी व्यंजना होती है। ये शब्द क्रिया-विशेषण होते हैं, क्योंकि क्रिया के व्यापार को विशेषित करते हैं, किन्तु कुछ शब्दों को विशेषण के अन्तर्गत भी रखा जा सकता है। उदाहरणार्थ, ऐसे शब्दों के योग से 'ज़ो' (चलना) धातु से निम्नलिखित वाक्यखंड निष्पन्न होते हैं–

ज़ो क क–सीधे चलना।

ज़ो त्य त्य–जल्दी चलना।

ज़ो सि सि–छोटे आदमियों का हल्के क़दम बढ़ाना।

ज़ो बोहो बोहो–बड़े डील-डौल वाले का धीरे-धीरे पाँव उठाना।

ज़ो त्यो त्यो–लम्बे आदमी की दृढ़ गति।

ज़ो वुदो वुदो–शान्त, सविलास पाद-निक्षेप, विशेषतः महिलाओं का।

12. बन्तू परिवार

क्षेत्र : प्रायः सम्पूर्ण दक्षिण अफ्रीका (सुदूर दक्षिण-पश्चिमी भाग को छोड़कर जहाँ होतेन्तोत-बुशमैनी परिवार की भाषाएँ बोली जाती हैं।)। इस परिवार के उत्तर में सुदानी परिवार की और दक्षिण में होतेन्तोत-बुशमैनी परिवार की भाषाएँ हैं।

प्रमुख भाषाएँ

स्वाहिली; जुलू; काफ़िर; रुआंदा; उम्बुन्दु; हेरेरो; कांगो।

विशेषताएँ

[1]) बन्तू परिवार की भाषाएँ **अश्लिष्ट योगात्मक** हैं।

[2] **उपसर्ग** जोड़कर पद निष्पन्न होते हैं। इस परिवार का नाम ही इसका उदाहरण है। ब=बहुवचनवाचक उपसर्ग; न्तू=मनुष्य। इस प्रकार बन्तू=बहुत मनुष्य। कभी-कभी उपसर्ग के बदले **प्रत्यय** भी जोड़ा जाता है।

[3] इस परिवार की भाषाओं की एक उल्लेख्य विशेषता है **ध्वनि-अनुरूपता** जो उराल-अल्ताई परिवार की समस्वरता से भिन्न वस्तु है।

[4] इन भाषाओं में **लिंग** का सर्वथा **अभाव** है।

[5] **स्वर-भेद** से अर्थ-भेद हो जाता है; जैसे–होफ़िनेल्ला (बाँधना), किन्तु होफ़िनोल्ला (खोलना)।

[6] **शब्द स्वरान्त** होते हैं। **संयुक्त** व्यंजनों का प्रायः **अभाव** है।

इस परिवार में लगभग एक सौ पचास भाषाएँ हैं जिनमें ज़ंज़ीबार की **स्वाहिली** सबसे महत्त्वपूर्ण और व्यापक है। प्रायः सम्पूर्ण अफ्रीकी तट की यह सम्पर्क-भाषा है। स्वाहिली का थोड़ा साहित्य भी है। पिछले तीन दशकों में स्वाहिली पर व्यापक कार्य हुआ है।

13. होतेन्तोत-बुशमैनी (ख़ोइम) परिवार

क्षेत्र : दक्षिणी-पश्चिमी अफ्रीका (ऑरेंज नदी से लेकर नगामी झील तक)।

प्रमुख भाषाएँ

होतेन्तोत; नामा; हमरा; सन्दवा; ऐकवे; औकवे।

विशेषताएँ

[1] इस परिवार की भाषाओं में **क्लिक** नामक कतिपय विलक्षण ध्वनियाँ पायी जाती हैं। सामान्यतः ध्वनियों का उच्चारण श्वास-वायु के बाहर निकलते समय होता है। इसके प्रतिकूल 'क्लिक' ध्वनियों का उच्चारण श्वास भीतर खींचते समय होता है। इस प्रकार 'क्लिक' ध्वनियाँ बहिःस्फोटात्मक न होकर **अन्तः-स्फोटात्मक** होती हैं। क्लिक ध्वनियाँ पाँच प्राकर की होती हैं—ओष्ठ्य, दन्त्य, मूर्धन्य, तालव्य और पार्श्विक।

[2] **लिंग-व्यवस्था** पुरुषत्व और स्त्रीत्व पर आश्रित न होकर **प्राणित्व** और **अप्राणित्व** पर आश्रित है।

[3] **बहुवचन** बनाने के प्रकार बहुविध और अनियमित हैं। बहुवचन पचास-साठ प्रकार से बनाया जाता है जिनमें **अभ्यास** (द्वित्व) भी एक है।

14. मलय-बहुद्वीपीय (मलय-पोलिनेशियाई अथवा आस्ट्रोनेशियाई) परिवार

क्षेत्र : पश्चिम में अफ्रीका के तटवर्ती मडागास्कर से लेकर पूर्व में ईस्टर द्वीप तक और उत्तर में फ़ारसोमा से लेकर दक्षिण में न्यूज़ीलैंड तक, जिसमें उल्लेखनीय हैं, मलय प्रायद्वीप, जावा, सुमात्रा, बोर्नियो, सिलिबिज़, बाली, फ़िलिपीन, न्यूज़ीलैंड, समोआ, हवाई, ताहिती और प्रशान्त महासागर के बहुत सारे छोटे-छोटे द्वीप।

प्रमुख शाखाएँ

(क) **हिन्दद्वीपीय (इन्दोनेशियाई)**—मलाया; जावा; सुमात्रा; बोर्नियो; सिलिबिज़; बाली; फ़िलिपीन; फ़ारसोमा; मडागास्कर।

(ख) **कृष्णद्वीपीय (मेलानेशियाई[1])**—न्यू हेब्रिडिज़; फिजी द्वीप; सोलोमन द्वीप; सांताक्रुज़ आदि।

1. ये शब्द ग्रीक भाषा से निष्पन्न हैं—मेलानेशिया—मेलास=काला, नेसोस=द्वीप अर्थात् कृष्णद्वीप। मिक्रोनेशिया—मिक्रोस=लघु, नेसोस=द्वीप अर्थात् लघुद्वीप। पोलिनेशिया—पोलिस=अनेक या बहु, नेसोस=द्वीप अर्थात् बहुद्वीप। इन द्वीपों तक भारत का प्रभाव रहने से ही इन्हें 'इन्दोनेशिया' अर्थात् हिन्द-द्वीप कहा गया।

(ग) **लघुद्वीपीय (मिक्रोनेशियाई)**—गिलबर्ट; मार्शल; कैरोलिन द्वीप; मारियान प्रायद्वीप आदि।

(घ) **बहुद्वीपीय (पोलिनेशियाई)**—समोआ; न्यूज़ीलैंड; ताहिती; हवाई द्वीप; रारोतोंगा; तुआमोत द्वीप; ईस्टर द्वीप आदि।

विशेषताएँ

[1] इस परिवार की भाषाएँ **अश्लिष्ट योगात्मक** हैं।

[2] **मूल द्व्यक्षरात्मक** होते हैं।

[3] **बल** का प्रयोग शब्द के प्रथम अक्षर पर होता है।

[4] संज्ञाओं में न तो **विभक्तियाँ** होती हैं, **न लिंग, न वचन। उपसर्गों** और कभी-कभी **प्रत्ययों** को जोड़कर विभक्तियों का काम लिया जाता है।

[5] वचन का अभाव होने से बहुवचन का अर्थ व्यक्त करने के लिए अभ्यास (द्वित्व) से काम लिया जाता है। रज (राजा); रजरज (राजा का बहुवचन)।

[6] **क्रियारूप** निष्पन्न करने के लिए प्रायः धातु के मध्य में प्रत्यय जोड़ा जाता है, किन्तु आदि-योग और अन्तयोग के भी उदाहरण मिलते हैं। क्रिया के अनेक रूप होते हैं; जैसे—सकर्मक, अकर्मक, कर्मवाच्य, प्रेरणार्थक, पारस्परिक, समभिहारिक (फ्रिक्वेन्टेटिव)।

उपर्युक्त भाषाओं के अतिरिक्त इस परिवार में और भी दर्जनों भाषाएँ या बोलियाँ हैं जिनकी चर्चा यहाँ अनावश्यक है। यह समस्त भू-भाग पश्चिमी देशों का उपनिवेश रहा है, अतः इन भाषाओं में से किसी का विकास नहीं हो पाया; कारण कि शासन, शिक्षा आदि के लिए अंग्रेज़ी, फ्रांसीसी, डच इत्यादि का सर्वत्र प्रयोग होता रहा है। बहुत सारे भागों की स्वतन्त्रता-प्राप्ति के बाद यह प्रभाव उत्तरोत्तर कम होता जा रहा है। विदेशी भाषाओं के बदले स्वदेशी भाषाओं के प्रति लोग अधिक जागरूक हो गये हैं।

सुमात्रा और मडागास्कर के बीच तीन हज़ार मील से भी अधिक की दूरी है; फिर भी भाषा में विलक्षण एकरूपता दिखायी देती है। इस एकरूपता का समाधान सुकर नहीं है। अतः कुछ विद्वानों ने अनुमान किया कि जहाँ आज समुद्र है, वहाँ पहले स्थल था और यह समस्त भू-भाग मिला हुआ था। बाद में जलप्लावन के कारण स्थल समुद्र में डूब गया और यहाँ-वहाँ द्वीप रह गये। इसीलिए आज भी भाषिक दृष्टि से उनमें एकरूपता पायी जाती है।

जावा, सुमात्रा, बाली आदि द्वीप कभी भारत के अंग थे, जिनकी गणना बृहत्तर भारत के अन्तर्गत होती थी। स्वभावतः वहाँ की भाषाओं पर भारत का सांस्कृतिक और भाषिक प्रभाव आज भी दृष्टिगोचर होता है। जावा (यवद्वीप) की भाषा को 'कवि' कहते हैं। जो संस्कृत का ही शब्द है। जावा के स्थानों, नगरों और व्यक्तियों के अधिकतर नाम संस्कृत के ही हैं; जैसे—सूरादिपुर (सुराधिपुर); आर्ज-आदि-विजय (आर्य-आदिविजय); सूर्यो-प्रनत (सूर्यप्रणत); सस्त्रोविर्य (शास्त्रवीर्य); पूर्व-सुविज्य (पूर्व-सुविज्ञ); सस्र सूतिक्स्न (सहस्र-सुतीक्ष्ण); विर्जदिराज (वीर्याधिराज); रेक्सा-कुसुम; (रक्षा-कुसुम); बूदि-दर्म (बुद्धि-धर्म);

रेक्सा-सूसील (रक्षा-सुशील); कर्त-अस्मर (कृत-स्मर); सस्र-सूगन्ध (सहस्र सुगन्ध); अरिय-सुतीर्त (आर्य-सुतीर्थ); कर्त-विबव (कृत-विभव) आदि।

'प्राचीन मलय, सुमात्रा, यवद्वीप, बाली, बोर्नियो द्वीपों में अनेक शिलालेख मिले हैं जिनमें प्राचीनतम चौथी-पाँचवीं ई.सन् के हैं। इनसे पता चलता है कि स्थानीय हिन्दू राजा और ब्राह्मण लोग संस्कृत को भारत की ही भाँति व्यवहार में लाते थे। यह परम्परा सोलहवीं शताब्दी के आरम्भ तक चलती रही, परन्तु 1520 ई. में पूर्वी यवद्वीप के हिन्दू राजा को पश्चिमी यवद्वीप के मुसलमान शासकों ने जीत लिया और वह परम्परा छिन्न हो गयी। सुमात्रा तथा यवद्वीप बौद्ध एवं संस्कृत-अध्ययन के इतने बड़े केन्द्र बन गये थे कि कई बार भारत से भी विद्यार्थी पढ़ने के लिए वहाँ जाते थे। इसी प्रकार कम्बुज (कम्बोडिया) में तन्त्र विद्या, तत्सदृश अन्य संस्कृत-ग्रन्थों का अध्ययन होता है।[1] संस्कृत के अतिरिक्त चीनी, अरबी, फ़ारसी, डच एवं पुर्तगाली शब्दों का भी मेल इन भाषाओं में दीखता है।

यों तो इस परिवार की भाषाओं की संख्या काफ़ी बड़ी है, किन्तु कुछ ही उल्लेख्य हैं; जैसे—मलाया और सुमात्रा में **मलय,** जावा में **जावी** या **कवि,** बोर्नियो में **दयक,** फ़िलिपीन में **तगल;** फ़ारमोसा में **फ़ारमोसी,** मडागास्कर में **होवा या मलगसी।**

15. पापुई परिवार

क्षेत्र : न्यू गिनी; न्यू ब्रिटेन का कुछ भाग; राउ; तोलो; तेरनात; तिदोर; सोलोमन द्वीप-पुंज का कुछ भाग।

विशेषताएँ

[1] इस परिवार की भाषाएँ भी प्रायः **अश्लिष्ट योगात्मक** हैं।

[2] **उपसर्ग** और **प्रत्यय** के योग से शब्द बनते हैं। उदाहरणार्थ, न्यू गिनी की मफोर भाषा में ज़्-म्नफ़=मैं सुनता हूँ; व-म्नफ़=तू सुनता है; इ-म्नफ़=वह सुनता है; सी-म्नफ़=वे सुनते हैं; ज़्-म्नफ-उ=मैं तेरी बात सुनता हूँ।

पापुई परिवार की भाषाओं की संख्या 132 मानी जाती है, किन्तु इनका अध्ययन सम्यक् नहीं हुआ है। अतः वर्गीकरण या विशेषता का निर्धारण **सम्भव** नहीं है।

16. आस्ट्रेलियाई परिवार

क्षेत्र : आस्ट्रेलिया।

यह नाम भौगोलिक है, भाषिक नहीं। इस परिवार में 100 से ऊपर भाषाओं की कल्पना की गयी है जो आस्ट्रेलिया के उत्तर और दक्षिण में बोली जाती हैं।

---

1. भारतीय आर्यभाषा और हिन्दी : सुनीतिकुमार चाटुर्ज्या, पृ. 75

विशेषताएँ

[1] यह परिवार भी मुख्यतः **अश्लिष्ट योगात्मक है।**

[2] अन्त में **प्रत्यय** जोड़कर शब्द बनाये जाते हैं।

[3] कई भाषाओं में **संख्यावाचक** शब्द केवल 1, 2 और 3 के लिए हैं। उच्चतर संख्याएँ उन्हीं में कुछ-कुछ जोड़कर बनायी जाती हैं। युंगर बोली के निम्नलिखित उदाहरण रोचक हैं—

गुदल-गुदल—दो-दो अर्थात् चार।

मार्दिन बंगा गुदिर गन—हाथ आधा और एक, अर्थात् छः।

मार्दिन बेल्ली-बेल्ली गुदिर दिना बंगा—हाथ बगल-बगल और पैर आधा, अर्थात् पन्द्रह।

[4] उत्तम पुरुष के एकवचन और बहुवचन के दो रूप होते हैं—अपवर्जी (एक्सक्लूसिव) और समावेशी (इन्क्लूसिव)। अपवर्जी में मैं या हम से केवल वक्ता का बोध होता है, श्रोता का नहीं, किन्तु समावेशी में वक्ता और श्रोता दोनों का बोध होता है। श्रोता का अपवर्जन (परित्याग) हो जाने से एक को अपवर्जी और नहीं होने से दूसरे को समावेशी कहते हैं।

[5] कुछ भाषाओं (जैसे, सैवलगल) में उत्तम पुरुष, एकवचन में पुंलिंग के लिए दूसरा सर्वनाम प्रयुक्त होता है और स्त्रीलिंग के लिए दूसरा। इसी तरह एक अन्य भाषा के प्रथम पुरुष में पुंलिंग, स्त्रीलिंग, प्राणी और अप्राणी के वाचक अलग-अलग शब्द हैं—

एकवचन—यि, निन, मुन, वुन।

द्विवचन—युगोत, नोगोत, मोगोत, वोगोत।

बहुवचन—युगोएत, नोगोएत, मोगोएत, वोगोएत।

[6] क्रिया-रूपों में पर्याप्त जटिलता पायी जाती है। वर्तमान के दो भेद होते हैं—निश्चित और अनिश्चित। भूतकाल के भी निश्चित, अनिश्चित के अतिरिक्त आसन्न, दूरवर्ती और अधिक दूरवर्ती आदि भेद चलते हैं। इसी प्रकार भविष्य के चार भेद होते हैं—विध्यर्थक, हेत्वर्थक, इच्छार्थक एवं निषेधार्थक।

आस्ट्रेलिया के आदिवासियों के साथ उनकी भाषाएँ भी क्रमशः लुप्त होती जा रही हैं। तस्मानिया की भाषाओं का एक अलग परिवार माना जाता है, लेकिन उस परिवार की सारी भाषाएँ लुप्त हो गयीं। इसी प्रकार एक दिन आस्ट्रेलियाई परिवार की भाषाएँ भी लुप्त हो जा सकती हैं।

17. दक्षिण-पूर्व एशियाई (आस्ट्रो-एशियाटिक) परिवार

क्षेत्र : इस परिवार की भाषाओं के बोलनेवालों की संख्या तो बहुत बड़ी नहीं है, किन्तु क्षेत्र-विस्तार बहुत बड़ा है। अन्नाम, कम्बोडिया, स्याम से लेकर भारत और

निकोबार द्वीप तक यह परिवार फैला हुआ है।

(क) मुंडा या कोल (पश्चिम में)।

(ख) मोन ख्मेर (केन्द्र में)।

(ग) अन्नाम-मुआङ् (पूर्व में)।

मुंडा के दो वर्ग हैं–उत्तरी और दक्षिणी।

उत्तरी–धीमाल, लिम्बू, बूनान, पाटनी, कनावरी आदि बिहार से लेकर शिमला तक हिमालय की तराई में बोली जाती हैं।

दक्षिणी–संथाली, मुंडारी, भूमिज, कोड़ा आदि; इनमें मुंडा और संथाली सबसे प्रसिद्ध हैं। मुंडारी बोलनेवाले छोटा नागपुर, मध्यप्रदेश, उड़ीसा, मद्रास और पश्चिमी बंगाल में फैले हुए हैं। संथाली पूर्वी बिहार और पश्चिमी बंगाल के हिस्सों में बोली जाती है।

विशेषताएँ

[1] ध्वनियों की दृष्टि से मुंडारी पर्याप्त समृद्ध है। इसमें स्वर, घोष-अघोष तथा अल्पप्राण-महाप्राण व्यंजन हैं।

[2] शब्द के अन्त में संयुक्त व्यंजन का अभाव पाया जाता है।

[3] शब्दों पर **बल** पड़ता है।

[4] इनमें भी आस्ट्रेलियाई के समान उत्तम पुरुषवाचक सर्वनाम अपवर्जी और समावेशी होते हैं।

[5] चीनी भाषा के समान संज्ञा, क्रिया आदि का **शब्द-भेद** नहीं है। एक ही शब्द संज्ञा या सर्वनाम हो सकता। अतः शब्द के व्यापार का ज्ञान प्रकरण से होता है।

[6] पद-रचना के लिए **उपसर्ग** का प्रयोग होता है जो मध्य या अन्त में लग सकते हैं; जैसे–मंझि–मुखिया, मपंझि–मुखिए। यहाँ बहुवचन-सूचक 'प' शब्द के मध्य में आया है।

[7] विभक्तियों का काम उपसर्गों से लिया जाता है।

[8] **लिंग** का बोध कराने के लिए मूल शब्द में ही पुरुषवाचक या स्त्रीवाचक शब्द जोड़ दिया जाता है; जैसे–आँडिया कूल (बाघ); एंगा कूल (बाघिन)।

[9] वचन तीन होते हैं।

[10] उत्तम पुरुष, मध्यम पुरुष आदि के अनुसार क्रिया में रूप-भेद नहीं होता।

[11] गणना 20 के क्रम से चलती है। हिन्दी, बँगला आदि में 20 का वाचक कोड़ी शब्द मुंडारी का ही है।

18. अमेरिकी परिवार

अमेरिका में बोली जाने वाली भाषाओं की संख्या एक हज़ार से ऊपर बतायी जाती है जिन्हें वहाँ के आदिवासी बोलते हैं। कई भाषाओं के बोलने वाले कुछ सौ तक ही

सीमित हैं। इसलिए थोड़ी-थोड़ी दूर पर भाषाएँ बदल जाती हैं, और उनकी संख्या इतनी बड़ी हो गयी है। अनेक भाषाएँ लुप्त हो चुकी हैं और कुछ लुप्त होने के क्रम में हैं। अमेरिकी भाषाओं का ठीक से अध्ययन नहीं हुआ है, अतः उनका वर्गीकरण भी सम्भव नहीं है। इसीलिए अमेरिकी नाम से सबका बोध करा दिया जाता है। कहने की आवश्यकता नहीं कि यह नाम शुद्ध भौगोलिक है और इससे भाषाओं पर कोई प्रकाश नहीं पड़ता। वर्गीकरण के लिए भी भौगोलिक विभाग ही अपनाये गये हैं। भौगोलिक दृष्टि से अमेरिकी भाषाओं के तीन मुख्य विभाग माने जाते हैं। इन विभागों की प्रमुख भाषाएँ निम्नांकित हैं–

[1] कनाडा और संयुक्तराज्य–अथबस्की; अलगोनकी; होका; पूरोकवा; सिउई।

[2] मेक्सिको और मध्य अमेरिका–अज़्तेक; मय; नहुअत्ल।

[3] दक्षिण अमेरिका–अरबक; चिबोचा; तुपी-गुअर्नी; करीब; कुइचुआ।

अध्ययन का अभाव होने से विशेषताओं का निर्धारण भी सम्भव नहीं है। चूँकि भाषाओं की संख्या बहुत बड़ी है और वे परस्पर असम्बद्ध भी हैं, इसलिए उनका सामान्य लक्षण ढूँढ़ निकालना असम्भव है। इस परिवार की अधिकतर भाषाओं की एक ही विशेषता देखी जाती है कि वे प्रश्लिष्ट योगात्मक हैं जिनमें शब्द के द्वारा ही वाक्य का काम लिया जाता है। स्वतन्त्र शब्दों का प्रयोग नहीं के बराबर है। जैसा भाषा के आकृतिमूलक वर्गीकरण में दिखाया जा चुका है, प्रश्लिष्ट योगात्मक वर्ग की भाषाएँ, संस्कृत की सामासिक पद्धति से मिलती हैं। इनमें परस्पर मिलनेवाले शब्दों का स्वरूप अलग-अलग स्पष्ट नहीं रहता बल्कि उनका एक-एक अंश ही मिलता है, शेष लुप्त हो जाता है। ग्रीनलैंड की एस्किमो भाषा भी इसी परिवार में रखी जाती है।

भाषाविज्ञान

भाषाविज्ञान का सीधा अर्थ है भाषा का विज्ञान और विज्ञान का अर्थ है विशिष्ट ज्ञान। इस प्रकार **भाषा का विशिष्ट ज्ञान भाषाविज्ञान** कहलाएगा। यह विशिष्ट ज्ञान क्या है ? हमने इसके पहले भाषा के विभिन्न पक्षों पर सामान्य दृष्टि से विचार किया है, किन्तु सामान्य दृष्टि से शास्त्रीय दृष्टि भिन्न हुआ करती है। आगे भाषा पर शास्त्रीय या वैज्ञानिक दृष्टि से विचार किया जायेगा।

भाषाविज्ञान की परिभाषा करना कोई मुश्किल काम नहीं है। जैसा कि नाम से ही स्पष्ट है, भाषा के विज्ञान को भाषाविज्ञान कहते हैं। भाषाविज्ञान की यही परिभाषा सर्वत्र देखने को मिलती है। भाषा के स्वरूप की व्याख्या हम पहले कर चुके हैं। अब प्रश्न उठता है कि विज्ञान किसे कहते हैं ? विशिष्ट ज्ञान के लिए विज्ञान शब्द का प्रयोग होता है। पर इसके अतिरिक्त पारिभाषिक रूप में 'विज्ञान' का प्रयोग ज्ञान के उन समस्त क्षेत्रों के लिए होता है जिनके सिद्धान्तों और नियमों का परीक्षण नियन्त्रित परिस्थितियों (प्रयोगशाला) में पूर्वग्रह मुक्त होकर व्यावहारिक एवं प्रत्यक्ष रूप से किया जा सके। इसके नियम और अपवाद भी सार्वभौम होते हैं। इसी दृष्टि से भौतिकी, रासायनिकी, जैविकी आदि को विज्ञान की कोटि में रखा जाता है। न्यूटन के गुरुत्वाकर्षण सिद्धान्त का परीक्षण भारत में करें या अमेरिका में, परिणाम एक ही होगा। हाँ, यदि परिणाम में कोई अन्तर दीख पड़ता है तो वह जिन कारणों से होगा, वे कारण जहाँ भी होंगे, परिणाम को उसी प्रकार प्रभावित करेंगे। इसी प्रकार संसार के किसी भी भाग से लाये गये जल का रासायनिक परीक्षण करें तो दो भाग हाइड्रोजन और एक भाग आक्सीजन ही मिलेगा। विज्ञान का सबसे बड़ा आधार है कार्य-कारण भाव की नित्यता अर्थात् कारण-विशेष रहने पर कार्यविशेष अवश्य हो। पर आजकल अनेक शास्त्रों को विज्ञान कहने लगे हैं जिन्हें हम उपर्युक्त पारिभाषिक रूप में विज्ञान नहीं मान सकते, जैसे राजनीतिविज्ञान, समाजविज्ञान, मनोविज्ञान आदि। इन सभी सन्दर्भों में विज्ञान शब्द का प्रयोग केवल विशिष्ट ज्ञान के लिए हुआ है।

इस प्रकार हम पाते हैं कि हिन्दी की शब्दावली में एक ओर विज्ञान का प्रयोग पारिभाषिक रूप में किया जा रहा है और दूसरी ओर सामान्य अर्थ में। अब प्रश्न उठता है कि भाषाविज्ञान में 'विज्ञान' का प्रयोग किस अर्थ में किया गया है ? तो भाषाविज्ञान अंग्रेज़ी के लिंग्विस्टिक साइंस या साइंस ऑफ लैंग्वेज का अनुवाद है। इसलिए यह

स्पष्ट है कि यहाँ 'विज्ञान' का प्रयोग साइंस के लिए अर्थात् उसके पारिभाषिक रूप में हुआ है।

आजकल ज्ञान के क्षेत्रों को प्रायः तीन वर्गों में बाँटा जाता है—(1) भौतिकविज्ञान, (2) समाजविज्ञान और (3) मानविकी। इनमें **भौतिकविज्ञान** का सम्बन्ध उन वस्तुओं से है जो मानवकृत नहीं हैं। **समाजविज्ञान** मुख्यतः सामाजिक दृष्टि से मनुष्य के आचार-व्यवहार या क्रिया-कलाप का अध्ययन करता है। **मानविकी** में वैयक्तिक और सर्जनात्मक ज्ञान का अध्ययन किया जाता है। ज्ञान के ये तीन वर्ग परस्पर निरपेक्ष नहीं हैं। इनमे प्रायः संकीर्णता देखी जाती है। उदाहरणार्थ मनोविज्ञान एक दृष्टि से भौतिकविज्ञान की सीमा को छूता है तो दूसरी ओर सामाजिक विज्ञान की, कारण कि मनुष्य की सृष्टि में मनुष्य का कोई हाथ नहीं है, पर उसके आचार-व्यवहार, सोच-विचार और मूल्यों का निर्धारण समाज के द्वारा होता है। इसी तरह जहाँ तक नाप-जोख और उपकरणों का प्रश्न है, स्थापत्य भौतिकविज्ञान के अन्तर्गत आता है किन्तु सौन्दर्य-पक्ष के कारण मानविकी के अन्तर्गत। भाषाविज्ञान इन तीनों क्षेत्रों की सीमा को छूता है। ध्वनि के सम्प्रेषण की दृष्टि से उसका सम्बन्ध भौतिकविज्ञान से है, भाषा की सामाजिक उपयोगिता को ध्यान में रखने पर वह सामाजिक विज्ञान के अन्तर्गत आता है और वैयक्तिक तथा सर्जनात्मक साहित्य के माध्यम के रूप में भाषा पर विचार करने की स्थिति में वह मानविकी का प्रमुख अंग है।

जैसा पहले कहा गया है, भाषाविज्ञान उस अर्थ में विज्ञान नहीं है जिस अर्थ में गणित या भौतिकी। फिर भी वह विज्ञान इसलिए है कि उसके नियम भी कार्य-कारण-भाव पर आश्रित हैं। चूँकि उन नियमों के अपवाद भी हैं, इसीलिए वह शुद्ध विज्ञान की सीमा में नहीं आता, पर नियम हैं ही नहीं, ऐसा कहना सही नहीं होगा। नियम हैं और उनका प्रयोग भी व्यापक रूप से होता है, इसीलिए भाषाविज्ञान न तो दर्शन या मनोविज्ञान के समान अनुभव पर आश्रित शास्त्र है और न गणित के समान शुद्ध विज्ञान। उसकी स्थिति मध्यवर्ती है, क्योंकि उसमें दोनों की विशेषताएँ पायी जाती हैं। उसमें **नियम** और **अनुभव** दोनों का योग है। भाषाविज्ञान की कतिपय अन्य विशेषताएँ निम्नलिखित हैं—

एककालिक एवं अनेककालिक : भाषाविज्ञान काल-सापेक्ष होता है, अर्थात् भाषा-सम्बन्धी प्रश्नों पर विचार दो प्रकार से किया जा सकता है—**ऐतिहासिक** दृष्टि से एवं **वर्णनात्मक** दृष्टि से। ऐतिहासिक दृष्टि से विचार करने पर किसी भी भाषा का विकास-क्रम अधिक महत्त्वपूर्ण होता है। विवेच्य काल में जिस भाषा का प्रयोग हो रहा है वह उसके पूर्व के समय में किस प्रकार की थी ? उसकी ध्वनियों, पदावली एवं वाक्य-रचना में कितने एवं क्या परिवर्तन हुए ? इन परिवर्तनों का कारण क्या था ?—आदि प्रश्न इस सन्दर्भ में विचारणीय होते हैं। जैसे आधुनिक हिन्दी पर ऐतिहासिक दृष्टि से विचार किया जाये तो संस्कृत से प्राकृत एवं पालि, फिर अपभ्रंश और फिर खड़ी-बोली हिन्दी का विकास किस प्रकार हुआ, इस पर बल देना होगा।

एककालिक, जिसे अंग्रेज़ी में सिंक्रॉनिक कहते हैं, अध्ययन के अन्तर्गत किसी कालविशेष में—सामान्यतः समकालीन सन्दर्भ में—भाषा के स्वरूप का विश्लेषण किया

जाता है। जैसे आधुनिक हिन्दी की ध्वनियों का स्वरूप, उसकी पद-संरचना एवं वाक्य-संरचना आदि का विवेचन एककालिक वर्णनात्मक भाषाविज्ञान का विषय होगा। काल-निरपेक्ष होकर भाषा का अध्ययन सम्भव नहीं है। भाषा के सर्वांगीण अध्ययन के लिए ऐतिहासिक एवं वर्णनात्मक दोनों दृष्टियों का महत्त्व है। एक में कालक्रम में भाषा के विकास या परिवर्तन को दिखाना लक्ष्य होता है तो दूसरे में समकालीन सन्दर्भ में भाषा के स्वरूप को !

भाषा-शुद्धता : भाषाविज्ञानी की दृष्टि में भाषा शुद्ध या अशुद्ध नहीं होती। यदि कोई प्रयोग उस भाषा को बोलने वाले समुदाय विशेष के द्वारा स्वीकृत है तो वह केवल उसका वर्णन करता है। सही या ग़लत अथवा शुद्ध या अशुद्ध का मूल्यपरक विवेचन भाषाविज्ञान की परिधि से बाहर का विषय है। व्याकरणशास्त्र के नियमों के समान भाषाविज्ञान के नियम निर्धारक नहीं होते, वे केवल वर्णनात्मक होते हैं अतः जितने प्रकार के प्रयोग भाषिक-समुदाय में स्वीकृत होते हैं वह उन सबका विश्लेषणात्मक वर्णन करता है। जैसे हिन्दी में 'ने' के प्रयोग को देखें। खड़ी-बोली में ने का प्रयोग भूतकाल के लिए होता है इसलिए उसके अतिरिक्त अन्य वाक्यों में उसका प्रयोग अशुद्ध है—'मैं ने पढ़ा। मैं ने पढ़ा था। मैं ने पढ़ा है। मैं ने पढ़ा होगा। मैं ने पढ़ा होता' आदि। व्याकरण की दृष्टि से निम्नलिखित वाक्यों में 'ने' का प्रयोग अनुचित है—'मैं ने खाना है; मैं ने जाना है'। भाषाविज्ञानी इन वाक्यों के विषय में केवल इतना कहेगा कि एक विशेष भाषिक समुदाय में (जिनकी मातृभाषा पंजाबी या हरियाणवी है) 'ने' का प्रयोग इस प्रकार से किया जाता है। इस तरह भाषाविज्ञान निर्धारणात्मक शास्त्र न होकर विशुद्ध वर्णनात्मक शास्त्र है।

भाषिक सिद्धान्त : भाषाविज्ञान का अन्यतम वैशिष्ट्य है भाषिक सिद्धान्तों की स्थापना। किसी भाषा-विशेष का विवरण-मात्र उसका लक्ष्य नहीं है क्योंकि इस प्रकार के विवरण अन्यत्र भी उपलब्ध हो सकते हैं, जैसे किसी भाषा में प्रयुक्त शब्दों का संकलन शब्दकोश में, ध्वनियों का वर्णन व्याकरण-ग्रन्थ में आदि। किन्तु भाषाविज्ञान में इन विवरणों के आधार पर भाषा-सम्बन्धी अन्तर्निहित प्रवृत्तियों का उद्घाटन किया जाता है जैसे हिन्दी में स्पृष्ट व्यंजनों से आरम्भ होनेवाले शब्द तो सामान्य हैं; जैसे—कमल, पट, तरल, आदि पर संयुक्ताक्षर से आरम्भ होनेवाले शब्दों में ऊष्म वर्ण का प्रयोग पहले होता है और स्पृष्ट का बाद में; जैसे—स्पष्ट, स्कन्द, स्तर आदि। दो स्पृष्ट वर्गाक्षरों का संयोग शब्द के आरम्भ में नहीं हो सकता; जैसे—म्क, त्क, प्क आदि ऐसे संयोग शब्द के बीच या अन्त में सम्भव हैं पर आरम्भ में नहीं। इस प्रकार भाषाविज्ञान भाषा के प्रयोगों के विवरण को अपने अध्ययन की इतिश्री नहीं मानता, अपितु उसका उद्देश्य होता है विवरणों के आधार पर सिद्धान्तों की स्थापना। यह कार्य एककालिक भाषाविज्ञान में तो होता ही है, ऐतिहासिक भाषाविज्ञान में भी होता है। इतना ही नहीं, आधुनिक भाषाविज्ञान में तो भाषा-विशेष के सिद्धान्तों से आगे बढ़कर भाषा-मात्र के सामान्य सिद्धान्तों की स्थापना का प्रयास भी निरन्तर चल रहा है। इस क्षेत्र में कार्य करने वालों का यह प्रयास है कि वे ऐसे सिद्धान्त स्थापित कर सकें जो भाषा की सार्वभौम प्रवृत्ति को उद्घाटित

करें और उसके बाद किसी भाषा-विशेष का विवरण उन्हीं सिद्धान्तों के आधार पर दिया जा सके। इससे 'भाषा' के रहस्य को उद्घाटित करना सम्भव हो सकेगा।

वस्तुनिष्ठता : आधुनिक भाषाविज्ञानी भाषा का विश्लेषण करते समय यथाशक्य वस्तुनिष्ठ रहने की कोशिश करते हैं। किसी भी विज्ञान की सफलता एवं उत्कृष्टता भी इसी पर निर्भर करती है कि वह कितना वस्तुनिष्ठ है। कला सदा व्यक्तिनिष्ठ होती है। कलाकार जिस प्रकार किसी वस्तु को स्वयं देखता है उसी प्रकार प्रस्तुत करता है अर्थात् उसकी प्रस्तुति उसके व्यक्तिगत अनुभवों, विचारों और मूल्यों का प्रतिफलन होती है। किन्तु वैज्ञानिक अध्ययन में वस्तु की यथावत् प्रस्तुति या विवरण ही लक्ष्य होता है। इसीलिए भाषाविज्ञान को विज्ञान कहने में कोई अतिरंजना नहीं क्योंकि इसमें भाषा का यथास्थिति विवरण करना अन्तिम लक्ष्य होता है। यही कारण है कि भाषाविज्ञान में प्रयोगों को सही या ग़लत अथवा उचित और अनुचित जैसे मूल्यपरक निर्णयात्मक शब्दों से वर्णित नहीं किया जाता।

भाषाविज्ञान का अध्ययन करते समय अध्येता को महत्त्वपूर्ण सुविधा होती है कि वह सिद्धान्तों का परीक्षण तुरन्त करने में समर्थ होता है क्योंकि अध्येता कम-से-कम एक भाषा तो जानता ही है। इतना ही नहीं, भाषिक सिद्धान्तों की प्रस्तुति के लिए उसकी अपनी भाषा आधार-सामग्री का काम भी करती है। इस प्रकार भाषा के अध्ययन के लिए अन्य विज्ञानों की तरह आधार-सामग्री कहीं बाहर से जुटाने की आवश्यकता नहीं होती। हाँ, इतना अवश्य कहा जा सकता है कि अनेक स्रोतों से एकत्र की गयी आधार-सामग्री में जो विविधता होगी वह केवल एक स्रोत से ली गयी सामग्री में नहीं हो सकती। पर यह तथ्य भाषाविज्ञान ही क्यों, सभी प्रकार के विज्ञानों की आधार-सामग्री के विषय में सही है। यहाँ केवल इस बात की ओर ध्यान आकर्षित करना मेरा उद्देश्य है कि भाषिक अध्ययन की आधार-सामग्री का स्रोत व्यक्ति स्वयं भी हो सकता है।

शास्त्र के रूप में भाषाविज्ञान की विशेषताओं को संक्षेप में हम निम्न प्रकार से परिगणित कर सकते हैं—

(1) भाषाविज्ञान में भाषासम्बन्धी अनुभवसिद्ध विवरण एवं सिद्धान्त प्रस्तुत किया जाता है जिनका परीक्षण अन्यत्र भी किया जा सकता है। भाषाविज्ञानी जो 'है' उसी का वर्णन करता है, वह क्या होना 'चाहिए' इसकी बात नहीं करता।

(2) भाषाविज्ञान में भाषा की संरचना अध्ययन का मुख्य विषय होता है। कुछ भाषाविज्ञानी अर्थ-सम्प्रेषण के सन्दर्भ में एवं मनोवैज्ञानिक तथा सांस्कृतिक परिप्रेक्ष्यों में भी भाषा का अध्ययन करते हैं।

(3) किसी भी भाषा के संरचनात्मक वैशिष्ट्य के पीछे छिपे कारणों को उजागर करना भाषावैज्ञानिक सिद्धान्त का लक्ष्य होता है। लेकिन इस क्षेत्र में भाषाविज्ञानियों में मतैक्य नहीं है। कुछ सार्वभौम सिद्धान्तों की खोज को अधिक महत्त्वपूर्ण मानते हैं और कुछ भाषा-विशेष के विवरण को।

(4) प्रत्येक विज्ञान की भाँति भाषाविज्ञान की भी पारिभाषिक शब्दावली है जो वर्ण्य

विषय के यथावत् वर्णन में सहायक होती है। आज के भाषाविज्ञान में प्रयुक्त शब्दावली में कुछ परम्परागत शब्द हैं पर अध्ययन के विकास के साथ बहुत सारे नये शब्दों की रचना भी हुई है। कुछ परम्परागत शब्दों का प्रयोग नये सन्दर्भों में होने लगा है इसलिए विषय को भली-भाँति समझने के लिए पारिभाषिक शब्दावली का ज्ञान आवश्यक है।

(5) भाषाविज्ञान में भाषा के अध्ययन का लक्ष्य उसके स्वरूप का ज्ञान है, अर्थात् भाषा का अध्ययन भाषा के स्वरूप को समझने के लिए। पर इस अध्ययन का व्यावहारिक उपयोग कई सन्दर्भों में सफलता से किया जा सकता है; जैसे—भाषा-शिक्षण में अथवा सांस्कृतिक अध्ययन के सन्दर्भ में अथवा आज जो सर्वाधिक महत्त्वपूर्ण क्षेत्र हो गया है मशीन-भाषा के विकास में।

भाषाविज्ञान के प्रयोजन

भाषाविज्ञान को लेकर कोई प्रश्न पूछ सकता है कि इसके अध्ययन से क्या लाभ है ? तो इसका उत्तर भी एक प्रश्न ही है।

1. किसी भी शास्त्र के अध्ययन से क्या लाभ है ? कोई इतिहास, अर्थशास्त्र, दर्शन, मनोविज्ञान या भौतिक-विज्ञान पढ़ता है तो किस लाभ के लिए ? प्रत्येक दर्शन पढ़ने वाला दार्शनिक नहीं होता और न जीवन में दर्शन से काम लेता है। इतिहास में एम. ए. करनेवाला जब मुंसिफ़ या मजिस्ट्रेट बन जाता है तो इतिहास के ज्ञान से उसे कोई सहायता नहीं मिलती। अर्थशास्त्र पढ़नेवालों का आय-व्यय अधिक नियमित हो, ऐसा नहीं देखा जाता। भौतिक-विज्ञान का प्रत्येक अध्येता आविष्कारकों की श्रेणी में नहीं बैठ जाता। फिर भी लोग इन शास्त्रों को इसलिए पढ़ते हैं कि इनसे ज्ञान के क्षितिज का विस्तार होता है। किसी भी शास्त्र की उपयोगिता यही है। मैंने बचपन में बीजगणित पढ़ने में बहुत समय नष्ट किया है, पर उससे परीक्षा के दिनों में आतंकित होने के अलावा आज तक कोई दूसरा काम न ले सका। फिर भी बीजगणित पढ़ना पड़ा, क्योंकि पाठ्यक्रम की व्यवस्था करनेवालों ने सोच रखा था कि बीजगणित से बौद्धिक विकास होता है। ज्ञान साधन भी होता है, उससे किसी दूसरे साध्य (लक्ष्य) की भी प्राप्ति की जा सकती है; जैसे रेडियो-इन्जीनियरिंग जाननेवाला रेडियो की गड़बड़ी दूर कर सकता है, किन्तु समस्त ज्ञान लौकिक दृष्टि से उपयोगी हों ही, यह आवश्यक नहीं। ज्ञान का अन्यतम और सम्भवतः सबसे प्रमुख उपयोग है **बौद्धिक जिज्ञासा** की तृप्ति। प्राचीन युग में अध्ययन इसी दृष्टि से होता था। पतंजलि ने यही बात ध्यान में रखकर कहा कि—

ब्राह्मणेन निष्कारणः षडङ्गो वेदोऽध्येयो ज्ञेयश्च।

—महाभाष्य; पस्पशाह्निक।

—ब्राह्मण को बिना किसी कारण के, तात्पर्य कि बिना किसी लौकिक लाभ की इच्छा के, षडङ्गों (शिक्षा, कल्प, निरुक्त, व्याकरण, छन्द, ज्योतिष) से युक्त वेदों का अध्ययन करना चाहिए। आधुनिक शिक्षा-प्रणाली में जीविका पर ध्यान केन्द्रित हो जाने

से सदा यह प्रश्न उठा करता है कि इस विषय के अध्ययन से क्या लाभ है ?

2. भाषाविज्ञान के द्वारा **भाषा का सम्यक् ज्ञान** होता है। मनुष्य जिन वस्तुओं से काम लेता है, उनके विषय में जानना चाहता है। जितना काम हम भाषा से लेते हैं, उतना शरीर के अतिरिक्त और किसी वस्तु से नहीं लेते। फिर भी स्थिति यह है कि न तो शरीर की रचना या क्रिया के सम्बन्ध में जानते हैं और न भाषा के सम्बन्ध में। शरीर की चिन्ता चिकित्सक पर छोड़ देते हैं और भाषा की चिन्ता वैयाकरण पर। पर जिस वस्तु से दिन-रात काम लेना हो उसकी थोड़ी-बहुत जानकारी तो प्रत्येक व्यक्ति को रहनी चाहिए। सदा दूसरों से सहायता लेना न सम्भव है, न उचित।

भाषाविज्ञान बहुत रोचक विषय है, क्योंकि वह ऐसी वस्तु का सांगोपांग परिचय देता है जिससे हमारा घनिष्ठ सम्बन्ध है। भाषा क्या है ? उसके अंग क्या हैं ? ध्वनियों का उच्चारण कैसे होता है ? एक ध्वनि से दूसरी ध्वनि का भेद क्यों होता है ? क से ख का उच्चारण क्यों भिन्न है ? एक भाषा की ध्वनियों से दूसरी भाषा की ध्वनियाँ क्यों भिन्न हो जाती हैं ? एक ही भाषा की ध्वनियों में विभिन्न कालों में क्यों भेद आ जाता है ? आज हम ए ऐ ओ औ ऋ ऌ च छ ज झ ङ ष आदि का उच्चारण उसी रूप में नहीं करते, जिस रूप में हमारे पूर्वज किया करते थे। यह अन्तर और परिवर्तन क्यों हो गया ? क का अर्थ कुछ नहीं होता पर 'कम', या 'कमल' का होता है; ऐसा क्यों ? एक ही मूल से निष्पन्न भक्ति, भाग और भजन शब्द विभिन्न अर्थों के वाचक कैसे बन गये ? शब्द कैसे प्रयोग में आते हैं ? उनसे अर्थ का भेद कैसे होता है ? किसी शब्द का अर्थ क्यों बदल जाता है ? एक 'हरि' शब्द के विष्णु, सूर्य, सिंह, घोड़ा, बन्दर, मेढ़क आदि अनेक अर्थ क्यों हो गये ? 'लड़की आता है', यह वाक्य क्यों ग्राह्य नहीं है ? क्यों 'लड़की आती है', यही कहना चाहिए ?' 'न' का अर्थ निषेध सभी जानते हैं, कोश में भी उसका अर्थ निषेध ही है पर 'मैंने कहा था न', इस वाक्य में वह निषेध के बदले विधि का वाचक हो गया। उसका यह अर्थ कैसे बदल गया ? स्थान-भेद से एक ही भाषा के अनेक रूप क्यों हो जाते हैं ? जैसे, कहीं 'जाता हूँ' कहते हैं तो कहीं 'जात हौं', कहीं 'जात हई।' क्यों कोई भाषा हम नहीं समझते ? हमारी भाषा से उस भाषा में क्या भेद है ? दोनों में कोई सम्बन्ध है या नहीं ? है तो क्या ? संसार की भाषाएँ किसी एक स्रोत से निकली हैं या अनेक स्रोतों से ?—इन प्रश्नों का समाधान भाषाविज्ञान ही कर सकता है।

3. भाषाविज्ञान से भाषा के अध्ययन में पर्याप्त सहायता मिलती है। भाषा के **स्वरूप** और **समुचित प्रयोग** का ज्ञान तब तक पूर्णतः नहीं हो सकता जब तक भाषा के तत्त्वों का थोड़ा-बहुत परिचय न हो और वह भाषाविज्ञान से ही सम्भव है। भारत में अध्ययन का आरम्भ ही ध्वनिविज्ञान से होता था जिसका प्राचीन पर्याय था 'शिक्षा'। आज जिसे हम ध्वनिविज्ञान कहते हैं, उसे ही प्राचीन समय में 'शिक्षा' कहते थे। ध्वनिविज्ञान की महत्ता का इसी से अनुमान किया जा सकता है कि उसका वाचक 'शिक्षा' शब्द सामान्य शिक्षण का वाचक बन गया, अर्थात् भाषाविज्ञान के बिना हमारे

यहाँ शिक्षा का आरम्भ ही नहीं हो सकता था। आज भी विदेशों में विदेशी भाषाओं को पढ़ने के लिए ध्वनिविज्ञान की सहायता अनिवार्यतः ली जाती है, क्योंकि उसके अभाव में ध्वनि का शुद्ध उच्चारण सम्भव नहीं है।

4. किसी **समाज** और **संस्कृति के ज्ञान** के लिए भी भाषाविज्ञान बहुत उपयोगी है; उससे समाज-विशेष की भौतिक सभ्यता और मानसिक विकास का पता चलता है। वेदों की भाषा आज की भाषा से किस अंश में भिन्न थी ? उस भिन्नता से उस युग के जीवन पर क्या प्रकाश पड़ता है ?—ये बातें भाषाविज्ञान की सहायता से ही जानी जा सकती हैं।

5. **साहित्य के ज्ञान** के लिए भी भाषाविज्ञान का अध्ययन आवश्यक है, क्योंकि उससे भाषा के निर्माण-पक्ष का परिज्ञान होता है।

6. भाषाविज्ञान **वाक्-चिकित्सा** का आवश्यक अंग बन गया है। कोई तुतलाता है या हकलाता है तो उसकी अभिव्यञ्जना बाधित होती है। उसकी तुतलाहट या हकलाहट का क्या कारण है ? ध्वनियों के उच्चारण में उससे क्या भूल हो रही है ? उसे कैसे दूर किया जा सकता है ?—आदि प्रश्न भाषाविज्ञान के द्वारा ही समाहित हो सकते हैं। विदेशों में वाक्-चिकित्सा का रूप वैसा ही व्यापक हो गया है जैसा शारीरिक चिकित्सा का।

7. भाषाविज्ञान से **संचार** के साधनों को समुन्नत करने के लिए भी सहायता लेनी पड़ती है। उदाहरणार्थ, दूर-संचार (टेली-कम्युनिकेशन) या यान्त्रिक अनुवाद के लिए संकेतों का निर्माण या तत्सम्बन्धी सिद्धान्तों का प्रणयन तभी सम्भव है जब भाषिक संकेतों से परिचय हो और भाषिक संकेतों का पूर्ण परिचय भाषाविज्ञान के बिना अकल्पनीय है।

इस प्रकार **साध्य** और **साधन** दोनों रूपों में भाषाविज्ञान का अध्ययन उपयोगी सिद्ध होता है। वह अपने-आपमें जहाँ साध्य है, वहाँ दूसरे ज्ञानों का साधन भी।

भाषाविज्ञान के अंग

भाषा कहने से सामान्यतः चार तत्त्वों का बोध होता है—ध्वनि, शब्द (पद), वाक्य और अर्थ। पहले ध्वनि का उच्चारण होता है; फिर अनेक ध्वनियों से एक पद का निर्माण होता है; अनेक पदों से वाक्य संघटित होता है और उससे अर्थ की प्रतीति होती है। ध्वनि से अर्थ तक का क्रम अनवरत चलता रहता है। इनमें प्रत्येक की सीमा इतनी विस्तृत और व्यापक हो गयी है कि इनके विवेचन के लिए स्वतन्त्र शास्त्र विकसित हो गये हैं जिन्हें क्रमशः **ध्वनिविज्ञान, पदविज्ञान, वाक्यविज्ञान** एवं **अर्थविज्ञान** कहते हैं।

1. ध्वनिविज्ञान

ध्वनि क्या है ? कैसे, कहाँ से उत्पन्न होती है ? उसका कैसे सम्प्रेषण होता है ? एक ध्वनि से दूसरी ध्वनि का भेद क्यों और कैसे होता है ? ध्वनि के उच्चारण में किन अवयवों की सहायता ली जाती है ? ध्वनि में तारता या मन्द्रता क्यों आती है ? उच्चारण के क्रम में कोई एक ध्वनि दूसरी को किस प्रकार प्रभावित करती है ?—आदि विषयों

का निरूपण ध्वनिविज्ञान में किया जाता है।

2. पदविज्ञान

शब्द क्या है ? शब्द कैसे निष्पन्न होता है ? शब्द-निष्पत्ति में उपसर्ग, प्रकृति और प्रत्यय का क्या आपेक्षिक उपयोग है ? संज्ञा, क्रिया, विशेषण, अव्यय आदि का विभाजन किस आधार पर होता है ? लिंग, वचन, पुरुष, काल आदि तत्त्व क्या हैं ? शब्द और पद का अन्तर क्या है ?—आदि बातों का विचार पदविज्ञान के अन्तर्गत होता है।

3. वाक्यविज्ञान

पदों का अन्वय कैसे होता है ? अन्वय के साधन या आधार क्या हैं ? क्यों 'मैं जाता हैं' नहीं हो सकता; 'मैं जाता हूँ' ही होना चाहिए ? वाक्य के कितने भेद हैं ?—ये वाक्यविज्ञान के विषय हैं।

4. अर्थविज्ञान

अर्थ क्या है ? अर्थ क्यों बदल जाता है ? एक ही भद्र शब्द से 'भद्दा' और 'भला' दो शब्द विकसित हुए हैं, पर दोनों के दो अर्थ हैं। 'वत्स' से 'बच्चा' शब्द भी निकला है और 'बच्छा' भी, पर एक का प्रयोग मनुष्य के लिए होता है और दूसरे का पशु के लिए। 'वधू' से विकसित 'बहू' शब्द का प्रयोग सामाजिक दृष्टि से सर्वथा उचित है, किन्तु 'गर्भिणी' से विकसित 'गाभिन' शब्द का प्रयोग किसी नारी के लिए नहीं हो सकता, पशु के लिए ही हो सकता है। हिन्दी में 'राग' शब्द का अर्थ 'प्रेम' होता है, किंतु बँगला में राग से क्रोध का बोध होता है। अर्थ-सम्बन्धी ये परिवर्तन क्यों, कैसे हो जाते हैं, यह बताना अर्थविज्ञान का काम है।

इसके अतिरिक्त भाषाविज्ञान में दो और विषयों का समावेश हो गया है और वे हैं कोशविज्ञान तथा भाषिक भूगोल।

5. कोशविज्ञान

कोश-निर्माण की क्या प्रक्रिया है ? शब्द की व्युत्पत्ति क्या है ? शब्द के अर्थों का निर्धारण कैसे होता है ? शब्दों को कोश में किस क्रम से रखना चाहिए ?—ये बातें भाषाविज्ञान से ही सम्बद्ध हैं। इसलिए कोशविज्ञान भाषाविज्ञान का ही अंग माना जाता है। व्युत्पत्ति का विचार अलग से भी हो सकता है जिसके लिए हमारे यहाँ निरुक्त शब्द का प्रयोग होता था और अंग्रेज़ी में 'एटिमॉलोजी' का होता है। आज निरुक्त भी कोशविज्ञान के अन्तर्गत है।

6. भाषिक भूगोल

भाषिक भूगोल भाषाविज्ञान के क्षेत्र-विस्तार की एक नयी दिशा है जिसमें भाषा-सम्बन्धी

सीमाओं का विचार और निर्धारण किया जाता है। कोई भाषा कहाँ तक बोली जाती है ? उसके वैभाषिक रूप क्या हैं एवं कहाँ प्रयुक्त होते हैं ? एक भाषा से दूसरी भाषा की सीमाएँ जब मिलती हैं तो वे कैसे एक-दूसरी को प्रभावित करती हैं ? सीमा-प्रदेश की भाषा को किस भाषा के अन्तर्गत माना जाये ?—आदि प्रश्न भाषिक भूगोल के द्वारा निर्णीत होते हैं।

भाषाविज्ञान की शाखाएँ

भाषाविज्ञान की तीन शाखाएँ हैं—**1. वर्णनात्मक; 2. ऐतिहासिक,** और **3. तुलनात्मक।**

1. वर्णनात्मक भाषाविज्ञान

किसी भाषा के **काल-विशेष** के **स्वरूप** का अध्ययन और विश्लेषण कर कुछ नियमों का निर्धारण करना वर्णनात्मक भाषाविज्ञान के अन्तर्गत आता है। जैसा वर्णनात्मक नाम से ही स्पष्ट है, इसमें भाषा का वर्णन या विश्लेषण रहता है। वर्णनात्मक भाषाविज्ञान को ही दूसरे शब्द में **व्याकरण** कहते हैं। इस शाखा के सम्बन्ध में इतना ध्यान में रखना चाहिए कि यह किसी भाषा के काल-विशेष से ही सम्बद्ध होती है। हम ध्वनि का वर्णन करें या पद का या वाक्य का, किन्तु ये सारे तत्त्व किसी एक काल के ही होंगे। वर्णनात्मक भाषाविज्ञान का लक्ष्य भाषा के विकास को दिखाना नहीं होता और न किसी अन्य भाषा से उसकी तुलना करना होता है। इसीलिए द सोसूर ने वर्णनात्मक भाषाविज्ञान को **स्थित्यात्मक** कहा है जिसका सर्वोत्तम उदाहरण पाणिनीय व्याकरण है। पाणिनि की विश्लेषणात्मक क्षमता पर विदेशी मुग्ध रह गये हैं और उन्होंने स्वीकार किया है कि भाषा के वर्णनात्मक अध्ययन का इससे उत्कृष्ट उदाहरण संसार के इतिहास में अलभ्य है।

आधुनिक भाषावैज्ञानिक अध्ययन में वर्णनात्मक प्रणाली का रूप बहुत प्रमुख हो गया है और वह स्वतन्त्र विज्ञान के रूप में गृहीत होने लगा है। इस प्रणाली के अनुगामी भाषाविज्ञान के अध्ययन में किसी दूसरे शास्त्र की सहायता लेना पसन्द नहीं करते। यहाँ तक कि अर्थविज्ञान को भी उन्होंने अपने अध्ययन की सीमा से बहिष्कृत कर रखा है। उनका लक्ष्य केवल भाषा के उच्चरित रूप का अध्ययन करना है। उनके अनुसार अर्थ दूसरे शास्त्रों का प्रतिपाद्य है; भाषाविज्ञान को केवल भाषा के उच्चरित रूप पर ही विचार करना चाहिए। कहने की आवश्यकता नहीं कि यह दृष्टि बड़ी ही एकांगी है। यदि अर्थ-निरपेक्ष उच्चारण ही भाषाविज्ञान का विषय है तो फिर मनुष्य की भाषा और पशु की भाषा में अन्तर क्या रहा ? ध्वनि वाला अंश तो उभयनिष्ठ है; जैसी ध्वनि मनुष्य की, वैसी पशु की। मनुष्य की ध्वनि की विशिष्टता यही है कि उसमें अर्थवत्ता का योग रहता है जो पशु की ध्वनि में नहीं रहता। अर्थवाला अंश हटा देने पर मनुष्य और पशु की भाषा का प्रमुख भेद तिरोहित हो जाता है। दूसरी बात यह है कि अर्थ को छोड़ देने पर भाषा के प्रयोग का उद्देश्य क्या रह जायेगा ? हमने पहले देखा है कि वैयक्तिक

या सामाजिक रूप में भाषा सार्थक संकेत है। उसका जब भी प्रयोग होता है तो अर्थ की प्रतीति के लिए। उसके अभाव में ध्वनियाँ निरर्थक हो जायेंगी और निरर्थक ध्वनियों के अध्ययन का प्रयोजन महत्त्वशून्य होगा। यह एक प्रकार से भाषा-सम्बन्धी देहवादी दृष्टिकोण है जिसमें अर्थतत्त्व, जो भाषा का आत्म-तत्त्व है, उपेक्षित हो गया है। सम्भवतः अमेरिका की भौतिकवादी या देहवादी सभ्यता का यह प्रभाव है। एक समय काव्यशास्त्र में भी देहवादी सम्प्रदाय चल रहे थे। अलंकारवादियों या रीतिवादियों ने काव्य के बाह्य रूप पर ध्यान दिया और उसके आत्म-तत्त्व की चिन्ता नहीं की। बाद के आलोचकों को इस भूल का परिमार्जन करना पड़ा। ठीक वही स्थिति आज भाषाविज्ञान के क्षेत्र में उत्पन्न हो गयी है। भाषाविज्ञान की सीमा से अर्थविज्ञान का बहिष्कार वैज्ञानिक दृष्टि से न तो वांछनीय है, न संगत और न उससे भाषा का अध्ययन पूर्ण हो सकता है। सार्थकता ही मानव-भाषा की सबसे बड़ी विशेषता है। उसे छोड़ना दृष्टि-विभ्रम के अतिरिक्त और कुछ नहीं है।

एक बात और। भाषा के दो पक्ष हैं—**ध्वनन** और **श्रवण**। ध्वनन भाषा का केवल आधा भाग है। उसकी पूर्णता के लिए श्रवण उतना ही आवश्यक है जितना ध्वनन। सच तो यह है कि श्रवण के अभाव में ध्वनन का उपयोग समाप्तप्राय हो जाता है। ऐसी स्थिति में भाषा के अध्ययन को केवल ध्वनन तक सीमित रखना उसका अपूर्ण अध्ययन ही माना जायेगा। जिसे श्रवण कहते हैं वह भाषा का अर्थ-सापेक्ष अंश है। श्रवण तब तक सम्भव नहीं है या सम्भव होने पर भी निरुपयोगी है, जब तक उससे अर्थबोध नहीं होता। भाषा का प्रयोग ही किस काम का यदि सुननेवाला उससे कुछ समझ नहीं सके ? इस दृष्टि से भी भाषा के अर्थ-पक्ष की उपेक्षा उचित नहीं जँचती।

2. ऐतिहासिक भाषाविज्ञान

वर्णनात्मक भाषाविज्ञान में किसी भाषा के काल-विशेष के स्वरूप का अध्ययन किया जाता है। इसके प्रतिकूल ऐतिहासिक भाषाविज्ञान में एक ही भाषा के विभिन्न कालों के स्वरूप का अध्ययन होता है। किसी भाषा के पुराने रूपों से नये रूपों का विकास किस प्रकार हुआ, यह दिखाना इस प्रणाली का कार्य है। इसलिए द सोसूर ने ऐतिहासिक प्रणाली को **गत्यात्मक** या **विकासात्मक** प्रणाली कहा है। उदाहरणार्थ, वैदिक युग से लेकर संस्कृत, प्राकृत, अपभ्रंश से होते हुए आधुनिक भाषाओं का ध्वनि, पद या अर्थ की दृष्टि से कैसे विकास हुआ है, यह दिखाना इस प्रणाली के अन्तर्गत आयेगा। उस विकास के क्या कारण थे, उन कारणों के क्या परिणाम हुए ? इत्यादि बातें भी इस प्रणाली की सीमा में आती हैं। भाषा के ऐतिहासिक अध्ययन में वर्णनात्मक अध्ययन अनायास आ जाता है, क्योंकि विकास दिखाते समय भी काल-विशेष की स्थिति को दिखाना आवश्यक होता है। भाषा सिद्धान्ततः प्रतिपल परिवर्तित होती रहती है, किन्तु वह परिवर्तन इतना सूक्ष्म होता है कि उसे ग्रहण करना असम्भव है। वह जब कालान्तर में पुंजीभूत हो जाता है तभी अनुभव का विषय बनता है। इसलिए विकास

के भी अनेक सोपान हैं और उन सोपानों की चर्चा ही ऐतिहासिक विकास के अन्तर्गत आती है।

3. *तुलनात्मक भाषाविज्ञान*

तुलनात्मक प्रणाली में वर्णनात्मक या ऐतिहासिक प्रणालियों का अन्तर्भाव हो जाता है। जहाँ वर्णनात्मक या ऐतिहासिक अध्ययन में किसी एक भाषा को आधार बनाया जाता है, वहाँ तुलनात्मक अध्ययन में अनेक भाषाओं को अध्ययन का आधार बनाना पड़ता है। बिना अनेक के तुलना हो ही नहीं सकती। तुलना के लिए दो या दो से अधिक भाषाओं के काल-विशेष के स्वरूपों को लिया जाता है, स्वभावतः उसमें वर्णनात्मक अंश आ जाता है। यदि काल-विशेष तक सीमित न रहकर भिन्न कालों के स्वरूपों को अध्ययन का विषय बनाया गया और उनकी परस्पर तुलना की गयी तो वह ऐतिहासिक प्रणाली हो गयी। इसलिए **वर्णनात्मक** और **ऐतिहासिक** प्रणालियों के **समन्वय** से तुलनात्मक प्रणाली सम्भव हो पाती है। वस्तुतः भाषाविज्ञान का जन्म ही तुलनात्मक प्रणाली से हुआ। अठारहवीं शताब्दी में संस्कृत, ग्रीक और लातिन की तुलना के द्वारा यह बात सिद्ध हुई कि ये तीनों भाषाएँ एक परिवार की हैं और इनका साम्य उसी का परिणाम है। इसीलिए काफी समय तक भाषाविज्ञान को सदा तुलनात्मक भाषाविज्ञान (कम्पेरेटिव फ़िलॉलोजी) ही कहा जाता था। अब तुलनात्मक शब्द हटा दिया गया है, क्योंकि बिना तुलना के भी भाषाविज्ञान की स्थिति सम्भव है। जैसा ऊपर कहा गया है, वर्णनात्मक या ऐतिहासिक भाषाविज्ञान में तुलना की आवश्यकता नहीं होती। यों तुलना भाषा के किसी तत्त्व—ध्वनि, पद वाक्य, अर्थ—को लेकर हो सकती है।

आज अंग्रेज़ी में **लिंग्विस्टिक्स** और **फ़िलॉलोजी** दो शब्द चल रहे हैं। दोनों के अर्थ में अन्तर है। लिंग्विस्टिक्स मुख्यतः भाषा के उच्चरित रूप से सम्बद्ध है, साथ ही उसमें भाषा का अध्ययन साध्य रूप में होता है। कहने का तात्पर्य यह है कि भाषा का अध्ययन किसी दूसरे लक्ष्य के लिए नहीं, स्वयं भाषा की विशेषताओं के उद्घाटन और विवेचन के लिए किया जाता है। इसके विपरीत फ़िलॉलोजी साहित्यिक, सांस्कृतिक या सामाजिक महत्त्व के विभिन्न लेखनों से सम्बद्ध है। उदाहरण के लिए, अशोक के अभिलेखों को लीजिए। उन अभिलेखों की लिपि या भाषा के अध्ययन से इतिहास के निर्माण में जो सहायता मिलती है, इसका निरूपण फ़िलॉलोजी के अन्तर्गत आयेगा, किन्तु वैदिक युग में कितनी ध्वनियों का प्रयोग होता था, यह लिंग्विस्टिक्स बतायेगा। भाषिक इतिहास के आलोक में प्राचीन ग्रन्थों, पांडुलिपियों आदि का अध्ययन और उनके द्वारा सामाजिक, सांस्कृतिक तत्त्वों की व्याख्या फ़िलॉलोजी का उद्देश्य है। एक प्रकार से फ़िलॉलोजी भाषाविज्ञान (लिंग्विस्टिक्स) और मानविकी (ह्यूमैनिटीज़) के बीच की संयोजक कड़ी है। और भी स्पष्टता से कहें तो यह कह सकते हैं कि लिंग्विस्टिक्स में भाषा के **उच्चरित** रूप का अध्ययन होता है और फ़िलॉलोजी में उसके **लिखित** रूप का।

भाषाविज्ञान का ज्ञान की अन्य शाखाओं से सम्बन्ध

ऐसे तो ज्ञान अखंड और अनन्त है तथा जिज्ञासा के क्रम में एक स्थल ऐसा आता है जहाँ शास्त्र और विज्ञान के काल्पनिक भेद समाप्त हो जाते हैं और वे एक में मिल जाते हैं, किन्तु व्यावहारिक दृष्टि से उनके भेद को स्वीकार करना अधिक सुविधाजनक है। कुछ शास्त्र और विज्ञान ऐसे हैं जो सापेक्ष और अन्योन्याश्रित हैं, उनमें परस्पर उपकार्योपकारक-भाव सम्बन्ध है; कुछ शास्त्र या विज्ञान ऐसे भी हैं जिनमें कोई साक्षात् और स्पष्ट सम्बन्ध नहीं है; उदाहरणार्थ, रसायन और काव्यशास्त्र। रसायन पढ़ने से काव्यशास्त्र के ज्ञान में कोई लाभ होने की सम्भावना नहीं है। इसी प्रकार वनस्पतिविज्ञान का अध्ययन भाषाविज्ञान के अध्ययन में सहायक नहीं हो सकता अथवा अर्थशास्त्र के ज्ञान से भौतिकी का ज्ञान समृद्ध नहीं होगा। ये विषय परस्पर निरपेक्ष तथा असम्बद्ध जैसे हैं। किन्तु ज्ञान की ऐसी अनेक शाखाएँ हैं जो परस्पर सापेक्ष ही नहीं, एक-दूसरे की पूरक भी हैं; एक के ज्ञान के बिना इतर का ज्ञान अधूरा रहेगा। उदाहरण के लिए, इतिहास और राजनीति को या राजनीति और अर्थशास्त्र को लीजिए। राजनीति से प्रेरित घटनाओं द्वारा इतिहास का निर्माण होता है और ऐतिहासिक घटनाएँ बाद की राजनीति का दिशा-निर्देश करती हैं। इसी प्रकार बहुत बार राजनीति का निर्माण अर्थशास्त्रीय कारणों से होता है। इसलिए यदि इनमें एक को भी ठीक से समझना है तो दूसरे विषयों का ज्ञान अनिवार्य होगा; अपने-आपमें कोई भी पूर्ण नहीं है। वस्तुतः इतिहास, राजनीति, अर्थशास्त्र आदि में एक-एक का ज्ञान दूसरे का साधक और उपकारक है। इन्हें बहुत-कुछ अन्योन्याश्रित भी कह सकते हैं; एक के बिना दूसरे की सम्यक् धारणा नहीं हो सकती। तो स्पष्ट है कि ज्ञान के कुछ विषय परस्पर सापेक्ष होते हैं और कुछ निरपेक्ष; कुछ का ज्ञान दूसरे विषयों के ज्ञान के लिए उपादेय तथा आवश्यक होता है, और कुछ का नहीं। इस दृष्टि से विचार करने पर भाषाविज्ञान का भी कई अन्य विषयों से साक्षात् सम्बन्ध दीखता है जिनका ज्ञान भाषाविज्ञान के लिए आवश्यक है। साथ ही भाषाविज्ञान भी उन विषयों के ज्ञान को परिष्कृत और समृद्ध करता है। तात्पर्य कि एक ओर जहाँ भाषाविज्ञान दूसरे विषयों पर प्रकाश डालता है वहीं दूसरी ओर उनसे स्वयं प्रकाश ग्रहण भी करता है। इस सापेक्षता की दृष्टि से भाषाविज्ञान के साथ अग्रलिखित विषयों का सम्बन्ध निरूपित किया जा सकता है—

1. मनोविज्ञान–भाषाविज्ञान

भाषा का सम्बन्ध विचारों या भावों से है, अर्थात् भाषा विचारों या भावों की अभिव्यक्ति का साधन है। व्यक्ति पर्यावरण अथवा परिस्थिति से प्रभावित होता है और उस प्रभाव की अभिव्यक्ति प्रतिक्रिया के रूप में होती है। वह प्रतिक्रिया मानसिक, शारीरिक अथवा वाचिक हो सकती है। अप्रिय बात देखने या सुनने पर हमारा मन क्षुब्ध और खिन्न हो जाता है जो हमारी मानसिक प्रतिक्रिया का परिणाम है। कहीं से हमारे पैर पर यदि आग का एक कण आ गिरे तो हम अविलम्ब पैर हटा लेते हैं। यह हमारी शारीरिक प्रतिक्रिया हुई। बहुत बार हमारी प्रतिक्रिया वाचिक ही रह जाती है। किसी के अभिनन्दनपरक वाक्य पर मुस्कुराकर प्रसन्न स्वर में कुछ कहना, किसी के क्रोध करने पर कटु उत्तर देना हमारी सहज वाचिक प्रतिक्रियाएँ हैं जिनका सम्बन्ध मन से है। तात्पर्य यह कि भाषा का तब तक उच्चारण होगा ही नहीं जब तक कोई विचार या भाव मन में नहीं उठे, और कहने की आवश्यकता नहीं कि विचार या भाव का सम्बन्ध मन (मस्तिष्क) से है जिसका अध्ययन मनोविज्ञान का विषय है। अतः मनोविज्ञान जाने बिना भाषा के सभी पक्षों का पूर्ण विवेचन सम्भव नहीं है। क्यों किसी शब्द का हम पर अनुकूल प्रभाव पड़ता है और क्यों प्रतिकूल, यह सोचने की चीज़ है। 'आप कितने सुन्दर हैं', यह सुनकर हमारा मन खिल उठता है और 'आप कितने मूर्ख हैं', यह सुनकर मन खीझता ही नहीं, क्रुद्ध भी हो जाता है। 'सुन्दर' और 'मूर्ख' शब्दों में इतनी बड़ी शक्ति है ! इन शब्दों का मन पर ऐसा प्रभाव–एक अनुकूल और दूसरा प्रतिकूल–क्यों पड़ा, इसकी व्याख्या मनोविज्ञान ही कर सकता है। स्वभावतः शब्दों द्वारा यथाभिलषित प्रभाव की उत्पत्ति के लिए मनोविज्ञान की जानकारी आवश्यक है। भाषा की उत्पत्ति का आधार तो मनोविज्ञान ही है, उसकी परिसमाप्ति भी मनोविज्ञान में ही होती है, अर्थात्, जब वक्ता किसी उद्देश्य से किसी वाक्य का प्रयोग करता है तो वह श्रोता में तदनुरूप प्रतिक्रिया उत्पन्न करना चाहता है जो श्रोता द्वारा अर्थबोध के अनन्तर ही उत्पन्न होती है। तात्पर्य कि वक्ता के मन (मस्तिष्क) से प्रेरित अर्थ भाषा के माध्यम से श्रोता के मन (मस्तिष्क) तक पहुँचकर तद्रूप भाव उत्पन्न करता है। इस तरह भाषा वक्ता और श्रोता के मन (मस्तिष्क) को एक सूत्र में बाँधने का माध्यम है। सच पूछिए तो मन के अभाव में भाषा की न तो उत्पत्ति सम्भव है और न ग्रहण। इसीलिए अविकसित चेतना-सम्पन्न जीवों में भाषा का विकास नहीं दीखता।

अर्थ-परिवर्तन के कारणों को अच्छी तरह समझने के लिए भी मनोविज्ञान का परिचय अपेक्षित है। क्यों एक शब्द के अनेक अर्थ हो जाते हैं ? क्यों कालान्तर में किसी शब्द का अर्थ बदल जाता है ? यह सब जानने का साधन मनोविज्ञान ही है। अर्थ-परिवर्तन के कारणों पर विचार करने के प्रसंग में हम देखेंगे कि किस प्रकार मनोवैज्ञानिक कारणों से अर्थ नियन्त्रित होते हैं। इससे स्पष्ट है कि मनोविज्ञान और भाषाविज्ञान का बड़ा अन्तरंग सम्बन्ध है।

2. शरीरविज्ञान–भाषाविज्ञान

भाषाविज्ञान का शरीरविज्ञान से गहरा सम्बन्ध है। भाषा के लिए कम-से-कम दो व्यक्ति आवश्यक हैं—एक वक्ता और दूसरा श्रोता। कभी-कभी मनुष्य अकेले अपने-आप भी बोलता है, किन्तु वह सामान्य स्थिति नहीं है। वक्ता और श्रोता की दृष्टि से निम्नलिखित प्रक्रिया अनिवार्य है—

वक्ता **श्रोता**

मनोविज्ञान→शरीरविज्ञान→भौतिकविज्ञान→शरीरविज्ञान→मनोविज्ञान

प्रथमतः वक्ता के मन में विचार उत्पन्न होता है; तब वह विचार वागिन्द्रियों की सहायता से अभिव्यक्त होता है; फिर वायुतरंगों से श्रोता के पास पहुँचता है और उसके कर्णकुहरों में प्रवेश कर मन (मस्तिष्क) तक जाता है जहाँ उसकी सार्थकता का बोध होता है। इस प्रकार वक्ता से श्रोता तक पहुँचने में तीन प्रक्रियाएँ काम में आती हैं—

वक्ता		**श्रोता**
ध्वनन	प्रेषण	ग्रहण

ध्वनन या उच्चारण का सम्बन्ध ध्वनि के **निर्माणपक्ष** से है और ग्रहण का उसके **बोधपक्ष** से। मन में उत्पन्न भाव वागिन्द्रियों की सहायता से कैसे अभिव्यक्त होते हैं, यह ठीक-ठीक कहना उसी के लिए सम्भव है जो वागिन्द्रियों की रचना, स्थिति और कार्य से अवगत हो। किस तरह फेफड़ों से निकलती हुई वायु स्वरतन्त्री, कंठ, तालु, नासिका-विवर आदि स्थानों से टकराकर विभिन्न ध्वनियों का रूप धारण करती है, यह शरीर की रचना और क्रिया के ज्ञान से सम्बद्ध है। वही वायु कहीं क बन जाती है और कहीं च, कहीं द तो कहीं व, कहीं स्वर तो कहीं व्यंजन, कहीं अनुनासिक तो कहीं अनुस्वार। यह शरीरविज्ञान से परिचित व्यक्ति ही अच्छी तरह समझ सकता है।

एक बड़ी मनोरंजक बात यह है कि जिन्हें वागिन्द्रिय कहते हैं वे वस्तुतः वागिन्द्रियाँ नहीं हैं, उनका प्राकृतिक उपयोग दूसरा है; जैसे—होंठ मुखविवर के फाटक हैं। अगर ये फाटक बन्द नहीं रहें तो कोई भी चीज़ मुँह के भीतर चली जाये और स्वास्थ्य ही नहीं, प्राणों के लिए भी घातक बन जाये। इसलिए ये फाटक सामान्यतः बन्द रहते हैं और आवश्यकता पड़ने पर ही खोले जाते हैं। दाँत भोजन के लिए छुरी और सिल का काम करते हैं। आगे के दाँतों से हम भोजन को काटने का काम लेते हैं और बगल के दाँतों से उसे चबाकर पीसने का। यह कटाई और पिसाई भोजन के पचने के लिए अनिवार्य है। जीभ का काम स्वाद को ग्रहण कर भोजन की खाद्यता और अखाद्यता का निर्णय करना है। यदि जीभ न हो तो अखाद्य वस्तुएँ भी पेट में चली जायें। फेफड़ों का काम है श्वास-प्रश्वास की क्रिया द्वारा जीवन-धारण। इसीलिए जो प्राणी नहीं भी बोलते हैं उन्हें भी ये इन्द्रियाँ उपलब्ध हैं। मनुष्य की बौद्धिक विशेषता का यह असाधारण प्रमाण है कि उसने इन जीवनधारणोपयोगी इन्द्रियों से भाषा जैसी आश्चर्यजनक

वस्तु का आविष्कार कर लिया जो उसकी समस्त उपलब्धियों का साधन बनी। इन इन्द्रियों का ज्ञान रखनेवाला ही ध्वनि की विशेषताओं और सूक्ष्मताओं को भली-भाँति समझ सकता है। स्वर का आरोह-अवरोह, ह्रस्वता-दीर्घता, तारता-मन्द्रता कैसे सम्भव होती है, यह शरीरविज्ञान न जाननेवाला नहीं कह सकता। उसी गले से सामान्य बोली निकलती है और उसी गले से मन को मुग्ध कर देने वाली संगीत की मधुर लहरी। कितना विचित्र यन्त्र है वह !

जिस प्रकार शब्द के उच्चारण के लिए वागिन्द्रियों का ज्ञान आवश्यक है, उसी प्रकार शब्द के ग्रहण के लिए श्रवणेन्द्रियों का ज्ञान। कान के द्वारा ध्वनि किस प्रकार भीतर जाती है, कहाँ टकराती है, कैसे सुनी जाती है, अर्थात् कैसे उससे अर्थबोध होता है—ये सारी बातें श्रवणेन्द्रिय के निर्माण और कार्य को जानने से ही समझ में आ सकती हैं। इस तरह स्पष्ट है **ध्वनन** (उच्चारण) और **श्रवण** का ज्ञान शरीरविज्ञान के परिचय के अभाव में सम्भव नहीं है।

3. भौतिकी—भाषाविज्ञान

वक्ता और श्रोता के बीच कोई सम्पर्क नहीं होता। फिर, वक्ता की ध्वनि श्रोता तक कैसे पहुँचती है ? बेतार के आविष्कार को हम आश्चर्य की दृष्टि से देखते हैं, किन्तु छोटे पैमाने पर हम प्रतिदिन बेतार से काम लिया करते हैं। अन्तर यही है कि बेतार से दूर की ध्वनि सुनायी देती है और बोलते समय हम परस्पर निकट होते हैं, किन्तु सिद्धान्त की दृष्टि से दोनों में कोई फ़र्क नहीं है। यदि बिना किसी सम्पर्क-सूत्र के ध्वनि एक स्थान से दूसरे स्थान तक निकट में पहुँचायी जा सकती है तो विस्तार कर देने पर वह दूर के लिए भी सम्भव है। समीपता और दूरता तो सापेक्ष और गौण बातें हैं। प्रश्न है कि ध्वनि एक स्थान से दूसरे स्थान तक जाती कैसे है ? मेरे मुख से निकली ध्वनि आपके कर्णकुहरों तक किस माध्यम के द्वारा पहुँचती है, इस प्रश्न का समाधान भौतिकी करती है। ध्वनि या प्रकाश के संचरण का सिद्धान्त भौतिकी द्वारा निर्धारित होता है। जिसे हम मुक्त और शून्य आकाश समझते हैं, उसमें 'ईथर' नाम का एक पदार्थ है जो ध्वनि-तरंगों को एक स्थान से दूसरे स्थान तक पहुँचाने का काम करता है। वह 'ईथर' क्या है ? उस पर ध्वनि-तरंगों का संचरण कैसे होता है ? ध्वनि की गति कितनी तीव्र है ? गति की तीव्रता घटती-बढ़ती है या नहीं ? यदि घटती-बढ़ती है तो क्यों ? जो ध्वनि यों थोड़ी दूर के बाद ही नहीं सुनायी देती, वही यान्त्रिक सहायता से हज़ारों मील दूर तक (जैसे रेडियो में) कैसे सुनी जा सकती है ? इन जिज्ञासाओं का सामधान भौतिकी से ही होता है। कहने की आवश्यकता नहीं कि भाषा के प्रेषण-पक्ष का सम्यक् ज्ञान प्राप्त करने के लिए भौतिकी का ज्ञान अनिवार्य है। उसके अभाव में हम ध्वनि के संचरण पर आश्चर्य कर सकते हैं, पर उसका समाधान नहीं कर सकते।

4. व्याकरण–भाषाविज्ञान

व्याकरण किसी भाषा के तात्कालिक स्वरूप और नियमों से सम्बद्ध है, परन्तु वह यह नहीं कहता कि कोई रूप क्यों, कैसे और कब बना। वह केवल भाषा सम्बन्धी 'क्या' का उत्तर दे सकता है, 'क्यों' का नहीं। इसीलिए व्याकरण को विवरणात्मक या वर्णनात्मक भाषाविज्ञान कहते हैं, क्योंकि उसका काम केवल विवरण या वर्णन प्रस्तुत कर देना है। दूसरे शब्दों में, इसे यों कह सकते हैं कि व्याकरण भाषा के निष्पन्न स्वरूप का वर्णन कर विरत हो जाता है, किन्तु भाषाविज्ञान उसका कारण भी बताता है। जिस तरह भाषा के नियमों की जानकारी के लिए व्याकरण की आवश्यकता है, उसी तरह व्याकरण के नियमों की जानकारी और व्याख्या के लिए भाषाविज्ञान की आवश्यकता है।

व्याकरण का सम्बन्ध **भाषा-विशेष** से होता है और उसमें भी **काल-विशेष** से, अर्थात् व्याकरण किसी एक भाषा के किसी एक काल में प्रचलित रूपों को नियमबद्ध करता है। इसके प्रतिकूल **भाषाविज्ञान** का सम्बन्ध **भाषामात्र** से अर्थात् सभी भाषाओं से है और उसके नियम भी व्यापक और स्थायी होते हैं। व्याकरण भी तुलनात्मक हो सकता है; किन्हीं दो भाषाओं–जैसे, संस्कृत और लातिन–की तुलना की जा सकती है, किन्तु वह तुलना भी भाषा-विशेष की ही होगी और साथ ही काल-विशेष की भी। तात्पर्य कि तुलनात्मक रूप से भी व्याकरण की सीमा बनी रहती है।

जैसा ऊपर कहा गया है, व्याकरण विवरणात्मक या **वर्णनात्मक** होता है, किन्तु भाषाविज्ञान व्याख्यात्मक और **विश्लेषणात्मक** होता है, अर्थात् वह भाषा-सम्बन्धी नियमों और परिवर्तनों में कार्य-कारण-भाव स्थापित करने का प्रयास करता है। उदाहरणार्थ, हिन्दी व्याकरण के अनुसार 'आय' शब्द स्त्रीलिंग है, पर व्याकरण यह नहीं बताता कि एक ही धातु और प्रत्यय से निष्पन्न 'आय' शब्द स्त्रीलिंग क्यों हो जाता है जबकि 'व्यय' पुंलिंग है ? इसका समाधान भाषाविज्ञान करता है। 'आय' शब्द के लिंग पर फ़ारसी के 'आमद' शब्द का प्रभाव है जो स्त्रीलिंग है। 'आमद' का स्त्रीलिंग में प्रयोग करनेवाली ज़बान ने 'आय' का प्रयोग करना शुरू किया तो पूर्व-संस्कार से उसको भी स्त्रीलिंग बना दिया, यद्यपि प्रकृति-प्रत्यय की दृष्टि से उसे पुंलिंग ही होना चाहिए, जैसा समय, उदय, अन्वय, अत्यय, प्रत्यय, उपाय आदि में देखा जाता है। इसी प्रकार हिन्दी व्याकरण 'पुस्तक' शब्द को स्त्रीलिंग कह देता है, पर उसका कारण नहीं बताता। संस्कृत के नपुंसकलिंग 'पुस्तक' शब्द का हिन्दी में सामान्यतः पुंलिंग में प्रयोग होना चाहिए, किन्तु अरबी की 'किताब' के प्रभाव-स्वरूप 'पुस्तक' शब्द का स्त्रीलिंग में व्यवहार होने लगा। यही कारण है कि भाषाविज्ञान को व्याकरण का व्याकरण कहते हैं, अर्थात् वह व्याकरण द्वारा निर्दिष्ट नियमों का सकारण विवेचन करता है।

5. साहित्य–भाषाविज्ञान

साहित्य एक प्रकार से भाषा का स्थायी रूप है, इसलिए भाषाविज्ञान के अध्ययन का बहुत महत्त्वपूर्ण आधार है। जिस भाषा का साहित्य नहीं है, उसके भाषावैज्ञानिक अध्ययन का अवकाश भी कम है; उस भाषा का कम-से-कम ऐतिहासिक और तुलनात्मक अध्ययन तो सम्भव नहीं ही है। वैदिक, संस्कृत, प्राकृत, अपभ्रंश आदि भाषाओं का ऐतिहासिक दृष्टि से विकास देखना-समझना इसीलिए सम्भव है कि उनमें विस्तृत और सम्पन्न साहित्य उपलब्ध है, अन्यथा इन भाषाओं की भी वही स्थिति होती जो मुंडा, संथाली या संसार की ऐसी हज़ारों अन्य भाषाओं की है। सैकड़ों भाषाएँ, जो भाषावैज्ञानिक दृष्टि से बहुत उपयोगी सिद्ध हो सकती थीं, आज लुप्त हो चुकी हैं और उनका साहित्य न होने से उनके अध्ययन का मार्ग भी अवरुद्ध है। प्राचीन अंग्रेज़ी से मध्यकालीन अंग्रेज़ी और मध्यकालीन से आधुनिक अंग्रेज़ी में क्या अन्तर है और वह कब हुआ, इसका विवेचन उपलब्ध साहित्य के आधार पर ही हो पाता है। हमारे यहाँ ऋग्वेद में प्रयुक्त भाषा के पहले भी कोई भाषा रही होगी; किन्तु उसका साहित्य प्राप्य न रहने से उसके सम्बन्ध में आज कुछ भी कहने में हम असमर्थ हैं।

ऐतिहासिक दृष्टि से ही नहीं, तुलनात्मक दृष्टि से भी साहित्य भाषावैज्ञानिक अध्ययन के लिए पर्याप्त सामग्री प्रस्तुत करता है। संस्कृत, ग्रीक, लातिन, ईरानी, स्लाविक या यूरोप की अनेक अन्य भाषाएँ, जिन्हें आज हम भारत-यूरोपीय परिवार में रखते हैं, एक ही स्रोत से निकली हैं, यह जानना साहित्य के द्वारा ही सम्भव हो पाया है। सम्भव है, इस परिवार की और भी भाषाएँ विभिन्न स्थानों में प्रयुक्त होती रही हों, किन्तु आज उनका कोई साहित्य उपलब्ध न होने से उनके विषय में कुछ भी कहना असम्भवप्राय है। तात्पर्य कि भाषा के ऐतिहासिक और तुलनात्मक अध्ययन की सामग्री मुख्यतः साहित्य ही प्रस्तुत करता है।

जहाँ साहित्य भाषाविज्ञान के अध्ययन में उपयोगी है, वहाँ भाषाविज्ञान भी साहित्य के लिए कम उपयोगी नहीं है। प्राचीन साहित्य में बहुत सारे शब्द ऐसे मिलते हैं जिनका अर्थ आसानी से समझ में नहीं आता। कभी-कभी ऐसा भी देखा जाता है कि एक ही शब्द पहले दूसरे अर्थ में प्रयुक्त होता था और आज दूसरे अर्थ में प्रयुक्त हो रहा है। जैसे 'असुर' शब्द का अर्थ देवता से बदलकर राक्षस हो गया। ऐसे स्थलों का समाधान भाषाविज्ञान की सहायता से सुकर हो जाता है। भाषाविज्ञान ध्वनि-परिवर्तन या अर्थ-परिवर्तन के कारणों को स्पष्ट कर सन्देह का निवारण कर देता है। इतना ही नहीं, भाषावैज्ञानिक आधार पर साहित्य का विश्लेषण करने के लिए **शैलीविज्ञान** नामक स्वतन्त्र शास्त्र का विकास हो गया है जो निर्विवाद रूप से साहित्य और भाषाविज्ञान के उपकार्योपकारक-भाव और अन्योन्याश्रयत्व को सिद्ध करता है।

6. इतिहास–भाषाविज्ञान

इतिहास और भाषाविज्ञान एक-दूसरे के लिए बहुत उपादेय और सहायक हैं। इतिहास के निर्माण में भाषाविज्ञान से बहुत सहायता मिलती है। प्राचीन अभिलेख, शिलालेख, सिक्के आदि के पढ़ने पर ऐसे तथ्य सामने आते हैं जो इतिहास के निर्माण का आधार प्रस्तुत करते हैं या इतिहास की टूटी कड़ियाँ जोड़ने में सहायक बनते हैं। उदाहरणार्थ, उत्तरी सीरिया में प्राप्त 'हित्ती' की कीलाक्षर लेखपट्टियों को पढ़ने के बाद यह निश्चय हो गया कि 'हित्ती' भारत-यूरोपीय परिवार की अन्यतम भाषा थी। जब तक वे लेखपट्टियाँ नहीं मिली थीं, तब तक न 'हित्ती' के विषय में जानकारी थी और न यही कि वह भारत-यूरोपीय परिवार की भाषा है। हड़प्पा और मोहनजोदड़ों से प्राप्त अभिलेख अब तक नहीं पढ़े जा सके, इसलिए उनसे सिन्धु-सभ्यता पर जो प्रकाश पड़ सकता था, वह नहीं पड़ सका है। निश्चित ऐतिहासिक उल्लेख के अभाव में भाषा के स्तरों को देखकर ही यह निश्चय किया जाता है कि कौन रचना किस युग की है; उदाहरणार्थ, वेदों, ब्राह्मणों, उपनिषदों का काल-निर्धारण बहुत दूर तक उनमें प्रयुक्त भाषा के आधार पर ही किया गया है।

इस प्रकार हमने देखा कि भाषाविज्ञान इतिहास का उपकारक है, किन्तु इतिहास भी भाषाविज्ञान के लिए कम उपयोगी नहीं है। भाषाविज्ञान की अनेक समस्याओं का समाधान इतिहास से ही होता है। उदाहरणार्थ, हिन्दी में अरबी, फ़ारसी या अंग्रेज़ी शब्दों के बाहुल्य का कारण इतिहास ही बताता है। शताब्दियों के व्यापारिक सम्पर्क और राजनीतिक सत्ता के कारण ये शब्द आये, यह हम इतिहास से ही जानते हैं। ऐसे ही अंग्रेज़ी भाषा में लातिन या फ़्रांसीसी शब्दों के आधिक्य का कारण इंग्लैंड पर बहुत दिनों तक रोमनों और नॉर्मनों का प्रभुत्व है। फ़ारसी आर्य-परिवार की भाषा है और अरबी सामी-परिवार की। दोनों में कोई सम्बन्ध नहीं है, किन्तु सातवीं शताब्दी के बाद ईरान अरबों द्वारा पराजित हुआ और सारा देश इस्लाम क़बूल करने को बाध्य हुआ। इस राजनीतिक और धार्मिक विप्लव के कारण फ़ारसी में अरबी के हज़ारों शब्द आ गये, यद्यपि साहित्यिक दृष्टि से अरबी की अपेक्षा फ़ारसी कहीं उत्कृष्ट थी। हिन्देशिया की भाषा में बहुत सारे शब्द संस्कृत के हैं जो इस बात के सूचक हैं कि किसी दिन वहाँ तक संस्कृत का प्रभाव था और जो वृहत्तर भारत के इतिहास से परिचित हैं, वे जानते हैं कि कभी वह भाग भारत का उपनिवेश था। यह जान लेने पर हिन्देशिया की भाषा में संस्कृत शब्दों के बाहुल्य का समाधान अनायास हो जाता है।

7. भूगोल–भाषाविज्ञान

जिस प्रकार इतिहास से भाषाविज्ञान का निकट का सम्बन्ध है, उसी प्रकार भूगोल से भी।

(क) संसार की हज़ारों भाषाओं का **सीमा-निर्धारण** भूगोल की सहायता से ही किया जा सकता है। यदि भूगोल का ज्ञान न हो तो किस भाषा की सीमा कहाँ तक मानेंगे, यह कहना कठिन है। जहाँ भाषाओं की सीमाएँ बहुत थोड़ी दूर पर बदलती हैं, वहाँ तो यह कार्य और भी कठिन हो जाता है। सीमावर्ती भाषाओं में दो-दो, तीन-तीन भाषाओं के लक्षण दीखने लगते हैं। ऐसी स्थिति में उन्हें किसके अन्तर्गत रखें, यह निर्णय करने के लिए जहाँ भाषावैज्ञानिक साधनों को काम में लाया जाता है, वहाँ भौगोलिक स्थिति को भी ध्यान में रखना पड़ता है।

(ख) किसी देश की जलवायु का प्रभाव वहाँ के निवासियों के शरीर पर और शरीर का प्रभाव भाषा के **उच्चारण** पर पड़ता है। ठंडे देशों में रहने वालों के उच्चारण की अस्पष्टता का कारण यह बताया जाता है कि अधिक ठंड के कारण उन्हें मुँह खोलने में कठिनाई होती है, अतः वे ध्वनियों का उच्चारण साफ़-साफ़ नहीं कर पाते। इसके प्रतिकूल गर्म देशों में रहने वाले आसानी से मुँह खोल पाते हैं, स्वभावतः उनका उच्चारण अपेक्षाकृत स्पष्ट होता है। अंग्रेज़ी में अनेक ध्वनियों पर स्खलित होती हुई जीभ कुछ ही ध्वनियों का स्पष्टता से उच्चारण कर पाती है और अनेक ध्वनियाँ लुप्त-सी हो जाती हैं। इसका कारण उस देश की अतिशीत जलवायु ही है।

(ग) किसी भाषा का दूर तक **विस्तार** क्यों होता है और कोई भाषा छोटी सीमा में ही क्यों घिरी रह जाती है, इसका समाधान भी भूगोल ही करता है। आवागमन की सुविधा और आबादी की सघनता के कारण समतल मैदान में भाषा के दूर तक फैलने का अधिक अवकाश रहता है। हिन्दी के व्यापक प्रसार का कारण इस भू-भाग का समतल होना भी है। इसके प्रतिकूल दुर्गम पर्वतों, वनों और मरुभूमियों में भाषा के विस्तार का अवकाश कम होता है, क्योंकि न तो वहाँ के निवासी आसानी से बाहर जा सकते हैं और न बाहर के लोग वहाँ आसानी से पहुँच सकते हैं।

(घ) इसी कारण ऐसी भाषाओं में **परिवर्तन** भी कम और मन्द गति से होता है। बिहार के पहाड़ी क्षेत्रों में रहने वाली मुंडा, संथाल आदि जातियों की भाषा में हिन्दी, बँगला आदि की अपेक्षा अधिक स्थिरता है, क्योंकि उनका बाहर के लोगों से सम्पर्क नहीं रहा है। अब धीरे-धीरे सम्पर्क बढ़ने से परिवर्तन की सम्भावनाएँ भी बढ़ गयी हैं। दुर्लंघ्य नदियों से विभक्त भू-भाग की भाषाओं में दूरी कम होने पर भी अधिक अन्तर दीखता है, क्योंकि एक तट के निवासियों का दूसरे तट के निवासियों से सम्पर्क सुगम नहीं होता; परन्तु मैदानों में बहुत दूर तक भी भाषा का रूप अपरिवर्तित रह जाता है। इससे स्पष्ट है कि भाषा के निर्माण, परिवर्तन और प्रसार पर भूगोल का प्रभाव पड़ता है।

(ङ) बहुत सारे शब्दों के **अर्थ** पर भी भूगोल का प्रभाव दिखायी देता है। उदाहरणार्थ, केसर को संस्कृत में 'काश्मीर' कहते हैं जो स्पष्ट ही इस बात का सूचक है कि केसर की उपज आरम्भ में कश्मीर में होती थी। आज भी केसर उस सीमा का अतिक्रमण नहीं कर सका है। संस्कृत में उड़द का एक नाम 'काम्बोजी' है जो इस बात

की ओर इंगित करता है कि वह पहले-पहल 'कम्बोज' से आया। भारत के पूर्ववर्ती प्रदेश का नाम 'असम' इसीलिए पड़ा कि वहाँ की भूमि पहाड़ी होने से सम नहीं है। ये रोचक उदाहरण भाषा के विकास में भूगोल के प्रभाव को निर्भ्रान्त रूप से व्यक्त करते हैं।

8. मानवविज्ञान–भाषाविज्ञान

जैसा नाम से ही स्पष्ट है, मानवविज्ञान मानव की उत्पत्ति और विकास का विवेचन करता है। बनावट के अनुसार मानव-जाति के कितने भेद हैं, उनका विस्तार कैसे हुआ, उनकी क्या विशेषताएँ हैं, आदि बातें मानवविज्ञान में निरूपित होती हैं। मनुष्य आदिम अवस्था से अब तक कैसे पहुँचा है ? इस विकासक्रम में उसके रहन-सहन, भाषा, कला आदि का उस पर क्या प्रभाव पड़ा है—यह हम मानवविज्ञान के द्वारा जानते हैं। मनुष्य के विकास में उसकी भाषा का भी महत्त्वपूर्ण योग है, यह कहना पुनरुक्ति मात्र होगा। मनुष्य का विकास दो प्रकार का होता है—एक तो प्राकृतिक और दूसरा सांस्कृतिक। उसके सांस्कृतिक या संस्कार-जन्य विकास में भाषा का बहुत बड़ा हाथ है। मानवविज्ञानी सुदूरवर्ती आदिम सभ्यता का अध्ययन करना चाहता है और उस प्रसंग में उसे ऐसी भाषाएँ मिलती हैं जो अज्ञात या अनधीत हो सकती हैं। जब तक वह उन भाषाओं का अध्ययन नहीं कर लेता तब तक उसके निष्कर्ष सन्दिग्ध बने रहते हैं। यहाँ भाषाविज्ञान मानवविज्ञान की सहायता करता है। बदले में मानवविज्ञान भी ऐसी सामग्री देता है जो किसी भाषा की रहस्यपूर्ण गुत्थियों को सुलझाने में सहायक हो सके।

प्रजाति (रेस) और भाषा का कोई सम्बन्ध है या नहीं ? प्रजातीय सम्मिश्रण का भाषा के विकास में क्या महत्त्व है ? ऐसे अनेक प्रश्नों का समाधान मानवविज्ञान की सहायता से ही किया जा सकता है। भाषा का सम्बन्ध मानव से है और मानव के अध्ययन का प्रयास जिस शास्त्र में होगा, वह भाषाविज्ञान के निकट आ जायेगा।

9. समाजविज्ञान–भाषाविज्ञान

समाजविज्ञान में समाज का अध्ययन होता है, अर्थात् सामाजिक प्राणी के रूप में मनुष्य के आचार, विचार, व्यवहार आदि का विश्लेषण किया जाता है। व्यक्ति और समाज का सम्बन्ध, व्यक्ति पर समाज का प्रभाव, समाज के निर्माण में व्यक्ति का प्रभाव आदि विषयों की चर्चा समाजविज्ञान में है। भाषा भी सामाजिक सम्पत्ति है। वह समाज में ही उत्पन्न और समाज में ही विकसित होती है। मनुष्य के आचार-विचार आदि में भाषा का कभी प्रत्यक्ष और कभी अप्रत्यक्ष प्रभाव रहता है। इस तरह भाषाविज्ञान समाजविज्ञान के बहुत समीप आ जाता है। निरक्षर रसोइए को भी 'पंडितजी' क्यों कहते हैं ? निःस्व, अधिकारहीन क्षत्रिय भी 'ठाकुर' या 'बाबूसाहेब' क्यों कहलाता है ? यह उनके पूर्व उत्कर्ष का स्मारक है जो उनके अतीत पर प्रकाश डालता है। ब्राह्मण किसी

दिन पंडित हुआ करते थे और क्षत्रिय किसी दिन ठाकुर। आज दोनों ज्ञान और अधिकार से वंचित हो गये हैं, फिर भी पुराने नाम ढोये जा रहे हैं।

भाषा से समाज-व्यवस्था का बहुत दूर तक नियमन होता है। सामान्य शिष्टाचार से लेकर क्रान्तिकारी परिवर्तन तक भाषा के द्वारा ही सम्पन्न होते हैं। हिटलर की वाग्मिता ने जर्मनी की जनता में युद्धोन्माद भर दिया जिसके कारण द्वितीय महायुद्ध हुआ। जिन्ना और अन्य मुस्लिम-लीगी नेताओं के धर्मान्धिता उभारने वाले नारों और भाषणों के कारण भारत का विभाजन हो गया और देश में जो ख़ूँरेज़ी और बरबादी हुई वह अलग। भाषा के द्वारा समाज की गतिविधि को बहुत दूर तक नियन्त्रित किया जा सकता है, यह युद्ध या क्रान्ति के समय स्पष्ट हो जाता है। समाजविज्ञान और भाषाविज्ञान दोनों मानव-जाति से ही सम्बद्ध हैं; अन्तर यह है कि समाजविज्ञान का क्षेत्र अधिक व्यापक है, उसमें सामाजिक दृष्टि से मनुष्य के समस्त क्रिया-कलाप को, जिसमें भाषा भी है, विश्लेषण किया जाता है। भाषाविज्ञान केवल भाषा तक सीमित है। यह अन्तर मुख्यतः मात्रा का ही है, अन्यथा दोनों समाज-सापेक्ष हैं।

10. दर्शन–भाषाविज्ञान

भाषा का, विशेषतः अर्थविज्ञान का, दर्शन से गहरा सम्बन्ध है। यूरोप में भाषा-सम्बन्धी जिज्ञासा का आरम्भ दर्शन से ही हुआ। ग्रीस में सबसे पहले भाषा का विवेचन दार्शनिकों द्वारा किया गया। भारत में भी वैयाकरणों का स्फोटवाद, बौद्धों का अपोहवाद, नैयायिकों का जातिवाद, मीमांसकों का शब्द-नित्यत्ववाद आदि सिद्धान्त दर्शन पर ही आश्रित हैं। वाणी के चार प्रकारों–परा, पश्यन्ती, मध्यमा और वैखरी--का आधार भी दार्शनिक ही है। जहाँ अन्य दर्शनों ने अर्थ पर अधिक ध्यान दिया है, वहाँ तन्त्र ने शब्द पर। वर्णों के विशिष्ट विन्यास और उनसे अनेक प्रकार के अतिलौकिक प्रभावों की कल्पना तन्त्रशास्त्र में मिलती है। योग में भी, विशेषतः षट्चक्रों की चर्चा के प्रसंग में, वर्णों पर बहुत कुछ कहा गया है। शब्द और अर्थ की यह चर्चा यद्यपि आधुनिक भाषाविज्ञान की सीमा में बहुत दूर तक नहीं आती, तथापि वह सर्वथा निरुपयोगी है, ऐसा नहीं कहा जा सकता।

इस प्रकार संक्षेप में हमने देखा कि भाषाविज्ञान का ज्ञान की दूसरी शाखाओं से क्या सम्बन्ध है और वे एक-दूसरे के अध्ययन में कहाँ तक सहायक हो सकती हैं। भाषाविज्ञान को पूरी तरह समझने के लिए इन सभी विषयों का थोड़ा-बहुत ज्ञान आवश्यक है।

ध्वनिविज्ञान

भाषा का आरम्भ ध्वनि से होता है। ध्वनि के अभाव में भाषा की कल्पना नहीं की जा सकती है और जैसा हमने देखा है, भाषाविज्ञान का विषय ध्वन्यात्मक भाषा ही है। इसलिए सर्वप्रथम ध्वनि का विवेचन आवश्यक है।

ध्वनि के तीन पक्ष हैं—**1. उत्पादन; 2. संवहन;** और **3. ग्रहण**। इनमें उत्पादन और ग्रहण का सम्बन्ध शरीर से है और संवहन का वायु-तरंगों से। वक्ता के मुख से निःसृत ध्वनि श्रोता के कान तक पहुँचती है। ध्वनि के उत्पादन के लिए वक्ता जितना आवश्यक है, उतना ही उसके ग्रहण के लिए श्रोता आवश्यक है, किन्तु वक्ता और श्रोता के बीच यदि ध्वनि के संवहन का कोई माध्यम न हो तो उत्पन्न ध्वनि भी निरर्थक हो जायेगी। यह कार्य वायु-तरंगों के द्वारा सिद्ध होता है। ध्वनि का उत्पादन या ग्रहण कैसे होता है, इसे अच्छी तरह समझने के लिए शरीर का थोड़ा-बहुत ज्ञान आवश्यक है। ध्वनि का संवहन वाला पक्ष भी तब तक अच्छी तरह नहीं समझा जा सकता जब तक भौतिकी का थोड़ा-बहुत ज्ञान न हो।

बोलते तो सभी हैं, पर कैसे बोलते हैं, इसका उत्तर देना सबके लिए आसान नहीं है। ध्वनि कहाँ से, कैसे उत्पन्न होती है, यह शरीरविज्ञान से परिचित व्यक्ति ही अच्छी तरह समझ सकता है और शरीरविज्ञान से परिचित व्यक्ति भी तब तक इसे नहीं बता सकता जब तक उसने इस पर ध्वनिविज्ञान की दृष्टि से विचार न किया हो, कारण कि शरीरविज्ञानी की दृष्टि ध्वनिविज्ञानी की दृष्टि से भिन्न होती है।

ध्वनिविज्ञान के प्रसंग में वागिन्द्रिय या भाषणेन्द्रिय शब्द का प्रयोग किया जाता है, जिसका अर्थ हुआ कि वाक् अथवा भाषण की कुछ ख़ास इन्द्रियाँ हैं। किन्तु हमारे शरीर में वागिन्द्रिय या भाषणेन्द्रिय नाम की कोई वस्तु नहीं है; यदि है भी तो केवल कान, क्योंकि उसका उपयोग भाषा के ग्रहण के अतिरिक्त और कुछ नहीं है। भाषण या बोलने का काम उन अंगों का इन्द्रियों से लिया जाता है जिनका प्रधान उपयोग जीवन-धारण के लिए होता है। जैसे, मुँह खाने के लिए है; नाक श्वास लेने के लिए; आगे के दाँत भोजन को काटने और बगल के पीसने के लिए। जीभ भोजन की ग्राह्यता और अग्राह्यता का निर्णय करती है। होंठ फाटक का काम करते हैं, अन्यथा सोते समय द्वार खुला पाकर कोई भी कीड़ा-मकोड़ा मुँह में घुस सकता है। प्रकृति ने इसका ध्यान रखा है कि सोते समय भी मनुष्य निरापद रूप में सो सके। इसीलिए मुँह

पर होंठों का फाटक लगा दिया है जो सोने पर आप-से-आप बन्द हो जाते हैं और आँखों पर पलकों का आवरण डाल दिया है जो नींद आने पर आँखों को ढँक लेती हैं। कहने का तात्पर्य यह कि जिन इन्द्रियों से हम बोलने का काम लेते हैं, उनमें कोई भी केवल बोलने के लिए नहीं बनी। इसलिए वागिन्द्रिय शब्द को गौण अर्थ में ही प्रयुक्त मानना चाहिए। इसको ऐसे कह सकते हैं कि हमारे शरीर में अनेक इन्द्रियाँ हैं जिनसे हम दुहरे काम लेते हैं—एक ओर, उनसे जीवन-धारण होता है और दूसरी ओर, ध्वनि की उत्पत्ति भी, जिससे भाषिक व्यवस्था सम्भव होती है।

वागिन्द्रियाँ

वागिन्द्रियों की स्थिति और कार्य को ठीक से समझने के लिए शारीरिक रचना एवं क्रिया का थोड़ा-बहुत ज्ञान आवश्यक है। शरीरविज्ञान की दृष्टि से मानव-शरीर निम्नलिखित तन्त्रों में विभाजित किया जाता है—

1. **अस्थि-तन्त्र**—अस्थि-तन्त्र हड्डियों का ढाँचा है जो शरीर के लिए आधार का काम करता है।

2. **पेशी-तन्त्र**—पेशी-तन्त्र से अंगों के आकुंचन-प्रसारण (मोड़ने-फैलाने) का काम लिया जाता है।

3. **श्वसन-तन्त्र**—श्वसन-तन्त्र श्वास-प्रश्वास की प्रक्रिया द्वारा जीवन-धारण में सहायक होता है।

4. **पाचन-तन्त्र**—पाचन-तन्त्र भोजन के पाचन और शरीर के पोषण का साधन है।

5. **परिसंचरण-तन्त्र**—परिसंचरण-तन्त्र पर रक्त-संचार का भार है।

6. **उत्सर्जन-तन्त्र**—उत्सर्जन-तन्त्र का सम्बन्ध मल-निष्कासन से है।

7. **तन्त्रिका-तन्त्र**—तन्त्रिका-तन्त्र पर संवेदन या ज्ञान का उत्तरदायित्व है।

8. **अन्तःस्रावी-तन्त्र**—अन्तःस्रावी-तन्त्र शरीर के संचालन के लिए भीतर-ही-भीतर कुछ रासायनिक तत्त्वों की व्यवस्था करता है।

9. **जनन-तन्त्र**—जनन-तन्त्र का सम्बन्ध सन्तानोत्पत्ति से है।

इन तन्त्रों के कार्यों पर ध्यान देने से दो ही तन्त्र ऐसे दीखते हैं जिनका सम्बन्ध भाषण से भी है और वे हैं **श्वसन-तन्त्र** तथा **पाचन-तन्त्र**। वस्तुतः श्वसन-तन्त्र और पाचन-तन्त्र बाहर और भीतर के छोरों पर ही एक-दूसरे से अलग हैं अन्यथा बीच में (कंठ के पास) मिले हुए हैं। नासिका से भीतर खींची गयी श्वास-वायु और मुख से भीतर गया भोजन कुछ दूर तक एक ही मार्ग से जाते हैं, किन्तु गले के नीचे उतरने पर उनके मार्ग भिन्न हो जाते हैं—श्वास-वायु श्वास-नली की सहायता से फेफड़ों में पहुँच जाती है और भोजन भोजन-नली की सहायता से आमाशय में। यदि धोखे से भोजन श्वास-नली में पहुँच जाये तो तत्काल मृत्यु हो सकती है, इसलिए प्रकृति ने भोजन-नली के द्वार पर एक आवरण दे रखा है जो भोजन निगलते समय श्वास-नली

के मुख को बन्द कर देता है। इससे भोजन श्वास-नली में न जाकर सीधे आमाशय में चला जाता है। जब कभी भूल से कोई कण श्वास-नली के द्वार पर पहुँचता है तो तत्क्षण भीतर से वायु उसे बाहर फेंकने का प्रयास करती है जिसे लोग 'सरकना' कहते हैं।

श्वसन-तन्त्र के निम्नलिखित अवयव भाषण के काम में आते हैं—**नासिका-विवर, स्वर-तन्त्र** और **फेफड़े।** पाचन-तन्त्र के जिन अवयवों से हम भाषण का काम लेते हैं, वे हैं **मुखविवर** और **ग्रसनिका** या गलबिल (गले का छेद)। इस प्रकार इन दोनों तन्त्रों के कुछ अवयव भाषा की उत्पत्ति में सहायक होते हैं जिन्हें वागिन्द्रिय या भाषणेन्द्रिय के नाम से पुकारा जाता है। ध्वनियों के उत्पादन के लिए इनमें किससे क्या सहायता मिलती है, यह जानने के लिए इनका स्थूल परिचय आवश्यक है।

1. फेफड़े

मनुष्य जब तक जीता है तब तक श्वास-निःश्वास की क्रिया निरन्तर चलती रहती है। नींद में बहुत सारे व्यापार बन्द हो जाते हैं, फिर भी यह व्यापार बन्द नहीं होता। इसके बन्द होने का अर्थ है जीवन की समाप्ति। प्रश्वास (भीतर खींची गयी हवा) से गृहीत ऑक्सीजन के द्वारा रक्त-शोधन का कार्य होता है। और निःश्वास (बाहर फेंकी गयी हवा) से कार्बन डाइ-ऑक्साइड नामक दूषित तत्त्व शरीर से निकाला जाता है। जीवन के लिए ऑक्सीजन का ग्रहण जितना आवश्यक है, उतना ही कार्बन डाइ-ऑक्साइड का निःसारण। क्षण-भर भी ऑक्सीजन नहीं मिलने से दम घुटने लगता है, जिसका अर्थ है कि कार्बन डाइ-ऑक्साइड का विष शरीर से बाहर निकल नहीं पा रहा है। यदि कुछ देर तक ऑक्सीजन न मिले तो मनुष्य का प्राणान्त हो जाये।

निःश्वास अर्थात् बाहर निकलने वाली दूषित या निरर्थक वायु से ही ध्वनि की उत्पत्ति होती है। कहने का अभिप्राय यह है कि ध्वनि या भाषा श्वसन-क्रिया की उपजात (बाइ-प्रोडक्ट) है। यह उपजात भी मानव-सृष्टि के लिए कितना महत्त्वपूर्ण है ! उसकी सारी बौद्धिक उपलब्धि इसी उपजात का परिणाम है। फेफड़े धौंकनी का काम करते हैं। प्रश्वास और निःश्वास का क्रम सदा चलता रहा है और जैसा अभी कहा गया, निःश्वास से ही ध्वनि की उत्पत्ति होती है। इस प्रकार ध्वनि की उत्पत्ति में फेफड़ों का प्रत्यक्ष उपयोग तो नहीं है, किन्तु वही मूल स्थान है जहाँ से बाहर निकलने वाली वायु का उपयोग ध्वनि के उत्पादन के लिए किया जाता है। फेफड़े के ऊपर श्वास-नली है जो दोनों फेफड़ों से सम्बद्ध रहती है।

वाग्-यन्त्र

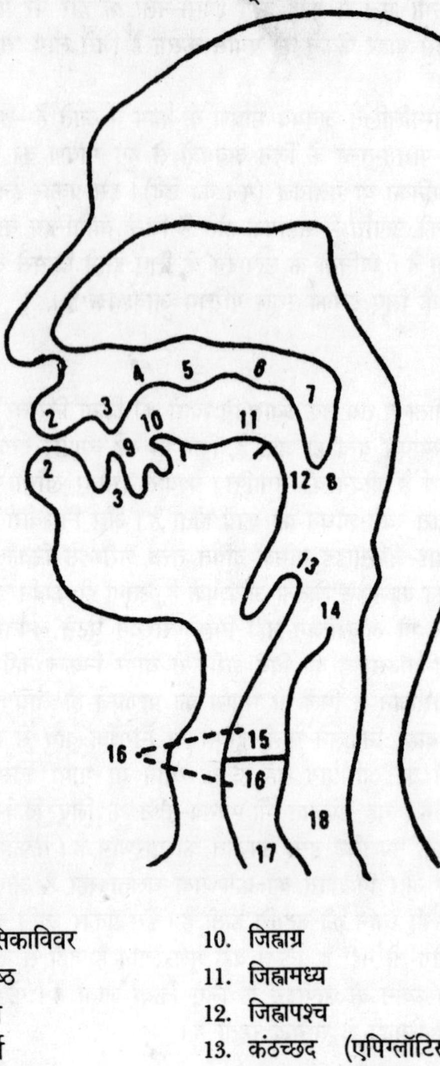

1. नासिकाविवर	10. जिह्वाग्र
2. ओष्ठ	11. जिह्वामध्य
3. दन्त	12. जिह्वापश्च
4. वर्त्स	13. कंठच्छद (एपिग्लॉटिस)
5. मूर्धा	14. ग्रसनिका (फ़ैरिंक्स)
6. कठोरतालु	15. स्वरतन्त्री (व्होकल कॉर्ड)
7. कोमलतालु	16. स्वरयन्त्र (लैरिंक्स)
8. अलिजिह्वा (काकल)	17. श्वासनली (विंड पाइप)
9. जिह्वाणि	18. ग्रासनली (गलेट)

2. स्वर-यन्त्र

श्वास-नली के उपरिभाग में स्वर-यन्त्र नाम का एक अवयव है। फेफड़े से निकलती हुई वायु स्वर-यन्त्र से होकर ही बाहर जाती है। स्वर-यन्त्र के बीच होंठों के आकार की दो मांसल झिल्लियाँ हैं जिन्हें **स्वर-तन्त्री** कहते हैं। ये झिल्लियाँ आमने-सामने पीछे से आगे तक फैली हुई हैं जो काफ़ी लचीली होती है। स्वर-तन्त्रियों के बीच के छिद्रों को **कंठ-द्वार** या काकल कहते हैं। तन्त्री शब्द से यह नहीं समझना चाहिए कि इनमें तार जैसा कुछ है। स्वर-तन्त्रियों की मुख्यतः तीन अवस्थाएँ होती हैं–

(क) स्वर-तन्त्रियों की सामान्य अवस्था वह है जिसमें वे **पृथक्, शिथिल, निःस्पन्द** पड़ी रहती हैं। इस अवस्था में श्वास-निःश्वास की क्रिया अविरत चलती रहती है, क्योंकि बीच का छिद्र अर्थात् कंठ-द्वार (काकल) खुला होता है जिससे वायु फेफड़ों में आती-जाती रहती है। इसी अवस्था में **अघोष** ध्वनियों का उच्चारण होता है।

(ख) स्वर-तन्त्रियों की दूसरी अवस्था वह है कि जिसमें वे परस्पर निकट आकर सट जाती हैं और निःश्वास-वायु के निकलने के समय उन में **कम्पन** उत्पन्न होता है। स्वर-तन्त्रियों के सटे होने के कारण निःश्वास-वायु धक्का देकर बाहर निकलती है और इसलिए स्वर-तन्त्रियों में कम्पन होता है। इस अवस्था में जिन ध्वनियों का उच्चारण होता है, उन्हें **घोष** कहते हैं। स्वर-तन्त्रियों के कम्पन को कानों में उँगली देकर या कंठ-मणि पर उँगलियाँ रखकर अनुभव किया जा सकता है।

(ग) स्वर-तन्त्रियों की एक अवस्था यह भी है कि वे पास आ जाती हैं, पर सटती नहीं और इस तरह वायु के आने-जाने का मार्ग अत्यन्त संकीर्ण हो जाता है। इस अवस्था में स्वर-तन्त्रियाँ न तो इतनी पृथक् रहती हैं जितनी प्रथम अवस्था में और न इतनी संकीर्ण जितनी द्वितीय अवस्था में। यह दोनों की मध्यवर्ती अवस्था है–न बिल्कुल खुली, न बिल्कुल सटी। इसी अवस्था में **फुसफुसाहट** वाली ध्वनियाँ उत्पन्न होती हैं जिनका प्रयोग हम किसी के कान में कुछ कहते समय करते हैं।

3. ग्रसनिका

ग्रसनिका का दूसरा और प्राचीन नाम गलबिल है जिसकी स्थिति कंठछिद्र के ऊपर और मुख के नीचे है। आईने में मुख खोलकर देखने से गले की पिछली दीवार दिखायी देती है; वह ग्रसनिका की ही दीवार है। ध्वनि के उच्चारण में पहले ग्रसनिका का कोई महत्त्व नहीं माना जाता था, किन्तु अब माना जाने लगा है। ग्रसनिका के विभिन्न आकार ग्रहण करने से स्वरों के उच्चारण में, विशेषकर उनके तान में, अन्तर पड़ता है।

4. मुख

ध्वनियों के उत्पादन में मुख का सबसे प्रमुख और महत्त्वपूर्ण योग है। केवल मुख न कहकर इसे **मुखविवर** कहना अधिक उपयुक्त है। मुखविवर में ऊपर गोलाकार छत है और नीचे जिह्वा। छत के तीन भाग किये जा सकते हैं–सबसे पीछे **कोमल तालु** है

जिससे एक छोटा-सा मांसपिंड लटकता दीखता है। इस मांसपिंड को **अलिजिह्वा** या **काकल** कहते हैं। कोमल तालु ऊपर-नीचे आ-जा सकता है। ऊपर जाकर वह नासिका-मार्ग को बन्द कर देता है और नीचे आकर खोल देता है। जब तक कोमल तालु नीचे नहीं आयेगा तब तक नाक से खींची गयी हवा फेफड़ों में नहीं जा सकती। कोमल तालु के आगे **कठोर तालु** है जो सम्पूर्ण तालु का प्रायः मध्य भाग है और आकार में वर्तुल तथा अस्थिमय है। कठोर तालु से आगे बढ़ने पर **दन्तकूट** मिलता है जो ऊपर के दाँतों के पीछे का खुरदरा हिस्सा है। इसे ही **मूर्धा** भी कहते हैं। **मुख** की छत के इन तीन भागों से आगे बढ़ने पर **दन्त-पंक्तियाँ** मिलती हैं और उनसे आगे **ओष्ठ**। ध्वनियों के उच्चारण में इन सबका उपयोग होता है।

ध्वनियों के उच्चारण में यदि किसी इन्द्रिय का सबसे अधिक उपयोग होता है तो जिह्वा का। जिह्वा के भी चार भाग माने गये हैं—**जिह्वापश्च** (जिह्वा का पिछला भाग जो कोमल तालु के सामने पड़ता है); **जिह्वापृष्ठ** (कठोर तालु के सामने); **जिह्वाग्र** (दन्तकूट के सामने) और **जिह्वाणि** (जिह्वा का अग्रिम छोर)।

मुखविवर की अनेक आकृतियों तथा कोमल तालु, जिह्वा, ओष्ठ आदि के संचालन से बहुत-सारी ध्वनियाँ उत्पन्न होती हैं।

5. नासिका-विवर

नासिका और मुख की छत के बीच जो रिक्त स्थान है, उसे ही नासिका-विवर कहते हैं। कोमल तालु और अलिजिह्वा को ऊपर-नीचे करके नासिका-विवर को पूर्णतः या अंशतः खोला या बन्द किया जा सकता है। नासिका का उपयोग **अनुनासिक** वर्णों के उच्चारण में होता है।

ध्वनियों का वर्गीकरण

मनुष्य के कंठ में अनन्त ध्वनियों के उत्पादन की क्षमता है। इसका पता तो बोलते समय चलता ही है, लेकिन उससे भी अधिक गाने के समय चलता है। ध्वनियों की कितनी सूक्ष्म, कितनी मोहक और कितनी विविध भंगिमाएँ हो सकती हैं, इसका ज्ञान संगीत से होता है। यहाँ सांगीतिक ध्वनियों का विवेचन इष्ट नहीं है। हमें केवल उन ध्वनियों पर विचार करना है जो भाषिक दृष्टि से उपयोगी हैं।

ध्वनियों के वर्गीकरण के तीन प्रमुख आधार हैं—**1. स्थान, 2. करण** और **3. प्रयत्न**। स्थान, करण और प्रयत्न के आपेक्षिक महत्त्व को समझने के लिए कुछ उदाहरण लिए जा सकते हैं। क और प का अन्तर स्थानकृत है, किन्तु क और ख का अन्तर प्रयत्नकृत, क्योंकि क और ख का स्थान एक ही है—कंठ। एक ही स्थान से उच्चरित होने पर क ख में, ख ग में, ग घ में अन्तर हो जाता है। यह अन्तर प्रयत्न के कारण है। किन्तु क च ट त प का अन्तर प्रयत्न के कारण नहीं, स्थान के कारण

है—ये ध्वनियाँ विभिन्न स्थानों से उच्चरित होती हैं। करण का अर्थ है इन्द्रिय। जिस तरह एक ही स्थान या प्रयत्न से सभी ध्वनियों का उच्चारण नहीं होता, उसी तरह करण भी एक नहीं रहता। स्थान और करण का भेद यह है कि **स्थान अचल** है, किन्तु **करण चल** है। उदाहरणार्थ, तालु को स्थान कहेंगे किन्तु जिह्वा को करण, क्योंकि जिह्वा की गतिशीलता से अनेक स्थानों का स्पर्श होता है और अनेक प्रकार की ध्वनियाँ उत्पन्न होती हैं।

स्थान

निःश्वास वायु को जहाँ अवरुद्ध या बाधित करते हैं उसे **स्थान** कहते हैं। ओष्ठ से लेकर कंठच्छद तक अनेक स्थान हैं। इनका परिचय दोनों तरह से प्राप्त कर सकते हैं—बाहर से भीतर की ओर जाकर या भीतर से बाहर की ओर आकर। निम्नलिखित स्थान उच्चारण की दृष्टि से महत्त्वपूर्ण है—

(1) काकल; (2) कंठ; (3) तालु; (4) मूर्धा; (5) वर्त्स; (6) दन्त; (7) ओष्ठ।

इन स्थानों से उच्चरित ध्वनियाँ क्रमशः (1) काकल्य; (2) कंठ्य; (3) तालव्य; (4) मूर्धन्य; (5) वर्त्स्य; (6) दन्त्य, और (7) ओष्ठ्य कहलाती हैं।

1. **काकल्य** ध्वनि में मुखविवर खुला रहता है और निःश्वास बन्द कंठद्वार को वेग से खोलकर बाहर निकलता है।

2. **कंठ्य** ध्वनियों के उच्चारण में जिह्वा का पिछला भाग कोमल तालु को स्पर्श करता है।

3. **तालव्य** ध्वनियों के उच्चारण में जिह्वाग्र कठोर तालु का स्पर्श करता है।

4. **मूर्धन्य** ध्वनियों के उच्चारण में जिह्वा की नोक प्रायः उलटकर मूर्धा का स्पर्श करती है। मूर्धन्य ध्वनियों के लिए जिह्वा का उलटना अनिवार्य नहीं है; जिह्वा की नोक से सीधे भी मूर्धा का स्पर्श करने से मूर्धन्य ध्वनियाँ उत्पन्न हो जाती हैं।

5. **वर्त्स्य** ध्वनियों के उच्चारण में जिह्वा की नोक दन्त-पंक्तियों के उपरिभाग का स्पर्श करती है।

6. **दन्त्य** ध्वनियों के उच्चारण में जिह्वा की नोक ऊपर की दन्त-पंक्तियों का स्पर्श करती है।

7. **ओष्ठ्य** ध्वनियों के दो भेद हो जाते हैं—(क) दन्त्योष्ठ्य, और (ख) द्व्योष्ठ्य।

(क) दन्त्योष्ठ्य—जब नीचे का ओष्ठ ऊपर की दन्त-पंक्तियों को छूता है तो जो ध्वनियाँ उत्पन्न होती हैं वे दन्त्योष्ठ्य कहलाती हैं।

(ख) द्व्योष्ठ्य—जब दोनों ओष्ठ एक-दूसरे का स्पर्श करते हैं तो द्व्योष्ठ्य ध्वनियाँ उत्पन्न होती हैं।

प्रयत्न

प्रयत्न मुख्यतः दो प्रकार के हैं—**(क) आभ्यन्तर,** और **(ख) बाह्य**। आभ्यन्तर और

बाह्य प्रयत्न का सम्बन्ध मुखविवर के भीतरी और बाहरी भाग से है। मुखविवर के भीतर (ओष्ठ से कंठ तक) जो प्रयत्न किये जाते हैं, वे आभ्यन्तर कहलाते हैं और कंठ के बाद (नीचे) जो प्रयत्न होते हैं, वे बाह्य कहलाते हैं। एक दृष्टि से कंठ के नीचे के प्रयत्न अधिक आभ्यन्तर कहलाने चाहिए, किन्तु उनकी बाह्यता मुखविवर की दृष्टि से मानी जाती है। मुखविवर को यदि सीमा मान लें तो जिस तरह ओठों के बाहर का भाग बाह्य कहलाएगा, वैसे ही कंठ के भीतर का भी।

(क) आभ्यन्तर प्रयत्न–आभ्यन्तर प्रयत्न चार माने गये हैं–(1) स्पृष्ट, (2) ईषत्स्पृष्ट; (3) विवृत, और (4) संवृत।

(1) **स्पृष्ट**–स्पृष्ट शब्द का अर्थ है स्पर्श किया गया (स्पृश्+त=स्पृष्ट) वर्गाक्षरों का (कवर्ग, चवर्ग, टवर्ग, तवर्ग, पवर्ग के पचीस अक्षरों का) उच्चारण-प्रयत्न **स्पृष्ट** माना गया है, क्योंकि इनमें जिह्वा कंठ से लेकर ओष्ठ तक अनेक स्थानों का स्पर्श करती है।

(2) **ईषत्स्पृष्ट**–ईषत्स्पृष्ट का अर्थ है थोड़ा स्पर्श किया गया। कुछ ध्वनियाँ ऐसी हैं जिनमें स्थान और करण का पूरा स्पर्श नहीं होता, बल्कि हलका-सा स्पर्श होता है। उन्हें ही ईषत्स्पृष्ट कहते हैं; जैसे–य व। **ईषत्स्पृष्ट** को ही आजकल की पारिभाषिक शब्दावली में **अर्द्धस्वर** कहते हैं। पहले इन्हें ही **अन्तःस्थ** कहते थे। अन्तःस्थ का अर्थ है बीच में रहने वाला–(अन्तः+स्थ), अर्थात् वे ध्वनियाँ जिनकी स्थिति स्वर और व्यंजन के बीच की हो। इस प्रकार अर्थ की दृष्टि से अन्तःस्थ और अर्द्धस्वर में कोई अन्तर नहीं है। अर्द्धस्वर कहें या अन्तःस्थ, बात एक ही है।

(3) **विवृत**–विवृत का अर्थ है खुला हुआ। विवृत प्रयत्न की आवश्यकता स्वरों के उच्चारण में होती है, क्योंकि जैसा हम आगे देखेंगे, स्वरों का उच्चारण करते समय किसी स्थान का स्पर्श नहीं होता, बल्कि मुखविवर बिल्कुल विवृत अर्थात् खुला रहता है।

(4) **संवृत**–संवृत विवृत का उलटा है। विवृत का अर्थ है खुला हुआ और संवृत का बन्द। संवृत प्रयत्न का व्यावहारिक उपयोग अधिक नहीं पाया जाता, क्योंकि मुखविवर यदि सर्वथा संवृत (बन्द) ही रहे तो ध्वनियों का उच्चारण सुनायी नहीं पड़ सकता।

(ख) बाह्य प्रयत्न–बाह्य प्रयत्न ग्यारह हैं–(1) विवार; (2) संवार; (3) श्वास; (4) नाद; (5) अघोष; (6) घोष; (7) अल्पप्राण; (8) महाप्राण; (9) उदात्त; (10) अनुदात्त और (11) स्वरित।

बाह्य प्रयत्न मुख्यतः **स्वर-तन्त्री** में होते हैं। इसमें तीन बातों पर ध्यान दिया जाता है, (1) स्वर-तन्त्री की अवस्था, (2) प्राणवायु की गति और (3) स्वर-तन्त्री की अवस्था एवं प्राणवायु की गति के कारण होने वाला घर्षण। स्वर-तन्त्री की अवस्था के आधार पर विवार एवं संवार प्रयत्न, प्राण-वायु की गति के आधार पर श्वास एवं नाद प्रयत्न तथा दोनों को मिलाकर होने वाले घर्षण के आधार पर अघोष एवं घोष प्रयत्न होते हैं। प्राणवायु की मात्रा अल्पप्राण एवं महाप्राण का निर्धारण करती है।

(1) **विवार**–विवार का अर्थ है खुलना। जब स्वर-तन्त्रियाँ पूर्णतः विवृत खुली रहती हैं तो विवार प्रयत्न होता है।

(2) **संवार**–संवार का अर्थ है बन्द होना। इनमें स्वर-तन्त्रियाँ बन्द रहती हैं।

(3) **श्वास**–वागिन्द्रियों की चर्चा के प्रसंग में हम देख चुके हैं कि स्वर-तन्त्रियों की स्थिति दो प्रकार की होती है–एक तो खुली और दूसरी बन्द। खुली स्थिति में श्वास-निःश्वास की क्रिया निर्बाध रूप से चलती रहती है। निःश्वास का निर्बाध निकलना श्वास-प्रयत्न के भीतर आता है।

(4) **नाद**–श्वास-प्रयत्न में निःश्वास निर्बाध रूप से बाहर निकल जाता है, किन्तु नाद में स्वर-तन्त्रियाँ मिलती हैं और निःश्वास में बाधा उत्पन्न होती है। स्वर-तन्त्रियों के द्वारा बाधित होने से ही नाद उत्पन्न होता है।

(5) **अघोष**–श्वास प्रयत्न में घर्षण के अभाव को ही अघोष कहते हैं। प्रत्येक वर्ग के प्रथम और द्वितीय वर्ण (क ख, च छ, ट ठ, त थ, प फ) अघोष हैं।

(6) **घोष**–नाद प्रयत्न में स्वर-तन्त्री में होने वाले घर्षण का दूसरा नाम घोष है। नागरी वर्णमाला में प्रत्येक वर्ग के तृतीय, चतुर्थ और पंचम वर्ण (ग घ ङ, ज झ ञ, ड ढ ण, द ध न, ब भ म) घोष हैं।

(7) **अल्पप्राण**–प्राण का अर्थ है वायु और अल्प का अर्थ है थोड़ा, अर्थात् थोड़ी वायु का जिसमें प्रयोग हो वह प्रयत्न अल्पप्राण कहलायेगा। कुछ ध्वनियाँ ऐसी हैं जिनमें वायु का प्रयोग अत्यल्प होता है, जैसे **क प**। प्रत्येक वर्ग के प्रथम, तृतीय और पंचम वर्ण (क ग ङ, च ज ञ, ट ड ण, त द न, प ब म) अल्पप्राण हैं।

(8) **महाप्राण**–महाप्राण में वायु का प्रयोग अधिक होता है, इसीलिए इसे महाप्राण कहते हैं। प्रत्येक वर्ग के द्वितीय और चतुर्थ वर्ण (ख घ, छ झ, ठ ढ, थ ध, फ भ) महाप्राण हैं। क प की अपेक्षा ख फ में स्पष्ट ही प्राणत्व (वायु) का अंश अधिक है। यही कारण है कि कुछ लिपियों में महाप्राण वर्णों के लिए स्वतन्त्र संकेत न रहने के कारण अलग से हकार (प्राणत्व) जोड़कर महाप्राण वर्ण लिखते हैं; जैसे अंग्रेज़ी में k+h=kh (ख); p+h=ph (फ)। उर्दू में भी 'काफ़' और 'पे' में दुचश्मी-'हे' जोड़कर ख, फ आदि लिखते हैं, क्योंकि देवनागरी के समान इन लिपियों में महाप्राण वर्णों के लिए अलग संकेत नहीं हैं।

उदात्त, अनुदात्त और स्वरित का सम्बन्ध केवल स्वरों से है।

(9) **उदात्त**–उदात्त का अर्थ है ऊपर उठा हुआ, अर्थात् आरोही स्वर।

(10) **अनुदात्त**–अनुदात्त का अर्थ है नीचे गिरा हुआ, अर्थात् अवरोही स्वर।

(11) **स्वरित**–स्वरित का अर्थ है सम अर्थात् जो न आरोही हो और न अवरोही।

करण

करण उन इन्द्रियों को कहते हैं जो गतिशील होती हैं। जैसा कहा जा चुका है, स्थान और करण में वस्तुतः **स्थिरता** और **चलता** का अन्तर होता है। वागिन्द्रियाँ तो दोनों ही

हैं, किन्तु एक स्थिर रहती है और दूसरी गतिशील। इस दृष्टि से करण की श्रेणी में निम्नलिखित इन्द्रियों को रख सकते हैं—

(1) **अधरोष्ठ**—ऊपर का ओष्ठ बहुत-कुछ अचल रहता है, किन्तु नीचे का ओष्ठ अनेक रूप धारण करता है, साथ ही कभी ऊपर के ओष्ठ को छूता है और कभी ऊपर की दन्त-पंक्ति को। इस तरह वह करण की कोटि में आ जाता है।

(2) **जिह्वा**—करणों में जिह्वा सबसे महत्त्वपूर्ण है, क्योंकि वही आगे-पीछे, नीचे-ऊपर चलकर सबसे अधिक ध्वनियाँ उत्पन्न करती है। उसके विभिन्न व्यापारों की चर्चा स्वरों और व्यंजनों के विश्लेषण के प्रसंग में होगी।

(3) **कोमल तालु**—कोमल तालु स्थान भी है और करण भी। जिह्वा की तुलना में वह स्थान है, क्योंकि जिह्वा का उससे स्पर्श होने पर अनेक ध्वनियाँ उत्पन्न होती हैं; किन्तु स्वयं वह नीचे-ऊपर जाकर अनुनासिक वर्णों के उच्चारण में सहायक बनता है। इस गतिशीलता के कारण उसे करण भी मान सकते हैं।

(4) **स्वर-तन्त्री**—जिह्वा के बाद करण की दृष्टि से स्वर-तन्त्रियाँ ही महत्त्व की ठहरती हैं, क्योंकि कभी खुलकर, कभी बन्द होकर, कभी कम्पन के द्वारा ध्वनियों के परिवर्तन की उनमें अपार क्षमता है।

स्थान, करण और प्रयत्न के मेल से अनन्त ध्वनियाँ उत्पन्न हो सकती हैं। आगे स्वर और व्यंजन ध्वनियों की चर्चा से यह बात स्पष्ट हो जायेगी।

ध्वनियों के भेद

ध्वनियों के दो प्रसिद्ध भेद हैं—**1. स्वर,** और **2. व्यंजन**। स्वर और व्यंजन का अन्तर प्रायः यह बताया जाता है कि **स्वर** उसे कहते हैं, जिसका उच्चारण स्वयं हो और **व्यंजन** वह है जिसके उच्चारण में स्वर की सहायता लेनी पड़े। तात्पर्य कि प्राचीन परिभाषा के अनुसार स्वर का स्वतः उच्चारण होता है और व्यंजन का स्वर की सहायता से। स्वर की व्युत्पत्ति है 'स्वतो राजन्ते' अर्थात् जो स्वयं क़ायम रहे, किन्तु यह परिभाषा सर्वथा ग्राह्य नहीं है। उदाहरणार्थ, 'संयुक्त' या 'स्वर' शब्द को ले लें। 'संयुक्त' में क् त का संयोग है अर्थात् क् में कोई स्वर नहीं है, फिर भी उसका उच्चारण होता है। इसी तरह 'स्वर' के स् में कोई स्वर नहीं है, फिर भी उसके उच्चारण में कोई अस्पष्टता नहीं है। एक शब्द और लीजिए—कात्स्न्र्य, जिसका अर्थ है सम्पूर्णता। इसमें र् त् स् न्—ये चार व्यंजन बिना स्वर के हैं, फिर भी इनका उच्चारण स्पष्टता से किया जाता है। इससे सिद्ध है कि व्यंजन के उच्चारण के लिए स्वर की सहायता अनिवार्य नहीं है।

आधुनिक दृष्टि से स्वर और व्यंजन की परिभाषा निम्नलिखित है—

स्वर वे ध्वनियाँ हैं जिनका उच्चारण करते समय निःश्वास में कहीं कोई अवरोध नहीं होता। **व्यंजन** वे ध्वनियाँ हैं जिनका उच्चारण करते समय निःश्वास में कहीं-न-कहीं अवरोध होता है।

स्वरों का वर्गीकरण

स्वर-ध्वनियों में जो भेद दिखायी पड़ता है, उसके अनेक कारण हैं–

(क) जिह्वा की ऊँचाई।

(ख) जिह्वा का उत्थापित भाग।

(ग) ओष्ठों की स्थिति।

स्वर की परिभाषा में कहा गया कि निःश्वास में बिना अवरोध के जो ध्वनियाँ उत्पन्न होती हैं, वे स्वर कहलाती हैं, अर्थात् निःश्वास-वायु बिना किसी अवरोध या बाधा के मुखविवर से बाहर निकल जाती है। फिर अ इ उ ए ओ आदि का भेद कैसे होता है ? इस भेद के जनक उपर्युक्त तीनों कारण हैं।

(क) जिह्वा की ऊँचाई के अनुसार

निःश्वास-वायु जब मुखविवर से बाहर निकलती है तो उसमें अवरोध तो नहीं किया जाता, किन्तु जिह्वा को ऊपर उठाकर निःश्वास के निर्गम-मार्ग को कुछ संकीर्ण अवश्य कर दिया जाता है। यह संकीर्णता कहीं अपेक्षाकृत कम होती है और कहीं अधिक। इस दृष्टि से मुखविवर की स्थिति चार प्रकार की होती है और उसके अनुसार स्वरों के भी चार भेद हो जाते हैं–(1) विवृत; (2) अर्धविवृत; (3) अर्धसंवृत और (4) संवृत।

1. विवृत–विवृत का अर्थ है खुला। जब जिह्वा और मुखविवर के उपरिभाग के बीच अधिक-से-अधिक दूरी रहती है तो विवृत ध्वनियाँ उत्पन्न होती हैं; जैसे–आ।

2. अर्धविवृत–अर्धविवृत में विवृत की अपेक्षा जिह्वा और मुखविवर के उपरिभाग की दूरी थोड़ी कम हो जाती है। अर्धविवृत स्वरों के उदाहरण हैं–ऐ, औ।

3. अर्धसंवृत–जब संवृत की अपेक्षा जिह्वा और मुखविवर के उपरिभाग की दूरी अधिक रहती है तो अर्धसंवृत ध्वनियाँ उत्पन्न होती हैं; जैसे–ए, ओ।

4. संवृत–जिह्वा और मुखविवर के उपरिभाग के बीच कम-से-कम दूरी रहने पर जिन ध्वनियों का उच्चारण होता है, उन्हें संवृत कहते हैं; जैसे– इ ई, उ ऊ।

(ख) जिह्वा के उत्थापित भाग के अनुसार

वागिन्द्रियों की चर्चा के प्रसंग में हमने देखा है कि व्यावहारिक दृष्टि से जिह्वा के अनेक भाग हैं; जैसे–अग्र, मध्य, पश्च आदि। इनमें जो भाग ऊपर उठकर निःश्वास के निर्गम-मार्ग को संकीर्ण या परिवर्तित करता है, उसके अनुसार स्वरों का भेद हो जाता है।

1. जिह्वा के अग्रभाग को उठाकर जिन स्वरों का उच्चारण होता है, वे हैं–इ ई ए ऐ। इसी से इन्हें **अग्रस्वर** कहते हैं।

2. जिह्वा के मध्यभाग को उठाकर **केन्द्रीय स्वर** का उच्चारण होता है जिसका उदाहरण है–अ।

3. जिह्वा के पश्च भाग को उठाकर आ उ ऊ ओ औ का उच्चारण होता है जिन्हें **पश्चस्वर** कहते हैं।

स्पष्ट है कि अग्र, पश्च आदि का विभाजन जिह्वा के तत्तत् भाग से सम्बद्ध है। जहाँ जिह्वाग्र से काम लेते हैं, वहाँ अग्रस्वर और जहाँ जिह्वा-पश्च से काम लेते हैं, वहाँ पश्चस्वर।

(ग) ओष्ठों की स्थिति के अनुसार

उच्चारण में ओष्ठों की स्थिति बहुत महत्त्वपूर्ण है। वस्तुतः जिह्वा से कम महत्त्व ओष्ठों का नहीं है। निःश्वास का नियमन भीतर जिह्वा करती है और बाहर ओष्ठ। इसीलिए प्रत्येक स्वर के उच्चारण में जिह्वा के साथ ओष्ठ का भी योगदान होता है। ओष्ठों की स्थिति अनेक प्रकार की होती है जिनमें मुख्य निम्नलिखित हैं–

1. प्रसृत–ओष्ठों की प्रसृत स्थिति वह है जिसमें वे स्वाभाविक रूप से स्थित रहते हुए खुले होते हैं। इस स्थिति को अंग्रेज़ी में 'फ़्लैट' कहते हैं। इ ई, ए ऐ का उच्चारण ओष्ठों की प्रसृत स्थिति में ही होता है।

2. वर्तुल–ओष्ठों को थोड़ा आगे निकालकर जब गोलाकर कर लेते हैं तो वह वर्तुल स्थिति है। उ ऊ ओ औ के उच्चारण में वर्तुल स्थिति सहायक होती है।

3. अर्धवर्तुल–पूरा गोलाकार न होकर जब ओष्ठ आधे गोलाकार होते हैं तो कुछ स्वरों का उच्चारण होता है; जैसे–आ।

व्यंजनों का वर्गीकरण

स्थान, करण, प्रयत्न आदि का स्पष्टीकरण पहले हो चुका है। उन्हें ध्यान में रखने पर व्यंजनों का वर्गीकरण सुगम हो जाता है।

स्थान के आधार पर व्यंजनों के कंठ्य, तालव्य, मूर्धन्य आदि भेद होते हैं।

आभ्यन्तर प्रयत्न के आधार पर व्यंजनों के निम्नलिखित भेद हैं–

(1) स्पर्श; (2) स्पर्श-संघर्षी; (3) संघर्षी; (4) पार्श्विक; (5) लोड़ित; (6) उत्क्षिप्त; (7) अन्तःस्थ या अर्धस्वर, (8) अनुनासिक।

1. स्पर्श–स्पर्श उन ध्वनियों को कहते हैं जिनमें जिह्वा का मुखविवर के उपरिभाग से कहीं-न-कहीं स्पर्श होता है। इस दृष्टि से कवर्ग, चवर्ग, टवर्ग, तवर्ग, पवर्ग स्पर्श ध्वनियाँ हैं।

2. स्पर्श-संघर्षी–स्पर्श-संघर्षी ध्वनियों के उच्चारण में स्पर्श के साथ निःश्वास-वायु के निर्गम में हल्का-सा संघर्षण भी होता है, इसलिए इन ध्वनियों को स्पर्श-संघर्षी कहते हैं। कुछ भाषाविज्ञानी हिन्दी की च छ ज झ ध्वनियों को स्पर्श-संघर्षी मानते हैं, पर ये वस्तुतः स्पर्श-संघर्षी न होकर स्पर्श ही हैं। स्पर्श-संघर्षी के उदाहरण होंगे–याच्ञा और ज्येष्ठ के च्ञा और ज्ये जिनके उच्चारण में स्पर्श के साथ घर्षण भी होता है। संस्कृत

के 'पच्यते' शब्द में 'च्य' स्पर्श-संघर्षी का उदाहरण है। ग्लीसन[1] ने भी हिन्दी की च छ ज झ ध्वनियों को स्पर्श ही माना है, स्पर्श-संघर्षी नहीं।

3. **संघर्षी**–संघर्षी ध्वनियों में निःश्वास-वायु के निर्गम का मार्ग जिह्वा के द्वारा अत्यन्त संकीर्ण कर दिया जाता है और वायु रगड़ खाकर बाहर निकलती है। रगड़ या संघर्ष की प्रधानता के कारण ही इन ध्वनियों को संघर्षी कहते हैं, जिसके उदाहरण हैं–श ष स।

4. **पार्श्विक**–पार्श्विक ध्वनि के उच्चारण में जिह्वा की नोक मूर्धा को छूती है और निःश्वास-वायु दोनों पार्श्वों से बाहर निकलती है। पार्श्विक का उदाहरण है–ल।

5. **लोड़ित**–लोड़ित ध्वनियों के उच्चारण में जिह्वा की नोक वर्त्स पर एक या अनेक बार ठोकर मारती है। र लोड़ित ध्वनि है।

6. **उत्क्षिप्त**–उत्क्षिप्त उन ध्वनियों को कहते हैं जिनके उच्चारण में जिह्वा तालु के किसी भाग को झटके से मारकर हट जाती है; जैसे–ड़ ढ़।

7. **अन्तःस्थ या अर्धस्वर**–वे ध्वनियाँ हैं जिनके उच्चारण में जिह्वा से न तो पूरी तरह स्पर्श होता है और न स्वरों के उच्चारण के समान पार्थक्य ही रहता है। य का उच्चारण करने के लिए जिह्वा के अग्रभाग को कठोर तालु की ओर उठाते हैं, पर तालु का स्पर्श नहीं करते। इसी तरह व का उच्चारण करते समय दोनों ओष्ठ पास आ जाते हैं, पर एक-दूसरे का स्पर्श नहीं करते। य् व् में स्वर और व्यंजन दोनों का वैशिष्ट्य रहने से इन्हें अन्तःस्थ या अर्धस्वर कहते हैं।

8. **अनुनासिक**–ध्वनियों के उच्चारण में निःश्वास-वायु मुखविवर के साथ नासिकाविवर से भी निकलती है। नागरी वर्णमाला में वर्गाक्षरों के अन्तिम अक्षर (ङ्, ञ्, ण्, न्, म्) अनुनासिक के उदाहरण हैं।

'पाणिनीय शिक्षा' में ध्वनियों के वर्गीकरण के पाँच आधार बताये गये हैं–स्वर, काल, स्थान, प्रयत्न और अनुप्रदान।

तेषां विभागः पञ्चधा स्मृतः।
स्वरतः कालतः स्थानात् प्रयत्नानुप्रदानतः।।

–पाणिनीय शिक्षा, 9-10

स्वर और काल की चर्चा आगे होगी। स्थान का विवेचन हो चुका है। प्रयत्न शब्द से यहाँ आभ्यन्तर प्रयत्न अभिमत है और अनुप्रदान से बाह्य प्रयत्न।

ध्वनियों के गुण

पहले हमने स्थान, करण और प्रयत्न के आधार पर ध्वनियों के उच्चारण और वर्गीकरण पर विचार किया है। यहाँ उनके कुछ सामान्य गुणों पर विचार करेंगे। ध्वनियों

---

1. ऐन इंट्रोडक्शन टू डेस्क्रिप्टिव लिंग्विस्टिक्स, एच.ए. ग्लीसन, पृ. 335

के उच्चारण के समय स्थान-करण-प्रयत्न से भिन्न कुछ और भी तत्त्व काम करते हैं, जिनका ज्ञान और विवेचन आवश्यक है।

मात्रा

मात्रा का सम्बन्ध **काल** से है। काल का वह अंश, जो किसी ध्वनि के उच्चारण में लगता है, **मात्रा** कहलाता है। हमारे यहाँ तीन मात्राएँ मानी गयी हैं—ह्रस्व, दीर्घ और प्लुत। **ह्रस्व** को एकमात्रिक, **दीर्घ** को द्विमात्रिक और **प्लुत** को त्रिमात्रिक कहा गया है; अर्थात् ह्रस्व का दूना समय दीर्घ के उच्चारण में और तिगुना समय प्लुत के उच्चारण में लगता है। वस्तुतः ह्रस्व, दीर्घ और प्लुत का यह मात्राकृत भेद बहुत-कुछ स्थूल है। पहली बात तो यह है कि मात्रा का कोई निश्चित मान नहीं है। दूसरी बात यह कि बहुत सारी ध्वनियाँ साधारणतः दीर्घ मानी जाती हैं, पर उनका भी उच्चारण ह्रस्व जैसा होता है। तीसरी बात यह है कि एक ही ध्वनि का विभिन्न सन्दर्भों में उच्चारण भिन्न हो जाता है। इसलिए ह्रस्व, दीर्घ और प्लुत को एक, दो और तीन मात्राओं से सम्बद्ध न मानकर **सापेक्ष** मानना चाहिए। एक ही ध्वनि किसी अन्य ध्वनि की तुलना में दीर्घ भी हो सकती है और ह्रस्व भी। एक बात और। किसी एक भाषा की ह्रस्व ध्वनियाँ दूसरी भाषा में दीर्घ मानी जा सकती हैं और दीर्घ ध्वनियाँ ह्रस्व। छन्दशास्त्र में ह्रस्व ध्वनियाँ भी विशेष परिस्थितियों में दीर्घ (गुरु) हो जाती हैं। संयुक्त व्यंजनों के पूर्व की ह्रस्व ध्वनियाँ भी गुरु मानी जाती हैं; उदाहरणार्थ—'गद्य' या 'पद्य' में ग या प ध्वनि ह्रस्व है, किन्तु उसके आगे द्+य का संयोग है, इसलिए उसका उच्चारण गुरु होता है जो प्रकारान्तर से दीर्घ ही माना जायेगा। इसी प्रकार दादा, मामा, बाबा, चाचा आदि शब्दों में पहले आकार की अपेक्षा दूसरे आकार का उच्चारण ह्रस्व होता है। यह ह्रस्वता कभी-कभी इतनी अधिक हो जाती है कि दूसरी ध्वनि पहली ध्वनि में मिल जाती है। इससे दादा केवल दा जैसा या चाचा केवल चा जैसा सुनायी पड़ता है। प्लुत को त्रिमात्रिक माना गया है जिसका प्रयोग सम्बोधन में—किसी को दूर से पुकारने में होता है। दूर से पुकारने में सदा त्रिमात्रिकता का पालन होता हो, ऐसा नहीं देखा जाता। खेत या मैदान में जब किसी को पुकारते हैं अथवा नदी के एक तट पर खड़े होकर दूसरे तट से किसी को नाव लाने के लिए आवाज़ लगाते हैं तो वहाँ अन्तिम स्वर का उच्चारण काफ़ी देर तक करते हैं जो त्रिमात्रिकता की सीमा पार कर जाता है। इसीलिए आरम्भ में कहा गया है कि मात्रा-सम्बन्धी संख्या-निर्देश स्थूल दृष्टि से ही ग्राह्य है।

यद्यपि सामान्यतः आधी मात्रा का उल्लेख नहीं मिलता, किन्तु व्यावहारिक रूप में आधी मात्रा पर्याप्त रूप से पायी जाती है। उदाहरणार्थ, 'अल्प', 'वित्त', 'जन्म' आदि शब्दों में ल् त् न् का उच्चारण आधा ही होता है। भारत के प्राचीन ध्वनिविज्ञानी इससे अपरिचित नहीं थे, जैसा 'तस्यादित उदात्तमर्द्धह्रस्वम्' (अष्टाध्यायी 1-2-32) अथवा 'अर्धमात्रालाघवं पुत्रोत्सवं मन्यन्ते वैयाकरणाः' वाली प्रसिद्ध उक्ति से स्पष्ट है। यदि अधिक सूक्ष्मता से विचार किया जाये तो ध्वनियों के उच्चारण में चौथाई मात्रा का प्रयोग

भी पाया जा सकता है, जैसा कुम्हार के म् में।

स्वर

स्वर निर्भर करता है ध्वनि को उत्पन्न करने वाले कम्पन की आवृत्ति पर। समय-विशेष में कम्पन जितना अधिक होगा स्वर उतना ही उच्च होगा और कम्पन जितना कम होगा स्वर उतना ही निम्न होगा। कम्पन की आवृत्ति का सम्बन्ध स्वर-तन्त्रियों के **तनाव** या **फैलाव** से है। जब आवृत्ति अधिक होती है तो स्वर-तन्त्रियाँ तन जाती हैं और जब आवृत्ति कम होती है तो स्वर-तन्त्रियाँ ढीली पड़ जाती हैं। स्वर की उच्चता और निम्नता को इच्छानुसार घटाया-बढ़ाया जा सकता है। अभ्यास के द्वारा अपने स्वर को जितना उच्च संगीतज्ञ कर सकता है उतना साधारण व्यक्ति नहीं।

तनाव के अतिरिक्त स्वर का सम्बन्ध स्वर-तन्त्रियों के **आकार** से भी है। जिसकी स्वर-तन्त्रियाँ छोटी होती हैं, उसका स्वर उच्च होता है; जैसे—महिलाओं और बच्चों का।

सामान्यतः स्वर तीन माने जाते हैं—**उच्च, निम्न** और **सम**। उच्च में स्वर नीचे से ऊपर जाता है; निम्न में ऊपर से नीचे आता है और सम में बराबर रहता है। इसको ध्वनिविज्ञान में आरोही, अवरोही और सीधी रेखाओं से अंकित किया जाता है। जैसे, उच्च स्वर / निम्न स्वर \ और सम स्वर—। पहले कहा जा चुका है कि वैदिक भाषा स्वरप्रधान थी, इसलिए उसमें स्वरों का अनिवार्य प्रयोग होता था। जिन्हें **उदात्त, अनुदात्त** और **स्वरित** कहते थे उन्हें प्रायः उच्च, निम्न और सम स्वरों के समकक्ष माना जा सकता है।

स्वरों का प्रयोग केवल ध्वनियों में ही नहीं, शब्दों और वाक्यों में भी होता है। इसे काकु भी कहते हैं। प्रेम, घृणा, क्रोध, आश्चर्य, दुःख, घबराहट, प्रश्न, निषेध आदि व्यक्त करने के लिए आवश्यकतानुसार स्वरों का शब्दों और वाक्यों में प्रयोग किया जाता है, जिससे एक ही शब्द या वाक्य के अनेक अर्थ हो जाते हैं।

आघात

आघात का अर्थ है चोट। आघात दो प्रकार का होता है—एक में स्वर या **तान** का प्रयोग करते हैं और दूसरे में बल या **श्वास-वायु** का। इन्हें क्रमशः **स्वराघात** और **बलाघात** कहते हैं। स्वर के समान आघात भी किसी ध्वनि, शब्द या पूरे वाक्य में हो सकता है। तान या मात्रा के अपरिवर्तित रहते हुए भी आघात में अन्तर पड़ सकता है। बलाघात में किसी ध्वनि पर श्वास-वायु का विशेष धक्का देकर उच्चारण करते हैं और स्वराघात में स्वर की उच्चता का प्रयोग कर।

वृत्ति

वृत्ति का अर्थ है क्षिप्रता (स्पीड)। ध्वनि के उच्चारण में जिस तरह मात्रा, स्वर और आघात का महत्त्व है, उसी तरह वृत्ति का भी। ध्वनि-गुणों में वृत्ति की चर्चा

पाश्चात्य विद्वानों ने नहीं की है, किन्तु यजुःशाखीय पाणिनीय-शिक्षा में इसका उल्लेख है। वृत्ति के तीन भेद हैं—**1. द्रुत; 2. मध्यम; 3. विलम्बित**। बोलने की वृत्ति या तो द्रुत (क्षिप्र) होती है या विलम्बित (मन्द) या दोनों की मध्यवर्ती (न द्रुत, न विलम्बित)। वृत्ति का सम्यक् निर्वाह न होने से उच्चारण एवं अर्थबोध दोनों बाधित होते हैं। स्वयं अभ्यास के लिए द्रुत, दूसरे से बात करने के लिए मध्यम और अध्यापन के लिए विलम्बित वृत्ति प्रशस्य मानी गयी है—

अभ्यासार्थे द्रुतां वृत्तिं प्रयोगार्थे तु मध्यमाम्।
शिष्याणामुपदेशार्थे कुर्याद् वृत्तिं विलम्बिताम्।।

—पाणिनीय शिक्षा, 22

किसी भाषा के समुचित अध्ययन के लिए उसकी उच्चारण-प्रक्रिया का परिचय ही पर्याप्त नहीं है, बल्कि उसकी ध्वनियों के गुणों—मात्रा, स्वर, आघात और वृत्ति—का ज्ञान भी अनिवार्य है, क्योंकि ये गुण सभी भाषाओं में एक-जैसे नहीं होते। इसीलिए एक भाषा को बोलनेवाला जब दूसरी भाषा बोलने लगता है तो अपनी भाषा के गुणों को उस भाषा पर आरोपित कर देता है। इससे भाषा की अबोध्यता बढ़ती है। जब कोई बंगाली या मद्रासी अंग्रेज़ी या हिन्दी बोलने का प्रयास करता है तो उसका उच्चारण अपनी भाषा के ध्वनि-गुणों से नियन्त्रित होता है। भारत में ध्वनि-गुणों का अत्यधिक महत्त्व माना गया था, जैसा इस श्लोक से स्पष्ट है—

दुष्टः शब्दः स्वरतो वर्णतो वा मिथ्याप्रयुक्तो न तमर्थमाह।
स वाग्वज्रो यजमानं हिनस्ति यथेन्द्रशत्रुः स्वरतोऽपराधात्।।

—महाभाष्य; पस्पशाह्निक

—स्वर या वर्ण की दृष्टि से अशुद्ध शब्द का प्रयोग वांछित अर्थ को व्यक्त नहीं कर पाता। ऐसा अशुद्ध प्रयोग प्रयोक्ता को नष्ट कर देता है, जिस प्रकार 'इन्द्रशत्रु' शब्द में स्वर का ग़लत प्रयोग करने से वृत्र का नाश हो गया।

ध्वनि का संवहन

भाषा दो प्रकार की होती है—एक कान की और दूसरी आँख की। कान की भाषा **प्रकृति** की देन है और आँख की भाषा **सभ्यता** की। जिसे कान से ग्रहण करते हैं, वह वाणी या **उच्चरित** भाषा है और जिसे आँख से ग्रहण करते हैं, वह लिपि या **लिखित** भाषा है। दोनों के ग्रहण के माध्यम में भी अन्तर पड़ता है। उच्चरित भाषा का सम्बन्ध **ध्वनि** से है और लिखित भाषा का **प्रकाश** से। ध्वनि न हो तो उच्चरित भाषा का ग्रहण नहीं हो सकता। यदि कोई केवल जीभ और होंठ हिलाकर रह जाये तो ध्वनि नहीं उत्पन्न हो सकती और न कान कुछ सुन सकता है। इसी प्रकार यदि प्रकाश न हो तो लिखित भाषा का ग्रहण सम्भव नहीं होगा। अच्छी-से-अच्छी मुद्रित पुस्तकें अन्धकार में नहीं पढ़ी जा सकतीं। ध्वनि और प्रकाश दोनों का अध्ययन भौतिकविज्ञान का विषय है, किन्तु

भाषा के उच्चरित और लिखित रूपों से उनका सम्बन्ध होने के कारण भाषाविज्ञान के अध्ययन के प्रसंग में भी उनका परिचय अपेक्षित है।

कान और आँख की भाषा का अन्तर अनेक प्रकार से देखा जा सकता है। अर्थ, भाव या विचार का संकेत ध्वनि है और ध्वनि का संकेत लिपि, अर्थात् हम जो सोचते-विचारते हैं, उसे कुछ ध्वनियों की सहायता से व्यक्त करते हैं और ध्वनियों को लिपि की सहायता से अंकित करते हैं। ध्वनि और लिपि दोनों भाव या विचार के संकेत हैं, पर दोनों के ग्रहण में अन्तर है। ध्वनि का ग्रहण कानों से होता है और लिपि का आँखों से। कान जिस रूप में ध्वनि ग्रहण करने के अभ्यस्त हैं उससे भिन्न ध्वनि पड़ने पर अर्थ समझ में नहीं आता। वैसे ही आँखें शब्द के जिस लिखित रूप को देखने की अभ्यस्त हैं उससे भिन्न रूप सामने आने पर उसका अर्थ समझ में नहीं आता। उदाहरणार्थ, यदि कानों को 'लाउघ' सुनना पड़े तो अर्थ स्पष्ट नहीं होगा और आँखों के सामने यदि laf आ जाये तो कोश उलटने की आवश्यकता पड़ जायेगी। बात यह है कि कान लाफ़ (laf) सुनने के अभ्यस्त हैं और आँखें लाफ़ (laugh) देखने की। इसमें अन्तर हो जाने पर दोनों इन्द्रियों को कठिनाई होती है। इसी प्रकार निम्नलिखित शब्दों के भी विभिन्न रूप आँख और कान को अभ्यस्त हैं—

उच्चरित रूप (कान)	**लिखित रूप (आँख)**
tho	though
thru	through
ruf	rough
भाद्दाल्	भातदाल
मोहँन्ँ	मोहन
अप्तक्	अबतक

ऊपर के उदाहरणों को देखने से स्पष्ट हो जाता है कि आँख और कान की भाषा एक ही नहीं होती। इसीलिए जब आँख की भाषा कान के सामने या कान की भाषा आँख के सामने आती है तो दोनों को उलझन होती हैं। कान और आँख की भाषा में कई अन्तर हैं—

(1) कान की भाषा अर्थात् उच्चरित भाषा मुख, ओष्ठ, जिह्वा, नासिका आदि की सहायता से उत्पन्न होती है और श्रोत्र (कान) के द्वारा गृहीत होती है। लिखित भाषा हाथ या यन्त्र से निर्मित होती है और उसका ग्रहण आँख के द्वारा होता है।

(2) जैसा भाषा के विकास-सोपान वाले अध्याय में देखा जा चुका है, उच्चरित भाषा **अस्थायी** होती है और लिखित भाषा **स्थायी**। दूसरे शब्दों में, उच्चरित भाषा देश-काल के बन्धन से आबद्ध होती है तो लिखित भाषा मुक्त।

(3) उच्चरित भाषा **सजीव** होती है अर्थात् तान, आघात, लय आदि की सहायता

से यह भाव-बोधन में अधिक समर्थ होती है। उससे प्रेम, क्रोध, उत्साह, आनन्द, आश्चर्य, रीझ, खीझ, आवेश, उत्कंठा, भय, उदासीनता आदि की अभिव्यक्ति होती चलती है; किन्तु लिखित भाषा **निर्जीव** होती है, क्योंकि वह तान, आघात, लय आदि की भंगिमाओं से वंचित रहती है। इन भंगिमाओं को ही हम अनेक विराम-चिह्नों से अभिव्यक्त करने का प्रयास करते हैं, फिर भी लिखित भाषा में वह विशेषता नहीं आ पाती जो उच्चरित भाषा में।

(4) उच्चरित भाषा का **माध्यम** एकमात्र वायु-तरंग है, किन्तु लिखित भाषा के अनेक माध्यम हैं—पत्थर, मिट्टी, लकड़ी, चमड़ा, पेड़ की छाल, पत्ता, काग़ज़ आदि। झंडों या लाल-हरी बत्तियों के संकेत (भाषा) भी आँखों के लिए ही हैं।

(5) कान और आँख की भाषा की **गति** में भी अन्तर होता है। कान की भाषा अर्थात् ध्वनि की गति 1100 फुट प्रति सेकंड है, पर प्रकाश की 1,86,000 मील प्रति सेकंड। आज का संसार ध्वनि का संसार है। चाहें तो उसे शब्द या कोलाहल भी कह लीजिए। जिधर जाइए, उधर ही ध्वनि ! सच पूछिए तो प्रत्येक नया आविष्कार किसी-न-किसी प्रकार से ध्वनि की ही वृद्धि करता है। रेल, मोटर, हवाई जहाज़ की तो बात ही छोड़ दीजिए; तार की टिक-टिक, टेलीफ़ोन की घंटी, रेडियो के गाने—सब किसी-न-किसी रूप में ध्वनि का ही प्रसार करते हैं।

लिपि या आँख की भाषा का विस्तृत विवेचन लिपि के प्रकरण में होगा। यहाँ कान की भाषा अर्थात् ध्वनि की चर्चा का प्रसंग होने से उसके संवहन-पक्ष का थोड़ा विचार आवश्यक है।

यद्यपि ध्वनि का ग्रहण कानों से होता है, फिर भी ध्वनि-सम्बन्धी पूरी जानकारी के लिए अनेक अन्य वस्तुओं पर भी ध्यान देना आवश्यक है। ध्वनि किसी **वस्तु** में उत्पन्न होती है और कहीं से **चलकर** हमारे पास पहुँचती है। इसमें तीन वस्तुएँ अपेक्षित हैं—उत्पादक, वाहक (माध्यम) और ग्राहक। ध्वनि का **उत्पादक** कुछ भी हो सकता है; जैसे—तार, धातु, काठ, कंठ आदि। **ग्राहक** केवल कान है। वक्ता और श्रोता के बीच जो वायु है वही **वाहक** या माध्यम का काम करती है। वायु के अतिरिक्त लोहा जैसी ठोस वस्तु भी माध्यम का काम कर सकती है, किन्तु किसी द्रव्य या लोहे से भी ध्वनि का संवहन तभी हो सकता है जब वहाँ वायु विद्यमान हो। वायु बिल्कुल न रहने पर ध्वनि नहीं सुनायी पड़ सकती।

उत्पादक द्रव्य में **कम्पन** से ध्वनि की उत्पत्ति होती है और कम्पन प्रायः किसी-न-किसी आघात से उत्पन्न होता है। वीणा या सितार के तार हों तो, अथवा तबले या मृदंग का चर्म-पटल हो तो, उँगलियों से उन पर आघात करना होता है, जिसके परिणामस्वरूप उनमें कम्पन होता है और ध्वनि निकलती है। कम्पन का रूप तारवाले बाजों पर बड़ी आसानी और स्पष्टता से देखा जा सकता है। एक बार खींचने पर तार में काफ़ी देर तक कम्पन होता रहता है। यह कम्पन ही ध्वनि का उत्पादक है, किन्तु प्रत्येक कम्पन सुनायी नहीं पड़ सकता। सुनने योग्य कम्पन की एक सीमा होती है। उससे कम या

अधिक होने पर वह सुनायी नहीं पड़ता। वायु-तरंगों पर तैरती हुई ध्वनि के कम्पन जब कान के परदों को छूते हैं तो परदे भी कम्पित हो उठते हैं जिससे श्रुति-तन्तुओं (ऑडिटरी नर्व्स) में स्पन्दन उत्पन्न होता है। इसे ही **श्रवण** कहते हैं। मस्तिष्क को ध्वनि का ज्ञान श्रवण से ही होता है।

जब किसी वस्तु में कम्पन होता है तो उसकी चारों ओर की वायु में क्षोभ या आन्दोलन उत्पन्न होता है जो वायु में मंडलाकार फैलता है। जिस प्रकार शान्त जल वाले तालाब में कंकड़ी फेंकने से लहरें उत्पन्न होकर मंडलाकार चारों दिशाओं में फैलने लगती हैं, ठीक उसी प्रकार वायुमंडल में भी तरंगें फैलती हैं। वायु का प्रत्येक कण समीपवर्ती कण से आहत होकर कम्पित-स्पन्दित हो उठता है। यह क्रमिक आघात या स्पन्दन ही तरंगों का रूप धारण कर लेता है और वायु के एक-एक कण से होती हुई ध्वनि प्राप्तव्य स्थान तक पहुँच जाती है। मुख से या किसी भौतिक द्रव्य से उत्पन्न ध्वनि की शक्ति कम होने से वह बहुत दूर तक सुनायी नहीं पड़ती। उसे ही यदि अधिक शक्ति-सम्पन्न बना दिया जाये तो वह हज़ारों मील की दूरी पर सुनी जा सकती है, जैसा रेडियो में होता है। इंग्लैंड या अमेरिका से रेडियो पर बोलनेवाला व्यक्ति सामान्य रूप से ही बोलता है, कोई चीख़ता-चिल्लाता नहीं, पर उसकी ध्वनि को यन्त्रों की सहायता से विस्तारित कर ऐसा बना दिया जाता है कि वह संसार के किसी भी कोने में सुनायी दे सके।

ध्वनि के अनेक **भौतिक गुण** होते हैं जिनमें तीन प्रमुख हैं—

(1) तारता (पिच)—तारता का सम्बन्ध **कम्पन की आवृत्ति** से है। ध्वनि-उत्पादक वस्तु में जितनी आवृत्ति बढ़ेगी, उतनी ही तारता बढ़ेगी। आपने देखा होगा कि जब बिजली का पंखा धीमे-धीमे चलता है तो उससे कम आवाज़ निकलती है, किन्तु जैसे-जैसे उसकी गति बढ़ती जाती है वैसे-वैसे आवाज़ भी बढ़ती जाती है। दूसरी बात यह है आवृत्ति का सम्बन्ध उत्पादक वस्तु की लम्बाई, मोटाई, घनत्व और लचीलापन आदि कारणों से भी है। इससे विभिन्न आकार के एक ही द्रव्य या धातु से विभिन्न प्रकार की ध्वनियाँ निकलती हैं। पुरुष की ध्वनि से स्त्री की ध्वनि में, सयाने की ध्वनि से बच्चे की ध्वनि में इसी कारण अन्तर दिखायी देता है। ध्वनि की सभी आवृत्तियाँ श्रव्य नहीं हुआ करतीं। 16 से कम और 38,000 से अधिक की आवृत्तियाँ श्रव्य नहीं होतीं।

(2) तीव्रता (इन्टेन्सिटी)—तीव्रता ध्वनि के ज़ोर को कहते हैं जो कम्पन के **विस्तार** पर निर्भर है। कम्पन का विस्तार जितना अधिक होगा, तीव्रता उतनी ही अधिक होगी। बात यह है कि कम्पन-विस्तार से वायु में सघनता आती है, और उस सघनता से कान के परदे पर अधिक दबाव पड़ता है। स्वभावतः सघनता जितनी अधिक होती है, कान के परदे पर आघात की शक्ति भी उतनी ही बढ़ जाती है। तारता और तीव्रता में भ्रम नहीं होना चाहिए। **तारता** ध्वनि-उत्पादक वस्तु की **आवृत्ति** पर निर्भर करती है और **तीव्रता** उसके **कम्पन-विस्तार** पर।

(3) भेदकता (टिम्बर)—भेदकता (टिम्बर) ध्वनि का वह गुण है जो भिन्न वस्तुओं से उत्पन्न ध्वनियों का अन्तर बताता है। उदाहरणार्थ, वीणा और सितार, तबले या

मृदंग, लकड़ी या लोहे की ध्वनि में जो अन्तर है, उसका पार्थक्य भेदकता की सहायता से ही जाना जा सकता है। मेरी ध्वनि आपकी ध्वनि से भिन्न है और मुझसे या आपसे परिचित व्यक्ति अन्धकार में भी हमारी आवाज़ सुनकर हमें पहचान लेते हैं। यह ज्ञान भेदकता के कारण ही होता है। किसी की आवाज़ मोटी कही जाती है, किसी की पतली, किसी की कोमल, किसी की कठोर। यह सब भेदकता का ही परिणाम है। ध्वनियों के इस अन्तर का एक प्रधान कारण यह है कि कोई दो वागिन्द्रियाँ सर्वथा एकरूप नहीं होतीं। दूसरा कारण यह भी है कि अनुनादक (रिज़ोनेटिंग) विवरों की कोमल और कठोर दीवारों का भी ध्वनि पर असर पड़ता है। भेदकता या टिम्बर के अन्तर का तीसरा कारण भी माना गया है और वह है श्रोता का मनोविभ्रम। इसीलिए कभी-कभी किसी की आवाज़ सुनने पर उसमें दूसरे की आवाज़ का भ्रम हो जाता है। आपने देखा होगा कि किसी दूसरे के बच्चे का रोना सुनकर माँ उसे अपने बच्चे का रोना समझकर उत्कंठापूर्वक आहट लेने लगती है या जिधर से वह आवाज़ आती है उधर दौड़ पड़ती है। बाद में पता लगता है कि वह रोदन उसके बच्चे का नहीं, किसी दूसरे के बच्चे का था।

ध्वनि-नियम

भाषा की परिवर्तनशीलता के क्रम में हमने देखा है कि भाषा में परिवर्तन का चक्र सदा चलता रहता है और उससे भाषा का कोई भी अंग—ध्वनि, पद, वाक्य या अर्थ—अप्रभावित नहीं रहता। कहने की आवश्यकता नहीं कि परिवर्तन का आरम्भ मुख्यतः ध्वनियों से ही होता है।

1. एक बार ध्वनि-सम्बन्धी परिवर्तन आरम्भ हो जाने पर न तो वह रुकता है और न पीछे की ओर मुड़ता है, बल्कि सम्बद्ध ध्वनि-समूह को प्रभावित करते हुए दिशा-विशेष में **अग्रसर** होता जाता है। उदाहरण के रूप में जर्मनिक भाषाओं का ध्वनि-परिवर्तन ले सकते हैं, जिसकी चर्चा आगे होगी।

2. ध्वन्यात्मक परिवर्तन बहुत-कुछ **नियमित** होता है। इसी नियमितता के आधार पर ध्वनिविज्ञान या भाषाविज्ञान विज्ञान की श्रेणी में आता है। यद्यपि यह भी ठीक है कि ध्वनिविज्ञान के नियम भौतिकविज्ञान आदि के नियमों के समान व्यापक और सुनिश्चित नहीं होते, फिर भी उनकी व्यापकता उपेक्षणीय नहीं है।

3. ध्वन्यात्मक नियम मुख्यतः **अतीतकाल** से सम्बद्ध होता है, अतः उसके सम्बन्ध में भविष्यवाणी नहीं की जा सकती। भौतिकविज्ञान या रसायन के नियम भविष्य के लिए भी सही हैं। उदाहरणार्थ, अनुपात-विशेष में कुछ तत्त्वों के मिश्रण से यदि कोई वस्तु पहले उत्पन्न हुई है या आज उत्पन्न होती है तो उसी अनुपात में उसके मिश्रण से वह वस्तु आगे भी उत्पन्न होगी। ऐसी बात भाषाविज्ञान के सम्बन्ध में नहीं की जा सकती, क्योंकि भाषा का सम्बन्ध जड़ वस्तुओं से नहीं है। भाषा चेतना-सम्पन्न मनुष्य से सम्बद्ध

है जो परिस्थितियों से स्वयं प्रभावित और परिवर्तित हुआ करता है। उस प्रभाव और परिवर्तन से भाषा भी नहीं बच पाती। मनुष्य की, और परिणामतः भाषा की, परिवर्तनशीलता के कारण उसके नियमों को अपरिवर्तनीय एवं निश्चित बन्धनों में बाँधना सम्भव नहीं होता।

4. किसी ध्वनि-सम्बन्धी परिवर्तन का आरम्भ पहले तो **प्रवृत्ति** के रूप में होता है, किन्तु वही जब व्यापक और स्थायी बन जाता है तब **नियम** का रूप धारण कर लेता है। कहने का तात्पर्य यह कि काल-विशेष की प्रवृत्ति ही कालान्तर में नियम बन जाती है। उदाहरणार्थ, मूल भारत-यूरोपीय भाषा का **स** ईरानी में **ह** हो गया (सप्त>हफ़्त)। आरम्भ में स का ह के रूप में उच्चारण करने की प्रवृत्ति रही होगी; वही बाद में स्थिर हो गयी। इसी प्रकार जर्मन की दन्त्य ध्वनियाँ अंग्रेज़ी में मूर्धन्य बन गयीं।

5. ध्वनि-परिवर्तन की गति बड़ी **मन्द** और अलक्ष्य होती है। भाषा की स्थिरता और बोधगम्यता की दृष्टि से यह बहुत आवश्यक है, अन्यथा एक ही पीढ़ी की भाषा इतनी परिवर्तित हो जाती कि वृद्ध की बात बच्चा नहीं समझ पाता। 'उपाध्याय' से 'झा' या 'चतुर्वेदी' से 'चौबे' होने में शताब्दियाँ लगी होंगी।

6. ध्वनि-परिवर्तन **अन्य-ध्वनि-सापेक्ष** होता है, अर्थात् आस-पास की ध्वनियों से नियन्त्रित होता है। सर्वथा निरपेक्ष ध्वनि-परिवर्तन अकल्पनीय है। कहीं स्थान का, कहीं करण का, कहीं प्रयत्न का, कहीं बल का, कहीं स्वर का, कहीं भाषा-प्रवाह का असर उस पर पड़ता है। काम या राम का उच्चारण काँम्ँ या राँम्ँ जैसा होता है। 'का' या 'रा' स्वयं अनुनासिक नहीं है, किन्तु 'म' की अनुनासिकता से प्रभावित होकर उसमें भी अनुनासिकता आ जाती है। इस प्रकार ध्वनियों की स्थिति, ध्वनियों का रूप, निकटस्थ ध्वनियों से उसका सारूप्य आदि सारी बातें ध्वनि-परिवर्तन के प्रसंग में देखनी होती हैं। जैसा ऊपर कहा गया है, ध्वनि-परिवर्तन सदा एक दिशा में ही नहीं होता। उदाहरणार्थ, श्मश्रु और अश्रु के 'श्रु' का परिवर्तन एक ही रूप में दिखायी नहीं देता। श्मश्रु के 'श्रु' का 'छ' (मूँछ) हो गया, किन्तु अश्रु के 'श्रु' का 'सू' (आँसू) हो गया। कर्म 'काम' हुआ, पर धर्म या मर्म से 'धाम' या 'माम' नहीं हुआ।

7. ध्वनि-नियम का सम्बन्ध **काल-विशेष** और **स्थान-विशेष** से होता है। कहने का तात्पर्य यह है कि कोई भी ध्वनि-नियम सार्वदेशिक और सार्वकालिक नहीं होता। किसी भाषा से सम्बद्ध नियम उसी भाषा के किसी काल विशेष पर लागू होता है और उसमें भी उस भाषा के सम्पूर्ण क्षेत्र पर लागू हो, यह आवश्यक नहीं। सम्भव है, उस भाषा-क्षेत्र के किसी एक भाग में ही लागू हो।

ध्वनि-नियम के अपवाद

ध्वनि-नियम के दो मुख्य अपवाद हैं—

1. दूसरी भाषा से **गृहीत शब्दों** पर किसी भाषा के ध्वनि-नियम लागू नहीं होते;

यदि होते हैं तो तभी जब वे शब्द उस ध्वनि-नियम के प्रचलित होने के पहले गृहीत हुए हों। उदाहरणार्थ, आधुनिक युग में लातिन या ग्रीक से जो शब्द जर्मन में लिये गये हैं, उन पर ग्रिम-निमय लागू नहीं होता। हिन्दी में ही जो शब्द तत्सम रूप में चल रहे हैं, उन पर प्राकृत या अप्रभ्रंश के ध्वनि-नियम नहीं घटित किये जा सकते। उदाहरणार्थ, तत्सम 'क्षेत्र' शब्द ध्वनि-परिवर्तन के उन नियमों से अप्रभावित है जिनसे वह 'खेत' बना।

2. ध्वनि-नियम का दूसरा विरोधी कारण है **सादृश्य**। सादृश्य के कारण भाषा में परिवर्तन होता है, इस पर भाषा की परिवर्तनशीलता और उसके कारणों की चर्चा के प्रसंग में विचार किया जा चुका है। सादृश्य का आधार मुख्यतः बाह्य होता है। स्वभावतः भाषा की अन्तर्निहित और नैसर्गिक विशेषताओं से उसका सम्बन्ध नहीं होता। should और would के सादृश्य पर could में भी 1 का प्रयोग होने लगा, यद्यपि can में उसका अभाव है। shall और will के 1 का प्रभाव should और would में तर्कसंगत है, पर could का 1 तो सर्वथा सादृश्य-प्रसूत है। कहने की आवश्यकता नहीं कि यदि ऐसे आधारों पर कोई नियम बनाने का प्रयास किया जाये तो वह भ्रान्त और अग्राह्य होगा।

ग्रिम-नियम

ध्वनि-नियम का सबसे प्रसिद्ध उदाहरण है **ग्रिम-नियम**। यद्यपि ध्वनि-परिवर्तन-सम्बन्धी नियमों का सम्बन्ध ग्रिम से जोड़ा जाता है, किन्तु उसका सूत्र रास्क और ईरे ने पहले ही ढूँढ़ निकाला था। उसे व्यवस्थित तथा वैज्ञानिक रूप में प्रस्तुत करने का श्रेय याकोब ग्रिम (1785-1863 ई.) नामक जर्मन विद्वान को है। इसी से यह नियम उन्हीं के नाम से प्रसिद्ध है। संस्कृत, ग्रीक, लातिन, गॉथिक, जर्मन आदि भारत-यूरोपीय परिवार की भाषाओं की तुलना के प्रसंग में ग्रिम ने देखा कि मूल भारत-यूरोपीय भाषा की कुछ ध्वनियाँ जर्मनिक शाखा में कुछ दूसरे ही रूपों में प्रयुक्त मिलती हैं। सूक्ष्मता से विचार करने पर ग्रिम को उन ध्वनि-परिवर्तनों में व्यापकता दीखी और उन्होंने उन्हें नियमबद्ध करने का प्रयास किया। उनके द्वारा निर्धारित नियमों का सम्बन्ध दो ध्वनि-परिवर्तनों से है—एक तो **प्रथम ध्वनि-परिवर्तन** जो प्रागैतिहासिक काल में कभी हुआ, सम्भवतः छठी और तीसरी शताब्दी ई.पू. के बीच; और फिर **द्वितीय ध्वनि-परिवर्तन** जो सातवीं शताब्दी ई. के आसपास हुआ। इन दोनों ध्वनि-परिवर्तनों का सम्बन्ध जर्मनिक शाखा की भाषाओं से है। इस सम्बन्ध में निम्नलिखित बातें ध्यान में रखने की हैं—

1. ग्रिम की मान्यता है कि मूल भारत-यूरोपीय भाषा की ध्वनियाँ संस्कृत, ग्रीक और लातिन में सुरक्षित हैं; व्यंजन संस्कृत में सबसे अधिक सुरक्षित हैं।

2. ध्वनि-सम्बन्धी परिवर्तन केवल जर्मनिक शाखा की भाषाओं में हुआ है, इसलिए ग्रिम-नियम केवल जर्मनिक शाखा पर घटित होता है।

3. जैसा अभी कहा गया, वह ध्वनि-परिवर्तन दो बार हुआ—

[क] एक बार प्रागैतिहासिक काल में। प्रागैतिहासिक काल इसलिए कहते हैं कि निश्चित रूप से ज्ञात नहीं है कि वह ध्वनि-परिवर्तन कब हुआ। अनुमान है कि छठी और तीसरी शताब्दी ई.पू. के बीच कभी हुआ होगा, किन्तु यह अनुमान ही है।

[ख] दूसरा ध्वनि-परिवर्तन सातवीं शताब्दी ई. के लगभग हुआ जब उच्च जर्मन (आज की जर्मन) और निम्न जर्मन (अंग्रेज़ी आदि) पृथक् हुईं। यहाँ उच्च और निम्न शब्द का प्रयोग भौगोलिक दृष्टि से है। जर्मनी का दक्षिणी भाग ऊँचा पड़ता है और वहाँ बोली जानेवाली भाषा को उच्च जर्मन कहते हैं। उत्तर के समतल, अतः अपेक्षाकृत निम्न भाग, में बोली जानेवाली भाषा निम्न जर्मन कहलाती है। उच्च और निम्न शब्दों का प्रयोग जर्मन भाषा की किसी विशेषता या हीनता से सम्बद्ध नहीं है बल्कि शुद्ध भौगोलिक दृष्टि से है, इसे याद रखना चाहिए। निम्न जर्मन की ही शाखाएँ अंग्रेज़ी, डच, डेनी, नार्वेई, स्वीडी आदि हैं, जैसा भाषाओं के पारिवारिक वर्गीकरण में दिखाया जा चुका है।

प्रथम ध्वनि-परिवर्तन

ग्रिम-नियम के अनुसार **प्रथम ध्वनि-परिवर्तन** निम्नलिखित रूप में हुआ—

मूल भारत-यूरोपीय			**जर्मनिक**
क त प (अघोष अल्पप्राण)	का	ख़ (ह) थ़ फ़	(अघोष महाप्राण)
		घ ध भ	(घोष महाप्राण)
घ ध भ (घोष महाप्राण)	का	ग द ब	(घोष अल्पप्राण)
ग द ब (घोष अल्पप्राण)	का	क त प	(अघोष अल्पप्राण)

इसको निम्नलिखित रेखाचित्र की सहायता से और भी स्पष्ट किया जा सकता है—

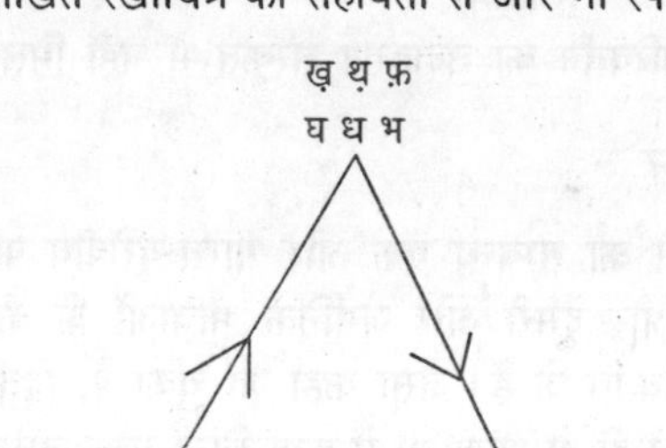

यूरोपीय विद्वानों ने ग्रिम-निमय को स्पष्ट करने के क्रम में ग्रीक, लातिन, गॉथिक आदि भाषाओं के उदाहरण दिये हैं, जिनका परिचय भारतीय पाठकों को प्रायः नहीं रहता। इस कारण यह नियम जितना कठिन नहीं है, उतना कठिन बन जाता है। हमने उन भाषाओं के उदाहरण छोड़ दिये हैं। मूल भारत-यूरोपीय की प्रतिनिधि के रूप में संस्कृत को रखा है और जर्मनिक शाखा की प्रतिनिधि के रूप में अंग्रेज़ी को। ये दोनों

ही भाषाएँ भारतीय पाठकों के लिए परिचित और ज्ञात हैं। अतः इन भाषाओं के उदाहरणों की सहायता से ग्रिम-नियम को समझने में सुविधा और सरलता होगी।

	भारत-यूरोपीय संस्कृत	जर्मनिक अंग्रेज़ी
क से ख़ या ह	कः	हु (who)
	कद्	ह्वाट् (what)
त से थ़	त्रि	थ्रि (three)
	तनु	थिन (thin)
प से फ़	पद	फ़ुट (foot)
	पत्र	फ़ेदर (feather)
घ या ह से ग	हंस	गुस (goose)
ध से द	विधवा	विडोउ (widow)
	बंध	बैंड (band)
भ से ब	भ्रातृ	ब्रदर (brother)
	भ्रू	ब्राउ (brow)
ग से क	गौ	काउ (cow)
	युग	योक (yoke)
द से त	द्वौ	टू (ट्वो) (two)
	स्वेद	स्वेट (sweat)
ब से प	तुर्बा (turba) (लातिन)	थोर्प (thorp)

ब से प के ध्वनि-परिवर्तन का उदाहरण संस्कृत में नहीं मिलता।

द्वितीय ध्वनि-परिवर्तन

प्रथम ध्वनि-परिवर्तन का सम्बन्ध एक ओर भारत-यूरोपीय परिवार की संस्कृत, ग्रीक, लातिन भाषाओं और दूसरी ओर जर्मनिक भाषाओं के बीच था। ऊपर के उदाहरण प्रथम ध्वनि-परिवर्तन के हैं। जैसा कहा जा चुका है, द्वितीय ध्वनि-परिवर्तन स्वयं जर्मनिक भाषाओं की ही दो शाखाओं में हुआ जिन्हें उच्च जर्मन और निम्न जर्मन कहते हैं। इस ध्वनि-परिवर्तन में क्रमशः ग द ब का क त प, क त प का ख़ थ़ फ़ ख़ थ़ फ़ का ग द ब हो जाता है। उदाहरणार्थ—

	निम्न जर्मन (अंग्रेज़ी)		उच्च जर्मन (आधुनिक जर्मन)	
क से ख़	बुक	(book)	बुख़	(Buch)
त से थ़ (स)	वाटर	(water)	व्हासेर	(Wasser)[1]

1. ज़र्मन में W का उच्चारण व नहीं, व्ह होता है।

प से फ़	स्प्रिग	(spring)	फ्रूलिंग	(Fruling)
	स्लिप	(slip)	श्लाइफ़ेन	(schleifen)
थ़ से द	थ्रि	(three)	ड्रेइ	(drei)
	नॉर्थ़	(north)	नोरदेन	(Norden)

अपवाद

उपर्युक्त ध्वनि-नियम आपाततः बड़ा सीधा और सरल प्रतीत होता है, पर स्वयं ग्रिम को बहुत-सारे अपवाद मिले जिनका समाधान इस नियम से नहीं हो सका। कुछ अपवाद ऐसे भी मिले जो अपने-आप में पर्याप्त नियमित थे; जैसे—क त प के पहले यदि स् रहता है (sk, st, sp) तो उपरिनिर्दिष्ट **ध्वनि-परिवर्तन** नहीं होता। इसी तरह त के पहले क् और प् (kt, pt) रहने पर भी त अपरिवर्तित रह जाता है। यदि त्त (त्+त) रहा तो थ्त और फिर, स्स हो जाता है। तात्पर्य कि स्क, स्त, स्प, क्त, प्त और त्त (sk, st, sp, kt, pt, tt) के संयोग में यह नियम लागू नहीं होता; जैसे—

भारत-यूरोपीय	**जर्मनिक**	
पिस्केस (pisces)[1]	फ़िश् (fish)	(ख़ होना चाहिए था)।
अस्ति	इस्त (ist)	(थ़ होना चाहिए था)।
स्पश्	स्पेहोन (spëhon) (प्रा. उ. ज.)[2]	(फ़ होना चाहिए था)।
नप्ता	निफ़्त (nift) (प्रा. उ. ज.)	(थ़ होना चाहिए था)।
वित्त	व्हिस्सा (wissa)	(थ़ होना चाहिए था)।

इन उदाहरणों से स्पष्ट हो जाता है कि क त प जब **संयुक्त** रूप में आते हैं तो उन पर उपर्युक्त ध्वनि-नियम लागू नहीं होता।

ग्रासमन-नियम

ग्रिम ने स्वयं बहुत-सारे अपवादों का समाधान किया जैसा अभी ऊपर दिखाया गया है, फिर भी बहुसंख्यक अपवाद असमाहित रह गये। उदाहरणार्थ, निम्नलिखित शब्दों को लीजिये—

संस्कृत	**गॉथिक**
बोधति	बिउदन
दभ	दउब्स

ग्रिम-नियम के अनुसार बोधति के ब और दभ के द का गॉथिक में क्रमशः प और

1. 'पिस्केस' शब्द लातिन का जिसका अर्थ है मछली।
2. प्राचीन उच्च जर्मन।

त हो जाना चाहिए था जिसके विपरीत यहाँ ब और द मिलते हैं। ग्रासमन ने इसका कारण यह बताया कि भारत-यूरोपीय में दो सन्निकृष्ट महाप्राण ध्वनियाँ साथ नहीं रहतीं; उनमें प्रथम अल्पप्राण हो जाती है। जैसे, संस्कृत में 'धा' धातु से धधाति रूप होना चाहिए, पर होता है दधाति। दो महाप्राण ध्वनियाँ ध ध जब एक साथ आयीं तो प्रथम महाप्राण, (ध) का अल्पप्राण (द) हो गया। इसी प्रकार भृ धातु से भिभर्ति के बदले बिभर्ति रूप होता है; यहाँ भी पहले भ का ब हो गया। जहाँ ग्रिम-नियम में अपवाद दिखायी पड़ता है वहाँ ऐसी ही स्थिति रहती है। दो महाप्राण ध्वनियों वाले स्थल पर एक अल्पप्राण हो जाती है और यह नियम जैसा संस्कृत, ग्रीक आदि भाषाओं के लिए लागू है वैसा ही जर्मनिक के लिए भी। जहाँ अकेले ग द ब रहते हैं, वहाँ उनका क त प हो जाता है। ग्रासमन के इस संशोधन से बहुत सारे अपवादों का निराकरण हो गया, किन्तु फिर भी सभी अपवाद समाप्त नहीं हुए। ग्रासमन के नियम से समाहित न होने वाले अपवादों का समाधान कार्ल फ़ेर्नर ने किया।

फ़ेर्नर-नियम

ग्रिम-नियम के अनुसार संस्कृत, ग्रीक आदि के बहुत-सारे शब्दों में विद्यमान क त प का जर्मनिक में ख़ थ़ फ़ होना चाहिए पर वैसा न होकर ग द ब हो जाता है। ऐसा क्यों होता है ?

फ़ेर्नर का समाधान है कि यदि क त प के पूर्ववर्ती स्वर पर बलाघात रहा तो ग्रिम-नियम के अनुसार क त प का ख़ थ़ फ़ होता है, पर यदि **बलाघात** पूर्ववर्ती स्वर के बदले **परवर्ती स्वर** पर रहा तो क त प का ग द ब हो जाता है; जैसे—

संस्कृत	**गॉथिक**	
युवशस्	युंग्स (juggs)[1]	(श का ग हो गया)।
शतम्	हुन्द (hund)	(त का द हो गया)।
सप्तन्	सिबुन (sibun)	(प का ब हो गया।)

यह प्रवृत्ति अंग्रेज़ी के भी अनेक शब्दों में पायी जाती है। ग्रिम-नियम के अनुसार जैसे संस्कृत के त्रि का अंग्रेज़ी में थ्रि हो जाता है वैसे ही ते का थे, तत्र का तथ्र या थत्र होना चाहिए था, किन्तु इसके प्रतिकूल ते का 'दे' (they) और तत्र का 'दिदर' (thither) हो जाता है। ऐसा सम्भवतः बलाघात वाले आधार पर ही होता है, जिसे फ़ेर्नर ने प्रस्तुत किया।

संक्षेप में ग्रिम-नियम की, और उसके संशोधन के रूप में ग्रासमन और फ़ेर्नर के नियमों की, यही रूपरेखा है।

1. गॉथिक में gg का उच्चारण ng होता है।

मानस्वर

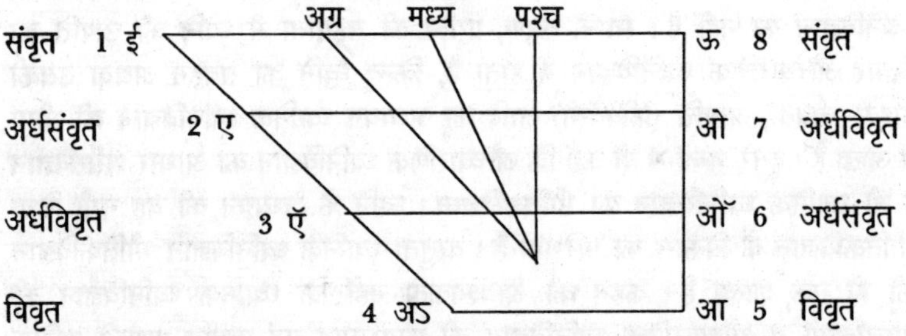

मानस्वर की कल्पना लन्दन विश्वविद्यालय के भाषाविज्ञान विभाग के प्रोफेसर डेनियल जोन्स ने की।

मानस्वर आठ हैं जो किसी भाषा-विशेष से सम्बद्ध न होकर काल्पनिक स्वर हैं। इनकी व्यावहारिक उपयोगिता यह है कि इनकी सहायता से किसी भाषा की स्वरध्वनियों की उच्चारण-प्रक्रिया का सम्यक् और समुचित निर्धारण किया जा सकता है। मानस्वरों को अंग्रेज़ी में 'कार्डिनल व्हावेल्स' कहते हैं।

मानस्वरों का विवरण इस प्रकार हैं–

1. अग्र संवृत	–ई (i)	5. पश्च विवृत	–आ (a)
2. अग्र अर्धसंवृत	–ए (e)	6. पश्च अर्धविवृत	–ऑ (c)
3. अग्र अर्धविवृत	–ऍ (ε)	7. पश्च अर्धसंवृत	–ओ (o)
4. अग्र विवृत	–अऽ (a)	8. पश्च संवृत	–ऊ (u)

स्वनिम सिद्धान्त

स्वनिम सिद्धान्त आधुनिक भाषावैज्ञानिक प्रविधि और पद्धति का अपरिहार्य अंग बन गया है। **'स्वनिम'** शब्द अंग्रेज़ी के फ़ोनीम (Phoneme) का नवीनतम हिन्दी रूपान्तर है। इसके लिए अब तक 'ध्वनिग्राम' शब्द का प्रयोग होता रहा है, किन्तु भारत सरकार के पारिभाषिक एवं तकनीकी शब्दावली आयोग ने 'फ़ोनीम' का हिन्दी रूपान्तर 'स्वनिम' किया है, जो उच्चारण-सौकर्य तथा ध्वनिसाम्य की दृष्टि से ही नहीं, सार्थकता की दृष्टि से भी 'ध्वनिग्राम' की अपेक्षा अधिक ग्राह्य है। 'स्वनिम' शब्द संस्कृत के 'स्वन्'-धातु से निष्पन्न है जिसका अर्थ होता है ध्वनि या आवाज़ करना।

ध्वनिविज्ञान के दो प्रमुख पक्ष हैं–(1) **औच्चारणिक** (आर्टिक्युलेटरी), और (2) **ध्वानिक** (अकाउस्टिक)।

मनुष्य के वाग्यन्त्र से ध्वनियों की उत्पत्ति कैसे होती है, इसका अध्ययन औच्चारणिक ध्वनिविज्ञान का विषय है। किन्तु ध्वनि की उपयोगिता उसके ग्रहण अर्थात् श्रवण में

है। जब तक कोई श्रोता न हो तब तक ध्वनि की अर्थात् बोलने की कोई उपयोगिता नहीं है। इसलिए औच्चारणिक से कम महत्त्व ध्वानिक या श्रावणिक (श्रवण-सम्बन्धी) ध्वनिविज्ञान का नहीं है। स्थान, करण, प्रयत्न की सहायता से ध्वनि की उत्पत्ति का विचार औच्चारणिक ध्वनिविज्ञान में होता है, किन्तु ध्वनि का संवहन अथवा उसकी तारता, तीव्रता, आवृत्ति (फ़्रीक्वेंसी) आदि का अध्ययन ध्वानिक ध्वनिविज्ञान की सीमा में आता है। दूसरे शब्दों में यों कहें कि औच्चारणिक ध्वनिविज्ञान का आधार **शरीरविज्ञान** है तो ध्वानिक ध्वनिविज्ञान का **भौतिकविज्ञान**। ध्वनि के अध्ययन की यह नयी दिशा भौतिकविज्ञान के विकास का परिणाम है। वस्तुतः ध्वानिक ध्वनिविज्ञान भौतिकविज्ञान की ही एक शाखा है। कहने की आवश्यकता नहीं कि ध्वानिक ध्वनिविज्ञान की उपलब्धियों से औच्चारणिक ध्वनिविज्ञान की परम्परागत एवं प्राचीन प्रणाली अधिक सूक्ष्म और वैज्ञानिक बनी है।

मनुष्य के वाग्यन्त्र में अनन्त ध्वनियों के उत्पादन की क्षमता विद्यमान है, किन्तु वह सबका प्रयोग नहीं करता, क्योंकि किसी भी भाषा की मूलभूत ध्वनियों की संख्या पचास से अधिक नहीं पायी जाती। अधीत भाषाओं के आधार पर मूलभूत ध्वनियों की संख्या न्यूनतम पन्द्रह और अधिकतम पचास निर्धारित की गयी है, अर्थात् किसी भी भाषा की ध्वनियाँ पन्द्रह से पचास के बीच ही पायी जाती हैं। भाषा की इन्हीं **मूलभूत ध्वनियों का विश्लेषण और निर्धारण स्वनिम-सिद्धान्त** का लक्ष्य है।

स्वनिम की निश्चित और सर्वथा निर्दोष परिभाषा देना कठिन है। परिभाषा का आग्रह छोड़कर यदि शब्द को स्पष्ट करने का प्रयास करें तो कह सकते हैं कि **स्वनिम** उच्चरित भाषा का वह न्यूनतम अंश है जो दो ध्वनियों का अन्तर प्रदर्शित करता है। क और ख या च और प में अन्तर इसलिए है कि ये भिन्न स्वनिम हैं। 'गान' और 'कान' का अन्तर स्वनिम के भेद के कारण ही प्रतीत होता है। यह अन्तर अपेक्षाकृत स्थूल है, पर ध्यान देने पर ध्वनियों में इससे भी सूक्ष्म अन्तर दिखायी देता है। उदाहरणार्थ, इन शब्दों को लीजिए—कल, काल, कील, कूल, कोल। ध्वनिविज्ञान से अनभिज्ञ व्यक्ति के लिए इन पाँचों शब्दों के 'क' में कोई अन्तर नहीं है। परन्तु सचाई यह है कि पाँचों 'क' एक-दूसरे से भिन्न हैं। आप स्वयं ध्यान से उच्चारण कीजिए तो अन्तर स्पष्ट हो जायेगा। 'काल' के क का उच्चारण मुख के बिल्कुल पिछले भाग—प्रायः कंठ के पास—से होता है तो 'कील' या 'कूल' के क का बहुत आगे से। का-कू या का-की साथ-साथ कहने पर अन्तर स्पष्ट हो जाता है। यह अन्तर 'क' में लगे हुए स्वर के कारण हो रहा है जो 'क' के उच्चारण को प्रभावित और आपरिवर्तित कर देता है। स्थूल दृष्टि से भले ही इस अन्तर की हम उपेक्षा कर दें, किन्तु वैज्ञानिक दृष्टि से यह अनुपेक्षणीय है; कारण कि यन्त्रों की सहायता से परीक्षा करने पर यह अन्तर पूर्णतः स्पष्ट हो जाता है।

प्रश्न है कि इन पाँच 'क' ध्वनियों को भिन्न मानें या अभिन्न ? वैज्ञानिक दृष्टि से इन्हें भिन्न मानना ही उचित और संगत है, परन्तु भिन्न मानने पर किसी भी भाषा

में अनन्त ध्वनियाँ माननी होंगी। जैसा हम देख चुके हैं, इस भिन्नता का कारण है 'क' के स्वरों की भिन्नता। इसके अतिरिक्त भिन्नता के दूसरे कारण भी हो सकते हैं जिनमें प्रमुख है पार्श्ववर्ती ध्वनियों का प्रभाव। 'काल' और 'काम' के 'क' में अन्तर है। 'काम' का उच्चारण 'काँमँ' होता है। यहाँ 'क' पार्श्ववर्ती 'म' से प्रभावित है, 'म' की अनुनासिकता 'क' में भी आ गयी है। इसी प्रकार हम 'कान' का उच्चारण 'काँनँ' करते हैं। 'दिक्पाल' और 'दिक्जाल' के 'क्' में भी अन्तर है। 'दिक्पाल' में क् का उच्चारण क् ही होता है, किन्तु 'दिक्जाल' में ज के सान्निध्य से क् का उच्चारण ग् के रूप में होता है। इन भिन्नताओं या विषमताओं के बावजूद इन अनेक 'क' ध्वनियों में समता है—क का की कू को आदि के उच्चारण में स्थान, करण आदि का भेद होने पर भी उनमें 'क' की जो समान ध्वनि है वही उसे एक स्वनिम मानने का आधार प्रस्तुत करती है।

कल, काल, कील, कूल आदि में जो अन्तर है, वह एक प्रकार का है, किन्तु 'कल' और 'खल' का अन्तर दूसरे प्रकार का है। यहाँ प्रारम्भ की दो ध्वनियों (क और ख) के अन्तर के कारण अर्थ में अन्तर आ जाता है। इसी तरह 'कल' और 'गल' में भी क और ग के कारण अर्थ-भेद हो जाता है। सरस-चरस, परस-बरस में केवल आरम्भ में एक-एक ध्वनि के कारण प्रत्येक शब्द का अर्थ बदल जाता है। सरस और चरस के अर्थ में भेद उपस्थित करने का श्रेय स और च ध्वनियों को है जो दो भिन्न **स्वनिम** हैं। इसीलिए स्वनिम की परिभाषा में 'अन्तर' शब्द पर ब़ल दिया गया है। तात्पर्य कि स्वनिम **अर्थ-भेद का साधक ध्वनि-भेद** है। जब तक अर्थ में भेद नहीं होता तब तक स्वनिम का भेद स्वीकार नहीं किया जाता।

स्वनिम की विशेषताएँ

1. स्वनिम उच्चरित **भाषा** की विशेषता है, लिखित भाषा से उसका कोई सम्बन्ध नहीं है। लिखित भाषा की अपनी इकाई है जिसे लेखिम कहते हैं। उदाहरणार्थ, अंग्रेज़ी के Though शब्द में स्वनिम केवल दो (द्+ओ) हैं, पर लेखिम छः हैं। इस तरह अंग्रेज़ी का 'फ़' एक स्वनिम है, पर उसे लिपि में अभिव्यक्त करने के लिए कई लेखिम हैं—f (जैसे fine में), ff (जैसे sufficient में), ph (जैसे philosophy में), pph (जैसे sapphire में), gh (जैसे laugh में)। इस तरह एक ही 'फ़' स्वनिम को अंग्रेज़ी में पाँच प्रकार से लिख सकते हैं। इनमें भी लेखिम एक नहीं है—ff में दो लेखिम हैं और pph में तीन। तो स्वनिम और लेखिम में भ्रम नहीं होना चाहिए—पहले का सम्बन्ध उच्चरित भाषा से है और दूसरे का लिखित भाषा से।

2. प्रत्येक भाषा के अपने स्वनिम होते हैं जो दूसरी भाषा से सर्वथा स्वतन्त्र और भिन्न हुआ करते हैं। सर्वसाधारण स्वनिम जैसी कोई वस्तु नहीं होती जो सभी भाषाओं में पायी जाये। हिन्दी का 'क' या 'प' अंग्रेज़ी के क-प से भिन्न है। हिन्दी का 'अ' और बँगला का 'अ' एक ही नहीं है। हिन्दी में 'अग्नि' कहते हैं पर बँगला में 'ओग्नि',

हिन्दी का 'अनिल' बँगला में 'ओनील' उच्चरित होता है। स्पष्ट है कि स्वनिम की दृष्टि से हिन्दी और बँगला के 'अ' परस्पर-भिन्न हैं। यही स्थिति सभी भाषाओं की है। यदि किन्हीं दो भाषाओं के स्वनिम में अभेद है तो उसे आकस्मिक समझना चाहिए। यही कारण है कि दूसरी भाषा बोलते समय, अपनी भाषा के स्वनिमों से भिन्न होने के कारण, उनके स्वनिमों के उच्चारण में कठिनाई होती है। अतः वक्ता दूसरी भाषा के स्वनिमों को भी अपनी भाषा के साँचे में ढाल लेता है। किसी पंजाबी, बंगाली और मद्रासी को हिन्दी या अंग्रेज़ी बोलते सुनकर आप सहज ही जान जायेंगे कि उसकी मातृभाषा क्या है। तीनों की हिन्दी या अंग्रेज़ी के उच्चारण में पर्याप्त भेद आ जाता है। इसी तरह अंग्रेज़ जब हिन्दी बोलता है तो उस पर अंग्रेज़ी का गहरा पुट रहता है। वह 'तुम' न कहकर 'टुम' कहता है, कारण कि अंग्रेज़ी में 'त' स्वनिम है ही नहीं। इसलिए उससे जो सन्निकृष्ट स्वनिम 'ट' है, वह उसी में 'त' को परिवर्तित कर लेता है। अपनी भाषा के अभ्यस्त स्वनिमों से भिन्न स्वनिमों का उच्चारण करते समय यह कठिनाई सबों को होती है। बहुत प्रयास और अभ्यास से ही दूसरी भाषा के स्वनिमों का परिशुद्ध उच्चारण सम्भव होता है।

3. प्रत्येक ध्वनि की कुछ **श्रावणिक विशेषताएँ** होती हैं जो एक उच्चारण से दूसरे उच्चारण में, एक व्यक्ति से दूसरे व्यक्ति में और एक भाषा से दूसरी भाषा में पर्याप्त भिन्न हुआ करती हैं।

एक ही व्यक्ति दस बार 'क' का उच्चारण करे तो दसों 'क' एक-दूसरे से भिन्न होंगे। इस कथन को स्वीकार करने में, सम्भव है, किसी को सन्देह हो, पर यह वैज्ञानिक तथ्य है। बात यह है कि मनुष्य के कोई दो प्रयत्न सर्वथा अभिन्न नहीं हो सकते। प्रमाणस्वरूप आप दस बार 'क' लिखिए और देखिए कि वे क्या बिल्कुल एक-से उतरे हैं ? एक 'क' से दूसरा 'क' निश्चित ही भिन्न होगा, भले ही वह भिन्नता न्यूनतम क्यों न हो। यही स्थिति ध्वनियों के उच्चारण की भी है। जब एक व्यक्ति के उच्चारण में ही ध्वनि-भेद हो जाता है तब अनेक व्यक्तियों के उच्चारण में ध्वनि-भेद का कहना ही क्या है ! मेरे 'क' के उच्चारण से आपके 'क' का उच्चारण भिन्न होगा ही। तभी तो चेहरा नहीं देखने पर भी किसी की वाणी सुनकर हम उसे पहचान लेते हैं, क्योंकि उसका उच्चारण बिल्कुल उसका अपना है, अर्थात् उसका स्वनिम-समुदाय उसकी औच्चारणिक विशेषताओं से प्रभावित और नियन्त्रित है। व्यक्ति-भेद से स्वनिम-भेद होने पर भाषा-भेद में तो वह स्वयं-सिद्ध है। हिन्दी के स्वनिम बँगला से भिन्न हैं तो अंग्रेज़ी के फ़्रांसीसी से।

4. ध्वनि के प्रत्यक्षीकरण और उसकी सांकेतिक सार्थकता के निर्धारण में कुछ भेद तो महत्त्वहीन होते हैं और कुछ महत्त्वपूर्ण। महत्त्वहीन भेदों के होने या न होने से कुछ आता-जाता नहीं,, किन्तु जो भेद महत्त्वपूर्ण होते हैं, उनके कारण उस ध्वनि के पहचानने में तथा वर्ग-निर्धारण में सहायता मिलती है अर्थात् हम यह कह पाते हैं कि कोई ध्वनि कौन-सा स्वनिम है। इससे स्पष्ट है कि प्रत्येक स्वनिम के भेदक लक्षण दूसरे स्वनिमों

के लक्षणों से भिन्न होंगे। तभी तो क से च का या त से प का भेद प्रतीत होता है।

5. इस प्रकार **स्वनिमिक प्रत्यभिज्ञान** अर्थात् यह पहचानना कि कौन ध्वनि किस स्वनिम के अन्तर्गत है, **मनोवैज्ञानिक प्रक्रिया** है। किसी भाषा का बोलने वाला स्वनिम का प्रत्यभिज्ञान अनायास कर लेता है; किसी स्वनिम का प्रत्यभिज्ञान उसके लिए उतना ही सहज है जितना उसका उच्चारण।

6. उपर्युक्त कथन के निष्कर्ष के रूप में यह तथ्य सामने आता है कि स्वनिम की धारणा उसके उच्चारण से अधिक उसके **श्रवण पर निर्भर** करती है। प्रयोगशाला या यन्त्र यह नहीं बता सकता कि अमुक ध्वनि अमुक स्वनिम है; यह बताना श्रोत्र (कान) का काम है। यन्त्र किसी ध्वनि की विशेषताओं का विश्लेषण कर सकता है, पर स्वनिम का निर्धारण नहीं। स्वनिम का निर्धारण केवल श्रोता कर सकता है; वक्ता भी नहीं कर सकता। बहुत बार वक्ता मन-ही-मन समझता है कि वह अमुक ध्वनि का उच्चारण कर रहा है। पर वस्तुतः करता है वह किसी अन्य ध्वनि का उच्चारण। 'स' उच्चारण करने वाले को 'श' का अभ्यास कराते समय वह बोलता है 'स', पर मान बैठता है कि 'श' बोल रहा है और संशोधन कराने वाले पर आश्चर्य करता है कि उसकी सही ध्वनि को भी वह ग़लत कैसे कह दे रहा है।

बचपन में मेरा लड़का स को छ कहता था, इसलिए 'साफ' का उच्चारण 'छाफ' करता था। एक दिन मैं कुछ कह रहा था जो उसकी समझ में नहीं आया तो उसने कहा, 'छाफ-छाफ कहिए।' मैंने उसकी नकल करते हुए कहा—'लो, छाफ-छाफ कहता हूँ।' उसने मुझे रोककर कहा—'छाफ-छाफ नहीं, 'छाफ-छाफ' कहिए।' उसका अभिप्राय था कि 'छाफ-छाफ नहीं, साफ-साफ कहिए' और इस प्रकार वह बार-बार मुझे शुद्ध उच्चारण सिखाता रहा। उसके कान उसे बता रहे थे कि मेरा उच्चारण अशुद्ध है, अर्थात् उसे स और छ स्वनिमों के अन्तर का परिज्ञान था और अपने जानते वह 'स' स्वनिम का ही उच्चारण कर रहा था।

हमने स्वनिम को मनोवैज्ञानिक प्रक्रिया या घटना कहा है, क्योंकि उसका सम्बन्ध ध्वनि (स्वनिम) के अन्तर के प्रत्यभिज्ञान से है। अन्तर के परिज्ञान की मात्रा और स्वनिम की धारणा के साथ उसका सम्बन्ध चार प्रकार से सम्भव है—(क) यदि वक्ता के बोलने में श्रोता को किसी अन्तर की प्रतीति नहीं होती तो इसका अर्थ है कि वक्ता उन्हीं स्वनिमों का प्रयोग कर रहा है जो श्रोता के हैं, अर्थात् दोनों के स्वनिम अभिन्न हैं, जैसे—वक्ता 'आशा' बोले और श्रोता उसे 'आशा' के रूप में ग्रहण करे। (ख) यदि श्रोता को वक्ता के बोलने में अन्तर की प्रतीति होती हो, किन्तु वह उसे सदोष या विकृत उच्चारण-मात्र समझे तो वह उसके अपने स्वनिम की सीमा में ही आयेगा। जैसे—बहुत सारे लोग 'श' के बदले 'स' का ही उच्चारण करते हैं। यदि वक्ता 'आसा' बोलता है तो श्रोता इसे उच्चारण का दोष मानता है, फिर भी अर्थ समझने में उसे कठिनाई नहीं होती। (ग) यदि श्रोता देखता है कि वक्ता ने बिल्कुल भिन्न ध्वनि का प्रयोग किया है, तो अर्थ-बोध में कठिनाई न होने पर भी उसे भिन्न स्वनिम मानेंगे।

जैसे—बच्चा 'आशा' को, सम्भव है, 'आछा' कहे। सयाने 'आछा' का अर्थ 'आशा' लगा भी लेंगे, पर इससे दोनों एक स्वनिम नहीं माने जा सकते; 'छ' और 'श' भिन्न स्वनिम ही रहेंगे; 'साफ' और 'छाफ' वाला जो उदाहरण ऊपर दिया गया है, वह भी इसी कोटि में आता है। (घ) यदि भिन्न ध्वनि के प्रयोग के कारण श्रोता ग़लत अर्थ समझ लेता है तो वह भिन्न स्वनिम है, जैसे—कोई 'आशा' को 'आपा' या 'साफ' को 'माफ' कहे तो श्रोता अर्थ समझने में असमर्थ हो जायेगा।

इस मीमांसा से कतिपय निष्कर्ष निकलते हैं—(क) स्वनिम की धारणा प्रत्येक व्यक्ति या वक्ता में रहती है, भले ही उसे इसका परिज्ञान अथवा पारिभाषिक शब्दावली में विश्लेषण करने की क्षमता न हो। बच्चा या निरक्षर भी दूसरे के द्वारा प्रयुक्त ध्वनि के अन्तर को अनायास पहचान लेता है।

(ख) स्वनिम की सत्ता तुलनात्मक है, अर्थात् स्वनिम का ज्ञान दो ध्वनियों के अन्तर के ज्ञान पर निर्भर करता है। अतः स्वनिम कोई स्थिर तत्त्व नहीं, बल्कि ध्वानिक अन्तरों का उच्चावच बोध है।

(ग) भिन्न व्यक्तियों के स्वनिम-समुदाय भिन्न हो सकते हैं।[1]

7. स्वनिम का निर्धारण शब्द के आधार पर अधिक निर्दोष और परिशुद्ध होता है; शब्द-समूह या वाक्य के आधार पर जटिलता बढ़ने की सम्भावना रहती है। अनेक शब्दों के मिलने पर कुछ नयी ध्वनियाँ उत्पन्न हो सकती हैं (जैसा सन्धि में हुआ करता है)। परिणामतः स्वनिमों की संख्या बढ़ सकती है और जो स्वनिम उस भाषा के मूलभूत अंग नहीं हैं, उनकी भी कल्पना कर ली जा सकती है।

8. निरापद तथ्य यह है कि एक ध्वनि दो स्वनिमों से सम्बद्ध नहीं हो सकती, अर्थात् एक ध्वनि एक ही स्वनिम के अन्तर्गत आ सकती है।[2]

स्वनिम की व्यावहारिक उपयोगिता

1. स्वनिम का ज्ञान भाषा के शुद्ध **उच्चारण** को जानने में सहायक होता है। तात्पर्य कि किसी भाषा के स्वनिमों के ज्ञान से उसकी मूलभूत ध्वनियों पर अधिकार हो जाता है और तब बोलते समय वक्ता बड़ी आसानी से प्रत्येक स्थल पर उचित ध्वनि का प्रयोग कर पाता है। जैसे संगीत के सात स्वरों के आरोह, अवरोह, प्रस्तार आदि का अभ्यास हो जाने पर गाने के प्रसंग में ठीक स्वर का प्रयोग सुगम हो जाता है वैसे ही स्वनिमों का सम्यक् ज्ञान भाषा के निर्दोष उच्चारण का साधक बन जाता है। इसीलिए भारतवर्ष में सबसे पहले ध्वनियों की 'शिक्षा' दी जाती थी; अध्ययन का आरम्भ ध्वनियों की शिक्षा से ही होता था। सफल भाषा-शिक्षण के लिए, चाहे मातृभाषा हो चाहे अन्य भाषा, स्वनिम का समुचित ज्ञान अनिवार्य है।

---

1. फोनेटिक्स, कैंटनर ऐंड वेस्ट, पृ. 24
2. द फ़ोनीम : इट्स नेचर ऐंड यूज़, डेनियल जोन्स, पृ. 10-11

2. भाषाविज्ञान की दूसरी शाखाएँ, जैसे **पदविज्ञान, वाक्यविज्ञान** या **अर्थविज्ञान** मूलतः **स्वनिम पर ही आधारित** हैं। पद अनेक स्वनिमों का समुच्चय है और वाक्य अनेक पदों का। समुच्चय तथा अर्थ का आधार पद या वाक्य है। इस प्रकार इन तीनों के मूल में स्वनिम की ही सत्ता दिखायी देती है। स्वभावतः जब तक स्वनिम का यथावत् ज्ञान न हो तब तक पदविज्ञान, वाक्यविज्ञान या अर्थविज्ञान का सम्यक् ज्ञान दुरधिगम है।

3. स्वनिम का ज्ञान लेखन-पद्धति या **लिपि के निर्माण** के लिए अपरिहार्य है। भाषावैज्ञानिक दृष्टि से ही नहीं, सांस्कृतिक, राजनीतिक, मानववैज्ञानिक दृष्टियों से आज भी संसार की अनेक अनधीत भाषाओं का अध्ययन हो रहा है। जिनकी कोई लिपि नहीं है, उनकी लिपि का निर्माण करने के लिए उनके स्वनिमों का विश्लेषण आवश्यक है। आदर्श लिपि का लक्षण है कि एक स्वनिम के लिए एक लिपि-संकेत हो और एक लिपि-संकेत से एक स्वनिम का बोध हो। यह तभी सम्भव है जब स्वनिमों को ध्यान में रखकर लिपि-संकेतों को गढ़ा जाये। देवनागरी में यही गुण है जो रोमन में नहीं है। स्वनिम-सिद्धान्त के आदि-प्रवर्तक महर्षि पाणिनि हैं जिन्होंने अपनी भाषा (संस्कृत) की ध्वनियों का सम्यक् विश्लेषण कर उन्हें यथावत् निरूपित, विन्यस्त और वर्गीकृत किया। स्वनिम-सिद्धान्त का ऐसा उत्तम, वैज्ञानिक एवं व्यावहारिक निरूपण अन्यत्र कहीं नहीं मिलता। स्वनिम के अनुरूप लिपि-संकेत का निर्माण भी एकमात्र भारत में ही सम्भव हो सका। दूसरे देशों में स्वनिम का ही ठीक से निर्धारण नहीं हुआ, तदनुरूप लिपि का तो प्रश्न ही नहीं उठता। उदाहरणार्थ, अल्पप्राण अघोष कंठ्य ध्वनि एक स्वनिम है और व्यक्त करने वाला लिपि-संकेत है क। इस ध्वनि और लिपि-संकेत में ऐसा सम्बन्ध है कि भ्रम का अवकाश ही नहीं है। इसके विपरीत इस ध्वनि के लिए रोमन में कम-से-कम छः लिपि-संकेत है—k (king); c (cat); q (quorum); ck (cuckoo); ch (chemistry); cc (hiccough)। एक स्वनिम के लिए छः लिपि-संकेत ! इसी तरह c से कहीं क का बोध होता है तो कहीं स का (जैसे cap या citizen में)। chemistry में ch क का बोधक है तो chart, chief, check, choke आदि में च का। इस तरह स्वनिम और लिपि-संकेत में कोई वैज्ञानिक समन्वय नहीं है। अंग्रेज़ी के पाँच स्वर-संकेतों (a,e,i,o,u) से इक्कीस स्वरों का काम लिया जाता है। बहुत लोगों को भ्रम है कि अंग्रेज़ी में केवल पाँच स्वर हैं; वस्तुतः अंग्रेज़ी में इक्कीस स्वर हैं। पाँच लिपि-संकेतों से इक्कीस स्वनिमों का काम लेना कितना अवैज्ञानिक है, यह कहने की आवश्यकता नहीं। तात्पर्य कि स्वनिम के ज्ञान के अभाव में वैज्ञानिक लिपि का निर्माण असम्भव है।

पदविज्ञान

उच्चारण की दृष्टि से भाषा की लघुतम इकाई **ध्वनि** है और **सार्थकता** की दृष्टि से **शब्द**। ध्वनि सार्थक हो ही, यह आवश्यक नहीं है; जैसे—अ क च ट त प आदि ध्वनियाँ तो हैं, किन्तु सार्थक नहीं। किन्तु, अब, कब, चल, टल, तल, पल आदि शब्द हैं, क्योकि इनमें सार्थकता है, अर्थात् अर्थ देने की क्षमता है। पदविज्ञान में पदों के रूप और निर्माण का विवेचन होता है। सार्थक हो जाने से ही शब्द में प्रयोग-योग्यता नहीं आ जाती। कोश में हज़ारों-हज़ार शब्द रहते हैं, पर उसी रूप में उनका प्रयोग भाषा में नहीं होता। उनमें कुछ परिवर्तन करना होता है। उदाहरणार्थ कोश में 'पढ़ना' शब्द मिलता है और वह सार्थक भी है, किन्तु प्रयोग के लिए 'पढ़ना' रूप ही पर्याप्त नहीं है, साथ ही उसका अर्थ भी स्पष्ट नहीं होता। 'पढ़ना' के अनेक अर्थ हो सकते हैं, जैसे पढ़ता है, पढ़ रहा है, पढ़ रहा होगा, पढ़ा, पढ़ता, पढ़ता था, पढ़ा है, पढ़ा था, पढ़ा होगा, पढ़ेगा, पढ़ो, पढ़, पढ़कर, पढ़ने को आदि। 'पढ़ना' के ये अनेक रूप जिस प्रक्रिया से सिद्ध होते हैं, उसी का अध्ययन पदविज्ञान का विषय है। इसी तरह 'मैं' का प्रयोग करना हो तो उसके भी अनेक रूप हो जाते हैं—मैं, मुझको, मुझमें आदि। इसलिए संस्कृत के वैयाकरणों ने शब्द के दो भेद किये हैं—**शब्द** और **पद**। शब्द से उनका तात्पर्य **विभक्तिहीन** शब्द से है जिसे प्रातिपदिक भी कहते हैं। पद शब्द का प्रयोग वैसे शब्द के लिए किया जाता है जिसमें **विभक्ति** लगी हो। तात्पर्य कि—

शब्द—विभक्ति-रहित।

पद—विभक्ति-सहित।

इस प्रकार शब्द और पद का भेदक तत्त्व **विभक्ति** है। जैसा पहले बताया जा चुका है, विभक्ति का अर्थ ही है विभाजन करनेवाला या बाँटनेवाला तत्त्व अर्थात् जिसकी सहायता से शब्दों का अर्थ विभक्त हो जाये। विभक्ति की सहायता से ही 'मुझको', 'मुझसे' और 'मुझमें' के अर्थ परस्पर भिन्न हो जाते हैं। यह भिन्नता विभक्ति के कारण है, अन्यथा मूलरूप 'मुझ' सर्वत्र एक ही है। यदि विभक्ति न रहे तो समझना कठिन होगा कि वक्ता 'मुझ' को लेकर क्या कहना चाहता है। तात्पर्य कि विभक्तियों के योग से ही शब्दों में **प्रयोग-योग्यता** आती है, अर्थात् उनमें परस्पर अन्वय हो सकता है। अन्वय न होने पर सार्थकता अधूरी रह जायेगी। जैसे निम्नलिखित शब्द सार्थक हैं—

उच्चारण दृष्टि ध्वनि भाषा लघुतम इकाई अध्ययन आवश्यक होना। इनमें कोई

भी शब्द निरर्थक नहीं है, किन्तु फिर भी अभिप्राय स्पष्ट नहीं हो रहा है। यदि इन्हीं शब्दों में विभक्तियाँ लग जायें तो अर्थ की अस्पष्टता दूर हो जायेगी। जैसे–

उच्चारण **की** दृष्टि **से** ध्वनि **का**, जो भाषा **की** लघुतम इकाई है, अध्ययन आवश्यक है।

इस वाक्य में, या यों कहें कि पदों के अन्वित प्रयोग में, सन्देह का अवकाश नहीं रह जाता। इसीलिए ऊपर कहा गया है कि प्रयोग-योग्यता पदों में अर्थात् विभक्तियुक्त शब्दों में ही रहती है। पाणिनि ने **'सुप्तिङन्तं पदम्'** सूत्र के द्वारा यह बात स्पष्ट की। सुप् (संज्ञा-विभक्ति) और तिङ् (क्रिया-विभक्ति) के योग से ही पद बनते हैं। बिना पद बने उनका प्रयोग नहीं हो सकता।

पद-रचना की अनेक प्रक्रियाएँ हैं जिनकी थोड़ी चर्चा भाषाओं के वर्गीकरण के प्रसंग में हो चुकी है। पद-रचना के लिए मुख्यतः **प्रकृति** और **प्रत्यय** की आवश्यकता होती है। प्रकृति-प्रत्यय के योग से निष्पन्न शब्दों के आरम्भ में उपसर्ग और अन्त में विभक्ति जोड़कर अर्थ-भेद किया जाता है। दूसरे शब्दों में इसको ऐसे भी कह सकते हैं कि अर्थ-तत्त्व में रचना-तत्त्व के योग से पद की निष्पत्ति होती है। योगात्मक भाषाओं में भी सर्वत्र रचना-तत्त्व हो ही, यह आवश्यक नहीं है। कहीं-कहीं उसका अभाव भी देखा जाता है, जैसे अव्यय में। वस्तुतः किसी भी भाषा में पद-रचना की एक पद्धति नहीं चलती। संस्कृत श्लिष्ट योगात्मक भाषा है, किन्तु उसमें भी पद-रचना की चार पद्धतियाँ दृष्टिगोचर होती हैं–

1. अयोगात्मक–बहुत सारे पद बिना विभक्ति-योग के भी दिखायी पड़ते हैं–नदी, भूभृत्, वारि आदि संज्ञा रूप; पठ, वद, हस आदि क्रिया-रूप।

2. अश्लिष्ट योगात्मक–जन-ता, प्रभु-ता, उदार-ता, मधुर-ता।

3. श्लिष्ट योगात्मक–दैव, कौमार, नैतिक, भौतिक।

4. प्रश्लिष्ट योगात्मक–पिपठिषति, जो कहने को एक शब्द है किन्तु अर्थ की दृष्टि से पूरा वाक्य है। पिपठिषति का अर्थ है–'वह पढ़ना चाहता है'।

जो स्थिति संस्कृत की है वही अल्पाधिक मात्रा में सभी भाषाओं की है। अंग्रेज़ी और हिन्दी भी कुछ अंशों में अयोगात्मक हैं तो कुछ अंशों में योगात्मक। ऐसी स्थिति में 'प्राधान्येन व्यपदेशा भवन्ति' के अनुसार जिस भाषा में जिस पद्धति का प्राधान्य पाया जाता है, उसी के अनुरूप उसका नामकरण कर दिया जाता है। चीनी जैसी अयोगात्मक भाषा में कुछ शब्द ऐसे हैं जो केवल सम्बन्ध सूचित करने के लिए प्रयुक्त होते हैं। इसलिए चीनी में दो प्रकार के शब्दों की कल्पना की गयी है–**पूर्ण** शब्द जो प्रधान अर्थ के देने वाले हैं और **रिक्त** शब्द जो केवल सम्बन्ध सूचित करने वाले हैं। यह विषय भाषाओं के वर्गीकरण के प्रसंग में स्पष्ट किया जा चुका है। प्रस्तुत में भी उपयोगी होने के कारण उसकी चर्चा यहाँ कर दी गयी है।

पद-रचना के लिए निम्नलिखित पद्धतियाँ काम में लायी जाती हैं–

1. शब्द को **अविकृत** छोड़ देना। संस्कृत में नदी, स्त्री, नारी, भूभृत्, वणिक्, सम्राट्,

वारि, अस्थि, मधु, अश्रु, लता, आशा, इच्छा आदि शब्द प्रथमा विभक्ति के एकवचन में अविकृत रहते हैं, अर्थात् इनके शब्द और पद के रूप में कोई अन्तर नहीं है। हिन्दी के अनुज्ञावाचक जा, ला, सो, हो आदि शब्द भी अविकृत हैं; केवल धात्वंश-सूचक 'ना' हटा देने से ये प्रयोग के योग्य बन जाते हैं। सभी अव्यय इसी वर्ग के अन्तर्गत आते हैं, क्योंकि उनमें कभी विकार नहीं आता। अव्यय शब्द का अर्थ ही है जिसका व्यय अर्थात् परिवर्तन न हो। यही कारण है कि अव्यय सदा एकरूप रहते हैं।

जहाँ विभक्ति दिखायी नहीं पड़ती वहाँ संस्कृत के वैयाकरण यह नहीं मानते कि विभक्ति नहीं है, बल्कि वे यह मानते हैं कि विभक्ति का लोप हो गया है, अर्थात् वहाँ विभक्ति आयी और बाद में लुप्त हो गयी। जैसा पहले कहा जा चुका है, ऐसा मानने का कारण यही है कि बिना विभक्ति के योग के शब्द का प्रयोग हो ही नहीं सकता। इसलिए जहाँ विभक्ति नहीं भी दिखायी देती है वहाँ भी विभक्ति की कल्पना कर ली जाती है। इस पद्धति को पाश्चात्य भाषाविज्ञानियों ने भी महत्त्वपूर्ण माना है और वे इसको **शून्य विभक्ति** (ज़ीरो इन्फ़्लेक्शन) कहते हैं। वैज्ञानिक दृष्टि से विभक्ति-लोप की कल्पना पर्याप्त महत्त्व की है।

यहाँ यह भी ध्यान रखना चाहिए कि सभी भाषाओं में पद का एक ही लक्षण घटित नहीं होता। उदाहरणार्थ, एस्किमो भाषा में पद और वाक्य के बीच सीमा-रेखा खींचना सम्भव नहीं है। वाक्य ही सिमटकर पद बन जाते हैं। अतः पद-सम्बन्धी प्रस्तुत विवेचन सामान्य दृष्टि से किया गया समझना चाहिए।

2. शब्द में कुछ जोड़कर पद बनाने की पद्धति बहुत व्यापक है। जैसा आकृतिमूलक वर्गीकरण के प्रसंग में हम देख चुके हैं, योग शब्द के आदि, मध्य या अन्त में कहीं भी हो सकता है। आदि-योग को **उपसर्ग,** मध्य-योग को **विकरण** और अन्त-योग को **प्रत्यय** कहा गया है। हिन्दी में प्रत्यय के लिए लोग 'परसर्ग' का प्रयोग करते हैं जो अनावश्यक है। इसी तरह 'मध्यसर्ग' भी चल रहा है। ये शब्द अंग्रेज़ी की प्रिफ़िक्स (prefix), इन्फ़िक्स (infix) और सफ़िक्स (suffix) के शब्दानुवाद हैं।

उपसर्ग से शब्द के अर्थ में कैसे परिवर्तन होता है, यह दिखाया जा चुका है। एक ही 'हार' शब्द में विभिन्न उपसर्ग जोड़कर प्रहार, संहार, विहार, आहार, परिहार, उपहार आदि शब्द बनते हैं। इसी तरह प्रदेश, सन्देश, अनुदेश, निर्देश, विदेश, आदेश, उपदेश आदि। उपसर्ग का योग भारत-यूरोपीय परिवार की प्रमुख विशेषता है। अंग्रेज़ी में भी उपसर्ग-योग के पर्याप्त उदाहरण हैं; जैसे—प्रेफ़र (prefer), रेफ़र (refer), डेफ़र (defer), कन्फ़र (confer) आदि; या रिसीव्ह (receive), परसीव्ह (perceive), डिसीव्ह (deceive), कनसीव्ह (conceive) आदि।

प्रत्यय के योग से एक ही धातु से निष्पन्न शब्द अर्थ में भिन्न हो जाते हैं; जैसे—भक्ति, भजन और भाग, तीनों शब्द भज् धातु से निष्पन्न हैं, पर प्रत्यय-भेद से इनका अर्थ-भेद हो गया है—भक्ति (भज्+क्तिन्); भजन (भज् + ल्युट्); भाग (भज् + घञ्)। यह तो उपसर्ग या प्रत्यय के योग से शब्द-निष्पत्ति की बात हुई। अब पद-निष्पत्ति की

दृष्टि से भी आदि, मध्य और अन्त में होने वाले योगों को देखें—

आदि-योग—अभवत्, अपठत्, अहसत् आदि में **अ** का प्रयोग भूतकालिकता का बोधक है।

मध्य-योग—भूयते, पठ्यते, हस्यते में **य** भाववाच्य या कर्मवाच्य का बोध कराता है। इसी प्रकार भावयति, पाठयति, हासयति में **अय** प्रेरणार्थक है। बुभूषति, पिपठिषति, चिकीर्षति आदि में **ष** इच्छा का द्योतक है। मध्य-योग के संस्कृत में बहुत-सारे उदाहरण मिलते हैं। हिन्दी में पढ़ना से पढ़वाना, लिखना से लिखवाना, करना से करवाना आदि प्रेरणार्थक शब्द मध्य-योग से ही निष्पन्न होते हैं।

अन्त-योग—उपर्युक्त उदाहरणों में ही त् (अभवत्), ते (भूयते), ति (बुभूषति) आदि अन्त-योग के उदाहरण हैं। संज्ञा, सर्वनाम या विशेषणवाचक शब्दों से पद बनाने के लिए भी विभक्तियों का योग अन्त में ही होता है; जैसे—देवम्, देवेन, देवाय, देवात्, देवस्य आदि। हिन्दी में भी विभक्तियाँ शब्द के अन्त में ही आती हैं; जैसे—देव को, देव से, देव के लिए, देव से, देव का आदि।

3. रचना-तत्त्व का तीसरा रूप है शब्द के **अन्तर्वर्ती स्वर में परिवर्तन** कर देना। जैसे—देव से दैव; रुद्र से रौद्र; श्रुति से श्रौत; श्रवण से श्रावण; कुमार से कौमार; बालक से बालिका, पुत्र से पौत्र आदि।

क्रियाओं में करना से कराना, पढ़ना से पढ़ाना, हँसना से हँसाना आदि अन्तर्वर्ती स्वर-परिवर्तन के ही उदाहरण हैं।

4. अनेकत्र अभ्यास (आवृत्ति) रचना-तत्त्व का कार्य करता है। संस्कृत में लिट् लकार के रूप अभ्यास द्वारा ही निष्पन्न होते हैं; जैसे—पठ् से पपाठ, नद् से ननाद, लिख् से लिलेख, बुध् से बुबोध आदि। अभ्यास का प्रयोग ग्रीक, लातिन आदि भाषाओं में भी पाया जाता है।

5. ध्वनि-गुण—ध्वनि गुण—आघात, तान आदि—से भी पद-रचना में सहायता ली जाती है; जैसे—

भोजपुरी में देबऽ ? —तुम दोगे ?
देऽब। —मैं दूँगा।
करबऽ ? —तुम करोगे ?
कऽरब। —मैं करूँगा।

इन उदाहरणों में पद का रूप एक रहने पर भी स्वराघात के कारण अर्थ-भेद हो रहा है।

अंग्रेज़ी में भी संज्ञा और क्रिया का भेदक बलाघात होता है। एक ही शब्द संज्ञा और क्रिया दोनों रूपों में प्रयुक्त हो सकता है। अन्तर यही है कि संज्ञा के रूप में उस पर बल पहले अवयव पर पड़ता है और क्रिया के रूप में अन्तिम अवयव पर। जैसे, con'flict (सं.) : conflict' (क्रि.); con'tact (सं.) : contact' (क्रि.); con'vert (सं.) : convert' (क्रि.); im'port (सं.) import' (क्रि.); pro'test (सं.) : protest' (क्रि.);

pro'ject (सं.) : project' (क्रि.); trans'fer (सं.) : transfer' (क्रि.)।

6. आदेश–कभी-कभी ऐसा देखा जाता है कि मूल शब्द के बदले किसी दूसरे शब्द का प्रयोग हो जाता है और बाद में चलकर उन परस्पर असम्बद्ध रूपों में भी सम्बन्धों की कल्पना कर ली जाती है। आदेश का अर्थ है परिवर्तन। मूल शब्द का सर्वथा परिवर्तन हो जाने से इसे आदेश कहा गया है। उदाहरणार्थ, संस्कृत में लट्, लिङ्, लोट्, लङ्, में **दृश्** धातु का **पश्य** आदेश हो जाता है। इसलिए इन चारों लकारों में दृश् के बदले पश्य का ही रूप चलता है–पश्यति, पश्यतः, पश्यन्ति आदि। फिर शेष छः लकारों में दृश् का दृश् ही रहता है; जैसे–लिट् में ददर्श। ध्वनिविज्ञान के किसी नियम से दृश् का पश्य हो जाना सम्भव नहीं। अतः भाषावैज्ञानिक दृष्टि ये यह मानना पड़ता है कि दृश् और पश्य दो धातु रहे होंगे जिनमें चार लकारों में दृश् का प्रयोग विरल हो गया और 'पश्य' का ही चलता रहा। दृश् के रूप न मिलने से लोगों ने यह मान लिया कि दृश् का ही पश्य हो गया है। इसी प्रकार 'अस्' धातु का लट्, लिङ्, लोट्, लङ्, में अस् रहता है, पर लिट् आदि लकारों में 'भू' हो जाता है। इसलिए लिट् लकार में 'अस्' का 'बभूव' रूप प्रयुक्त होता है। वस्तुतः 'अस्' का 'बभूव' नहीं होता, हो भी कैसे सकता है, क्योंकि अस् और बभूव में कोई ध्वनि-साम्य नहीं। 'दृश्' वाली बात ही यहाँ भी हुई होगी। अस् के रूप चार ही लकारों में चलते होंगे; इसलिए जब शेष लकारों में उसके रूप का प्रश्न उठा तो 'भू' के रूप प्रयोग में आने लगे। बाद में वैयाकरणों ने कह दिया कि 'अस्' का 'भू' हो जाता है। यह वैसा ही कहने के समान हुआ कि आम का अँगूर हो जाता है।

हिन्दी में 'जाना' का भूतकालिक रूप 'गया' होता है। वस्तुतः 'जाना' और 'गया' में कोई सम्बन्ध नहीं है। वर्तमान में 'जाता है', भविष्य में 'जायेगा'; फिर भूतकाल में 'गया' कैसे हो गया ? वस्तुस्थिति यह है कि 'जाना' संस्कृत के 'या' धातु से निकला है और 'गया' 'गम्' धातु से। या का जा स्वाभाविक ध्वनि-परिवर्तन का उदाहरण है। इसलिए 'जा' से भूतकालिक रूप बनने पर 'जाया' होना चाहिए, जैसे खाना से खाया, पाना से पाया आदि बनते हैं। 'उसे ढोकर ले जाया गया', जैसे वाक्यों में 'जाना' का भूतकालिक रूप 'जाया' दिखायी पड़ता भी है, लेकिन वह किसी कारण से (सम्भवतः पत्नीवाचक 'जाया' शब्द से एकरूप होने के कारण) समाज को गृहीत नहीं हुआ और समाज ने उसके बदले गम् धातु से निष्पन्न होने वाला 'गया' रूप (गतो>गदो>गओ>गयो>गया) बना लिया और तब वैयाकरणों ने 'जाना' का ही भूतकाल 'गया' बता दिया। इसी प्रकार अंग्रेज़ी में गो (go) का भूतकाल वेन्ट (went) होता है जो गो से सम्बद्ध नहीं है। पद-रचना में आदेश का स्थान अनुपेक्षणीय है।

पद-विभाग

यास्क ने निरुक्त में पद के चार विभाग माने हैं–1. नाम; 2. आख्यात; 3. उपसर्ग

और 4. निपात।[1]

आज की शब्दावली में इन विभागों का स्पष्टीकरण इस प्रकार है—

नाम[2]	—संज्ञा (राम, श्याम आदि)
आख्यात	—क्रिया (पढ़ना, लिखना आदि।
उपसर्ग	—निर्बद्ध अव्यय (प्र, परा आदि)।
निपात	—स्वतन्त्र अव्यय (इव, एव आदि)।

यास्क के इस विभाग का क्रम महत्त्वपूर्ण है। नाम और आख्यात अर्थात् संज्ञा और क्रिया को उन्होंने अधिक महत्त्वपूर्ण समझकर एक साथ रखा और उपसर्ग और निपात को कम महत्त्वपूर्ण समझकर एक साथ। आगे चलकर पाणिनि ने नाम और आख्यात अर्थात् सुबन्त और तिङन्त को ही पद-विभाग के रूप में स्वीकार किया। उपसर्ग के सम्बन्ध में अपनी तरफ़ से कुछ न कहकर यास्क ने शाकटायन का मत उद्धृत करते हुए बताया कि नाम और आख्यात से पृथगभूत उपसर्ग अर्थों का निश्चित बोध नहीं कराते।[3] उपसर्ग को निर्बद्ध अव्यय कहने का कारण यही है कि वह अपने-आप में सार्थक और अर्थ-बोध में समर्थ नहीं है। इसीलिए उत्तरवर्ती वैयाकरणों ने उपसर्ग को अर्थ का वाचक नहीं, द्योतक (प्रकाशक) माना है। क्योंकि उपसर्ग संज्ञा या क्रिया के साथ मिलकर सार्थक होता है, इसलिए उसे निर्बद्ध अव्यय कहा गया—निर्बद्ध इसलिए कि उसका अलग प्रयोग नहीं होता और अव्यय इसलिए कि उसके रूप में परिवर्तन नहीं होता। उपसर्ग से निपात का अन्तर इस दृष्टि से है कि निपात का स्वतन्त्र प्रयोग हो सकता है।

संस्कृत भाषा की दृष्टि से यह पद-विभाग सर्वथा उचित है, हालाँकि आगे के वैयाकरणों ने इसमें थोड़ा-बहुत हेर-फेर किया है। हिन्दी के व्याकरण में पद-विभाग अंग्रेज़ी व्याकरण के ढर्रे पर किया गया है, इसलिए उसकी संख्या आठ है। बहुत लोगों को यह ज्ञात नहीं है कि अंग्रेज़ी का पद-विभाग भी लातिन से उधार लिया हुआ है। एक भाषा को दूसरी भाषा के ढाँचे में ढालने में असंगतियाँ भी होती हैं और कठिनाइयाँ भी, किन्तु एक बार जो सिलसिला चल पड़ता है उसको रोकना और बदलना मुश्किल होता है। अंग्रेज़ी के भाषाविज्ञानी लातिन के पद-विभाग को अंग्रेज़ी के लिए अवैज्ञानिक तो बताते हैं, पर अब तक उसका निराकरण नहीं कर पाये हैं। हिन्दी व्याकरण के पद-विभाग की भी स्थिति वही है। कामताप्रसाद गुरु ने हिन्दी के आठ पद-विभाग किये हैं—संज्ञा, सर्वनाम, विशेषण, क्रिया, क्रिया-विशेषण, सम्बन्धसूचक, समुच्चयबोधक, विस्मयादिबोधक। ये आठों भेद अंग्रेज़ी के रूपान्तर है। सूक्ष्मता से विचार करने पर इन आठों का अन्तर्भाव वस्तुतः तीन में ही हो जाता है। संज्ञा, सर्वनाम और विशेषण—ये

---

1. चत्वारि पदजातानि नामाख्याते उपसर्गनिपाताश्च।
—निरुक्त; यास्क; अ.1, पा.1, खं.1

2. भावप्रधानमाख्यातं सत्त्वप्रधानानि नामानि। —वही; अ.1, पा.1, खं.1

3. न निर्बद्धा उपसर्गा अर्थान्निराहुरिति शाकटायनः। —वही; अ.1, पा.1, खं.4

तीन संज्ञा के ही रूप-भेद हैं। यास्क ने संज्ञा के लिए 'नाम' शब्द का प्रयोग किया है; इसी 'नाम' में 'सर्व' लगाकर 'सर्वनाम' शब्द बना है, अर्थात् वह नाम जो सबके लिए प्रयुक्त हो सकता हो। 'मैं', 'हम' आदि सर्वनाम किसी एक व्यक्ति का बोध नहीं कराते; जो भी उनका प्रयोग करे, उसके वे बोधक हो जाते हैं। मैं भी अपने को 'मैं' कहता हूँ और आप भी। इस प्रकार 'मैं' किसी व्यक्ति-विशेष का नाम नहीं बल्कि **सर्वनाम** है। **विशेषण** की भी अलग सत्ता नहीं है, क्योंकि उसका उद्देश्य संज्ञा का ही वैशिष्ट्य बताना है। इसलिए उसकी भी स्थिति संज्ञा से पृथक् अकल्पनीय है। संज्ञा के रहने पर ही विशेषण का प्रयोग हो सकता है; संज्ञा नहीं तो विशेषण भी नहीं। दूसरी बात यह कि संज्ञा और विशेषण परस्पर परिवर्तनीय हैं। संज्ञा से विशेषण बन जाता है; जैसे—धर्म से धार्मिक, नीति से नैतिक आदि, और विशेषण से संज्ञा; जैसे—सुन्दर से सुन्दरता, कोमल से कोमलता आदि। एक ही संज्ञा से विशेषण और फिर विशेषण से भी संज्ञा बन जाती है, जैसे मनु से मानव, मानव से मानवीय, मानवीय से मानवीयता। यहाँ संज्ञा, विशेषण और संज्ञा का क्रम दृष्टिगोचर होता है। स्वभावतः विशेषण की सत्ता संज्ञा से अलग नहीं मानी गयी। इसलिए पाणिनि ने इन तीनों को एक साथ रखकर **सुबन्त** में डाल दिया। व्यापार-प्रधान होने के कारण **क्रिया** की सत्ता को पृथक्, स्वीकार करना तार्किक दृष्टि से भी संगत है और व्यावहारिक दृष्टि से भी। शेष चार विभाग—**क्रिया-विशेषण** (यहाँ, वहाँ, कहाँ, कब, जब, अब आदि); सम्बन्धसूचक (को, से, के लिए आदि); समुच्चयबोधक (और, अथवा, तथा, परन्तु आदि); विस्मयादिबोधक (छिः, आह, ओह, वाह, ठीक, शाबाश आदि) अव्यय ही हैं। इसलिए इन्हें चार अलग विभाग मानने की अपेक्षा एक अव्यय में ही रखना लाघव की दृष्टि से वांछनीय है। भेदोपभेद की बात उठने पर इन चारों में भी अनेक अवान्तर भेद हो जाते हैं; जैसे क्रिया-विशेषण में स्थानवाचक, कालवाचक, स्थितिवाचक, अवधिवाचक, परिमाणवाचक आदि। यदि पृथक्-पृथक् नामकरण करने लगें तो इन अवान्तर भेदों की भी गणना करनी होगी। इस प्रकार यास्क द्वारा प्रस्तुत विभाग हिन्दी के लिए भी अव्यावहारिक नहीं है। अंग्रेज़ी का विभाग जब अंग्रेज़ी के लिए ही संगत नहीं है तो हिन्दी के लिए वह कहाँ तक स्वीकार्य हो सकता है ?

व्याकरणिक कोटियाँ

भाषा का उद्देश्य भाव या विचार की अभिव्यक्ति है और क्योंकि पूर्ण अभिव्यक्ति वाक्य से ही सम्भव है, इसलिए भाषाविज्ञान में वाक्य को ही भाषा की इकाई माना जाता है। किन्तु एक उदाहरण से यह बात स्पष्ट हो जायेगी कि वाक्य भी अभिव्यक्ति का पूर्ण माध्यम नहीं है। उदाहरणार्थ, यह वाक्य लीजिए—

लड़का किताब पढ़ता है।

क्या इस वाक्य से वक्तव्य पूर्णतः स्पष्ट हो जाता है ? इस वाक्य से सम्बद्ध कई ऐसे

प्रश्न हैं जिनका ज्ञान इससे नहीं होता; जैसे—'लड़का' कहने से यह पता नहीं चलता कि लड़का कैसा है ? लम्बा या नाटा ? गोरा या साँवला ? तेज़ या मन्द ? सुन्दर या असुन्दर ? धनी या ग़रीब ? लेटा है या बैठा ? उसकी उम्र क्या है ? कहाँ का रहने वाला है ? इसी तरह 'किताब' को लेकर भी उलझन है। किताब किस भाषा की है ? किस लिपि की ? किस विषय की ? बड़ी या छोटी ? नयी या पुरानी ? सजिल्द या अजिल्द ? कठिन या सरल ? सरस या नीरस ? और 'पढ़ता है' की भी स्थिति कोई बहुत स्पष्ट नहीं है। कहाँ पढ़ता है ? कब पढ़ता है ? आज पढ़ता है या रोज़-रोज़ ? मन में पढ़ता है या ज़ोर से पढ़ता है ? पढ़ने की गति धीमी है या तेज़ ? ऐसे और भी अनेक प्रश्न हैं जो इस वाक्य के सम्बन्ध में उठाये जा सकते हैं जिनका समाधान इस वाक्य से नहीं होता। ये प्रश्न निरर्थक हैं, यह कहना भी उचित नहीं है, क्योंकि जब हमने वाक्य के लक्षण में अभिव्यक्ति की पूर्णता को महत्त्व दिया तो अभिव्यक्ति की पूर्णता तभी मानी जायेगी जब कोई वाक्य सुनने पर उसके सम्बन्ध में सारी जिज्ञासाएँ निवृत्त हो जायें, पर किसी भी वाक्य से सारी जिज्ञासाओं की निवृत्ति नहीं होती। हम स्थूल रूप से थोड़ा-बहुत अर्थ समझ लेते हैं और उसी से सन्तोष कर लेते हैं।

व्याकरणिक कोटियों का उद्देश्य भाषा में अभिव्यञ्जना-सम्बन्धी सूक्ष्मता और निश्चयात्मकता लाना है। इसी के लिए विभिन्न उपाय काम में लाये जाते हैं; जैसे—लिंग, वचन, पुरुष, कारक, क्रिया, काल आदि।

व्याकरणिक कोटियों के सम्बन्ध में निम्नलिखित बातें ध्यान में रखनी चाहिए—

1. प्रत्येक भाषा के शब्दों और रचना-पद्धतियों में अन्तर है। अतः व्याकरणिक कोटियों का एक ढाँचा सभी के लिए लागू नहीं हो सकता। जिस तरह एक व्यक्ति की पोशाक दूसरे की देह में बिल्कुल ठीक नहीं उतरती, उसी तरह एक भाषा की कोटियाँ भी दूसरी भाषा में सर्वथा घटित नहीं हो सकतीं। कभी-कभी ऐसा भी देखा जाता है कि किसी की पोशाक किसी दूसरे पर बिल्कुल ठीक बैठ जाती है। वैसा दो भिन्न भाषाओं में भी सम्भव है, पर वह नियम नहीं, अपवाद होगा। ऊपर ही हमने देखा है कि अंग्रेज़ी के ढाँचे में हिन्दी को कस दिया गया है और सभी कोई उसे इत्मीनान से ढो रहे हैं। लातिन का ही ढाँचा विगत तीन शताब्दियों से अंग्रेज़ी में ढोया जा रहा है, पर वैज्ञानिक दृष्टि से वह वांछनीय नहीं है। ढोने को तो गुलामी का भी बोझ ढोया जाता है, पर इससे गुलामी को आज तक किसी ने वांछनीय नहीं कहा। संस्कृत की व्याकरणिक कोटियाँ 'चीनी' पर घटित नहीं हो सकतीं और न अरबी की अंग्रेज़ी पर। कहने का तात्पर्य यह है कि प्रत्येक भाषा की व्याकरणिक कोटियों का निर्धारण उसी भाषा के आधार पर किया जा सकता है।

2. व्याकरणिक कोटियाँ **काल-सापेक्ष** हैं। एक ही भाषा के विकास-क्रम में व्याकरणिक कोटियाँ परिवर्तित हो जाया करती हैं। उदाहरणार्थ—संस्कृत से प्राकृत और अपभ्रंश का विकास हुआ, पर संस्कृत में जहाँ तीन लिंग और तीन वचन हैं वहाँ प्राकृत और अपभ्रंश में दो। इसी प्रकार संस्कृत की काल-धारणा से हिन्दी आदि आधुनिक भारतीय आर्यभाषाओं

की काल-धारणा भिन्न है। संस्कृत की क्रियाओं में काल (टेंस) से अधिक वृत्ति (मूड) का प्राधान्य है। हिन्दी में वृत्ति की धारणा सर्वथा तिरोहित हो गयी है।

3. व्याकरणिक कोटियों का निर्माण एवं वर्गीकरण **भाषिक गठन** के आधार पर होता है। वैयाकरण पहले कोटियों का निर्माण कर उन्हें भाषा में नहीं ढूँढ़ता, बल्कि भाषा-प्रवाह का विश्लेषण कर कोटियों का निर्धारण करता है। व्याकरणिक कोटियों की शास्त्रीय उपयोगिता तो है ही, रचनात्मक और व्यावहारिक उपयोगिता भी कम नहीं है। शास्त्रीय उपयोगिता यह है कि उनके आधार पर भाषा का विवेचन और विश्लेषण सम्भव होता है और व्यावहारिक उपयोगिता यह है कि नये शब्द गढ़ने में उनसे सहायता मिलती है। शब्द सदा नये गढ़े जाते हैं, पर तत्त्व उनके पुराने होते हैं; साथ ही गढ़ने की पद्धति भी भाषा की स्वीकृत परम्परा के अनुकूल होनी चाहिए अन्यथा जो शब्द गढ़े जायेंगे वे भाषा के कलेवर में पच नहीं सकेंगे। वैसे शब्दों से अनावश्यक अर्थ-भेद तो होता ही है, भ्रम भी होता है। हिन्दी में पारिभाषिक शब्दावली के निर्माण के प्रसंग में अनेक बार ऐसे नये शब्द सामने आ जाते हैं जिन्हें देखकर लगता है कि हिन्दी की प्रकृति का ध्यान नहीं रखा गया है; जैसे—आवक[1] (इनवर्ड के लिए), जावक (आउटवर्ड के लिए)। ये शब्द न तो सुनने में भले लगते हैं, न व्याकरण-सम्मत हैं।

जैसा पहले कहा गया है, प्रत्येक भाषा की प्रकृति भिन्न होती है। मनुष्यों के समान भाषाओं का भी स्वतन्त्र अस्तित्व एवं व्यक्तित्व होता है, इसलिए उनकी कोटियाँ भी भिन्न और स्वतन्त्र होती हैं। फिर भी कुछ ऐसी सामान्य कोटियाँ हैं जो प्रायः बहुत सारी भाषाओं में पायी जाती हैं। वे हैं लिंग, वचन, पुरुष, कारक, काल, वाच्य, वृत्ति।

लिंग

लिंग शब्द का अर्थ है चिह्न, अर्थात् जिससे किसी चीज़ को पहचाना जाये। लिंग दो प्रकार के होते हैं—1. **प्राकृतिक** या लौकिक, और 2. **व्याकरणिक**। प्राकृतिक लिंग के उदाहरण हैं पुरुष-स्त्री, पिता-माता, लड़का-लड़की, बैल-गाय आदि। इनमें पहले शब्द पुरुषवाचक हैं और दूसरे स्त्रीवाचक, किन्तु व्याकरणिक लिंग सदा प्राकृतिक लिंग का अनुसरण नहीं करता। व्याकरणिक लिंग के उदाहरण के रूप में निम्नलिखित शब्दों को ले सकते हैं—ग्रन्थ-पुस्तक; कान-नाक; पेट-पीठ। अर्थ की दृष्टि से ग्रन्थ और पुस्तक में कोई अन्तर नहीं है; फिर भी एक पुंलिंग है दूसरा स्त्रीलिंग। इसी प्रकार कान पुंलिंग है, नाक स्त्रीलिंग, पेट पुंलिंग, पीठ स्त्रीलिंग। यही **व्याकरणिक लिंग** है। व्याकरण में कभी-कभी प्राकृतिक लिंग का उल्लंघन भी पाया जाता है। प्राकृतिक लिंग की दृष्टि से पत्नीवाचक शब्दों को सदा स्त्रीलिंग होना चाहिए, किन्तु संस्कृत में पत्नी के पर्यायों में 'दार' पुंलिंग, 'भार्या' स्त्रीलिंग और 'कलत्र' नपुंसकलिंग है। 'दार' शब्द का प्रयोग पुंलिंग

1. भारत सरकार के शिक्षा-मन्त्रालय द्वारा प्रकाशित 'पारिभाषिक शब्द-संग्रह'।

और बहुवचन में ही होता है। यदि प्राकृतिक लिंग का नियन्त्रण अनुल्लंघ्य होता तो इन तीनों शब्दों को स्त्रीलिंग ही होना चाहिए था। किन्तु भाषा की शुद्धता की दृष्टि व्याकरणिक लिंग को ही महत्त्व देती है, प्राकृतिक लिंग को नहीं। लिंग-सम्बन्धी यह अनियमितता अन्य भाषाओं में भी विद्यमान है। उदाहरणार्थ—रूसी में सूर्य का पर्याय 'सोन्त्से' नपुंसकलिंग और चन्द्रमा का पर्याय 'लुना' स्त्रीलिंग है। संस्कृत या हिन्दी में सूर्य और चन्द्रमा के वाचक सभी शब्द पुंलिंग ही होते है।

व्याकरणिक लिंग का कोई तर्कसंगत आधार नहीं दीखता। यदि प्राकृतिक लिंग के आधार पर व्याकरणिक लिंग की कल्पना हुई होती तो सभी भाषाओं में लिंग का एक ही रूप होना चाहिए था, पर ऐसा नहीं पाया जाता। किसी भाषा की लिंग-व्यवस्था स्त्री-पुरुष को आधार बनाकर चली है तो किसी भाषा की सचेतन-अचेतन को और किसी भाषा की श्रेष्ठ-हीन को। दूसरी बात यह कि प्राकृतिक लिंग के अनुसार पुंलिंग-स्त्रीलिंग की कल्पना तो संगत है, पर नपुंसकलिंग की कल्पना क्योंकर हुई ? यदि कहें कि निर्जीव वस्तुओं के लिए नपुंसकलिंग की कल्पना की गयी तो यह भी प्रत्यक्ष-विरोध है, क्योंकि जिन भाषाओं में नपुंसकलिंग है, उनमें भी उसका प्रयोग केवल निर्जीव वस्तुओं के लिए ही नहीं होता। संस्कृत में ही सखावाचक 'मित्र' शब्द नपुंसकलिंग है, पर मित्र या तो पुरुष हो सकता है या स्त्री। रूसी में भी सूर्यवाचक 'सोन्त्से' शब्द नपुंसक हुआ, पर चन्द्रवाचक 'लुना' स्त्रीलिंग हो गया। एक दूसरी कठिनाई यह भी है कि सभी भाषाओं में **लिंग की संख्या** एक नहीं है। कुछ भाषाओं में, जैसे हिन्दी या अंग्रेज़ी में दो ही लिंग हैं; संस्कृत, ग्रीक, जर्मन, रूसी, मराठी, गुजराती आदि में तीन लिंग हैं और कॉकेशी परिवार की 'चेचीन' भाषा में संज्ञा के छः लिंग पाये जाते हैं। यह लिंगभेद इस बात को प्रमाणित करता है कि लिंग-सम्बन्धी धारणा का कोई तर्कसंगत आधार नहीं है।

कुछ मानवविज्ञानियों ने लिंग-धारणा का मूल ढूँढ़ने का प्रयास किया है, किन्तु उनके निष्कर्ष सन्तोषप्रद और मान्य नहीं हो सके हैं। फ्रेज़र नामक मानवविज्ञानी की मान्यता है कि आरम्भ में महिलाओं द्वारा प्रयुक्त भाषा के आधार पर लिंग की कल्पना की गयी होगी। कुछ लोगों ने भौतिक जगत् में दृश्यमान सबलता-निर्बलता, सजीवता-निर्जीवता, श्रेष्ठता-हीनता, उदात्तता-निकृष्टता आदि को लिंग-धारणा का आधार माना है, पर यह स्मरण रखना चाहिए कि किसी वस्तु के प्रति प्रत्येक समाज की या एक ही समाज की विभिन्न कालों में एक ही धारणा नहीं रहती। धारणा तो देश और काल के अनुसार बदलती रहती है। ऐसी स्थिति में किस आधार पर लिंग-धारणा का आरम्भ हुआ, यह कहना आज सम्भव नहीं है। आरम्भ में चाहे जिस कारण से लिंग-धारणा उत्पन्न हुई हो, बाद में वह बहुत कुछ पद-निर्माण की प्रक्रिया से नियन्त्रित हो गयी, क्योंकि लिंग का निर्धारण **प्रत्यय** से होने लगा। हिन्दी के **पा** प्रत्ययान्त शब्द (बुढ़ापा, मोटापा आदि) पुंलिंग बन गये तो **ता** प्रत्ययान्त स्त्रीलिंग (सुन्दरता, मधुरता आदि)

भाषावैज्ञानिक दृष्टि से ही नहीं, व्यावहारिक दृष्टि से भी लिंग की एक ही

उपयोगिता दीखती है और वह है **व्याकरणिक अन्विति।** पुंलिंग शब्दों की अन्विति पुंलिंग शब्दों से होती है और स्त्रीलिंग शब्दों की स्त्रीलिंग शब्दों से; जैसे—लड़का जाता है, लड़की जाती है।

पुंलिंग से स्त्रीलिंग बनाने के नियम भी इस बात के सूचक हैं कि लिंग-धारणा पर व्याकरण का ही शासन है। यदि लिंग प्राकृतिक दृष्टि से निश्चित और अपरिवर्तनीय होता तो पुंलिंग से स्त्रीलिंग बनाने की आवश्यकता ही क्या थी ? प्रकृति पर व्याकरण का शासन नहीं चलता। संस्कृत में पुंलिंग शब्दों में 'आ' और 'ई' जोड़कर स्त्रीलिंग बनाया जाता है तो हिन्दी में आ, ई, इन, नी, आनी, आइन, इया आदि जोड़कर। कहीं-कहीं इन प्रत्ययों से काम नहीं चलता तो 'नर', और 'मादा' शब्द जोड़कर भी लिंग का निर्देश किया जाता है। ऐसा प्रायः वैसी वस्तुओं के वाचक शब्दों के साथ होता है जिनका प्राकृतिक लिंग जानना सम्भव नहीं है; जैसे पशु-पक्षी या कीट-पतंग। 'लोमड़ी', चाहे नर हो या मादा, स्त्रीलिंग में ही प्रयुक्त होती है। कोयल स्त्रीलिंग है तो कौआ पुंलिंग। इनमें नर भी होते हैं और मादा भी, पर उनके लिए पुंलिंग और स्त्रीलिंग वाचक पृथक् शब्द नहीं हैं, जैसा घोड़ा-घोड़ी, बकरा-बकरी आदि शब्दों में पाया जाता है। अंग्रेज़ी में भी ऐसे शब्दों के लिए पुंलिंग में **ही** (he) और स्त्रीलिंग में **'शी'** (she) का प्रयोग करना पड़ता है; जैसे—ही-गोट (बकरा), शी-गोट (बकरी) **मैन-सर्वेण्ट** (नौकर), **मेड-सर्वेण्ट** (नौकरानी); वाशर-**मैन** (धोबी); वाशर-**वुमन** (धोबिन) आदि। अनेकत्र पुंलिंग और स्त्रीलिंग के वाचक शब्द बिल्कुल बदल जाते हैं; जैसे पिता-माता, भाई-बहन आदि।

निष्कर्ष यह कि भाषाविज्ञान की दृष्टि से लिंग की कोटि शुद्ध भाषिक विशेषता है जिसका न तो प्राकृतिक लिंग से सुनिश्चित सम्बन्ध है और न जिसके आरम्भ का असन्दिग्ध आधार ज्ञात है। यों, जिन भाषाओं में लिंग-व्यवस्था है उनमें यह विशेषता वक्ता के मस्तिष्क में इतनी बद्धमूल है कि कोई भी शब्द लिंग के बिना सामने प्रस्तुत होता ही नहीं। प्रयोग करते समय उसका लिंग-सहचरित ही प्रयोग होता है।

वचन

लिंग की तुलना में वचन अधिक वास्तविक भी है और व्यावहारिक भी। लिंग का कोई निश्चित और तर्कसंगत आधार नहीं है, किन्तु वचन का आधार **संख्या-भेद** है जो तार्किक और व्यावहारिक दोनों ही दृष्टियों से स्वीकार्य है। संख्या-भेद अनन्त प्रकार का और विविध दृष्टियों से हो सकता है, पर व्याकरण में उसके दो ही भेद प्रचलित हैं और वे हैं **एक** और **अनेक** के भेद से एकवचन और बहुवचन। कुछ भाषाओं में दो के लिए द्विवचन की व्यवस्था की गयी है; जैसे—संस्कृत में द्विवचन था; लिथुआनी में आज भी द्विवचन है। द्विवचन के समान कुछ भाषाओं में त्रिवचन को भी व्यावहारिक मानना कठिन है। यदि एक-एक संख्या के आधार पर एक-एक वचन की कल्पना करें तो

संख्याओं के समान वचन भी अनन्त हो जायेंगे और व्याकरणिक दृष्टि से उनकी उपयोगिता सन्दिग्ध रहेगी, क्योंकि व्याकरण गणित नहीं है। व्याकरणिक कोटियों की उपयोगिता केवल व्यावहारिक है और व्यावहारिक दृष्टि से एक के लिए एकवचन और एक से अधिक के लिए बहुवचन की कल्पना सर्वथा उपादेय है।

आरम्भ में एकवचन ही रहा होगा। कुछ भाषाओं के बहुवचन बनाने की पद्धति से इस कल्पना का समर्थन होता है, क्योंकि एकवचन में ही कुछ-न-कुछ जोड़कर बहुवचन बनाया जाता है। संस्कृत, हिन्दी, अंग्रेज़ी आदि भाषाओं में यह पद्धति प्रचलित है। एकवचन के प्रयोग से जब लोगों को बहुत्व की अभिव्यञ्जना में कठिनाई हुई होगी तो उसी में कुछ जोड़कर बहुत्व व्यक्त किया गया होगा। बाद में उसकी उपादेयता सिद्ध हो जाने पर वह भाषा का अनिवार्य अंग मान लिया गया।

यदि एक से अधिक के लिए बहुवचन हो सकता है तो उसमें द्विवचन भी गतार्थ हो जाता है। यही कारण है कि संस्कृत से विकसित होने वाली भाषाओं में द्विवचन को अनावश्यक समझकर छोड़ दिया गया। द्विवचन की कल्पना के पीछे युग्मों में दिखायी पड़ने वाली वस्तुओं का आधार रहा होगा, ऐसा माना जाता है। आँख, कान, होंठ, हाथ, पैर आदि युग्म में ही हमेशा सामने आते हैं। प्राकृतिक वस्तुओं में भी अनेक ऐसी हैं जो युग्मता की भावना उत्पन्न करती हैं; जैसे—सूर्य-चन्द्र, दिन-रात, प्रातः-सायं आदि। इन्हीं से द्वित्व की धारणा को, और उससे द्विवचन को, बल मिला होगा।

बहुत्व की धारणा दो प्रकार से चलती है—**1. व्यक्ति** के अनुसार, और **2. समूह** के अनुसार। व्यक्तिनिष्ठ बहुत्व में तो बहुवचन मान लिया जाता है, किन्तु समूहवाचक बहुत्व प्रायः एकवचन के द्वारा व्यक्त होता है। कारण इसका यह है कि वहाँ व्यक्ति की अनेकता मानकर भी समूह के रूप में उसकी एकता ही मानी जाती है। समूहवाचक एकत्व सम्भवतः गिनती की सुविधा से भी प्रेरित रहा होगा। जोड़ा (2); गंडा (4); गाही (5); दर्जन (12); कोड़ी (20); ग्रोस (144) आदि इसके उदाहरण हैं। अशिक्षित लोगों के बीच 20 को भी एक इकाई मानकर गिनती चलती है; जैसे—एक बीस (20); दो बीस (40); तीन बीस, पाँच (65); चार बीस, छः (86) आदि।

व्यक्ति की अनेकता में भी जाति की एकता को सामने रखकर एकवचन का प्रयोग होता है। संस्कृत का एक नियम है—'जातौ एकवचनम्।' 'मनुष्य विवेकशील प्राणी है'; 'कुत्ता स्वामिभक्त होता है'—इन वाक्यों में मनुष्य और कुत्ता एकवचन में प्रयुक्त हुए हैं, पर न तो 'मनुष्य' का अर्थ एक मनुष्य है और न 'कुत्ता' का अर्थ एक कुत्ता। वस्तुतः ये सभी मनुष्यों और कुत्तों के वाचक हैं। फिर भी एकवचन का प्रयोग मनुष्य-मात्र या कुत्ता-मात्र को एक इकाई के रूप में ले लेने के कारण है।

लिंग के समान वचन में भी हमेशा तार्किक दृष्टि नहीं रहती, अर्थात् तर्क की दृष्टि से जहाँ बहुवचन होना चाहिए वहाँ भी एकवचन पाया जाता है और जहाँ एकवचन होना चाहिए वहाँ बहुवचन चलता है, उदाहरणार्थ—संस्कृत में बीस के ऊपर के संख्यावाची शब्द एकवचन में ही चलते हैं—'विंशत्याद्याः सदैकत्वे' ! इसलिए विंशतिः नराः, शतम्

बालिकाः में 'नर' और 'बालिका' में बहुत्व रहने पर भी विंशति और शत शब्द एकवचन में ही प्रयुक्त हुए हैं। एक विषमता और देखी जाती है—एक, दो, तीन, चार तक तो संस्कृत में संख्यावाची शब्द विशेषण के रूप में तीनों लिंगों में प्रयुक्त होते हैं; जैसे—त्रयः बालकाः, तिस्रः बालिकाः; त्रीणि फलानि, किन्तु यह बात चार के ऊपर के संख्यावाचकों में समाप्त हो जाती है; जैसे—पंच बालकाः, पंच बालिकाः; पंच फलानि। इस भेद का भी कोई तर्क-संगत आधार नहीं है। रूसी में भी यह विशेषता पायी जाती है। इसी प्रकार पत्नी-वाचक 'दार' शब्द एक का वाचक होकर भी बहुवचन ही होता है। एक पत्नी को भी कहना होगा तो 'दाराः' ही कहेंगे। 'दर्शन' और 'प्राण' शब्द भी बहुवचन में ही प्रयुक्त होते हैं—'आपके दर्शन हुए, मैं कृतार्थ हुआ', 'उनके प्राण निकल गये।' तात्पर्य कि लिंग की अपेक्षा वचन अधिक तर्कसंगत आधार पर स्थित है, किन्तु उसमें भी असंगतियाँ नहीं हैं, ऐसी बात नहीं। द्विवचन या त्रिवचन की कल्पना, एक के लिए बहुवचन का प्रयोग, बहुत के लिए एकवचन का प्रयोग—ये सब वचन-सम्बन्धी असंगतियाँ नहीं तो और क्या हैं ?

व्याकरणिक कोटियों में वचन की कोटि ऐसी व्यापक है जिसका सम्बन्ध संज्ञा, सर्वनाम, क्रिया सबसे है। कुछ श्लिष्ट योगात्मक भाषाओं में उसका सम्बन्ध विशेषण से भी है; जैसे—संस्कृत के एकवचन में 'सुन्दरः बालकः', द्विवचन में 'सुन्दरौ बालकौ' और बहुवचन में 'सुन्दराः बालकाः' होता है।

पुरुष

पुरुष की कल्पना वक्ता, श्रोता और उनसे भिन्न के आधार पर हुई है।

वक्ता—उत्तम पुरुष।
श्रोता—मध्यम पुरुष।
वक्ता-श्रोता से भिन्न—प्रथम (अन्य) पुरुष।

पुरुष और वचन का सम्बन्ध बहुत घनिष्ठ है। पुरुष का प्रमुख क्षेत्र क्रिया है; गौण रूप से उसका प्रयोग सर्वनामों के लिए भी होता है। सर्वनाम के भेदों में पुरुषवाचक सर्वनाम अलग ही माने गये हैं।

पुरुष के एकवचन रूप अपवर्जी और बहुवचन समावेशी होते हैं; जैसे—'मैं चला', इस वाक्य में वक्ता के अतिरिक्त और किसी का बोध नहीं होता, किन्तु 'हम चलें' वक्ता-श्रोता के अतिरिक्त वहाँ उपस्थित और लोग भी समाविष्ट हो जाते हैं। 'तू चले' या 'वह चले' से निर्दिष्ट व्यक्ति के अतिरिक्त और किसी का ग्रहण नहीं होता, किन्तु 'तुम चलो' और 'वे चलें' से श्रोता से अतिरिक्त और का भी ग्रहण होता है। इन उदाहरणों से स्पष्ट है कि पुरुष का एकवचन अपवर्जी होता है और बहुवचन समावेशी।

कारक

'कारक' शब्द कृ धातु से निष्पन्न है जिसका अर्थ है करनेवाला। व्याकरण में क्रिया का निष्पादक कारक कहलाता है। क्रिया की निष्पत्ति के लिए साधन-भेद अपेक्षित होता है। साधन-भेद से ही कारक-भेद हो जाता है। अन्य व्याकरणिक कोटियों के समान ही कारक-सम्बन्धी धारणा भी एकरूप नहीं है। कारकों की संख्या दो से लेकर तेईस तक पायी जाती है। अंग्रेज़ी में केवल दो कारक हैं तो जॉर्जी में तेईस। अन्य भाषाओं की कारक-संख्या इन्हीं दो सीमाओं के बीच में है; उदाहरणार्थ—लातिन और जर्मन में पाँच; प्राचीन स्लाविक में छः; संस्कृत, ग्रीक, लिथुआनी में सात; हिन्दी में आठ कारक हैं।

संस्कृत में कर्त्ता, कर्म, करण, सम्प्रदान, अपादान, अधिकरण और सम्बोधन—ये सात कारक माने गये हैं। सम्बन्ध को कारक नहीं माना गया, क्योंकि क्रिया की निष्पत्ति में उसका योग नहीं रहता; जैसे—'भारत का सैनिक लड़ना जानता है', इसमें 'जानना' क्रिया का अन्वय 'सैनिक' से हो रहा है, भारत से नहीं। क्रिया-निष्पत्ति या क्रिया-अन्विति में उसका हाथ न रहने से ही सम्बन्ध को कारक नहीं माना गया, किन्तु इस दृष्टि से सम्प्रदान और अपादान को भी कारक मानने में कठिनाई होती है, क्योंकि क्रिया निष्पत्ति में न सम्प्रदान का हाथ होता है और न अपादान का। किसी भी क्रिया के लिए चार वस्तुएँ सर्वथा अपेक्षित हैं—1. क्रिया का करने वाला; 2. जिस पर क्रिया के व्यापार का फल पड़े; 3. जिसकी सहायता से क्रिया की जाये; और 4. वह स्थान जहाँ क्रिया हो; जैसे—'लड़का छुरी से कमरे में फल काटता है'। 1. काटने के लिए किसी का होना ज़रूरी है (यहाँ लड़का); 2. काटना तभी सम्भव है जब कोई योग्य वस्तु हो (यहाँ फल); 3. काटने के लिए कोई साधन जरूरी है (यहाँ छुरी) और 4. काटना किसी स्थान पर ही सम्भव है (यहाँ कमरा)। अब, फल किसके लिए काटा जा रहा है ? किसके बगीचे से लाया गया है ?—आदि प्रश्न काटना क्रिया की निष्पत्ति के लिए अनुपयोगी हैं; इनका सम्बन्ध परोक्ष और दूरारूढ़ है। इसीलिए कारक की सीमा में कर्त्ता, कर्म, करण और अधिकरण—ये चार ही होने चाहिए। इसका एक और आधार है कि ये चारों शब्द एक ही कृ (करना) धातु से निष्पन्न हैं।[1] सम्प्रदान का अर्थ है जिसको दिया जाये, अपादान का अर्थ है जहाँ से हटाया जाये। इन दोनों में दान (सम्प्रदान) और आदान (अपादान) का भाव है, करने का नहीं। पंडित रामाज्ञा पांडेय की मान्यता है कि पाणिनि के पूर्व सम्प्रदान, अपादान का कारकतत्व था ही नहीं।[2] कारकों में लगने वाले चिह्नों को 'विभक्ति' कहते हैं, क्योंकि उनसे एक कारक दूसरे से विभक्त हो जाता है। कर्त्ता से

---

1. चत्वार्येव कारकाणि अभ्युपगन्तव्यानि तत्रैव धात्वर्थव्यापारस्य सत्त्वात्।

—व्याकरण-दर्शन-भूमिका, रामाज्ञा पांडेय, पृ. 214

2. वस्तुतस्तु पाणिनेः पूर्वं सम्प्रदानापादानयोः कारकत्वमेव नासीत्।

—वही, पृ. 208

कर्म का, कर्म से करण का, करण से सम्प्रदान का पार्थक्य विभक्तियों की सहायता से ही सूचित होता है, अन्यथा प्रातिपदिक के रूप में सर्वत्र एक ही शब्द रहता है।

कारक के साथ लिंग और वचन की धारणा लगी रहती है। कारक का सम्बन्ध शब्द-रूपों से है और शब्द-रूपों में लिंग एवं वचन दोनों का अनुसरण करना पड़ता है।

क्रिया

क्रिया को लेकर अनेक कोटियाँ हो गयी हैं। अन्य कोटियों के समान क्रिया की कोटियाँ भी सभी भाषाओं में एक-जैसी नहीं है। भारत-यूरोपीय परिवार की भाषाओं में मुख्यतः निम्नलिखित कोटियाँ पायी जाती हैं–

(क) कर्म के अभाव और सद्भाव के आधार पर क्रिया के दो भेद होते हैं–

अकर्मक और सकर्मक

(ख) संस्कृत में फल का भोक्ता कौन है, इसके आधार पर दो प्रकार की क्रियाएँ होती थीं–**आत्मनेपद** और **परस्मैपद**। फल का भोक्ता यदि कोई स्वयं हो तो वहाँ आत्मनेपद का प्रयोग होता और यदि फल का भोक्ता कोई दूसरा हो तो परस्मैपद का प्रयोग होता था। बाद में चलकर आत्मनेपद और परस्मैपद का भेद संस्कृत में भी सिमट गया। दोनों के लिए दोनों पदों का प्रयोग होने लगा और प्राकृत-अपभ्रंश काल तक आते-आते तो यह भेद सर्वथा लुप्त हो गया।

(ग) वाच्य–क्रिया में कर्त्ता की प्रधानता कर्म की प्रधानता और भाव की प्रधानता के आधार पर **कर्तृवाच्य, कर्मवाच्य** एवं **भाववाच्य** की कल्पना की गयी है।

कर्तृवाच्य–राम पुस्तक पढ़ता है।

कर्मवाच्य–राम के द्वारा पुस्तक पढ़ी जाती है।

भाववाच्य–राम से पढ़ा नहीं जाता।

अकर्मक से ही भाववाच्य होता है, यह कहना ठीक नहीं है। उपर्युक्त उदाहरण–राम से पढ़ा नहीं जाता–में पढ़ना क्रिया सकर्मक है, फिर भी यह वाक्य भाववाच्य का ही है। कर्तृवाच्य में इसे गतार्थ नहीं कर सकते; कर्म न होने से यह कर्मवाच्य है नहीं। फिर, इसे भाववाच्य मानने के अतिरिक्त क्या गति है ?

संस्कृत में तीनों वाच्यों के लिए विभिन्न रूप थे। यों, रचना की दृष्टि से कर्मवाच्य और भाववाच्य में अन्तर नहीं था। 'मया पुस्तकम् **दीयते**' कर्मवाच्य और 'मया **शीयते**' भाववाच्य में 'दीयते', 'शीयते', क्रिया-पदों में रूप की दृष्टि से कोई अन्तर नहीं है। हिन्दी में वाच्य तो संस्कृत के ही हैं, पर कर्मवाच्य और भाववाच्य की रचना 'जाना' क्रिया की सहायता से निष्पन्न होती है।

कर्तृवाच्य और कर्मवाच्य का भेद सदा स्पष्ट नहीं पाया जाता। कुछ लोगों की धारणा है कि प्रत्येक कर्तृवाच्य को कर्मवाच्य या भाववाच्य बनाया जा सकता है। आरम्भ में व्याकरण पढ़ाते समय वाच्य-परिवर्तन का महीनों अभ्यास कराया जाता है, किन्तु

वाच्य-पविर्तन वाक्यस्थित शब्दों का केवल यान्त्रिक परिवर्तन नहीं है, उससे अर्थ भी परिवर्तित हो जाता है। वाच्य-परिवर्तन के सम्बन्ध में इस बात को भी ध्यान में रखना चाहिए। कर्तृवाच्य या कर्मवाच्य एक-दूसरे के परिवर्तित रूप-मात्र नहीं हैं; उदाहरणार्थ–

वह भात पकाता है। (कर्तृवाच्य)

उससे भात पकाया जाता है। (कर्मवाच्य)

इन दोनों वाक्यों में वाच्य-परिवर्तन से अर्थ में विशेष परिवर्तन नहीं हुआ, किन्तु निम्नलिखित वाक्यों में वाच्य-परिवर्तन से अर्थ में पर्याप्त अन्तर हो जाता है–

वह राम को पीटता है। (कर्तृवाच्य)

उसके द्वारा राम पीटा जाता है। (कर्मवाच्य)

प्रथम वाक्य में बल पीटने की क्रिया पर है और द्वितीय वाक्य में पिटनेवाले व्यक्ति अर्थात् राम पर। इस प्रकार वाच्य परिवर्तन से कर्ता एवं कर्म के बल में अन्तर आ जाता है।

काल

क्रिया में काल का सम्बन्ध इससे होता है कि निष्पत्ति कब हो रही है। तीन काल सर्वविदित हैं–1. भूत; 2. वर्तमान; और 3. भविष्य।

सभी भाषाओं की काल-धारणा एक ही जैसी नहीं है। अनेक भाषाओं में **काल** (टेन्स) की धारणा से अधिक प्रमुख **प्रकार** (ऐस्पेक्ट) की धारणा है। संस्कृत में, या आज भी रूसी में, क्रिया के काल-भेद का आधार उसका 'प्रकार' है। हिन्दी या अंग्रेज़ी की सूक्ष्म काल-भेद की धारणा के अभ्यस्त व्यक्ति संस्कृत, या रूसी की 'प्रकार-धारणा' को अच्छी तरह नहीं समझ पाते और इन भाषाओं का प्रयोग करते समय उन्हें हमेशा उलझन होती है, क्योंकि काल के जैसे प्रयोग का उन्हें अभ्यास है वह चीज़ इन भाषाओं में नहीं मिलती। रूसी में भूत या भविष्य दोनों कालों के दो ही भेद हैं–पूर्ण और अपूर्ण। इसी तरह संस्कृत में भूतकाल के तीन भेद हैं–1. अद्यतन (आज का); 2. अनद्यतन (आज का नहीं); और 3. परोक्ष।

काल की धारणा भाषा के विकास-क्रम में बदलती रहती है। उदाहरण के रूप में संस्कृत से विकसित हिन्दी को ही ले लें। हिन्दी में भूतकाल के छः भेद सर्वथा दूसरे आधारों पर हैं। अंग्रेज़ी के प्रभावस्वरूप एक नया भेद भी आ गया है जो ऐसे वाक्यों में देखा जाता है–

ऐसा न जाने वह कब से **करता रहा** है।

इस वाक्य में प्रयुक्त क्रिया का व्याकरणिक दृष्टि से अभी नामकरण नहीं हुआ।

जिस प्रकार की असंगतियाँ अन्य कोटियों में दिखायी पड़ती हैं, वैसी असंगतियाँ काल में भी हैं। सामान्यतः बीते हुए समय के लिए भूतकाल का, बीतते हुए समय के लिए वर्तमान काल का और आने वाले समय के लिए भविष्यकाल का प्रयोग होना

चाहिए, किन्तु इसके प्रतिकूल भी काल-प्रयोग पाये जाते हैं; जैसे—वह प्रत्येक रविवार को वहाँ जाता है। इस वाक्य का सम्बन्ध भूतकाल से भी है, वर्तमानकाल से भी और भविष्यकाल से भी। प्रत्येक रविवार को वह पहले भी जाता था, आज भी जाता है और भविष्य में भी जायेगा, ऐसी सम्भावना है। वस्तुतः यहाँ 'जाता है' क्रिया काल-निरपेक्ष है। ऐसे ही भविष्य के लिए अनेक बार भूतकाल का प्रयोग देखने में आता है; उदाहरणार्थ—'यदि वह **आया** तो यह काम होने से **रहा**।' यहाँ दोनों क्रियाएँ भूतकाल में हैं, किन्तु उनका प्रयोग भविष्य के लिए हुआ है। या यह वाक्य लीजिए—'आप आगे चलिए, **मैं अभी आया**'। यहाँ भी भूतकाल का प्रयोग भविष्य के लिए किया गया है। भविष्य के लिए वर्तमान काल का भी प्रयोग किया जाता है; जैसे—'मैं कल सुबह दिल्ली जा रहा हूँ।' 'जा रहा हूँ' वस्तुतः तात्कालिक वर्तमान काल का रूप है, किन्तु उसका प्रयोग यहाँ भविष्य के लिए हुआ है। इस प्रकार व्याकरण-सम्बन्धी नियन्त्रण को भाषा का प्रवाह सदा स्वीकार नहीं करता। तात्पर्य कि काल-सम्बन्धी कोटियाँ भी अन्य कोटियों के समान निरपवाद और असंगति-हीन नहीं हैं। जैसी असंगतियाँ लिंग, वचन या वाच्य आदि में दिखायी पड़ती हैं, वैसी ही काल में भी।

संस्कृत में क्रिया के अनेक स्वतन्त्र रूप होते थे; जैसे—

भृशार्थक—पापठ्यते (वह बहुत या बार-बार पढ़ता है)।

इच्छार्थक—पिपठिषति (वह पढ़ना चाहता है)।

प्रेरणार्थक—पाठयति (वह पढ़ाता है या पढ़वाता है)।

हिन्दी में केवल प्रेरणार्थक रह गया और भृशार्थक, इच्छार्थक आदि के लिए स्वतन्त्र शब्दों का प्रयोग होता है। जैसे, भृशार्थक के लिए क्रिया के साथ 'बहुत अधिक' लगा दिया जाता है और इच्छार्थक के लिए 'चाहना' धातु के रूप काम में लाये जाते हैं।

उपरिचर्चित कोटियों में कारक का सम्बन्ध केवल संज्ञा और सर्वनाम से है; वचन और लिंग का संज्ञा और क्रिया दोनों से; तथा पुरुष, काल, वाच्य, प्रकार आदि का क्रिया से। पुरुष का प्रयोग क्रिया के अतिरिक्त सर्वनाम के साथ भी होता है।

रूप-परिवर्तन

ध्वनि-परिवर्तन के कारणों और दिशाओं की चर्चा पहले हो चुकी है। पद-सम्बन्धी रूप-परिवर्तन के प्रसंग में भी न्यूनाधिक रूप में वे ध्यातव्य हैं। पद-सम्बन्धी परिवर्तन के प्रमुख कारण हैं—

1. सरलता का आग्रह—जिस सरलता और सौकर्य की माँग के फलस्वरूप ध्वनियों में परिवर्तन होता है, उसी के फलस्वरूप पदों के रूप में भी। हरि, करिन्, मुनि और साधु के तृतीया एकवचन में हरिणा, करिणा, मुनिना और साधुना में सर्वत्र 'ना' (णा) का प्रयोग उस सरलता के आग्रह का ही परिणाम है। सामान्यतः प्रातिपदिक (शब्द) की अन्तिम ध्वनि में भेद के कारण (हरि—ह्रस्व इकारान्त और करिन्—नान्त; मुनि—ह्रस्व

इकारान्त और साधु—ह्रस्व उकारान्त) इनके रूपों में भी भेद होना चाहिए था, लेकिन सरलता के आग्रह ने इन्हें एकरूप कर दिया है।

2. नवीनता का आग्रह—मनुष्य एक ओर यदि परम्परा-प्रेमी है तो दूसरी ओर नवीनता का आग्रही भी। सदा परम्परा से लिपटे रहना उसे स्वीकार नहीं होता। यदि नवीनता का आग्रह न हो तो भाषा में ही क्या, किसी वस्तु में परिवर्तन नहीं हो सकेगा। उसी नवीनता के आग्रह के फलस्वरूप भाषा में नये पदों की रचना होती है। आधुनिक हिन्दी कविता या आलोचना के पाठक ऐसे अजीबो-गरीब पदों से अपरिचित नहीं हैं। नवीनता अवांछनीय नहीं है, किन्तु भाषा की प्रकृति की परख न रखनेवाले जब नवीनता दिखाना चाहते हैं तो प्रायः ऐसे पदों की सृष्टि कर देते हैं जो भाषाविज्ञान के नियमों की ही उपेक्षा नहीं करते, बल्कि अनर्थक भी बन जाते हैं। यदि समाज वैसे शब्दों पर भी स्वीकृति की मुहर लगा देता है तो अनर्थकता भी सार्थकता में परिणत हो जाती है और भाषाविज्ञान (व्याकरण) नये नियम बनाकर उन्हें मान्यता प्रदान कर देता है।

3. बल—बल देने की भावना से जिस प्रकार ध्वनियों में परिवर्तन होता है उसी प्रकार पदों में भी। उदाहरणार्थ—'खालिस' के बदले 'निखालिस' का प्रयोग बल देने की भावना का ही परिणाम है। 'श्रेष्ठ' शब्द को हलका पाकर 'श्रेष्ठतम' या 'सर्वश्रेष्ठ' शब्द का प्रयोग होने लगा, यद्यपि श्रेष्ठ में ही तम का अर्थ भी था। श्रेष्ठतम कहना सुन्दरतम कहने जैसा है। इसे अंग्रेज़ी में 'डबल सुपरलेटिव' कहते हैं; जैसे—मोस्ट ब्युटिफुलेस्ट। 'स्वादिष्ट' यद्यपि श्रेष्ठ के समान ही अतिशय का वाचक था, पर अब वह केवल 'स्वादु' का वाचक हो गया है, इसलिए 'बहुत स्वादिष्ट' कहकर अभिप्राय व्यक्त किया जाता है।

4. अज्ञता—अज्ञता के कारण पद-सम्बन्धी अनेक परिवर्तन होते हैं। बहुत लोग 'उपरान्त' और 'उपरोक्त' जैसे शब्दों को शुद्ध तत्सम मानते हैं। अच्छे विद्वान् भी 'सापेक्षिक' शब्द का प्रयोग करते हैं जो 'दरअसल में' के जैसा भ्रान्त है। या तो सापेक्ष कहना चाहिए या आपेक्षिक। इसी प्रकार अभिज्ञ के बदले 'भिज्ञ', स्रष्टा के बदले 'सृष्टा' आदि के प्रयोग भी अज्ञान-प्रसूत ही हैं।

5. सादृश्य—ध्वनि-परिवर्तन के प्रसंग में सादृश्य पर विचार किया जा चुका है। सादृश्य का प्रभाव शब्दों पर भी पड़ता है। 'तीनों' के सादृश्य पर 'दोनों' बन गया जो सामान्य नियम से अव्याख्येय है। तीन में 'न' था तो 'तीनों' बना, पर 'दो' में तो 'न' नहीं है। श्वास का तद्भवरूप 'साँस' स्त्रीलिंग में प्रयुक्त होता है और श्वास पुंलिंग में। सम्भवतः आस (आशा का तद्भव) के प्रभाव के कारण ऐसा हुआ, 'जब तक साँस तब तक आस।' हिन्दी में बहुत सारे तत्सम पुंलिंग शब्दों (आत्मा, आय, आयु, गन्ध, जय, सामर्थ्य, पुस्तक, शपथ, शरण, वस्तु, कुशल आदि) का प्रयोग अरबी-फ़ारसी (रूह, आमद, उम्र, बू, फ़तह, ताक़त, किताब, क़सम, पनाह, चीज़, ख़ैरियत आदि) के प्रभाव के कारण स्त्रीलिंग में होता है।

ध्वनि के समान शब्दों का भी **आगम, लोप, विपर्यय** आदि हो सकता है। **शब्दागम**

तीन प्रकार से होता है।

(क) कभी-कभी निरर्थक ध्वनि लगाकर शब्दों को दुहरा दिया जाता है; जैसे—खाना-वाना, लड़का-फड़का; बाल्टी-वाल्टी आदि।

(ख) कभी-कभी उसी अर्थ के वाचक शब्द को दुहराया जाता है; जैसे—जगह-ज़मीन; नौकर-चाकर; रीति-रिवाज; खान-पान; वेश-भूषा; पहनावा-ओढ़ावा; काग़ज़-पत्र आदि।

आजकल साफ़-सफ़ाई शब्द का प्रयोग बहुत प्रचलित हो गया है। साफ़ विशेषण है और सफ़ाई उसी से निष्पन्न संज्ञा अतः दोनों का एक साथ प्रयोग कोई अर्थ नहीं रखता। यह तो सुन्दर-सुन्दरता या सुन्दर-सौन्दर्य कहने जैसा हुआ। पर जिस गति से यह प्रयोग बढ़ रहा है उसमें कुछ अर्से के बाद व्याकरण से भी इसे मान्यता मिल जाये तो कोई आश्चर्य नहीं होगा।

(ग) राजनीतिक-सांस्कृतिक प्रभाव के कारण एक भाषा में दूसरी भाषा के शब्द आ जाते हैं; जैसे—क़लम-दवात, स्याही, रोशनाई, लिफ़ाफ़ा, काग़ज़, जिल्द आदि शब्द मुसलमानी शासन की देन हैं। ऐसे ही अंग्रेज़ी के भी बहुत सारे शब्द हिन्दी में आये हैं।

शब्द-लोप एक प्रकार से प्रयत्न-लाघव का परिणाम होता है। जिस तरह ध्वनि-परिवर्तन में प्रयत्न-लाघव का हाथ रहता है, उसी प्रकार शब्द-परिवर्तन में भी। बड़े नामों के एक अंश का प्रयोग उसी के कारण होता है; जैसे—अभिज्ञान-शाकुन्तल के बदले केवल 'शाकुन्तल', 'पृथ्वीराज रासो' के बदले केवल 'रासो' आदि का प्रयोग। शब्द-लोप का एक दूसरा रूप भी दिखायी पड़ता है जिसमें किसी भाषा के अन्तर्गत पहले से प्रचलित कोई शब्द सर्वथा लुप्त हो जाता है और उसके बदले दूसरी भाषा का शब्द काम में आने लगता है; उदाहरणार्थ, 'गिलास' शब्द लीजिए। गिलास अंग्रेज़ी का शब्द है। अंग्रेज़ों के आने के पहले गिलास के अर्थ का वाचक कोई शब्द रहा होगा, पर उसे लोग सर्वथा भूल गये और आज शिक्षित-अशिक्षित सबके मुँह से 'गिलास' ही सुनायी पड़ता है। इसी तरह दूकान पर जाकर कोई 'पत्र' माँगे तो उसे मनोवांछित वस्तु मिलेगी, इसमें सन्देह है, किन्तु 'काग़ज़' कहने पर दूकानदार को कोई सन्देह नहीं होगा।

वाक्यविज्ञान

वाक्यविज्ञान भाषाविज्ञान की वह शाखा है, जिसमें पदों के पारस्परिक सम्बन्ध का विचार किया जाता है। हमने पहले देखा है कि ध्वनि का सम्बन्ध भाषा के उच्चारण से है, जो मुख्यतः शारीरिक व्यापार है। ध्वनि-समूह में ही जब सार्थकता का समावेश हो जाता है और वह परस्पर **अन्वय** के योग्य बन जाता है तो उसे पद कहते हैं। पद-रचना में शारीरिक और मानसिक, दोनों पक्ष काम करते हैं। उच्चारण का प्रश्न शारीरिक पक्ष के अन्तर्गत आता है और सार्थकता का प्रश्न मानसिक पक्ष के अन्तर्गत। वाक्य पूर्णतः मानसिक या मनोवैज्ञानिक तत्त्व है। उसमें पदों का प्रयोग भाव या विचार के अनुसार होता है। पद ध्वनि और वाक्य के बीच की संयोजक कड़ी है क्योंकि उसमें उच्चारण और सार्थकता दोनों का योग रहता है, किन्तु न तो ध्वनि की तरह वह केवल उच्चारण है और न वाक्य की तरह पूर्णतः सार्थक।

पदविज्ञान में **पदों की रचना** का विचार होता है, अर्थात् संज्ञा, क्रिया, विशेषण, कारक, लिंग, वचन, पुरुष, काल आदि के वाचक शब्द कैसे बनते हैं, यह पदविज्ञान के अन्तर्गत है, किन्तु उन **पदों का** कहाँ, कैसे **प्रयोग** होता है, यह वाक्यविज्ञान का विषय है।

पद और वाक्य के आपेक्षिक महत्त्व के सम्बन्ध में दो सिद्धान्त हैं, जिन्हें अभिहितान्वयवाद और अन्विताभिधानवाद कहते हैं। ये दोनों सिद्धान्त मीमांसकों के हैं। **अभिहितान्वयवाद पद** की सत्ता मानता है और **अन्विताभिधानवाद वाक्य** की। एक का कहना है कि पदों को जोड़ने से वाक्य बनता है और दूसरे का कहना है कि वाक्य को तोड़ने से पद बनते हैं। इस तरह अभिहितान्वयवाद को **पदवाद** और अन्विताभिधानवाद को **वाक्यवाद** भी कह सकते हैं। अन्विताभिधानवाद के अनुसार पद की पृथक् सत्ता ही नहीं है। आधुनिक भाषाविज्ञान इसी सिद्धान्त का समर्थक है, क्योंकि **भाषा की न्यूनतम पूर्ण सार्थक इकाई वाक्य ही है।** भर्तृहरि ने भी इसी का समर्थन किया है–

> पदे न वर्णा विद्यन्ते वर्णेष्ववयवा न च।
> वाक्यात् पदानामत्यन्तं प्रविवेको न कश्चन।

—वाक्यपदीय, ब्रह्मकांड 73

जिस प्रकार वर्णों में अवयव नहीं होते, उसी प्रकार पदों में वर्ण या वाक्य **में पद** नहीं होते। कहने का अभिप्राय यह है कि **वाक्य** की ही सत्ता **वास्तविक है, पद या वर्ण**

की काल्पनिक। मनोवैज्ञानिक दृष्टि से भी यह सिद्धान्त मान्य ठहरता है। भाषा की परिभाषा के प्रसंग में हमने देखा है कि भाषा का उपयोग भाव या विचार की पूर्ण अभिव्यक्ति के लिए होता है और पूर्ण अभिव्यक्ति वाक्य से ही सम्भव है, पद से नहीं। वस्तुतः विचार तो एक प्रकार से अखंड प्रवाह है जो कभी अवरुद्ध या बाधित नहीं होता। उस प्रवाह में वाक्य से नीचे उतरने पर अर्थ का रूप ही खंडित हो जाता है।

अभिहितान्वयवाद के अनुसार पदों के योग से वाक्य की निष्पत्ति होती है, किन्तु उसके लिए तीन चीज़ें अपेक्षित हैं—**1. आकांक्षा, 2. योग्यता,** और **3. आसत्ति।**

1. आकांक्षा

आकांक्षा कहते हैं **अर्थ की अपूर्णता को;** जैसे—'लड़का' शब्द सुनने पर स्वभावतः यह जिज्ञासा होती है कि वक्ता उसके विषय में क्या कहना चाहता है। केवल 'लड़का' शब्द सुनने से श्रोता को सन्तोष नहीं होता। वह यह जानने को उत्सुक रहता है कि लड़के के सम्बन्ध में क्या कहना अभीष्ट है। इसलिए आकांक्षा एक प्रकार की मानसिक स्थिति है, जिसका महत्त्व श्रोता की दृष्टि से है। दूसरे शब्दों में इसको ऐसे भी कह सकते हैं कि आकांक्षा का सम्बन्ध श्रोता की ग्रहणशीलता या उत्कंठा से है। बात यह है कि पदों का अन्योन्याश्रयत्व होता है। एक पद अर्थ देने में असमर्थ है, इसलिए वह दूसरे पदों की सहायता लेता है। 'लड़का पुस्तक पढ़ता है'—इस वाक्य में तीन पद हैं जो परस्पर एक-दूसरे के अर्थ के पूरक हैं और तीनों मिलकर ही एक समुदित और पूर्ण अर्थ की प्रतीति कराते हैं। इनमें से किसी एक को हटा देने पर अर्थ अपूर्ण रह जाता है और आकांक्षा की निवृत्ति नहीं होती। आकांक्षा (श्रवणेच्छा) की निवृत्ति वाक्य से ही सम्भव है, पद से नहीं, क्योंकि वाक्य का प्रयोजन है अर्थ का सम्प्रेषण। जब तक अर्थ का सम्प्रेषण पूर्ण नहीं तब तक भाषा का प्रयोग निरर्थक है। वक्ता एक पद बोलकर सन्तुष्ट हो सकता है और समझ सकता है कि उसे जो कहना था उसने कह दिया, पर कथन पूर्ण हुआ या नहीं, इसका निर्णायक श्रोता है, वक्ता नहीं; क्योंकि उसी के बोध या प्रतीति के अनुसार भाषा के प्रयोग की सार्थकता मानी जायेगी।

2. योग्यता

योग्यता का अर्थ है पदों के परस्पर **अन्वय में बाधा का अभाव।** पदों के अन्वय में बाधा दो प्रकार से पड़ सकती है—(क) अर्थ या **प्रतीति** की दृष्टि से, और (ख) पदों के **अन्वय** की दृष्टि से। एक का सम्बन्ध मन से है और दूसरे का व्याकरण से। 'किताब से पानी भरता है' या 'पहाड़ उड़ता है'—इन वाक्यों में प्रतीतिमूलक बाधा है, कारण कि न तो किताब से पानी भरना सम्भव है और न पहाड़ का उड़ना। व्याकरण की दृष्टि से इन दोनों वाक्यों में कोई असंगति नहीं है; पदों का अन्वय व्याकरणसम्मत ढंग से हुआ है और दोनों वाक्य व्याकरण से शुद्ध एवं संगत हैं, परन्तु प्रतीति या अर्थ-सम्बन्धी बाधा स्पष्ट है। वाक्य में पदों का प्रयोग करते समय इसका ध्यान रखना

होता है कि वे पृथक्-पृथक् ही सार्थक न हों, बल्कि मिलने पर भी सार्थक रहें। ऊपर के दोनों वाक्यों में प्रयुक्त पद पृथक्-पृथक् तो सार्थक हैं, किन्तु मिलने पर निरर्थक हो जाते हैं, क्योंकि उनसे कोई संगत अर्थ नहीं निकलता।

अन्वय की दृष्टि से बाधा वहाँ होती है जहाँ व्याकरण-सम्मत नियमों के अनुसार पदों का विन्यास नहीं होता। उदाहरणार्थ, निम्नलिखित वाक्यों में व्याकरण-सम्बन्धी योग्यता का अभाव है—

लड़का खेलती थी (लिंगविषयक अयोग्यता)।
लड़के खेलता था (वचनविषयक अयोग्यता)।
हम जाता है (पुरुषविषयक अयोग्यता)।
राम ने पढ़ता है (विभक्तिविषयक अयोग्यता)।

इन वाक्यों में सार्थकता का अभाव नहीं है, किन्तु हिन्दी व्याकरण के अनुसार पदों के अन्वय के जो नियम हैं, उनका पालन नहीं हो सका है। पदों की अन्विति में लिंग, वचन, पुरुष, विभक्ति आदि का ध्यान अपेक्षित होता है; उन्हीं पदों का परस्पर अन्वय (सम्बन्ध) सम्भव है जो समानकोटिक हों। इस दृष्टि से प्रत्येक भाषा की अन्वय-पद्धति भिन्न होती है, जिसका निर्धारण उस भाषा के व्याकरण से होता है। पदान्वय की स्वीकृत पद्धति के प्रतिकूल प्रयोग को ही अशुद्धि कहते हैं।

3. आसत्ति

आसत्ति का अर्थ है समीपता। वाक्य में प्रयुक्त होने वाले पदों को, देश और काल दोनों ही दृष्टियों से, परस्पर आसन्न रहना चाहिए। अगर वे दूर पड़ जायें तो अर्थबोध में बाधा होगी। उदाहरणार्थ, आज कहें 'लड़का' और कल कहें, 'खेलता है' तो अर्थबोध नहीं होगा। 'लड़का' कहने के तुरन्त बाद 'खेलता है' का उच्चारण होना चाहिए। यह एक प्रकार की आसत्ति है। दूसरे प्रकार की आसत्ति वह है जिसमें पद उच्चरित तो होते हैं तुरन्त, किन्तु स्थान की दृष्टि से एक-दूसरे से दूर पड़ जाते हैं; जैसे—

'लड़का सूर्य दौड़ता है फूल पढ़ता है चमकता है घोड़ा खिलता है।' अथवा 'पढ़ा ने था कल मैं अख़बार'। इन दोनों वाक्यों में सभी पद सार्थक हैं; उनमें अन्वय की योग्यता भी है, आसत्ति भी है, पर आसत्ति का क्रम बाधित है। इसलिए अर्थबोध नहीं हो पाता और होता भी है तो कठिनाई से। उपर्युक्त प्रथम पद-समूह का सार्थक रूप होगा—'लड़का पढ़ता है; घोड़ा दौड़ता है; सूर्य चमकता है; फूल खिलता है' और दूसरे का—'मैंने कल अख़बार पढ़ा था।' सार्थकता इन दोनों पद-समूहों में है, पर पदों का विन्यास हिन्दी की स्वीकृत पद्धति पर नहीं होने से अर्थ की स्पष्टता बाधित हो जाती है।

सामान्य दृष्टि से वाक्य-निर्माण के लिए आकांक्षा, योग्यता और आसत्ति तीनों आवश्यक हैं, किन्तु व्याकरण की दृष्टि से सबसे अपेक्षित **योग्यता** ही है। ऐसे वाक्य भी होते हैं, जिनमें एक पद का ही प्रयोग होता है; उदाहरणार्थ—

बाघ ! साँप ! भागो ! बचाओ !

इनमें आकांक्षा की निवृत्ति एक पद से ही हो जाती है। ऐसे अवसरों पर वक्ता या श्रोता अनेक पद वाले वाक्य के आग्रही नहीं होते। सम्भव है, व्याकरण-सम्मत अनेक-पदात्मक वाक्य का प्रयोग करने में जान चली जाये। भाषा का वैसा प्रयोग निश्चय ही बड़ा महँगा पड़ेगा। दूसरी बात यह है कि एक पद सुनने पर भी आकांक्षा निवृत्त हो जाती है और आकांक्षा की निवृत्ति हो गयी तो अर्थ का पूर्ण बोध हो गया। इसलिए उभयथा आकांक्षा अनिवार्य तत्त्व नहीं है। आसत्ति की भी वही स्थिति है। आसत्ति की उपेक्षा पद्य में तो होती ही है। इसलिए पद्य का अर्थ करने में पहले पदों का अन्वय करना पड़ता है। उदाहरणार्थ—

तरुशिखा पर थी अब राजती
कमलिनीकुलवल्लभ की प्रभा।—प्रियप्रवास, 1/1

यहाँ पदक्रम उलटा है; उसका स्वाभाविक रूप होगा—अब तरुशिखा पर कमलिनीकुलवल्लभ की प्रभा राजती थी। इसी प्रकार अंग्रेज़ी के निम्नलिखित वाक्यों का भी पदक्रम स्वाभाविक नहीं है—

Strange fits of passion have I known.

—Wordsworth

या

Upon the moon I fixed my eye.

—Wordsworth

इनका स्वाभाविक रूप होगा—I have known strange fits of passion. और I fixed my eye upon the moon.

भाषाविज्ञान की दृष्टि से **योग्यता** ही ऐसा तत्त्व है, जो वाक्यविन्यास में आवश्यक है। उसके न रहने पर वाक्य प्रतीति की दृष्टि से अर्थहीन हो जाता है और रचना की दृष्टि से अग्राह्य।

वाक्य-रचना और पदक्रम के सम्बन्ध में निम्नलिखित बातें ध्यान में रखने की हैं—

(1) यदि भाषा का इतिहास दीर्घव्यापी है तो एक युग की वाक्य-रचना दूसरे युग से भिन्न हो सकती है।

(2) ध्वनि या पद की अपेक्षा वाक्य-रचना पर अन्य भाषाओं का प्रभाव अधिक आसानी से पड़ता है। अंग्रेज़ी पढ़े-लिखे लोगों की हिन्दी अंग्रेज़ी वाक्य-विन्यास से बहुत कुछ प्रभावित होती है; जैसे—'उसने कहा था कि वह आयेगा', यह वाक्य अंग्रेज़ी के 'नैरेशन' से प्रभावित है। हिन्दी के अनुसार 'उसने कहा था कि मैं आऊँगा' होना चाहिए। अंग्रेज़ी के प्रभाव के रोचक और पर्याप्त उदाहरण हिन्दी में देखने को मिलते हैं।

(3) पदक्रम के अध्ययन के लिए पद्य की अपेक्षा **गद्य** की भाषा अधिक उपयुक्त होती है, क्योंकि उसमें पदों का विन्यास भाषा की नैसर्गिक पद्धति पर होता है।

(4) इसी प्रकार अनुवाद की अपेक्षा **मूल** पाठ की भाषा पदक्रम की दृष्टि से अधिक

उपयोगी होती है, कारण कि एक भाषा को दूसरी भाषा में रूपान्तरित करते समय उनके परस्पर प्रभावित होने की सम्भावना रहती है।

(5) अलंकृत शैली की अपेक्षा **सरल शैली** पदक्रम के अध्ययन की दृष्टि से अधिक उपादेय होती है, क्योंकि आलंकारिक या सौन्दर्यात्मक प्रभाव उत्पन्न करने के लिए लेखक प्रायः पदों का क्रम उलट-पुलट देते हैं, किन्तु सरल शैली में भाषा का सहज प्रवाह सामने आता है। इस दृष्टि से 'कादम्बरी' की अपेक्षा 'हितोपदेश' की भाषा अधिक उपादेय है। हिन्दी में प्रसाद की अपेक्षा प्रेमचन्द की भाषा भाषाविज्ञानियों के काम की अधिक है।

(6) **शिक्षा** का प्रभाव पदक्रम का निर्धारक हुआ करता है। शिक्षित की अपेक्षा अशिक्षित की भाषा किसी भाषा की पदरचना के अधिक अनुकूल होती है। शिक्षित व्यक्तियों की भाषा में कुछ-न-कुछ कृत्रिमता आ ही जाती है।

(7) पदक्रम के अनुशीलन के लिए लिखित की अपेक्षा **उच्चरित** भाषा अधिक महत्त्वपूर्ण है। किसी भी व्यक्ति की भाषा—लिखने और बोलने की—एक नहीं होती। बोलते समय भाषा का सहज रूप सामने आता है और लिखते समय उसमें थोड़ी-बहुत कृत्रिमता का समावेश हो जाता है।

वाक्य में पद-विन्यास की विशेषताएँ

आकांक्षा, योग्यता और आसत्ति की व्याख्या के प्रसंग में जो कहा गया है, उसका प्रकारान्तर से स्पष्टीकरण इस प्रकार है। वाक्य में प्रयोग करते समय पद-सम्बन्धी तीन विशेषताएँ पायी जाती हैं—(1) चयन; (2) क्रम; और (3) आपरिवर्तन।

(1) **चयन**—वाक्य-निष्पत्ति के लिए सबसे पहले पदों का चयन करना होता है। अर्थ और रूप दोनों ही दृष्टियों से चयन अपेक्षित है। एक ही अर्थ के वाचक अनेक पद होते हैं। उनमें किसका प्रयोग किया जाये ? वाक्य का सम्बन्ध मनोविज्ञान से है ओर मनोविज्ञान का अर्थ से, अर्थात् वक्ता क्या कहना चाहता है, इससे। सामान्यतः एक अर्थ के वाचक अनेक पर्याय होते हैं; उदाहरणार्थ, स्त्री के अनेक पर्याय हैं—नारी, महिला, अबला, वामा, रमणी, आदि किन्तु पर्याय होने पर भी इनमें छाया का भेद है। नारी का वही अर्थ नहीं है जो अबला का। 'नारी' में नर (मनुष्य) की संगिनी का भाव है, किन्तु अबला में बलहीनता का। 'वामा' से वक्रता की व्यञ्जना होती है तो 'रमणी' से रमण की। प्रयोग के समय इस विशेषता पर ध्यान रखना आवश्यक है, अन्यथा वक्तव्य में जो सूक्ष्मता अभीष्ट होती है, उसमें बाधा पड़ती है। चयन का एक पक्ष तो **अर्थ** का है, दूसरा **रूप** का। उपर्युक्त स्त्रीवाची प्रत्येक शब्द के कारक, वचन आदि के अनुसार अनेक रूप हो जाते हैं। सभी रूप सर्वत्र प्रयुक्त नहीं हो सकते; जैसे—'नारी का पढ़ती है' में 'नारी का' का प्रयोग गलत है, क्योंकि 'पढ़ती है' क्रिया से उसकी अन्विति नहीं हो सकती। 'नारी' पद के विभिन्न कारकों के प्रायः दो दर्जन रूपों में यह देखना पड़ेगा

कि वांछित प्रसंग में किसका प्रयोग सार्थक होगा।

अर्थ की दृष्टि से चयन का आधार मनोविज्ञान एवं भाव की सूक्ष्मता है, किन्तु रूप की दृष्टि से चयन का आधार योग्यता है, जिसका विचार पहले हो चुका है। कहाँ किस पद का प्रयोग उचित होगा, इसका निर्णय योग्यता की कसौटी पर ही होता है। उदाहरणार्थ, 'न' निषेधवाचक पद है, किन्तु 'मैंने न देखा'; यहाँ 'न' का प्रयोग नहीं हो सकता। यहाँ 'मैंने नहीं देखा' यही कह सकते हैं, किन्तु 'मैंने न देखा, न सुना' इसमें 'न' बिल्कुल संगत है। 'यहाँ मैंने नहीं देखा, नहीं सुना' यही वाक्य असंगत लगेगा।

(2) **क्रम**—वाक्य में पदक्रम का महत्त्व बहुत बड़ा है। पदक्रम का अर्थ यह है कि किस पद के बाद कौन पद रहे। जिस किसी पद को जहाँ-कहीं नहीं रख सकते। पदक्रम की कोई एक और निश्चित पद्धति नहीं है। सभी भाषाओं का पदक्रम एक नहीं होता।

सामान्य धारणा है कि कुछ भाषाओं, जैसे हिन्दी, अंग्रेज़ी आदि का पदक्रम निश्चित होता है और कुछ—संस्कृत, रूसी आदि—का स्वतन्त्र। कुछ दूर तक यह धारणा ठीक है, किन्तु सर्वथा मान्य नहीं है। किसी भाषा का पदक्रम न तो बिल्कुल निश्चित होता है और न पूर्णतः स्वतन्त्र। पदक्रम का निर्धारक केवल व्याकरण नहीं, मनोविज्ञान भी हुआ करता है और मनोवैज्ञानिक आवश्यकताओं से प्रेरित होकर पदक्रम में परिवर्तन करना पड़ जाता है। वस्तुतः व्याकरण के नियम भी मूलतः मनोविज्ञान से ही निर्मित होते हैं।

पदक्रम में यों तो सभी पदों का ध्यान रखना होता है, किन्तु प्रधानता कर्ता, कर्म और क्रिया की होती है, कारकों में भी शेष गौण रहते हैं। हिन्दी के पदक्रम में पहले कर्ता, तब कर्म, तब क्रिया का स्थान होता है; जैसे—

वह पुस्तक पढ़ता है।
राम पानी पीता है।

इन दोनों वाक्यों में क्रमशः कर्ता, कर्म और क्रिया का प्रयोग है। इसके प्रतिकूल अंग्रेज़ी में कर्ता के बाद क्रिया आ जाती है और उसके बाद कर्म; जैसे—

He reads the book.
Ram drinks water.

अंग्रेज़ी में हिन्दी के अनुसार He the book reads या Ram water drinks नहीं कह सकते। संस्कृत में क्रम का कोई कठोर बन्धन नहीं है; जैसे—

सः पुस्तकं पठति।
पुस्तकं सः पठति।
पठति सः पुस्तकम्।
पठति पुस्तकं सः।

आदि अनेक रूप पाये जाते हैं। कारण इसका यह है कि हिन्दी या अंग्रेज़ी आदि भाषाएँ एक प्रकार से अयोगात्मक हो गयी हैं। शब्दों के साथ विभक्तियों का प्रयोग न होने से यह निश्चय करना कठिन हो जाता है कि वहाँ किस विभक्ति का रूप अभिमत है।

ऐसी स्थिति में यदि क्रम निश्चित न रहे तो कुछ-का-कुछ अर्थ हो जा सकता है। 'साँप मेढक खाता है' और 'मेढक साँप खाता है' में कर्तृत्व का निर्णय पदक्रम से ही होता है। क्रम उलट जाने पर कर्ता कर्म हो जाता है और कर्म कर्ता। अंग्रेज़ी के वाक्य में भी यही स्थिति होती है। इसलिए ऐसी भाषाओं में पदक्रम का व्याकरणिक महत्त्व हो जाता है। संस्कृत, रूसी जैसी श्लिष्ट योगात्मक भाषाओं में विभक्तियाँ शब्दों के साथ लगी रहती हैं, इसलिए वाक्य में कहीं भी आने पर उनका अर्थ और व्यापार सुनिश्चित रहता है। यही कारण है कि पदक्रम बदल देने पर भी अर्थ नहीं बदलता।

फिर भी जिन भाषाओं में पदक्रम की प्रधानता है, उनमें कोई परिवर्तन हो ही नहीं सकता, ऐसी बात नहीं। पदक्रम के दो प्रमुख अपवाद हैं—**(1) बल**, और **(2) छन्द**। बल देने की इच्छा से पदक्रम में परिवर्तन हो जाता है और बल का अर्थ है कि वक्ता वाक्य में किस अंश को प्रधानता देना चाहता है। जैसे स्वाभाविक पदक्रम के अनुसार वाक्य होगा 'मैंने रोटी खायी है', किन्तु यदि 'रोटी' पद पर बल देना है तो यह वाक्य 'रोटी मैंने खायी है' इस रूप में प्रयुक्त होगा। इसी तरह अंग्रेज़ी में I must go के go पर बल देने के समय Go I must बोलते हैं। ऐसे ही He is dignified, no doubt में dignified पर बल देने के लिए क्रम उलट दिया गया जाता है—Dignified he is, no doubt। इस तरह का क्रम-परिवर्तन बल देने की भावना से प्रेरित होता है। पदक्रम के परिवर्तन का दूसरा आधार है छन्द, जिसका निर्देश पहले हो चुका है। छन्द में मात्रा, लय और तुक की माँग पूरी करनी होती है और वह पदों के स्वाभाविक क्रम में सदा सम्भव नहीं होती। इसलिए सभी भाषाओं के पद्य में पदक्रम की उपेक्षा पायी जाती है।

संस्कृत, रूसी जैसी भाषाओं में विभक्ति की श्लिष्टता के कारण पदक्रम में अपेक्षाकृत स्वतन्त्रता रहती है, क्योंकि क्रम-भेद से अर्थ-भेद की सम्भावना कम होती है, पर उस स्वतन्त्रता की भी एक सीमा है। उन भाषाओं में भी पदक्रम का बिल्कुल महत्त्व नहीं है, ऐसा नहीं कहा जा सकता। पदक्रम स्वतन्त्र रहने पर भी यदि किसी पद पर बल देना है तो उसका प्रयोग आरम्भ में होता है—'बालकः मोदकं खादति'—यह सामान्य कथन हुआ, किन्तु यदि मोदक पर बल देना अभीष्ट है तो 'मोदकं बालकः खादति' यही कहेंगे। दूसरी बात यह कि एव, अपि आदि अव्यय सम्बद्ध पद के साथ ही प्रयुक्त होते हैं। उनके स्थान में हेर-फेर हो जाने से अर्थ में आकाश-पाताल का अन्तर हो जाता है; उदाहरणार्थ—बालकः एव मोदकं खादति' और 'बालकः मोदकम् एव खादति' में स्पष्ट अन्तर है। इसी तरह 'लक्ष्मणोऽपि वनं गतः' और 'लक्ष्मणः वनमपि गतः' (लक्ष्मण भी वन गये और लक्ष्मण वन भी गये) में अर्थ का अन्तर स्पष्ट है और यह अन्तर 'अपि' के स्थान-भेद से हुआ है। इसलिए पदक्रम की निश्चितता और स्वतन्त्रता सापेक्ष धर्म हैं। उन्हें बिल्कुल अपरिवर्तनीय नहीं मानना चाहिए।

(3) आपरिवर्तन (Modification)—पदों की पृथक् (असम्बद्ध) स्थिति तथा परस्पर सम्बद्ध स्थिति में दो दृष्टियों से भेद हो जाता है और वे हैं **ध्वन्यात्मक** और **स्वरात्मक**। ध्वन्यात्मक आपरिवर्तन को ही हमारे यहाँ **सन्धि** शब्द से कहा गया है। सन्धि का अर्थ

है मेल। दो ध्वनियाँ जब एक-दूसरी के निकट आती हैं तो परस्पर प्रभावित होकर परिवर्तित हो जाती हैं। इस परिवर्तन को ही सन्धि कहते हैं। सन्धि का सम्बन्ध ध्वनि से है; जैसे—'कब तक आओगे ?' वाक्य के प्रवाह में इस वाक्य के पद 'कप्तकाओगे' के रूप में सुनायी पड़ते हैं। इसी तरह 'रखकर जाइये' 'रःकर जाइये', या 'रख दीजिये' 'रघ्दीजिये' बन जाता है। 'जगदीश आज आया है' 'जगदीशाजाया है' बन जाता है।

पद-सम्बन्धी इस परिवर्तन की उपमा मनुष्य के आचार-व्यवहार से दे सकते हैं। कमरे में अकेले रहने पर हमारा जैसा आचरण होता है वही किसी सभा-समिति में नहीं। वहाँ हमारा आचार-व्यवहार दूसरों के आचार-व्यवहार से नियन्त्रित और संयमित हो जाता है। वही स्थिति पदों की भी है। पद अकेले जिस रूप में रहते हैं, वैसे ही दूसरों के सम्पर्क में आने पर नहीं।

आपरिवर्तन का सम्बन्ध ध्वनि के अतिरिक्त स्वर से भी है। वाक्य में स्वर के आरोह, अवरोह या तान की सहायता लिए बिना काम नहीं चलता। आरोह, अवरोह, तान आदि हमारी मनोवृत्ति के व्यञ्जक तत्त्व हैं और वे भाषा को हमारी मनोवृत्ति के अनुकूल रूप देकर सजीव बनाते हैं। उनकी कुछ चर्चा ध्वनि और पद के प्रसंग में हो चुकी है, पर वाक्यों में भी उनका कम उपयोग नहीं होता। उदाहरणार्थ, 'न' का अर्थ निषेध है, किन्तु 'मैंने आपको कहा था न ?' में वह विधिवाचक हो गया है। यह अर्थ-भेद वाक्य में उसके स्थान और स्वर के कारण ही है।

भारत-यूरोपीय परिवार की भाषाओं में वाक्य के दो मुख्य अवयव पाये जाते हैं—(1) उद्‌देश्य, और (2) विधेय।

(1) उद्‌देश्य—जिस वस्तु के विषय में कुछ कहा जाये, उसके बोधक शब्द को उद्‌देश्य कहते हैं; जैसे—'लड़का पढ़ता है', 'घोड़ा दौड़ता है', में 'लड़का' और 'घोड़ा' उद्‌देश्य हैं।

(2) विधेय—उद्‌देश्य के विषय में जो कुछ कहा जाये, उसके बोधक शब्द को विधेय कहते हैं; जैसे—उपर्युक्त वाक्यों में 'पढ़ता है' और 'दौड़ता है' विधेय हैं।

उद्‌देश्य-विधेय की व्यवस्था सभी भाषाओं के लिए सही नहीं है; उदाहरणार्थ, चीनी या एस्किमो में उद्‌देश्य-विधेय का अवकाश नहीं है।

उद्‌देश्य और विधेय के वाचक शब्द पृथक्-पृथक् रहें ही, यह आवश्यक नहीं है। दोनों का काम एक पद से भी चल सकता है; जैसे—

पठामि। पढ़ता हूँ।
गच्छसि ? जाते हो ?

इन वाक्यों में केवल क्रियापद ही हैं, किन्तु उसी में उद्‌देश्य और विधेय दोनों वर्तमान हैं। 'पठामि' या 'पढ़ता हूँ' का अर्थ निश्चित रूप से 'मैं पढ़ता हूँ' होता है। 'मैं' का अर्थ क्रिया में ही वर्तमान है। इसका प्रयोग मेरे अतिरिक्त किसी दूसरे के लिए नहीं हो सकता। 'पठामि' या 'पढ़ता हूँ' का अर्थ कभी 'तुम पढ़ते हो' या 'वह पढ़ता है' नहीं होता। इसी तरह 'गच्छसि' या 'जाते हो' के साथ 'तुम' का अर्थ अनिवार्य रूप

से लगा हुआ है। उससे 'मैं' या 'वह' का बोध नहीं हो सकता। इसीलिए ऊपर कहा गया कि उद्‌देश्य और विधेय की पृथक् स्थिति अनिवार्य नहीं है।

वाक्य के भेदों में सरल वाक्य का लक्षण यह बताया जाता है कि उसमें कम-से-कम एक उद्‌देश्य और एक विधेय अर्थात् एक कर्त्ता और एक क्रिया होनी चाहिए, किन्तु उपर्युक्त वाक्यों में केवल क्रिया से ही वाक्य निष्पन्न हो गया है। क्रिया और संज्ञा में क्रिया अकेले भी वाक्य बना सकती है, किन्तु संज्ञा नहीं; कारण कि क्रिया में करने वाले का कुछ-न-कुछ अंश व्यक्त रहता है। यही कारण है कि संज्ञा की अपेक्षा क्रिया को अधिक महत्त्वपूर्ण बताया गया है। 'बाघ ! साँप ! सावधान !' आदि वाक्यों में केवल संज्ञा का प्रयोग देखकर यह सन्देह नहीं होना चाहिए कि वाक्य संज्ञामूलक भी होते हैं। वस्तुतः वहाँ भावातिरेक (भय, घबराहट आदि) के कारण क्रिया का केवल उच्चारण नहीं हो पाया है, अन्यथा क्रिया है वहाँ भी। इसलिए वैसे वाक्यों में क्रिया का लोप मानना चाहिए, अभाव नहीं।

वाक्य के भेद

विभिन्न आधारों पर वाक्य के अनेक भेद होते हैं—

1. क्रिया के अनुसार—वाक्य के दो भेद हैं—1. क्रियायुक्त, और क्रियाहीन। सामान्यतः वाक्य क्रियायुक्त ही होते हैं, लेकिन कुछ परिस्थितियों में क्रिया का प्रयोग नहीं भी होता है।

(क) अनेक भाषाएँ ऐसी हैं जिनमें सहायक क्रिया का प्रयोग नहीं होता; जैसे—संस्कृत, रूसी, बँगला आदि। हिन्दी, अंग्रेज़ी आदि में सहायक क्रिया के बिना काम नहीं चलता।

संस्कृत—इदं मम पुस्तकम् (यह मेरी पुस्तक है)।
रूसी—एता मया क्नीगा (यह मेरी पुस्तक है)।
बँगला—एइ आमार बइ (यह मेरी पुस्तक है)।

इन तीनों उदाहरणों में सहायक क्रिया नहीं है और उसका अभाव नहीं खटकता। इसके प्रतिकूल हिन्दी या अंग्रेज़ी में बिना 'है' या 'इज़' का प्रयोग किये वाक्य अधूरा लगता है। 'यह मेरी पुस्तक' या 'दिस माइ बुक' खटक जाता है। 'यह मेरी पुस्तक है' या 'दिस इज़ माइ बुक' कहने पर ही आकांक्षा की पूर्ण निवृत्ति होती है।

(ख) बहुत सारे मुहावरे ऐसे हैं, जिनमें क्रिया का प्रयोग नहीं पाया जाता; जैसे—जिसकी लाठी उसकी भैंस; जैसी करनी वैसी भरनी, हाथ कंगन को आरसी क्या; आम का आम, गुठली का दाम; चोर की दाढ़ी में तिनका, आदि।

(ग) एक पद वाले वाक्यों में भी क्रिया का प्रयोग नहीं पाया जाता; जैसे—साँप ! भूकम्प ! आग ! हत्या !

वस्तुतः ऐसे वाक्य घबराहट, भय आदि की मनःस्थिति में बोले जाते हैं जिसमें वाक्य पूरा करने की भावना नहीं रहती और न पूरा करने का समय रहता है। किसी

प्रकार परिस्थिति की गम्भीरता बताकर सम्भावित ख़तरे से सचेत करना ही ऐसे वाक्यों का प्रयोजन होता है और वह प्रयोजन बिना क्रिया के भी सिद्ध हो जाता है।

(घ) प्रश्न-वाक्य के उत्तर में क्रिया की अपेक्षा नहीं होती; जैसे—

प्रश्न—तुम कहाँ जा रहे हो ?

उत्तर—दिल्ली।

यहाँ दिल्ली के बाद क्रिया के प्रयोग की कोई आवश्यकता नहीं है, क्योंकि इतने से ही आकांक्षा की पूर्ण निवृत्ति हो जाती है।

इस प्रसंग में कर्त्ता पर भी ध्यान देना अप्रासंगिक नहीं होगा। व्याकरणिक कर्त्ता और तार्किक कर्त्ता में अन्तर होता है। तार्किक कर्त्ता में प्रथमा विभक्ति होनी चाहिए, क्योंकि वह सदा क्रिया का निष्पादक होता है और 'कर्तरि प्रथमा' के अनुसार उसमें प्रथमा का ही विधान है, किन्तु व्याकरण सदा तर्क का अनुगामी नहीं होता। इसलिए कर्तृत्व का बोध अनेक प्रकार से कराया जाता है।

कर्त्ता कारक—बालक करता है।

करण कारक—बालक से किया जाता है।

सम्प्रदान कारक—मुझे करना है।

सम्बन्ध कारक—बालक की कृति।

उपर्युक्त उदाहरणों में कर्त्ता, करण, सम्प्रदान और सम्बन्ध—इन चारों की सहायता से कर्तृत्व का ही बोध कराया गया है।

क्रिया के प्रयोग और अप्रयोग के आधार पर वाक्य के दो भेद दिखाये गये। क्रिया के प्रयोग को लेकर भी तीन भेद होते हैं जो कर्तृवाच्य, कर्मवाच्य और भाववाच्य के नाम से प्रसिद्ध हैं।

कर्तृवाच्य में कर्त्ता की प्रधानता होती है; जैसे—मैं पुस्तक पढ़ता हूँ। कर्मवाच्य में कर्म की प्रधानता होती है; जैसे—पुस्तक मुझसे पढ़ी जाती है। भाववाच्य में न कर्त्ता की प्रधानता होती है और न कर्म की, बल्कि क्रिया सदा प्रथम पुरुष, एकवचन में रहती है; जैसे—मुझसे पढ़ा नहीं जाता।

2. रचना के अनुसार—वाक्य के तीन भेद होते हैं—(1) सरल, (2) मिश्र, और (3) संयुक्त।

सरल वाक्य में एक उद्देश्य और एक विधेय अर्थात् एक संज्ञा और एक क्रिया होती है; जैसे—लड़का पढ़ता है।

मिश्र वाक्य में एक मुख्य उपवाक्य रहता है, किन्तु आश्रित उपवाक्य एक या अनेक हो सकते हैं; जैसे—जो विद्वान् होता है, उसका सर्वत्र आदर होता है।

संयुक्त वाक्य में अनेक प्रधान उपवाक्य होते हैं जिनके साथ अनेक आश्रित उपवाक्य भी रहते हैं; जैसे—जिस दिन भगवान् ने आलू का निर्माण किया होगा, उस दिन उसे यह गुमान भी नहीं हुआ होगा कि एक आलू का इतने रूपों में प्रयोग हो सकता है।

3. अर्थ के अनुसार–वाक्य के आठ भेद माने जाते हैं–

विधि वाक्य–वह पढ़ता है।

निषेध-वाक्य–वह नहीं पढ़ता है।

प्रश्न-वाक्य–वह पढ़ता है ?

अनुज्ञा-वाक्य–तुम पढ़ो !

इच्छार्थक-वाक्य–भगवान् तुम्हें सुबुद्धि दे।

सन्देहार्थक-वाक्य–वह पढ़ता होगा।

संकेतार्थक-वाक्य–यदि वह पढ़ता तो बहुत अच्छा करता।

विस्मयादिबोधक-वाक्य–अरे ! तुम पढ़ रहे हो ?

4. शैली के अनुसार–वाक्य के तीन भेद होते हैं–(1) शिथिल, (2) समीकृत, और (3) आवर्त्तक। इन तीनों भेदों के बीच स्पष्ट विभाजक रेखा खींचना सम्भव नहीं है। कभी-कभी इनमें परस्पर सांकर्य भी देखा जाता है, किन्तु स्थूल दृष्टि से ये भेद व्यावहारिक उपयोग के हैं।

शिथिल वाक्य में वक्ता या लेखक एक के बाद दूसरी बात, उन्मुक्त भाव से, कला या अलंकरण का सहारा लिए बिना, कहता चलता है, जैसे–'अयोध्या सूर्यवंशी राजाओं की राजधानी थी। हम जिस समय की बात कह रहे हैं उस समय महाराज दशरथ अयोध्या के राजा थे। महाराज लगभग बूढ़े हो चले, किन्तु उनके कोई पुत्र नहीं हुआ। एक दिन महाराज ने अपने कुलगुरु महर्षि वशिष्ठ के आश्रम में जाकर गुरुदेव से सन्तान के लिए प्रार्थना की।'

लेखक के मन में जिस क्रम में विचार आये हैं, उसी क्रम से ये वाक्य बनते गये हैं और इनमें न कोई कला है, न अलंकरण।

समीकृत वाक्य संगति और संतुलन की नैसर्गिक, मानवीय इच्छा की पूर्ति करता है; जैसे–जैसा राजा, वैसी प्रजा; जिसकी लाठी, उसकी भैंस; यतो धर्मस्ततोजयः।

समीकृत वाक्य वैषम्यमूलक भी होता है; जैसे–एक तो चोरी, दूसरे सीनाज़ोरी; कहाँ राजा भोज, कहाँ भोजवा तेली ? समीकृत वाक्यों के दो व्यावहारिक लाभ हैं–एक तो वाक्यों की रचना एक पद्धति पर होने से उन्हें याद करने में सुगमता होती है और दूसरे उनसे मन में एक प्रकार का आनन्ददायक विस्मय होता है; उदाहरणार्थ–'चाहे विद्वान् निन्दा करें चाहे स्तुति, चाहे मृत्यु आज हो जाये चाहे सैकड़ों वर्ष बाद, चाहे लक्ष्मी आयें या अन्यत्र चली जायें, किन्तु जो धुन के पक्के हैं, वे कर्त्तव्य से कभी नहीं डिगते।'

आवर्त्तक वाक्य में चरम सीमा अन्त में आती है। श्रोता या पाठक उत्सुकतापूर्वक प्रतीक्षा करता रहता है और तब उसके सामने वह बात आती है जो वक्ता या लेखक उसे बताना चाहता है। इस शैली के वाक्य वक्ताओं या नेताओं के काम के अधिक होते हैं; जैसे–

'यदि हम चाहते हैं कि हमारी स्वतन्त्रता सुरक्षित रहे, यदि हम चाहते हैं कि हमारी सीमा की ओर देखने की भी हिम्मत शत्रु को न हो, यदि हम चाहते हैं कि भारत शिक्षा,

कृषि और उद्योग के क्षेत्र में निरन्तर प्रगति करता रहे, तो हमें आपसी भेदभाव भुलाकर राष्ट्रीय एकता को सुदृढ़ बनाना होगा।'

शैली की दृष्टि से वाक्य का विचार वस्तुतः भाषाविज्ञान के क्षेत्र में नहीं पड़ता, उसका विचार काव्यशास्त्र में होता है, किन्तु वाक्य के भेदों पर विचार करते समय उसकी भी चर्चा आवश्यक थी। यहाँ अधिक विस्तार अनपेक्षित है।

वाक्य का प्रयोग करते समय एक साथ **चिन्तन**, उपयुक्त पद का **चयन**, व्याकरणिक **गठन** और **उच्चारण** से काम लेना पड़ता है। यह प्रक्रिया बड़ी ही जटिल है। उच्चारण के पहले चिन्तन आवश्यक है, किन्तु चिन्तन की गति और उच्चारण की गति को इतना सन्तुलित होना चाहिए कि उसमें कोई पिछड़ न जाये। जहाँ चिन्तन पिछड़ जाता है वहाँ वक्ता रुक-रुककर बोलने को बाध्य हो जाता है, जिससे भाषण का सौन्दर्य नष्ट हो जाता है और यदि चिन्तन की गति तीव्र हो गयी तो उसके अनुपात में उच्चारण की गति तीव्र हो जाने से उच्चारण अस्पष्ट और प्रभावहीन हो जाता है। वाक्य का सन्तुलित प्रयोग शिक्षा और अभ्यास से ही सम्भव है। चूँकि वाक्य भाषा की प्रमुख इकाई है, इसलिए ध्यान भी उस पर सबसे अधिक देना उचित है।

अर्थविज्ञान

अर्थविज्ञान के विवेच्य विषय हैं—अर्थ क्या है ? अर्थ का ज्ञान कैसे होता है ? शब्द और अर्थ में क्या सम्बन्ध है ? अनेकार्थक शब्द के अर्थ का निर्णय कैसे किया जाता है ? अर्थ में परिवर्तन क्यों और कैसे होता है ? आदि। हम पहले देख चुके हैं कि मानव-भाषा का अन्यतम लक्षण उसकी सार्थकता है। अतः बिना अर्थ का विचार किये भाषा का विवेचन अधूरा रहेगा।

हमारे यहाँ अर्थ का महत्त्व बहुत प्राचीन काल से माना जाता रहा है, जैसा यास्क के 'निरुक्त' से अनेकत्र प्रमाणित होता है। यास्क ने कहा है कि जिस प्रकार बिना अग्नि के शुष्क ईंधन प्रज्वलित नहीं हो सकता, उसी प्रकार बिना अर्थ समझे जो शब्द दुहराया जाता है, वह कभी अभीप्सित विषय को प्रकाशित नहीं कर सकता—

यद् गृहीतमविज्ञातं निगदेनैव शब्द्यते।
अनग्नाविव शुष्कैधो न तज्ज्वलति कर्हिचित्।।

—निरुक्त; 1,18

उसी प्रसंग में उन्होंने फिर कहा है—

स्थाणुरयं भारहारः किलाभूदधीत्य वेदं न विजानाति योऽर्थम्।
योऽर्थज्ञ इत् सकलं भद्रमश्नुते नाकमेति ज्ञानविधूतपाप्मा।।

—निरुक्त; 1,18

—जो बिना अर्थ जाने वेदों का अध्ययन करता है, वह केवल भार ढोता है। अर्थ को जानने वाला ही समस्त कल्याणों का भागी होता है और ज्ञान की ज्योति से समस्त दोषों को दूर कर ब्रह्मत्व को प्राप्त करता है।

कहने का तात्पर्य यह कि अर्थ के अभाव में भाषा का कोई महत्त्व नहीं है। शब्द तो अर्थ की अभिव्यक्ति का ही माध्यम है। इसको ऐसे भी कह सकते हैं कि शब्द अमूर्त अर्थ का मूर्त रूप है या शब्द शरीर है तो अर्थ आत्मा। जिस तरह शरीर की सहायता से ही आत्मा का प्रत्यक्षीकरण होता है, उसी प्रकार शब्द की सहायता से ही अर्थ का बोध होता है।

अर्थ का लक्षण अनेक प्रकार से किया गया है। उन सबकी चर्चा और आलोचना यहाँ अनपेक्षित है। अर्थ का सरल और स्पष्ट लक्षण करना चाहें तो कह सकते हैं कि **शब्द के द्वारा जो प्रतीति होती है, उसे अर्थ कहते हैं।** 'वाक्यपदीय' में भर्तृहरि ने अर्थ

का लक्षण देते हुए कहा है—

यस्मिन्स्तूच्चरिते शब्दे यदा योऽर्थः प्रतीयते।
तमाहुरर्थं तस्यैव नान्यदर्थस्य लक्षणम्।।

—वाक्यपदीय; 2,337

—जिस शब्द के उच्चारण से जब जिस अर्थ की प्रतीति होती है, वही उसका अर्थ है; अर्थ का दूसरा लक्षण नहीं है।

स्पष्ट है कि अर्थ का लक्षण **प्रतीति** है और प्रतीति का सम्बन्ध मनुष्य के मानसिक पक्ष से है। आरम्भ में हमने देखा है कि भाषा की उत्पत्ति मन से होती है और उसकी परिणति भी मन में ही होती है, अर्थात् वक्ता और श्रोता, दोनों के मन को प्रतीति की दृष्टि से एक सूत्र में अनुस्यूत करना भाषा का उद्‌देश्य है। स्वभावतः अर्थ के किसी पक्ष पर विचार करते समय मानसिक पक्ष की अवहेलना सम्भव नहीं है।

अर्थ के विभिन्न पक्षों पर विचार करने के पहले यह देखना आवश्यक है कि अर्थ का ज्ञान कैसे होता है ? अर्थ प्रतीति को कहते हैं, यह हमने अभी देखा। यह प्रतीति दो प्रकार से होती है—एक तो **आत्मप्रत्यक्ष** द्वारा और दूसरे, **परप्रत्यक्ष** द्वारा। आत्मप्रत्यक्ष का अर्थ है कि किसी वस्तु का प्रत्यक्ष हम स्वयं करें। किन्तु संसार में प्रत्येक वस्तु का सदा स्वयं प्रत्यक्षीकरण सम्भव नहीं होता। मनुष्य के ज्ञान और साधन की सीमाएँ हैं। इसलिए ज्ञान के अनन्त प्रकार ऐसे हैं, जिनके लिए हमें दूसरों पर निर्भर करना पड़ता है। मान लीजिए कि किसी ने हिमालय पर्वत, प्रशान्त महासागर, लन्दन, मास्को या ताजमहल नहीं देखा है। ऐसी स्थिति में उसे उन लोगों के ज्ञान का आश्रय लेना पड़ता है जो इन्हें देख चुके हैं। इसी को परप्रत्यक्ष कहते हैं। पर वृक्ष, नदी, ईंट, पत्थर, घोड़ा, बैल आदि वस्तुओं के प्रत्यक्ष के लिए हमें दूसरों की सहायता अपेक्षित नहीं होती, इनका प्रत्यक्ष हम स्वयं कर लेते हैं। **आत्मप्रत्यक्ष** और **परप्रत्यक्ष** का यही **अन्तर** है। कहना अनावश्यक है कि आत्मप्रत्यक्ष द्वारा उत्पन्न प्रतीति अधिक स्पष्ट और स्थायी होती है। परप्रत्यक्ष द्वारा उत्पन्न प्रतीति अपेक्षाकृत अस्पष्ट और अस्थायी हुआ करती है।

किस इन्द्रिय से प्रत्यक्ष हो रहा है, इस आधार पर आत्मप्रत्यक्ष के भी दो रूप हो जाते हैं। हमें दो प्रकार की इन्द्रियाँ उपलब्ध हैं—**बहिरिन्द्रिय** और **अन्तरिन्द्रिय**। बहिरिन्द्रिय में श्रोत्र, त्वक्, चक्षु, रसना और घ्राण हैं, जिनकी सहायता से शब्द, स्पर्श, रूप, रस और गन्ध का ज्ञान होता है। अन्तरिन्द्रिय में मन की गणना होती है। मन को अन्तःकरण भी कहते हैं। अन्तःकरण का अर्थ है भीतर का करण अर्थात् इन्द्रिय। **बहिरिन्द्रिय** द्वारा **मूर्त** वस्तुओं का ज्ञान होता है और **अन्तरिन्द्रिय** द्वारा **अमूर्त** वस्तुओं का। यों, दर्शन की दृष्टि से बहिरिन्द्रियों द्वारा अधिगत ज्ञान के लिए भी मन का संयोग आवश्यक माना गया है—मन कहीं अन्यत्र रहने पर सामने पड़ी हुई चीज़ भी दिखायी नहीं देती, कान में पड़ी आवाज़ का भी कोई असर नहीं होता। बहिरिन्द्रिय द्वारा मूर्त वस्तुओं का ज्ञान होता है, साथ ही वह अधिक निश्चित भी होता है। इसके प्रतिकूल अन्तरिन्द्रिय द्वारा अमूर्त वस्तुओं का ज्ञान होता है और वह अपेक्षाकृत अनिश्चित होता है। उदाहरणार्थ,

चक्षु की सहायता से हम फूल, पेड़, पौधा या पानी देखते हैं। इन वस्तुओं के ज्ञान में हमें कोई सन्देह नहीं होता, परन्तु अन्तःकरण की सहायता से जिन वस्तुओं का ज्ञान प्राप्त करते हैं उनकी धारणा धूमिल रह जाती है; जैसे—ईश्वर, स्वर्ग, प्रेम, दया, करुणा, ईर्ष्या, राग द्वेष, अहिंसा आदि को लें। ईश्वर का नाम हर आदमी लेता है मगर ईश्वर किसे कहते हैं, इसे कोई ठीक से नहीं बता पाता; बड़े-से-बड़े दार्शनिक भी नहीं बता पाये हैं। ईश्वर के नाम पर भीषण युद्ध और हत्याकांड हो जाते हैं, किन्तु लड़नेवाले जिसके लिए लड़ते हैं उसके स्वरूप के सम्बन्ध में कुछ भी नहीं जानते। लड़नेवालों से कोई पूछता कि जिस ईश्वर के लिए तुम लड़ रहे हो, वह कैसा है तो सिवा मौन-धारण के इसका कोई समाधान असम्भव है। अन्तरिन्द्रिय द्वारा गृहीत ज्ञान के अनिश्चित और अस्पष्ट होने का एक कारण तो यही है कि उसका सम्बन्ध अमूर्त वस्तुओं से होता है, जिनका प्रत्यक्षीकरण सम्भव नहीं; दूसरा यह कि अमूर्त होने से उन वस्तुओं को शब्द की सीमा में बाँधना भी सम्भव नहीं है। उनमें कुछ ऐसी तरलता होती है कि उनके ग्रहण का प्रयास निष्फल हो जाता है।

शब्द और अर्थ का सम्बन्ध

बहिरिन्द्रिय और अन्तरिन्द्रिय की सहायता से शब्द के द्वारा वस्तु का ज्ञान होता है, परन्तु इस प्रसंग में एक प्रश्न स्वभावतः सामने आता है कि किसी शब्द से किसी अर्थ का सम्बन्ध कैसे जोड़ा जाता है ? क्यों घोड़ा कहने पर पशु-विशेष का ही बोध होता है, पेड़ या पानी का नहीं ? क्यों पानी कहने पर पहाड़ का बोध नहीं होता ? अर्थात् 'घोड़ा' शब्द से 'पशु-विशेष' का और 'पानी' शब्द से तरल वस्तु-विशेष का ही ज्ञान क्योंकर हुआ ? तात्पर्य कि हमने कैसे जाना कि 'घोड़ा' शब्द के सुनने पर अमुक पशु को समझना चाहिए और पानी सुनने पर अमुक तरल वस्तु को ? पारिभाषिक शब्दावली में ध्वनि के साथ वस्तु का सम्बन्ध स्थापित करना **संकेतग्रह** कहलाता है। ध्वनि-समूह से वस्तु का बोध या शब्द से अर्थ का बोध, एक ही बात है, और इसे ही संकेतग्रह कहते हैं। संकेतग्रह का प्रमुख आधार **अनुभव** है।

संकेतग्रह होता कैसे है ? संकेतग्रह के अनेक साधन हैं, जिनकी चर्चा आगे होगी, किन्तु संकेतग्रह शब्द के स्पष्टीकरण के लिए एक और शब्द सामने रखना आवश्यक है और यह है **बिम्बनिर्माण।** जन्म के बाद जैसे-जैसे चेतना में विकास होता जाता है वैसे-वैसे परिवेश की वस्तुओं से मनुष्य का परिचय होता जाता है और प्रत्येक वस्तु का मस्तिष्क पर बिम्ब अंकित हो जाता है। बिम्ब के अंकित होने का ही यह प्रभाव है कि जब वह वस्तु हमारे सामने नहीं भी होती तब भी हम मानसिक रूप में उसका प्रत्यक्ष कर पाते हैं। प्रियजन से दूर रहने पर स्मरण करते ही उसकी मूर्ति आँखों के सामने आ खड़ी होती है। कभी के देखे हुए पहाड़, समुद्र, उद्यान, नदी, भवन—ये सब-के-सब क्षणमात्र में मानस-पटल पर उग आते हैं। यही बिम्बनिर्माण है किन्तु बिम्बनिर्माण के

साथ एक दूसरी भी प्रक्रिया चलती रहती है और वह है ध्वनियों का साहचर्य। जैसे-जैसे किसी **वस्तु का बिम्ब** मन पर अंकित होता है, वैसे-वैसे उसका **वाचक** शब्द भी संस्कार में अंकित होता जाता है। इसीलिए उस वस्तु को फिर देखने पर वह शब्द अनायास सामने आ खड़ा होता है या उस शब्द को सुनने पर वह वस्तु प्रत्यभिज्ञात हो जाती है। कहने का तात्पर्य यह कि चतुष्पद जन्तु-विशेष को देखने और उसके साथ बार-बार 'गाय' शब्द सुनने से एक संस्कार मन में बद्धमूल हो जाता है कि इस ध्वनि-समूह से इस जन्तु-विशेष का बोध होता है। वस्तु और शब्द का यह स्थिरीभूत मानसिक संस्कार ही **बिम्ब** है। इसलिए जब-जब वह वस्तु (गाय) दिखायी देती है तब-तब उसका वाचक शब्द (गाय) भी उपस्थित हो जाता है।

अर्थबोध के साधन

अर्थबोध या संकेतग्रह के आठ साधन माने गये हैं[1]—1. व्यवहार; 2. आप्तवाक्य; 3. उपमान; 4. वाक्यशेष (प्रकरण); 5. विवृति (व्याख्या); 6. प्रसिद्ध पद का सान्निध्य; 7. व्याकरण; और 8. कोश।

1. **व्यवहार**—संकेतग्रह का अर्थात् शब्द से अर्थबोध का सबसे व्यापक और प्रमुख साधन है व्यवहार। मनुष्य की प्रारम्भिक भाषा-शिक्षा व्यवहार के द्वारा ही सम्पन्न होती है। गुरुजन एक-एक वस्तु की ओर इंगित कर और उसके साथ एक-एक शब्द का उच्चारण कर उसे संसार की प्रत्येक वस्तु से परिचित कराते हैं। पशु-पक्षी, कीट-पतंग, भोज्य-पेय वस्तुओं का ही नहीं, पिता-माता, भाई-बहन आदि का भी परिचय आवश्यक होता है। शब्द और वस्तु के सम्बन्ध का यह ज्ञान भाषा के ग्रहण का प्रथम सोपान है।

2. **आप्तवाक्य**—अर्थबोध का दूसरा साधन है आप्तवाक्य। संसार में बहुत सारी ऐसी चीज़ें हैं, जिन्हें व्यवहार से नहीं जाना जा सकता। उदाहरणार्थ, 'ईश्वर' शब्द ले लीजिए। ईश्वर दृष्टिगोचर नहीं होता। इसलिए व्यवहार का प्रश्न ही नहीं उठता। अब 'ईश्वर' शब्द का अर्थ कैसे जाना जाये ? स्वभावतः दार्शनिकों या भक्तों के कथन पर विश्वास करना पड़ता है। इसी प्रकार आत्मा, स्वर्ग, धर्म, पाप, पुण्य आदि शब्द ऐसे हैं, जिनका अर्थ आप्तवाक्य से ही जाना जा सकता है। आप्त कहा गया है यथार्थवक्ता को, अर्थात् जो किसी वस्तु का ठीक-ठीक वर्णन करे; उसमें अपनी ओर से न कुछ जोड़े, न घटाये। कहने का तात्पर्य यह कि जो सर्वथा विश्वास-योग्य हो, ऐसे ही व्यक्ति का कथन मान्य हो सकता है। इसीलिए संस्कृत में आप्तवाक्य पर विचार करने के पहले आप्त शब्द पर विचार किया गया है और उसका लक्षण दिया गया है। जब तक आप्त

---

1. शक्तिग्रहं व्याकरणोपमान-कोशाप्तवाक्याद् व्यवहारतश्च।
वाक्यस्य शेषाद् विवृतेर्वदन्ति सान्निध्यतः सिद्धपदस्य वृद्धाः।।
—जगदीश द्वारा 'शब्दशक्तिप्रकाशिका' में उद्धृत

नहीं, तब तक आप्तवाक्य क्या ?

3. उपमान–उपमान का अर्थ है सादृश्य। बहुत सारे शब्द ऐसे हैं, जिनका अर्थ साक्षात् नहीं मालूम होता, बल्कि उनके अर्थ का ज्ञान सादृश्य से होता है। उदाहरणार्थ, किसी ने 'गाय' देखी हो और यह सुन रखा हो कि गाय के जैसी 'नीलगाय' होती है। वह जंगल में जाता है और वहाँ एक ऐसे पशु को देखता है, जिसकी गाय से समता है। अब 'गाय के जैसी नीलगाय होती है', इस सादृश्य-मूलक कथन से उसे निर्णय करने में देर नहीं लगती कि जिस पशु-विशेष को अभी वह देख रहा है, वह नीलगाय ही है। उपमान या सादृश्य में दृष्ट अथवा अनुभूत वस्तु के आधार पर ही अदृष्ट अथवा अननुभूत का ज्ञान होता है। सादृश्य की कल्पना तब तक हो ही नहीं सकती जब तक कोई वस्तु पहले से ज्ञात न हो। इसी प्रकार 'जौ' के जैसी 'जई' होती है, यह सुननेवाला 'जई' देखने पर 'जौ' के सादृश्य के आधार पर उसे अविलम्ब पहचान लेता है। संसार की बहुत सारी वस्तुओं का परिचय हमें उपमान से ही मिलता है। इसलिए अर्थबोध में उसकी उपयोगिता स्पष्ट है।

4. वाक्यशेष (प्रकरण)–वाक्यशेष का अर्थ है प्रकरण। अर्थबोध के इस साधन की सहायता वहाँ ली जाती है जहाँ शब्द के अनेकार्थक होने के कारण अर्थ का निर्णय नहीं हो पाता। जैसे, 'रस' शब्द लीजिए। इसके अनेक अर्थ हैं–आनन्द, शरबत, किसी वस्तु का स्वरस, छः प्रकार के भोज्य-रस, नौ प्रकार के काव्य-रस आदि। इनमें कौन-सा अर्थ ग्रहण किया जाये, यह कहना कठिन है। वाक्य में प्रयोग होने पर प्रकरण के अनुसार अर्थबोध सुगम हो जाता है, जैसे–

'**रस** काव्य की आत्मा है।' इस वाक्य में रस का अर्थ काव्य-रस है।

'**रस** पीजिएगा ?' इस वाक्य में रस का अर्थ शरबत है।

'आँवले का **रस** गुणकारी होता है।' यहाँ रस स्वरस का वाचक है।

'आपकी बात में बहुत **रस** मिलता है।' यहाँ रस आनन्द का बोध कराता है।

'**रस** छः प्रकार के होते हैं।' यहाँ रस शब्द से मधुर, अम्ल, लवण, तिक्त, कटु, कषाय–इन छः भोज्य-रसों का बोध होता है।

'**रस** नौ प्रकार के हैं।' यह सुनने पर शृंगार, वीर, करुण, अद्भुत, हास्य, रौद्र, बीभत्स, भयानक, शान्त–इन नौ रसों की प्रतीति होती है।

तो यहाँ 'रस' शब्द का अर्थबोध प्रकरण के अनुसार होता है। इसी तरह 'मैं पानी पीना चाहता हूँ' में पानी का अर्थ जल है किन्तु 'उसके चेहरे पर बहुत पानी है' में पानी का अर्थ सौन्दर्य है। पानी के इन भिन्न अर्थों का बोध वाक्यशेष से ही होता है। एक शब्द और लीजिए–गोली। 'गोली लगते ही वह मर गया'; यहाँ गोली का अर्थ बन्दूक की गोली है। 'वैद्यजी ने एक गोली दी है और सुबह-शाम गर्म पानी से खाने को कहा है'; यह बन्दूक की जान लेने वाली गोली नहीं बल्कि रोग दूर करने वाली गोली है। 'बच्चों को गोली खेलना बहुत पसन्द है'; इस गोली का अर्थ पूर्वोक्त दोनों गोलियों से भिन्न है।

5. विवृति–विवृति का अर्थ है विवरण अर्थात् व्याख्या। बहुत सारे शब्द ऐसे हैं जिनका अर्थ एक शब्द में नहीं बताया जा सकता। उनकी व्याख्या करनी पड़ती है। जैसे 'रीति' शब्द लीजिए। रीति का अर्थ बताने के लिए कम-से-कम इतना कहना पड़ेगा कि 'विशिष्ट पद रचना को रीति कहते हैं जिसे कुछ लोगों ने काव्य का आत्मतत्त्व माना है।' इतने से भी बात पूरी साफ़ नहीं होती और तब 'विशिष्ट पद रचना' को और पल्लवित करना पड़ता है। इसी प्रकार 'विधि' शब्द का अर्थ है 'मनुष्यों के आचार-व्यवहार के लिए राज्य द्वारा स्थिर किये गये वे नियम या विधान जिनका पालन सबके लिए आवश्यक और अनिवार्य होता है और जिनका उल्लंघन करने से मनुष्य दंडित हो सकता है।' बिना इतना कहे 'विधि' का अर्थ स्पष्ट नहीं हो सकता। इसी तरह अद्वैतवाद, विशिष्टाद्वैतवाद, विवर्तवाद, परिणामवाद, अलंकारवाद, वक्रोक्तिवाद, ध्वनिवाद आदि शब्दों का अर्थ विवृति की सहायता से ही जाना जा सकता है।

6. प्रसिद्ध पद का सान्निध्य–कोई पुस्तक या अख़बार पढ़ते समय बहुत बार ऐसा होता है कि कोई अज्ञात शब्द मिल जाता है। उसके अर्थ के लिए हमेशा कोश उलटने की आवश्यकता नहीं होती। उसका अर्थ आगे-पीछे के शब्दों की सहायता से समझ में आ जाता है। उदाहरणार्थ यह वाक्य लीजिए–'बाग में गुलाब, बेला, चमेली, जूही, गुलशब्बो, नरगिस आदि की छटा देखने लायक़ है।' इस वाक्य को देखने पर जिसे 'गुलशब्बो' या 'नरगिस' का अर्थ नहीं मालूम है वह भी गुलाब, बेला आदि के साहचर्य से आसानी से यह समझ लेता है कि ये भी फूल हैं। 'सुधा' शब्द के दो अर्थ हैं–अमृत और चूना। 'सुधा पीकर देवता अमर हो गये'; यहाँ देवताओं के अमरत्व की प्रसिद्धि से सुधा का अर्थ अमृत ही होगा, उससे चूने का अर्थ नहीं निकल सकता।

7. व्याकरण–अर्थबोध में व्याकरण का स्थान बहुत महत्त्व का है। मान लीजिए कि कोई 'जाना' या 'करना' शब्द का अर्थ जानता है, किन्तु उसे कहीं 'गया' या 'किया' शब्द मिल गया। कोश से इन शब्दों का अर्थबोध नहीं हो सकता, क्योंकि कोश में किसी शब्द के प्रत्येक विभक्ति या काल के रूप नहीं लिखे होते; वहाँ शब्द का मूल रूप रहता है और उसी का अर्थ दिया होता है। मूल शब्द से निष्पन्न रूपों का अर्थ व्याकरण की सहायता से ही जाना जा सकता है। इसी तरह 'वासुदेव' का अर्थ वसुदेव का पुत्र या 'दाशरथि' का अर्थ दशरथ का पुत्र है, यह बताना व्याकरण का ही काम है। एक-एक शब्द के अगणित भेद हो सकते हैं। उदाहरणार्थ, किसी क्रियावाची शब्द को लीजिए। काल के अनुसार उसके प्रथमतः तीन भेद होंगे; फिर प्रत्येक काल के अनेक भेद हैं; उन भेदों में भी प्रत्येक के तीन पुरुष हैं; पुरुषों में भी प्रत्येक के दो वचन हैं। इस तरह सामान्य दृष्टि से भी एक क्रियावाची शब्द के अनेक रूप हो गये। इन सारे रूपों का अर्थवैशिष्ट्य जानने का एकमात्र साधन व्याकरण ही है। इस तरह भाषा के व्यापक ज्ञान और अर्थबोध के लिए व्याकरण अनिवार्य प्रमाणित होता है।

8. कोश–ये शब्द लीजिए : मघवा, विडौजा, सूत्रामा, सुनासीर, वृषा। इनका अर्थ 'इन्द्र' है, यह बताना बहुतों के लिए कठिन होगा। इस कठिनाई को दूर करने का प्रमुख

साधन है कोश। प्रत्येक शब्द का अर्थ उसके सामने दिया होता है और कोश की सहायता से किसी भी अज्ञात शब्द का अर्थ जाना जा सकता है। व्याकरण शब्द के **प्रयोग-पक्ष** को स्पष्ट करता है और कोश शब्द के **अर्थ-पक्ष** को। किन्तु यह नहीं भूलना चाहिए कि कोश में संगृहीत अर्थ एक प्रकार से निष्प्राण होते हैं, अर्थात् कोश यह बताने में असमर्थ है कि किसी शब्द के अनेक अर्थों में किसका कहाँ प्रयोग होना चाहिए। प्रयोग का ज्ञान या तो लोक-व्यवहार से होता है या साहित्य से। उदाहरणार्थ, कोश में 'पानी' शब्द के अनेक अर्थ मिलते हैं—जल, वृष्टि, चमक, प्रतिष्ठा, बहादुरी, जलवायु आदि। कोश केवल इन अर्थों का उल्लेख कर देता है, पर यह नहीं बताता कि किस शब्द का कहाँ प्रयोग होना चाहिए। इसके लिए हमें अन्य साधनों का सहारा लेना पड़ता है। कोश यह भी नहीं बता पाता कि संगृहीत अर्थों में कौन अधिक प्रचलित है और कौन कम।

हमारे यहाँ अर्थबोध के ये आठ साधन माने गये हैं जिनसे अर्थबोध का कोई पक्ष छूटता नहीं। पाश्चात्य विद्वानों ने अर्थबोध के मुख्यतः तीन साधन माने हैं—

1. व्यवहार (Demonstration)—जैसे, आम को देखकर कोई कहे कि यह आम है। इस तरह जिसने कभी आम नहीं देखा है, वह उसके अर्थ से परिचित हो जायेगा। जैसा पहले कहा गया है, भाषा का ज्ञान यहीं से आरम्भ होता है। एक-एक वस्तु की ओर संकेत कर बच्चे को बार-बार बताना पड़ता है कि यह अमुक वस्तु है और ध्वनि तथा वस्तु के अनेक बार के साहचर्य से वह अर्थ का ज्ञान प्राप्त करता है।

2. विवरण (Circumlocution)—दूसरा साधन है विवरण, जिसकी चर्चा ऊपर हो चुकी है। विवरण का अर्थ है किसी शब्द का अर्थ घुमा-फिराकर बताना। कोश में बहुत सारे शब्दों के अर्थ विवरण के रूप में ही रहते हैं। मान लीजिए, किसी को 'बगूला' शब्द का अर्थ नहीं मालूम है। यह कोश उलटता है और उसमें बगूला का अर्थ है 'एक ही स्थान पर चक्कर काटनेवाली आँधी या हवा'। इस विवरण से बगूला का अर्थ ज्ञात हो जाता है, किन्तु यह तभी सम्भव है जब उस व्यक्ति को स्थान, चक्कर काटनेवाली आँधी और हवा का अर्थ मालूम हो। कोश से अर्थबोध हो सके, इसके लिए आवश्यक है कि भाषा का सामान्य ज्ञान हो। बच्चे के हाथ में 'विश्वकोश' देकर उसे भाषा नहीं सिखायी जा सकती।

3. अनुवाद (Translation)—अनुवाद का प्रयोग अर्थबोध के लिए तब आवश्यक होता है जब वक्ता कम-से-कम एक भाषा बखूबी जानता हो और दूसरी जानना चाहता हो। आम का अर्थ किसी अंग्रेज़ को 'मैंगो' कहकर बहुत आसानी से बताया जा सकता है।

कहने की आवश्यकता नहीं कि अर्थबोध के उपर्युक्त आठ साधनों की तुलना में ये तीन साधन बहुत ही अपर्याप्त हैं। इनमें अनुवाद ही एक ऐसा है जो महत्त्वपूर्ण है। आज के युग में जब वैज्ञानिक आविष्कारों के फलस्वरूप संसार के विभिन्न भाषा-भाषी देश परस्पर अत्यन्त निकट आ गये हैं, तब अर्थबोध के लिए अनुवाद की उपयोगिता

को प्रमाणित करना अनावश्यक है। आधुनिक समय में अर्थबोध का वह निःसन्देह एक प्रमुख साधन है।

संकेतग्रह के बाधक कारण

संकेतग्रह के साधनों की चर्चा ऊपर हुई है। इसके साथ उन कारणों को भी देख लेना अच्छा होगा जो संकेतग्रह के बाधक हैं।

1. सामानाधिकरण्य का अभाव—शब्द और अर्थ के बीच या वक्ता और श्रोता के बीच सामानाधिकरण्य का अभाव अर्थप्रतीति में बाधक हो जाता है।

(क) भाषिक सामानाधिकरण्य—वक्ता और श्रोता में अर्थबोध की दृष्टि से सर्वाधिक अपेक्षित भाषा का सामानाधिकरण्य है, अर्थात् दोनों के बीच एक ही भाषा का प्रयोग होना चाहिए। यदि वक्ता केवल हिन्दी जानता हो तो 'गॉड' कहकर ईश्वर की या 'बुक' कहकर पुस्तक की प्रतीति नहीं करायी जा सकती। 'गॉड' या 'बुक' अर्थहीन शब्द नहीं हैं, किन्तु जो श्रोता इन संकेतों से परिचित नहीं है, उसके लिए ये अर्थहीन बन जाते हैं। इसलिए शब्द का सार्थक होना ही पर्याप्त नहीं है। दो भाषाओं के शब्द सार्थक होकर भी उन व्यक्तियों के लिए निरर्थक हो जाते हैं जो उन भाषाओं से परिचित नहीं हैं। ऐसी ही स्थिति में दोनों भाषाओं से परिचित दुभाषिए की आवश्यकता होती है जो दो विभिन्न भाषाओं के बोलनेवालों के बीच सामानाधिकरण्य स्थापित करने का प्रयास करता है।

(ख) बौद्धिक सामानाधिकरण्य—भाषिक सामानाधिकरण्य से कम महत्त्वपूर्ण बौद्धिक सामानाधिकरण्य नहीं है। बौद्धिक सामानाधिकरण्य का अर्थ यह है कि वक्ता और श्रोता दोनों का बौद्धिक स्तर एक हो। प्रत्येक हिन्दी समझने वाला 'कामायनी' नहीं समझ सकता और न 'चिन्तामणि' के निबन्धों को समझ सकता है। इन रचनाओं को समझने के लिए एक विशेष प्रकार का बौद्धिक स्तर अपेक्षित है। जो उस स्तर का नहीं है, उसके लिए ये रचनाएँ उपादेय नहीं होंगी। बहुत बार ऐसा देखा जाता है कि भाषणकर्ता श्रोताओं की शक्ति का विचार किये बिना अपने पांडित्य का प्रदर्शन करने लगता है और श्रोता उसकी बात समझ नहीं पाते। उनके नहीं समझने की प्रतिक्रिया कई रूपों में होती है—सो जाना, भाषण के बीच में उठकर चल देना, आपस में गप करने लगना या कभी-कभी कोलाहल करना भी। ये सभी लक्षण वक्ता और श्रोता के बीच सामानाधिकरण्य के अभाव के सूचक हैं। अक्षरारम्भ करनेवाले बच्चे के सामने 'रस-निष्पत्ति' सम्बन्धी मतों की गूढ़ता समझाना श्रम का अपव्यय करना होगा। तात्पर्य कि भाषा एक होने पर भी बौद्धिक स्तर में भेद होने से संकेतग्रह में बाधा पड़ती है, अर्थात् वक्ता की बात श्रोता नहीं समझ पाता।

(ग) भावात्मक सामानाधिकरण्य—कविता की अनुभूति के प्रसंग में भावात्मक सामानाधिकरण्य की आवश्यकता पड़ती है। इसी को हमारे यहाँ 'सहृदयता' शब्द से अभिहित किया गया है। कविता का अर्थ केवल शब्दार्थ तक ही सीमित नहीं होता और

न उसकी रमणीयता की प्रतीति केवल शब्दार्थ के स्तर पर ही की जा सकती है। उस तत्त्व का बड़ा सुन्दर निरूपण आनन्दवर्द्धन ने निम्नलिखित कारिका में किया है–

प्रतीयमानं पुनरन्यदेव वस्त्वस्ति वाणीषु महाकवीनाम्।
यत् तत्प्रसिद्धावयवातिरिक्तं विभाति लावण्यमिवाङ्गनासु।।

–ध्वन्यालोक; 1-4

–जिस प्रकार रमणियों के शरीर में प्रसिद्ध अवयवों से भिन्न लावण्य नाम की वस्तु रहती है, उसी प्रकार महाकवियों की वाणी में शब्दार्थ से भिन्न ध्वनि-तत्त्व रहता है। उस तत्त्व का बोध सभी के लिए सम्भव नहीं होता; उसका बोध सहृदय ही कर सकते हैं। कविराज विश्वनाथ ने व्यंग्य करते हुए कहा है कि काव्य का आस्वादन वृद्ध मीमांसकों के लिए सम्भव नहीं है। इस कथन का रहस्य यही है कि जिनमें कवि से भावात्मक सामानाधिकरण्य स्थापित करने की क्षमता नहीं है, वे कवि के अभीप्सित अर्थ को ग्रहण करने में असमर्थ रहेंगे। भाषा में भावात्मक सामानाधिकरण्य की आवश्यकता कलात्मक पक्ष के प्रसंग में होती है। उपयोगी पक्ष का अन्तर्भाव बौद्धिक सामानाधिकरण्य के भीतर हो जाता है।

2. संकेत का विस्मरण–शब्द का अर्थ कोई समझ जाये, इतना ही पर्याप्त नहीं है; उसे याद रखना भी आवश्यक है। अनेक बार ऐसा होता है कि शब्द का अर्थ ज्ञात होने पर भी वह ध्यान से उतर जाता है और तब किसी के पूछ बैठने पर या किसी प्रकरण में वह शब्द मिल जाने पर उसका अर्थ मन में उपस्थित नहीं हो पाता। उदाहरणार्थ, किसी ने 'आवाप-उद्वाप' शब्द पढ़े हैं, किन्तु इनका अर्थ भूल गया है; या 'नेयार्थ' दोष का अध्ययन तो किया है, लेकिन अभी वह ध्यान में नहीं है। ऐसी स्थिति में इन शब्दों का अर्थ बताना सम्भव नहीं होगा। तो, यहाँ अर्थबोध में जो बाधा उपस्थित हो रही है, वह अज्ञान के कारण नहीं बल्कि विस्मरण के कारण। भूल जाने पर ज्ञात भी अज्ञात बन जाता है। उसका एक प्रकार से नया संकेतग्रह करना पड़ता है। अन्तर यही है कि सर्वथा नये संकेतग्रह की तुलना में यह संकेतग्रह अधिक सुगम होता है।

3. भ्रान्त अर्थज्ञान–जो शब्द जिस अर्थ का वाचक है उससे उसी का ज्ञान हो सकता है, किन्तु बहुत बार ऐसा होता है कि अर्थ का सम्यक् ज्ञान नहीं हो पाता और उसके सम्बन्ध में भ्रान्त धारणा मन में बैठ जाती है। प्रयोग करते समय वह भ्रान्ति शब्द के ग़लत प्रयोग का कारण बनती है। कम अंग्रेज़ी जानने वाले एक सज्जन वोट माँगने के लिए अपने पड़ोसी के यहाँ पहुँचे और उनसे आत्मीयता दिखाने के लिए बोले, "आप तो हमारे 'लेबरर' हैं, फिर आपसे क्या कहना है !" उनके मन में 'नेबर' शब्द था, मगर ज्ञान की कमी के कारण उन्होंने 'पड़ोसी' को अपना 'मज़दूर' बना दिया। कुछ दिनों पूर्व हिन्दी के व्याख्याता पद के लिए आये एक उम्मीदवार से मैंने दिनकर के 'कुरुक्षेत्र' की निम्नलिखित पंक्तियों का अर्थ पूछने के प्रसंग में 'व्याहार' और 'वलक्ष' का अर्थ पूछा तो उन्होंने व्याहार का अर्थ राजनीति और वलक्ष का अर्थ पर्वत बता दियां, जो भ्रान्त अर्थज्ञान का परिणाम था।

वह कौन रोता है वहाँ—
इतिहास के अध्याय पर,
जिसमें लिखा है नौजवानों के लहू का मोल है
प्रत्यय किसी बूढ़े कुटिल नीतिज्ञ के **व्याहार** का;
जिसका हृदय उतना मलिन जितना कि शीर्ष **वलक्ष** है।

उन्हें मालूम नहीं था कि 'व्याहार' का अर्थ राजनीति नहीं, 'कथन' होता है और 'वलक्ष' का अर्थ पर्वत नहीं, 'उज्ज्वल' होता है।

4. संस्कारजन्य दृढ़ता का अभाव—शब्द का अर्थ एक बार में मन में स्थिर नहीं होता; अतः बार-बार उसकी आवृत्ति करनी पड़ती है। आरम्भ में जब बच्चा भाषा सीखता है तो बड़े एक-एक वस्तु को दिखाकर उसके नाम को बार-बार दुहराते हैं जिससे वह शब्द मनोगत हो सके। पढ़ते समय भी आवृत्ति के बिना काम नहीं चलता। बचपन में अंग्रेज़ी पढ़ते समय हमने न जाने कितनी बार 'सी ए टी कैट, कैट माने बिल्ली; सी ए टी कैट, कैट माने बिल्ली; आर ए टी रैट, रैट माने चूहा; आर ए टी रैट, रैट माने चूहा' दुहराया है। यह कथन अंग्रेज़ी के लिए ही नहीं, सभी भाषाओं और विषयों के लिए सही है। अधिगत ज्ञान भी आवृत्ति के अभाव में ध्यान से उतर जाता है, इसको हर पढ़नेवाला जानता है। इसीलिए कहा गया है कि शास्त्रों के बोध से भी अधिक महत्त्व उनकी आवृत्ति का है—

आवृत्तिः सर्वशास्त्राणां बोधादपि गरीयसी।

इसके अतिरिक्त और अनेक कारण हैं जो संकेतग्रह के बाधक हैं। सांख्यदर्शन[1] के अनुसार प्रत्यक्षज्ञान के जो बाधक हैं, वे सब संकेतग्रह के भी बाधक हैं।

5. अतिदूरता—वक्ता और श्रोता के बीच अतिदूरता संकेतग्रह में बाधा उपस्थित करती है; जैसे—कोई दिल्ली में कुछ बोले तो मुम्बई में उसकी बात सुनायी नहीं पड़ेगी और जब सुनायी ही नहीं पड़ेगी तो अर्थबोध का प्रश्न ही नहीं उठता।

6. अतिसामीप्य—जिस प्रकार अर्थबोध में अतिदूरता बाधक है, उसी प्रकार अतिसामीप्य भी। कान से बिल्कुल मुँह सटाकर कोई कुछ कहता है तो उसकी बात ठीक से सुनायी नहीं पड़ती।

7. इन्द्रियघात—इन्द्रियघात का अर्थ है ज्ञानेन्द्रिय में किसी प्रकार की त्रुटि। उदाहरणार्थ, नेत्रहीन व्यक्ति रूप नहीं देख सकता। जुकाम हो जाने पर सुगन्ध का अनुभव नहीं होता, क्योंकि गन्धवाहिनी नाड़ियाँ जुकाम के कारण अपनी प्राकृतिक स्थिति में नहीं रहतीं। वैसे ही शब्द सार्थक भी हो, वक्ता समर्थ भी हो, दूरी भी ठीक हो, किन्तु श्रोता बधिर हो तो उसे अर्थबोध नहीं होगा।

8. मन की अस्थिरता—जब मन चंचल होता है या किसी दूसरे कार्य में लगा होता

---

1. अतिदूरात् सामीप्यादिन्द्रियघातान्मनोऽनवस्थानात्।
सौक्ष्म्याद् व्यवधानदभिभवात् समानाभिहाराच्च।।

—ईश्वरकृष्णकृत सांख्यकारिका, 7

है तो उस समय कान में कोई शब्द पड़ने पर भी उसका अर्थ-ग्रहण नहीं होता। इसलिए अर्थबोध में मन की एकाग्रता का होना आवश्यक माना गया है। वस्तुतः मन की एकाग्रता शब्द के ही प्रत्यक्ष के लिए नहीं, बल्कि रूप, रस, गन्ध आदि सभी विषयों के प्रत्यक्ष के लिए आवश्यक है।

9. सूक्ष्मता–शब्द बहुत सूक्ष्म हो और सुनायी नहीं दे तो उससे भी अर्थबोध नहीं होगा। आपने अनेक बार देखा होगा कि वक्ता ऐसी धीमी आवाज़ में अपनी बात कहता है कि उसकी बात कानों तक पहुँच ही नहीं पाती। स्वभावतः इससे अर्थबोध में बाधा पड़ती है।

10. व्यवधान–अर्थबोध के सारे साधन उपस्थित हों, किन्तु वक्ता और श्रोता के बीच कोई व्यवधान खड़ा कर दिया जाये तो शब्द का उच्चारण निरर्थक हो जायेगा। इसीलिए एक कमरे में जो कुछ बोला जाता है, वह दीवार के व्यवधान के कारण दूसरे कमरे में सुनायी नहीं देता, यद्यपि वहाँ दूरी अधिक नहीं होती और न आवाज़ ही बहुत धीमी होती है।

11. अभिभव–अभिभव का अर्थ है दबा देना; एक आवाज़ दूसरी आवाज़ को अभिभूत कर दे अर्थात् दबा दे। जैसे–नगाड़े बजते हों तो वहाँ बाँसुरी की आवाज़ नहीं सुनायी पड़ेगी। जब बहुत हल्ला होने लगता है तो बगल के आदमी की भी बात सुनायी नहीं देती। 'नक्कारखाने में तूती की आवाज़' वाली कहावत में यही बात कही गयी है।

12. समानाभिहार–समान वस्तु के मिश्रण से भी ज्ञान में बाधा पड़ती है। दूध में पानी की मिलावट इसीलिए छिप जाती है कि दोनों तरलता की दृष्टि से समान हैं। इसी प्रकार समान ध्वनियाँ मिल जाती हैं। एक साथ पाँच सितार बजते हैं तो प्रत्येक की आवाज़ का अलग-अलग ज्ञान नहीं होता, उसका समुदित रूप ही सामने आता है। विगत द्वितीय महायुद्ध के समय इंग्लैंड और जर्मनी से जब रेडियो से समाचार प्रसारित होते थे तो उसी ध्वनि-तरंग पर प्रतिपक्षी देश वैसी ही ध्वनि उत्पन्न करके उसे अश्रव्य बना देता था जिससे उन समाचारों को लोग न सुन सकें। साधारण बोलचाल में भी जब एक व्यक्ति कुछ बोलता रहता है और बगल में दूसरा बोलने लगता है तो श्रोता को बात समझने में कठिनाई होती है। यही समानाभिहार है।

उपर्युक्त कारणों की चर्चा से स्पष्ट है कि अर्थबोध के लिए केवल शब्द की सत्ता ही पर्याप्त नहीं है, उसके अतिरिक्त भी दूसरे साधन आवश्यक हैं, अन्यथा अर्थप्रतीति या संकेतग्रह नहीं हो सकता। इसीलिए भर्तृहरि ने कहा कि जब तक शब्द बोध का विषय नहीं बन जाता और श्रवणेन्द्रिय और अन्तःकरण से गृहीत नहीं होता तब तक शब्द के सत्तामात्र से अर्थ प्रकाशित नहीं हो सकता–

विषयत्वमनापन्नैः शब्दैर्नार्थः प्रतीयते।
न सत्तयैव तेऽर्थानामगृहीताः प्रकाशकाः।।

–वाक्यपदीय, 1-56

शब्द और अर्थ का सम्बन्ध

शब्द बोधक है और अर्थ बोध्य, अर्थात् शब्द से अर्थ का बोध होता है। इस प्रकार शब्द और अर्थ में बोध्य-बोधक-भाव सम्बन्ध हुआ। उपयोगिता वस्तुतः अर्थ (वस्तु) की ही है। हम रोटी (वस्तु) खाते हैं, 'रोटी' शब्द नहीं; दूध (वस्तु) पीते हैं, 'दूध' शब्द नहीं। परन्तु रोटी और दूध ही खाने की वस्तुएँ नहीं हैं, वैसी अनेक अन्य वस्तुएँ हैं। उनमें से रोटी और दूध का बोध कराने के लिए कोई शब्द या संकेत अपेक्षित है। संकेत यादृच्छिक होता है, यह हम पहले देख चुके हैं, अर्थात् किसी वस्तु का कोई नाम क्यों पड़ गया, इसका कारण देना सदा सम्भव नहीं है। हिन्दी में जिसे रोटी या दूध कहते हैं, उसे ही अंग्रेज़ी में 'ब्रेड' या 'मिल्क'। रूसी, फ्रांसीसी आदि में इन वस्तुओं के विभिन्न नाम हैं। किन्तु शब्द चाहे जो भी हो, उसका उद्देश्य अर्थबोध ही है। इसीलिए शब्द और अर्थ में बोध्य-बोधक-भाव सम्बन्ध माना जाता है।

बोधक	**बोध्य**
शब्द	अर्थ
ध्वनि	वस्तु

शब्द में जितना अर्थ निहित रहता है, अर्थबोध के लिए उतना ही पर्याप्त नहीं होता। बहुत बार उससे अधिक की प्रतीति अभीष्ट होती है; उदाहरणार्थ, एक वाक्य लीजिए—'घंटी हो गयी।' इस वाक्य का स्पष्ट अर्थ है कि घंटी बज गयी। किन्तु परिस्थिति-भेद से इसके और भी अनेक अर्थ होते हैं; जैसे—स्टेशन पर गाड़ी आने के पहले कोई कहता है कि 'घंटी हो गयी', तो उसके कहने का अभिप्राय यह रहता है कि 'गाड़ी आ रही है।' यदि गाड़ी स्टेशन पर रुकी हो और उसके बाद कोई कहता है कि 'घंटी हो गयी' तो इसका अर्थ है कि 'गाड़ी छूटने को है'। वर्ग आरम्भ होने के पहले जब छात्र टहल या खेल रहे हों और कोई कहता है कि 'घंटी हो गयी' तो इसका अर्थ है कि अब पढ़ाई आरम्भ होगी। पचास मिनट की पढ़ाई के बाद यदि अध्यापक पढ़ाना बन्द नहीं करता तो कोई लड़का धीरे-से उठकर कहता है—'महाशय ! घंटी हो गयी', जिसका अर्थ है कि 'आपके अध्यापन का समय समाप्त हो गया।' इसी तरह परीक्षा आरम्भ होने के पहले यदि कोई कहता है कि 'घंटी हो गयी' तो उसका अर्थ है कि 'परीक्षा का समय हो गया' और परीक्षा-भवन में तीन घंटे लिखने के बाद जब कोई कहता है कि 'घंटी हो गयी' तो उसका अर्थ है 'लिखने का समय समाप्त हो गया, अब उत्तर-पुस्तक दे देना है।' यहाँ छः अर्थ सामने हैं—'गाड़ी आ रही है', 'गाड़ी छूटने को है', 'पढ़ाई आरम्भ होगी', 'अध्यापन का समय समाप्त हो गया', 'परीक्षा का समय हो गया', 'लिखने का समय समाप्त हो गया, अब उत्तर-पुस्तक दे देना है।' इनमें से किसी भी अर्थ में घंटी का अर्थ नहीं है, अर्थात् मूल वाक्य में जो शब्द हैं उनसे सर्वथा भिन्न अर्थ हम ले रहे हैं। इससे यह सिद्ध होता है कि शब्द का प्रसिद्ध अर्थ ही सब-कुछ नहीं है, उसके अतिरिक्त भी अर्थ के अन्य रूप हैं जो परिस्थिति-भेद से भिन्न हो जाते हैं।

अर्थ-भेद के कौन-से कारण हैं, इसकी चर्चा हम आगे करेंगे। अभी अर्थ के स्तरों पर ध्यान दें।

अर्थ का एक स्तर नहीं होता, बल्कि **तीन स्तर** होते हैं। वे तीन स्तर भारतीय परम्परा में **वाच्य, लक्ष्य** और **व्यंग्य** नाम से अभिहित हुए हैं। इन तीन अर्थों के लिए तीन प्रकार के शब्द और तीन प्रकार की वृत्तियाँ भी मानी गयी हैं—

शब्द	**वृत्ति**	**अर्थ**
वाचक	अभिधा	वाच्य (मुख्य)
लक्षक	लक्षणा	लक्ष्य (गौण)
व्यञ्जक	व्यञ्जना	व्यंग्य (प्रतीयमान)

'बृहस्पति देवगुरु हैं' इस वाक्य में 'बृहस्पति' और 'देवगुरु' शब्दों के मुख्य अर्थ वांछित हैं, किन्तु 'रमेश तो बृहस्पति है' इस वाक्य में बृहस्पति का मुख्य अर्थ लेने से काम नहीं चल सकता, क्योंकि रमेश और बृहस्पति दो व्यक्ति हैं। यहाँ बृहस्पति का मुख्यार्थ (देवगुरुत्व) बाधित है; सादृश्य-सम्बन्ध से उसका अर्थ होता है तीव्रबुद्धि। तीव्रबुद्धि बृहस्पति का मुख्यार्थ नहीं है, बल्कि गौण अर्थ है। रमेश को बृहस्पति कहने का अभिप्राय है उसकी तीव्रबुद्धिता का अतिशय सूचित करना। इस प्रकार एक बृहस्पति शब्द के तीन अर्थ हुए—(1) देवगुरु, (2) तीव्र-बुद्धिता की दृष्टि से रमेश और बृहस्पति की समता, और (3) तीव्रबुद्धिता का अतिशय। ये तीनों अर्थ एक ही शब्द से प्राप्त होते हैं। इसलिए ऊपर कहा गया कि अर्थ का एक स्तर नहीं होता।

एक दूसरा वाक्य लीजिए। जब कोई कहता है कि 'मोहन बैल है', तो यहाँ बैल का मुख्यार्थ गृहीत नहीं होता। मोहन मनुष्य है, वह बैल (पशु) कैसे हो सकता है ? यह कथन तो प्रत्यक्ष-विरुद्ध है। गेहूँ को चावल या आम को इमली कोई नहीं कहता। फिर मनुष्य को बैल कैसे कहा जा सकता है ? यहाँ भी बैल का मुख्य अर्थ (पशु) बाधित है और उसका गौण अर्थ (मूर्ख) विवक्षित है। इस वाक्य के प्रयोग का अभिप्राय है मोहन की मूर्खता का अतिशय सूचित करना। उपर्युक्त उदाहरणों से स्पष्ट है कि शब्द के अर्थ का न तो कोई निश्चित रूप है और न एक स्तर। एक ही शब्द से अनेक अर्थ प्राप्त किये जा सकते हैं। भारतीय मनीषा ने अभिधा, लक्षणा और व्यञ्जना के प्रपंच में अर्थ सम्बन्धी समस्त स्तरों और भंगिमाओं को गतार्थ कर दिया है। वस्तुतः अर्थविज्ञान के क्षेत्र में इन तीन व्यापारों का महत्त्व अद्वितीय है।

पाश्चात्य विद्वानों ने अर्थ के तीन भेद माने हैं—(1) **कोशार्थ**; (2) **व्याकरणार्थ** और (3) **अनित्यार्थ**। **कोशार्थ** किसी शब्द का वह अर्थ है जो कोश में दिया रहता है। एक प्रकार से इसे वाच्यार्थ का पर्याय कह सकते हैं। व्याकरण द्वारा निर्दिष्ट अर्थ **व्याकरणार्थ** कहलाता है। इसमें शब्दों—संज्ञा, क्रिया आदि—के रूप तो आते ही हैं, व्याकरण द्वारा वाक्य में शब्दों के निश्चित स्थान से जो अर्थोपलब्धि होती है, वह भी सम्मिलित है। जैसे, 'साँप मेढक खाता है' और 'मेढक साँप खाता है', इन दोनों वाक्यों के अर्थ में जो अन्तर है वह कोश का नहीं, व्याकरण का है। दोनों वाक्यों में प्रत्येक शब्द का अर्थ

एक ही है पर शब्द-विन्यास के भेद से उनके अर्थ में परिवर्तन हो रहा है। पहले वाक्य में साँप में 'कर्तृत्व' है और मेढक में 'कर्मत्व'; दूसरे वाक्य में स्थिति बिल्कुल बदल जाती है; मेढक में 'कर्तृत्व' आ जाता है और साँप में 'कर्मत्व'। इस अर्थ-भेद का कारण व्याकरण है जिसके अनुसार वाक्य में कर्ता और कर्म के स्थान का निर्धारण होता है। बोलते समय वक्ता के स्वर, मुद्रा, चेष्टा आदि के सहयोग से अर्थबोध में जो वैशिष्ट्य आता है उसकी गणना **अनित्यार्थ** में की जाती है। अनित्यार्थ कहने का कारण यह है कि स्वर आदि के भेद से एक ही वाक्य के अनेक अर्थ हो सकते हैं। यह अर्थ-भेद अर्थ की अनित्यता का द्योतक है, इसीलिए इसे अनित्यार्थ कहना सर्वथा संगत है। उदाहरणार्थ, 'वह चला गया', यह एक ही वाक्य वक्ता के स्वर, मुद्रा आदि की भिन्नता से खेद, क्रोध, क्षोभ, घृणा, प्रसन्नता आदि अनेक भावों की अभिव्यक्ति कर सकता है। तीन पदों के इस छोटे-से वाक्य में भी अर्थ-सम्बन्धी विविधता छिपी है, जो कोश और व्याकरण दोनों के द्वारा बताये गये अर्थ से भिन्न है। अनित्यार्थ हमारे यहाँ के व्यंग्यार्थ में अन्तर्भूत हो जाता है। व्यंग्यार्थ अनित्यार्थ को तो अन्तर्भावित कर ही लेता है, उसके अतिरिक्त भी बहुत-कुछ देता है। वस्तुतः उसका क्षेत्र इतना व्यापक और विस्तृत है कि अर्थ-सम्बन्धी सूक्ष्म-से-सूक्ष्म प्रक्रिया भी उसमें समाहित हो जाती है।

अर्थ-विचार के प्रसंग में एक प्रश्न स्वभावतः सामने आता है कि शब्द के अर्थ का निर्णय कैसे होना चाहिए ? हमने देखा है कि किसी शब्द या वाक्य का कोई एक अर्थ नहीं होता। जैसे, 'घंटी हो गयी', इस वाक्य के अनेक अर्थ हमने देखे हैं। इसी प्रकार 'बृहस्पति' का अर्थ केवल देवगुरु ही नहीं होता, 'तीव्रबुद्धि' भी हो जाता है। बृहस्पति का अर्थ कभी-कभी 'मूर्ख' भी हो जाता है; जैसे—किसी पर व्यंग्य करते समय जब कोई कहता है कि 'हाँ-हाँ, तुम्हारी बुद्धि का क्या कहना है ! तुम तो साक्षात् बृहस्पति हो !' तो इस वाक्य का उद्देश्य उस व्यक्ति को मूर्ख बनाना होता है। तात्पर्य कि एक ही बृहस्पति शब्द देवगुरु, तीव्रबुद्धि और मूर्ख—इन सारे अर्थों का बोध कराता है। ये तीन अर्थ, जिनमें परस्पर कोई सम्बन्ध नहीं है, एक ही शब्द से कैसे सम्भव होते हैं ? शब्द और अर्थ के बीच कोई नियन्त्रण है या नहीं ? क्या हम जिस शब्द से जो अर्थ लेना चाहें, ले सकते हैं ? यदि नहीं, तो अर्थ के निर्णय का साधन क्या है ?—ये कुछ ऐसे मौलिक प्रश्न हैं जिनका समाधान किये बिना अर्थ-सम्बन्धी मीमांसा अधूरी रहेगी।

शब्द मुख्यतः दो प्रकार के हैं—(1) **एकार्थक,** और (2) **अनेकार्थक**। कुछ शब्दों का एक ही अर्थ होता है; जैसे—पेड़, नदी आदि। किन्तु कुछ शब्द ऐसे भी हैं जिनके एक से अधिक अर्थ होते हैं; जैसे—'सूर', जिसके सूर्य और अन्धा, दो अर्थ प्रसिद्ध हैं। 'घनश्याम' का एक अर्थ है मेघ, दूसरा कृष्ण। 'कर' शब्द के अनेक अर्थ हैं—किरण, हाथ, मालगुज़ारी आदि। इसी प्रकार 'हरि' शब्द के लगभग एक दर्जन अर्थ हैं। किसी भाषा में ऐसे शब्दों की संख्या पर्याप्त होती है। किसी शब्द के यदि अनेक अर्थ हैं तो उनमें से कौन-सा अर्थ हम ग्रहण करें ? जो अर्थ हम ग्रहण करते हैं, उसके अतिरिक्त अन्य अर्थों को ग्रहण नहीं करने का कारण क्या है, अर्थात् अर्थ-निर्णय का आधार क्या

है ? अर्थ-निर्णय की समस्या अनेकार्थक शब्दों में ही नहीं, एकार्थक शब्दों में भी लगी रहती है। ऊपर के अनेक वाक्यों में एकार्थक शब्दों से भी अनेक अर्थ प्राप्त होते हैं, यह हमने देखा है। इसलिए अर्थ-निर्णय की समस्या ऐसी है जिसका सम्बन्ध एकार्थक और अनेकार्थक दोनों प्रकार के शब्दों से है।

अनेकार्थक शब्दों के अर्थ-निर्णय के साधन

भर्तृहरि[1] ने अनेकार्थक शब्दों के अर्थ-निर्णय के निम्नलिखित साधन बताये हैं–

1. संयोग–जहाँ अनेकार्थक शब्द के अर्थ का निश्चय किसी प्रसिद्ध सम्बन्ध के आधार पर होता है, उसे संयोग कहते हैं; जैसे–'चरखा चलाना गाँधी के जीवन का अनिवार्य क्रम था।' 'गाँधी' शब्द अनेक व्यक्तियों का वाचक हो सकता है, किन्तु 'चरखा' के संयोग से यहाँ वह मोहनदास करमचन्द गाँधी का ही बोधक है, क्योंकि स्वराज्य की प्राप्ति के लिए ही नहीं, निर्धनता दूर करने के साधन के रूप में भी उन्होंने चरखे पर बल दिया था। 'गो' शब्द के अनेक अर्थ हैं–गाय, पृथ्वी, वाणी, किरण, इन्द्रिय आदि। यदि कोई कहे कि 'सवत्सा गौः' तो उसका अर्थ गाय ही होगा, दूसरा नहीं, क्योंकि उसके साथ 'वत्स' का संयोग है।

2. वियोग–प्रसिद्ध वस्तु-सम्बन्ध का कभी अभाव हो जाना वियोग कहलाता है; जैसे–नग बिन सूनी मूँदरी। 'नग' के दो अर्थ हैं–पहाड़ और नगीना। यहाँ मूँदरी के कारण नग का अर्थ नगीना ही होगा, क्योंकि नग के बिना अँगूठी सूनी लगती है। यहाँ नग के अर्थ का निर्णय वियोग के आधार पर हुआ है।

3. साहचर्य–जहाँ प्रसिद्ध साहचर्य (साथ रहने) से अर्थ-निर्णय में सहायता मिले; जैसे–राम-लक्ष्मण। राम के अनेक अर्थ हैं–परशुराम, दाशरथि राम और बलराम, तथा लक्ष्मण के भी अनेक अर्थ हैं–दाशरथि लक्ष्मण, दुर्योधन का पुत्र लक्ष्मण। यहाँ राम के साहचर्य से लक्ष्मण का और लक्ष्मण के साहचर्य से राम का अर्थ दशरथ-पुत्र ही होता है। इसी प्रकार कृष्ण-अर्जुन कहने से देवकी-पुत्र और कुन्ती-पुत्र का ही बोध होता है यद्यपि कृष्ण के दो अर्थ हैं–काला और देवकीपुत्र; और अर्जुन के भी दो अर्थ हैं–कुन्ती-पुत्र और वृक्ष-विशेष। यहाँ कृष्ण और अर्जुन के पारस्परिक साहचर्य से दोनों का अर्थ स्पष्ट हो जाता है।

4. विरोध–जिस प्रकार प्रसिद्ध साहचर्य अर्थ-निर्णय में सहायक होता है, उसी प्रकार विरोध भी; जैसे, राम-रावण। राम और रावण का विरोध प्रसिद्ध होने से यहाँ राम का

---

1. संयोगो विप्रयोगश्च साहचर्यं विरोधिता।
अर्थः प्रकरणं लिंगं शब्दस्यान्यस्य सन्निधिः।।
सामर्थ्यमौचिती देशः कालो व्यक्तिः स्वरादयः।
शब्दार्थस्यानवच्छेदे विशेषस्मृतिहेतवः।।

–वाक्यपदीय, 2/317-18

अर्थ दशरथ-पुत्र ही होगा, परशुराम या बलराम नहीं। ऐसे ही कर्ण-अर्जुन कहने से कान या वृक्ष-विशेष का नहीं, बल्कि राधेय और कौन्तेय का बोध होगा, जिनका विरोध प्रसिद्ध है।

5. अर्थ–यहाँ 'अर्थ' प्रयोजन का वाचक है। जहाँ प्रयोजन के कारण अर्थ-निर्णय सम्भव हो वहाँ अर्थ का प्राधान्य माना जाता है; जैसे—मुक्ति हेतु हरि भजन कर। 'हरि' के अनेक अर्थ हैं—विष्णु, सिंह, घोड़ा, सूर्य, चन्द्रमा, बन्दर, मेढक, साँप आदि। इन अनेक अर्थों में से यहाँ विष्णु अर्थ ही उपयुक्त होगा, क्योंकि मुक्ति-रूप प्रयोजन विष्णु के भजन से ही सम्भव है, अन्य अर्थों के ग्रहण करने से वाक्य असंगत हो जायेगा। 'बैठने को कुर्सी लाओ।' यहाँ 'कुर्सी' से आसन-विशेष का बोध होता है, क्योंकि बैठने का प्रयोजन उसी से सिद्ध हो सकता है; कुर्सी का अर्थ पीढ़ी या चबूतरा (जिस पर इमारत बनायी जाती है) लेने से बैठने का प्रयोजन सिद्ध नहीं हो सकता।

6. प्रकरण–प्रकरण का अर्थ है प्रसंग, जो अर्थ-निर्णय का बहुत महत्त्वपूर्ण साधन है। प्रसंग-भेद से एक ही कथन का अर्थ-भेद हो जाता है, जैसा पहले 'घंटी हो गयी' वाले वाक्य में दिखाया गया है (पृ. 264)। 'अभी गोली मत खेलो।' खेलने का प्रसंग होने से यहाँ 'गोली' का अर्थ खेलने की गोली है, बन्दूक या दवा की गोली नहीं। इसी प्रकार 'मधु से दवा खा लो' में 'मधु' का अर्थ शराब या वसन्त ऋतु नहीं, शहद होगा, क्योंकि प्रसंग दवा खाने का है।

7. लिंग–इस प्रसंग में लिंग का अर्थ पुंलिंग-स्त्रीलिंग नहीं, बल्कि चिह्न है जिससें किसी विशेष अर्थ का बोध होता है; जैसे—'गगन में छाये हैं घनश्याम'। 'घनश्याम' के दो अर्थ प्रसिद्ध हैं—कृष्ण और मेघ। 'छाये हैं', इस चिह्न की सहायता से यहाँ घनश्याम का अर्थ मेघ ही होगा। 'पयोधर में बिजली चमकती है', इस वाक्य में 'बिजली चमकना' यह लिंग (चिह्न) या धर्म बादल का ही बोध कराता है, स्तन का नहीं।

8. अन्य शब्द का सान्निध्य–अनेकत्र भिन्नार्थक शब्द की समीपता से अर्थ-निर्णय में सौकर्य होता है; जैसे—नेहरू-पटेल। नेहरू और पटेल उपाधि-धारी अनेक व्यक्ति हैं, किन्तु नेहरू शब्द के सान्निध्य से पटेल का अर्थ वल्लभभाई पटेल और पटेल शब्द के सान्निध्य से नेहरू का अर्थ जवाहरलाल नेहरू ही होगा।

9. सामर्थ्य–जहाँ किसी कार्य के सम्पादन में किसी वस्तु के सामर्थ्य (शक्ति) का उपयोग हो, वहाँ उसी के आधार पर अर्थ-निर्णय होता है; जैसे—

चरन कमल बन्दौं हरि राई।
जाकी कृपा पंगु गिरि लंघै, अन्धे को सब कुछ दरसाई।।

यहाँ 'हरि' शब्द से कृष्ण (विष्णु) की प्रतीति होती है, क्योंकि पंगु को गिरि-लंघन के और दृष्टिहीन को सब-कुछ देखने के योग्य बनाने का सामर्थ्य उन्हीं में है। इसी तरह 'मधुसूदन' शब्द में 'मधु' का अर्थ मधु नाम का असुर लिया जायेगा, क्योंकि उसके सूदन (वध) का सामर्थ्य विष्णु में ही था।

10. औचित्य–यहाँ औचित्य से योग्यता विवक्षित है; जैसे—'द्विजपंक्ति उड़ती जा

रही'। यहाँ द्विज का अर्थ न ब्राह्मण होगा और न दाँत, क्योंकि उड़ने की योग्यता इनमें नहीं है। औचित्य की दृष्टि से द्विज का अर्थ यहाँ पक्षी ही लेना होगा।

11. देश–जहाँ किसी स्थान की विशेषता के कारण शब्द के अर्थ का निर्णय हो वहाँ देश का वैशिष्ट्य माना जाता है; जैसे–'खेलन हरि निकसे ब्रजखोरी'। यहाँ ब्रजखोरी (ब्रज की गलियों) के कारण 'हरि' का अर्थ कृष्ण होगा। या 'ब्रज में बिहरत हैं घनश्याम'–इस वाक्य में ब्रज (देश) के वैशिष्ट्य के कारण 'घनश्याम' का अर्थ कृष्ण लिया जायेगा।

12. काल–जहाँ समय के कारण अर्थ-निर्णय में सहायता मिले वहाँ काल का वैशिष्ट्य माना जाता है; जैसे–मधुमत्त कोकिल। यहाँ मधु का अर्थ वसन्त ऋतु लेना उचित होगा, शहद या मदिरा नहीं, क्योंकि कोकिल वसन्त में ही मत्त होती है।

13. व्यक्ति–व्यक्ति का अर्थ यहाँ स्त्रीलिंग-पुंलिंग आदि है। लिंग-भेद से एक ही शब्द का अर्थ-भेद हो जाता है; जैसे–'यह टीका अच्छी है।' इस वाक्य में स्त्रीलिंग होने के कारण 'टीका' का अर्थ व्याख्या है। 'उसके ललाट पर टीका बहुल भला लगता है।' यहाँ पुंलिंग 'टीका' शब्द तिलक का वाचक है। संस्कृत में मित्र शब्द का प्रयोग यदि पुंलिंग में (मित्रः) हो तो उसका अर्थ है सूर्य और यदि नपुंसकलिंग में (मित्रम्) हो तो अर्थ है सखा।

14. स्वर–स्वर की व्याख्या ध्वनि-प्रकरण में हो चुकी है। स्वर के आरोह-अवरोह से अर्थ-निर्णय में सहायता मिलती है। यद्यपि कविराज विश्वनाथ ने कहा है कि स्वर से अर्थ-प्रतीति वेद में ही होती है किन्तु यह कथन मान्य[1] नहीं। जैसा हमने देखा है, स्वर भाषा का बड़ा महत्त्वपूर्ण वैशिष्ट्य है और उसकी सहायता से वैदिक भाषा ही नहीं, लौकिक भाषा भी अर्थ-प्रतीति में समर्थ होती है। एक उदाहरण पहले दिया गया है–'वह चला गया।' केवल स्वर-भेद से तीन शब्दों का यह छोटा-सा वाक्य भी आश्चर्य, क्रोध, निराशा, घृणा, भय, जुगुप्सा आदि अनेक भावों का व्यञ्जक बन जाता है। वस्तुतः उच्चरित भाषा की सजीवता का सबसे बड़ा आधार स्वर ही है। इसलिए उसे वेद तक ही सीमित मानना भाषा के एक बहुत बड़े तत्त्व की उपेक्षा करना है।

'वाक्यपदीय' के इन श्लोकों की व्याख्या करते हुए पुण्यराज ने कहा है कि अर्थ-निर्णय के ये साधन दिशा-मात्र निर्दिष्ट करते हैं–

एतच्च शब्दार्थनिर्णयोपायानां दिङ्मात्रप्रदर्शनं बोद्धव्यम्।

यह नहीं समझ लेना चाहिए कि साधनों की संख्या इतनी ही है। साधन और भी हो सकते हैं। उदाहरण के रूप में उन्होंने वक्ता की भावना, सत्व-षत्व, णत्व-नत्व आदि साधन गिनाये हैं जिनकी चर्चा यहाँ बहुत अपेक्षित नहीं है।

---

1. स्वरस्तु वेद एव विशेषप्रतीतिकृत्।–साहित्यदर्पण, द्वितीय परिच्छेद

एकार्थक शब्दों के अर्थ-निर्णय के साधन

जिस तरह अनेकार्थक शब्दों के अर्थ-निर्णय के अनेक साधन हैं, उसी प्रकार एकार्थक शब्दों के अर्थ-निर्णय के भी हैं। उनकी चर्चा काव्यशास्त्र के ग्रन्थों में आर्थी व्यञ्जना के प्रकरण में हुई है। वस्तुतः जिसे व्यञ्जना कहते हैं वह अर्थविज्ञान की दृष्टि से अर्थ-परिवर्तन का ही एक रूप है। भिन्न शब्द या वाक्य से भिन्न अर्थ निकालना अर्थविज्ञान का विषय है, चाहे उसे जो भी नाम दें। इसीलिए उन साधनों की चर्चा यहाँ भी उपयोगी होगी। 'साहित्यदर्पण'[1] में ऐसे दस साधन गिनाये गये हैं–1. वक्ता; 2. बोद्धा (श्रोता); 3. वाक्य; 4. वाच्य; 5. अन्यसन्निधि; 6. प्रकरण; 7. देश; 8. काल;. 9. काकु; 10. चेष्टा आदि।

1. **वक्ता**–वक्ता के भेद से एक ही उक्ति में अर्थ-भेद हो जाता है। उदाहरणार्थ, पूर्वोक्त 'घंटी हो गयी' वाक्य ले लें। यह वाक्य यदि परीक्षार्थी बोलता है तो इसका अर्थ होगा कि परीक्षा आरम्भ होने वाली है। 'घंटी हो गयी' यदि यात्री बोलता है तो ट्रेन के आने या जाने की सूचना अभिमत रहती है। इसी प्रकार 'सूर्यास्त हो गया' पुजारी के मुँह से उच्चरित होकर संध्या-वंदन, आरती आदि का भाव व्यक्त करता है; यदि इसे ही कोई राही कहे तो पड़ाव पर टिक रहना व्यक्त होगा; चोर के द्वारा प्रयुक्त होने पर इससे चोरी की तैयारी की व्यञ्जना होगी। और भी जितने व्यक्ति बोलते जायेंगे, उनके अनुसार इस वाक्य के अर्थ में परिवर्तन होता जायेगा। वक्ता के भेद से एक ही वाक्य विभिन्न अर्थ देता है, यह इन उदाहरणों से स्पष्ट है।

2. **बोद्धा**–वक्ता के समान ही अर्थ-प्रतीति में बोद्धा या श्रोता का भी महत्त्व है। कोई बात किससे कही जा रही है, इससे अर्थ की प्रतीति में वैशिष्ट्य आ जाता है; जैसे–

नहिं पराग नहिं मधुर मधु, नहिं विकास इहि काल।
अली कली ही तें बँध्यो, आगे कौन हवाल।।

बिहारी का यह दोहा महाराज जयसिंह को लक्ष्य करके लिखा गया था और इसका जो अर्थ उन्होंने समझा, वह उन्हीं के लिए सम्भव था, क्योंकि नवोढ़ा रानी के सन्दर्भ में ही इस उक्ति की सार्थकता थी। छत्रपति शिवाजी या स्वामी विवेकानन्द के पास यदि यह दोहा लिखकर भेजा जाता तो निरर्थक होता।

3. **वाक्य**–अर्थ की पूर्ण स्पष्टता के लिए वाक्य आवश्यक है, यह पहले अनेक बार प्रतिपादित किया जा चुका है। पृथक् और स्वतन्त्र रहने पर शब्द का जो अर्थ होता है वही वाक्य में नहीं रह जाता। वाक्य में वह बहुत-कुछ परिवर्तित हो जाता है। उदाहरणार्थ, 'मैंने आपसे कहा था न !' इस वाक्य में 'न' का अर्थ निषेध न होकर,

---

1. वक्तृ-बोद्धव्य-वाक्यानामन्यसन्निधि-वाच्ययोः।
प्रस्ताव-देश-कालानां काकोश्चेष्टादिकस्य च।
वैशिष्ट्यादन्यमर्थं या बोधयेत् सार्थसम्भवा।।

–साहित्यदर्पण; द्वितीय परिच्छेद

विधि हो गया है। अलग रहने पर 'न' हमेशा निषेध का वाचक है, किन्तु वाक्य में प्रयुक्त होने पर वह सर्वथा विपरीत अर्थ का भी वाचक हो जाता है, यह इस वाक्य से स्पष्ट है। 'देखता हूँ कि तुम कैसे जाते हो ?' इस प्रश्न-वाक्य का भी अर्थ निषेध ही है, जो पूरे वाक्य से व्यक्त होता है।

4. वाच्य–वाच्य का अर्थ है वक्तव्य। 'क्या कहा जा रहा है', इससे भी अर्थ की प्रतीति में अन्तर आता है। जैसे–

ख़ुदा सबको बचाये राह की ठंडी हवाओं से,
कि सोता रह गया मैं, क़ाफ़िला मंज़िल पै जा पहुँचा।

यहाँ इस वक्तव्य से ही यह प्रतीति होती है कि आराम और विश्राम करने वाला जहाँ का तहाँ रह जाता है और निरन्तर श्रम तथा प्रयास करनेवाला लक्ष्य तक पहुँच जाता है। यह अर्थ उपर्युक्त पंक्तियों से वाच्य अर्थात् वक्तव्य के वैशिष्ट्य के कारण ही प्राप्त होता है। कहनेवाले का लक्ष्य इसी अर्थ की प्रतीति कराना है।

5. अन्यसन्निधि–कभी-कभी वक्ता और बोद्धा (श्रोता) के अतिरिक्त किसी तीसरे व्यक्ति की उपस्थिति से अर्थ में अन्तर पड़ जाता है। 'अभिज्ञानशकुन्तल' में दुष्यन्त एकान्त में शकुन्तला से बातें कर रहा है; तब तक गौतमी के आने की आहट मिलती है। शकुन्तला वहाँ से घबराकर चल देती है और जाते समय लतामंडप को सम्बोधन करके कहती है–"हे संतापहारक लतामंडप ! परिभोग के लिए मैं तुम्हें फिर आमन्त्रित करती हूँ।" इस वाक्य का अर्थ दुष्यन्त के लिए दूसरा और गौतमी के लिए दूसरा है। दुष्यन्त समझता है कि शकुन्तला लतामंडप के बहाने उसको आमन्त्रित कर रही है और गौतमी समझती है कि वह लतामंडल को सम्बोधन करके अपना उद्‌गार व्यक्त कर रही है। इस प्रकार एक ही वाक्य के दो अर्थ हो जाते हैं। बहुत बार ऐसा होता है कि हम किसी से कुछ बातें करते होते हैं तब तक कोई तीसरा आदमी आ जाता है। उसके आने पर बात का सिलसिला न बदलकर वाक्यों का विन्यास ही हम इस ढंग से करने लगते हैं कि बोद्धा वास्तविक अभिप्राय समझता जाता है और नवागन्तुक उसका सामान्य अर्थ।

प्रकरण, देश और काल का स्पष्टीकरण अनेकार्थक शब्दों के अर्थ-निर्णय के प्रसंग में हो चुका है।

6. प्रकरण–अर्थ-निर्णय का सबसे अधिक महत्त्वपूर्ण साधन प्रकरण ही है, चाहे शब्द एकार्थक हो या अनेकार्थक। प्रकरण का महत्त्व सबसे पहले यास्क ने प्रतिपादित किया। यद्यपि उन्होंने प्रकरण पर बल वेद-मन्त्रों के अर्थ के सन्दर्भ में दिया है, पर उसका उपयोग लौकिक भाषा में भी कम नहीं है। यास्क का कहना है कि मन्त्रों का अर्थ पृथक्-पृथक् नहीं, प्रकरण के अनुसार ही करना चाहिए।[1] ऑग्डेन और रिचर्ड्स ने 1927 में जब अर्थ-प्रतीति के लिए प्रकरण को आवश्यक बताया तो यूरोप में हलचल-सी मच

---

1. न तु पृथक्त्वेन मन्त्रा निर्वक्तव्याः; प्रकरणश एव तु निर्वक्तव्याः।
–निरुक्त, 12-13

गयी और बहुत महत्त्वपूर्ण सिद्धान्त के रूप में उसका अभिनन्दन किया गया। भारत में विगत 2,800 वर्षों से अर्थ-प्रतीति के लिए प्रकरण आवश्यक माना जाता रहा है। वस्तुतः बिना प्रकरण के अर्थ-निर्णय सम्भव ही नहीं है। प्रत्येक वाक्य का सुनिश्चित अर्थ प्रकरण के द्वारा ही जाना जा सकता है। उपर्युक्त 'घंटी हो गयी' वाक्य को ही ले लें। वही व्यक्ति यदि स्टेशन पर यह वाक्य बोलता है तो इसका अर्थ बदल जाता है और गाड़ी का आना या छूटना द्योतित होने लगता है। वक्ता एक होने पर भी यह अर्थ-भेद प्रकरण के आधार पर ही होता है। प्रकरण के भेद से 'सूर्यास्त हो गया', इस वाक्य के अनन्त अर्थ हो जाते हैं।

7-8. देश और काल—'घंटी हो गयी', यह वाक्य कब और कहाँ बोला जा रहा है, इस आधार पर भिन्न अर्थों की प्रतीति करायेगा। इसका अर्थ परीक्षा-भवन में जो होता है, वही स्टेशन पर नहीं और जो स्टेशन पर होता है, वही वर्ग में नहीं। इसी प्रकार परीक्षा या वर्ग आरम्भ होने के समय जो अर्थ होता है वह उनके समाप्त होने के समय नहीं होता।

9. काकु—काकु का अर्थ है ध्वनि-विकार, अर्थात् बोलते समय स्वर के आरोह-अवरोह से काम लेना। एक ही वाक्य काकु के द्वारा सर्वथा भिन्न अर्थों का बोधक हो जाता है। एक छोटा-सा वाक्य लीजिए—'मैंने तुमसे कहा था'। यह एक सामान्य कथन हुआ, जिसका अर्थ है कि मैंने तुमसे कोई बात कही थी, किन्तु इसके तीन पदों में पृथक्-पृथक् काकु का प्रयोग करने से इसके सर्वथा भिन्न अर्थ हो जाते हैं।

'मैंने तुमसे कहा था' में **मैंने** पर काकु का प्रयोग कर बोलें तो अर्थ होगा कि 'मैंने तुमसे नहीं कहा था', किसी दूसरे ने कहा होगा; **तुमसे** पर काकु का प्रयोग करें तो अर्थ होगा कि 'मैंने कहा था' पर तुमसे नहीं कहा था और यदि **कहा था** पर काकु का प्रयोग करें तो अर्थ होगा कि 'मैंने नहीं कहा था।'

10. चेष्टा—सदा बोलकर ही अपना अभिप्राय दूसरों पर अभिव्यक्त नहीं किया जाता। बहुत बार चेष्टा या इशारे से भी अभिप्राय व्यक्त कर दिया जाता है। कभी-कभी वाणी और चेष्टा दोनों का एक साथ प्रयोग भी होता है। आंगिक भाषा की चर्चा के प्रसंग में इसका स्पष्टीकरण हो चुका है। इसमें सन्देह नहीं कि अर्थ-निर्णय में चेष्टा से भी पर्याप्त सहायता मिलती है। बिहारी के निम्नलिखित दोहे में गोपी और कृष्ण ने चेष्टा से ही अपना अनुराग व्यक्त कर दिया है—

लखि गुरुजन-बिच कमल सों सीस छुवायौ स्याम।
हरि-सनमुख करि आरसी हियै लगाई बाम।।

यहाँ केवल चेष्टा से ही अर्थ-प्रतीति हुई है। जैसा पहले कहा गया है, अनेकत्र भाषा-सम्बन्धी अभिव्यञ्जना को समर्थ करने के लिए भी चेष्टा की सहायता ली जाती है।

अनेकार्थक और एकार्थक शब्दों के अर्थ-निर्णय के इन साधनों पर विचार करने से स्पष्ट हो जाता है कि अर्थ की सम्यक् और निर्भ्रान्त प्रतीति कितनी जटिल प्रक्रिया है। प्रतीति का

सम्बन्ध वस्तुतः किसी एक तत्त्व से न होकर, अनेक तत्त्वों से है और उन सब पर विचार करने के बाद ही किसी सुसंगत अर्थ पर पहुँचा जा सकता है। इसीलिए संस्कृत में एक सिद्धान्त है—'सर्वे सर्वार्थवाचकाः', अर्थात् सभी शब्द सभी अर्थों के वाचक हो सकते हैं। कहने का अभिप्राय यह है कि अर्थ केवल शब्दों तक ही सीमित नहीं हैं। वस्तुतः अर्थ की व्यापकता को देखकर 'सर्वे सर्वार्थवाचकाः' वाली उक्ति सार्थक प्रतीत होती है।

अर्थ-परिवर्तन

भाषा के अध्ययन के बाद यह निष्कर्ष अनायास सामने आ जाता है कि अर्थ में सदा परिवर्तन होता रहता है। ध्वनि या पद के परिवर्तन की प्रक्रिया पर पहले विचार किया गया है। अर्थ भी स्थायी और अपरिवर्तनीय वस्तु नहीं है। ध्वनि और पद के समान उसमें भी परिवर्तन हुआ करता है। अर्थ-परिवर्तन को अर्थ-विकास भी कहा जाता है। भाषा के क्षेत्र में जो भी परिवर्तन होता है, वह किसी-न-किसी रूप में विकास ही है। अर्थ-परिवर्तन या अर्थ-विकास की तीन प्रमुख **दिशाएँ** हैं—**1. विस्तार; 2. संकोच;** और **3. आदेश**। अर्थ-विकास इन तीनों में से किसी भी दिशा में क्यों न हो, उसके पीछे लक्षणा वृत्ति काम करती रहती है। शब्द के मुख्य अर्थ में जब भी कोई परिवर्तन होगा तो वह लक्षणा के कारण ही; जब तक लक्षणा का आधार नहीं मिलता तब तक परिवर्तन नहीं हो सकता।

1. अर्थ-विस्तार—कोई शब्द पहले सीमित अर्थ में प्रयुक्त होता रहता है और बाद में उसका अर्थ व्यापक हो जाता है; इसे ही अर्थ-विस्तार कहते हैं। 'प्रवीण' शब्द का अर्थ आरम्भ में था—अच्छी तरह वीणा बजानेवाला—'प्रकृष्टो वीणायाम्', किन्तु बाद में चलकर वह किसी भी काम में निपुणता का वाचक हो गया; जैसे—'वह झाड़ू देने में प्रवीण है' या 'भोजन बनाने में प्रवीण है।' झाड़ू देनेवाले या भोजन बनानेवाले ने भले ही कभी वीणा छुई भी न हो, फिर भी प्रवीण कहलाने लगा। इसी प्रकार 'कुशल' शब्द का अर्थ था 'कुश लानेवाला' (कुश+ल)। कुश उखाड़ने में विवेचकता से काम लेना पड़ता है; एक तो दूसरे तृणों से उसकी पहचान करना और दूसरे, उखाड़ते समय सावधानी बरतना, नहीं तो उसके कँटीले अग्रभाग से उँगलियों के छिद जाने का भय रहता है ('कुशाग्रबुद्धि' शब्द का प्रयोग कुश के अग्रभाग के नुकीलेपन को ही आधार बनाकर होता है), तो आरम्भ में कुशल शब्द केवल कुश-सम्बन्धी विवेचकता का वाचक था, किन्तु बाद में 'चतुर' का पर्याय बन गया और कुश का अर्थ उसमें से बिल्कुल तिरोहित हो गया। यही स्थिति 'तैल' शब्द की भी हुई। तिल से प्राप्त स्नेह को ही तैल कहते थे, किन्तु आज तैल शब्द का प्रयोग सरसों, तीसी, नारियल, यहाँ तक कि मिट्टी के तेल के लिए भी होता है। आरम्भ में 'पंडित' शब्द का प्रयोग केवल अधीत और ज्ञानी के लिए होता था; किन्तु आज ब्राह्मण मात्र के लिए होता है भले ही वह निरक्षर भट्टाचार्य ही क्यों न हो। 'महाराज' पहले शासक ही होते थे, पर आज खाना

पकानेवाले निर्धन ब्राह्मण देवता भी महाराज कहलाने लगे हैं।

अर्थ-विस्तार मुख्यतः निम्नलिखित कारणों से होता है—सादृश्य, साहचर्य, सामीप्य, तात्कर्म्य, शब्दार्थ के एक अंश की अविवक्षा, मुख्यार्थ से सम्बद्ध अन्य अर्थ की प्रतीति आदि।

2. अर्थ-संकोच—जिस प्रकार अर्थ का विस्तार सम्भव है, उसी प्रकार संकोच भी। ऐसा देखा जाता है कि कोई शब्द पहले विस्तृत अर्थ का वाचक था, लेकिन बाद में सीमित अर्थ का वाचक हो गया या व्युत्पत्ति के आधार पर उसे विस्तृत अर्थ का वाचक होना चाहिए, किन्तु प्रयोग उसका सीमित अर्थ में होता है। उदाहरणार्थ, गम् धातु से 'गो' शब्द निष्पन्न हुआ है जिसका आरम्भिक अर्थ था 'चलनेवाला', परन्तु आज प्रत्येक चलनेवाले जन्तु को गो नहीं कहते; यह शब्द पशु-विशेष के लिए रूढ़ हो गया है। इसी तरह 'जगत्' शब्द का अर्थ 'खूब चलनेवाला' है, पर मोटर, रेल या हवाई जहाज़ को जगत् नहीं कहते, यह संसार का वाचक हो गया है। इसी तथ्य को ध्यान में रखकर कविराज विश्वनाथ ने कहा है—'अन्यद्धि शब्दानांव्युत्पत्तिनिमित्तम् अन्यच्च प्रवृत्तिनिमित्तम्।'[1] शब्दों का अर्थ सदा व्युत्पत्ति के आधार पर ही नहीं होता, वह मुख्यतः प्रवृत्ति के आधार पर होता है, अर्थात् उसका नियामक लोक-व्यवहार है। उदाहरणार्थ, जल या पंक से उत्पन्न प्रत्येक वस्तु को जलज या पंकज नहीं कहते। यदि वैसा करें तो सेवार, मछली, मेढक आदि के लिए भी इन शब्दों (जलज, पंकज) का प्रयोग करना होगा। व्युत्पत्ति की दृष्टि से व्यापक अर्थ के वाचक होकर भी प्रवृत्ति की दृष्टि से ये 'कमल' के ही वाचक हैं। इसी तरह 'सभ्य' शब्द का व्युत्पत्तिलभ्य अर्थ है 'सभा में बैठने के योग्य', किन्तु सभा में हर बैठने वाला सभ्य नहीं माना जाता। 'सुर्खी' का अर्थ है लाली, मगर हर लाल चीज़ सुर्खी नहीं कहलाती। ईंट के लाल चूर्ण को ही सुर्खी कहते हैं। ऐसे ही 'सब्ज़ी' शब्द का प्रयोग सभी हरी वस्तुओं के लिए न होकर केवल तरकारी के लिए होता है। तट पर खड़े रहने वाले को 'तटस्थ' नहीं कहते; तटस्थ शब्द का वाच्य मध्यस्थ हो गया है। यही स्थिति 'अनुकूल' की भी है जिसका सम्बन्ध अब 'कूल' से नहीं रह गया है। 'मन्दिर' शब्द पहले भवनमात्र का वाचक था; पर आजकल 'देव-निवास' के अर्थ में सीमित हो गया है। अर्थ-संकोच निम्नलिखित कारणों से होता है—

(क) समास—नीलाम्बर, पीताम्बर आदि शब्द बहुव्रीहि समास के कारण ही संकुचित अर्थ के वाचक हो गये हैं। जिस किसी नीला या पीला वस्त्र धारण करनेवाले का बोध इन शब्दों से नहीं होता। ये बलराम और कृष्ण के अर्थ में ही सीमित हैं। इसी तरह संस्कृत में 'पश्यतोहरः' का व्युत्पत्तिलभ्य अर्थ है 'सामने से उठा लेनेवाला', किन्तु वह सोनार का वाचक है। यदि सामने से कोई बाल्टी उठा ले तो उसे 'पश्यतोहरः' नहीं कहेंगे।

(ख) उपसर्ग—उपसर्ग पर पहले भी विचार किया जा चुका है जो शब्दों के अर्थ को संकुचित या सीमित कर देता है। एक ही 'हार' शब्द विभिन्न उपसर्गों के योग से

---

1. 'साहित्यदर्पण', द्वितीय परिच्छेद।

विभिन्न अर्थों का वाचक हो जाता है; जैसे—प्रहार, संहार, विहार, उपहार आदि। इसी तरह संचार, विचार, उपचार आदि। प्रहार से संहार का या प्रचार से संचार का बोध नहीं हो सकता, क्योंकि इन उपसर्गों के द्वारा 'हार' और 'चार' का अर्थ संकुचित हो गया है।

(ग) विशेषण—अर्थ-संकोच का एक बहुत बड़ा साधन विशेषण है। गुलाब शब्द से किसी भी रंग के गुलाब का बोध हो सकता है, किन्तु लाल गुलाब कह देने पर उजले, पीले, गुलाबी, हरे आदि रंग के गुलाब का व्यवच्छेद हो जाता है। यहाँ लाल विशेषण के कारण गुलाब का अर्थ संकुचित हो गया। इसी तरह पीला फूल कहने से पीले को छोड़कर और किसी फूल का बोध नहीं होगा। यहाँ भी पीला विशेषण ने फूल का अर्थ संकुचित कर दिया।

(घ) पारिभाषिकता—शब्दों का पारिभाषिक रूप में प्रयोग हमेशा उनके अर्थ को संकुचित कर देता है। उदाहरणार्थ, 'रस' शब्द के अनेक अर्थ हैं, किन्तु काव्यशास्त्र में उसका प्रयोग विभावादि के संयोग से उत्पन्न आनन्दानुभूति के लिए ही होता है। आयुर्वेद में 'रस' शब्द धातुओं से प्रस्तुत औषधियों के लिए या मधुरादि षड्रसों के लिए प्रयुक्त होता है। व्याकरण में 'वृद्धि' शब्द का अर्थ वही नहीं है जो लोक में। इसी तरह 'गुण' शब्द व्याकरण, काव्यशास्त्र और दर्शन में सर्वथा भिन्न अर्थों का वाचक है। 'वासना' शब्द का प्रयोग लोक में दूसरे अर्थ में होता है, किन्तु योगदर्शन में 'संस्कार' के अर्थ में। राजनीति की 'सन्धि' व्याकरण की 'सन्धि' से भिन्न है और चोर जो सन्धि-भेद करता है (सेंध फोड़ता है), वह व्याकरण और राजनीति दोनों से भिन्न है।

(ङ) नामकरण—नामकरण के कारण भी बहुत-सारे शब्दों के अर्थ में संकोच आ जाता है। जैसे—नदी-विशेष का नाम शोण (सोन) है, जो उसके जल की लाली के आधार पर पड़ा होगा। अब आज यदि शोण के बदले 'रक्त' या 'लोहित' कहें तो उसका बोध नहीं होगा। इसी तरह 'रक्त' का अर्थ सामान्यतः लाल है, किन्तु वह रुधिर के अर्थ में रूढ़ होकर संकुचित अर्थ का बोधक हो गया है। घर में रहनेवाला प्रत्येक व्यक्ति 'गृहस्थ' नहीं कहलाता, उसका विशेष अर्थ होता है। ऐसे ही वन का प्रत्येक निवासी 'वानप्रस्थ' कहलाने का अधिकारी नहीं होगा।

(च) प्रत्यय—प्रत्यय के योग से अर्थ-संकोच के उदाहरण हैं—भक्ति, भाग, भजन जो एक ही धातु से निष्पन्न होने पर भी विभिन्न प्रत्ययों के कारण विभिन्न अर्थों के वाचक बन गये हैं। ऐसे ही 'मन्' धातु से मति, मत, मनन, मान आदि अनेक शब्द बने हैं, किन्तु सबके विभिन्न अर्थ हैं।

3. अर्थादेश—आदेश का अर्थ है परिवर्तन। अर्थादेश में अर्थ का विस्तार या संकोच नहीं होता, वह बिल्कुल बदल जाता है, अर्थात् पहले किसी दूसरी वस्तु का वाचक रहता है और बाद में दूसरी वस्तु का वाचक बन जाता है; जैसे—वेद में 'असुर' शब्द देवता का वाचक था परन्तु बाद में दैत्य का वाचक बन गया। 'आकाशवाणी' का अर्थ पहले देववाणी था; अब उसका प्रयोग अखिल भारतीय रेडियो के लिए हो रहा है। 'रंज' का

अर्थ अफ़सोस है, किन्तु पूर्वी हिन्दी क्षेत्र में वह क्रोध के लिए प्रयुक्त होता है। 'साहस' से पहले डकैती आदि बुरे कामों का बोध होता था, पर आज वह अच्छे अर्थ का वाचक हो गया है। 'खाद्य' से विकसित 'खाद' शब्द मनुष्य के भोजन के लिए व्यवहृत नहीं होता, उसका अर्थ हो गया है भूमि की उर्वरा-शक्ति बढ़ाने वाला द्रव्य। 'भद्र' शब्द से विकसित 'भद्दा' शब्द में अपने पूर्वज का कोई चिह्न नहीं है। कहाँ भद्र और कहाँ भद्दा !

अर्थ-परिवर्तन के उदाहरणों पर विचार करने से दो बातें सामने आती हैं—कुछ शब्दों का अर्थ पहले बुरा रहता है और बाद में अच्छा हो जाता है और कुछ का अर्थ पहले अच्छा रहता है और बाद में बुरा हो जाता है। इन्हें क्रमशः **अर्थोत्कर्ष** और **अर्थापकर्ष** कहते हैं। **अर्थोत्कर्ष** के उदाहरण हैं—साहसी, मुग्ध (मुग्ध का अर्थ पहले मूढ़ था, किन्तु अब वह प्राचीन अर्थ से बिल्कुल अलग अच्छे अर्थ का वाचक हो गया है)। बोपदेव ने अपने संस्कृत-व्याकरण का नाम 'मुग्धबोध' रखा, अर्थात् जिस व्याकरण से मुग्ध (मूढ़) को भी बोध हो जाये। पर जब कोई कहता है कि 'उसकी बात सुनकर मैं मुग्ध हो गया' तो निश्चय ही 'मुग्ध' शब्द का वह अर्थ उसे अभिमत नहीं होता जो 'मुग्धबोध' के लेखक को था। अर्थापकर्ष के उदाहरण हैं—भद्दा, महाराज, पंडित, ठाकुर आदि। इसके अर्थ पहले से अपकृष्ट हो गये हैं। अर्थ-परिवर्तन में उत्कर्ष की अपेक्षा अपकर्ष की प्रवृत्ति अधिक पायी जाती है।

अर्थ-परिवर्तन के कारण

हमने पहले देखा है कि अर्थ का सम्बन्ध किसी-न-किसी रूप में मानव-मन से है। स्वभावतः अर्थ-परिवर्तन के कारण भी मानव-मन से ही सम्बद्ध हैं। अर्थतत्त्व एक प्रकार से मनोवैज्ञानिक प्रक्रिया है। जैसा कहा गया है, अर्थ-सम्बन्धी प्रत्येक परिवर्तन लक्षणा और व्यञ्जना के अन्तर्गत आ जाता है। इसको ऐसे भी कह सकते हैं कि अर्थ-परिवर्तन-सम्बन्धी सारी प्रक्रियाओं को लक्षणा और व्यञ्जना का नाम दिया गया है। पाश्चात्य विद्वानों में टकर और मिशेल ब्रेआल ने सर्वप्रथम अर्थ-तत्त्व पर विचार किया और आधुनिक युग में ऑग्डेन और रिचर्ड्स की देन महत्त्वपूर्ण मानी जाती है। टकर के आधार पर तारापुरवाला[1] ने अर्थ-परिवर्तन के निम्नलिखित कारण बताये हैं—

1. लाक्षणिक प्रयोग।
2. परिवेश का परिवर्तन।
   (क) भौगोलिक, (ख) सामाजिक, (ग) भौतिक।
3. विनम्रता-प्रदर्शन।
4. सुश्राव्यता।
5. व्यंग्य।

1. एलिमेंट्स ऑफ़ द साइंस ऑफ़ लैंग्वेज, पृ. 90

6. भावात्मक बल।
7. सामान्य के लिए विशेष का प्रयोग।
8. अज्ञान अथवा भ्रान्ति।
9. शब्दार्थ की अन्तर्निहित अनिश्चितता।
10. व्यक्ति के अनुसार शब्दों के प्रत्यय (कन्सेप्ट) में भेद।
11. शब्दार्थ के एक तत्त्व की प्रमुखता।
12. गौण अर्थ की प्रमुखता।

ये सभी कारण विभिन्न नामों से लक्षणा के ही विस्तार हैं। लक्षणा के भेदों से परिचित व्यक्ति के लिए इनमें कोई नवीनता नहीं है, बल्कि उसके भेदोपभेदों में अर्थ-सम्बन्धी परिवर्तन के अनेक अन्य प्रकार अधिक वैज्ञानिक रूप में वर्तमान हैं जो इन बारह कारणों में गतार्थ नहीं होते। इनमें प्रत्येक का सविस्तार परिचय नीचे दिया जाता है–

1. लाक्षणिक प्रयोग

भाषा का प्रमुख उपयोग भाव या विचार का सम्प्रेषण है, किन्तु मनुष्य की सहज सौन्दर्यप्रियता, जिससे कलाओं का उद्भव हुआ है, भाषा में भी दिखायी देती है। बोलते समय प्रत्येक वक्ता की इच्छा रहती है कि उसकी अभिव्यञ्जना सुन्दर, स्पष्ट और प्रभावोत्पादक हो। जिस प्रकार मनुष्य अपने शरीर या जीवन के अन्य उपकरणों को सुन्दर रूप में प्रस्तुत करना चाहता है, उसी प्रकार भाषा को भी। दूसरी चीज़ यह है कि भाषा अभिव्यञ्जना का बहुत अशक्त और असमर्थ माध्यम है। समस्त अनुभूतियों को शब्दों में बाँध देना असम्भव है। अनुभूति और अभिव्यञ्जना के नैसर्गिक असामानाधिकरण्य को दूर करने के लिए, या यों कहें कि भाषा की अभिव्यञ्जनात्मक त्रुटि को पूर्ण करने के लिए, अनेक साधन काम में लाये जाते हैं। लाक्षणिक प्रयोग भी उनमें से एक है। एक बात और है–भौतिक वस्तुओं के समान अधिक प्रयोग से शब्द भी घिस जाते हैं और उनकी अभिव्यञ्जकता शिथिल पड़ जाती है। अतः उनमें शक्ति भरने के लिए अभिव्यञ्जना की नवीन भंगिमाएँ अपनानी पड़ती हैं जो नवीन शब्द-प्रयोग से ही सम्भव हो पाती हैं।

लाक्षणिक और औपचारिक प्रयोगों के, जिन्हें कभी-कभी आलंकारिक भी कहा जाता है, अनन्त उदाहरण भाषा में मिलते हैं। मनुष्य के अंगों के सादृश्य के आधार पर अनेक निर्जीव वस्तुओं के लिए भी अंगवाची शब्दों का प्रयोग होता है; जैसे–आलू या नारियल की **आँख**; सारंगी के **कान**; आरे के **दाँत**; घड़े का **मुँह**; सुराही की **गर्दन**; बर्तन या नाव का **पेट**; पेड़ का **धड़**; अख़बार की **पीठ**; छंद के **चरण** या **पाद**। इसी तरह **मधुर** संगीत; **मीठी** बात; **कटु** अनुभव; **सरस** कहानी; **नीरस** काव्य; **निर्जीव** भाषा; **सजीव** अभिव्यञ्जना–इस सभी प्रयोगों में लाक्षणिकता है, जिसका आधार सादृश्य या उपचार है। इस प्रकार के शब्दों के प्रयोग के हम इतने अभ्यस्त हो गये हैं कि बहुत बार यह भी अनुभव नहीं होता कि हम ऐसे शब्द का प्रयोग कर रहे हैं जिसका सामान्यतः प्रयोग

होना नहीं चाहिए। उदाहरणार्थ, मधुर आस्वाद्य वस्तु हुआ करती है; संगीत की मधुरता का कोई अर्थ नहीं, क्योंकि वह खाने की वस्तु नहीं है। इसी तरह बात में मिठास और कटुता भी आरोपित ही है। 'सजीव' या 'निर्जीव' प्राणी हुआ करते हैं, किन्तु इन विशेषणों का प्रयोग हम भाषा या अभिव्यञ्जना के लिए करते हैं, जिनमें जीवन नाम की वस्तु ही नहीं होती। कहानी से कोई तरल द्रव्य नहीं टपकता कि उसे हम 'सरस' कहते हैं और न काव्य में तरल द्रव्य होना चाहिए जिसके न रहने पर हम उसे 'नीरस' कह देते हैं। किसी के कोमल हृदय को देखकर हम कह देते हैं कि उसका 'दिल मोम का' है या कठोर होने पर उसका 'दिल पत्थर का है'। बहादुर मनुष्य को शेर, भीरु को गीदड़, खुशामदी को कुत्ता, मूर्ख या गन्दे को सूअर, बुद्धिहीन को बैल, प्रच्छन्न रूप में अपकार करने वाले को साँप, स्थूलकाय को हाथी, विद्वान् को बृहस्पति, सुन्दर को चन्द्रमा कहना अपने कथन को अधिक रमणीय, स्पष्ट और प्रभावोत्पादक बनाने की भावना का ही परिणाम है। 'मैं कालिदास का अध्ययन कर रहा हूँ', 'वह प्रसाद पर शोध कर रहा है', 'शेक्सपियर के जानकार इस देश में बहुत कम हैं' आदि वाक्य, जिनमें व्यक्तियों से उनकी रचनाओं का बोध कराया जाता है, लाक्षणिक प्रयोग के ही उदाहरण हैं।

2. परिवेश का परिवर्तन

(क) भौगोलिक परिवेश का परिवर्तन—वेद में 'उष्ट्र' शब्द का प्रयोग 'भैंसे' के अर्थ में हुआ है, किन्तु बाद में उसका प्रयोग 'ऊँट' के लिए होने लगा। इससे यह निष्कर्ष निकलता है कि आरम्भ में आर्य जहाँ रहते थे वहाँ ऊँट नहीं थे, बाद में जब शीत भू-भाग से उष्ण भू-भाग की ओर आर्य आये और उन्हें एक नया उपयोगी जन्तु मिला तो उसके लिए वे उस पूर्व-परिचित शब्द का ही प्रयोग करने लगे जिसे भैंसे के लिए करते थे। तात्पर्य कि ऊँट के अर्थ में भैंसावाची उष्ट्र शब्द का प्रयोग भौगोलिक कारणों से होने लगा। 'कॉर्न' शब्द का अर्थ अंग्रेज़ के लिए 'गेहूँ', स्कॉच के लिए 'बाजरा' और अमेरिकी के लिए 'मक्का' है। शब्द एक ही है, पर भौगोलिक स्थान-भेद से उसके तीन अर्थ प्रचलित हो गये हैं। एक दिलचस्प कहानी है कि विगत युद्ध के समय ब्रिटिश सरकार के अनुरोध पर एक सरकारी अभिकरण ने यूरोप के अकाल का सामना करने के लिए अमेरिका से 'कॉर्न' मँगाया। जहाज़ों के पहुँचने पर पाया गया कि गेहूँ के बदले उनमें मक्का भरा है। बात साफ़ थी, ब्रिटिश अभिकरण ने 'कॉर्न' शब्द का प्रयोग गेहूँ के लिए किया था और अमेरिकी अभिकरण ने उसका अर्थ वहाँ के प्रयोग के आधार पर मक्का लगा लिया। भाषा-सम्बन्धी इस छोटी-सी भूल से ख़रीद-बिक्री में कई लाख डॉलर की गड़बड़ी हो गयी। उत्तर प्रदेश के पश्चिमी भाग में 'चावल' शब्द का प्रयोग चावल और भात दोनों के लिए होता है, किन्तु पूर्वी प्रदेश में खाते समय कोई 'चावल' माँगे तो लोग उसका अभिप्राय ही नहीं समझ सकेंगे। बिहार और बंगाल में चावल और भात का भेद रखा जाता है। सिद्ध चावल को भात ही कहेंगे, चावल कभी नहीं। पश्चिम में 'डेरा' शब्द का प्रयोग 'थोड़े समय के लिए रहने का जो स्थान हो', उसके लिए होता है और

पूरब में 'घर' के लिए। 'ठाकुर' शब्द उत्तर प्रदेश में क्षत्रिय का वाचक है, बिहार में नाई का और बंगाल में रसोइए का। पश्चिम में 'भागना' क्रिया का प्रयोग सामान्यतः दौड़ने के लिए होता है; जैसे—'ज़रा भागकर बाज़ार से पान तो लेता आ', किन्तु पूरब में भागना का प्रयोग हमेशा ही डरकर या हारकर जान बचाने की भावना से दौड़ने के लिए होता है। 'वह भागा' का अर्थ यह होगा कि वह भय या आतंक से जान बचाने के लिए दौड़ा।

(ख) सामाजिक परिवेश का परिवर्तन—समाज-भेद से एक ही शब्द के अर्थ में भेद आ जाता है और एक ही वस्तु के लिए भिन्न शब्दों का प्रयोग होने लगता है; जैसे—अंग्रेज़ी में मदर, फ़ादर, ब्रदर, सिस्टर आदि शब्दों का जो अर्थ परिवार में है, वही रोमन कैथलिक धार्मिक संगठन में नहीं। 'सिस्टर' का अर्थ परिवार में 'बहन' होता है, किन्तु अस्पताल में उपचारिका (नर्स)। 'भाई' शब्द का प्रयोग अनेक अर्थों में होता है—सहोदर भ्राता, साला, बहनोई, साथी, अजनबी, पुत्र, पत्नी, नौकर, दुकानदार आदि। 'भाई' कहने से बड़े भाई का बोध होता है किन्तु साला बड़े बहनोई को 'भाई साहब' कहता है और बहनोई भी बड़े साले को 'भाई साहब'। 'देखो भाई, तुम पढ़ नहीं रहे हो'; इस वाक्य का प्रयोग बहुत बार पिता पुत्र के लिए करता है। 'क्यों भाई, एक प्याली चाय नहीं दोगी ?' इस वाक्य में भाई शब्द का वाच्य पत्नी है। 'बहनजी' शब्द बहन का ही वाचक न होकर किसी महिला का वाचक हो गया है। वृद्ध महिला को 'माँ' और वृद्ध पुरुष को 'बाबूजी' कहना सामाजिक शिष्टाचार का अंग है। ऐसे ही 'माँ' शब्द का प्रयोग माता के अतिरिक्त सास के लिए और 'बाबूजी' का प्रयोग पिता के अतिरिक्त श्वसुर के लिए भी होता है। एक ही वस्तु के लिए समाज-भेद से भिन्न शब्दों का प्रयोग भी देखा जाता है; जैसे—संस्कृत का पंडित किताब न कहकर ग्रन्थ या पुस्तक कहता है, वहीं मौलवी के मुँह से ग्रन्थ भूलकर भी नहीं निकलेगा। आधुनिक शिक्षित व्यक्ति 'नाश्ता' कहता है, किन्तु पुराने ढंग के लोग नाश्ते के बदले 'जलपान' शब्द का प्रयोग करते हैं। एक पंडितजी नाश्ता शब्द सुनकर ही चिढ़ जाते थे। हिन्दू ईश्वर या भगवान् शब्द का प्रयोग करेगा तो मुसलमान ख़ुदा या अल्लाह का, यद्यपि अर्थ की दृष्टि से दोनों में कोई अन्तर नहीं है।

(ग) भौतिक परिवेश का परिवर्तन—जैसे-जैसे भौतिक साधनों में परिवर्तन होता जाता है, वैसे-वैसे वस्तुओं के नाम भी परिवर्तित होते जाते हैं। पानी पीने का कोई बर्तन हमारे यहाँ रहा होगा, किन्तु आज उसका नाम कोई नहीं जानता, सभी कोई 'गिलास' में पानी पीते हैं। 'गिलास' शब्द अंग्रेज़ी की देन है। साथ ही इस शब्द का अर्थ-विस्तार भी हो गया है। गिलास केवल काँच से बने जलपात्र को ही नहीं कहते; काँसा, चाँदी, पीतल, शीशा, स्टेनलेस, प्लास्टिक किसी भी द्रव्य का गिलास हो सकता है। ऐसे ही दर्पण के लिए आज 'शीशा' शब्द का प्रयोग होने लगा है, क्योंकि आज शीशे (काँच) का ही दर्पण बनता है; पहले धातु का बना करता था। 'शीशा' शब्द भी अर्थ-विस्तार का ही उदाहरण है। शीशा धातु-विशेष का नाम है, किन्तु अब उसका प्रयोग काँच के लिए होने लगा है।

3. विनम्रता-प्रदर्शन

विनम्रता सामाजिक शिष्टाचार का अभिन्न अंग है। भाषा से किसी व्यक्ति की शिक्षा, संस्कृति, आभिजात्य आदि का पता लग जाता है। फ़ारसी तहज़ीब में चार बातों पर ध्यान दिया जाता था—रफ़्तार (चलना), गुफ़्तार (बोलना), निशस्त (बैठना), बरख़ास्त (उठना), और अभिजात वर्ग में इन चारों की सम्यक् शिक्षा दी जाती थी। वस्तुतः आभिजात्य के सूचक जो कई तत्त्व हैं, उनमें भाषा का महत्त्वपूर्ण स्थान है और किसी की भाषा सुनकर ही यह जान लिया जा सकता है कि वह किस तबक़े का व्यक्ति है।

सामाजिक दृष्टि से विनम्रता दिखाना भी शिष्टाचार का ही एक अंग है और वह चेष्टा के अतिरिक्त भाषा से भी व्यक्त होती है। भगवान् से लेकर मनुष्य तक के साथ इस शिष्टाचार का पालन होता है। भगवान् को जब कोई करुणा-निधान, दयासागर, भक्तवत्सल, शरणागत-रक्षक आदि सम्बोधनों से पुकारता है तो उसमें जहाँ भगवान् की शक्तिमत्ता दिखाना अभीष्ट रहता है वहाँ अपनी विनम्रता दिखाना भी। विनम्रता के कारण ही भक्त कवियों ने अनेकत्र अपनी हीनता की अनेक प्रकार से व्यञ्जना की है; जैसे—'मो सम कौन कुटिल खल कामी' जैसी उक्तियाँ, जिन्हें भक्ति की पारिभाषिक शब्दावली में कार्पण्य कहते हैं, विनम्रता-प्रदर्शन के ही विभिन्न रूप हैं। राजा के लिए अन्नदाता, पृथ्वीनाथ, धर्मावतार, आलमपनाह, जहाँपनाह आदि सम्बोधन इसी भावना से प्रेरित थे। सम्भव है, वह राजा दो-चार कोस का ही स्वामी हो; फिर भी 'पृथ्वीनाथ' कहा जाता था। 'धर्म-पराङ्मुख' को भी धर्मावतार बताना शिष्टाचार का अंग था। भले ही राजा परम कंजूस हो, किन्तु उसे 'अन्नदाता' कहना ही है। उसने एक व्यक्ति को भी शरण न दी हो तो क्या हुआ, वह 'आलमपनाह' और 'जहाँपनाह' है। ये सब सामाजिक शिष्टाचार के भाषिक रूप हैं। इसी प्रकार अपने को सेवक, अनुचर, अकिंचन, ख़ाकसार, नाचीज़ आदि कहना विनम्रता का ही रूप है। 'मेरे यहाँ आइए' न कहकर 'मेरी कुटिया में पधारिए', 'मेरी कुटी पवित्र कीजिए'; 'मेरे यहाँ भोजन कीजिए' के बदले 'मेरे यहाँ जूठन गिराइए' आदि वाक्य विनम्रता की भावना से ही प्रेरित होते हैं। इसी तरह उर्दू में अपने मकान को ग़रीबख़ाना और दूसरे के मकान को दौलतख़ाना कहने का तरीक़ा है। किसी के अप्रत्याशित रूप से आ जाने पर हम पूछते हैं—'कैसे कृपा की ?', 'कैसे स्मरण किया ?' यदि उपालम्भ देना रहा तो हम कहते हैं—'किधर से रास्ता भूल पड़े ?' किसी बड़े से कुछ कहते समय हम कहते हैं—'आज्ञा दीजिए'; 'फ़रमाइए' और अपनी ओर से जब बड़े के सामने कुछ कहते हैं तो कहते हैं कि 'मैं निवेदन करना चाहता हूँ'; 'मैं अर्ज़ करना चाहता हूँ'। बड़ों के लिए बहुवचन का प्रयोग; जैसे—'गुरुदेव आ रहे हैं' और अपने लिए एकवचन का प्रयोग, विनम्रता की भावना से ही किया जाता है।

4. सुश्राव्यता

अंग्रेज़ी में 'युफ़ेमिज़्म' (Euphemism) या 'युफ़ेमिस्टिक लैंग्वेज' शब्द का बहुत प्रयोग होता है। 'युफ़ेमिज़्म' ग्रीक के दो शब्दों से बना है—एउ=अच्छा, और फ़ेमोस=ध्वनि,

अर्थात् अच्छी ध्वनि। तात्पर्य कि वह शब्द जो सुनने में अच्छा लगे। 'युफ़ेमिज़्म' के व्युत्पत्तिमूलक अर्थ की व्यञ्जना 'सुश्राव्यता' से ठीक-ठीक हो जाती है। इस कोटि में वे शब्द आते हैं जो सुनने में उद्‌वेजक न हों, बल्कि अच्छे लगें।

भाषा विचार के सम्प्रेषण का माध्यम मात्र नहीं है, वह मनुष्य के संस्कार, विश्वास और सुरुचि की अभिव्यक्ति का साधन भी है। सभ्यता के विकास के साथ मनुष्य में इन तत्त्वों का विकास हुआ है जिनकी अभिव्यक्ति जीवन के समग्र दृष्टिकोण, देश, काल आदि के अनुसार होती है। हम जब जो चाहें, नहीं बोल सकते। अवसर का ध्यान रखना अनिवार्य होता है। भाषा में भी उसका प्रतिफलन देखा जाता है।

काव्यशास्त्र में दोषों के प्रसंग में एक दोष आया है जिसे 'अश्लीलत्व' कहते हैं। अश्लीलत्व के तीन रूप हैं—**(क) व्रीड़ा; (ख) जुगुप्सा;** और **(ग) अमंगल**। कुछ चीज़ें ऐसी हैं जो मनुष्य के हृदय में लज्जा उत्पन्न करती हैं, कुछ घृणा और कुछ अमंगल की भावना। अतः उन्हें देखने या सुनने में मनुष्य को संकोच होता है। इसीलिए जब वैसी वस्तुओं को अभिव्यक्त करने का अवसर आता है तो उन्हें सीधे न कहकर प्रकारान्तर से कहा जाता है।

(क) व्रीड़ा—व्रीड़ावाचक शब्दों में यौन-भावना, मलत्याग आदि के सूचक शब्द आते हैं। उन कार्यों का सीधे नाम न लेकर अन्य वस्तुवाची शब्दों की सहायता से उल्लेख किया जाता है; जैसे—मलत्याग के लिए जाने को पाख़ाना (पैर रखने की जगह) जाना, मैदान जाना, शौच (पवित्रता), दिशा फिरना (दिशाओं में घूमना) आदि से व्यक्त करते हैं। आधुनिक युग में 'बाथरूम' शब्द का प्रयोग केवल स्नानागार के लिए ही नहीं, शौचागार के लिए भी होने लगा है। 'साहब बाथरूम में हैं' का अर्थ स्नान कर रहे हैं न होकर, शौचार्थ गये हैं, यह होता है। यों, साहब कहलाने वाले लोग स्नान के बहुत आग्रही होते भी नहीं। मुँह आना, आँख आना आदि मुहावरे सुश्राव्यता के ही परिणाम हैं। भोजन के लिए 'भकोसना', 'लीलना' या 'गटकना' आदि शब्द सुरुचिपूर्ण नहीं माने जाते।

(ख) जुगुप्सा—व्रीड़ा या लज्जा-व्यञ्जक शब्दों की तरह जुगुप्सा-व्यञ्जक शब्द भी सुरुचि-विरुद्ध हैं। जुगुप्सा का व्युत्पत्ति लभ्य अर्थ है छिपाने की इच्छा, किन्तु उसका प्रयोग घृणा के लिए होता है। घृणास्पद वस्तुएँ देखने या सुनने में अच्छी नहीं लगतीं; इसीलिए समाज में वे वर्ज्य मानी जाती हैं। 'उसके शरीर पर मक्खियाँ भिनभिना रही थीं'; 'वह पीब में लथपथ पड़ा था'; 'उसके इर्द-गिर्द कीड़े बिलबिला रहे थे'; 'उसकी देह से दुर्गन्ध निकल रही थी' आदि वाक्य घृणा उभारने वाले हैं। इसलिए ऐसी भाषा का प्रयोग शिष्ट रुचि के प्रतिकूल माना जाता है।

(ग) अमंगल—अमंगलवाची शब्दों में मृत्यु और व्याधि के वाचक शब्द सबसे अधिक हैं। मनुष्य के लिए मृत्यु से बढ़कर कोई कष्टकर कल्पना नहीं है। इसलिए उसकी चर्चा तक से वह बचना चाहता है। यही कारण है कि मृत्यु को कथाशेष, स्मृतिशेष, पंचत्वप्राप्ति, स्वर्गवास, वैकुंठलाभ, लोकान्तरगमन जैसे सुश्राव्य शब्दों की सहायता से

व्यक्त किया जाता है। इसी तरह वैधव्य के लिए चूड़ी फूटना, सोहाग लुटना आदि का प्रयोग होता है।

(घ) अन्धविश्वास—अन्धविश्वास के कारण भी भाषा में कुछ ऐसे शब्दों का प्रयोग करना पड़ता है जो सुश्राव्यता की कोटि में रखे जा सकते हैं। चेचक को चेचक न कहकर 'शीतला देवी' या 'माता' कहना इस धारणा का परिणाम है कि ऐसा कहने से वह बीमारी क्रुद्ध नहीं होगी। सामान्य धारणा है कि प्रातःकाल 'कंजूस' का नाम लेने से दिन-भर भोजन नहीं मिलेगा, इसलिए लोग कंजूस का नाम लेने से परहेज़ करते हैं हालाँकि कंजूसी का निर्णय करना बड़ा कठिन है। वस्तुतः कोई भी अपने को कंजूस नहीं समझता, अपनी नज़र में वह महादानी होता है और अब तक ऐसा कोई मानदंड नहीं निकला जिस पर कंजूस का सही-सही निर्धारण हो जाये। पर ऐसा लोक-विश्वास है और उसका पालन करना पड़ता है। 'मनुस्मृति' में तो एक श्लोक ही है जिसमें कहा गया है—कल्याण चाहनेवाले को अपना, गुरु का, अतिकृपण का, ज्येष्ठ संतान का और पत्नी का नाम नहीं लेना चाहिए—

आत्मनाम गुरोर्नाम नामातिकृपणस्य च।
श्रेयस्कामो न गृह्णीयात् ज्येष्ठापत्यकलत्रयोः।।

इस श्लोक में केवल अन्धविश्वास ही नहीं, विनम्रता और आदर-भाव भी है। कंजूस का नाम न लेने में अन्धविश्वास से अधिक उद्वेजकता का भाव है। जो सामाजिक दृष्टि से लोक-हितकारी नहीं माने जाते वैसे लोगों का नाम, मन में उद्वेग या अरुचि उत्पन्न करता है और कंजूस लोकहित की तुला पर खरा नहीं उतरता।

5. व्यंग्य

इस प्रसंग में व्यंग्य शब्द का प्रयोग अंग्रेज़ी के 'आयरनी' का पर्याय है जिसका अर्थ होता है किसी पर आक्षेप करना। यह प्रसिद्ध व्यंग्यार्थ से भिन्न वस्तु है। इसके लिए हमारे यहाँ प्राचीन साहित्य में 'विपरीत लक्षणा' शब्द का प्रयोग हुआ है। चूँकि 'आयरनी' के लिए आजकल व्यंग्य शब्द का प्रयोग हो रहा है, इसलिए यहाँ उसी का उल्लेख किया गया है। 'ऊधो, तुम अति चतुर सुजान' में गोपियों ने चतुर और सुजान शब्द का प्रयोग विपरीत अर्थ में किया है, अर्थात् तुम महा अज्ञ और बुद्धिहीन हो जो हम-जैसी अबलाओं के सामने योग और निर्गुण ब्रह्म की चर्चा कर रहे हो। घनानन्द की निम्नलिखित पंक्ति में भी सुजान शब्द को लेकर व्यंग्य ही है—

जानौ न नेक बिथा पर की, बलिहारी तऊ पै सुजान कहावत।

—नाम तो तुम्हारा 'सुजान' है पर दूसरे की व्यथा ज़रा भी नहीं समझते ! 'सुजान' नाम की सार्थकता तो तब होती जब व्यथा समझते ! 'आँख का अन्धा, नाम नैनसुख'; 'चले न जाने, आँगन टेढ़ा' आदि कहावतें भी व्यंग्यमूलक ही हैं। नाटे क़द के आदमी को देखकर 'एक बित्ते का आदमी' कहना; किसी की बुद्धिहीनता पर 'तुम तो साक्षात् बृहस्पति हो' या 'बुद्धिमान् हो तो तुम्हारे-जैसा' आदि वाक्य व्यंग्य करने के उद्देश्य से

ही बोले जाते हैं। अन्यायी को धर्मराज, कंजूस को कर्ण, कुरूप को कामदेव, आततायी को कृपानिधान आदि कहना व्यंग्य की भावना से ही प्रेरित रहता है। लड़के के देर करके लौटने पर जब अभिभावक कहता है कि 'क्यों हज़रत, बहुत सबेरे लौट आये ! इसी तरह पढ़ते चलिए !' तो उसका उद्‌देश्य लड़के के विलम्ब से आने का अभिनन्दन करना नहीं होता।

6. भावात्मक बल

हमने देखा है कि बौद्धिक उपयोग के साथ भाषा का भावात्मक उपयोग भी होता है। भावात्मक बल के कारण अनेक शब्दों के अर्थ में परिवर्तन पाया जाता है। बंगाल में एक मिठाई का नाम है 'प्राणहारा' (प्राण लेने वाला)। मिठाई का नाम 'प्राणहारा' निश्चय ही बहुत उपयुक्त नहीं है, लेकिन यह नाम रखनेवाले का लक्ष्य था उस मिठाई की आस्वाद्यता का अतिशय बताना। 'उसकी बात सुनकर कलेजा मुँह को आने लगा' में भावात्मकता का ही अतिरेक है। 'राम-राम ! उसने कैसे यह काम किया !' इस वाक्य में 'राम-राम' धिक्कार वाचक है। बंगला में 'भीषण सुन्दर' ख़ूब चलता है। यहाँ भीषण भीषणता का वाचक नहीं, अतिशय का वाचक है। इसी तरह 'भयंकर चतुर', 'प्रचंड मूर्ख' भावातिरेक के ही परिणाम हैं। अंग्रेज़ी में 'ऑफ़ुली बिज़ी', 'पैशनेट्ली डिवोटेड टु ड्यूटी' आदि प्रयोग उपर्युक्त प्रवृत्ति से ही प्रेरित हैं।

7. सामान्य के लिए विशेष का प्रयोग

कभी-कभी पूरे वर्ग के लिए उसी वर्ग की एक वस्तु का प्रयोग किया जाता है। यह वस्तुतः अर्थ-विस्तार का ही एक रूप है। जैसे, 'सब्ज़ी' शब्द का प्रयोग केवल सब्ज़ (हरी) तरकारियों के लिए ही होना चाहिए, किन्तु उससे सभी तरकारियों का बोध होता है; आलू, टमाटर, कोहड़ा, कद्‌दू आदि तरकारियाँ सब्ज़ नहीं हैं, फिर भी सब्ज़ी कहलाती हैं। 'स्याही' शब्द स्याह (काला) से बना है, पर उसका प्रयोग केवल काली रोशनाई के लिए नहीं होता, किसी भी रंग की रोशनाई स्याही कहलाती है; जैसे—लाल स्याही, हरी स्याही, बैंगनी स्याही आदि। वह बहुत 'पैसेवाले' हैं, यहाँ पैसे शब्द का प्रयोग सम्पत्ति या धन के लिए हुआ है। 'पैसेवाले' का अर्थ यह नहीं होता कि किसी के पास केवल ताँबे के पैसे हैं। अनेक पशुओं या पक्षियों के नाम में एक ही शब्द, नर या मादा दोनों के लिए प्रयुक्त होता है; जैसे—कोयल, कौआ, उल्लू, मेढक, सूअर, गीदड़ आदि। स्त्रीलिंग 'लोमड़ी' शब्द से ही उसके नर का भी बोध कराया जाता है। इस तरह यहाँ भी विशेष से सामान्य के अर्थबोध की प्रवृत्ति है। 'बहुत मज़दूर काम करते हैं', इस वाक्य में मज़दूर शब्द से मज़दूरिनों का भी बोध होता है। छात्र, अध्यापक आदि शब्दों में छात्राओं, अध्यापिकाओं का भी अर्थ वर्तमान रहता है। 'जलपान कर लीजिए' कहने का अर्थ यह नहीं होता कि केवल पानी पी लीजिए, वह सामान्यतः लघु-भोजन वाचक है।

8. अज्ञान अथवा भ्रान्ति

कहा जा चुका है कि असुर शब्द पहले देववाचक था, किन्तु बाद में 'अ' निषेध (नञ्) का अंश मान लिया गया और 'सुर' शब्द का प्रयोग देव के लिए होने लगा। फिर सुर में 'अ' लगाकर 'असुर' से दानव का बोध कराया जाने लगा। क्रोध के लिए 'रंज' शब्द का प्रयोग अज्ञान का ही परिणाम है। निखालिस में 'नि' की कोई आवश्यकता नहीं है, खालिस ही अर्थबोध के लिए पर्याप्त है। 'नेबर' (पड़ोसी) के लिए 'लेबरर' (मज़दूर) शब्द के प्रयोग का उदाहरण पहले दिया जा चुका है। एक सम्पन्न व्यक्ति ने, जो कब्ज़ से परेशान थे, सिविल सर्जन को बुलाया और पत्र में लिखा कि 'माइ लैट्रिन इज़ नॉट क्लीन'। उन्हें 'लैट्रिन' शब्द का अर्थ नहीं मालूम था, यह स्पष्ट है। लैट्रिन की सफ़ाई के लिए मेहतर को बुलाने की ज़रूरत होती है, सिविल सर्जन को नहीं। मैथिली में 'कुशल' शब्द 'कुशली' के लिए प्रयुक्त होता है। एक अध्यापक, जो उर्दू नहीं जानते और फिर भी उर्दू जानने का दम्भ करते हैं, एक बार एक बुज़ुर्ग से बोले—'आपके जैसा ज़बानदराज़ मिलना मुश्किल है।' यह वाक्य सुनकर उस बुज़ुर्ग को बड़ा क्षोभ हुआ, हालाँकि अध्यापक महोदय ने अपने जानते उनकी तारीफ़ की थी। ज़बानदराज़ का अर्थ होता है बढ़-चढ़कर अनुचित बातें करनेवाला, किन्तु अध्यापक महोदय ने 'वाग्मिता' के लिए उसका प्रयोग किया था। इस तरह के भ्रान्त प्रयोग बहुत देखने को मिलते हैं। जिन लोगों ने जैसे-तैसे भाषा का कामचलाऊ ज्ञान प्राप्त कर लिया है और अपनी अहंमन्यता के कारण अपने को भाषा का ज्ञाता मान लेते हैं, वे अधिकतर इस तरह की भूलें करते हैं।

9. शब्दार्थ की अन्तर्निहित अनिश्चितता

किसी भी भाषा में बहुत सारे शब्द ऐसे होते हैं जिनके अर्थ सुनिश्चित नहीं होते। अमूर्त भावों के वाचक शब्द प्रायः इस कोटि में आते हैं। गुलाब या अनार की ओर संकेत कर जितनी आसानी से इन शब्दों का अर्थ बताया जा सकता है, उतनी आसानी से न्याय, घृणा, दया, प्रेम, ईश्वर आदि शब्दों का नहीं। इन शब्दों के अर्थ में सहज अस्पष्टता है जो निश्चित अर्थबोध में बाधक होती है। अनुकम्पा, कृपा, दया का भेद करना बहुत कठिन है। इसी तरह अभ्युदय, उन्नति, विकास, प्रगति आदि शब्द भी अर्थ की दृष्टि से बहुत स्पष्ट नहीं हैं। क्षोभ, आक्रोश, रोष की सीमा-रेखा खींचना दुष्कर है। इसीलिए देखा जाता है कि जहाँ किसी दूसरे शब्द का प्रयोग अधिक संगत होता वहाँ प्रयोक्ता दूसरे शब्द का प्रयोग कर देता है।

10. व्यक्ति के अनुसार शब्दों के प्रत्यय (कन्सेप्ट) में भेद

व्यक्तिगत संस्कार, परिवेश, शिक्षा, जीवन-प्रणाली आदि के भेद से शब्दों का जो प्रत्यय मन में उत्पन्न होता है, वह भी भिन्न होता है। धर्म-अधर्म, पाप-पुण्य, अच्छा-बुरा,

खाद्य-अखाद्य की कोई एक कसौटी नहीं है। धर्म शब्द हिन्दू, मुसलमान और ईसाई के हृदय में विभिन्न भावनाएँ उत्पन्न करता है अधर्म आदि की भी यही स्थिति है। हिन्दू गोमांस नहीं छू सकता तो मुसलमान सूअर का मांस। जैन की दृष्टि में किसी प्रकार की हिंसा पाप है, पर कई ऐसे धर्म हैं जो हिंसा को पाप मानते ही नहीं। 'लोकतन्त्र' या 'जनतन्त्र' शब्द का वही अर्थ अमेरिका में नहीं होता जो रूस में। जैसा एक लेखक ने लिखा है, अमेरिका में लोकतन्त्र का अर्थ है 'लोक द्वारा शासन' और रूस में 'लोक का शासन'। पिछले युद्ध के समय जर्मनी और इंग्लैंड दोनों लोकतन्त्र की रक्षा के लिए ही लड़ रहे थे। निश्चय ही दोनों को लोकतन्त्र शब्द का एक ही अर्थ अभिमत नहीं था। अगर एक ही अर्थ अभिमत होता तो लड़ने की आवश्यकता क्या थी ? बनारस में हिन्दी के प्रेमी के मुँह से 'सभा' शब्द का प्रयोग काशी नागरी प्रचारिणी सभा का वाचक होता है तो मद्रास में दक्षिण भारत हिन्दी प्रचार सभा का। तात्पर्य यह कि विभिन्न व्यक्तियों के मन में एक ही शब्द से विभिन्न प्रत्यय उत्पन्न होते हैं। स्वभावतः प्रयोग के समय भी प्रत्यय शब्द के चयन में सहायक बनते हैं।

11. शब्दार्थ के एक तत्त्व की प्रमुखता

कभी-कभी शब्द के पूरे अर्थ को ध्यान में न रखकर उसके किसी एक तत्त्व को ही प्रधानता देकर प्रयोग चल पड़ता है; जैसे—पुलिस के लिए 'लाल पगड़ी' शब्द का प्रयोग। पुलिस केवल लाल पगड़ी ही नहीं पहनती, पर 'लाल पगड़ी' का प्रयोग पुलिस के लिए प्रसिद्ध हो गया है। 'लाल पगड़ी को देखते ही सब लोग नौ दो ग्यारह हो गये'—यह वाक्य सुनने पर अर्थ में कोई सन्देह नहीं रह जाता कि पुलिस के आते ही सब लोग तितर-बितर हो गये। इसी तरह 'गाँधी टोपी' काँग्रेसी का वाचक हो गया है। 'कर सूनो बिन मूँदरी' में अंगांगिभाव सम्बन्ध से 'कर' उँगली के लिए प्रयुक्त हुआ है। 'लाल कुर्ती' कहने से ख़ान अब्दुल गफ़्फ़ार ख़ाँ द्वारा संघटित ख़ुदाई ख़िदमतगार नामक संस्था की प्रतीति होती रही है, जिसका स्वाधीनता के पूर्व पश्चिमोत्तर प्रदेश में पर्याप्त महत्त्व था। एक तत्त्व की प्रधानता के कारण ही कोई शब्द उस वस्तु या वर्ग का वाचक बन जाता है; जैसे—सोने का नाम सुवर्ण केवल वर्ण (रंग) के आधार पर ही पड़ा है, यद्यपि सुवर्ण में केवल वर्ण ही नहीं होता। संस्कृत में स्त्री का एक पर्याय 'वामा' भी है जो स्त्री की नैसर्गिक वक्रता पर आधारित है यद्यपि न तो प्रत्येक स्त्री 'वामा' होती है और न एक ही स्त्री सदा 'वामा' रहती है।

12. साहचर्य के कारण गौण अर्थ की प्रमुखता

विदेश से जब पहले-पहल तम्बाकू इस देश में आया तो सूरत बन्दरगाह पर उतरा और वहीं से सारे देश में उसका प्रसार हुआ। सूरत के साहचर्य के कारण तम्बाकू का नाम 'सुरती' पड़ गया। कश्मीर में केसर की उत्पत्ति होने के कारण केसर का नाम संस्कृत में 'काश्मीर' भी है। कम्बोज से उड़द का सम्बन्ध रहने से उड़द का एक नाम

'काम्बोजी' पड़ गया है। शक्कर को 'चीनी', नमक को 'सैन्धव', साहचर्य के आधार पर ही कहते हैं, क्योंकि उनका सम्बन्ध चीन और सिन्धु से रहा है। फ्रांसीसी में ब्रैंडी को 'कोन्याक' कहते हैं, क्योंकि कोन्याक नामक स्थान में वह बनायी जाती है। छोटे जहाज़ को 'स्टीमर' स्टीम (बाष्प) के साहचर्य के कारण ही कहा जाता है।

13. एक शब्द के भिन्न रूपों का विभिन्न अर्थों में प्रयोग

ऐसा बहुत बार देखा जाता है कि किसी शब्द के तत्सम और तद्भव रूपों में अर्थ की दृष्टि से भेद हो जाता है, जैसा खाद्य-खाद, भद्र-भद्दा, श्रेष्ठ-सेठ, क्षीर-खीर, स्तन-थन, वधू-बहू आदि शब्दों से स्पष्ट है। एक ही शब्द के अनेक तद्भव रूपों में भी अर्थ-भेद की प्रवृत्ति पायी जाती है। उदाहरणार्थ, पत्र शब्द से पत्ता, पत्ती, पाती, पत्तर, पत्तल आदि अनेक शब्द विकसित हुए हैं, किन्तु इनके अर्थ में भेद है। पत्र शब्द के दो अर्थ हैं–पत्ता और चिट्ठी। उपर्युक्त तद्भव रूपों में चिट्ठी का अर्थ केवल 'पाती' शब्द से ही निकलता है।

अर्थ-परिवर्तन के अनेक व्याकरणिक कारण भी हैं, जैसे–**उपसर्ग, प्रत्यय, लिंग** आदि, जिनकी चर्चा पहले की जा चुकी है। काला–काली (दुर्गा) के अर्थ में अन्तर लिंग-भेद के कारण ही है। व्याकरणिक कारणों में अर्थ-परिवर्तन की दृष्टि से **समास** का बहुत बड़ा महत्त्व है। राजवैद्य-वैद्यराज, राजकवि-कविराज गृहपति-पतिगृह आदि शब्दों में अर्थ का अन्तर समास के कारण ही है। राजवैद्य का अर्थ होता है राजा का वैद्य, किन्तु वैद्यराज का वैद्यों में श्रेष्ठ; गृहपति अर्थात् घर का मालिक और पतिगृह अर्थात् पति का घर। इनमें शब्द समान ही हैं, किन्तु समास के भेद के कारण अर्थ-भेद हो गया है। 'बद्धमुष्टि' शब्द कर्मधारय (बँधी मुट्ठी) के द्वारा एक अर्थ देता है तो बहुव्रीहि (बँधी है मुट्ठी जिसकी) के द्वारा दूसरा अर्थ।

उपर्युक्त संक्षिप्त चर्चा से स्पष्ट है कि अर्थ-परिवर्तन का कोई एक तथा सुनिश्चित कारण नहीं है। अर्थ-परिवर्तन के आन्तरिक और बाह्य, मानसिक और भौतिक अनेक कारण सम्मिलित रूप से कार्य करते हैं जिनकी परिणति अर्थ-विकास में पायी जाती है।

भाषाविज्ञान का इतिहास

मानव-प्रकृति में जिज्ञासा की भावना अन्तर्निहित है। मनुष्य की बौद्धिकता का यह अनिवार्य रूप है कि वह प्रत्येक वस्तु के सम्बन्ध में जानना चाहता है। जिज्ञासा की यह भावना ही समस्त ज्ञान का उत्स है। भाषा के सम्बन्ध में विचार करते समय हमने देखा है कि पशुओं से मनुष्य को पृथक् करनेवाले जो अनेक साधन हैं, उनमें भाषा का सबसे महत्त्वपूर्ण स्थान है। इसके कारण ही मनुष्य की सारी बौद्धिक उपलब्धि सम्भव हो सकी है। जिस भाषा की सहायता से वह दूसरी वस्तुओं का ज्ञान प्राप्त करता रहा, उसके सम्बन्ध में भी जानने की भावना उसके मन में उठी होगी। भाषा क्या है ? कैसे उत्पन्न होती है ? कैसे प्रयुक्त होती है ?—आदि प्रश्न सभ्यता के अरुणोदय के समय ही मनुष्य के मन में उठे होंगे। भाषाविज्ञान का इतिहास इस बात का साक्षी है कि बहुत सारे सभ्य और सुसंस्कृत समाजों में भाषा-सम्बन्धी अध्ययन के प्रति लोग आरम्भ से उन्मुख रहे हैं। भाषा-सम्बन्धी मीमांसा के क्षेत्र में भारत की देन अत्यन्त महत्त्वपूर्ण है। वस्तुतः वह देन कितनी महत्त्वपूर्ण है, इसका भी बहुतों को ज्ञान नहीं है। पाश्चात्य शिक्षा-दीक्षा से विपर्यस्त भारतीय दृष्टि उस गूढ़ता को देखने और समझने में असमर्थ रही है।

भारतीय सास्वत साधना का उद्गम-स्थल वेद है। वेद शब्द का अर्थ है ज्ञान। यही कारण है कि ज्ञान-विज्ञान की किसी भी शाखा का निरूपण करते समय विद्वान वेदों से ही उसका विकास प्रदर्शित करना आवश्यक समझते हैं। इसमें कोई आश्चर्य की बात नहीं। यूरोप में दर्शन, विज्ञान, साहित्य, आदि किसी क्षेत्र का आरम्भ-सूत्र खोजते समय लोग ग्रीस की दौड़ लगाते हैं। अगर समग्र यूरोपीय वाङ्मय का मूलस्रोत ग्रीक भाषा में दिखाया जा सकता है तो कोई कारण नहीं कि भारतीय वाङ्मय का विकास वेद से सम्पृक्त नहीं माना जा सके। भगवान मनु ने 'सर्वज्ञानमयो हि सः' कहकर वेद को समस्त ज्ञान का मूल माना है। यह कथन कल्पना नहीं, सहस्राब्दियों से प्रमाणित, अखंडनीय तथ्य है।

भाषाविज्ञान के आरम्भ को देखने के लिए भी हमें सर्वज्ञानमय वेद की ही शरण लेनी पड़ती है। भाषा-सम्बन्धी अनेक जिज्ञासाएँ और उनके मान्य समाधान सूत्र रूप में वेद में मिलते हैं।

आर्यों के विस्तार के साथ वेद की रक्षा का प्रश्न जटिलतर होने लगा। स्थान-भेद से भाषा बदल जाती है, यह हम देख चुके हैं। आर्यों की विजिगीषा ने उन्हें विस्तृत क्षेत्रों

में फैला दिया। उनके सामने एक और प्रश्न आया और वह था विजित जातियों के सम्पर्क के कारण उत्पन्न होने वाले भाषिक प्रभाव से वेद की भाषा को अप्रभावित रखना। तात्पर्य कि भौगोलिक और जातीय भेद के कारण भाषा-सम्बन्धी भेद की जो स्थिति उत्पन्न हो गयी थी, उस पर नियन्त्रण रखना और वेद की भाषा को अविकल रूप में क़ायम रखना आवश्यक था।

भाषाविज्ञान के सम्बन्ध में हमारे पूर्वज कितने जागरूक थे, इसका अन्यतम प्रमाण यह भी है कि वेद के अध्ययन के लिए उसके छः अंगों का अध्ययन भी अनिवार्य समझा गया और छः अंगों—शिक्षा, कल्प, व्याकरण, निरुक्त, छन्द और ज्योतिष—में शिक्षा, व्याकरण, निरुक्त और छन्द, ये चार भाषा से ही सम्बद्ध थे। शिक्षा का सम्बन्ध ध्वनि से था; व्याकरण का पद और वाक्य से; निरुक्त का व्युत्पत्ति से और छन्द का वैदिक मन्त्रों के सम्यक् पाठ से। आज भी किसी मन्त्र का पाठ करने के पहले उसके देवता, ऋषि और छन्द का नाम लेकर ही मन्त्र पढ़ा जाता है। 'शिक्षा' शब्द की व्याख्या करते हुए ऋक्प्रातिशाख्य के व्याख्याता विष्णुमित्र ने शिक्षा को 'स्वरवर्णोपदेशक शास्त्र' कहा है। यह शिक्षा शब्द आधुनिक ध्वनिविज्ञान का एक प्रकार से पर्याय है। वर्णों का उच्चारण कैसे करना चाहिए, यह 'शिक्षा' में बताया जाता था।

इस प्रसंग में एक बात ध्यान देने की है कि संसार का प्राचीनतम साहित्य होने पर भी ऋग्वेद में आज तक एक अक्षर का परिवर्तन या मिश्रण नहीं हो सका है। ऋग्वेद को छोड़कर संसार में दूसरा कोई ग्रन्थ ऐसा नहीं जिसके सम्बन्ध में यह दावा किया जा सके। आज की लिखी पुस्तक में कल मिश्रण हो जाता है। भारत में रामायण, महाभारत, पुराण, काव्य, नाटक आदि इस मिश्रण से मुक्त नहीं रह सके। महाभारत के सम्बन्ध में तो कुछ विद्वानों का कहना है कि उसका मूल रूप 8,800 श्लोकों का ही था जो बढ़ते-बढ़ते सवा लाख श्लोकों तक पहुँच गया। पुराणों की भी यही स्थिति रही। जहाँ इतना मिश्रण सम्भव हुआ वहाँ ऋग्वेद में आज तक एक अक्षर भी जोड़ा या घटाया नहीं जा सका, यह इस देश के विद्वानों के बौद्धिक चमत्कार का आश्चर्यकर प्रमाण है। इसके लिए कई पद्धतियाँ काम में लायी गयीं जिन्हें **मन्त्र-पाठ, पद-पाठ, क्रम-पाठ, जटा-पाठ, घन-पाठ** कहते हैं और तारीफ़ यह कि सारे पाठ वेद पढ़नेवालों को कंठस्थ रहते थे। मन्त्रस्थित पदों को एक साथ मिलाकर पढ़ना **मन्त्र-पाठ,** पदों को तोड़कर पढ़ना **पद-पाठ,** क्रम से दो-दो पदों को मिलाकर पढ़ना **क्रम-पाठ,** प्रथम पद का द्वितीय के साथ, द्वितीय का प्रथम के साथ और फिर प्रथम का द्वितीय के साथ पाठ **जटा-पाठ,** अन्त की ओर से आरम्भ कर दूसरे पद के साथ पहले पद का पाठ करते जाना **घन-पाठ**। इस पंचविध पाठों के साथ एक-एक मन्त्र को स्मरण किया जाता था। स्वभावतः उसमें मिश्रण का अवकाश ही नहीं था। जिस देश की प्रज्ञा ने पाठ को अविकल रखने के लिए ऐसी अद्‌भुत पद्धति का निर्माण किया, उसने भाषा-सम्बन्धी समस्याओं पर भी कम गम्भीरता से विचार नहीं किया होगा, यह कहना अनावश्यक है।

पद-पाठ आदि का स्वरूप समझने के लिए निम्नलिखित मन्त्र के तत्तत् पाठों को

देखिए—

मन्त्र-पाठ

ओषधयः सं वदन्ते सोमेन सह राज्ञा।
यस्मै कृणोति ब्राह्मणस्तं राजन् पारयामसि।।

ऋग्वेद, 10-97-22

पद-पाठ

ओषधयः। सं। वदन्ते। सोमेन। सह। राज्ञा।
1 2 3 4 5 6

यस्मै। कृणोति। ब्राह्मणः। तं। राजन्। पारयामसि।।
7 8 9 10 11 12

क्रम-पाठ

ओषधयः सं। सं वदन्ते। वदन्ते सोमेन। सोमेन सह। सह राज्ञा। राज्ञेति राज्ञा।
1 2 2 3 3 4 4 5 5 6 6 6

यस्मै कृणोति। कृणोति ब्राह्मणः। ब्राह्मणस्तं। तं राजन्।
7 8 8 9 9 10 10 11

राजन् पारयामसि। पारयामसीति पारयामसि।।
11 12 12 12

जटा-पाठ

ओषधयः सं, समोषधयः ओषधयः सम्।
1 2 2 1 1 2

सं वदन्ते, वदन्ते-सम्, सं वदन्तें।
2 3 3 2 2 3

वदन्ते सोमेन, सोमेन वदन्ते, वदन्ते सोमेन।
3 4 4 3 3 4

सोमेन सह, सह सोमेन, सोमेन सह।
4 5 5 4 4 5

सह राज्ञा, राज्ञा सह, सह राज्ञा।। राज्ञेति राज्ञा।
5 6 6 5 5 6 6 6

यस्मै कृणोति, कृणोति यस्मै, यस्मै कृणोति।
7 8 8 7 7 8

कृणोति ब्राह्मणो, ब्राह्मणः कृणोति, कृणोति ब्राह्मणः।

8 9 9 8 8 9

ब्राह्मणस्तं, तं ब्राह्मणो, ब्राह्मणस्तम्।

9 10 10 9 9 10

तं राजन्, राजंस्तं, तं राजन्।

10 11 11 10 10 11

राजन् पारयामसि, पारयामसि राजन्, राजन् पारयामसि।।

11 12 12 11 11 12

पारयामसीति पारयामसि।।

12 12

घन-पाठ

(1) **पूर्वार्ध–अन्त से आरम्भ की ओर**

राज्ञेति राज्ञा। सह राज्ञा। सोमेन सह। वदन्ते सोमेन। सं वदन्ते। ओषधयः सं।

आरम्भ से अन्त की ओर

सं वदन्ते। वदन्ते सोमेन। सोमेन सह। सह राज्ञा। राज्ञेति राज्ञा।

(2) **उत्तरार्ध–अन्त से आरम्भ की ओर**

पारयामसीति पारयामसि। राजन् पारयामसि। तं राजन्।
ब्राह्मणस्तं। कृणोति ब्राह्मणः। यस्मै कृणोति।

आरम्भ से अन्त की ओर

कृणोति ब्राह्मणः। ब्राह्मणस्तं। तं राजन्। राजन् पारयामसि।
पारयामसीति पारयामसि।

—ऋग्वेद मं.10; सू.97; मं.22।

(श्रीपाद सातवलेकर सम्पादित, पृ. 792-805)

इस विधि से कुछ स्मरण रखने या लिखने पर उसमें एक मात्रा का भी हेर-फेर असम्भव था। किस युक्ति से हमारे पूर्वजों ने अपने प्राचीन वाङ्मय की रक्षा का प्रयत्न किया था, यह उपर्युक्त पद्धति से स्पष्ट है।

भारतीय भाषावैज्ञानिक उपलब्धि के सम्बन्ध में पाश्चात्य विद्वानों की क्या धारणा है, इसे देख लेना अच्छा होगा। इस विषय पर जितने विद्वानों ने जितना लिखा है, उसका संकलन पुस्तक का रूप धारण कर लेगा। यहाँ सबको उद्धृत करना न आवश्यक है और न सम्भव। नीचे जो कुछ उद्धृत किया जा रहा है वह उन लोगों के नेत्रोन्मीलन के लिए, जो भारतीय मनीषा के उत्कर्ष से अपरिचित होने के कारण पश्चिम को ही प्रत्येक क्षेत्र में अपना गुरु और आदर्श मानने को लालायित रहते हैं। आशा है, निम्नलिखित उद्धरण उनके नेत्रों के लिए अंजन का काम करेंगे—

1. The Sanskrit language, whatever be its antiquity, is of a wonderful

structure; *more perfect than Greek, more copious than Latin and more exquisitely refined than either;* yet bearing to both of them stronger affinity both in the roots of verbs and in the forms of Grammar, than could possibly have been produced by accident; so strong, indeed, that no philologer could examine them all three without believing them to have sprung from some common source, which, perhaps, no longer exists.

—Sir William Jones; R.A.S.B. Inaugural Speech, 1786.

2. The Chinese and Assyrians did not penetrate so deeply into the understanding and analysis of their own language as did the early *Indians, whose grammatical investigations have had a far-reaching influence on European Philology.* We find in India painstaking investigation into phonetics with a minute description of each sound and its formation, further precise accounts of the changes of sounds in the inflection and formation of words...Each word was analysed into its elements: root, affixes to form stems and inflectional endings and statistics were given of the occurrence of each of these elements. In this way, the earliest contributions were given to the building up of an etymological science. Among the Indian grammarians Panini ranks first, *his work has been called the most complete grammar existing for any language, dead or living.*

—Encyclopaedia Britannica, Philology.

3. It was the discovery of *Sanskrit* that was the *real turning point in the history of linguistics*...It must be said that the first acquaintance with this language *gave a mighty impulse to linguistic studies* and exerted a lasting influence on the way in which most European languages were viewed by scholars.

—Language : Its Nature, Development and Origin, O. Jespersen, p. 33.

4. It was in *India,* however, that there arose a body of knowledge which was *destined to revolutionise European ideas about language...* Round the beginning of the nineteenth century, the knowledge of Sanskrit became part of the equipment of European scholars...The Indian grammar presented to European eyes, *for the first time,* a complete and accurate description of a language, based not upon theory but upon observation. Moreover, the discovery of Sanskrit disclosed the *possibility of a comparative study* of languages...Even more important was the insight into linguistic structure which one got from the *accurate and systematic Hindu grammar... The Hindu grammar taught Europeans to analyse speech forms;* when one compared the constituent parts, the resemblances, which hitherto had been vaguely recognised, could be set forth with certainty and precision.

—Language, L. Bloomfieod, pp. 10-12.

5. Shortly before the close of the eighteenth century, the *linguistic importance of Sanskrit had been realised;* and with this recognition, the science of linguistics really began.

—Foundations of Language, L. H. Gray, p. 435.

6. Our phonetic categories and terminology owe more than is perhaps generally realized to the *influence of Sanskrit phoneticians.*

—Phonetics in Ancient India, W. S. Allen, p. 3.

7. Without the *Indian Grammarians and Phoneticians,* whom he introduced and recommended to us, it is difficult to imagine our nineteenth century school of Phonetics.

—J.R. Firth on Sir William Jones; quoted on p. 3 in Phonetics in Ancient India.

संस्कृत के सम्बन्ध में श्लीगेल, ग्रिम, बोप, मैक्समूलर, व्हिटनी, श्लाइख़र आदि ने जो लिखा है, उसे विस्तार-भय से यहाँ नहीं दिया जा रहा है। पाश्चात्य विद्वानों ने यह भी स्वीकार किया है कि भारतीयों की सूक्ष्म विवेचन-क्षमता के सामने यूनानियों का भाषा-सम्बन्धी विश्लेषण शिशु-प्रयास जैसा लगता है। भारत में भाषाविज्ञान के विकास को कालों में बाँटना सम्भव नहीं है, क्योंकि प्रागैतिहासिक युग से आज तक उसकी निरविच्छिन्न धारा प्रवाहित रही है। यहाँ सौकर्य के लिए भारतीय भाषाविज्ञान के विकास-क्रम को अलग-अलग शीर्षकों में रखकर देखने का प्रयास किया जायेगा।

पाणिनि-पूर्व काल

भाषा-सम्बन्धी अनेक महत्त्वपूर्ण और गम्भीर मीमांसाएँ वेद, ब्राह्मण, आरण्यक एवं उपनिषद् ग्रन्थों में मिलती हैं। उन सबको यहाँ उद्धृत करना अनावश्यक है। वेदांगों की चर्चा पहले हो चुकी है और हमने देखा है कि छः वेदांगों में से तीन निश्चित रूप से भाषिक विश्लेषण से सम्बद्ध हैं और वे हैं—शिक्षा, व्याकरण तथा निरुक्त। इनमें एक और साहित्य जोड़ दिया जा सकता है जिसे 'प्रातिशाख्य' कहते हैं। पाणिनि से पूर्ववर्ती भाषिक मीमांसा इन्हीं में उपलब्ध होती है।

शिक्षा

आज जिसे सामान्य ध्वनिविज्ञान कहते हैं उसी के लिए प्राचीन समय में 'शिक्षा' शब्द का प्रयोग होता था। 'ऋग्वेदभाष्यभूमिका' में शिक्षा को परिभाषित करते हुए सायण ने कहा है—'वर्णस्वराद्युच्चारणप्रकारो यत्रोपदिश्यते सा शिक्षा', अर्थात् स्वर और व्यञ्जन के उच्चारण-प्रकार का जिसमें निरूपण हो, वह शिक्षा है। शिक्षा का सम्बन्ध सामान्यतः ध्वनि से था। ध्वनियों का स्थान, करण और प्रयत्न के आधार पर विश्लेषण और वर्गीकरण शिक्षा के द्वारा होता था। इसलिए अध्ययन का आरम्भ 'शिक्षा' से ही होता था, क्योंकि उच्चारण की शुद्धता और निर्दोषता पर सबसे अधिक बल दिया जाता था।

पाणिनि-शिक्षा में शुद्ध उच्चारण की महत्ता बताते हुए कहा गया है कि 'सम्यग्वर्णप्रयोगेण ब्रह्मलोके महीयते'। ध्वनि के उच्चारण के प्रसंग में उन त्रुटियों का भी उल्लेख है जिनसे वक्ता को बचना चाहिए। आजकल पश्चिम में वक्तृत्व की शिक्षा देने के लिए अनेक पुस्तकें निकली हैं जिन्हें देखने पर ऐसा लगता है कि शिक्षा-ग्रन्थों में उल्लिखित निर्देशों की वे व्याख्यामात्र हैं। वेद-पाठक के लिए जो संकेत निर्दिष्ट हैं, वे इतने व्यापक हैं कि भाषण-सम्बन्धी त्रुटियों से बचने का कोई भी अभिलाषी उनसे लाभान्वित हो सकता है।

पाठक या वक्ता के दोष–गाते हुए बोलना, जल्दी-जल्दी बोलना, बोलते समय सिर हिलाना, बोलने के लिए लिखित सामग्री का उपयोग करना, बिना अर्थ समझे पढ़ना या बोलना और धीमी आवाज़ में बोलना।[1]

पाठक या वक्ता के गुण–मधुरता, अक्षरों की स्पष्टता, उचित स्वर, पदच्छेद, धैर्य (स्थिरता) और लय।[2] वहीं वेदपाठ-सम्बन्धी चौदह दोष और बताये गये हैं जिनसे बचने को कहा गया है। वे हैं–पढ़ते या बोलते समय शंका, भय, बहुत ज़ोर से बोलना, अस्पष्टता, नाक से बोलना, दबी ज़बान में बोलना, अनुचित रूप से मूर्धन्य वर्णों का प्रयोग करना, उच्चारण-स्थान और बल का विचार न करना। इसी तरह मुँह में बोलना, ध्वनियों को दाँत में दबा रखना, जल्दी-जल्दी बोलना, धीरे-धीरे बोलना, रुक-रुककर बोलना, कठोर आवाज़ में बोलना, गाने जैसी आवाज में बोलना, अक्षर या शब्द को छोड़कर बोलना, दैन्यपूर्वक बोलना आदि बोलने के दोष हैं।[3]

शिक्षाग्रन्थों की संख्या बहुत बड़ी थी। डॉ. सिद्धेश्वर वर्मा ने 65 शिक्षाग्रन्थों का उल्लेख किया है। अभी जो शिक्षाग्रन्थ उपलब्ध हैं वे प्रातिशाख्यों से अर्वाचीन हैं। प्रातिशाख्यों से प्राचीनतर शिक्षाग्रन्थ लुप्त हो चुके हैं, ऐसा विश्वास किया जाता है। वेदमन्त्रों में ध्वनि के पृथक् तथा संहित रूप में उच्चारण का शुद्ध निर्देश करने के लिए शिक्षाग्रन्थों की रचना हुई थी, यह कहा जा चुका है।

प्रातिशाख्य

प्रातिशाख्य को प्रायोगिक ध्वनिविज्ञान (अप्लाइड फ़ोनेटिक्स) कह सकते हैं। एक प्रकार से वे शिक्षा के ही विशद रूप हैं। वेदों की 1130 शाखाएँ मानी गयी हैं। इन शाखाओं में ध्वनि-सम्बन्धी (उच्चारण-सम्बन्धी) भेद पाये जाते थे। उनका विश्लेषण एवं

---

1. गीती शीघ्री शिरःकम्पी तथा लिखितपाठकः।
अनर्थज्ञोऽल्पकण्ठश्च षडेते पाठकाधमाः ।।32।।
2. माधुर्यम् अक्षरव्यक्तिः पदच्छेदस्तु सुस्वरः।
धैर्य लयसमर्थं (?) च षडेते पाठका (?) गुणाः।।33।।
3. शंकितं भीतमुद्धुष्टमव्यक्तमनुनासिकम्।
काकस्वरं शिरसिगं तथा स्थानविवर्जितम्।।34।
उपांशुदष्टं त्वरितं निरस्तं विलम्बितं गद्‌गदितं प्रगीतम्!।
निष्पीडितं ग्रस्तपदाक्षरं च वदेन्न दीनं न तु सानुनास्यम्।।35।
–पाणिनीयशिक्षा ऋक्‌शाखीया; मनोमोहन घोष द्वारा सम्पादित, पृ. 42

निर्धारण अर्थात् एक शाखा के उच्चारण से दूसरी शाखा के उच्चारण का क्या अन्तर है, यही बताना प्रातिशाख्यों का उद्देश्य था। 'प्रति शाखा' शब्द से 'प्रातिशाख्य' शब्द बना है जो उपर्युक्त दृष्टिकोण को स्पष्ट करता है। वेद-पाठ की जो पृथक्-पृथक् पद्धतियाँ प्रचलित थीं उन्हें यथावत् रखना और पाठकों को तत्तत् शाखानुसार शुद्ध उच्चारण का निर्देश देना प्रातिशाख्यों का काम था।

उपलब्ध प्रातिशाख्यों की संख्या छः से अधिक नहीं है जिनमें प्रमुख हैं—ऋक्प्रातिशाख्य (शौनककृत); शुक्ल यजुःप्रातिशाख्य (कात्यायनकृत); कृष्ण-यजुर्वेद के तैत्तिरीय और मैत्रायणी प्रातिशाख्य; सामवेद का पुष्पसूत्र और अथर्वप्रातिशख्य (शौनककृत)। ऋक्प्रातिशाख्य पर उवट की टीका बहुत महत्त्वपूर्ण है।

निरुक्त

निरुक्त शब्द का अर्थ है व्युत्पत्ति, अर्थात् यह बताना कि कोई शब्द किन-किन तत्त्वों के मिश्रण से निष्पन्न हुआ है; दूसरे शब्दों में यों कहें कि शब्द के अर्थतत्त्व और रचनातत्त्व का विश्लेषण करना। निरुक्त की परिभाषा है—

वर्णागमो वर्णविपर्ययश्च द्वौ चापरौ वर्णविकारनाशौ।
धातोस्तदर्थातिशयेन योगस्तदुच्यते पंचविधं निरुक्तम्।।

अर्थात् वर्णागम, वर्ण-विपर्यय, वर्ण-विकार, वर्ण-नाश (वर्ण-लोप) और धातु का अर्थ-विस्तार—निरुक्त के ये पाँच भेद हैं।

इस लक्षण में ध्वनि, पद और अर्थ तीनों का समाहार हो गया है। इस प्रकार निरुक्त का क्षेत्र काफ़ी विस्तृत दीखता है।

आज केवल एक निरुक्त प्राप्त है और वह है यास्क का। यास्क के निरुक्त में अनेक पूर्ववर्ती निरुक्तकारों के नाम आये हैं, जो इस बात के सूचक हैं कि यास्क के पहले निरुक्त-विषयक साहित्य पर्याप्त समृद्ध और विस्तृत था। यास्क सम्भवतः उनमें अन्तिम थे। यह साहित्य का सौभाग्य है कि यास्क-कृत निरुक्त प्राप्य है अन्यथा पूर्ववर्ती निरुक्तों की तरह यदि वह भी लुप्त हो गया होता तो हमारा निरुक्त-सम्बन्धी ज्ञान नाममात्र तक ही सीमित होता।

निरुक्त के दो खंड हैं—एक तो निरुक्त और दूसरा निघण्टु। निरुक्त वाले खंड में व्युत्पत्ति अर्थात् शब्द के प्रकृति-प्रत्यय-विभाग का विवेचन है और निघण्टु वाला खंड वैदिक शब्दों का कोश है। वस्तुतः निघण्टु शब्द 'कोश' का पर्याय है। निघण्टु को 'वैदिक कोश' कह सकते हैं। वेदमन्त्रों के ज्ञान और व्याख्यान के लिए निरुक्त आवश्यक माना गया, क्योंकि अर्थ का ज्ञान तब तक सम्भव नहीं जब तक शब्द की समुचित व्युत्पत्ति न मालूम हो। वैदिक शब्दों के संग्रह की आवश्यकता इसलिए पड़ी कि मन्त्रभाग की रचना से लेकर निरुक्त की रचना तक समय का इतना व्यवधान हो गया था कि बहुत सारे शब्द अर्थ की दृष्टि से अस्पष्ट हो गये थे। उनके अर्थ का निर्धारण आवश्यक था और अर्थ का निर्धारण तभी सम्भव था जब उनकी व्युत्पत्ति पर विचार किया जाता।

वस्तुतः व्युत्पत्ति और अर्थविज्ञान एक-दूसरे के पूरक हैं। व्युत्पत्ति से अर्थ स्पष्ट होता है और अर्थ को ध्यान में रखकर ही व्युत्पत्ति की जाती है।

यास्क-कृत निरुक्त निम्नलिखित दृष्टियों से महत्त्वपूर्ण है–

1. इसमें शब्दों की व्युत्पत्ति-सम्बन्धी मीमांसा का आरम्भिक रूप मिलता है। इस तरह यह **व्युत्पत्तिविज्ञान का आदिस्रोत** है। व्युत्पत्तिविज्ञान के क्षेत्र में यास्क के निरुक्त से प्राचीनतर कोई ग्रन्थ आज संसार में उपलब्ध नहीं है। तात्पर्य कि उसका ऐतिहासिक महत्त्व है।

2. निरुक्त में मुख्यतः यौगिक शब्दों पर विचार किया गया है। अर्थ के निर्धारण के प्रसंग में यास्क ने 'सखंड' शब्दों को ही लिया है, 'अखंड' शब्दों को नहीं, कारण कि सखंड शब्दों में ही अधिक आसानी से प्रकृति-प्रत्यय बताये जा सकते हैं और उनमें अर्थतत्त्व के मूल का अनुसन्धान अधिक सुकर है। 'अखंड' तत्त्व रूढ़ होने के कारण प्रायः अनिर्वचनीय हो जाता है। यदि अखंड का उदाहरण 'जन' शब्द को रखें तो सखंड का उदाहरण 'जनता' शब्द को रख सकते हैं जिसमें 'ता' प्रत्यय लगा हुआ है। ऐसे शब्दों में **प्रकृति-प्रत्यय का व्यवच्छेद** करके दोनों का आपेक्षिक रूप और महत्त्व प्रदर्शित करना **व्युत्पत्तिविज्ञान** का प्रतिपाद्य है।

3. यास्क द्वारा प्रस्तुत निरुक्तियों में कुछ तो **वैज्ञानिक** हैं और कुछ **काल्पनिक**। काल्पनिक निरुक्तियों के प्रसंग में यास्क ने बड़ी ईमानदारी से स्वीकार किया है कि ये अनुमान पर आधारित हैं। वैज्ञानिक निरुक्तियों के उदाहरण के रूप में निम्नलिखित लिए जा सकते हैं–

वृ>वर; स्था>स्थाणु; धा>धातु; राज्>राजा।

4. यास्क-कृत **पदविभाग प्राचीनतम** है। उन्होंने पदों को चार विभागों में बाँटा है–नाम (संज्ञा), आख्यात (क्रिया), उपसर्ग, निपात (अव्यय)। इनकी चर्चा पहले हो चुकी है।

5. एक बड़े महत्त्व का प्रश्न यास्क ने यह उठाया है कि शब्दों का मूल क्या है, अर्थात् सभी शब्द धातु से उत्पन्न हैं या नहीं ? यास्क के पहले दो प्रकार के मत प्रचलित थे--शाकटायन आदि निरुक्तकार सभी शब्दों को **धातुज** मानते थे और गार्ग्य आदि धातुज तथा अधातुज दोनों। धातुज मानने वालों को नैरुक्त (निरुक्तकारों का) सम्प्रदाय कह सकते हैं और धातुज-अधातुज दोनों मानने वालों को वैयाकरण सम्प्रदाय। वैयाकरणों का कहना था कि शब्द दो प्रकार के हैं--एक तो सत्त्ववाचक और दूसरे भाववाचक। सत्त्ववाचक और भाववाचक को दूसरे शब्दों में द्रव्यवाचक और क्रियावाचक कह सकते हैं। सत्त्ववाचक शब्द धातुओं से उत्पन्न हो ही, यह कोई आवश्यक नहीं। सत्त्वों अर्थात् द्रव्यों के नामकरण के लिए धातुओं की आवश्यकता नहीं है। धातुओं की आवश्यकता वहीं हो सकती है जहाँ भाव (क्रिया) की अभिव्यञ्जना अभिमत हो। क्योंकि द्रव्य और क्रिया में मौलिक भेद है, इसलिए दोनों के वाचक शब्दों के स्रोत भी दो मानना उचित है। शब्दों को धातुज मानने वालों का तर्क यह है कि द्रव्य भी आख़िर किसी-न-किसी

कार्य के लिए ही बने हैं, इसलिए उनमें भी क्रिया (भाव) का ही प्राधान्य है और जब भाव का प्राधान्य है तो उन्हें धातुज कहना अधिक उपयुक्त है। यास्क इसी मत के समर्थक हैं।

व्याकरण

वेद के छः अंगों में व्याकरण को सबसे अधिक महत्त्वपूर्ण माना गया है, यह 'मुखं व्याकरणं स्मृतम्' और भर्तृहरि की 'प्रथमं छन्दसामङ्गं प्राहुर्व्याकरणं बुधाः' आदि उक्तियों से स्पष्ट है। व्याकरण का शाब्दिक अर्थ है विश्लेषण। भाषा के प्रसंग में उसका अर्थ होगा भाषा का विश्लेषण। स्वभावतः उसमें भाषा के सभी अंग समाविष्ट हैं, जैसा पाणिनि की 'अष्टाध्यायी' की चर्चा के प्रसंग में हम आगे देखेंगे। व्याकरण शब्द एक प्रकार से आधुनिक भाषाविज्ञान का पर्याय है। जिन विषयों का विवेचन आजकल भाषाविज्ञान में होता है उन सबका विवेचन पहले व्याकरण में ही अन्तर्भूत था। महाभाष्यकार ने व्याकरण के अध्ययन के अनेक प्रयोजन गिनाये हैं, जिनमें दो—'लघु' और 'असन्देह'—सर्वाधिक महत्त्वपूर्ण और व्यावहारिक हैं।[1] 'लघु' से तात्पर्य यह है कि व्याकरण के द्वारा भाषा का ज्ञान शीघ्र और सरलता से होता है और 'असन्देह' से तात्पर्य यह है कि भाषा-सम्बन्धी सन्देह का निराकरण व्याकरण के द्वारा ही हो पाता है। शेष प्रयोजन वैदिक भाषा के लिए ही अधिकतर लागू थे। पाणिनि से पहले पचास से अधिक व्याकरण-ग्रन्थों का उल्लेख मिलता है और पाणिनि के बाद प्रायः पन्द्रह का।

पाणिनि

भाषाविज्ञान के इतिहास में पाणिनि का नाम मूर्धन्य है। न केवल भारतीय भाषाविज्ञान के बल्कि विश्व के भाषाविज्ञान के क्षेत्र में पाणिनि की देन अभूतपूर्व है। पाश्चात्य विद्वानों ने भी इस बात को मुक्त-कंठ से स्वीकार किया है कि वैसी प्रतिभा और मनीषा का भाषाविज्ञानी आज तक उत्पन्न नहीं हुआ। भारतीय भाषाविज्ञान पर तो पाणिनि का ऐसा प्रभाव पड़ा कि व्याकरण के दूसरे सम्प्रदाय लुप्त हो गये और जो भी उत्तरवर्ती वैयाकरण आचार्य हुए, उन्होंने पाणिनि की व्याख्या करने में अपना गौरव माना। पाणिनि केवल वैयाकरण नहीं, बल्कि महर्षि माने गये जो इस बात का प्रमाण है कि भारतीय लोक-भावना ने उनको कितना उच्च स्थान दिया।

पाणिनि का आविर्भावकाल और जीवनवृत्त अज्ञात है। कुछ विद्वानों ने उन्हें आठवीं शताब्दी ई.पू. में आविर्भूत माना है तो कुछ ने चौथी शताब्दी ई.पू. में। इन चार सौ वर्षों में पाणिनि को कहाँ प्रतिष्ठापित किया जाये, यह कहना कठिन है। स्थान के सम्बन्ध में प्रायः ऐकमत्य है कि तक्षशिला के पास शलातुर ग्राम के वह निवासी थे। इसी आधार

---

1. रक्षोहागमलध्वसन्देहाः प्रयोजनम्।—महाभाष्य, पस्पशाह्निक।

पर उनका एक नाम 'शालातुरीय' भी है। पाणिनि के अनेक नाम परम्परा से ज्ञात हैं जिनमें शालंकि और दाक्षीपुत्र—ये दो नाम महाभाष्य में भी आये हैं। बहिःसाक्ष्य से इतना ज्ञात होता है कि वह घर के सम्पन्न थे और शिष्यों को अपनी ओर से भोजन देकर पढ़ाते थे। मृत्यु के सम्बन्ध में संस्कृतज्ञों के बीच यह प्रवाद है कि त्रयोदशी तिथि को सिंह ने उन्हें मार डाला। 'पंचतन्त्र' के एक श्लोक से इस प्रवाद की पुष्टि होती है—

सिंहो व्याकरणस्य कर्तुरहरत् प्राणान् प्रियान् पाणिनेः।

पाणिनि के पूर्व प्रायः सत्तावन वैयाकरण हुए थे और पाणिनि के पश्चात् पन्द्रह। इन बहत्तर वैयाकरणों में किसी वैयाकरण को वह सम्मान और गौरव नहीं मिला जो पाणिनि को। वस्तुतः भारत में अपाणिनीय व्याकरण का अध्येता वैयाकरण माना ही नहीं जाता, क्योंकि व्याकरण-सम्बन्धी उच्चतर विवेचन-ग्रन्थ जिन्हें टीका-ग्रन्थ कहते हैं, पाणिनीय व्याकरण को ही आधार बनाकर रचित हैं। इसलिए दूसरे व्याकरणों के अध्येताओं को भी आगे चलकर पाणिनीय व्याकरण का ही अध्ययन करना पड़ता है।

ऐसे तो पाणिनि के अनेक ग्रन्थों की चर्चा मिलती है किन्तु उपलब्ध ग्रन्थ एक ही है, जिसे **अष्टाध्यायी** कहते हैं। अष्टाध्यायी को **पाणिनीयाष्टक** अथवा **शब्दानुशासन** भी कहा जाता है। अष्टाध्यायी कहने का कारण यह है कि इस ग्रन्थ में आठ अध्याय हैं। प्रत्येक अध्याय का विभाजन चार-चार पादों में है। इस तरह आठ अध्यायों या बत्तीस पादों में सम्पूर्ण व्याकरण समाविष्ट हो गया है। व्याकरण के नियमों का निर्देश पाणिनि ने सूत्रों में किया है जिनकी संख्या 3980 है। ये सूत्र बहुत छोटे किन्तु महत्त्वपूर्ण हैं। कम-से-कम शब्दों में अधिक-से-अधिक अर्थ कैसे भरा जा सकता है, यह कोई पाणिनि से सीखे। इसी आधार पर वैयाकरणों के बीच एक उक्ति प्रचलित है कि 'अर्धमात्रालाघवं पुत्रोत्सवं मन्यन्ते वैयाकरणाः'। वस्तुतः संस्कृत में सूत्रशैली संक्षिप्तता का चरम विकास है। अष्टाध्यायी के अतिरिक्त उणादिसूत्र, धातुपाठ, गणपाठ, लिंगानुशासन और एक शिक्षाग्रन्थ भी पाणिनिकृत माने जाते हैं। 'जाम्बवती-विजय' या 'पाताल-विजय' नामक एक महाकाव्य की भी पाणिनि ने रचना की थी, ऐसी जनश्रुति है। उणादिसूत्र, गण-पाठ आदि अष्टाध्यायी के परिशिष्ट कहे जा सकते हैं। पाणिनीय व्याकरण की निम्नलिखित विशेषताएँ हैं—

(1) **माहेश्वर-सूत्रों**[1] **(प्रत्याहार-सूत्रों)** में वैदिक और संस्कृत भाषा का सम्पूर्ण वर्ण-समाम्नाय सन्निविष्ट है। संसार की किसी भाषा के वर्ण-समाम्नाय का ऐसा वैज्ञानिक प्रस्तवन नहीं पाया जाता। स्थान, करण और प्रयत्न के अनुसार ध्वनियों (वर्णों) को वर्गीकृत करके पाणिनि ने इन चौदह सूत्रों में प्रस्तुत कर दिया है। ऐसी प्रसिद्धि है कि ये चौदह सूत्र वर्षों तपस्या करने के बाद भगवान् महेश्वर (शिव) से उन्हें प्राप्त हुए थे इसीलिए इन्हें माहेश्वर-सूत्र कहा जाता है। पाणिनि की तपस्या से प्रसन्न होकर शिव

---

1. अइउण्। 2. ऋलृक्। 3. एओङ्। 4. ऐऔच्। 5. हयवरट्। 6. लण्। 7. ञमङणनम्। 8. झभञ्। 9. घढधष्। 10. जबगडदश्। 11. खफछठथचटतव्। 12. कपय्। 13. शषसर्। 14. हल्।

ने चौदह बार अपना डमरू बजाया। उसी डमरू-निनाद से ये चौदह सूत्र उत्पन्न हुए, यह परम्परा मानती है।

(2) माहेश्वर-सूत्रों की विशेषता ध्वनियों के केवल वैज्ञानिक उपस्थापन में ही नहीं, **संक्षेप** में भी है। उस संक्षेपण की पद्धति को ही प्रत्याहार कहते हैं। प्रत्याहार का शाब्दिक अर्थ है समेटना। आरम्भ के किसी वर्ण का सूत्रान्तस्थित किसी व्यञ्जन के साथ उच्चारण कर बीच के सभी वर्णों का बोध करा दिया जाता है; जैसे—'अच्' कहने से अ से च् तक के समस्त स्वर-वर्ण बोधित हो जायेंगे। इसी तरह 'हल्' कहने से सभी व्यञ्जन-वर्णों और 'अल्' कहने से सभी स्वर एवं व्यञ्जन वर्णों का बोध हो जाता है। हिन्दी के 'हलन्त' शब्द का प्रयोग पाणिनि के 'हल्' प्रत्याहार के आधार पर ही है—'हल्' अर्थात् व्यञ्जन हो अन्त में जिसके वह हलन्त, तात्पर्य कि ऐसा व्यञ्जन जिनमें स्वर का मेल नहीं हो।

(3) **सन्धि** के सूत्रों द्वारा पाणिनि ने ध्वनि-परिवर्तनों का व्यापक और निरपवाद निरूपण किया है। ध्वनियों के सन्निकर्ष (सामीप्य) के कारण किस प्रकार आगम, विकार, लोप आदि होते हैं, इसका पाणिनि ने जो निरूपण किया है वह केवल संस्कृत भाषा के लिए ही लागू नहीं; वह इतना व्यापक और वैज्ञानिक है कि किसी भी भाषा पर लागू हो सकता है। समीप रहने पर दो वर्ण कैसे एक-दूसरे को प्रभावित और परिवर्तित करते हैं, एतत् सम्बन्धी नियम किसी भाषा पर घटित किये जा सकते हैं।

(4) अष्टाध्यायी संस्कृत का एकमात्र व्याकरण है, जिसमें **वैदिक** और **लौकिक** संस्कृत का विश्लेषण किया गया है। लौकिक संस्कृत में भी भारत के विभिन्न भागों में जो प्रयोग-भेद प्रचलित थे, उनका निर्देश है। आजकल की भाषावैज्ञानिक शब्दावली में इसे वैभाषिक (डायलेक्टिकल) भेद कहेंगे। इस तरह वैदिक, संस्कृत और वैभाषिक—इन तीनों रूपों का भाषिक विश्लेषण कर पाणिनि ने **तुलनात्मक भाषाविज्ञान** का शिलान्यास किया।

(5) पाणिनि ने प्रकृति और प्रत्यय के विभाग द्वारा सभी शब्दों की व्युत्पत्ति (निरुक्ति) का वैज्ञानिक आधार प्रस्तुत किया। पाणिनि ने यहाँ तक कहा कि जहाँ शब्द का प्रकृति-प्रत्यय-विभाग स्पष्ट नहीं मालूम पड़ता वहाँ भी सार्थक मूल ढूँढ़कर काल्पनिक प्रत्यय के योग द्वारा शब्द निष्पन्न कर लिया जा सकता है। उणादि सूत्रों (उणादयो बहुलम्) का यही निष्कर्ष है। उणादि-प्रकरण में वैसे शब्दों की व्युत्पत्ति प्रदर्शित करने का प्रयास किया गया है जो व्याकरण के सामान्य नियम से व्युत्पन्न नहीं हो पाते।

पाणिनि ने धातु और प्रत्यय के योग से **कृदन्त** तथा प्रातिपदिक और प्रत्यय के योग से **तद्धित**, इन दो प्रकार के शब्दों का विभाजन किया। पाश्चात्य भाषाविज्ञानी, कृदन्त को 'प्राइमरी एफ़िक्स' (प्रधान प्रत्यय) और तद्धित को 'सेकंडरी एफ़िक्स' (गौण प्रत्यय) कहते हैं।

(6) यास्क ने नाम, आख्यात, उपसर्ग और निपात—चार प्रकार से शब्द-विभाग

किया था। पाणिनि ने उसे घटाकर दो कर दिया—**सुबन्त** और **तिङन्त**। सुबन्त में संज्ञा, सर्वनाम, विशेषण, संख्यावाचक, अव्यय—ये सब आ गये और तिङन्त में क्रिया। यह विभाजन सरलतम तो है ही, युक्तिसंगत और वैज्ञानिक भी है।

(7) समास और कारक प्रकरण का मूल आधार **वाक्यविज्ञान** और **अर्थविज्ञान** है। एक ही शब्द समास-भेद से अर्थ-भेद का वाचक बन जाता है; जैसे—'राजपुत्र' में यदि तत्पुरुष समास मानें तो उसका अर्थ होगा—राजा का पुत्र (राज्ञः पुत्रः) और यदि बहुव्रीहि मानें तो अर्थ सर्वथा उलट जायेगा—राजा है पुत्र जिसका (राजा पुत्रः यस्य सः)। इस तरह समास-भेद से एक ही शब्द के दो सर्वथा भिन्न अर्थ हो जाते हैं। 'कविराज' और 'राजकवि' में शब्द समान हैं, किन्तु केवल स्थान-परिवर्तन हो जाने से अर्थ परिवर्तित हो जाता है। समास का महत्त्व वाक्यविज्ञान की दृष्टि से भी है और अर्थविज्ञान की दृष्टि से भी, जैसा उपर्युक्त उदाहरणों से स्पष्ट है।

कारक प्रकरण तो वाक्यविज्ञान का प्राण है। कारक-ज्ञान के अभाव में संस्कृत में एक वाक्य भी बोलना या लिखना सम्भव नहीं है। वाक्य में किसी शब्द के व्यापार के अनुसार विभक्ति लगती है। उदाहरणार्थ, यदि वाक्य में कर्ता की प्रधानता है तो प्रथमा विभक्ति होगी (बालकः पुस्तकं पठति) और यदि कर्ता की अप्रधानता है तो तृतीया विभक्ति होगी (बालकेन पुस्तकं पठ्यते)। यहाँ बालक में प्रधानता और अप्रधानता के आधार पर ही प्रथमा और तृतीया विभक्ति का प्रयोग हुआ है। ऐसे ही 'रजकस्य वस्त्रं ददाति' और 'रजकाय वस्त्रं ददाति' के अर्थ में अन्तर है जो केवल षष्ठी और चतुर्थी विभक्तियों के कारण व्यक्त होता है। 'रजकस्य वस्त्रं ददाति' का अर्थ है कि धोबी को कपड़ा धोने के लिए दिया जाता है जो उसे फिर लौटाना है, किन्तु 'रजकाय वस्त्रं ददाति' का अर्थ है कि धोबी ने अपने पहनने के लिए कपड़ा माँगा और वह उसे दे दिया गया; उसके लौटाने का प्रश्न ही नहीं उठता। अर्थ का इतना बड़ा अन्तर केवल कारक के भेद से उत्पन्न हो गया।

(8) पाणिनि ने स्वर-प्रक्रिया के अन्तर्गत **स्वराघात** और **बलाघात** के विस्तृत नियम गिनाये हैं और भाषा में उनका महत्त्व प्रतिपादित किया है।

(9) पाणिनि-व्याकरण का अन्यतम गुण है उसकी **संक्षिप्तता**। एक भी ऐसा शब्द नहीं जो निरर्थक या अनावश्यक कहा जा सके। इसीलिए कात्यायन के वार्त्तिकों की आलोचना करते हुए पतंजलि ने कहा है कि इन वार्त्तिकों की कोई आवश्यकता नहीं है; पाणिनि के सूत्र ही वार्त्तिकों द्वारा निर्दिष्ट नियमों को बताने में समर्थ हैं।

> प्रमाणभूत आचार्यो दर्भपवित्रपाणिः शुचावाकाशे प्राङ्मुख उपविश्य
> महता प्रयत्नेन सूत्राणि प्रणयति स्म। तत्राशक्यं वर्णेनाप्यनर्थकेन
> भवितुं, कि पुनरियता सूत्रेण।

—महाभाष्य

—कुशपवित्रपाणि प्रामाणिक आचार्य ने शुद्ध स्थान में पूर्वाभिमुख बैठकर बड़े श्रम से सूत्रों का प्रणयन किया है। उनमें एक वर्ण भी अनर्थक नहीं हो सकता, इतने बड़े

सूत्र की तो बात ही क्या है ?

इस प्रकार **ध्वनि, पद, वाक्य, अर्थ, आघात,** भाषा का कोई पक्ष नहीं जो पाणिनीय व्याकरण में पूर्णतः विश्लेषित न हुआ हो। यही कारण है कि पाणिनि का स्थान सर्वोच्च माना जाता है।

कात्यायन

पाणिनि के अनन्तर दूसरे उल्लेखनीय वैयाकरण कात्यायन हैं। परम्परा के अनुसार कात्यायन पाणिनि के समकालीन थे। कहा जाता है कि पाणिनि ने अष्टाध्यायी लिखने के बाद उसे कात्यायन के पास अवलोकनार्थ भेजा जिसमें 1500 स्थलों पर कात्यायन ने संशोधन कर दिया। कात्यायन के संशोधन को 'वार्त्तिक' कहा जाता है।

उक्तानुक्तदुरुक्तानां चिन्ता यत्र प्रवर्तते।
तं ग्रन्थं वार्त्तिकं प्राहुर्वार्तिकज्ञाः मनीषिणः॥

—जिसमें कहे हुए, नहीं कहे हुए या ग़लत कहे हुए पर विचार किया जाये उसे वार्त्तिक कहते हैं।

जिन प्रयोगों का निर्देश करना और जिनके लिए नियम बनाना पाणिनि भूल गये थे, वे ही इन 1500 वार्त्तिकों में वर्तमान हैं।

कात्यायन के वार्त्तिकों का ऐतिहासिक समाधान इस परम्परागत धारणा से भिन्न है। विद्वानों का कहना है कि कात्यायन पाणिनि के समकालीन नहीं थे। वह सम्भवतः डेढ़-दो सौ वर्ष बाद उत्पन्न हुए और पाणिनि के समय से लेकर कात्यायन के समय तक संस्कृत भाषा में जो अन्तर आ गया था, उसे ही कात्यायन ने वार्त्तिकों में नियमबद्ध किया। इस प्रकार भाषा के विकासस्वरूप जो नवीन प्रयोग प्रचलित हो गये थे, उन्हीं का संकलन वार्त्तिक हैं। तात्पर्य कि प्रकारान्तर से वार्त्तिक पाणिनि के सूत्रों के पूरक हैं। इसमें सन्देह नहीं कि वार्त्तिकों की व्यावहारिक उपयोगिता है।

कात्यायन ने अधिकतर पाणिनि के पारिभाषिक शब्दों का ही प्रयोग किया है, किन्तु कहीं-कहीं उन्होंने नये शब्द भी रखे हैं, जैसे—पाणिनि द्वारा प्रयुक्त 'अच्' के लिए 'स्वर' शब्द का और 'हल्' के लिए 'व्यञ्जन' शब्द का भी प्रयोग वार्त्तिकों में मिलता है। कात्यायन का समय 500 से 300 ई.पू. के बीच माना जाता है।

पतंजलि

पतंजलि का इतिवृत्त अज्ञात है। भारतीय परम्परा पतंजलि को महाभाष्य, योगसूत्र और चरकसंहिता (आयुर्वेद ग्रन्थ) का प्रणेता मानती है।[1]

---

1. योगेन चित्तस्य पदेन वाचां मलं शरीरस्य च वैद्यकेन।
योऽपाकरोत्तं प्रवरं मुनीनां पतंजलिं प्रांजलिरानतोऽस्मि।।

व्याकरण सम्प्रदाय में पतंजलि के अनेक नाम प्रचलित हैं; जैसे—गोनर्दीय, गोणिकापुत्र, अहिपति, नागनाथ, फणी आदि। महाभाष्य के अन्तःसाक्ष्य के आधार पर पतंजलि, शुंगवंशी राजा पुष्यमित्र के समकालीन प्रतीत होते हैं, जैसा महाभाष्य की इन उक्तियों से स्पष्ट है—'इह पुष्यमित्रं याजयामः' (3-2-123); 'पुष्यमित्रो यजते, याजका याजयन्ति' (3-1-26) आदि। पुष्यमित्र का समय दूसरी शताब्दी ई.पू. है। इसलिए पतंजलि का समय भी वही होना चाहिए।

पतंजलि ने व्याकरण-विषयक कोई मौलिक ग्रन्थ नहीं लिखा, केवल पाणिनि के सूत्रों का भाष्य किया। पर भाष्य इतना सारगर्भ, गम्भीर और महत्त्वपूर्ण प्रमाणित हुआ कि उसका नाम 'महाभाष्य' पड़ गया। संस्कृत वाङ्मय में महाभाष्य की अभिधा पानेवाला यह एकमात्र ग्रन्थ है। गुण और परिमाण दोनों ही दृष्टियों से इसका महाभाष्य नाम उचित है। इसमें अष्टाध्यायी के अनुसार ही आठ अध्याय और चार पाद हैं।

कहने को तो महाभाष्य अष्टाध्यायी का भाष्य है, किन्तु उसमें इतनी अधिक सूक्ष्मता और मौलिकता है कि वह स्वतन्त्र ग्रन्थ भी माना जा सकता है और प्रतिष्ठा की दृष्टि से व्याकरण-ग्रन्थों में वह पुरोगण्य है। संस्कृत में एक उक्ति प्रचलित है 'यथोत्तरं मुनीनां प्रामाण्यम्', अर्थात् पाणिनि की अपेक्षा कात्यायन और कात्यायन की अपेक्षा पतंजलि को अधिक प्रामाणिक मानना चाहिए। यह उक्ति भी इस बात का समर्थन करती है कि व्याकरण के मुनित्रय (पाणिनि, कात्यायन, पतंजलि) में पंतजलि का सर्वाधिक महत्त्व था।

महाभाष्य में अष्टाध्यायी की व्याख्या के साथ भाषा से सम्बद्ध बहुत सारे मौलिक प्रश्नों का गूढ़ विवेचन हुआ है। उदाहरणार्थ—ध्वनि, पद, वाक्य आदि का स्वरूप क्या है, ध्वनि और अर्थ का सम्बन्ध क्या है—आदि भाषावैज्ञानिक समस्याओं की महाभाष्यस्थ मीमांसा आज के भाषाविज्ञान के लिए भी बहुत उपादेय सिद्ध होगी।

पतंजलि ने कात्यायन के वार्त्तिकों का खंडन कर यह प्रमाणित किया है कि जो बात वार्त्तिकों में कही गयी है, वह सूत्रों से आक्षिप्त हो जाती है; अतः वार्त्तिकों की कोई आवश्यकता नहीं।

महाभाष्य की अन्यतम विशेषता है उसकी सरल, प्रांजल अभिव्यञ्जना। प्रायः बोलचाल की भाषा में व्याकरण की समस्त ग्रंथियों का समाधान महाभाष्य में हुआ है। भाषा के सहज, स्वच्छ प्रवाह की दृष्टि से संस्कृत का कोई ग्रन्थ महाभाष्य की तुलना नहीं कर सकता।

महाभाष्य पर अनेक टीकाएँ और उन टीकाओं की टीकाएँ भी लिखी गयीं। सबका विवरण देना यहाँ अनावश्यक है, किन्तु दो उल्लेख्य हैं—एक तो भर्तृहरि की 'महाभाष्य-दीपिका' और दूसरी कैयट का 'महाभाष्य-प्रदीप'। भर्तृहरि का समय अनिश्चित है। ऐसा विश्वास किया जाता है कि पंचम-षष्ठ शताब्दी के आस-पास भर्तृहरि हुए थे। कैयट का समय ग्यारहवीं शताब्दी का उत्तरार्ध है। महाभाष्य की ग्रन्थियों को सुलझाने

में इन दो टीकाओं का महत्त्वपूर्ण योगदान है। कैयट के 'प्रदीप' पर भी अनेक टीकाएँ लिखी गयीं जिनमें नागेश भट्ट की 'उद्योत' नामक टीका सर्वाधिक प्रचलित एवं प्रसिद्ध है। इन टीकाकारों ने भी टीका के बहाने अनेक मौलिक बातें कही हैं।

अष्टाध्यायी की टीकाएँ

अष्टाध्यायी की टीकाओं में सबसे महत्त्वपूर्ण है **जयादित्य** और **वामन** द्वारा लिखित **काशिका**। जयादित्य और वामन का समय सातवीं शताब्दी का उत्तरार्ध माना जाता है। काशिका शब्द के दो अर्थ हैं—एक तो 'काश्' धातु से निष्पन्न होने के कारण 'काशिका' का अर्थ है 'प्रकाशिका'—प्रकाशित करने वाली ('काश्' धातु में ही 'प्र' उपसर्ग लगा देने से प्रकाश शब्द बनता है)। काशिका के व्याख्याता हरदत्त के अनुसार काशिका की रचना काशी में हुई थी, इसलिए उसे काशिका कहा गया (काशीषु भवा काशिका)।

1. काशिका पाणिनि के सूत्रों की **वृत्ति** प्रस्तुत करती है, अर्थात् सूत्रों की संक्षिप्तता के कारण अर्थ में जो अस्पष्टता है, उसका निराकरण करती है। सूत्रों के अभिप्राय को स्पष्ट करने में काशिकावृत्ति का महत्त्वपूर्ण योगदान है।

2. काशिका के अध्ययन से यह ज्ञात होता है कि उसके पहले अष्टाध्यायी पर और भी अनेक वृत्तियाँ थीं जिनके मतों को काशिका में उपन्यस्त किया गया है और जो अन्यत्र अप्राप्य हैं। काशिका की लोकप्रियता के कारण या काल-प्रवाह के कारण अन्य वृत्तियाँ लुप्त हो गयीं।

3. गणपाठ का समावेश काशिका की अन्यतम विशेषता है।

4. काशिका में अनेकत्र सूत्रों की व्याख्या में महाभाष्य का विरोध दीख पड़ता है, जिसका कारण सम्भवतः यह है कि काशिका ने पूर्ववर्ती वृत्तियों को अधिक मान्य समझकर स्वीकार किया है और तत्तत् स्थलों में महाभाष्य के कथन को महत्त्व नहीं दिया है।

5. काशिका में सूत्रों के उदाहरण अधिकतर प्राचीन वृत्तियों से लिये गये हैं, अतः उन उदाहरणों का ऐतिहासिक महत्त्व है।

सिद्धान्त-कौमुदी के प्रचलन के पूर्व तक काशिका अत्यधिक लोकप्रिय थी, किन्तु जब पठन-पाठन में सिद्धान्त-कौमुदी का प्रयोग बढ़ गया तो काशिका की लोकप्रियता क्षीण पड़ गयी।

काशिका के अभिप्राय को स्पष्ट करने की दृष्टि से **जिनेन्द्रबुद्धि** ने 'काशिका विवरण-पंजिका' नामक एक टीका लिखी जिसका दूसरा और अधिक प्रचलित नाम 'न्यास' है। फिर, न्यास की व्याख्या को दृष्टि में रखकर मैत्रेयरक्षित ने 'तन्त्र-प्रदीप' नाम की एक टीका लिखी और तन्त्रप्रदीप को स्पष्ट करने के लिए नन्दन मिश्र ने 'उद्योतन' नाम की टीका लिखी। उद्योतन के अतिरिक्त दो और वृत्तियाँ—प्रभा और आलोक—तन्त्रप्रदीप पर लिखी गयीं। इस प्रकार वृत्ति ग्रन्थों की एक लम्बी वंश-परम्परा

बन गयी है—

अष्टाध्यायी → काशिका → न्यास → तन्त्रप्रदीप → उद्योतन; प्रभा; आलोक।

संस्कृत में टीका की टीका, फिर उसकी टीका, फिर उसकी टीका; इस तरह टीकाओं की छः-छः, सात-सात-पीढ़ियाँ चलीं जिनमें यदि पिष्टपेषण और रूढ़िपोषण है तो विभिन्नता भी कम नहीं है। टीका का लक्ष्य अधिक-से-अधिक सूक्ष्मता प्रदर्शित करना है।

कौमुदी-ग्रन्थ

पाणिनि के सूत्रक्रम को परिवर्तित कर **भट्टोजि दीक्षित** ने प्रकरण के अनुसार सूत्रों का विन्यास किया। संज्ञा, सन्धि, सुबन्त, स्त्रीप्रत्यय, कारक, समास, तद्धित, तिङन्त, कृदन्त आदि के अनुसार सूत्रों का विन्यास करने से उनका क्रम उलट गया और अनुवृत्ति का क्रम बाधित हो गया। इसलिए दीक्षित को स्वयं सूत्रों की वृत्ति लिखनी पड़ी। प्रकरणानुसार सूत्रों के विन्यास से एक प्रकार का लाघव तो हुआ, लेकिन वृत्ति रटने का अतिरिक्त बोझ आ जाने से व्याकरण का अध्ययन समय-साध्य और कष्टकर हो गया। सिद्धान्त-कौमुदी का प्रचार इतना हुआ कि अष्टाध्यायी का अध्ययन-अध्यापन एक तरह से बन्द हो गया। उन्नीसवीं शताब्दी में आकर स्वामी दयानन्द ने फिर अष्टाध्यायी के अध्ययन पर बल देकर उसके अध्ययन-अध्यापन की परम्परा उज्जीवित की जो गुरुकुलों में चल रही है। भट्टोजि दीक्षित ने **प्रौढ़मनोरमा** नाम की भी एक पुस्तक लिखी जिसमें पाणिनि के सूत्रों का विवेचन है।

सिद्धान्त-कौमुदी के विस्तार को कम करने के लिए दो लघु संस्करण प्रस्तुत किये गये—**मध्यकौमुदी** और **लघुकौमुदी**। संस्कृत विद्यालयों में व्याकरण का अध्ययन लघुकौमुदी से ही आरम्भ किया जाता है और क्रमशः सिद्धान्त-कौमुदी तक छात्र पहुँचते हैं। लघुकौमुदी द्वारा प्राप्त व्याकरण का ज्ञान अधूरा होता है।

पूर्वोक्त सभी ग्रन्थों में भाषा के वर्णनात्मक पक्ष का ही प्राधान्य है। उसके दार्शनिक और विवेचनात्मक पक्ष के ज्ञान की दृष्टि से निम्नलिखित लेखक उल्लेखनीय हैं—

(क) भर्तृहरि—भर्तृहरि का निश्चित समय और स्थान मालूम नहीं है। नामसाम्य के कारण कुछ लोग शतकत्रय के रचयिता भर्तृहरि और वैयाकरण भर्तृहरि को अभिन्न मानते हैं, किन्तु वे अभिन्न नहीं हैं। भर्तृहरि का एकमात्र ग्रन्थ है वाक्यपदीय, जो भाषा के विवेचन की दृष्टि से अद्भुत है। वैसी गम्भीरता और सूक्ष्मता शायद ही किसी दूसरे ग्रन्थ में दीख पड़े। वाक्यपदीय के तीन खंड हैं—ब्रह्मकांड (आगमकांड), वाक्यकांड और पदकांड (प्रकीर्णकांड)। वाक्यपदीय को व्याकरण का दर्शन कह सकते हैं।

(ख) नागेश भट्ट—मौलिक चिन्तन की दृष्टि से पतंजलि और भर्तृहरि के बाद भारतीय भाषाविज्ञान की परम्परा में नागेश का ही नाम आता है। नागेश ने अनेक ग्रन्थ लिखे—कैयट के महाभाष्य-प्रदीप पर 'उद्योत' नाम की टीका, शब्देन्दुशेखर, परिभाषेन्दुशेखर,

स्फोटवाद, वैयाकरण-सिद्धान्त-मंजूषा आदि। इनमें 'मंजूषा' सबसे अधिक महत्त्वपूर्ण है। भाषा-सम्बन्धी विवेचन इस ग्रन्थ में अपनी पराकाष्ठा पर है। यह खेद की बात है कि मंजूषा में निहित विवेचन असंस्कृतज्ञों के लिए उपलब्ध नहीं है। भारतीय भाषावैज्ञानिक उपलब्धि को ठीक से समझने के लिए मंजूषा का अध्ययन अनिवार्य है।

(ग) कौण्डभट्ट—मंजूषा के ही समकक्ष, भाषाविज्ञान के तत्त्वों पर विचार करनेवाला, एक दूसरा ग्रन्थ है वैयाकरण-भूषण जो कौण्डभट्ट का लिखा हुआ है। यह ग्रन्थ भी विवेचन की सूक्ष्मता की दृष्टि से महत्त्वपूर्ण है।

पाणिनि-भिन्न व्याकरण-सम्प्रदाय

पाणिनि से भिन्न प्रायः पन्द्रह व्याकरण-सम्प्रदाय प्रचलित रहे हैं, किन्तु उनमें तीन ही अधिक लोकप्रिय हैं—

1. **कातन्त्र** व्याकरण, जिसे **कौमार** या **कलाप** भी कहते हैं। कलाप का प्रणयन कब और किसने किया, यह निश्चित नहीं है। अलबरूनी ने कलाप का उल्लेख किया है। इससे यह सिद्ध होता है कि वह काफ़ी प्राचीन व्याकरण है। कलाप का प्रचार बंगाल में अधिक रहा है।

2. दूसरा उल्लेखनीय व्याकरण है **बोपदेव**-रचित **मुग्धबोध**। मुग्धबोध का भी प्रचार बंगाल में ही अधिक है।

3. **अनुभूतिस्वरूपाचार्य** द्वारा लिखित **सारस्वत** व्याकरण सरलता के कारण लोकप्रिय रहा है। सारस्वत पर चन्द्रिका नाम की एक व्याख्या है, इसीलिए दोनों को मिलाकर **सारस्वतचन्द्रिका** भी कहते हैं। उत्तर प्रदेश और बिहार में **सारस्वतचन्द्रिका** का पठन-पाठन अधिक था।

कलाप, मुग्धबोध और सारस्वत—ये तीनों व्याकरण सरलता को ध्यान में रखकर लिखे गये थे और इनका उद्‌देश्य था संक्षेप में संस्कृत भाषा का व्यावहारिक ज्ञान करा देना। उदाहरणार्थ, जो काम अष्टाध्यायी के प्रायः चार हज़ार सूत्रों से होता है, वह सारस्वत के सात सौ सूत्रों से ही हो जाता है, किन्तु व्याकरण-सम्बन्धी गम्भीर विवेचन की आधारशिला प्रस्तुत करने में ये ग्रन्थ सफल नहीं हैं। इसीलिए जो संस्कृत के व्याकरण का उच्चतर अध्ययन करना चाहते हैं, वे अनिवार्यतः पाणिनीय व्याकरण की शरण लेते हैं।

प्राकृत

जब प्राकृतों का विकास हो गया और साहित्य में उनका प्रयोग होने लगा तो उनके व्याकरण की भी आवश्यकता का अनुभव हुआ। इस दृष्टि से कुछ व्याकरण लिखे गये, किन्तु वे सर्वथा सन्तोषप्रद नहीं कहे जा सकते। इसका प्रधान कारण तो यह है कि संस्कृत सदा विद्वत्-समाज की भाषा रही और प्राकृतों को वह स्थान कभी नहीं मिल

सका जो संस्कृत को प्राप्त था। प्राकृतों का उपयोग मुख्यतः दो ही रूपों में हुआ—एक तो **लोक-साहित्य** के लिए और दूसरा **नाटकों** में अनुत्तम पात्रों के सम्भाषण के लिए। स्वभावतः इस सीमित व्यवहार में आनेवाली भाषा का रूप वैसा व्यापक नहीं हो सका जैसा संस्कृत का था। इस सम्बन्ध में स्मरण रखने की एक बात यह भी है कि प्राकृतों का अध्ययन बोलचाल की जीवित भाषा के रूप में नहीं हुआ। एक बार जब यह मान लिया गया कि नाटकों में सामान्य या अधम पात्रों को प्राकृतों का प्रयोग करना चाहिए तो प्राकृतों के बोलचाल की भाषा न रहने पर भी उनका प्रयोग करते रहे। इस प्रकार बीसवीं शताब्दी में भी लिखे गये संस्कृत के नाटकों में सामान्य पात्रों के द्वारा प्राकृतों का प्रयोग कराया गया है। तीसरी बात ध्यान में रखने की यह है कि देश-भेद और काल-भेद से प्राकृतों के बहुत-सारे रूप हो गये थे, किन्तु उनका यथोचित निरूपण नहीं हो पाया, क्योंकि प्राकृतों का भाषावैज्ञानिक महत्त्व नहीं माना गया। उनका महत्त्व केवल साहित्यिक था। इसलिए निरूपण भी उस व्यापक दृष्टिकोण से नहीं किया गया जो भाषावैज्ञानिक दृष्टि में अपेक्षित होता है।

प्राकृतों के व्याकरणों में सबसे उल्लेखनीय है **वररुचिकृत प्राकृत-प्रकाश**। वररुचि का समय अनिश्चित है। कुछ विद्वान् इन्हें छठी शताब्दी ई. से पहले रखने के आग्रही हैं। प्राकृत-प्रकाश में बारह अध्याय हैं जिनमें प्रथम नौ अध्यायों में महाराष्ट्री प्राकृत का निरूपण है। शेष तीन अध्यायों में क्रमशः पैशाची, मागधी और शौरसेनी की चर्चा है। कहने की आवश्यकता नहीं कि अन्तिम तीन प्राकृतों का निरूपण बहुत ही संक्षिप्त और एक प्रकार से अधूरा है। शौरसेनी का निरूपण करने के बाद वररुचि ने कह दिया है कि 'शेषं महाराष्ट्रीवत्'। महाराष्ट्री से शौरसेनी के या अन्य प्राकृतों के जो भेदक लक्षण होने चाहिए, वे यथावत् चर्चित नहीं हो पाये हैं। फिर भी इस पुस्तक की सहायता से प्राकृतों का अच्छा परिज्ञान हो जाता है।

दूसरा व्याकरण **हेमचन्द्र** (बारहवीं शताब्दी) का **शब्दानुशासन** है। हेमचन्द्र का ज्ञान व्यापक था और उन्होंने अनेक विषयों पर ग्रन्थ लिखे, जिनमें उपर्युक्त व्याकरण-ग्रन्थ भी है। शब्दानुशासन का दूसरा नाम 'सिद्धहेमचन्द्र' या संक्षेप में 'सिद्धहैम' भी है। इस ग्रन्थ के सात अध्यायों में संस्कृत का व्याकरण निरूपित है और एक अध्याय में प्राकृत तथा अपभ्रंश का। हेमचन्द्र के अपभ्रंश-सूत्र विशेष महत्त्व के हैं, क्योंकि उदाहरण समसामयिक साहित्य से लिये गये हैं। हेमचन्द्र तक अपभ्रंश का रूप कैसा विकसित हुआ था, इसका पता इन उदाहरणों से लग जाता है। हेमचन्द्र ने सूत्र स्वयं लिखे हैं, किन्तु उदाहरण दूसरों के दिये हैं, अतः उनके ग्रन्थ का भाषावैज्ञानिक ही नहीं, ऐतिहासिक महत्त्व भी हो जाता है, क्योंकि उसके आधार पर अनेक कवियों के समय-निर्धारण में सहायता मिलती है।

प्राकृतों के व्याकरणों में तीसरा उल्लेखनीय व्याकरण है **मार्कण्डेय** द्वारा (सत्रहवीं शताब्दी) लिखित **प्राकृत-सर्वस्व**। मार्कण्डेय ने अपने ग्रन्थ में भाषा, विभाषा और अपभ्रंश के नाम से तीन श्रेणियाँ रखी हैं। **भाषा** के अन्तर्गत महाराष्ट्री, शौरसेनी, मागधी,

आवन्ती और प्राच्या की गणना है; **विभाषा** में शाकारी, शाबरी, चाण्डाली, आभीरी और ढक्की की और **अपभ्रंश** में नागर, ब्राचड़ और उपनागर की। इसके अतिरिक्त पैशाची की एक अलग श्रेणी भी है जिसमें केकय, शूरसेन और पंचाल के आधार पर उसके तीन भेद किये गये हैं।

इन प्राकृत व्याकरणों की दृष्टि परम्परावादी है जिनमें मौलिक विवेचन का कोई प्रयास नहीं दिखायी देता। इनका महत्त्व इस दृष्टि से है कि प्राकृतों का हमारा जो भी ज्ञान है वह भी इनके अभाव में नहीं हो पाता।

पालि

पालि की चर्चा हो चुकी है। बौद्ध हीनयान की भाषा होने के कारण भारत में ही नहीं, भारत के बाहर भी पालि का शताब्दियों तक महत्त्व था। स्वभावतः कुछ लोगों ने उसका व्याकरण भी प्रस्तुत किया। पालि का व्याकरण लिखनेवालों में दो प्रमुख हैं—**कच्चायन** (कात्यायन) और **मोग्गलान** (मौद्गलायन)।

व्याकरणेतर शास्त्र

भारत में शब्द और अर्थ का विवेचन केवल व्याकरण का ही विषय नहीं रहा। अनेक दूसरे शास्त्रों ने शब्द-अर्थ पर गम्भीरता से विचार किया, जिनमें काव्यशास्त्र, तर्कशास्त्र (न्याय), मीमांसा, तन्त्र आदि उल्लेखनीय हैं। काव्यशास्त्र का निरूप्य मुख्यतः शब्द और अर्थ है, इसलिए काव्यशास्त्र के अनेक ग्रन्थों में इन पर गम्भीर विचार हुआ है। यह ठीक है कि शब्द और अर्थ की काव्यशास्त्रीय भूमिका व्याकरण ही प्रस्तुत करता है, जैसा मम्मट ने कहा भी है—

> बुधैर्वैयाकरणैः प्रधानभूतस्फोटरूपव्यङ्ग्यव्यञ्जकस्य शब्दस्य ध्वनिरिति व्यवहारः कृतः। ततस्तन्मतानुसारिभिरन्यैरपि न्यग्भावितवाच्यव्यङ्ग्यव्यञ्जनक्षमस्य शब्दार्थयुगलस्य।[1]

अर्थात् ध्वनि का आधार पहले-पहल वैयाकरणों ने प्रस्तुत किया; फिर उनके मत का अनुसरण करनेवाले दूसरों ने भी। काव्यशास्त्र में शब्द और अर्थ का जो विवेचन है वह यद्यपि काव्य-सम्बन्धी दृष्टिकोण को ध्यान में रखकर किया गया है, पर उसका भाषावैज्ञानिक महत्त्व भी कम नहीं है। दृष्टि चाहे जो भी रखें, विषय मुख्यतः भाषाविज्ञान का ही है। अन्तर यही है कि उस विचार की संगति काव्य पर दिखायी गयी है। अर्थविज्ञान के प्रकरण में हमने इस पर थोड़ा प्रकाश डाला है।

भारतीय दर्शनों में शब्दखंड मुख्यतः शब्द और अर्थ के विवेचन से ही सम्बद्ध है।

---

1. काव्यप्रकाश, प्रथम उल्लास।

उनमें नैयायिकों और मीमांसकों की देन बहुत महत्त्वपूर्ण है। नैयायिकों के सम्बन्ध में तो एक उक्ति ही संस्कृत में प्रचलित है कि 'अस्माको नैयायिकानां अर्थरि तात्पर्यं, न तु शब्दरि' (हम नैयायिकों का तात्पर्य अर्थ से रहता है, शब्द से नहीं)। इस उक्ति में व्याकरण की दृष्टि से अनेक शब्द अशुद्ध हैं जो नैयायिकों पर व्यंग्य करने के उद्देश्य से प्रयुक्त हुए हैं, किन्तु यह तथ्य तो इसमें है ही कि नैयायिकों का ध्यान मुख्यतः अर्थ पर रहता था। स्वभावतः उन्होंने अर्थ के विभिन्न पक्षों पर जो गम्भीर विश्लेषण किया है वह अर्थविज्ञान के क्षेत्र में पर्याप्त महत्त्व का है। इस दृष्टि से **न्यायसूत्र, कारिकावली, मुक्तावली** और **शब्दशक्ति-प्रकाशिका** उल्लेख्य हैं। मीमांसा में शब्द और अर्थ दोनों पक्षों पर गम्भीर विचार हुआ है। **तन्त्र** में भाषा के ध्वनि-पक्ष का अच्छा विवेचन है। इन शास्त्रों का अध्ययन करने से अनेक ऐसे तथ्य पाये जा सकते हैं जो आधुनिक भाषाविज्ञान के अध्ययन का दिशा-निर्देश कर सकें।

आधुनिक युग

यह विचित्र विरोधाभास है कि यूरोप में भाषाविज्ञान के अध्ययन का आरम्भ संस्कृत के अध्ययन और परिज्ञान से प्रेरित हुआ और भारत में यूरोपीय प्रभाव के फलस्वरूप। यहाँ यूरोपीय ज्ञान-विज्ञान का ग्रहण जैसे अन्य क्षेत्रों में हुआ, वैसे ही भाषाविज्ञान के क्षेत्र में भी। इसलिए आधुनिक भारतीय दृष्टि में स्वतन्त्र और मौलिक चिन्तन का अभाव है। जो मार्ग यूरोप के विद्वानों ने बना दिया है, उसी पर हम चल रहे हैं। अपनी प्राचीन उपलब्धियों का ज्ञान न होने से हम उनसे सहायता नहीं ले पाते और जो पुरानी या बासी चीज़ें यूरोप या अमेरिका से मिलती हैं, उन्हें ही पाकर हम अपने को कृतार्थ मानते हैं। इसलिए जो भाषावैज्ञानिक कार्य आधुनिक युग में हुए हैं उनमें गतानुगतिकता अधिक है। इसका एक कारण यह भी है कि यहाँ आरम्भ में भाषावैज्ञानिक कार्यों का सूत्रपात यूरोपीय विद्वानों द्वारा ही किया गया और उन्हीं के आदर्शों पर भारतीय विद्वान भी चलते रहे। स्वभावतः जो मार्ग बन गया उसमें भारतीय तत्त्व कम और पाश्चात्य तत्त्व प्रमुख हो गया। उन्नीसवीं और बीसवीं शताब्दी में जो काम इस देश में हुआ, वह गुण की दृष्टि से भले ही महत्त्वपूर्ण न हो, मात्रा की दृष्टि से महत्त्वपूर्ण है। दूसरी बात यह है कि वह कार्य भारत की सभी साहित्यिक भाषाओं में न्यूनाधिक रूप में हुआ है। सबका पूरा-पूरा लेखा-जोखा देना कठिन है और उसका हिन्दी से साक्षात् सम्बन्ध नहीं है, इसलिए केवल प्रमुख कार्यों की ही चर्चा यहाँ की जायेगी।

पिछली शताब्दी में जिन विद्वानों ने भाषा-सम्बन्धी अध्ययन की नींव डाली उनमें निम्नलिखित उल्लेख्य हैं—

कॉडवेल—द्राविड़ भाषाओं का तुलनात्मक व्याकरण (1856)। **बीम्स**—1. आउटलाइन्स ऑफ़ इंडियन फ़िलॉलोजी, 2. भारतीय आर्यभाषाओं का तुलनात्मक व्याकरण, जो तीन भागों में क्रमशः 1872, 1875 और 1879 में प्रकाशित हुआ। इस व्याकरण में हिन्दी,

बँगला, उड़िया, गुजराती, मराठी, पंजाबी, सिन्धी आदि के व्याकरणों का तुलनात्मक और ऐतिहासिक अध्ययन है। **ट्रम्प**—संस्कृत, प्राकृत एवं सम्बद्ध भारतीय भाषाओं से सिन्धी भाषा के व्याकरण की तुलना (1872)। इस पुस्तक का विषय इसके नामकरण से ही स्पष्ट है। **केलॉग**—हिन्दी-भाषा का व्याकरण (1876)। केलॉग का व्याकरण कई दृष्टियों से आज भी महत्त्वपूर्ण है। **रामकृष्ण गोपाल भण्डारकर**—विल्सन फ़िलॉलोजिकल लेक्चर नाम से भण्डारकर ने 1877 में मुम्बई विश्वविद्यालय में सात व्याख्यान दिये, जो 1914 में पुस्तकाकार प्रकाशित हुए। भण्डारकर संस्कृत के प्रौढ़ विद्वान थे और भाषाविज्ञान की आधुनिक यूरोपीय पद्धति से भी परिचित थे। स्वभावतः उन्होंने नवीन दृष्टि से भारतीय भाषाओं पर विचार किया जो ऐतिहासिक महत्त्व का है। आज भी उनके व्याख्यान अनुपयोगी नहीं हुए हैं। **होर्नले**—होर्नले का 'पूर्वी हिन्दी के व्याकरण की अन्य गौड़ीय भाषाओं के साथ तुलना' नामक ग्रन्थ 1885 में प्रकाशित हुआ। पूर्वी हिन्दी के अन्तर्गत होर्नले ने मुख्यतः भोजपुरी पर विचार किया है और तुलनात्मक रूप में कुछ अन्य सामग्री भी दी है। भारतीय भाषा पर काम करनेवाले विदेशी विद्वानों में तीन सर्वाधिक महत्त्वपूर्ण हैं—जॉर्ज अब्राहम ग्रियर्सन, रैल्फ लिले टर्नर और ज़ूल ब्लाख़। **ग्रियर्सन** आई.सी.एस. होकर बिहार में आये और शासन-कार्य करते हुए उन्होंने भारतीय भाषाओं का अध्ययन किया। उनकी पहली पुस्तक थी—'बिहारी भाषाओं के सात व्याकरण' (1883-87)। किन्तु ग्रियर्सन की कीर्ति का आधारस्तम्भ है 'भारतीय भाषाओं का सर्वे' नामक महान ग्रन्थ, जो सत्रह बड़ी-बड़ी जिल्दों में प्रकाशित है। इस पुस्तक में भारत की सभी भाषाओं का सोदाहरण विवेचन है। ग्रियर्सन के इस ग्रन्थ का महत्त्व ऐतिहासिक ही नहीं, व्याकरणिक भी है, क्योंकि आज भी उससे उत्कृष्ट ग्रन्थ उपलब्ध नहीं है। **टर्नर** का नेपाली कोश (1931) व्युत्पत्ति की दृष्टि से सर्वोत्तम है। **ब्लाख़** के दो ग्रन्थ प्रसिद्ध हैं—1. मराठी की रचना; और 2. भारतीय आर्य-भाषाएँ। दोनों ग्रन्थों की महत्ता सर्वस्वीकृत है।

संस्कृत के विभिन्न पक्षों पर काम करनेवालों में उल्लेख्य हैं—**लक्ष्मणस्वरूप, सिद्धेश्वर वर्मा, सूर्यकान्त शास्त्री, मनोमोहन घोष** आदि। प्राकृत, पालि और अपभ्रंश पर निम्नलिखित विद्वानों के कार्य उल्लेखनीय हैं—**वुलनर** (प्राकृत); **विधुशेखर भट्टाचार्य, भिक्खु जगदीश कश्यप** (पालि); **शहीदुल्ला, प्रबोधचन्द्र बागची, प. ल. वैद्य** और **हीरालाल जैन** (अपभ्रंश)।

हिन्दी की विभिन्न बोलियों पर जो कार्य हुए हैं उनमें निम्नलिखित उल्लेख्य हैं—

कामताप्रसाद गुरु—हिन्दी व्याकरण। **चन्द्रधर शर्मा गुलेरी**—पुरानी हिन्दी। **पद्मसिंह शर्मा**—हिन्दी, उर्दू और हिन्दुस्तानी। **सुनीतिकुमार चटर्जी**—भारतीय आर्यभाषा और हिन्दी। **मोहिउद्दीन क़ादरी**—हिन्दुस्तानी फ़ोनेटिक्स। **धीरेन्द्र वर्मा**—हिन्दी भाषा का इतिहास; ब्रजभाषा। **बाबूराम सक्सेना**—इवोल्यूशन ऑफ़ अवधी; दक्खिनी हिन्दी। **उदयनारायण तिवारी**—भोजपुरी भाषा और साहित्य; हिन्दी भाषा का उद्भव और विकास। **विश्वनाथ प्रसाद**—भोजपुरी का ध्वनि-विज्ञान और ध्वनि-प्रक्रिया। **हरदेव बाहरी**—हिन्दी का अर्थविज्ञान। **सुभद्र झा**—मैथिली का उद्भव और विकास। **किशोरीदास वाजपेयी**—हिन्दी निरुक्त, भारतीय भाषाविज्ञान, हिन्दी शब्दानुशासन। **पुरुषोत्तम मेनारिया**—राजस्थानी।

उपर्युक्त ग्रन्थों के अतिरिक्त और भी अनेक कार्य विभिन्न विश्वविद्यालयों से शोध-प्रबन्ध के रूप में हुए हैं, जिनसे हिन्दी की विभिन्न बोलियों और भाषावैज्ञानिक पक्षों पर प्रकाश पड़ता है। हिन्दीतर भाषाओं में काम करनेवालों में निम्नलिखित प्रमुख हैं : **असमी**—वाणीकान्त काकती। **उड़िया**—विनायक मिश्र, गोपालचन्द्र, गोपीनाथ चन्द शर्मा, गोलोकबिहारी धल। **बँगला**—सुनीतिकुमार चटर्जी, सुकुमार सेन, हेमन्तकुमार सरकार, ज्ञानेन्द्रमोहन दास आदि। **मराठी**—सुमित्र मंगेश कत्रे, के. पी. कुलकर्णी। **गुजराती**—नरसिंह राव भोलानाथ दिवातिया, तीसडाल, भोगीलाल, हरिवल्लभ भायाणी, संदेसरा, बेचरदास जीवराव दोसी, कान्तिलाल व्यास आदि। **पंजाबी**—बनारसीदास खजुरिया, प्यारा सिंह, मोहन सिंह, प्रेमप्रकाश सिंह। **दरद**—सिद्धेश्वर वर्मा। **तमिल**—नीलकंठ शास्त्री, अमृत राव। **मलयालम**—रामस्वामी अय्यर, चन्द्रशेखर। **कन्नड़**—नरसिंह चार। इनके अतिरिक्त और भी अनेक विद्वानों ने विभिन्न भाषाओं में कार्य किये हैं।

यूरोप में भाषावैज्ञानिक विकास

यूरोपीय सभ्यता और संस्कृति का ही नहीं, साहित्य और विज्ञान का भी उद्‌गम-स्थल ग्रीस है। स्वभावतः भाषाविज्ञान के क्षेत्र में भी सर्वप्रथम विचार ग्रीस में ही हुआ। ग्रीस में भाषा-सम्बन्धी मीमांसा की दो सीमाएँ थीं—

(1) ग्रीस के विद्वान अपनी भाषा के अतिरिक्त दूसरी भाषा से परिचित नहीं थे। उस समय स्वयं ग्रीक भाषा की अनेक विभाषाएँ थीं। उन्हें उनका भी सम्यक् परिचय नहीं था। इतना ही नहीं, वे ग्रीक की ही अनेक विभाषाओं को बर्बर भाषा कहा करते थे। इस तरह उनकी दृष्टि संकीर्ण थी और दूसरी भाषाओं का ज्ञान न होने से उनमें वैज्ञानिक उदारता का अभाव था। इसका अनिवार्य परिणाम यह हुआ कि उन्होंने अपनी भाषा का जो ढाँचा तैयार किया, उसे संसार की सभी भाषाओं के लिए सही समझा। कहने की आवश्यकता नहीं कि यह दृष्टि उदार तो नहीं ही थी, वैज्ञानिक भी नहीं थी। किसी भी भाषा का ढाँचा संसार की सभी भाषाओं पर लागू नहीं हो सकता।

(2) दूसरी त्रुटि यह थी कि यूनानियों में विश्लेषण से अधिक दार्शनिकता और काल्पनिकता थी। इसलिए उनके निष्कर्ष बड़े ही अधकचरे और ढीले-ढाले हैं। स्वयं यूरोपीय विद्वानों ने इस बात को स्वीकार किया है कि ग्रीस की तुलना में भारतीय विवेचन कहीं अधिक वैज्ञानिक और सूक्ष्म हैं।[1]

1.(a) Unlike the linguistic investigations of the *Indians,* which were *mainly analytic,* those of the *Greeks* were very largely *speculative and philosophical* in character.
—Foundations of Language, L.H. Gray, pp. 422-23.

(b) Science presupposes careful observation and systematic classification of facts, and of that in the old *Greek* writers on language we *find very little*. The *earliest masters in linguistic observation* and *classification* were the old *Indian grammarians.*
—Language : Its Nature, Development and Origin, Otto Jespersen, p. 20

ग्रीस के विचारकों में सबसे पहला नाम **सुकरात** (469-399 ई.पू.) का है। सुकरात की मान्यता थी कि शब्द और अर्थ का सम्बन्ध नैसर्गिक न होकर रूढ़ होता है। घोड़े को घोड़ा और हाथी को हाथी कहने में कोई नैसर्गिक सम्बन्ध नहीं है, बल्कि ये दोनों संकेत यादृच्छिक हैं। यदि शब्द और अर्थ का सम्बन्ध यादृच्छिक नहीं होता तो सर्वत्र वस्तु-विशेष के लिए एक ही शब्द का प्रयोग होता। किन्तु अंग्रेज़ी में घोड़ा न कहकर 'हॉर्स' कहते हैं और जर्मन में हॉर्स नहीं बल्कि 'फ़्फ़ेर्द' कहते हैं और फ्रांसीसी में 'शव्हाल्' । इससे यह सिद्ध होता है कि शब्द और अर्थ का सम्बन्ध केवल रूढ़ है। इसके साथ सुकरात यह भी मानता था कि ऐसी भाषा भी सम्भव है जिसमें शब्द और अर्थ के नैसर्गिक सम्बन्ध की कल्पना की जा सके।

सुकरात का पहला सिद्धान्त तो पूर्णतः मान्य है, किन्तु दूसरा अंशतः। शब्द और अर्थ में नैसर्गिक सम्बन्ध की कल्पना नहीं की जा सकती। वह वहीं सम्भव है जहाँ शब्द रणनात्मक या अनुकरणात्मक हों (देखिए पृ. 69 और 72)।

सुकरात के बाद दूसरा उल्लेखनीय नाम है **प्लेटो** का। प्लेटो (429-347 ई. पू.) की देन ज्ञान के सभी क्षेत्रों में बहुत महत्त्वपूर्ण है। भाषा की उत्पत्ति के सम्बन्ध में प्लेटो ने यह सिद्धान्त रखा कि शब्द और अर्थ में **नैसर्गिक सम्बन्ध** होता है। इस सिद्धान्त की त्रुटियाँ पहले चर्चित हो चुकी हैं (देखिए पृ. 69)। प्लेटो का भाषोत्पत्ति विषयक समाधान तो मान्य नहीं है, किन्तु एक चीज़ के लिए उसका महत्त्व है और वह यह कि उसने पहले-पहल ग्रीक भाषा की **ध्वनियों का वर्गीकरण** और शृंखलाबद्ध **विन्यास** किया।

प्लेटो से अधिक **अरस्तू** (384 से 322 ई.पू.) ने भाषा-सम्बन्धी वैज्ञानिक दृष्टि का परिचय दिया। अरस्तू की निम्नलिखित मान्यताएँ थीं–

(1) शब्द और अर्थ का सम्बन्ध रूढ़ होता है।

(2) अरस्तू ने संज्ञा, क्रिया, कारक, लिंग आदि का पहले-पहल **विभाजन** किया।

(3) वाक्य में **उद्‌देश्य** और **विधेय** के भेद को दिखाने का श्रेय भी अरस्तू को ही है।

किन्तु सुकरात, प्लेटो या अरस्तू में कोई भी भाषाविज्ञानी नहीं था। जैसा ऊपर की चर्चा से स्पष्ट है, उनका भाषा-सम्बन्धी विश्लेषण अधिक महत्त्व का नहीं है।

उनके बाद **दियोनिसिउस थ्राक्स** (द्वितीय शताब्दी ई.पू.) और **एपोलोनिउस दिसकोलुस** (द्वितीय शताब्दी ई.पू.) द्वारा लिखित व्याकरणों में उपरिचर्चित सिद्धान्तों का अधिक स्पष्ट रूप दिखायी पड़ता है। दिसकोलुस ने प्राचीन ग्रीक भाषा की विभक्तियों और आघात के सम्बन्ध में उपयोगी सूचनाएँ दी हैं।

ग्रीकों की भाषा-सम्बन्धी कल्पना लगभग अठारहवीं शताब्दी तक ज्यों-की-त्यों चलती रही और उसमें कोई विशेष विकास नहीं हो सका। यूरोपीय इतिहास के मध्ययुग में ग्रीक भाषा का प्रभाव क्षीण हो गया था और शिक्षित समाज के बीच अभिव्यञ्जना का माध्यम लातिन थी। धर्म, सभ्यता, साहित्य, राजनीति की भाषा के रूप में समग्र यूरोप में लातिन का साम्राज्य था, किन्तु लातिन का अध्ययन मुख्यतः लिखित भाषा के रूप

में ही चल रहा था। क्षेत्रीय भाषाएँ क्रमशः विकसित हो रही थीं। इसलिए बोलने के लिए उनका प्रयोग होता था और शिक्षा या अन्य कामकाज के लिए लातिन का। लातिन की स्थिति लगभग वही थी जो आज इस देश में अंग्रेज़ी की है। अंग्रेज़ी के माध्यम से काम करनेवाले भी हमेशा अंग्रेज़ी में नहीं बोलते। अंग्रेज़ी का प्रयोग या तो दफ़्तरों में होता है या विशेष अवसरों पर। लातिन के लिखित रूप का प्रचार होने से उसका भाषावैज्ञानिक महत्त्व दुर्बल पड़ गया, क्योंकि भाषाविज्ञान में मुख्यतः वाचिक भाषा का अध्ययन होता है। एक दूसरा दोष जो आ गया वह यह था कि लातिन को ग्रीक भाषा के ढाँचे में ढाला गया और लातिन के ढाँचे में अन्य यूरोपीय भाषाओं को। वस्तुतः ग्रीक का ढाँचा लातिन के लिए अनुपयुक्त था, अन्य भाषाओं का तो कहना ही क्या ? स्वभावतः भाषा-सम्बन्धी वैज्ञानिक अध्ययन का विकास मध्ययुग में भी नहीं हो सका। लातिन का विभिन्न भाषा-भाषियों द्वारा इतने भिन्न ढंग से उच्चारण होता था कि भाषा एक होकर भी उनके लिए प्रायः अबोध्य बन गयी थी। अंग्रेज़ और फ्रांसीसी एक-दूसरे के द्वारा प्रयुक्त लातिन को समझने में असमर्थ थे।[1] इस पृष्ठभूमि में संस्कृत को रखकर देखिए तो उसका उत्कर्ष सहज ही सिद्ध हो जाता है। आज भी संस्कृत का उच्चारण भारत के विभिन्न भागों में प्रायः एक जैसा होता है और अबोध्यता का तो प्रश्न ही नहीं उठता। इसलिए यूरोप में इस बीच कोई उल्लेखनीय भाषावैज्ञानिक कार्य नहीं हो सका। लातिन का अध्ययन केवल व्यावहारिक आवश्यकताओं से प्रेरित था।

अठारहवीं शताब्दी

अठारहवीं शताब्दी को भाषाविज्ञान का **निर्माण-युग** कह सकते हैं। इस शताब्दी में कतिपय चिन्तकों ने भाषा-सम्बन्धी कुछ मौलिक समस्याओं के समाधान की चेष्टा की, जिसमें प्रधान 'भाषा की उत्पत्ति' है।

रूसो (Rousseau; 1712-78)

रूसो ने अपने 'सामाजिक अनुबन्ध' (कोंत्रा सोसियाल—Contrat Social) नामक ग्रन्थ में यह प्रतिपादित किया कि मनुष्य ने पारस्परिक विचार-विनिमय से भाषा बनायी। इस मत की निःसारता प्रमाणित की जा चुकी है (देखिए पृ. 67)।

1. Latin was chiefly taught as a written language (witness the totally different manner in which Latin was pronounced in the different countries, the consequence being that as early as the sixteenth century French and English scholars were unable to understand each other's spoken Latin). This led to the almost exclusive occupation with *letter* instead of *sounds*.

—Language : Its Nature, Development and Origin,
Otto Jespersen, p. 23.

कोंदिलाक (Condillac)

दूसरे विद्वान कोंदिलाक ने यह सिद्धान्त सामने रखा कि भाषा की उत्पत्ति भावावेग के कारण हुई है (देखिए पृ. 70)। इस मत की भी त्रुटियाँ बतायी जा चुकी हैं।

योहान गोतफ्रीद हेर्देर (Johann Gottfrid Herder; 1744-1803)

रूसो और कोंदिलाक की अपेक्षा हेर्देर की मान्यताएँ अधिक ग्राह्य सिद्ध हुईं। 1772 में हेर्देर ने बर्लिन अकादमी के तत्त्वावधान में घोषित एक पुरस्कार के लिए 'भाषा की उत्पत्ति' शीर्षक निबन्ध प्रस्तुत किया। हेर्देर ने इस सिद्धान्त का खंडन किया कि भाषा ईश्वर-निर्मित वस्तु है। उसने कहा कि यदि भाषा ईश्वर-निर्मित वस्तु होती तो उसमें एकरूपता और यौक्तिकता होती, किन्तु सभी भाषाओं में अव्यवस्था और अनियमितता दिखायी देती है। दूसरी बात यह कि भाषाओं में पारस्परिक भेद भी पर्याप्त है; उदाहरणार्थ, चीनी और संस्कृत में कोई मेल नहीं है। ईश्वर-निर्मित होने पर ये त्रुटियाँ नहीं होनी चाहिए थीं। इसीलिए यह मानना अधिक तर्कसंगत है कि **आवश्यकता के परिणामस्वरूप भाषा की उत्पत्ति** हुई है। इस मत की पुष्टि ऐसे भी होती है कि जैसे-जैसे भाषिक आवश्यकताएँ बढ़ती जाती हैं, वैसे-वैसे भाषा में नये शब्दों का निर्माण भी होता जाता है। मनुष्य का पशु से मौलिक भेद है। मनुष्य की शारीरिक बल की हीनता की पूर्ति उसकी बौद्धिक श्रेष्ठता से हो जाती है। इसलिए अन्य पशुओं की तुलना में उसकी भाषा भी अधिक समृद्ध और अभिव्यञ्जना-समर्थ रही तो इसमें कोई आश्चर्य की बात नहीं। हेर्देर की भाषोत्पत्ति-विषयक दूसरी मान्यता यह है कि भाषा की उत्पत्ति **धातुओं** से हुई है और तीसरी यह कि आदिम मनुष्य भावाभिव्यक्ति के लिए **रूपकों** की अधिक सहायता लेता था।

हेर्देर पहला व्यक्ति था जिसने **लोक-साहित्य की महत्ता** को पुनःस्थापित किया। यद्यपि लोक-साहित्य-विषयक धारणा का साक्षात् सम्बन्ध भाषाविज्ञान से नहीं है, किन्तु इससे यह प्रमाणित होता है कि भाषा के शिष्ट रूप को ही नहीं, सामान्य रूप को भी वह महत्त्वपूर्ण मानता था।

येनिश (Jenisch)

1794 ई. में बर्लिन अकादमी ने एक पुरस्कार की घोषणा की जिसका विषय था 'पूर्ण भाषा का आदर्श और यूरोप की प्रसिद्ध भाषाओं की उस आदर्श पर परीक्षा।' येनिश ने इस पुरस्कार-प्रतियोगिता में भाग लिया और पुरस्कृत हुआ। अपने निबन्ध में येनिश ने निम्नलिखित मान्यताएँ रखी थीं—

(1) भाषा में मनुष्य का सम्पूर्ण **बौद्धिक** एवं **नैतिक सार** अभिव्यक्त रहता है। इसीलिए जंगली की भाषा स्थूल और रूक्ष होती है और सभ्य की कोमल और परिमार्जित।

(2) सम्प्रेषण के रूप में भाषा की सार्थकता यह है कि **क्षण-विशेष** की माँग और आवश्यकता के अनुसार वह हमारे भाव एवं विचार की अभिव्यक्ति कर दे।

(3) भाषा के चार आवश्यक गुण हैं[1]—

(क) सम्पन्नता, (ख) ऊर्जा, (ग) स्पष्टता और (घ) सुश्राव्यता।

(क) **सम्पन्नता**—भाषा की सम्पन्नता का अर्थ यह है कि उसमें मौलिक शब्द-भण्डार के अतिरिक्त भौतिक वस्तुओं एवं आध्यात्मिक तथा अमूर्त भावों के वाचक शब्द हों, साथ ही उसमें नये शब्दों को निर्मित करने की क्षमता हो।

(ख) **ऊर्जा**—किसी भाषा की ऊर्जा का पता उसके कोश और व्याकरण के अतिरिक्त उसके प्रारम्भिक लेखकों से भी चलता है। वस्तुतः वह ऊर्जा का प्रतिफलन है। उदाहरण के लिए संस्कृत के आदियुगीन कवियों—वाल्मीकि, व्यास आदि—को ले सकते हैं। व्यास और वाल्मीकि की भाषा-सम्बन्धी ऊर्जा बाद के कवियों में उस मात्रा में नहीं दिखायी देती।

(ग) **स्पष्टता**—व्याकरण की नियमितता, वाक्य-विन्यास की स्वाभाविकता और कथन की स्पष्टता भाषा की उत्तमता के अनिवार्य धर्म हैं।

(घ) **सुश्राव्यता**—भाषा में केवल स्वर-व्यञ्जन का माधुर्य ही नहीं होना चाहिए बल्कि शब्दों के समरस संयोजन की योग्यता भी होनी चाहिए।

(4) येनिश ने यह भी प्रतिपादित किया कि किसी भाषा में **उत्कृष्ट साहित्य** का होना या न होना **आकस्मिक** वस्तु है। वस्तुतः भाषा का अध्ययन साहित्यिक उत्कर्ष से पृथक् रखकर करना चाहिए। उदाहरणार्थ, मैथिली, ब्रजभाषा या अवधी की कोई साहित्यिक परम्परा पहले नहीं थी, किन्तु विद्यापति, सूर एवं तुलसी के हाथों में पड़कर इन बोलियों की अभिव्यञ्जनात्मक क्षमता किस उत्कर्ष पर पहुँच गयी, यह कहने की आवश्यकता नहीं। इन कवियों की रचनाओं से उपर्युक्त बोलियों को गौरव मिला, ख्याति मिली, पर भाषा का रूप तो ज्यों-का-त्यों रहा। आधुनिक युग में एडवर्ड सपीर ने भी इस बात का समर्थन किया है कि किसी भाषा में यदि उत्कृष्ट साहित्य नहीं है तो इसका यह अर्थ नहीं कि उसमें साहित्य के उपयुक्त अभिव्यक्ति की क्षमता का अभाव है, बल्कि उस भाषा में अभी तक ऐसी प्रतिभा का आविर्भाव नहीं हुआ है जो उसकी अन्तर्निहित शक्तियों को पूर्णतः उद्घाटित कर सके।

उपर्युक्त चर्चा से स्पष्ट है कि अठारहवीं शताब्दी में कोई उल्लेख्य भाषा-वैज्ञानिक उपलब्धि यूरोप में नहीं हुई। भाषाविज्ञान की धारणा का इसे आरम्भ-युग कह सकते हैं। दूसरी बात यह कि भाषाविज्ञान का ज्ञान की स्वतन्त्र शाखा के रूप में अस्तित्व नहीं था; अन्य शास्त्रों की चर्चा के प्रसंग में भाषावैज्ञानिक प्रश्नों की भी चर्चा कर दी जाती थी।

---

1. लैंग्वेज : इट्स नेचर, डेवलपमेंट ऐंड ऑरिजिन, ओत्तो येस्पर्सन, पृ. 30

उन्नीसवीं शताब्दी

विलियम जोन्स की चर्चा पहले हो चुकी है, जिन्होंने यूरोप के लिए संस्कृत का 'आविष्कार' किया, किन्तु वस्तुस्थिति यह है कि जोन्स के पहले कूर्दो (Coeurdoux) नामक एक फ्रांसीसी पादरी ने 1767 ई. में, अनेक संस्कृत शब्दों की लातिन शब्दों से, तथा 'अस्' धातु के रूपों की दोनों भाषाओं में तुलना करके दोनों की आश्चर्यजनक समता फ्रांसीसी प्रतिष्ठान के सम्मुख प्रस्तुत की थी। किन्तु दुर्भाग्य से चालीस वर्षों तक उसकी कृति मुद्रित नहीं हुई और तब तक दूसरों के द्वारा वे ही निष्कर्ष प्रकाश में आ गये। इसलिए जो श्रेय कूर्दो को मिलना चाहिए था वह दूसरों को मिल गया। संस्कृत और यूरोपीय भाषाओं की समानता ने भाषावैज्ञानिक अध्ययन के क्षेत्र में क्रान्ति उपस्थित कर दी।

फ़्रीदरिख़ फ़ोन श्लेगेल (Friedrich von Schlegel; 1772-1829)

श्लेगेल जर्मनी का रहनेवाला था। उसने संस्कृत का अध्ययन किया और संस्कृत के बहुत सारे शब्दों की ग्रीक, लातिन एवं जर्मन के शब्दों से आश्चर्यजनक समता देखकर प्रभावित हुआ।

(1) उसने इस समता को आकस्मिक नहीं समझा और शब्दों की समता से आगे बढ़कर व्याकरणिक समता के अध्ययन की आवश्यकता का अनुभव किया। वस्तुतः **तुलनात्मक व्याकरण** की चर्चा करने वाला प्रथम व्यक्ति श्लेगेल था।

(2) **ध्वनिनियम** का भी श्लेगेल को आभास मिला और उसने उसकी ओर इंगित किया, पर पूर्ण व्याख्या नहीं कर पाया। उसकी दृष्टि ध्वनि-सम्बन्धी केवल बाह्य समता पर गयी जिसमें वैज्ञानिक आधार का अभाव था।

(3) भाषा के **वर्गीकरण** का पहला प्रयास श्लेगेल ने किया और उसने संसार की भाषाओं को दो वर्गों में रखा–

(क) संस्कृत और उससे सम्बद्ध भाषाएँ।

(ख) इतर भाषाएँ।

कहने की आवश्यकता नहीं कि यह वर्गीकरण अत्यन्त स्थूल है, किन्तु वर्गीकरण का प्रारम्भिक प्रयास होने से इसका महत्त्व अवश्य है। कम-से-कम इससे इतना तो सिद्ध हुआ कि संसार की अनेक अन्य भाषाएँ संस्कृत से सम्बद्ध हैं।

(4) भाषा की **उत्पत्ति** के सम्बन्ध में श्लेगेल ने कहा कि भाषाओं की अनेकता और आकृतिभेद को देखते हुए उनकी उत्पत्ति का कोई एक आधार मानना असम्भव है। उदाहरणार्थ, मांचू में अनुकरणात्मक शब्दों का प्राधान्य दीखता है, पर संस्कृत में नहीं। फिर, दोनों की उत्पत्ति का आधार एक कैसे माना जा सकता है ?

आदोल्फ़ श्लेगेल (Adolf Schlegel; 1767-1845)

आदोल्फ़ श्लेगेल फ़्रीदरिख़ श्लेगेल का भाई था और उसकी भी अभिरुचि भाषावैज्ञानिक समस्याओं में थी। भाषा के वर्गीकरण के सम्बन्ध में आदोल्फ़ श्लेगेल की धारणाएँ अधिक स्पष्ट हैं। उसने भाषाओं के वर्गीकरण के लिए तीन आधार प्रस्तुत किये–

(क) वे भाषाएँ जिनमें व्याकरण नहीं है।

(ख) वे भाषाएँ जिनमें प्रत्यय का योग होता है।

(ग) वे भाषाएँ जिनमें विभक्ति का योग होता है।

विभक्ति-योग वाली भाषा को उसने फिर दो वर्गों में रखा–**संयोगात्मक** और **वियोगात्मक**।

वर्गीकरण का यह आधार निश्चय ही अधिक तर्कसंगत और वैज्ञानिक था और थोड़ा-बहुत परिवर्तन करके आकृतिमूलक वर्गीकरण का यह मूलाधार स्वीकृत हुआ।

रास्मस रास्क (Rasmus Rask; 1787-1832)

रास्मस रास्क की दृष्टि सूक्ष्म, वैज्ञानिक एवं विश्लेषणात्मक थी। अतः उसके निष्कर्ष अधिक मान्य हुए। इसका एक कारण यह भी था कि रास्क ने भाषाओं का अध्ययन पुस्तकों की सहायता से न कर, भाषिक समुदाय में रहकर जीवित भाषा के आधार पर किया था।

(1) रास्क की महत्त्वपूर्ण कृति है **आइसलैण्डी व्याकरण**, जिसमें पहली बार शास्त्रीय विवेचनात्मक पद्धति का प्रयोग हुआ है। भाषा के रूपों को नियमबद्ध और शृंखलित करने की दिशा में यह पहला प्रयत्न था।

(2) **सन्निकर्ष-जनित स्वर-परिवर्तन** (उमलाउत) की ओर सर्वप्रथम ध्यान आकृष्ट करनेवाला व्यक्ति रास्क था। आज उसका महत्त्व पूरी तरह नहीं आँका जा सकता, किन्तु उस समय के लिए स्वर-परिवर्तन-सम्बन्धी उसका संकेत बिल्कुल नवीन वस्तु था।

(3) रास्क ने यह सिद्ध किया कि किसी देश के **इतिहास के ज्ञान** के लिए धर्म, रीति या विभिन्न संस्थाओं की तुलना में भाषा अधिक उपयोगी है, कारण कि इनमें सबसे अधिक स्थिरता भाषा में ही पायी जाती है। धर्म आदि में कभी-कभी आकस्मिक परिवर्तन हो जाता है, किन्तु किसी भी भाषा में आकस्मिक परिवर्तन नहीं होता। इस स्थिरता के कारण भाषा के द्वारा उपलब्ध ऐतिहासिक सामग्री अधिक प्रामाणिक और विश्वसनीय होती है।

(4) भाषाओं का पारस्परिक सम्बन्ध स्थापित करने के लिए केवल कुछ विवरणों की सहायता न लेकर उनकी पूरी **संरचना** को ध्यान में रखना चाहिए। किसी भाषा में दूसरी भाषा के शब्द आसानी से ले लिये जाते हैं, किन्तु व्याकरणिक ढाँचा नहीं लिया जाता; वह उस भाषा का अपना ही रहता है। इसलिए सम्बन्ध-स्थापन की दृष्टि से शब्द की अपेक्षा **व्याकरणिक ढाँचा** अधिक महत्त्व का है। दूसरी चीज़ यह कि सम्बन्ध-स्थापन के लिए विभिन्न भाषाओं की शब्दावली पर विचार करते समय **सर्वनामों** और **संख्यावाची**

शब्दों पर विशेष बल देना चाहिए, क्योंकि वे भाषा के मौलिक अंश हैं।

(5) रास्क के समय तक भारतीय भाषाओं या ज़ेन्द के सम्बन्ध में अनेक भ्रान्तियाँ थीं। अपने पूर्ववर्ती विद्वानों की तुलना में रास्क के विचार अधिक सारगर्भ और ग्राह्य सिद्ध हुए और इन भाषाओं के विषय में फैली हुई भ्रान्तियों का निराकरण हुआ। रास्क ने सर्वप्रथम संस्कृत से द्राविड़ भाषाओं का (जिन्हें उसने 'मालाबारी' कहा था) अन्तर दिखाया।

(6) आइसलैण्डी के अतिरिक्त रास्क ने **फ्रीजी, लाप** और **ऐंग्लो-सैक्सन** के भी व्याकरण लिखे।

याकोब ग्रिम (Jacob Grimm; 1785-1863)

ग्रिम पेशे से वकील था, किन्तु उसकी अभिरुचि भाषाविज्ञान में भी थी और भाषाविज्ञान-सम्बन्धी उसकी मीमांसा महत्त्वपूर्ण सिद्ध हुई।

आरम्भ में ग्रिम ने निरुक्तियों पर ध्यान दिया, किन्तु उसकी निरुक्तियाँ काल्पनिक अधिक और वैज्ञानिक कम थीं। बाद में उसने अपनी त्रुटियाँ समझीं और उनका परिहार किया। ग्रिम पर रास्क का पर्याप्त प्रभाव था।

(1) ग्रिम ने प्रतिपादित किया कि प्रत्येक **भाषा** का **स्वतन्त्र व्यक्तित्व** और महत्त्व है। भाषा के क्षेत्र में छोटे-बड़े का भेद अग्राह्य है। ग्रिम की इस मान्यता ने ग्रीक और लातिन से विद्वानों का ध्यान हटाकर अविशिष्ट और अमहत्त्वपूर्ण भाषाओं की ओर उन्मुख किया। इसके कारण संसार की सभी भाषाओं के वैज्ञानिक अध्ययन की आवश्यकता का बोध हुआ।

(2) 1819 में ग्रिम की 'दोइच ग्रामातिक' (Deutsche Grammatik) नामक प्रसिद्ध पुस्तक प्रकाशित हुई। 1822 में इस पुस्तक का द्वितीय संस्करण प्रकाशित हुआ, जिसमें ध्वनि-परिवर्तन-सम्बन्धी उस नियम का उल्लेख है जो बाद में **ग्रिम-नियम** के नाम से प्रसिद्ध हुआ।

(3) ग्रिम ने भाषा के **ऐतिहासिक अध्ययन** पर बल दिया। इस प्रकार ऐतिहासिक भाषाविज्ञान के उद्भावकों में वह अन्यतम है।

(4) ग्रिम ने अनेक भाषावैज्ञानिक **शब्दों का निर्माण** किया जो आज भी व्यवहृत होते हैं। 'अबलाउत', 'उमलाउत' आदि शब्द ग्रिम की ही देन हैं।

फ्रांत्स बोप (Franz Bopp; 1791-1867)

येस्पर्सन ने आधुनिक भाषाविज्ञान की प्रतिष्ठापकत्रयी (रास्क, ग्रिम, बोप) में बोप को सर्वप्रमुख माना है। बोप की प्रथम पुस्तक 'धातु-प्रक्रिया', जिससे तुलनात्मक भाषाविज्ञान का जर्मनी में आरम्भ माना जाता है, 1816 में प्रकाशित हुई। 1820 में इस पुस्तक का परिवर्द्धित संस्करण निकला जिसका नाम था—'संस्कृत, ग्रीक, लातिन और ट्यूटॉनिक भाषाओं की विश्लेषणात्मक तुलना।'

(1) जहाँ ग्रिम ने भाषा के **ऐतिहासिक** पक्ष पर बल दिया था वहाँ बोप ने भाषा के **तुलनात्मक** पक्ष पर बल दिया।

(2) बोप की दूसरी उल्लेखनीय विशेषता है **व्याकरणिक रूपों की उत्पत्ति** पर विचार। व्याकरणिक रूपों के उत्पत्ति-विषयक विचार के लिए बोप ने संस्कृत को आधार बनाया। उसका कहना है कि यद्यपि संस्कृत, ग्रीक और लातिन तीनों भाषाएँ एक ही मूल स्रोत से निकली हैं, फिर भी मूल भाषा का रूप ग्रीक और लातिन की अपेक्षा संस्कृत में अधिक पूर्णता से सुरक्षित है; अतः संस्कृत के आधार पर किया गया विवेचन अधिक मान्य और वैज्ञानिक होगा।

(3) बोप ने **आकृति** की दृष्टि से **भाषाओं** का निम्नलिखित **वर्गीकरण** किया—

(क) धातु और व्याकरण से रहित भाषाएँ; जैसे चीनी।

(ख) एकाक्षर धातु वाली भाषाएँ जिनमें प्रत्यय-योग से शब्दों का निर्माण सम्भव है; जैसे भारत-यूरोपीय।

(ग) द्व्यक्षर धातु वाली अथवा त्रिव्यञ्जनात्मक मूल वाली भाषाएँ; जैसे—सामी, अरबी।

विल्हेल्म फ़ोन हुम्बोल्त (Wilhelm von Humboldt; 1767-1835)

हुम्बोल्त का प्रमुख कार्यक्षेत्र राजनीतिक था, किन्तु उसमें गम्भीर विचार और विवेचन की क्षमता थी, इसलिए भाषा के क्षेत्र में भी उसकी मान्यताएँ समादृत और गृहीत हुईं।

(1) हुम्बोल्त ने **भाषा** को **अखंड प्रवाह** माना। भाषा में सब कुछ गतिशील है, कुछ भी स्थिर नहीं है। अतः भाषा के शब्दों या नियमों की सार्थकता भी प्रवाह में ही है, उससे विच्छिन्न होकर नहीं।

(2) भाषा अपेक्षाकृत कम या अधिक पूर्ण हो सकती है, परन्तु भाषावैज्ञानिक अध्ययन के लिए **सभी भाषाओं का समान महत्त्व** है।

(3) भाषावैज्ञानिक अध्ययन के लिए भाषा ही नहीं, **विभाषा भी महत्त्वपूर्ण** है; क्योंकि उसके द्वारा बोलनेवालों के व्यक्तित्व का परिज्ञान होता है। किसी भाषा की अनेक विभाषाएँ हो गयीं, इसका अर्थ यह है कि उसके बोलनेवालों की मनोवृत्ति में अन्तर आ गया। उस अन्तर का परिज्ञान विभाषाओं की सहायता से ही हो सकता है।

(4) हुम्बोल्त भाषा को **जातीय** या **राष्ट्रीय चरित्र का प्रतीक** मानता है। तात्पर्य कि किसी भाषा में उसके बोलनेवालों की मनोवृत्ति प्रतिबिम्बित रहती है।

(5) हुम्बोल्त को भाषा के विवरणात्मक निरूपण की अपेक्षा **दार्शनिक** और **सूक्ष्म विवेचन** अधिक अभिमत था। इस दृष्टि से हुम्बोल्त की तुलना भारतीय विचारकों से की जा सकती है।

(6) हुम्बोल्त की मान्यता थी कि बोलनेवालों की मानसिक स्थिति के परिवर्तन के कारण ही भाषा में परिवर्तन होता है, अर्थात् **भाषा-परिवर्तन** को वह मुख्यतः **मनोवैज्ञानिक**

प्रक्रिया मानता था।

(7) हुम्बोल्त की धारणा थी कि संसार की भाषाओं में इतनी विभिन्नता और पार्थक्य है कि उनका **आकृतिमूलक वर्गीकरण सम्भव नहीं** है।

(8) जावा की **कवि-भाषा का अध्ययन** हुम्बोल्त की मान्य कृति है।

सिंहावलोकन

अब तक जो कार्य हुआ था, उसका सिंहावलोकन करने पर निम्नलिखित निष्कर्ष सामने आते हैं–

(1) भाषाविषयक अध्ययन की स्थिति में अन्तर आया। अब तक भाषा का अध्ययन दूसरे विषयों की शाखा के रूप में होता था, किन्तु अब उसका **स्वतन्त्र अस्तित्व** माना जाने लगा। परिणामतः उन्नीसवीं शताब्दी के आरम्भ में लिंग्विस्टिक्स और फ़िलॉलोजी का भेद स्पष्ट होने लगा था। अब भाषा का अध्ययन आनुषंगिक न होकर, प्रधान और स्वतन्त्र हो गया।

(2) भाषाविज्ञान के अध्ययन के लिए **संस्कृत** का ज्ञान **अनिवार्य** माना जाता था। तुलनात्मक भाषाविज्ञान की कल्पना भी संस्कृत के बिना नहीं हो सकती थी। जैसा येस्पर्सन ने बाद में कहा–'तुलनात्मक भाषाविज्ञान की एकमात्र दृढ़ आधारशिला संस्कृत है। संस्कृत के ज्ञान के बिना तुलनात्मक भाषाविज्ञानी वैसा ही है जैसा गणित के ज्ञान के अभाव में खगोलविद्।'[1]

(3) भाषाओं के **साम्य** एवं **वैषम्य का निर्धारण** इस युग की उल्लेखनीय उपलब्धि थी। बोप तथा उसके बाद के विद्वानों का ध्यान अधीत भाषाओं के संयोजक तत्त्वों के अनुसन्धान पर रहा। उदाहरणार्थ–संस्कृत, ग्रीक और लातिन की समता का आधार क्या है ? क्यों इन भाषाओं को एक वर्ग में रखना उचित है ? इस वर्ग में चीनी या अरबी क्यों नहीं रखी जा सकती ?–आदि प्रश्नों का समाधान साम्य एवं वैषम्य के निर्धारक तत्त्वों के आधार पर सुगमता से हो सका।

(4) इस युग के भाषाविज्ञानियों की दृष्टि केवल **प्राचीन भाषाओं** तक सीमित थी; स्वभावतः जीवित भाषाओं का अध्ययन उपेक्षित रहा।

(5) इस युग का अध्ययन **लिखित भाषाओं** पर केन्द्रित रहा, कारण कि प्राचीन भाषाओं का रूप लिपियों के माध्यम से ही उपलब्ध हो सकता था। लिपि के अभाव में जीवित भाषा का ही अध्ययन हो सकता है, प्राचीन या मृत भाषा का नहीं। संस्कृत,

---

1. *Sanskrit* certainly forms the *only sound foundation* of Comparative Philology, and it will always remain the *only safe guide* through all its intricacies. The comparative philologist without a knowledge of Sanskrit is like an astronomer without a knowledge of mathematics.

—Language : Its Nature, Development and Origin, Otto Jespersen, p. 67.

ग्रीक, लातिन आदि भाषाएँ व्यवहार में नहीं रह गयी थीं, अतः उनके अध्ययन के लिए लिपि का आश्रय अनिवार्य था। इसीलिए इस युग के भाषाविज्ञानी **ध्वनि** के बदले **अक्षरों** की चर्चा करते दिखायी देते हैं।

इन उपलब्धियों ने आगे के अध्ययन का पथ प्रशस्त किया। बाद के भाषाविज्ञानियों में निम्नलिखित उल्लेखनीय हैं–

जे. एच. ब्रेदूज़्दोर्फ़ (J. H. Bredsdorff)

ब्रेदूज़्दोर्फ़ ने 1821 में एक पुस्तिका प्रकाशित की जिसमें भाषाएँ परिवर्तित क्यों होती हैं, इस प्रश्न का समाधान किया। अब तक किसी ने इस प्रश्न पर विचार नहीं किया था। एक ही मूल भाषा से विकसित होकर भी संस्कृत, ग्रीक, लातिन में इतना भेद कैसे आ गया ? अंग्रेज़ी और हिन्दी एक ही परिवार की होकर भी सर्वथा भिन्न कैसे हो गयीं ? ब्रेदूज़्दोर्फ़ ने समुचित उदाहरणों की सहायता से इस प्रश्न का समाधान किया और **भाषा-परिवर्तन** के निम्नलिखित कारण बताये–

(1) दुःश्रवण (ठीक से नहीं सुनना); (2) दुरवबोध (ठीक से नहीं समझना); (3) दुःस्मृति (ठीक से याद नहीं रहना); (4) विकलांगता (वागिन्द्रियों में कोई दोष); (5) आलस्य; (6) सादृश्य; (7) स्पष्टता का आग्रह; (8) नये विचारों की अभिव्यक्ति की आवश्यकता।

इन कारणों को गिनाने के बाद भी ब्रेदूज़्दोर्फ़ की मान्यता है कि भाषा-सम्बन्धी ऐसे परिवर्तन भी होते हैं जो उपर्युक्त किसी कोटि में अन्तर्भूत नहीं हैं। उदाहरणार्थ, किसी अन्य देश या अन्य भाषा के प्रभाव से भी भाषाएँ बदलती हैं। कहने की आवश्यकता नहीं कि ब्रेदूज़्दोर्फ़ की देन पर्याप्त महत्त्वपूर्ण है।

आउगुस्त श्लाइख़र (August Schleicher; 1821-1868)

श्लाइख़र में प्राचीनता और नवीनता का समन्वय था। वह अनेक भाषाओं का अच्छा ज्ञाता था। भाषावैज्ञानिक अन्तर्दृष्टि की सूक्ष्मता के कारण उसके विचार सहज ही ग्राह्य बन गये।

(1) श्लाइख़र ने भाषाविज्ञान को **प्राकृतिक विज्ञान** की श्रेणी में रखने का आग्रह किया और उसका **स्वतन्त्र** अस्तित्व प्रमाणित किया।

(2) श्लाइख़र की दूसरी विशेषता है भाषाओं के **आकृतिमूलक वर्गीकरण** का सुव्यवस्थित आधार प्रस्तुत करना। उसने तीन वर्ग माने–

(क) अयोगात्मक, जैसे चीनी।

(ख) योगात्मक अश्लिष्ट, जैसे तुर्की।

(ग) योगात्मक श्लिष्ट, जैसे संस्कृत।

इस वर्गीकरण को देखने से स्पष्ट है कि इसमें किसी प्रकार की नवीनता नहीं है। पूर्ववर्ती भाषाविज्ञानी किसी-न-किसी रूप में इन वर्गों की चर्चा कर चुके थे। श्लाइख़र

ने केवल उन्हें शृंखलित और व्यवस्थित कर दिया है।

(3) श्लाइख़र के अनुसार उपर्युक्त तीन वर्ग **भाषिक विकास** के विभिन्न स्तर हैं, अर्थात् आरम्भ में भाषा अयोगात्मक थी; उसके बाद योगात्मक अश्लिष्ट हुई और फिर आगे चलकर योगात्मक श्लिष्ट। योगात्मक श्लिष्टता भाषा की चरम परिणति है जिसके बाद उसका विकास नहीं हो सकता। योगात्मक श्लिष्टता की अवस्था तक पहुँचने के पहले भाषा को शेष दोनों स्थितियों को पार करना पड़ता है।

मैक्समूलर और ह्विटनी ने इस वर्गीकरण को अपनाया और उनके ग्रन्थों के कारण यह वर्गीकरण पर्याप्त लोकप्रिय हुआ। येस्पर्सन ने इस वर्गीकरण की लोकप्रियता के कारणों की चर्चा करते हुए कहा है कि इसमें दो बातें थीं—एक तो स्पष्टता और दूसरी यह कि इनमें संसार की सभ्य, विकसित और सम्पन्न भाषाओं का अन्तर्भाव हो गया जिससे उन भाषाओं के बोलनेवालों के 'अहं' की तुष्टि हो गयी।

भाषाविज्ञान की दृष्टि से इस वर्गीकरण में त्रुटियाँ हैं। वस्तुतः इसमें अव्याप्ति और अतिव्याप्ति दोनों दोष हैं। यह वर्गीकरण अपूर्ण और अपर्याप्त है, इसे हम देख चुके हैं।

(4) **मूल भारत-यूरोपीय** भाषा का **पुनर्निर्माण** श्लाइख़र की सबसे महत्त्वपूर्ण देन मानी जाती है। श्लाइख़र ने केवल ध्वनि का ही नहीं, भाषा का भी पुनर्निर्माण किया। आज की उपलब्ध भाषाओं के आधार पर श्लाइख़र ने कल्पना की कि मूल भारत-यूरोपीय भाषा की ध्वनि, पद, वाक्य कैसे रहे होंगे ? और उस कल्पित भाषा में उसने एक कहानी भी लिखी। यह प्रयास भाषावैज्ञानिक उत्साह के अतिरिक्त और कुछ नहीं था। इस प्रकार किसी अज्ञात भाषा का निर्माण अवैज्ञानिक ही नहीं, असम्भव भी है, क्योंकि भाषा सर्वथा नियमित और एकरूप मार्ग से नहीं चलती। एक ही ध्वनि विभिन्न शब्दों में विभिन्न रूप धारण कर लेती है। इसलिए कल्पना की सहायता से किसी भाषा के पूर्व-रूप का निर्धारण नहीं किया जा सकता।

सामूहिक रूप से देखने पर श्लाइख़र में कोई मौलिकता नहीं दीखती, फिर भी उसका प्रभाव बहुत व्यापक रहा।

गेओर्ग कुर्तिउस (George Curtius; 1820-1885)

(1) कुर्तिउस ने नव्य भाषाविज्ञानियों की इस मान्यता का कि ध्वनि-नियम निरपवाद होते हैं, खंडन किया।

(2) नव्य भाषाविज्ञानी पद-रचना में भी सादृश्य का महत्त्व स्वीकार करते थे; कुर्तिउस ने इस धारणा का भी खंडन किया। नवीन धारा की मान्यताओं का खंडन करने के कारण नव्य भाषाविज्ञानियों द्वारा कुर्तिउस की कटु आलोचना की गयी।

योहान निकालोइ मादविग (Johann Nicolai Madwig)

(1) मादविग भाषा-सम्बन्धी मीमांसा में अस्पष्टता और रहस्यात्मकता का विरोधी था।

(2) उसने सभी युगों की भाषिक क्षमता की एकरूपता पर बल दिया, अर्थात् यह

बताया कि सभी युगों की भाषिक क्षमता एक-जैसी होती है, किसी को कम या अधिक कहना संगत नहीं है।

इस युग की सबसे बड़ी उपलब्धि है **तुलनात्मक** आधार पर ऐतिहासिक भाषाविज्ञान की विशिष्ट शाखाओं का विकास।

मैक्समूलर (Max Muller; 1823-1900)

मैक्समूलर जर्मनी का निवासी था, किन्तु आजीवन इंग्लैंड में रहा। ऑक्सफ़ोर्ड विश्वविद्यालय में संस्कृत के अध्यापक के रूप में उसने पर्याप्त यश अर्जित किया और इंग्लैंड में संस्कृतज्ञों की एक परम्परा क़ायम की। जर्मन भाषा के अनुसार उसके नाम का शुद्ध उच्चारण 'माक्स म्वेलर' होता है, किन्तु मैक्समूलर अधिक प्रसिद्ध हो चुका है। मैक्समूलर संस्कृत और भारत का परम अनुरागी था। उसकी एक पुस्तक ही है—'भारत हमें क्या सिखा सकता है।' सायण-भाष्य-समन्वित ऋग्वेद का प्रथम मुद्रित संस्करण मैक्समूलर के सम्पादकत्व में इंग्लैंड में प्रकाशित हुआ, जिसमें उसने अपने को **'शर्मण्य** देशवासी **मोक्षमूलर भट्ट'** कहा है। यह उसकी संस्कृत के प्रति गम्भीर निष्ठा का परिचायक है।

1861 में मैक्समूलर ने भाषाविज्ञान पर तीन व्याख्यान दिये जो बाद में पुस्तकाकार प्रकाशित हुए। मैक्समूलर संस्कृत और प्राच्य विद्या का पंडित था। उसमें भाषावैज्ञानिक गम्भीरता या अन्तर्दृष्टि नहीं थी, किन्तु प्रतिपादन का ढंग बड़ा ही सरल और प्रांजल था। इसलिए उसके व्याख्यानों से भाषाविज्ञान को लोकप्रियता प्राप्त हुई। जिन लोगों की भाषाविज्ञान में अभिरुचि नहीं थी, वे भी भाषाविज्ञान में रुचि लेने लगे।

(1) मैक्समूलर में श्लाइख़र के विचारों का सर्वांशतः स्वीकरण देखा जाता है।

(2) मैक्समूलर की कोई नवीन या मौलिक देन नहीं है, बल्कि पहले किये गये कार्यों का रोचक ढंग से संकलन है।

विलियम ड्वाइट ह्विटनी (William Dwight Whitney; 1827-1894)

मैक्समूलर और ह्विटनी कई दृष्टियों से समान हैं। ह्विटनी अमेरिकी था। उसने संस्कृत का अच्छा अध्ययन किया था। मैक्समूलर के समान ह्विटनी की अभिव्यञ्जना में रोचकता और प्रांजलता नहीं थी बल्कि गम्भीरता थी, जिसके कारण उसे वह लोकप्रियता नहीं प्राप्त हो सकी जो मैक्समूलर को। भारत में मैक्समूलर की लोकप्रियता का एक कारण यह भी था कि वह विदेशों में भारत के उत्कर्ष का व्यापक था।

ह्विटनी की दो पुस्तकें प्रकाशित हुईं—'भाषा और भाषा का अध्ययन', (1867) तथा 'भाषा का जीवन और विकास' (1875)। ह्विटनी की निम्नलिखित मान्यताएँ थीं—

(1) भाषा एक प्रकार की मान्य संस्था है जिसका विकास धीरे-धीरे और **पारस्परिक अवबोध** के लिए होता है।

(2) भाषा-सम्बन्धी मीमांसा में **रहस्यात्मकता नहीं** रहनी चाहिए।

(3) शब्द **रूढ़ संकेत** हैं।

ज़ैसा कहा गया है, मैक्समूलर और ह्विटनी दोनों संग्रहकर्त्ता थे, उनकी कोई मौलिक देन नहीं है। उनके पहले भाषाविज्ञान के क्षेत्र में जो कुछ उत्तम था, उसे ही उन्होंने सामने रखा।

नव्य वैयाकरणों का युग

श्ताइनथाल (Schteinthal; 1825-1899)

श्ताइनथाल नव्य शाखा का प्रतिनिधि और नेता था।

(1) श्ताइनथाल ने भाषाविज्ञान के अध्ययन में **मनोविज्ञान** की उपादेयता पर बल दिया। उसका कहना था कि मनोविज्ञान के अभाव में भाषाविज्ञान का अध्ययन अधूरा है, क्योंकि भाषा मुख्यतः मानसिक प्रक्रिया है।

(2) उसने चीनी और नीग्रो भाषाओं को अपने अध्ययन का विषय बनाया जो अब तक अनधीत थीं।

नवयुग की मान्यताएँ

(1) भाषा समाज और संसर्ग से **अर्जित** वस्तु है।

(2) भाषा के अध्ययन के लिए व्याकरण को प्रमुखता देने की आवश्यकता नहीं है। किसी भी भाषा का बोलनेवाला उसका व्याकरण नहीं पढ़ता। व्याकरण भाषा में अन्तर्निहित रहता है। भाषा सीखने का अर्थ ही है व्याकरण भी सीखना। व्याकरण की आवश्यकता पड़ती है दूसरी भाषाओं के अध्ययन के लिए, मातृभाषा के लिए नहीं।

(2) मृत या लिपिबद्ध भाषाओं की अपेक्षा **जीवित** भाषाओं का अध्ययन अधिक उपादेय और फलप्रद है। भाषाविज्ञान के क्षेत्र में **वाचिक भाषा** ही आती है।

(4) **अपवादों को** व्याकरण नियम-विरुद्ध प्रयोग बताता है, किन्तु वस्तुतः उन्हें **नियम-विरुद्ध** प्रयोग **मानना असंगत** है। वे भी कभी के शुद्ध रूप हैं जो किन्हीं कारणों से आज सामान्य प्रयोग-प्रवाह से बाहर पड़ गये हैं। उनके **मूल** का अन्वेषण होना चाहिए; जैसे—पढ़ना से प्रेरणार्थक 'पढ़ाना' होता है, पर जाना से 'जवाना' न होकर 'भेजना' हो जाता है। यह प्रयोग आज अपवाद जैसा लगता है, किन्तु कभी वही संगत प्रयोग था।

(5) **ध्वनि** और **अर्थ** भाषा के क्रमशः बाह्य और आन्तरिक तत्त्व हैं, अतः दोनों का पृथक् अध्ययन होना चाहिए। यद्यपि शब्द (ध्वनि) और अर्थ का भेद अमान्य है, जैसा कालिदास की 'वागर्थाविव सम्पृक्तौ' अथवा तुलसीदास की 'गिरा अरथ जल बीचि सम कहियत भिन्न-न-भिन्न' आदि उक्तियों से स्पष्ट है, फिर भी भाषा के अर्थ-पक्ष की जो उपेक्षा थी वह वांछनीय नहीं थी। इस पार्थक्य का एक सुपरिणाम यह हुआ कि अर्थ

भी विचार की कोटि में आ गया।

(6) भाषा की **उत्पत्ति** या **वर्गीकरण** आदि के प्रश्न **गौण** पड़ गये। पेरिस की 'भाषाविज्ञान-परिषद्' ने तो नियम बना दिया कि 'भाषा की उत्पत्ति' और 'विश्वभाषा का निर्माण' जैसी समस्याओं पर समिति के तत्त्वावधान में विचार हो ही नहीं सकता।[1]

(7) आरम्भ में भाषाओं का अध्ययन केवल पद-विचार तक सीमित था। बाद में ध्वनि पर विचार होने लगा, किन्तु नवयुग में **वाक्यविचार** की भी आवश्यकता मानी गयी। इस अध्ययन में पदों या वाक्यों की पृथक् सत्ता न मानकर उन्हें सम्बद्ध भाषाप्रवाह का अंग माना गया।

बीसवीं शताब्दी

भाषाविज्ञान के क्षेत्र में बीसवीं शताब्दी का महत्त्वपूर्ण स्थान है। स्वतन्त्र शास्त्र के रूप में भाषाविज्ञान की स्थापना एवं स्वीकृति के साथ ही पिछले सौ वर्षों में जितना अधिक एवं बहुमुखी कार्य इस क्षेत्र में हुआ है उतना पहले कभी नहीं हुआ। भाषा का भाषा के लिए अध्ययन[2] इस युग की सबसे बड़ी उपलब्धि है। इसके पूर्व भाषा का अध्ययन नहीं हुआ हो, ऐसा नहीं है पर वह अध्ययन प्रायः दूसरे शास्त्रों के अंग के रूप में होता था; जैसे—दर्शनशास्त्र, इतिहास अथवा काव्यशास्त्र में अथवा तुलनात्मक रूप में। इन क्षेत्रों में किया जानेवाला भाषिक अध्ययन भाषाविज्ञान की विषयवस्तु से अलग है। इसलिए यद्यपि भाषा के विभिन्न पक्षों पर उससे प्रकाश पड़ता है फिर भी भाषाशास्त्रीय अध्ययन से वह पृथक् है। इसका एकमात्र कारण है दोनों प्रकार के अध्ययन का लक्ष्य अलग-अलग होना। दूसरे शास्त्र जहाँ भाषा के अध्ययन के माध्यम से अपने लक्ष्य तक पहुँचते हैं वहाँ भाषाविज्ञान में भाषा स्वयं लक्ष्य होती है।

फर्दिनां द सोसूर (Ferdinand de Saussure; 1857-1913)

आधुनिक भाषाविज्ञान का आरम्भ फर्दिनां द सोसूर से माना जाता है। वे स्विस भाषाविज्ञानी थे एवं जेनीवा में भाषाविज्ञान पढ़ाते थे। यह सर्वज्ञात तथ्य है कि जिस कूर द लेंगस्तीक जेनेराल से आधुनिक भाषाविज्ञान को दिशा प्राप्त हुई, उसका क्रमबद्ध लेखन स्वयं सोसूर ने नहीं किया अपितु उनकी मृत्यु के बाद उनके शिष्यों ने उनके भाषण के नोट इकट्ठे कर उन्हें सुव्यवस्थित किया एवं 1916 में उसका प्रकाशन कराया। सोसूर ने जिन सिद्धान्तों का प्रतिपादन किया वे यूरोप की प्रचलित भाषाओं के अध्ययन पर आधारित थे किन्तु उनका प्रभाव दूरगामी था। उनके प्रायः सौ वर्ष पूर्व

---

1. लैंग्वेज : इट्स नेचर, डेवलपमेंट ऐंड ओरिजन; ओत्तो येस्पर्सन, पृ. 96
2. The one and only true object of linguistics is language envisaged in and for itself. Cours de Linguistique Generale; Ferdinand de Saussure, p. 317

हुम्बोल्त ने उनके सिद्धान्तों से मिलते-जुलते विचार अभिव्यक्त किये थे किन्तु उस समय भाषा के ऐतिहासिक अध्ययन का बोल-बाला था इसलिए उन विचारों पर अधिक ध्यान नहीं दिया गया। काल की दृष्टि से सोसूर का आविर्भाव ऐसे समय हुआ जब भाषा का ऐतिहासिक अध्ययन एक मुकाम पर पहुँच चुका था और अध्येताओं की मानसिकता नयी दिशाओं की खोज की ओर उन्मुख थी। स्वयं सोसूर हुम्बोल्त के विचारों से कहाँ तक प्रभावित हुए थे यह कहना आज कठिन है; किन्तु कुछ विद्वानों ने दोनों में सम्बन्ध स्थापित करने का प्रयास किया है। वस्तुस्थिति चाहे जो भी हो, सोसूर को आधुनिक भाषाविज्ञान का जनक मानने में कोई आपत्ति नहीं है।

सोसूर के सिद्धान्तों को मुख्य रूप से तीन भागों में विभक्त किया जा सकता है–

(1) सर्वप्रथम, भाषा के सन्दर्भ में **एककालिक** एवं **अनेककालिक** अध्ययन को स्पष्टतः **परिभाषित** करने का कार्य उन्होंने किया। एककालिक अध्ययन के अन्तर्गत किसी विशेष काल में सम्प्रेषण की स्वतः पूर्ण व्यवस्था के रूप में भाषा के अध्ययन की बात कही गयी, जबकि अनेककालिक अध्ययन में भाषा के ऐतिहासिक विकास की। इस प्रकार एककालिक अध्ययन वर्णनात्मक (जिसका बाहुल्य इस शताब्दी में रहा है) माना गया और अनेककालिक ऐतिहासिक। वर्णनात्मक भाषिक अध्ययन की अनेक प्रक्रियाओं का विकास बीसवीं शताब्दी के भाषाविज्ञान की सर्वाधिक उल्लेख्य उपलब्धि है।

(2) **लाँग** एवं **पारोल** की अवधारणा सोसूर की दूसरी महत्त्वपूर्ण देन है। पारोल भाषा का वह रूप है जिसका व्यक्ति उच्चारण करता है। किन्तु उस उच्चरित रूप के अतिरिक्त **भाषा** स्वयं एक **व्यवस्था** है जिस के आधार पर उस भाषा को बोलनेवाले प्रयोग करते हैं। इस व्यवस्था के अन्तर्गत शब्द-भण्डार, व्याकरण एवं ध्वनिप्रक्रिया सब आ जाते हैं। यह व्यवस्था, समाज में उस भाषा को बोलनेवालों के प्रयोगों को सुनकर, व्यक्ति अधिगत करता है। इसी को लाँग का नाम दिया गया है। इस प्रकार लाँग का कोई मूर्त एवं प्रयुक्त रूप नहीं होता किन्तु उसी अमूर्त से प्रेरित होकर व्यक्ति पारोल का प्रयोग करता है। पारोल से प्राप्त सामग्री के आधार पर भाषाविज्ञानी लाँग को समझने एवं विश्लेषित करने का प्रयत्न करता है।

(3) सोसूर ने कहा कि **लाँग परस्पर सम्बद्ध तत्त्वों की व्यवस्था** है अर्थात् शब्द भण्डार, व्याकरण या संरचना एवं ध्वनिप्रक्रिया, ये भाषा के ऐसे तत्त्व हैं जो एक दूसरे से जुड़े हुए हैं। ये एक दूसरे के परिप्रेक्ष्य में ही परिभाषित किये जा सकते हैं, स्वतन्त्र इकाइयों के रूप में नहीं। इस प्रकार भाषा की संरचना के अध्ययन को दिशानिर्देश प्राप्त हुआ।

(4) सोसूर शब्द और अर्थ के सम्बन्ध को रूढ़ (conventional) एवं यादृच्छिक (arbitrary) मानते हैं। किसी शब्द का कोई विशेष अर्थ क्यों होता है, इसका परम्परा के अतिरिक्त कोई कारण नहीं बताया जा सकता। इसी मान्यता का विस्तार करते हुए वह शब्द और अर्थ का सम्बन्ध संकेत एवं संकेतित का मानते हैं। शब्द संकेत

(signifier) है और अर्थ संकेतित (signified)। यह विचार शब्दार्थ सम्बन्ध के विषय में प्राचीन भारतीय सिद्धान्त के बहुत निकट है।

जेनीवा स्कूल

(1) सोसूर के सिद्धान्तों से प्रेरित होकर जेनीवा स्कूल का उदय हुआ। इसके दो प्रमुख आधारस्तम्भ **चार्ल्स बेली** एवं **अल्बर्ट सेशेहे** थे। इन्होंने ही सोसूर के कोर्स नामक ग्रन्थ का सम्पादन किया था।

बेली ने **विचार** एवं उसकी **भाषिक अभिव्यक्ति** के बीच **सम्बन्ध** की समस्या को सुलझाने का प्रयत्न किया।

(2) उन्होंने **शैलीविज्ञान** के अध्ययन में **अभिरुचि** पुनः जाग्रत् की, साथ ही पारोल में होनेवाले व्यतिक्रम का लाँग की व्यवस्था पर प्रभाव का भी अध्ययन किया।

बेली का कार्य तर्कसम्मत योजना के अनुसार किया गया कार्य हैं एवं भाषा के एककालिक अध्ययन पर बल देता है।

सेशेहे ने एक ऐसी व्याकरणिक पद्धति का विकास करने का प्रयत्न किया जिसके अन्तर्गत सोसूर के **सिद्धान्तों** को **शिक्षण के क्षेत्र** में लागू किया जा सके।

अमेरिकन स्कूल

फ्रांज़ बोआस (Franz Boas; 1858-1942)

बोआस नृविज्ञानी थे जिन्होंने उत्तरी अमेरिका की आदिवासी जातियों का अध्ययन किया था। सन् 1911 में उन्होंने उत्तरी अमेरिका के **मूल निवासियों** की अनेक **भाषाओं का सर्वेक्षण** प्रकाशित किया जिसका नाम था हैंडबुक ऑफ़ अमेरिकन इंडियन लैंग्वेजेज़। इसकी भूमिका में भाषिक विवरण सम्बन्धी जो विचार बोआस ने प्रस्तुत किये वे अमेरिका के वर्णनात्मक भाषाविज्ञान की आधारशिला हैं। बोआस ने **भाषा-सर्वेक्षण** का **प्रशिक्षण** भी दिया एवं परवर्ती अमेरिकी भाषाविज्ञानियों पर उनका दूरगामी प्रभाव रहा।

सोसूर एवं बोआस के बीच प्रमुख अन्तर उन भाषाओं को लेकर था जिनके आधार पर वे अपने सिद्धान्त प्रस्तुत कर रहे थे। सोसूर ने अपनी मातृभाषा फ्रेंच एवं यूरोप की अन्य प्रमुख भाषाओं के आधार पर अपने सिद्धान्त प्रस्तुत किये थे। उनकी नवीनता उनके विचारों के कारण थी। जिन भाषिक तथ्यों के आधार पर वे सिद्धान्त प्रस्तुत किये गये थे वे यूरोप में काफी समय से अध्ययन का विषय रह चुके थे। किन्तु बोआस ने जिन भाषाओं का अध्ययन किया वे सर्वथा अज्ञात थीं। इसलिए उनका ध्यान उन भाषाओं की संरचना के विवरण पर अधिक रहा। उनका लक्ष्य था उन भाषाओं की संरचना को बोधगम्य बनाना। इसीलिए वर्णनात्मक भाषाविज्ञानियों का ध्यान भाषा की अन्तर्निहित सूक्ष्मताओं पर नहीं गया। उनके लिए किसी भाषा का संरचनात्मक विवरण प्रस्तुत करना ही महत्त्वपूर्ण काम था। वर्णनात्मक भाषाविज्ञानी के लिए अमूर्त भाषिक

सिद्धान्त का महत्त्व उतनी ही दूर तक था जब तक वह किसी भाषा के विवरण में सहायक होता। वे भाषिक तथ्यों के आधार पर सार्वभौम भाषा-सिद्धान्त की स्थापना की बात नहीं सोचते थे। हालाँकि अमेरिका में ही बोआस के कुछ समय बाद चोम्स्की ने सार्वभौम भाषिक सिद्धान्त की स्थापना की दिशा में ही कार्य किया और उन्हें निःसन्देह इस युग का सर्वाधिक प्रभावी भाषाविज्ञानी कहा जा सकता है।

लियोनार्द ब्लूमफील्ड (Leonard Bloomfield; 1887-1949)

वर्णनात्मक भाषाविज्ञान की चर्चा लियोनार्द ब्लूमफील्ड के उल्लेख के बिना अधूरी है। ब्लूमफील्ड पर **व्यवहारवादी मनोविज्ञान** का गहरा **प्रभाव** था। वे भाषाविज्ञान को विज्ञान मानते थे अतः वे किसी भी ऐसे सिद्धान्त में विश्वास नहीं करते थे जिसका **भौतिक परीक्षण** न हो सके। उन्होंने भाषा की व्याख्या **उद्दीपन** एवं **अनुक्रिया** के सिद्धान्त पर करने की चेष्टा की (देखिए मनोभाषाविज्ञान)। इस सिद्धान्त में चिन्तन एवं विचार का कोई महत्त्व नहीं था। इसलिए भाषा के अर्थ पक्ष पर ब्लूमफील्ड के विचार **अपरिपक्व** एवं अपूर्ण ही नहीं **सर्वथा अस्वीकार्य** सिद्ध हुए। वर्णनात्मक भाषाविज्ञानियों ने भाषाओं की संरचनात्मक विविधता को इतना अधिक महत्त्व दिया कि उनकी दृष्टि में भाषा-सम्बन्धी सार्वभौम सिद्धान्तों की कल्पना भी नहीं की जा सकती थी। अभिव्यञ्जना के क्रम में दिखायी पड़नेवाले भेदों ने अन्तर्निहित अवधारणात्मक समानता को उनके लिए सर्वथा तिरोहित कर दिया था।

केनेथ पाइक (Kenneth Pike)

वर्णनात्मक सरणि से प्रेरित होकर केनेथ पाइक ने भाषा के विश्लेषण की नयी पद्धति का विकास किया जिसका नाम **टैग्मीमिक्स** रखा। टैग्मीमिक्स नाम नया था जो विश्लेषण की तकनीक में नवीनता का परिचायक था किन्तु सिद्धान्त के स्तर पर वर्णनात्मक भाषाविज्ञानियों एवं पाइक में कोई विशेष अन्तर नहीं दिखायी पड़ता क्योंकि वे भी भाषा के संरचनात्मक विश्लेषण को भाषा सम्बन्धी अन्तर्निहित सिद्धान्तों से अधिक महत्त्व देते हैं।

वर्णनात्मक भाषाविज्ञान को हम **तकनीक बहुल** कह सकते हैं क्योंकि भाषाओं के विवरण के सन्दर्भ में इसमें तकनीक पर ही बल दिया गया। भाषा की अन्तर्निहित प्रकृति अथवा तदाश्रित सिद्धान्तों पर नहीं। इस दृष्टिकोण के कारण भाषा के **अर्थपक्ष** का अध्ययन **उपेक्षित** रहा।

एडवर्ड सपीर (Edward Sapir 1884-1939) एवं **बेन्जामिन ली व्होर्फ** (Benjamin Lee Whorf 1897-1941) ने भाषा का सम्बन्ध साहित्य, संगीत, नृविज्ञान एवं मनोविज्ञान के साथ जोड़कर देखने का प्रयत्न किया। भाषा मानव के यथार्थ के अवगम को प्रभावित करती है एवं मानव-संसार भाषा द्वारा नियन्त्रित होता है ऐसा उनका मानना था। सपीर का कहना था कि भाषिक विश्लेषण से प्राप्त आकृतियाँ वक्ता के मन में विद्यमान

आकृतियों की परिचायक मात्र हैं। मनुष्य भौतिक संसार में रहने के साथ ही भाषा द्वारा नियन्त्रित भी होता रहता है और उसकी संसार के प्रति **दृष्टि** उसके **भाषा-विशेष से प्रभावित** होती है।

नोएम चोम्स्की (Noam Chomsky)

इस युग में भाषाविज्ञान के क्षेत्र में सोसूर के बाद जो दूसरा युगान्तरकारी नाम आता है वह है नोएम चोम्स्की का। चोम्स्की ने दर्शन, गणित तथा राजनीतिविज्ञान का भी अध्ययन किया था। भाषा सम्बन्धी उनके विचारों पर रोमन याकोब्सन का प्रभाव पड़ा। याकोब्सन स्वनिम के क्षेत्र में सार्वभौम की बात करते थे। उनका विश्वास था कि किसी विशेष भाषा में प्रयुक्त स्वनिम वस्तुतः सार्वभौम स्वनिमों की सीमित एवं आपाततः परिवर्धित अभिव्यञ्जना हैं। वे यह भी मानते थे कि भाषा में सार्वभौमों की सत्ता केवल स्वनिमों में ही नहीं अपितु अन्य अवयवों में भी विद्यमान होती है। चोम्स्की ने वाक्य के सन्दर्भ में सार्वभौमों की बात की है।

सोसूर के लाँग में वाक्य का कोई स्थान नहीं था। यहाँ तक कि चोम्स्की के वाक्य-संरचना के सिद्धान्त के पूर्व भाषा के ध्वनि एवं स्वनिम पक्ष पर जितनी चर्चा हुई थी उसका अंशमात्र भी वाक्य-पक्ष पर नहीं। चोम्स्की ने **वाक्य में सार्वभौम-तत्त्व** की बात कही। गणित का अध्येता होने के कारण उनका सिद्धान्त एवं तकनीक दोनों उससे प्रेरित हैं फिर भी उनके भाषाविषयक विचार महत्त्वपूर्ण हैं। वे मानते हैं कि मनुष्य में भाषा सीखने की सहजात या स्वाभाविक क्षमता (innate ability) होती है। वे प्रत्येक व्यक्ति में भाषा के दो पक्ष मानते हैं—**योग्यता** (competence) एवं **निष्पादन** (performance)। व्यक्ति भाषिक योग्यता के आधार पर भाषा की प्रकृति के अनुकूल वाक्यों का निषादन करता है एवं दूसरों द्वारा प्रयुक्त वाक्यों को ग्रहण करता है। उसकी योग्यता के अन्तर्गत वे वाक्य-रचना के नियमों की सत्ता को भी स्थान देते हैं। चोम्स्की के सिद्धान्त में मानव मस्तिष्क एवं बुद्धि को महत्त्वपूर्ण माना गया है। उनका विश्वास है कि बुद्धि की संरचना जटिल एवं सुनिश्चित है और वह मनुष्य की मानसिक क्रियाओं को नियन्त्रित करती है। इसीलिए भाषा सीखने के सन्दर्भ में वे सहजात क्षमता की बात करते हैं। चूँकि मानव-मस्तिष्क की संरचना में सार्वभौमता है इसलिए उसके द्वारा नियन्त्रित भाषिक संरचना में भी सार्वभौम तत्त्वों की सत्ता को वे महत्त्व प्रदान करते हैं।

पहले के वर्णनात्मक भाषाविज्ञानियों के लिए उच्चरित प्रयोग ही विचार के लिए स्वीकार्य हो सकते थे। वक्ता की, अपनी **भाषा की प्रकृति विषयक अवधारणा** का, उनके लिए कोई **महत्त्व नहीं** था। किन्तु चोम्स्की के अनुसार वक्ता की **भाषा-सम्बन्धी अवधारणा** का **महत्त्व बहुत अधिक** है। यदि अवलोकन एवं आत्मनिरीक्षण (observation एवं introspection) में विरोध दिखलायी पड़े तो भाषाविज्ञानी को व्याकरण के सन्दर्भ में आत्मनिरीक्षण के आधार पर निर्णय करना चाहिए। **मानव बुद्धि** को भाषाविश्लेषण के सन्दर्भ में **महत्त्व** देनेवाले सर्वप्रथम चोम्स्की ही हुए।

चोम्स्की का भाषाविज्ञान के क्षेत्र में इतना अधिक प्रभाव पड़ा कि उसने अन्य विचारधाराओं को प्रायः लुप्त कर दिया। भाषिक विश्लेषण के क्षेत्र में उनके मॉडल पर पूरे विश्व में काम हुआ एवं पिछले प्रायः बयालीस वर्षों का भाषाविज्ञान का इतिहास चोम्स्की के वर्चस्व का रहा है। शास्त्र की दृष्टि से इसका क्या लाभ-अलाभ होगा अथवा यह प्रवाह क्या रूप लेगा यह कहना अत्यन्त दुष्कर है क्योंकि काल के व्यवधान के बिना किसी भी घटना के ऐतिहासिक महत्त्व का आकलन नहीं किया जा सकता। अभी केवल इतना कहना सम्भव है कि साठ के दशक से लेकर अब तक का समय **चोम्स्की-युग** कहा जा सकता है।

प्राह-स्कूल

स्विट्ज़रलैंड में सोसूर, अमेरिका में बोआस के समकालीन ही प्राह में **विलेम मथेसिउस** (Vilem Mathesius 1882-1945) हुए जो कैरोलाइन विश्वविद्यालय में प्राध्यापक थे। यह संयोग ही कहा जायेगा कि सन् 1911 में जब सोसूर एककालिक भाषाविज्ञान पर भाषण कर रहे थे उसी साल बोआस की हैंडबुक का प्रकाशन हुआ और उसी साल अर्थात् सन् 1911 ई. में ही मथेसिउस ने **इतिहास-भिन्न परिप्रेक्ष्य में भाषा के अध्ययन** का आह्वान किया। मथेसिउस के साथ सन् 1926 से समान सोच वाले विद्वानों का वैचारिक आदान-प्रदान होता रहा और इनके सिद्धान्तों को प्राह स्कूल के नाम से पहचाना गया। ऐसा नहीं कि प्राह स्कूल के सभी विद्वान चेकोस्लोवाकिया के ही रहे हों किन्तु सैद्धान्तिक दृष्टि से समान होने के कारण दूसरे स्थानों पर काम करनेवालों को भी इसी नाम से जाना गया।

प्राह स्कूल की सर्वप्रमुख विशेषता थी **भाषा का प्रकार्य** (function) के आधार पर विश्लेषण। भाषा का एक प्रकार्य होता है यह तो भाषिक विश्लेषण करनेवाले सभी मानते हैं किन्तु प्राह स्कूल ने इस अवधारणा को भाषा के विश्लेषण का आधार बनाया और यह दिखलाने की कोशिश की कि प्रत्येक संरचनात्मक अवयव का समस्त भाषा के प्रयोग के सन्दर्भ में क्या प्रकार्य होता है। इस दृष्टिकोण के कारण इस सिद्धान्त को **प्रकार्यात्मक भाषाविज्ञान** (Functional linguistics) का नाम भी दिया गया है।

वर्णनात्मक भाषाविज्ञान के अन्तर्गत जहाँ भाषाविज्ञानी का लक्ष्य भाषा का संरचनात्मक विवरण प्रस्तुत कर देना मात्र होता है वहाँ प्रकार्यात्मक भाषाविज्ञानी विभिन्न भाषिक अवयवों की क्रिया की व्याख्या करने का भी प्रयत्न करता है। साथ ही वह यह भी देखता है कि एक अवयव की प्रकृति दूसरे अवयवों को किस प्रकार प्रभावित करती है।

निकोलायी सेर्गेयेविच त्रुबेत्स्कॉय (Nikolai Sergeyevich Trubetzkoy; 1890-1938) जो रूसी भाषाविज्ञानी थे, प्रकार्य सिद्धान्त को स्वनिम के क्षेत्र में प्रयोग करने के लिए विख्यात हुए। इस विचारधारा के पोषक विद्वानों में फ्रांस के **आंद्रे मार्तिने** (Andre Martinet) भी उल्लेखनीय हैं। इन्होंने ध्वनि-परिवर्तन पर विचार किया और परस्पर स्वनिमों की प्रकार्यात्मक उपयोगिता की व्याख्या करने का प्रयत्न किया। स्वनिम

सिद्धान्त के परिवर्धन में त्रुबेत्स्कॉय तथा अन्य भाषाविज्ञानियों ने सोसूर की लाँग एवं पारोल की अवधारणा की सहायता ली। स्वनिम लाँग का तत्त्व था एवं ध्वनि पारोल का।

प्रकार्यात्मक भाषाविज्ञानी भाषा की सन्दर्भाश्रित शैलियों को भी महत्त्वपूर्ण मानते हैं। वे इस बात को मानकर चलते हैं कि अलग-अलग सामाजिक सन्दर्भों में वक्ता अलग-अलग शैलियों का प्रयोग करता है। प्राह स्कूल की इस विचारधारा से प्रेरणा ग्रहण कर अमेरिका के **विलियम लाबोव** ने सामाजिक सन्दर्भों में भाषा-प्रयोग पर शोध किया और सुविचारित सिद्धान्त प्रस्तुत किया है। इस क्षेत्र में **पीटर ट्रगिल** का नाम भी उल्लेखनीय है।

लन्दन स्कूल

इस शताब्दी के आरम्भ में भाषाओं के अध्ययन के क्षेत्र में ध्वनिशास्त्र पर सर्वाधिक बल दिया गया। सम्भवतः उन्नीसवीं शताब्दी में भाषाओं के तुलनात्मक अध्ययन के सन्दर्भ में ध्वनि के महत्त्व का यह परिणाम था। अनेककालिक विश्लेषण में ध्वनि का महत्त्व होने के कारण एककालिक अध्ययन में भी ध्वनि एवं आगे चलकर स्वनिम का वर्चस्व बना रहा। इंग्लैंड में ध्वनि के अध्ययन पर पुनर्जागरण के समय से ही काफी बल दिया गया था क्योंकि आशुलिपि, भाषाशिक्षण एवं वर्तनी सुधार में इसका महत्त्व था। सर विलियम जोन्स ने जो खोज की, उसका आधार तो ध्वनि-साम्य ही था। रोमन लिपि में ध्वनियों के सही अंकन की समस्या की ओर भी उन्होंने लोगों का ध्यान आकर्षित किया था क्योंकि उन्होंने पाया कि **रोमन** लिपि में **वैज्ञानिक ध्वन्यात्मक संकेतों का अभाव है** और **देवनागरी लिपि** ध्वन्यंकन की दृष्टि से अधिक **वैज्ञानिक** है। सर जोन्स के कार्य से प्रेरणा ग्रहण कर **ए.जे. एलिस ने सर आइज़ेक पिटमेन** के साथ **लिपि-सुधार** का काम किया। इस प्रकार के प्रयत्नों की परिणति **हेनरी स्वीट (1845-1912)** की **'ब्रॉड रोमिक'** में हुई जो बाद में परिवर्धित होकर **इंटरनेशनल फोनेटिक अल्फाबेट** के रूप में मान्य हुई। **स्वीट** ने उन्नीसवीं शताब्दी के अन्त में **हैंडबुक ऑफ फोनेटिक्स** (1877) में **ध्वनि** के ऐसे तत्त्वों की ओर लोगों का ध्यान आकर्षित किया जो **अर्थ-परिवर्तन का आधार** बनती हैं। यह स्वनिम शास्त्र का बीज कहा जा सकता है; यद्यपि स्वयं स्वीट ने स्वनिम (phoneme) शब्द का प्रयोग नहीं किया है।

लंदन के **जे.आर. फ़र्थ** (J.R. Firth; 1890-1960) ने स्वनिम के अध्ययन को उस समय एक नयी दिशा दी जब उन्होंने संरचना के अलग-अलग स्तरों—जैसे व्यंजन-समूह, अक्षर, शब्द आदि में सक्रिय स्वनिमों की बात की। **एम. ए. के. हैलिडे** ने फ़र्थ के भाषाविज्ञान सम्बन्धी विचारों पर आधारित एक समग्र व्याकरण का निर्माण करने का प्रयास किया जिसे **सिस्टीमिक व्याकरण** या सिस्टीमिक भाषाविज्ञान का नाम दिया गया है। इस व्याकरण के अन्तर्गत ध्वनि, स्वनिम, व्याकरणिक नियम, शब्द भण्डार, एवं

सन्दर्भ सबों पर विचार किया जाता है।

इस शताब्दी में भाषाविश्लेषण के सन्दर्भ में हुए महत्त्वपूर्ण कार्यों का यहाँ दिङ्मात्र निर्देश ही किया गया है। इस काल में भाषाविज्ञान को अभूतपूर्व महत्त्व प्राप्त हुआ और इसीलिए नयी-नयी विश्लेषण-पद्धतियों तथा सिद्धान्तों का विकास हुआ। आरम्भ में जहाँ ध्वनि तथा स्वनिम के अध्ययन को ही आवश्यक माना गया वहाँ विषय के विकास के साथ पद तथा उसके बाद वाक्य को भी यथोचित महत्त्व प्रदान किया गया। यह देखकर सन्तोष होता है कि भाषा के अर्थ-पक्ष की ओर भी अब भाषाविज्ञानियों का ध्यान गया है और वे विश्लेषण की इस दिशा में निरन्तर संलग्न हो रहे हैं।

लिपि का इतिहास

हमने पहले देखा है कि वाचिक अर्थात् ध्वन्यात्मक भाषा क्षणस्थायी होती है। उसे स्थायित्व देने की भावना से ही लिपि का आविर्भाव हुआ। लिपि ने भाषा को देश और काल के बन्धन से मुक्त कर दिया और भाषा की क्षणस्थायिता को चिरस्थायिता में परिणत कर दिया।

जिस प्रकार भाषा की उत्पत्ति के सम्बन्ध में निश्चित रूप से कुछ कहना कठिन है, उसी प्रकार लिपि की उत्पत्ति के सम्बन्ध में भी। भाषा के उत्पत्तिविषयक सिद्धान्तों की चर्चा के प्रसंग में हमने देखा है कि भाषोत्पत्ति को लेकर विद्वानों ने अनेक प्रकार के अनुमान किये हैं, किन्तु उनमें कोई भी सर्वथा ग्राह्य नहीं है। लगभग वही स्थिति लिपि की भी है। यों, भाषा की उत्पत्ति की तुलना में लिपि की उत्पत्ति बहुत बाद की चीज़ है। भाषा आज से लाखों वर्ष पहले उत्पन्न हुई। किन्तु लिपि का इतिहास पाँच-छः हज़ार वर्ष के पहले नहीं जा पाता। बात यह है कि भाषा का सम्बन्ध जीवन से है और लिपि का सम्बन्ध सभ्यता के विकास से; बिना लिपि के भी मनुष्य का काम चल सकता है। आज भी संसार में बहुसंख्यक मनुष्य ऐसे हैं जिनको लिखने-पढ़ने से कोई वास्ता नहीं है, फिर भी वे भाषा का प्रयोग करते हैं।

मनुष्य के हृदय में जितने प्रकार के भाव या विचार उठते हैं, उन सबकी पूर्ण अभिव्यक्ति भाषा के द्वारा सम्भव नहीं है। कहीं दर्द होता है तो हम यह भी नहीं कह पाते कि वह दर्द कैसा है। बड़े स्थूल रूप से व्यक्त करते हैं जिसे सुनकर श्रोता की कोई स्पष्ट धारणा नहीं होती। ऐसे ही, एक मिठाई से दूसरी मिठाई के स्वाद का अन्तर बताना भी हमारे लिए सम्भव नहीं है। लड्डू और पेड़े या गुलाब-जामुन और रसगुल्ले की मिठास में क्या अन्तर है, यह कौन बता सकता है ? तात्पर्य कि भावों की व्यापकता और गम्भीरता को भाषा में हू-ब-हू अभिव्यक्त कर देना सम्भव नहीं है।

जिस प्रकार उच्चरित भाषा के द्वारा भावों की पूर्ण अभिव्यक्ति नहीं हो सकती, उसी प्रकार लिपि के द्वारा भी उच्चरित भाषा की पूर्ण अभिव्यक्ति नहीं हो सकती। यदि उच्चरित भाषा की सीमाएँ हैं तो लिखित भाषा की भी सीमाएँ कम नहीं हैं, बल्कि उच्चरित भाषा की उपेक्षा कुछ बढ़कर ही हैं। लिखित भाषा उच्चरित भाषा का स्थूल सांकेतिक रूप है। स्थूल इसलिए कि भाषा के उच्चरित रूप में बल, तान, स्वर आदि के द्वारा अर्थ-सम्बन्धी जो विशेषताएँ लायी जाती हैं, वे लिखित भाषा में नहीं लायी जा

सकतीं। कहाँ ज़ोर से बोलें, कहाँ धीरे से, कहाँ किस प्रकार के काकु का प्रयोग करें, कहाँ स्वर ऊँचा करें, कहाँ नीचे करें—यह सब लिखित भाषा में बताना असम्भवप्राय है। पाठक को अपनी ओर से ध्वनि-सम्बन्धी इन गुणों की कल्पना करनी पड़ती है। दूसरी बात इस प्रसंग में स्मरण रखने की यह है कि जिस प्रकार ध्वनि और विचार का, या यों कहें कि शब्द और अर्थ का, सम्बन्ध रूढ़ है, उनमें कोई यौक्तिक और निश्चित सम्बन्ध नहीं है, उसी प्रकार ध्वनि और उसके लिखित संकेत (वर्ण) का सम्बन्ध भी रूढ़ और पारम्परिक ही है। उदाहरणार्थ, हम एक कंठ्य-ध्वनि को क के रूप में अंकित करते हैं तो रोमन लिपि का प्रयोक्ता K के रूप में। ध्वनि प्रायः एक ही है, लेकिन उसे अंकित करने के ढंग में अन्तर पड़ गया है। जिस तरह विभिन्न भाषाओं में एक ही वस्तु के लिए विभिन्न शब्द हैं, उसी प्रकार विभिन्न लिपियों में एक ही ध्वनि के विभिन्न संकेत हो जाते हैं।

आज लिपि का जो विकसित रूप हमारे सामने है, उसे देखकर लिपि के प्रारम्भिक रूप की कल्पना करना कठिन है। किन्तु इतिहास बताता है कि लिपि के भी विकास-सोपान रहे हैं जो मुख्यतः तीन हैं—1. चित्रलिपि, 2. भावलिपि, और 3. ध्वनिलिपि।

1. चित्रलिपि

लिपि का प्राचीनतम और प्रारम्भिक रूप चित्रात्मक था, अर्थात् मनुष्य जिस वस्तु को लिपिबद्ध करना चाहता था, उसका चित्र बना देता था। यदि पहाड़ को लिपिबद्ध करना हुआ तो ऊँची-नीची रेखाएँ खींच दीं; यदि 'मनुष्य' लिखना हुआ तो रेखाओं की सहायता से उसकी आकृति अंकित कर दी। इसी तरह वृक्षों, पशुओं, पक्षियों आदि के भी चित्र खींच दिये जाते थे। स्थायित्व देने की भावना की तृप्ति तो चित्रलिपि से अवश्य हो जाती थी, किन्तु उसकी अनेक त्रुटियाँ थीं—

(क) चित्रों की सहायता से वस्तुओं को अंकित करने में **सांकेतिक अनन्तता** सबसे प्रमुख त्रुटि थी। जितनी वस्तुएँ अंकित करनी होती थीं उतने प्रकार के चित्र बनाने पड़ते थे। घोड़े के चित्र से हाथी का बोध नहीं हो सकता था और न पर्वत के चित्र से नदी का।

(ख) दूसरी त्रुटि यह थी कि प्रत्येक वस्तु के लिए **पृथक् संकेत** बनाने पड़ते थे। संकेतों की **अनन्तता** के साथ संकेतों का **पार्थक्य** अनिवार्य रूप से मिला हुआ था।

(ग) चित्रलिपि का यह भी एक बहुत बड़ा दोष था कि उसमें **स्थान** बहुत घिरता था। 'वह मनुष्य है' यह लिखने की अपेक्षा, मनुष्य का चित्र बनाना, चाहे वह कितना भी छोटा क्यों न हो, सदा अधिक स्थान लेगा।

(घ) चित्रलिपि **समयसाध्य** थी। किसी वस्तु का चित्र बनाना बहुत जल्दी में सम्भव नहीं हो सकता। एक-दो चित्र बनाने हों तो किसी प्रकार काम चल भी सकता है, लेकिन जहाँ सब कुछ चित्रों की सहायता से ही अभिव्यक्त करना हो वहाँ समय के अपव्यय की सहज ही कल्पना की जा सकती है।

(ङ) समय-साध्यता का प्रभाव लेखन की गति पर पड़ना अनिवार्य है। चित्र बनाने

में यदि समय अधिक लगता है तो अनुपाततः लिखने की **गति में मन्दता** रहेगी ही। जितनी तेज़ी से आज हम ध्वन्यात्मक लिपि में लिख सकते हैं, उतनी तेज़ी से चित्रलिपि में नहीं लिख सकते।

(च) चित्रलिपि की एक और बहुत बड़ी त्रुटि यह थी कि उसमें केवल **स्थूल वस्तुओं** का ही उल्लेख हो सकता था, सूक्ष्म अथवा अमूर्त्त वस्तुओं का नहीं। पर्वत, नदी, वृक्ष, पशु आदि का चित्र बना देना तो सम्भव है किन्तु प्रेम, दया, करुणा, उत्साह आदि का नहीं।

चित्रलिपि में दोष तो अनेक थे, किन्तु एक गुण भी था और वह थी उसकी **सर्वबोध्यता।** आज भी ध्वन्यात्मक लिपियों में कोई शब्द लिखने पर उसे वही समझ सकता है जो उस भाषा और लिपि से परिचित हो। उदाहरणार्थ, देवनागरी में 'हाथी' शब्द लिखा देखकर इसका अर्थ वही समझ सकता है जो देवनागरी लिपि और हिन्दी भाषा से परिचित हो। यह संकेत रूसी, फ्रांसीसी या अंग्रेज़ी जाननेवाले के लिए अर्थहीन है। किन्तु हाथी का चित्र देखकर कोई भी हाथी का अर्थ समझ सकता है, चाहे यह रूसी बोलनेवाला हो, चाहे फ्रांसीसी, चाहे अंग्रेज़ी। कहने की आवश्यकता नहीं कि दोषों की तुलना में यह गुण नितान्त नगण्य था। स्वभावतः मनुष्य की बुद्धि किसी ऐसी लिपि के अनुसन्धान में अग्रसर हुई जिसमें उपर्युक्त त्रुटियाँ कम-से-कम रहें। लिपि के विकासक्रम में जो दूसरा सोपान हमें मिलता है, उसे भावलिपि या विचारलिपि कहा गया है।

2. भावलिपि

चित्र बनाना सरल नहीं था। सभी में उच्चकोटि की कलात्मकता नहीं होती जिससे उनके बनाये चित्र सुन्दर और सुडौल हों। चित्रों के सुन्दर न होने में चित्र बनानेवाली सामग्री का भी हाथ होता है। सभी चित्र बनानेवाले एक ही प्रकार का चित्र नहीं बना पाते होंगे। कलात्मक हाथों से बनाया गया पर्वत का चित्र कलाहीन हाथों से बने पर्वत के चित्र की अपेक्षा निश्चय ही बहुत भिन्न होता होगा। इस भेद के कारण ऐसी भी स्थिति आयी होगी जिसमें चित्र की स्पष्टता दूर हो गयी होगी और चित्र अधूरा रह गया होगा। अर्थ या भाव की अभिव्यक्ति की दृष्टि से वह चित्र भले ही अधूरा रहा हो, किन्तु उसमें लाघव भी आया होगा। उदाहरणार्थ, कई ऊँची-नीची रेखाओं की सहायता से पर्वत का चित्र बनाने की अपेक्षा एक आड़ी और एक सीधी रेखा खींचकर पर्वत का भाव उत्पन्न करना निश्चय ही अधिक सरल हुआ होगा। मनुष्य का चित्र बनाते समय केश, ललाट, आँख, कान, नाक, मुँह, गरदन, हाथ, पेट, पीठ, कमर आदि के लिए रेखाएँ खींचना पर्याप्त जटिल कार्य रहा होगा। बाद में लाघव के लिए एक-एक अंग का पूर्ण अंकन न करके एक वृत्त (मुख), उसके नीचे एक रेखा, उसकी दोनों तरफ़ लटकी हुई दो रेखाएँ, फिर नीचे की ओर एक रेखा खींचकर उससे दो रेखाएँ दो तरफ़ खींच देना मनुष्य की आकृति का प्रतिनिधित्व करने के लिए पर्याप्त मना लिया गया होगा, जैसा आजकल अनेक व्यंग्य-चित्रों में देखा जाता है। कम-से-कम रेखाओं से अधिक-से-अधिक भाव व्यक्त कर देना लाघव की इंच्छा का ही परिणाम है। कहने का तात्पर्य यह कि

प्रारम्भ के पूर्ण चित्र और बाद के उसके आंशिक अंकन में वस्तुबोध की दृष्टि से निश्चय ही बहुत अन्तर आया होगा और वह अन्तर स्वाभाविक न होकर रूढ़ बन गया होगा। उन विशिष्ट संकेतों से उन्हीं समाजों में भाव की अभिव्यक्ति हो सकती थी, जिनमें वे संकेत प्रचलित रहे हों, क्योंकि वे संकेत किसी वस्तु का चित्र न होकर स्थूल **चित्राभास** बन गये होंगे। इसीलिए वैसे चित्रों का बोध भावलिपि शब्द द्वारा कराया जाता है। वैसे संकेत चित्र न होकर चित्र से उत्पन्न होनेवाले भाव को स्थूलता से अंकित कर देते थे।

भावलिपि का एक स्पष्ट लाभ यह था कि चित्रलिपि की अपेक्षा वह अधिक संक्षिप्त हो गयी। दूसरी बात यह कि भावलिपि की सहायता से कोई वस्तु ही नहीं घटना भी अंकित की जा सकती थी, क्योंकि थोड़े संकेतों में अधिक बात अँटाने की क्षमता का विकास हो गया। परन्तु मनुष्य की प्रगतिशील बुद्धि केवल भावलिपि से सन्तुष्ट होनेवाली नहीं थी। वह किसी ऐसी लिपि की खोज में लगी रही जिसमें ध्वनियों को अंकित किया जा सके।

3. ध्वनिलिपि

लिपि के विकास में ध्वनिलिपि सबसे बड़ी उपलब्धि है, क्योंकि इसमें चित्र और भाव की भूमिका से ऊपर उठकर प्रत्येक ध्वनि को अंकित करने की क्षमता का विकास पाया जाता है। ध्वनिलिपि के उदाहरण के रूप में देवनागरी, रोमन, अरबी आदि को ले सकते हैं। कुछ लोगों ने देवनागरी को अक्षरमूलक (सिलेबिक) और रोमन को वर्णमूलक (अलफ़ाबेटिक) लिपि माना है और अक्षरमूलक लिपि की अपेक्षा वर्णमूलक लिपि को उत्कृष्ट बताया है, किन्तु ये दोनों ही स्थापनाएँ अग्राह्य हैं। देवनागरी भी वर्णमूलक लिपि है, उसे अक्षरमूलक कहना संगत नहीं है। 'सिलेबिक' शब्द अंग्रेज़ी के सिलेबल से बना है। एक सिलेबल में उतनी ध्वनियों की गणना होती है जिनका एक साथ उच्चारण किया जाता है। इस दृष्टि से अब तक, तब तक, चन्दन, तांडव का सिलेबिक रूप होगा (अब्/तक्); (तब्/तक्); (चन्/दन्); (ताण्/डव्)। कहने की आवश्यकता नहीं कि 'अब-तक' में अब् और तक् सिलेबल दो ही हैं, कितु वर्ण चार हैं। इसलिए अंग्रेज़ी के अन्धाधुन्ध अनुकरण से नागरी को सिलेबिक लिपि मान लेना भ्रान्त है। सिलेबिक लिपि की अपेक्षा अलफ़ाबेटिक लिपि को उत्कृष्ट कहना भी ग़लत है। यह बात केवल यान्त्रिकता को ध्यान में रखकर कही जाती है, किन्तु लिपि का सम्बन्ध केवल यन्त्र से ही नहीं है।

संसार की लिपियों में कौन सबसे प्राचीन है, इसको लेकर विद्वानों में अत्यधिक मतभेद है। वस्तुतः इस प्रश्न को लेकर अनुमान का जाल बिछ गया है जिसमें तथ्य को देखना असम्भव है। हमने पीछे देखा है कि भाषा की उत्पत्ति या आर्यों के मूल निवास-स्थान को लेकर कैसी-कैसी कल्पनाएँ की गयी हैं। लिपि-सम्बन्धी कल्पना भी उनसे कम मनोरंजक नहीं है।

लिपियों की प्राचीनता का परीक्षण राष्ट्रीय और स्थानीय पक्षपातों से भी आक्रान्त

रहा है। यूरोपीय विद्वानों की एक सामान्य प्रवृत्ति यह है कि प्रत्येक क्षेत्र में वे यूरोप को अग्रणी प्रमाणित करना चाहते हैं। जब वे विश्व का इतिहास लिखने चलते हैं तो उनका 'विश्व' भूमध्य सागर के इर्द-गिर्द ही समाप्त हो जाता है और संसार की सारी सभ्यताओं, साहित्यों, दर्शनों का मूल उत्स ग्रीस ही सिद्ध हो पाता है। इस पूर्वग्रह और पक्षपातपूर्ण दृष्टि से वस्तुनिष्ठ और तटस्थ निर्णय की आशा नहीं की जा सकती।

मेरी अपनी धारणा है कि आज की प्रचलित लिपियों को देखते हुए उनका स्वतन्त्र उद्गम मानना अधिक उचित होगा। यदि सभ्यता का विकास स्वतन्त्र रूप से हो सकता है तो लिपि का विकास क्यों नहीं हो सकता ? आज संसार में प्रचलित लिपियों को देखते हुए उनके चार स्वतन्त्र उद्गम मानना अधिक अच्छा होगा। वे चार लिपियाँ हैं—**भारतीय, यूरोपीय, सामी** और **चीनी**। इन चारों में इतना स्पष्ट पार्थक्य है कि इन्हें एक स्रोत से सम्बद्ध मानना असंगत है। सम्भव है, किसी लिपि के एक-दो संकेत किसी दूसरी लिपि में भी आ गये हों परन्तु इतने से ही उनमें जन्य-जनक-भाव की कल्पना नहीं की जा सकती। ब्राह्मी लिपि से भारत की सभी लिपियाँ निकली हैं, यह इतिहास-सिद्ध है। ब्राह्मी का भी, अनेक विदेशी लिपियों से, उद्भव प्रमाणित करने के प्रयास हुए हैं, किन्तु वे सब खोखले और निस्सार हैं, यह हम आगे देखेंगे। यूरोप की सभी लिपियाँ अल्पाधिक परिवर्तन के साथ ग्रीक लिपि का ही रूपान्तर हैं। सामी से उद्भूत अरबी, फ़ारसी आदि लिपियाँ पश्चिमी एशिया के आस-पास प्रयुक्त होती रही हैं और चीन की लिपि इन सबसे विलक्षण आज भी बहुत-कुछ चित्रात्मक है।

कहा जाता है कि ग्रीसवासियों ने ग्रीक लिपि का विकास फ़िनीशिया के व्यापारियों से प्राप्त लिपि के आधार पर किया और फ़िनीशी लिपि के आधार के रूप में मिस्र की भावलिपि, बाबुल के कीलाक्षर और क्रीट की निमोआ लिपि को प्रस्तुत किया गया है। कुछ विद्वान् जहाँ फ़िनीशी से ग्रीक लिपि का उद्भव मानते हैं, वहाँ दूसरे ग्रीक लिपि से ही फ़िनीशी का उद्भव मानते हैं। यह सब इस बात का सूचक है कि सुनिश्चित प्रमाणों के अभाव में केवल अटकलें लगायी गयी हैं जिनका अधिक मूल्य नहीं है।

भारतीय लिपियाँ और नागरी

भारत में प्राचीन समय में दो लिपियाँ प्रचलित थीं—ब्राह्मी और खरोष्ठी।

खरोष्ठी

खरोष्ठी का प्रयोग उत्तर-पश्चिम भारत में होता था। शाहबाज़गढ़ी (पंजाब का युसुफ़ज़ई ज़िला) और मानसेरा (पंजाब का हज़ारा ज़िला) में अशोक के अनेक अभिलेख प्राप्त हुए हैं जो खरोष्ठी में लिखे हैं। अशोक के पूर्व का कोई लेख खरोष्ठी में नहीं मिलता। वस्तुतः खरोष्ठी लिपि विदेशी लिपि थी जो उस भू-भाग में प्रचलित थी, कारण कि वह भाग कुछ दिनों तक ईरानियों के अधिकार में रहा था और उनके सम्पर्क के

कारण खरोष्ठी का प्रचार वहाँ तक हो गया था। क्योंकि उस ओर यह लिपि प्रचलित थी, इसलिए अशोक ने अपने अभिलेख इसमें भी लिखवाये।

खरोष्ठी नाम के सम्बन्ध में अनेक अनुमान लगाये गये हैं—

(क) किसी **खरोष्ठ** नामक **व्यक्ति** ने इस लिपि का निर्माण किया, इसलिए इसका नाम खरोष्ठी पड़ा।

(ख) प्राचीन युग में लिखने के लिए जो अनेक वस्तुएँ काम में लायी जाती थीं, उनमें गदहे की खाल भी थी। **खर-पृष्ठ** (गदहे की खाल) पर लिखे जाने के कारण इस लिपि को 'खर-पृष्ठी' कहा गया जिससे विकसित होकर खरोष्ठी शब्द बना।

(ग) एक विद्वान् का अनुमान है कि इस लिपि के अक्षर **खर** (गदहे) के **ओष्ठ** के समान बेढंगे होते थे, इसलिए इसे खरोष्ठी कहा गया।

(घ) चौथी कल्पना यह है कि इब्रानी भाषा में लिखावट को **'खरोशेथ'** कहते हैं। 'खरोशेथ' का संस्कृत रूप खरोष्ठ हो गया और उससे खरोष्ठी।

साधक-बाधक तर्कों के अभाव में उपर्युक्त अनुमानों में किसको मान्य कोटि में रखा जाये, यह निर्णय करना कठिन है।

खरोष्ठी की विशेषताएँ

(1) खरोष्ठी **दाएँ से बाएँ** की ओर लिखी जाती है। अतः सामी वर्ग की किसी लिपि से इसका उद्‌भव हुआ होगा। कुछ विद्वान् 'अरमी' लिपि से खरोष्ठी को उद्‌भूत मानने के पक्षपाती हैं।

(2) खरोष्ठी में वर्णों की संख्या केवल 37 है जो आर्य-भाषा की समस्त ध्वनियों को अंकित करने में असमर्थ है। भारत में खरोष्ठी के परित्याग का यह भी एक सबल कारण रहा होगा।

(3) खरोष्ठी में स्वरों तथा मात्राओं में ह्रस्व तथा दीर्घ का भेद नहीं है जो भारतीय आर्य-परिवार की भाषाओं का महत्त्वपूर्ण लक्षण है। इसलिए भी यह लिपि अग्राह्य सिद्ध हुई।

(4) खरोष्ठी में संयुक्ताक्षर लिखने की सुविधा नहीं है। स्वभावतः संस्कृत जैसी संयुक्ताक्षर-बहुल भाषा को लिखने में यह लिपि असमर्थ मानी गयी।

जैसा पहले कहा गया है, खरोष्ठी विदेशी लिपि थी जिसका राजनीतिक कारणों से पंजाब तक प्रसार हो गया था और उस भू-भाग में प्रचलित होने के कारण जनसाधारण के लिए सुलभ और सुविधाजनक समझकर अशोक ने अपने अभिलेखों में इसका प्रयोग कराया। खरोष्ठी को इस देश की लिपि मानना या खरोष्ठी से ब्राह्मी का सम्बन्ध जोड़ना अयुक्तिसंगत होगा।

ब्राह्मी

ब्राह्मी शब्द की तीन व्युत्पत्तियाँ बतायी जाती हैं—

(1) **ब्रह्मा** द्वारा निर्मित होने से यह लिपि ब्राह्मी कहलायी। संस्कृत में 'ब्राह्मी' शब्द का प्रयोग भाषा के लिए भी होता है क्योंकि भाषा भी ईश्वरीय सृष्टि मानी गयी है।[1]

(2) **ब्राह्मणों** द्वारा निर्मित या प्रयुक्त होने के कारण इस लिपि का नाम ब्राह्मी पड़ा।

(3) **ब्रह्म** (वेद या ज्ञान) की रक्षा के लिए यह लिपि निर्मित की गयी, इसलिए ब्राह्मी कहलायी।

ब्राह्मी के उद्गम को लेकर विद्वानों में ऐकमत्य नहीं है। अनेक विद्वान् उसका उद्गम चीनी, यूनानी आदि दूसरी लिपियों से मानते हैं और कई विद्वान् ऐसे भी हैं, जो उसे किसी दूसरी लिपि से उद्भूत न मानकर भारत की अपनी लिपि मानते हैं। पक्ष-विपक्ष के सभी तर्कों की परीक्षा कर गौरीशंकर हीराचन्द ओझा ने बड़ी विचक्षणता से यह प्रमाणित किया है कि ब्राह्मी लिपि सर्वतोभावेन भारतीय लिपि है और उसका सम्बन्ध किसी दूसरी लिपि से नहीं जोड़ा जा सकता है। "मनुष्य की बुद्धि में सबसे बड़े महत्त्व के दो कार्य भारतीय—**ब्राह्मी लिपि** और वर्तमान शैली के **अंकों की कल्पना**—हैं। इस बीसवीं शताब्दी में भी हम संसार की बड़ी उन्नतिशील जाति की लिपियों की तरफ़ देखते हैं तो उनमें उन्नति की गन्ध भी नहीं पायी जाती। कहीं तो ध्वनि और उसके सूचक चिह्न (अक्षरों) में साम्य ही नहीं है जिससे एक ही चिह्न से एक से अधिक ध्वनियाँ प्रकट होती हैं और कहीं एक ही ध्वनि के लिए एक से अधिक चिह्नों का व्यवहार होता है और अक्षरों के लिए कोई शास्त्रीय क्रम ही नहीं। कहीं लिपि वर्णनात्मक नहीं, किन्तु चित्रात्मक ही है। ये लिपियाँ मनुष्य-जाति के ज्ञान की प्रारम्भिक दिशा की निर्माण-स्थिति से अब तक कुछ भी आगे नहीं बढ़ सकीं, परन्तु भारतवर्ष की लिपि हज़ारों वर्षों पहले भी इतनी उच्च कोटि को पहुँच गयी थी कि उसकी उत्तमता की कुछ भी समानता संसार-भर की कोई दूसरी लिपि अब तक नहीं कर सकती।"[2]

ब्राह्मी का सम्बन्ध चीनी, यूनानी, अरबी, सामी, फ़िनीशी, मिस्री, असीरिया के कीलाक्षरों तथा किसी अज्ञात दक्षिणी लिपि से माना गया है। इतनी लिपियों से ब्राह्मी का सम्बन्ध जोड़ना ही इस बात का सूचक है कि यह सब केवल अनुमान है, क्योंकि तथ्य में एकरूपता रहती है और अनुमान में अनेकरूपता। जिसके मन में जो आया, उसने अनुमान कर लिया और एक मौलिक बात कहने का श्रेय ले लेना चाहा।

ब्राह्मी की भारतीयता

(1) **चीनी** से ब्राह्मी का उद्भव मानना मनोरंजक कल्पना के अतिरिक्त और कुछ नहीं है। यदि चीनी से ब्राह्मी उत्पन्न हो सकती है तो बालू से तेल भी निकल सकता है, आम के पेड़ में अँगूर भी फल सकता है। जब जन्य और जनक में किसी साम्य का

1.ब्राह्मी तु भारती-भाषा-गीर्वाग्-वाणी-सरस्वती। —अमरकोश, शब्दवर्ग, 1

2.प्राचीन लिपिमाला : गौरीशंकर हीराचन्द ओझा, भूमिका, पृ. 7

विचार ही नहीं करना है तो किसी वस्तु की उत्पत्ति किसी वस्तु से बतायी जा सकती है। चीनी आज भी एक प्रकार से चित्रलिपि है। उससे ब्राह्मी-जैसी पूर्ण, वैज्ञानिक और ध्वन्यात्मक लिपि का उद्‌भव मानना बुद्धि-विरुद्ध है। जिससे जो वस्तु उत्पन्न होती है उसमें उसका कुछ अंश रहता है। ब्राह्मी में चीनी का क्या अंश है ?

(2) **सामी** से ब्राह्मी को उत्पन्न माननेवाले भी तर्क से अधिक पूर्वग्रह से काम लेते दिखायी देते हैं। सामी दाएँ से बाएँ लिखी जाती है; उसके संकेत अधूरे और अपर्याप्त हैं; वर्णों की संख्या केवल 22 है। उसमें स्वर और व्यञ्जन का बेढंगा मिश्रण है। सामी की इन चार विशेषताओं में किसी एक की भी समता ब्राह्मी से नहीं पायी जाती। ब्राह्मी बाएँ से दाएँ लिखी जाती है; उसके संकेत पूर्ण और व्यापक हैं; वर्णों की संख्या 63-64 है—सामी के प्रायः तिगुनी; स्वर व्यञ्जन का विन्यास पूर्ण ही नहीं, वैज्ञानिक भी है—स्वर अलग, व्यञ्जन अलग; स्वरों में भी पहले मूल स्वर, तब संयुक्त स्वर; व्यञ्जनों का, स्थान और प्रयत्न के अनुसार, ऐसा वैज्ञानिक वर्गीकण जो आज भी संसार की किसी लिपि में नहीं है। इस विशेषता को देखकर मैक्डोनल को अनिच्छापूर्वक भी ब्राह्मी की श्रेष्ठता स्वीकार करनी पड़ी है।[1]

(3) ग्रीक, सामी आदि लिपियों से ब्राह्मी लिपि का इतना स्पष्ट आकृतिभेद है कि दोनों में सम्बन्ध स्थापित करने का प्रयास किया भी जाये तो वह बादरायण सम्बन्ध के अतिरिक्त और कुछ न होगा। जो देश भाषा-सम्बन्धी विश्लेषण का उच्चतम रूप प्रस्तुत कर सकता था वह क्या अपनी भाषा की ध्वनियों को अंकित करने के लिए उपयुक्त लिपियों का निर्माण नहीं कर सकता था ? ओझाजी ने ठीक ही कहा है कि 'उच्चरित अक्षर और लिखित वर्ण के सम्बन्ध को निभाने के उद्‌देश्य का विचार करें तो ब्राह्मी लिपि सर्वोत्तम है। ऐसी (सेमिटिक जैसी) अपूर्ण और क्रमरहित लिपि को लेकर, उसकी लिखावट का रुख़ पलटकर, वर्णों को तोड़-मरोड़कर, केवल अठारह उच्चारणों के चिह्न उसमें पाकर, बाक़ी उच्चारणों के संकेत स्वयं गढ़कर, स्वरों के लिए मात्रा-चिह्न बनाकर, अनुस्वार और विसर्ग की कल्पना कर, स्वर-व्यञ्जन को पृथक् कर, उन्हें उच्चारण के स्थान और प्रयत्न के अनुसार नये क्रम से सजाकर सर्वांगपूर्ण लिपि बनाने की योग्यता जिस जाति में मानी जाती है, क्या वह इतनी सभ्य नहीं रही होगी कि केवल अठारह अक्षरों के संकेतों के लिए दूसरों का मुँह न ताककर उन्हें स्वयं ही अपने लिए बना ले ?'[2]

(4) जो देश सबसे वैज्ञानिक अंक-प्रणाली और दशमलव-प्रणाली का निर्माण कर

---

1. It not only *represents all the sounds* of the Sanskrit language, but is arranged on a *thoroughly scientific method*... We Europeans, on the other hand, 2500 years later, and in scientific age, still employ an alphabet which is not only *inadequate to represent all the sounds* of our languages, but even preserves the *random* order in which vowels and consonants are jumbled up as they were in the Greek adaption of the primitive Semitic arrangement of 3000 years ago.

—*A History of Sanskrit Literature,* A. A. Macdonell, p. 17.

2. प्राचीन लिपिमाला, पृ. 296

सकता था जिसे आज सारा सभ्य संसार अपनाये हुआ है, वह अपनी लिपि का निर्माण करने में असमर्थ था, यह कहने के लिए असाधारण साहस चाहिए।

(5) भारतीय परम्परा कहीं नहीं कहती कि यह लिपि कहीं बाहर से ली गयी है।

(6) इस लिपि को देखने से स्पष्ट हो जाता है कि इसका निर्माण भारतीय भाषा की ध्वनियों को ध्यान में रखकर किया गया था। संसार की किसी भी दूसरी लिपि में इतने ध्वनि-संकेत नहीं हैं, जितने ब्राह्मी लिपि में।

(7) संस्कृत भाषा की संयुक्ताक्षरता को सम्यक् अंकित करने की योग्यता भी ब्राह्मी की भारतीय उत्पत्ति सूचित करती है।

(8) स्वर को मात्रा के रूप में जोड़ने की विशेषता ब्राह्मी के अतिरिक्त किसी दूसरी लिपि में नहीं पायी जाती। ब्राह्मी से विकसित आज भारत की सभी लिपियों में यह विशेषता अक्षुण्ण है।

इस सारी वितंडा की जड़ 'श्रुति' शब्द है। वेद को 'श्रुति' कहते हैं, जिसका अर्थ है सुनना। 'श्रुति' शब्द को लेकर यूरोपीय विद्वानों की कल्पना इस निष्कर्ष पर पहुँच गयी कि भारत में लिपि थी ही नहीं। जिस देश में सुनकर ही ज्ञान का आदान-प्रदान होता रहा हो, उसमें भला लिपि कैसे हो सकती है ? और तब लिपि का अभाव प्रमाणित करने के लिए साध्य-असाध्य सभी तरह के प्रमाण प्रस्तुत किये जाने लगे। शास्त्र कंठस्थ रखा जाये, इससे यह कहाँ सिद्ध होता है कि उसका लिखित रूप था ही नहीं या हो ही नहीं सकता ? यह तो इस देश की अध्ययन-प्रणाली की विशेषता थी कि ज्ञान को पुस्तकस्थ न छोड़कर उसे आत्मसात् कर लिया जाता था और यह कार्य श्रवण (श्रुति) के द्वारा सुगमता से सिद्ध हो जाता था। एक छोटा-सा शब्द कितनी महत्त्वशून्य वितंडा का आधार बन सकता है, यह इससे स्पष्ट है। गौरीशंकर हीराचन्द ओझा ने श्रमपूर्वक और सप्रमाण यह सिद्ध किया है कि लिपि का उल्लेख या संकेत ऋग्वेद, अथर्ववेद, ऐतरेय ब्राह्मण, शतपथ ब्राह्मण, तैत्तिरीय संहिता, ऐतरेय आरण्यक, छान्दोग्य उपनिषद्, यास्क-कृत निरुक्त, पाणिनीय अष्टाध्यायी, ब्रह्मजालसुत्त, जातककथा, महाभारत, कौटिलीय अर्थशास्त्र, धर्मशास्त्र आदि प्राचीन ग्रन्थों और यूनानी पर्यटकों (निआर्कोस और मेगास्थनीज़ आदि) के वृत्तांतों में सर्वत्र मिलता है।[1] इस प्रकार ब्राह्मी का सम्बन्ध किसी विदेशी लिपि से जोड़ना अमान्य ठहरता है।

आधुनिक समस्त भारतीय लिपियों का विकास ब्राह्मी से ही हुआ है। यहाँ यह सन्देह हो सकता है कि ब्राही से ही विकसित होने पर लिपियों में इतना भेद कैसे हो गया कि आज एक लिपि का ज्ञाता दूसरी लिपि को नहीं पढ़ पाता, तो इस प्रश्न का समाधान भी वही है जो इस प्रश्न का कि एक ही मूल भाषा से विकसित होने पर अंग्रेज़ी, रूसी, हिन्दी में इतना अन्तर कैसे हो गया कि एक का बोलनेवाला दूसरी भाषा को बिल्कुल नहीं समझ पाता ? विकास के क्रम में वस्तुओं का स्वरूप इतना बदल जाता है कि उन्हें पहचानना

1.प्राचीन लिपिमाला, पृ. 3-16

कठिन हो जाता है। जिसे हम बचपन में देखे होते हैं, वही जब सयाना होकर एकाएक हमारे समने आ खड़ा होता है तो हम उसे बिल्कुल नहीं पहचान पाते। जब मनुष्य के सीमित जीवन में होनेवाले विकास की यह स्थिति है तो भाषाओं या लिपियों के सुदीर्घ जीवन के परिवर्तन-क्रम में एकरूपता की आशा करना असंगत है।

लिपि में भेद के अनेक कारण होते हैं–

1. लेखन-सामग्री की भिन्नता–लिखने का आधार क्या है, लेखनी किस वस्तु की है, स्याही कैसी है, इससे अक्षरों के निर्माण और विन्यास में अन्तर आता है। प्राचीन युग में लिखने के आधार के रूप में ताड़-पत्र, भोज-पत्र, काग़ज़, कार्पास (रूई का कपड़ा), कौशेय (रेशमी कपड़ा), काष्ठ-पट्ट (लकड़ी की पट्टी), चमड़ा, पत्थर, ईंट, धातु, (ताँबा, सोना, चाँदी, पीतल, लोहा) आदि काम में लाये जाते थे। लेखनी भी धातु, सरकंडा, बेंत आदि की होती थी। सिद्ध है कि जैसे अक्षर ताड़-पत्र या भोज-पत्र पर लिखे जा सकते थे, वैसे पत्थर, ईंट आदि पर नहीं। पत्थर, ईंट आदि पर उत्कीर्ण अक्षर आकार में बड़े होंगे, साथ ही उनके उत्कीर्ण करने का ढंग भी भिन्न होगा। इसके प्रतिकूल चिकनी सतह (जैसे भोज-पत्र, काग़ज़ आदि) पर लिखे अक्षर छोटे भी होंगे, सुडौल भी और साफ भी। जिन बातों को लोग स्थायित्व प्रदान करना चाहते थे या जिनकी ओर जनसामान्य का ध्यान आकृष्ट करना चाहते थे, उन्हें पत्थर या ईंट पर उत्कीर्ण करते थे। किन्तु पत्थर, ईंट आदि पर लिखित बात एक स्थान से दूसरे स्थान तक ले जाने योग्य नहीं हो सकती थी। उसके लिए लेख-फलक का हलका होना आवश्यक था। यह योग्यता ताड़-पत्र, भोज-पत्र आदि में वर्तमान थी। इसलिए इनका उत्तरोत्तर प्रचार बढ़ता गया। प्रस्तुत में दिखाना यह है कि **लेख-फलक** और **लेखनी** का प्रभाव अक्षरों की आकृति पर पड़ता है। जिस भाग में जैसी लेखन-सामग्री सुलभ थी, उस भाग में अक्षरों की आकृति उसी के अनुकूल बन गयी। स्वभावतः उनमें पार्थक्य आ गया।

2. अक्षर की आकृति के निर्धारण में **कलात्मकता** का भी बहुत दूर तक हाथ रहता है। मनुष्य की दृष्टि केवल उपयोग पर ही नहीं रहती, वह उपयोगी वस्तुओं में भी सौन्दर्य देखना चाहता है। अक्षरों में सौन्दर्य लाने की भावना से भी उनकी आकृति में परिवर्तन हुआ। अक्षरों के विकास-क्रम से परिचित व्यक्ति इसे जानते हैं। रोमन के छापे के D और लेखन के D में जो अन्तर है वह कलात्मकता के कारण ही। लेखन के D में जो मोड़ या घुमाव हैं, वे उसे अधिक कलात्मक बनाने के उद्देश्य से ही लाये गये हैं।

3. **लेखन में त्वरा** और **सरलता** लाने की भावना से भी अक्षरों की आकृति में परिवर्तन अपेक्षित होता है। लिखना ही पर्याप्त नहीं है, लिखने में त्वरा भी होनी चाहिए। अक्षरों की रेखाएँ भी ऐसी होनी चाहिए, जिन्हें सरलता से खींचा जा सके। इस दृष्टि से भी अक्षरों के रूप में परिवर्तन होते रहते हैं।

4. लिपि में **निश्चितता** पर भी ध्यान रखना पड़ता है। एक ही संकेत में विभिन्न ध्वनियों का भ्रम नहीं होना चाहिए। इसलिए जितने भी संकेत गढ़े जाते हैं, उन्हें यथासाध्य अधिक-से-अधिक परस्पर असंकीर्ण रखा जाता है।

5. कभी-कभी **दूसरी** भाषाओं या **लिपियों** के प्रभाव से भी अक्षरों की आकृति में परिवर्तन होता है। उदाहरणार्थ, फ़ारसी के सम्पर्क के कारण हिन्दी में बिन्दी लगाकर क़, ख़, ग़, ज़, फ़ आदि ध्वनियाँ बना ली गयीं। क ख ग ज फ के परम्परागत रूप में यह परिवर्तन एक दूसरी भाषा के सम्पर्क के कारण ही हुआ।

इस तरह लिपि के रूप-परिवर्तन के अनेक कारण हैं और एक ही लिपि कालान्तर में इनमें एक या अनेक कारणों से प्रेरित होकर विभिन्न रूप धारण कर लेती है। अतः यदि ब्राह्मी का अनेक रूपों में विकास हुआ तो इसमें आश्चर्य की कोई बात नहीं है।

ब्राह्मी से विकसित भारतीय लिपियाँ

ओझाजी ने ब्राह्मी की दो श्रेणियाँ मानी हैं—उत्तरी और दक्षिणी।[1] उत्तरी शैली से निम्नलिखित लिपियों का विकास हुआ है—

(1) **गुप्त-लिपि**—इस लिपि का प्रचार भारत में ईसवी सन् की चौथी और पाँचवीं शताब्दी में रहा। गुप्तवंशी शासकों के लेखों में प्रयुक्त होने के कारण इसे गुप्त-लिपि कहा गया है।

(2) **कुटिल-लिपि**—अक्षरों की आकृति कुटिल (टेढ़ी) होने के कारण इसका नाम कुटिल-लिपि पड़ा। कुटिल-लिपि का विकास गुप्त-लिपि से माना जाता है और कुटिल-लिपि से नागरी और शारदा लिपियों का विकास।

(3) **प्राचीन नागरी,** जिसे दक्षिण में नन्दी नागरी भी कहते थे, आठवीं-नवीं शताब्दी से लेकर सोलहवीं शताब्दी तक प्रचलित थी। प्राचीन नागरी की पूर्वी शाखा से बँगला लिपि का विकास हुआ और पश्चिमी शाखा से महाजनी, राजस्थानी, गुजराती, कैथी आदि लिपियों का।

(4) **शारदा**—इस लिपि का प्रसार कश्मीर और पंजाब में पाया जाता है। शारदा लिपि से ही वर्तमान कश्मीरी और टक्की तथा गुरुमुखी लिपियाँ निकली हैं।

(5) **बँगला**—बँगला की उत्पत्ति प्राचीन नागरी से दसवीं शताब्दी के आसपास हुई।

दक्षिणी शैली से निम्नलिखित लिपियों का विकास हुआ है—

(1) **पश्चिमी**—यह लिपि दक्षिणी महाराष्ट्र, मैसूर के कुछ भागों में ईसवी सन् की पाँचवीं शताब्दी के आस-पास प्रयुक्त होती थी।

(2) **मध्यप्रदेशी**—यह लिपि मध्यप्रदेश, हैदराबाद के उत्तरी भाग और बुन्देलखंड में पाँचवीं से आठवीं शताब्दी तक मिलती है।

(3) **तेलुगु-कन्नड़ी**—यह लिपि मुम्बई प्रान्त के दक्षिणी भाग, हैदराबाद के दक्षिणी भाग, मैसूर तथा मद्रास के उत्तरी-पूर्वी भाग में प्रचलित थी। पाँचवीं शताब्दी से चौदहवीं शताब्दी तक इसके अनेक रूप-भेद हुए। इसी से वर्तमान तेलुगु और कन्नड़ी लिपियाँ

1. प्राचीन लिपिमाला, पृ. 47

निकली हैं।

(4) **ग्रन्थ-लिपि**–यह लिपि मद्रास में प्रचलित रही है। सातवीं शताब्दी से पन्द्रहवीं शताब्दी तक इसके अनेक रूपान्तर हुए, जिससे वर्तमान मलयालम और तुलु लिपियाँ विकसित हुईं। तमिल में वर्णों की अपूर्णता के कारण संस्कृत के ग्रन्थ ग्रन्थ-लिपि में ही लिखे जाते हैं। सम्भवतः संस्कृत-ग्रन्थों की लिपि के रूप में प्रयुक्त होने के कारण ही इसका नाम 'ग्रन्थ-लिपि' पड़ गया।

(5) **तमिल-लिपि**–तमिल-लिपि का प्रयोग सातवीं शताब्दी से आज तक मिलता है। तमिल-लिपि के अक्षर ग्रन्थ-लिपि से बहुत-कुछ मिलते हैं। वस्तुतः तमिल भाषा के लिए तमिल-लिपि का प्रयोग और संस्कृत के लिए ग्रन्थ-लिपि का प्रयोग तमिलनाडु में होता रहा है।

(6) **कलिंग-लिपि**–कलिंग-लिपि के लेख सातवीं से ग्यारहवीं शताब्दी तक मिलते हैं। इसके अक्षर प्रायः समकोण वाले हैं। इसमें नागरी, तेलुगु, कन्नड़ी और ग्रन्थ-लिपियों का मिश्रण पाया जाता है।

उपर्युक्त संक्षिप्त चर्चा से स्पष्ट है कि भारत की आधुनिक लिपियों का मूलाधार ब्राह्मी ही है। आधुनिक युग में ब्राह्मी से विकसित लिपियों के अतिरिक्त दो विदेशी लिपियाँ भी सीमित रूप में प्रयुक्त होती हैं और वे हैं **रोमन** और **उर्दू**। रोमन का प्रयोग अंग्रेज़ी शासन के समय से होने लगा और उर्दू का मुसलमानी शासन के कारण। रोमन केवल अंग्रेज़ी लिखने के काम में आती है और उर्दू उर्दू-साहित्य लिखने के काम में।

कुछ लोग मुद्रण आदि का सौकर्य ध्यान में रखकर भारतीय लिपियों के स्थान पर रोमन को अपनाने के आग्रही हैं। देवनागरी और रोमन के आपेक्षिक गुण-दोष पर मैंने विस्तार से 'राष्ट्रभाषा हिन्दी : समस्याएँ और समाधान' नामक अपनी पुस्तक में विचार किया है। उसे यहाँ उद्धृत करने की आवश्यकता नहीं है।[1]

देवनागरी लिपि में लिखित हिन्दी संविधान द्वारा भारत की राजभाषा स्वीकृत हुई है। दूसरी बात यह है कि संस्कृत के ग्रन्थों के मुद्रण में देवनागरी का ही व्यापक प्रयोग होता रहा है। तीसरी बात यह है कि हिन्दी क्षेत्र के अतिरिक्त देवनागरी का प्रयोग मराठी और नेपाली के लिए भी होता है। चौथी यह कि उत्तर भारत की प्रायः सभी लिपियाँ देवनागरी के ही रूप-भेद हैं और उनमें अत्यधिक साम्य है। इसलिए एक लिपि को जाननेवाला दूसरी लिपि को आसानी से पढ़ सकता है। इन कारणों से देवनागरी का भविष्य उज्ज्वल है। यदि भारत की समस्त लिपियों के स्थान में देवनागरी को अधिष्ठित किया जा सके तो भाषा-भेद को मिटाने में इससे बड़ी सहायता मिलेगी। जैसा हमने ऊपर देखा है, भारत की सभी लिपियाँ मूलतः एक ही हैं, क्योंकि एक ब्राह्मी से ही उन सबका विकास हुआ है।

देवनागरी उन आदर्शों पर भी खरी उतरती है जो किसी अच्छी लिपि के लिए

---

1. दे. राष्ट्रभाषा हिन्दी : समस्याएँ और समाधान, पृ. 20-135

आवश्यक होते हैं।

आदर्श लिपि में निम्नलिखित बातों की अपेक्षा की जाती है–

1. ध्वनि और लिपि में **सामंजस्य** होना चाहिए, अर्थात् जो बोला जाये वही लिखा जाये और जो लिखा जाये वही बोला जाये।

2. **एक ध्वनि का एक ही संकेत हो,** अर्थात् ध्वनि और उसके संकेत में निश्चितता हो। रोमन में एक ध्वनि के लिए अनेक संकेत काम में लाये जाते हैं, जैसे–क के लिए k (king), c (cat), q(queen), ck(cuckoo), ch(chemistry)। इसी तरह रोमन में एक संकेत से अनेक ध्वनियाँ व्यक्त की जाती हैं, उदाहरणार्थ–एक a से आठ ध्वनियों को अभिव्यक्त करने का काम लिया जाता है, जो इन शब्दों में विद्यमान हैं–rat, ball, many, fare, made, was, steward। इसी तरह उर्दू में एक ज़ के लिए ज़े, ज़ाद, ज़ो, ज़ाल–ये चार संकेत काम में लाये जाते हैं। **स** ध्वनि के लिए भी से, सिन्, साद–तीन संकेत काम में आते हैं। कहने का तात्पर्य यह कि एक संकेत से अनेक ध्वनियों की अभिव्यञ्जना और एक ध्वनि के लिए अनेक संकेतों का प्रयोग लिपि-सम्बन्धी बहुत बड़ा दोष है। देवनागरी इससे मुक्त है।

3. आदर्श लिपि में किसी भाषा की **समग्र ध्वनियों** को अंकित करने की क्षमता भी होनी चाहिए। आज संसार में जो लिपियाँ प्रचलित हैं, उनमें यह गुण जितना देवनागरी में है, उतना किसी दूसरी लिपि में नहीं। रोमन या उर्दू तो इस दृष्टि से बहुत ही हेय हैं। रोमन में ख, छ, ठ, थ, फ, घ, झ, ढ ध, भ आदि महाप्राण ध्वनियों अथवा ङ, ञ, ण आदि अनुनासिक ध्वनियों के लिए कोई संकेत नहीं है। यदि 'वाङ्मय' अथवा 'याच्ञा' शब्द लिखना हो तो उसे न रोमन में लिख सकते हैं, न उर्दू में।

4. लिपि को **सुपाठ्य** और **सन्देहरहित** होना चाहिए। ऐसा नहीं कि एक संकेत में दूसरे संकेत का भ्रम हो जाये। उर्दू की बिन्दियों के कारण या ज़ेर, ज़बर आदि स्वर की मात्राओं का प्रयोग न होने से पढ़ने में जो उलझन पैदा होती है, उससे सभी उर्दूदाँ परिचित हैं। उर्दू के सम्बन्ध में एक कहावत ही है कि 'ख़ुदा से जुदा हुए एक नुक़्ते के लिए'।

5. **सौन्दर्य** भी लिपि का एक महत्त्वपूर्ण गुण है।

6. आधुनिक वैज्ञानिक युग में **यान्त्रिक सौकर्य** अर्थात् मुद्रण और टंकन की सुविधा भी लिपि की महत्त्वपूर्ण विशेषता है।

7. आधुनिक युग गति और वेग का युग है, इसलिए लिपि में **त्वरा** का भी ध्यान रखना आवश्यक है। आशुलेखन की सुविधा जीवन का अनिवार्य अंग बन गयी है।

देवनागरी इन सभी शर्तों को अच्छी तरह पूरा करती है। दूसरी किसी भी लिपि की तुलना में यह निस्सन्देह अधिक वैज्ञानिक तथा निर्दोष है।

भाषा-भूगोल

भाषाविज्ञान में भाषा-भूगोल की धारणा अपेक्षाकृत नवीन है, किन्तु इस दिशा में इधर काफ़ी प्रगति हुई है। भाषाविज्ञान के प्रारम्भिक काल अर्थात् उन्नीसवीं शताब्दी के आरम्भ में केवल परिनिष्ठित भाषा अध्ययन का विषय थी जैसा उस युग के ग्रन्थों से स्पष्ट है, पर बाद में यह अनुभव किया गया कि भाषा के सूक्ष्म तथा सर्वांगीण अध्ययन के लिए परिनिष्ठित भाषा ही पर्याप्त नहीं है, बल्कि भाषा की बोलियों का और एक ही भाषा के विभिन्न स्तरों का भी परिज्ञान आवश्यक है। भाषा-विषयक अध्ययन के परवर्ती चरण में थोड़ा और वैचारिक परिवर्तन हुआ और भाषा के सामाजिक, क्रियात्मक तथा व्यावसायिक प्रयोग-भेदों के अध्ययन की आवश्यकता का भी अनुभव किया गया। इस प्रकार परिनिष्ठित भाषा से आरम्भ कर विभाषा अर्थात् बोली के सूक्ष्म भेदों का अध्ययन भाषा-विषयक अध्ययन के विकास की महत्त्वपूर्ण कड़ी है।

भाषा-भूगोल के अन्तर्गत दो विषयों का अध्ययन आता है—एक तो संसार की भाषाओं का **सीमा-निर्धारण;** और दूसरे, किसी भाषा-विशेष की **बोलियों की स्थानीय विशेषताओं का विवेचन,** जिसको बोली-भूगोल भी कहते हैं।

भाषा-भूगोल की व्यावहारिक उपयोगिता के अनेक कारण हैं—

1. जैसा हमने देखा है, संसार में व्यवहृत होनेवाली भाषाओं की संख्या प्रायः तीन हज़ार मानी गयी है। इनमें सैकड़ों भाषाएँ ऐसी हैं जिनकी सीमाएँ आपस में मिलती हैं और सीमावर्ती भाषा सहज ही पार्श्ववर्ती भाषाओं से प्रभावित होती है। ऐसी स्थिति में यह तय करना आवश्यक होता है कि किसी भाषा की सीमा कहाँ तक मानें। उदाहरणार्थ, हिन्दी और बँगला की सीमा को ले लें। बिहार के संथाल परगना ज़िले के पूर्वी हिस्से में बँगला का प्रभाव स्पष्ट होने लगता है और हिन्दी के साथ बँगला का मिश्रित रूप दिखायी देने लगता है। अब वहाँ की भाषा को बँगला कहें या हिन्दी ? यह समस्या अपने व्यापक रूप में पूरे संसार के लिए विचारणीय हो जाती है। गुजराती-मराठी की, तमिल-तेलुगु की, तमिल-मलयालम की, कन्नड़-मलयालम की, उड़िया-बँगला की, बँगला-असमिया की सीमा-रेखाएँ इसी प्रकार मिली-जुली हैं। यूरोप में यही स्थिति जर्मन-फ़्रांसीसी की, स्पेनी-पुर्तगाली की, स्पेनी-इतालवी आदि की है। तो वैज्ञानिक और वस्तुनिष्ठ दृष्टि से भाषाओं का **सर्वेक्षण** और विभिन्न क्षेत्रों में उनके **वितरण** का विश्लेषण भाषा-भूगोल का अन्यतम प्रयोजन है।

2. भाषाविज्ञान भाषा को स्वतन्त्र शास्त्र के रूप में देखता और उस पर विचार करता है, किन्तु भाषा मानव-जाति का सर्वाधिक महत्त्वपूर्ण उपकरण है और जीवन का कोई भी क्षेत्र उसके प्रयोग से अछूता नहीं है। इसलिए भाषा का स्वतन्त्र अध्ययन जहाँ विशेषीकरण की दृष्टि से उचित और आवश्यक है, वहीं उसका अध्ययन दूसरे शास्त्रों के परिप्रेक्ष्य में भी अनिवार्य है। संसार में भाषाओं की संख्या तो बहुत बड़ी है, मगर सबका महत्त्व एक-जैसा नहीं है; उदाहरणार्थ, मुंडा और अंग्रेज़ी के आपेक्षिक महत्त्व में पर्याप्त अन्तर है। और यह अन्तर एक ही दृष्टि से नहीं, बल्कि अनेक दृष्टियों से है। तात्पर्य कि भाषाओं का **राजनीतिक, आर्थिक, सांस्कृतिक, सामरिक, कूटनीतिक, समाजशास्त्रीय महत्त्व** निरूपित करना भाषा-भूगोल का दूसरा प्रयोजन है।

3. यह विचार करना भी भाषा-भूगोल की सीमा में ही आता है कि किस प्रकार **भाषाएँ** एक-दूसरी को **प्रभावित करती हैं** या किस प्रकार भाषाओं के कारण **राष्ट्रीय** या **सांस्कृतिक दृष्टिकोणों का आविर्भाव** होता है।

4. कोई **भाषा** किन **ऐतिहासिक घटनाओं** और **परिणामों** के फलस्वरूप **आधुनिक स्थिति** तक पहुँची है, उसके मध्यवर्ती रूपों में क्या और कौन-से परिवर्तन हुए हैं, उसकी प्रगति या अवरोध के कौन-से कारण रहे हैं, यह बताना भी भाषा-भूगोल का ही कार्य है।

5. किसी भी भाषा के बोलनेवालों की कुछ **नियत संख्या** होती है; उसके **वितरण** का विशिष्ट—व्यापक या सीमित—ढाँचा होता है; जीवनोपयोगी वस्तुओं के निर्माण में अथवा सांस्कृतिक मूल्यों की सृष्टि में उसका उपयोग होता है; कुछ क्षेत्रों में उसका राजनीतिक, सामरिक या सांस्कृतिक महत्त्व होता है; उसके द्वारा संसार की आर्थिक और कूटनीतिक गतिविधि का निर्धारण और नियमन होता है। इसी तरह किसी क्षेत्र में, जो किसी दूसरे देश का उपनिवेश है या रहा है, कोई विदेशी भाषा उस क्षेत्र की भाषा या भाषाओं के ऊपर हावी हो जाती है, जैसे भारत में अंग्रेज़ी। ये प्रश्न बड़े ही व्यावहारिक महत्त्व के हैं और इनका समाधान भाषा-भूगोल के द्वारा ही सम्भव है। जहाँ वर्णनात्मक और ऐतिहासिक भाषाविज्ञान केवल विशेषज्ञों के काम के हैं, वहाँ भाषा-भूगोल उन सभी लोगों के काम का है जो **समसामयिक परिस्थितियों** में किसी-न-किसी रूप में अभिरुचि लेते हैं, विदेशों में यात्राएँ करते हैं या विदेशियों से सम्पर्क रखते हैं अथवा संसार की गतिविधियों को जीवन-सापेक्ष मानते हैं।

6. भाषा-भूगोल का एक महत्त्वपूर्ण विनियोग यह जानना भी है कि संसार में **कौन-सी भाषाएँ** बोली जाती हैं; कितने लोग उन्हें बोलते हैं; किन स्थितियों में उनका प्रयोग होता है; उनके प्रयोक्ताओं का बौद्धिक, मानसिक या सांस्कृतिक स्तर क्या है; उनके बदले किन्हीं दूसरी भाषाओं को काम में लाया जा सकता है या नहीं ?

इसके साथ भाषाओं की पहचान की समस्या भी जुड़ी है। एक भाषा से दूसरी भाषा का अन्तर दिखाने के लिए दोनों का थोड़ा-बहुत ज्ञान अपेक्षित है। यह ज्ञान भाषा के लिखित और उच्चरित दोनों रूपों का होना चाहिए जिससे दोनों की विशेषताओं को

सुगमता से जाना जा सके।

वर्णनात्मक भाषाविज्ञान में भाषा की ध्वन्यात्मक, पदात्मक, वाक्यात्मक विशेषताओं का अध्ययन होता है। **ऐतिहासिक भाषाविज्ञान** का सम्बन्ध भाषा के विकास से है, अर्थात् इस बात से कि कोई भाषा एक स्थिति से दूसरी स्थिति में कैसे पहुँचती है, एक रूप से दूसरे रूप में कैसे परिवर्तित होती है ? **भाषा-भूगोल** संसार की आधुनिक भाषाओं की स्थिति पर विस्तार से विचार करता है और इसका प्रमुख अध्येतव्य विषय है किसी भाषा के बोलनेवालों की संख्या, भौगोलिक वितरण, अपने क्षेत्र के बाहर प्रयोग की सम्भावनाओं, राजनीतिक, आर्थिक, व्यावसायिक आदि महत्त्वों का निर्धारण।

पद्धति

भाषा-भूगोल का प्राथमिक तथा मौलिक आधार है **जन-गणना** तथा **भाषा-गणना।** सामान्यतः सब देशों की जन-गणना उपलब्ध है, किन्तु समानभाव से वह विश्वसनीय नहीं है। कई देशों की जन-गणना तथ्य और वास्तविकता पर उतनी आधारित नहीं होती, जितनी प्रचारात्मक आवश्यकताओं पर। फिर भी, उसे स्वीकार करने के अतिरिक्त अध्ययन का कोई विकल्प नहीं है। कोई भी देश अपनी जन-गणना के सम्बन्ध में जो सूचनाएँ उपलब्ध कराता है, उसे मानकर ही कुछ विचार-विमर्श किया ज़ा सकता है। समय-समय पर, प्रायः दस वर्षों की अवधि पर, अधिकतर देशों में जन-गणना हुआ करती है और इस अवधि की स्थितियों के आधार पर जन-गणना के आँकड़ों में आवश्यकतानुसार संशोधन करना पड़ता है। जन-गणना से जहाँ अनेक अन्य महत्त्वपूर्ण प्रश्नों पर प्रकाश पड़ता है, वहीं भाषाओं की प्रगति या प्रतिगति का भी परिज्ञान होता है। कोई भाषा संख्या और प्रभाव में आगे बढ़ती है, तो कोई पीछे भी हट जाती है।

इस गणना में एक अनिवार्य त्रुटि यह है कि भाषाओं का छायागत भेद क्या है, कहाँ एकभाषिकता है और कहाँ द्विभाषिकता, अल्पमतों की भाषा की क्या स्थिति है, आदि प्रश्नों का सम्यक् उत्तर नहीं मिलता। उदाहरणार्थ, हिन्दी को लें। राजस्थान से बिहार तक हिन्दी बोली जाती है, किन्तु सभी स्थानों की हिन्दी सर्वथा एकरूप नहीं है, उसमें स्थानकृत भेद उच्चारण में ही नहीं, शब्द-प्रयोगों में भी स्पष्ट हैं। किन्तु भारतीय जन-गणना से इस पर कोई प्रकाश नहीं पड़ता, वह हिन्दी बोलनेवालों की संख्यामात्र की सूचना दे देती है। भाषिक छायाओं का या उपर्युक्त अन्य प्रश्नों का समाधान तभी सम्भव है जब भौगोलिक दृष्टि से हिन्दी का सूक्ष्म अध्ययन किया जाये। यही स्थिति अंग्रेज़ी की भी है। इंग्लैंड, अमेरिका, कनाडा, आस्ट्रेलिया तथा भारत की अंग्रेज़ी में पर्याप्त अन्तर है; वह अन्तर इतना है कि एक स्थान का अंग्रेज़ी-भाषी दूसरे स्थान की अंग्रेज़ी को बहुत मुश्किल से समझ पाता है, परन्तु जन-गणना की दृष्टि से सभी अंग्रेज़ी-भाषी ही कहे जाते हैं। यह सामान्य दृष्टि से तो ठीक है, किन्तु वैज्ञानिक दृष्टि से इसे स्वीकार करना निश्चय ही निरापद नहीं कहा जा सकता। दूसरी कठिनाई यह है कि कितने लोग द्विभाषी या बहुभाषी हैं, इसका कुछ भी पता नहीं लगता। केवल

अनुमान से ही इस सम्बन्ध में कुछ कहा जाता है। भारत में जहाँ केवल हिन्दी बोलनेवाले करोड़ों की संख्या में हैं, वहाँ बहुत सारे लोग ऐसे भी हैं जो हिन्दी के साथ बँगला, उड़िया, गुजराती, मराठी, तेलुगु, मलयालम आदि भाषाएँ बोलते हैं, किन्तु ऐसे लोगों की संख्या कितनी है, इसे जानने का कोई साधन नहीं है। भाषा-भूगोल इस दृष्टि से सहायक और उपयोगी सिद्ध होता है। यदि संसार में भाषिक स्थिति का विशुद्ध परिज्ञान अभिमत हो तो आज की तुलना में भाषाओं की अधिक व्यापक और सूक्ष्म गणना अपेक्षित होगी। भाषा-सम्बन्धी सूक्ष्म जानकारी के प्रश्नों का समावेश करके जन-गणना की प्रश्नावली में सुधार लाया जा सकता है।

जन-गणना के आँकड़ों के साथ साक्षरता के आँकड़े भी आवश्यक हैं। साक्षरता की संख्या कई रूपों में उपयोगी होती है, जैसे—उससे यह पता चलता है कि देश के किन भागों में लिखित सामग्री का उपयोग किया जा सकता है या किन भागों में द्वितीय और तृतीय भाषा के रूप में दूसरी भाषाओं का व्यवहार हो सकता है। देश की भौतिक तथा बौद्धिक प्रगति का आकलन ऐसी सूचनाओं के अभाव में असम्भव-जैसा है।

राष्ट्रीय साक्षरता तथा बौद्धिक उत्पादकता का पता समाचार-पत्रों, पत्रिकाओं, पुस्तकों तथा अन्य मुद्रित साधनों से लग सकता है। मुद्रित साधनों के आँकड़े भाषा-भूगोल में सहायक सिद्ध होते हैं। क्योंकि आज रेडियो, टेलीविजन, सिनेमा का व्यापक प्रचार हो गया है, अतः उनसे भी इस दिशा में सहायता ली जा सकती है।

बोली-भूगोल

एक मनुष्य की भाषा से दूसरे मनुष्य की भाषा का भेद अनिवार्य होता है, यह बात पहले अनेकशः स्पष्ट हो चुकी है। वस्तुतः प्रत्येक मनुष्य की अपनी भाषा होती है। एक व्यक्ति का उच्चारण दूसरे से भिन्न होता है, शब्द भिन्न होते हैं, यहाँ तक कि वाक्य-रचना के ढंग में भी भेद पाया जाता है, जिसे वैज्ञानिक दृष्टि-सम्पन्न आलोचक बड़ी आसानी से देख लेते हैं। प्रत्येक व्यक्ति में विद्यमान भाषा को व्यक्ति-भाषा या व्यक्ति-बोली (idiolect) कहते हैं। व्यक्ति-भाषा से आरम्भ कर सामाजिक भाषा तक भाषा के जो अनेक रूप हैं, उनमें बोली का अध्ययन भूगोल से सबसे अधिक सम्बद्ध है। इसलिए आज बोली-भूगोल नाम की भाषाविज्ञान की एक पृथक् शाखा ही हो गयी है।

किसी भाषा के प्रयोक्ताओं की संख्या जब बड़ी हो जाती है तो प्रयोक्ताओं की सामाजिक स्थिति के अनुसार तथा निकटता और दूरता के अनुसार भाषा के व्यवहार में सामाजिक तथा भौगोलिक सह-सम्बन्ध पाया जाता है। जो लोग निकट सम्पर्क में रहते हैं, उनकी भाषा में अधिक-से-अधिक साम्य दीखता है और जो निकट सम्पर्क में नहीं रहते, उनमें अपेक्षाकृत वैषम्य दीखता है। स्थानकृत अन्तर के समान सामाजिक अन्तर भी भाषा के क्षेत्र में महत्त्वपूर्ण हुआ करता है। शिक्षितों की भाषा अशिक्षितों की भाषा से भिन्न होती है; धनिकों की भाषा गरीबों की भाषा से कुछ भिन्न होती है। इस

तरह भाषा-भेद में सामाजिक और भौगोलिक दोनों ही कारण दिखायी देते हैं।

बोली-भूगोल के अध्ययन के निम्नलिखित प्रयोजन हैं—

1. किस भाषा के कौन-से उल्लेख्य स्थानीय भेद हैं और ये भेद किन कारणों से उत्पन्न हुए हैं, यह जानना।

2. बोली-भूगोल भाषा के इतिहास के निर्माण में भी कुछ दूर तक सहायक होता है, जैसे—किसी भाषा में कोई रूप कब, क्यों, किस स्थान-विशेष पर विकसित हुआ, यह बताना बोली-भूगोल के लिए ही सम्भव है, परन्तु यह स्मरण रखना चाहिए कि भाषा के इतिहास के निर्माण में बोली-भूगोल का उपयोग सीमित ही है। जब तक लिखित या अन्य माध्यमों से उपलब्ध सामग्री के द्वारा बोली-भूगोल की मान्यताएँ समर्थित नहीं होतीं तब तक उन्हें स्वीकार करने में ख़तरा बना रहता है। बोली-भूगोल के द्वारा उपस्थापित निष्कर्ष तब अधिक ग्राह्य होते हैं जब भाषा के बोलनेवाले किसी क्षेत्र में बहुत दिनों से बसे हुए हों और साथ ही स्थानबद्ध हों, अर्थात् जल्दी-जल्दी स्थान नहीं बदलते हों, क्योंकि स्थान-परिवर्तन से दूसरी भाषाओं के सम्पर्क के कारण भाषा में परिवर्तन की सम्भावना बढ़ जाती है और उसके कारण भाषा का अपना रूप बदल जाया करता है।

3. बोली-भूगोल भाषा के अधिक ठोस और विशिष्ट रूप को सामने लाता है, क्योंकि इससे भाषिक समुदायों की तथा भाषिक वैशिष्ट्यों के वितरण की अधिक जानकारी प्राप्त होती है।

बोली-भूगोल के निर्माण की पद्धति

बोली-भूगोल के निर्माण के लिए निम्नलिखित बातों पर ध्यान देना होता है—

1. सबसे पहले भाषा-सर्वेक्षण के लिए किसी क्षेत्र को चुनना होता है। क्षेत्र ऐसा होना चाहिए जहाँ बोलीगत भेद की सम्भावनाएँ स्पष्ट हों, अन्यथा यदि बोलीगत भेद की सम्भावना न हुई या कम हुई तो अध्ययन बहुत सार्थक नहीं होगा। भाषा-सर्वेक्षण के लिए चुने गये क्षेत्र को **भौगोलिक स्थल** कह सकते हैं। ऐसा स्थल एक नहीं होता, बल्कि भाषा के विस्तार के आधार पर स्थलों की संख्या अनेक हो सकती है, होनी चाहिए भी। भौगोलिक स्थलों की संख्या जितनी अधिक होगी, उतनी ही बोलीगत विशेषताएँ स्पष्टता से जानी जा सकेंगी।

2. भौगोलिक स्थलों पर प्राप्त सूचनाओं की जाँच के लिए एक **प्रश्नावली** तैयार करनी होती है। यह प्रश्नावली सभी भौगोलिक स्थलों के लिए एक ही होनी चाहिए, जिससे प्राप्त सूचनाओं का अन्तर आसानी से विश्लेषित किया जा सके। यदि प्रश्नावली भिन्न हुई तो सूचनाएँ भिन्न होंगी और भिन्न सूचनाओं के आधार पर किया गया विश्लेषण न तो एक-रूप हो पायेगा और न किसी वैशिष्ट्य को स्पष्ट करने में समर्थ होगा। प्रश्नावली में मुख्यतः जीवनोपयोगी, दैनिक उपभोग्य वस्तुओं का अथवा किसी कहानी का समावेश होना चाहिए, जिससे उत्तर-दाताओं को उत्तर देने में कोई कठिनाई न हो और वे सहज, स्वाभाविक रूप में अपनी बातें कह सकें। उत्तर में कठिनाई या

बाधा होने पर भाषा का सहज रूप सामने नहीं आता और उससे प्राप्त निष्कर्ष वैज्ञानिक नहीं हो पाते।

3. भाषा-सर्वेक्षण के लिए भेजे जानेवाले **क्षेत्रीय कार्यकर्ताओं का चुनाव** और **प्रशिक्षण** सावधानी से होना चाहिए। क्षेत्रीय कार्यकर्ता ऐसे होने चाहिए जो भाषा-सर्वेक्षण में नैसर्गिक रुचि रखते हों, किसी दबाव या प्रलोभन में काम करने नहीं जा रहे हों; तभी वे मनोयोग तथा निष्ठा से अपना काम कर सकेंगे। चुनाव से भी ज़रूरी चीज़ है प्रशिक्षण। कार्यकर्ताओं को भाषाविज्ञान का अच्छा-खासा ज्ञान होना चाहिए, जिससे वे ध्वनियों और शब्दों का सम्यक् लेखन ही नहीं कर सकें बल्कि विश्लेषण की योग्यता से भी सम्पन्न हों। अधकचरे और अप्रशिक्षित क्षेत्रीय कार्यकर्ता जो काम करेंगे, उसका वैज्ञानिक महत्त्व कुछ भी नहीं होगा।

4. क्षेत्रीय कार्यकताओं के समान **सूचकों** का चुनाव भी सावधानी से करना होता है। सूचक उन्हें कहते हैं, जिनसे बातें करके प्रश्नावली के उत्तर प्राप्त किये जाते हैं। सूचकों के सम्बन्ध में उत्तम प्रणाली यह है कि वे अनेक वयोवर्गों के हों, अर्थात् किशोरावस्था से लेकर वृद्धावस्था तक के। सूचक जितने वयोबृद्ध होते हैं, उतने अच्छे माने जाते हैं, कारण कि उनका भाषा-संस्कार परिपक्व होता है, साथ ही काल-सिद्ध भी। सूचक अनेक सामाजिक वर्गों के हों तो और अच्छा; जैसे—अल्पशिक्षित और सीमित सामाजिक सम्पर्क वाले अथवा शिक्षित और व्यापक सामाजिक सम्पर्क वाले। अनेक वर्गों के सूचकों से बोलीगत भेद अधिक स्पष्टता से प्राप्त होते हैं।

5. क्षेत्रीय कार्यकर्ता **पूरे क्षेत्र** के भौगोलिक स्थलों की यात्रा करते हैं; पूर्व-निर्धारित स्थलों पर पहुँचकर और उपयुक्त सूचकों से मिलकर प्रश्नावली के उत्तर प्राप्त करते हैं और उन्हें यथावत् लिपिबद्ध करते हैं। आजकल लिखने के बदले सूचकों की आवाज़ को टेप-रेकॉर्ड करने की प्रणाली अधिक प्रचलित है जो वैज्ञानिक भी है, कारण कि लिखते समय ध्वनि, तान इत्यादि को बिल्कुल उस रूप में अंकित करना सम्भव नहीं होता, जिस रूप में आवाज़ को टेप-रेकॉर्ड कर लेना।

6. इस प्रकार समग्र सूचना प्राप्त हो जाने पर बोलीगत भेदों तथा वैकल्पिक प्रयोगों को प्रदर्शित करने के लिए **मानचित्र** तैयार किया जाता है। मानचित्र में भाषिक विशेषताओं की भौगोलिक सीमाओं को निर्दिष्ट करनेवाली रेखाओं को समभाषांश सीमा-रेखा (isogloss) कहते हैं। ये समभाषांश सीमा-रेखाएँ बोलीगत विशेषताओं को निर्दिष्ट और स्पष्ट करने के लिए अनिवार्य होती हैं और बोलियों के मानचित्रों में इनकी बड़ी उपादेयता मानी गयी है। समभाषांश सीमा-रेखाओं से घिरे क्षेत्र को बोलीक्षेत्र (dialect-area) कहते हैं।

7. प्रश्नावली तैयार करने में **ध्वनि, शब्द** और **अर्थ**—तीनों पर ध्यान रखना होता है जिससे सूचकों से प्राप्त उत्तरों में सभी भाषिक विशेषताओं का समावेश हो जाये और विश्लेषण पूर्ण हो सके। प्रश्नावली जितनी विस्तृत और सर्वांगीण होगी, उत्तर उतने ही स्पष्ट और उपादेय होंगे।

समाज-भाषाविज्ञान

भाषा एवं समाज के बीच सम्बन्ध है, इस विषय को लेकर कोई विप्रतिपत्ति नहीं हो सकती किन्तु इस सम्बन्ध का स्वरूप पूर्णतः व्याख्यात या निर्णीत नहीं हो पाया है। भाषा और समाज का परस्पर ऐसा अन्योन्याश्रय है कि एक ओर व्यक्ति की भाषा उसके सामाजिक परिवेश से नियन्त्रित होती है तो दूसरी ओर स्वयं भाषा भी समाज की संरचना को प्रभावित करती है। यहाँ तक कि यह निर्णय करना प्रायः कठिन हो जाता है कि समाज की व्यवस्था को जानने के लिए भाषा साधन है अथवा भाषा के स्वरूप को ठीक से समझने के लिए सामाजिक व्यवस्था को साधन बनाना अधिक ठीक है। वास्तविकता यह है कि दोनों स्थितियाँ अपनी-अपनी जगह ठीक हैं। यह अध्येता के लक्ष्य पर निर्भर करता है कि वह किसे साधन बनाना चाहता है और किसे साध्य ! समाज का अध्ययन करनेवालों के लिए भाषा साधन हो सकती है और भाषा का अध्ययन करनेवालों के लिए समाज स्रोतस्वरूप। इसीलिए उभयाश्रित शोध में लक्ष्य को दृष्टि में रखकर अनेक नामों से शाखा-प्रशाखा का विकास हो रहा है; जैसे—भाषिक समाजविज्ञान (sociology of language), समाज-भाषाविज्ञान (sociolinguistics), नृजाति-भाषाविज्ञान (ethnolinguistics), भाषिक नृविज्ञान (linguistic anthropology), नृविज्ञानभाषिकी (anthropological linguistics) आदि। जैसा इन शाखाओं के नाम से ही स्पष्ट है, अध्ययन भाषा और समाज के विभिन्न पक्षों को लेकर चलता है पर अध्येता के लक्ष्य के आधार पर अध्ययन के स्वरूप में अन्तर हो जाता है।

शोधकर्ताओं ने प्रायः समाज और भाषा को दो स्वतन्त्र अध्येय विषयों एवं स्रोतों के रूप में माना है जिनमें एक के द्वारा दूसरे के विषय में ज्ञान प्राप्त किया जा सकता है। समाज को कारण और भाषा को कार्य माननेवाले समाज का अध्ययन करने के लिए भाषा का स्रोत के रूप में व्यवहार करते हैं और भाषा के माध्यम से समाज के स्वरूप की व्याख्या करने की कोशिश करते हैं। परम्परागत विचार के अनुसार भाषा का सम्यक् अध्ययन समाज के उस सन्दर्भ की व्याख्या करने में समर्थ होता है जिसने उस प्रयोग को उत्पन्न किया होगा। जैसे हम सम्बोधन की प्रक्रिया पर यदि ध्यान दें तो किसी भी भाषा में सम्बोधन के जो रूप होते हैं वे तन्निहित सामाजिक मूल्यों को भी उजागर करते हैं। हिन्दी भाषा में किसी के नाम के आगे श्री का प्रयोग करना अथवा नहीं करना; क्रिया में एकवचन या आदरार्थक बहुवचन का प्रयोग आदि इस बात के परिचायक होते

हैं कि वक्ता उस व्यक्ति के प्रति आदर अभिव्यक्त करना चाहता है या नहीं। इसी प्रकार अन्य पुरुष में एकवचन का प्रयोग अपने से छोटे के लिए और बहुवचन का प्रयोग अपने से बड़े या आदरणीय के लिए करने की परम्परा है। 'राष्ट्रपति कहता है' व्याकरण की दृष्टि से शुद्ध होते हुए भी हिन्दीभाषी की दृष्टि में अटपटा वाक्य लगता है क्योंकि सामाजिक मूल्यों के अनुसार 'राष्ट्रपति कहते हैं' प्रयोग ही स्वीकार्य है। प्रगतिवादी लेखकों ने 'कालिदास लिखता है', 'भवभूति लिखता है' जैसे प्रयोग अँग्रेज़ी के अनुकरण पर चलाने की कोशिश की थी किन्तु वे स्वीकार्य नहीं हुए इसलिए प्रचलित भी नहीं हो सके। इसका कारण समाज की मानसिकता है जो आदरणीय और अन्यथा के अन्तर को बहुत महत्त्व देती है।

इस प्रकार के अध्ययन में भाषा के उच्चारण के स्वरूप के आधार पर वक्ता की सामाजिक पृष्ठभूमि का अध्ययन भी किया जाता है। उच्चारण की स्पष्टता, शुद्धता आदि वक्ता के शिक्षा-स्तर, पेशे, परिवेश आदि को अभिव्यक्त करती है। भाषा के अध्ययन के द्वारा सामाजिक संरचना सम्बन्धी निष्कर्ष भी निकाले जा सकते हैं।

विल्हेम फान हुम्बोल्त ने उन्नीसवीं शताब्दी में यह स्थापित करने का प्रयास किया कि भाषा उसके बोलनेवालों की दृष्टि को नियन्त्रित करती है अर्थात् किसी भाषा-भाषी का अपने इर्द-गिर्द के परिवेश के प्रति क्या दृष्टिकोण होगा यह भाषा विशेष पर निर्भर करता है। इस तरह भाषा परिवेश के द्वारा नियन्त्रित न होकर स्वयं नियामक के रूप में प्रस्तुत की गयी। इस सिद्धान्त के आधार पर भी बीसवीं शताब्दी में अनेक प्रयोगाश्रित अध्ययन प्रस्तुत किये गये।

भाषा के माध्यम से समाज को समझने के क्रम में यदि काल, स्थान, क्रिया, कर्ता आदि पर विचार किया जाये तो हम पायेंगे कि उससे किसी भाषा के बोलनेवालों की मानसिकता का स्वरूप उभरकर सामने आता है और उसके साथ ही उनकी सामाजिक व्यवस्था का भी। संस्कृत में कालसम्बन्धी अवधारणा केवल अद्यतन और अनद्यतन पर आधारित है किन्तु क्रियाभाव की अभिव्यक्ति अत्यन्त सूक्ष्मता से होती है। इसके विपरीत हिन्दी में वर्तमान, भूत और भविष्यत्काल के अनेकविध प्रयोग इस युग में समय के प्रति समाज की जागरूकता और तदाश्रित काल के सूक्ष्म विभाजन के परिचायक हैं। 'वह जाता है', 'वह जा रहा है' दोनों के लिए संस्कृत में 'स गच्छति' प्रयोग ही होगा। इसी प्रकार भूतकाल के जितने भेद हिन्दी में हैं उतने संस्कृत में नहीं हैं। लेकिन यदि क्रियाभाव को लें तो संस्कृत में आज्ञा, विधि, आशीर्वाद आदि के लिए अलग-अलग प्रयोग होते हैं जबकि हिन्दी में एक ही क्रिया-रूप से इनकी अभिव्यक्ति हो जाती है।

भाषा के माध्यम से समाज का स्वरूप समझने के साथ-साथ कभी-कभी समाज के निश्चित और परिचित मानदंडों के आधार पर भाषा का विवरण देने का भी प्रयत्न किया जाता है; जैसे—समाज के किसी विशेष वर्ग की भाषा का अध्ययन। प्रशासनिक भाषा, वैज्ञानिक भाषा, कलाकारों की भाषा, युवाओं की भाषा, पत्रकारिता की भाषा आदि जैसे अध्ययन इसी कोटि के अन्तर्गत आते हैं।

यहाँ यह स्पष्ट कर देना समीचीन होगा कि समाजशास्त्र, नृविज्ञान, नृजातिविज्ञान आदि के अन्तर्गत भाषा का अध्ययन एवं तत्तत् शास्त्रों पर आधारित भाषिक अध्ययन में अन्तर केवल लक्ष्य और विषय पर बल का होता है। इसलिए ऐसे अध्ययन उभयाश्रित होते हैं। समाजशास्त्री समाज के स्वरूप की व्याख्या कर यह बताने का प्रयास करता है कि उस समाज के लोग विशिष्ट प्रयोग क्यों कर रहे हैं जबकि भाषाविज्ञानी भाषा का अध्ययन कर समाज के स्वरूप को स्पष्ट करने का यत्न करता है।

मनोभाषाविज्ञान (मनोभाषिकी)

भाषा एक मानसिक प्रक्रिया है, यह अवधारणा नयी नहीं है। सच तो यह है कि जब से भाषा पर विचार आरम्भ हुआ तभी से विचारकों का ध्यान उसके मानसिक पक्ष पर गया है। भाषा का निष्पादन एवं बोध दोनों ही आन्तर प्रक्रियाएँ हैं जिनकी व्याख्या करने के लिए उनमें निहित मानस क्रिया को समझना आवश्यक है। भारतीय परम्परा में इसकी व्याख्या **स्फोट सिद्धान्त** के आधार पर की गयी जहाँ यह स्थापित किया गया कि भाषा के दो स्तर होते हैं—उच्चरित एवं मानसिक। मनुष्य के मन में जब सम्प्रेषण की प्रवृत्ति जाग्रत् होती है तब उसमें विषयानुकूल **मानस भाषा** जाग्रत् होती है। इससे प्रेरित होकर ही भौतिक रूप में वह शब्दों का उच्चारण करता है और शब्दों को सुनकर श्रोता के मन में भाषा का मानस रूप जाग्रत् होता है जिससे उसे अर्थ की प्रतीति होती है। इस प्रकार उच्चरित भाषा वक्ता में मानस भाषा (स्फोट) से प्रेरित होकर श्रोता में पुनः स्फोट को अभिव्यक्त करने का साधन है। उच्चारण की भौतिक सीमाओं—क्रमिकता, कालिकता एवं नश्वरता—के कारण इस सिद्धान्त का उदय हुआ होगा जो बाद में चलकर भाषा-दर्शन में परिणत हो गया। यहाँ पर स्फोट-सिद्धान्त के विषय में अधिक न कहकर केवल इस ओर ध्यान आकर्षित करना अभिप्रेत है कि भारतीय भाषा-विश्लेषण की परम्परा में भाषा का मानस-पक्ष उपेक्षित नहीं रहा है।

आधुनिक भाषाविज्ञान में मनोभाषाविज्ञान अपेक्षाकृत नवीन आयाम है। इसका पहला कारण है कि भाषा का, भाषा की संरचना को समझने के लिए अध्ययन, स्वतन्त्र शास्त्र के रूप में बीसवीं शताब्दी में ही आरम्भ हो पाया। भाषा के संरचनात्मक पक्ष के विश्लेषण को प्राथमिकता देने के कारण भाषाविज्ञान की स्वतन्त्र शास्त्र के रूप में स्थापना हुई और तभी भाषा के अन्य आयामों को भी उसमें स्थान देने का मार्ग प्रशस्त हुआ। अन्यथा, पश्चिम में भाषा-चिन्तन किसी अन्य शास्त्र, जैसे दर्शन, का अंगमात्र बनकर रह जाता था। अठारहवीं शताब्दी में ऐतिहासिक भाषाविज्ञान का जब विकास हुआ तब भी विचारकों का ध्यान दो भाषाओं की तुलना पर ही केन्द्रित रहा इसलिए **भाषा के स्वरूप-ज्ञान के लिए भाषा का अध्ययन** इस अवधारणा का विकास नहीं हो सका। भारत में चूँकि भाषाशास्त्र अत्यधिक सुविकसित शास्त्र था इसलिए उसके मानस पक्ष पर भी आचार्यों का ध्यान गया।

भाषाविज्ञान की स्वतन्त्र शास्त्र के रूप में स्थापना हो जाने के बाद भी मनोभाषाविज्ञान

जैसे संकर विज्ञान का उदय तभी सम्भव हुआ जब मनोविज्ञान में ऐसे सिद्धान्तों का विकास हुआ जो मनुष्य की भावोत्पादन एवं बोध जैसी जटिल प्रक्रिया की व्याख्या कर सकें। इस शताब्दी के आरम्भ में **व्यवहारवादी मनोविज्ञान** का उदय हुआ जिसमें दृश्य आचरण एवं व्यवहार के आधार पर प्रायोगिक मनोविज्ञानी मनुष्य की मानस प्रक्रिया को समझने की चेष्टा करने लगे। इस सिद्धान्त में आत्मनिरीक्षण अथवा मानस अवधारणाओं का कोई स्थान नहीं था। भौतिक चेष्टाओं एवं आचरण को ही सब कुछ मानने के कारण मनोविज्ञानी चिन्तन को भी 'व्यक्ति का स्वयं से बात करना' के अतिरिक्त कुछ नहीं मानते थे। व्यवहारवादी मनोवैज्ञानिक अधिगम (learning) की व्याख्या उद्दीपन (stimulus) और अनुक्रिया (reponse) के आधार पर करते थे। मूर्त एवं सरल वस्तुओं, अनुभवों, प्रत्ययों और क्रियाओं के अधिगम के सन्दर्भ में जानवरों पर किये गये परीक्षणों और परिणामों का विस्तार मनोविज्ञानियों ने मानव तक किया। इससे प्रभावित होकर भाषाविज्ञानियों ने भी भाषा-अधिगम की व्याख्या उद्दीपन और अनुक्रिया के रूप में की। अपने परिवेश से उद्दीपन प्राप्त कर वक्ता में जो अनुक्रिया (उच्चारण) होती है वही श्रोता के लिए उद्दीपन का काम करती है और उसी के प्रभाव से वह उच्चारण की अनुक्रिया करता है। इस प्रकार उद्दीपन एवं अनुक्रिया की शृंखला में भाषा का प्रयोग होता है, ऐसा उनका मानना है।

इस सिद्धान्त के अन्तर्गत **भाषा अभ्यास से नियन्त्रित व्यवहार** है और भाषा के विश्लेषण का तात्पर्य है **अभ्यास-नियन्त्रित व्यवहार का विश्लेषण**। व्यवहारवादी मनोविज्ञान की अधिगम-सम्बन्धी स्थापना प्रयोग एवं अनुभव पर आधारित है। इनसे प्रभावित **संरचनात्मक भाषाविज्ञानी** अनुभव के योग्य भाषिक तत्त्वों को ही प्रामाणिक मानते हैं और इसीलिए भाषा के भौतिक स्वरूप की ही व्याख्या करने की कोशिश करते हैं। जिस तत्त्व का कोई भौतिक स्वरूप नहीं है उसकी व्याख्या करने का प्रयास इनकी दृष्टि में निरर्थक है। स्पष्ट है कि यह विचारधारा भाषा के स्थूल बाह्य रूप का ही विश्लेषण करती है उसके आन्तर रूप का नहीं जो कि सर्वथा एकांगी एवं अपूर्ण दृष्टिकोण है।

व्यवहारवादी मनोविज्ञान का उद्दीपन एवं अनुक्रिया का सिद्धान्त मानव की बुद्धि को कोई महत्त्व नहीं देता इसलिए वह अधिगम तथा निष्पादन की बहुत सारी समस्याओं का समाधान करने में असमर्थ है। इस कमी का परिष्कार करने के लिए उद्दीपन और अनुक्रिया के बीच में एक अप्रत्यक्ष मध्यवर्ती प्रक्रिया की कल्पना की गयी। यह अप्रत्यक्ष मध्यवर्ती प्रक्रिया उन उद्दीपनों में सम्बन्ध स्थापित करती है जिनका साक्षात् सम्बन्ध नहीं है जैसे शब्द एवं उसके द्वारा संकेतित वस्तु। मध्यवर्ती प्रक्रिया की यह अवधारणा शब्दार्थ अधिगम की व्याख्या करने का प्रयत्न करती है जो मात्र शब्द के अधिगम से भिन्न एवं पृथक् है।

प्रायः उसी समय जब अप्रत्यक्ष मध्यवर्ती प्रक्रिया की अवधारणा के द्वारा व्यवहारवादी मनोविज्ञान की कमियों को दूर करने का प्रयत्न हो रहा था, **सी.ई.शैनन** (C. E. Shanon) ने 'दि मैथमैटिकल थियरी ऑफ़ कॉम्यूनिकेशन' प्रकाशित किया। इस सिद्धान्त के आधार

पर भाषा को पहले, संसूचन के लिए किया जाने वाला व्यवहार माना गया और फिर उसी परिप्रेक्ष्य में विभिन्न सन्दर्भों में उच्चरित सन्देशों के संकेतन (encoding) और विसंकेतन (decoding) का अध्ययन किया गया। सन् 1954 में इस कार्यक्रम की रूपरेखा स्पष्ट करते हुए **सी.ई. ऑस्गुड** (C. E. Osgood) एवं **टी.ए. सीबॉक** (T. A. Sebeok) ने इसे **साइकोलिंग्विस्टिक्स** (मनोभाषाविज्ञान) का नाम दिया। संसूचन सिद्धान्त में व्यवहृत होनेवाला सम्भाव्यता का गणितीय मॉडल अनुक्रिया के अनुक्रम का वर्णन करने के लिए प्रयोग में लाया गया जिसके अनुसार, क्रमिक इकाइयों में परिवर्ती सम्भाव्यता (transitional possibility) का सीधा सम्बन्ध अभ्यास से होता है। भाषा पर अधिकार का प्रभाव स्वनिम या मोनिम की परिवर्ती सम्भाव्यता पर पड़ता है तथा वक्ता के मन में इस सम्भाव्यता का अन्तर्निहित ज्ञान संकेतन और विसंकेतन के समय उसे गलती करने से बचाता है। लेकिन यहाँ इस बात का कोई उत्तर नहीं मिलता कि वक्ता या श्रोता को जब हमेशा नये संवादों का संकेतन एवं विसंकेतन करना पड़ता है अथवा उक्ति का निष्पादन इकाइयों की क्रमिकता से नहीं होता, तब यह कैसे काम करता है !

मनोविज्ञान की दूसरी प्रमुख धारा **अवयववादी** या **संज्ञानात्मक मनोविज्ञान** की है जो **अधिगम की प्रक्रिया में अन्तर्दृष्टि** का सिद्धान्त मानती है। **अमूर्त प्रत्ययों** (abstract concept) के अधिगम को इसमें **जटिल अधिगम** कहा जाता है। मानव मस्तिष्क सृजनशील होता है और सृजनशीलता के कारण वह अमूर्त प्रत्ययों या भावों के अधिगम के क्रम में सामान्य एवं विशेष का अन्तर करके उस आत्मसात् करता है। अवयववादी मनोविज्ञान से प्रभावित भाषाविज्ञानी मानते हैं कि मनुष्य के मस्तिष्क में भाषिक सामर्थ्य समाहित रहता है। (यहाँ यह ध्यातव्य है कि भारतीय परम्परा में भर्तृहरि ने मानव के संस्कारों में भाषिक क्षमता की सत्ता की बात बहुत पहले ही कह दी थी।) इस सामर्थ्य के कारण वह अपनी सृजनात्मक प्रतिभा के द्वारा असंख्य संरचनाओं को निष्पादित करता है जो नियम-नियन्त्रित होती हैं अर्थात् मनुष्य की मानस क्षमता भाषा सीखने के क्रम में उसके नियमों को भी आत्मसात् कर लेती है। पुनः व्यवहार के स्तर पर सृजनात्मक प्रतिभा के कारण पहले से आत्मसात् नियमों के आधार पर व्यक्ति असंख्य संरचनाओं को निष्पादित करने में समर्थ होता है।

इस विचारधारा में समस्त ब्रह्माण्ड में स्थूल एवं सूक्ष्म तत्त्वों की सत्ता को स्वीकार किया गया है। मनुष्य का शरीर एवं मस्तिष्क इसी स्थूल और सूक्ष्म के रूप हैं। उसके भाषा-उच्चारण को स्थूल तथा चिन्तन को सूक्ष्म के परिप्रेक्ष्य में समझा जा सकता है। उच्चारण जहाँ शरीर-अभिमुख है वहीं चिन्तन मस्तिष्क-अभिमुख ! इस तरह ये भाषाविज्ञानी भाषा के उच्चरित पक्ष के रूप में उसका स्थूल और बाह्य स्वरूप स्वीकार करते हैं, साथ ही भाषा के मानस पक्ष के रूप में उसका सूक्ष्म और आन्तर रूप (तुलनीय स्फोट की अवधारणा जहाँ भाषा के इन दोनों पक्षों का स्पष्ट विभाजन एवं विवेचन किया गया है)। इन्हें वे उपरिसंरचना (Surface structure) एवं अन्तःसंरचना (deep structure) का नाम देते हैं। इनके अनुसार भाषा नियम-नियन्त्रित व्यवहार है और उसका अधिगम

संज्ञानात्मक (cognitive), प्रक्रिया से सम्बद्ध है।

भाषाविज्ञान में चोम्स्की के आगमन के साथ भाषा के निष्पादन पक्ष के अध्ययन पर बल दिया जाने लगा। पूर्व के विवरण से स्पष्ट है कि व्यवहारवादी मनोवैज्ञानिक हों अथवा अनुभववादी, चोम्स्की के पूर्व तक भाषा का अध्ययन अधिगममूलक अधिक था और निष्पादन-परक कम। आज मनोभाषाविज्ञान में एक नूतन एवं महत्त्वपूर्ण आयाम जुट गया है जिसमें अन्तःसंरचना से उपरि-संरचना तक परिवर्तन का अध्ययन किया जाता है। साथ ही इसमें रूपान्तरण की मनोवैज्ञानिक यथार्थता को भी प्रकाशित करने का प्रयत्न किया जाता है। (उदाहरणार्थ, वाक्य-निष्पादन अथवा बोध में जो समय लगता है उसे रूपान्तरण की प्रक्रिया से जोड़कर देखते हैं और इस तरह विभिन्न वाक्यों में लगनेवाले समय के अन्तर का तुलनात्मक अध्ययन कर उनकी अन्तर्निहित मनोवैज्ञानिक यथार्थता को उद्घाटित करते हैं।) लेकिन इस प्रकार की तकनीक ने प्रजनक भाषाविदों को अर्थ पर नये सिरे से विचार करने के लिए बाध्य किया है, विशेषकर द्व्यर्थक वाक्यों के सन्दर्भ में, जहाँ एक उपरि-संरचना दो या दो से अधिक अन्तःसंरचनाओं में विसंकेतित की जाती है। इस तरह भाषा के अध्ययन के सन्दर्भ में अर्थ को पुनःस्थापित कर भाषाविज्ञानियों ने भाषा निष्पादन और बोध के अन्तर्गत संज्ञानात्मक प्रक्रिया को भी महत्त्वपूर्ण स्थान प्रदान किया है। इससे कतिपय वाक्यों को लेकर की गयी प्रायोगिक तकनीक की सीमाएँ भी उभरकर सामने आयी हैं।

अनुप्रयुक्त भाषाविज्ञान

'भाषा' का विश्लेषण कर उसकी अन्तर्निहित नियमबद्धता एवं नियमों में अनुस्यूत सिद्धान्तों को खोज कर स्थापित करने का काम सैद्धान्तिक भाषाविज्ञान में किया जाता है। सैद्धान्तिक भाषाविज्ञान के निष्कर्षों या तथ्यों को किसी अन्य क्षेत्र या विषय में अनुप्रयोग करने की प्रक्रिया को अनुप्रायोगिक भाषाविज्ञान कहते हैं। हम पहले अनेक स्थलों पर कह चुके हैं कि भाषाविज्ञान भाषा का विश्लेषण करता है और उसका लक्ष्य होता है विवेच्य भाषा-सम्बन्धी नियमों और सिद्धान्तों को ढूँढ़ निकालना जो अन्ततोगत्वा भाषामात्र के मूल में विद्यमान सिद्धान्तों तक पहुँचने में हमारी सहायता करें। इसके लिए भाषा का विश्लेषण वाक्य, पद, स्वन एवं अर्थ के स्तर पर किया जाता है। विवेच्य भाषा से सामग्री (data) एकत्र कर उसका विश्लेषण करते हैं, फिर उसका परीक्षण कर भाषा की संरचना के नियमों के विषय में निष्कर्ष प्रस्तुत किया जाता है।

अनुप्रयुक्त भाषाविज्ञान के अन्तर्गत सैद्धान्तिक भाषाविज्ञान में प्रस्तुत सिद्धान्तों का अनुप्रयोग क्षेत्र विशेष में किया जाता है। इस तरह यह शुद्ध विज्ञान न होकर वैज्ञानिक सिद्धान्तों पर आधारित तकनीक है। प्रत्येक विज्ञान के तीन पक्ष होते हैं—(1) सिद्धान्त-पक्ष, (2) अनुप्रयोग-पक्ष और (3) व्यावहारिक उपयोग। इस तरह अनुप्रयोग सिद्धान्त और व्यवहार के बीच कड़ी का काम करता है। सामर्थ्य एवं निष्पादन, भाषा के इन दो पक्षों में, अनुप्रयुक्त भाषाविज्ञान का सम्बन्ध निष्पादन से होता है। इसका मूल 'कैसे' पर आधारित प्रश्नों में खोजा जा सकता है। जैसे उच्चारण कैसे होगा, पदरचना कैसे होगी, वाक्यरचना कैसे होगी, अर्थ का सम्प्रेषण कैसे होगा—आदि।

विज्ञान का सिद्धान्त-पक्ष 'क्या' पर आधारित होता है अर्थात् इसके अन्तर्गत हम विवेच्य विषय के स्वरूप का विश्लेषण कर सिद्धान्तों की स्थापना करते हैं। पुनः इन सिद्धान्तों के आधार पर जब 'कैसे' पर आधारित प्रश्नों का उत्तर प्रस्तुत किया जाता है तब वह अनुप्रयोग पक्ष होता है। भाषाविज्ञान के सिद्धान्तों के आधार पर 'कैसे' पर आधारित प्रश्नों का उत्तर प्रस्तुत करना अनुप्रयुक्त भाषाविज्ञान का लक्ष्य होता है। अमेरिका एवं इंग्लैंड जैसे अंग्रेज़ी भाषा-भाषी देशों में भाषाविज्ञानियों द्वारा अंग्रेज़ी भाषा-शिक्षण अनुप्रयुक्त भाषाविज्ञान के अन्तर्गत माना जाता है। हमारे देश में भी केन्द्रीय हिन्दी संस्थान, केन्द्रीय भारतीय भाषा संस्थान, केन्द्रीय अंग्रेज़ी एवं विदेशी भाषा संस्थान, आदि संस्थानों में हिन्दी तथा अन्य भारतीय एवं कुछ विदेशी भाषाओं का

भाषाविज्ञानियों द्वारा दिया जाने वाला प्रशिक्षण अनुप्रयुक्त भाषाविज्ञान का सुन्दर उदाहरण है।

अनुप्रयुक्त भाषाविज्ञान का सम्बन्ध भाषा-नियोजन (language planning) से भी है। भाषा में क्या सिखाया जाये, कैसे सिखाया जाये, कब सिखाया जाये और इन सबको किस प्रकार व्यवस्थित किया जाये, आदि प्रश्नों का उत्तर अनुप्रयुक्त भाषाविज्ञान देता है। इस तरह भाषा-शिक्षण के पाठ्यक्रम बनाने और शिक्षण-सामग्री तैयार करने में अनुप्रयुक्त भाषाविज्ञान का महत्त्वपूर्ण योगदान होता है। भाषा-शिक्षण की समस्याओं को पहचानकर भाषावैज्ञानिक सिद्धान्तों के आधार पर उनका समाधान प्रस्तुत करने में अनुप्रयुक्त भाषाविज्ञान का प्रयोग होता है।

अनुप्रयुक्त भाषाविज्ञान को स्वयं एक विज्ञान माना जाये अथवा सैद्धान्तिक भाषाविज्ञान पर आधारित एक तकनीक, इस विषय में दो प्रकार के विचार मिलते हैं। इसे केवल तकनीक माननेवालों का कहना है कि विज्ञान का सिद्धान्त-पक्ष होना अनिवार्य है। अनुप्रयुक्त भाषाविज्ञान का अपना कोई सिद्धान्त तो होता नहीं, यह सैद्धान्तिक भाषाविज्ञान के सिद्धान्तों को लेकर ही आगे बढ़ता है इसलिए इसे सैद्धान्तिक भाषाविज्ञान पर आधारित तकनीक मात्र मानना उचित है। दूसरी ओर इसे विज्ञान माननेवाले भाषाविज्ञानियों का कहना है कि अनुप्रयुक्त भाषाविज्ञान किसी क्षेत्र में उपयोग के लिए सैद्धान्तिक भाषाविज्ञान् द्वारा प्रतिपादित सिद्धान्तों के आधार पर तथ्यों का चयन करता है, यह ठीक है, पर इस चयन-रूपी कार्य के मूल में भी तो सिद्धान्त काम करते हैं; जैसे—चयन का सिद्धान्त, प्रासंगिकता का सिद्धान्त और प्रयोजनीयता का सिद्धान्त। इस प्रकार अनुप्रयुक्त भाषाविज्ञान के अपने सिद्धान्त भी हैं और इसे भी विज्ञान ही मानना चाहिए। इन सिद्धान्तों के निर्धारण में शुद्ध भाषाविज्ञान के अतिरिक्त मनोविज्ञान, समाजविज्ञान आदि शास्त्रों की भी सहायता लेनी पड़ती है इसलिए अनुप्रयुक्त भाषाविज्ञान को संकर विज्ञान की संज्ञा दी जा सकती है।

अनुप्रयुक्त भाषाविज्ञान का उदय भाषाशिक्षण की समस्याओं के सन्दर्भ में हुआ और काफी समय तक इसे केवल भाषाशिक्षण के लिए ही उपयोगी माना जाता रहा; पर अब इसका क्षेत्र विस्तृत हो गया है और संगणक भाषाविज्ञान तथा समाजभाषाविज्ञान से भी इसे जोड़ा जा रहा है।

व्यतिरेकी भाषाविज्ञान

व्यतिरेकी भाषाविज्ञान का उदय शीघ्र-भाषा-शिक्षण की आवश्यकता के कारण हुआ। द्वितीय विश्वयुद्ध के समय एक देश की सेना दूसरे देश में जाकर युद्ध करती थी। सेना के लोगों को, जहाँ वे लड़ने जा रहे थे, वहाँ की भाषा सिखाने की जरूरत पड़ी और यह भी जरूरत थी कि कम-से-कम समय में उन्हें नयी भाषा सिखायी जाये। इस प्रयोजन को ध्यान में रखकर भाषाविज्ञानियों ने जिस पद्धति का विकास किया उसमें मूल भाषा एवं नयी भाषा के बीच विद्यमान अन्तर पर बल दिया गया। इससे अध्येताओं के सामने अध्येय भाषा की विशेषताएँ स्पष्ट रूप से प्रकाशित हो पायीं।

नयी भाषा सिखाने के क्रम में यह अनुभव किया जाता है कि अन्य भाषा सीखनेवाला अनेकशः नयी भाषा को उसके नियमों के अनुरूप बोलता या लिखता नहीं है। इसके दो कारण हो सकते हैं—(1) या तो नयी भाषा के नियमों का अधिगम सही रूप में नहीं हुआ या (2) अध्येता को नियमों में दक्षता प्राप्त नहीं हुई। यदि भाषा-शिक्षण वैज्ञानिक तरीके से हो तो इस समस्या का निदान हो सकता है। नयी भाषा सीखनेवालों के लिए उस भाषा में वे स्थल प्रायः समस्यामूलक होते हैं जहाँ उसकी मूल भाषा में एवं नयी भाषा में अन्तर अधिक होता है। जैसे हम प्रायः देखते हैं कि बँगलाभाषी को हिन्दी भाषा की क्रियाओं में लिंग का प्रयोग करने में असुविधा होती है। इसका एकमात्र कारण है बँगलाभाषा की क्रियाओं में लिंग का अभाव !

व्यतिरेकी भाषाविज्ञान उपर्युक्त समस्या का समाधान प्रस्तुत करने का प्रयत्न करता है। उसके अनुसार अन्य भाषा-शिक्षण में कठिनाई या सरलता का आकलन स्रोत भाषा एवं लक्ष्य भाषा की व्यतिरेकी (contrastive) तुलना से किया जा सकता है। व्यतिरेकी तुलना से तात्पर्य ऐसी तुलना से है जिसमें दो भाषाओं के बीच विद्यमान असमानताओं या भेदों को उजागर किया जाता है। व्यतिरेकी विश्लेषण के आधार पर तैयार की गयी शिक्षण-सामग्री भाषा-शिक्षण में प्रभावी होती है, साथ ही जो शिक्षक स्रोत-भाषा तथा लक्ष्य-भाषा की वैज्ञानिक तुलना करने में समर्थ होता है वह अध्येता की समस्याओं को भी अधिक सफलतापूर्वक समझकर उनका समाधान प्रस्तुत करता है।

व्यतिरेकी भाषाविज्ञान के अन्तर्गत दो भाषाओं की समकालिक संरचना को इस प्रकार प्रस्तुत किया जाता है कि दोनों की समानताएँ और विषमताएँ स्पष्ट हो जायें। इससे भाषा शिक्षक को पहले से ही उन विषमतामूलक स्थलों का ज्ञान होता है जहाँ

किसी भाषाविशेष की पृष्ठभूमि वाला व्यक्ति नयी भाषा में ग़लती कर सकता है। ऐसी स्थिति में वह उन समस्याओं के सफल समाधान में समर्थ हो सकता है। पर यह एक सैद्धान्तिक स्थिति है जिसका परीक्षण कक्षा में भाषा-शिक्षण के सन्दर्भ में किया जाना अनिवार्य होता है। भाषा-शिक्षण की व्यावहारिक स्थिति में परीक्षित और प्रमाणित होने के बाद यह प्रमाण पुष्ट और सफल होता है। बिना व्यावहारिक परीक्षण के व्यतिरेकी विश्लेषण पर तैयार की गयी शिक्षण-सामग्री भाषा-शिक्षण में उतनी सफल नहीं हो सकती जितनी आशा की जाती है। इसलिए यह आवश्यक होता है कि इस सिद्धान्त पर तैयार की गयी सामग्री का दूसरी भाषा सीखनेवालों के बीच परीक्षण किया जाये।

अनुप्रयुक्त भाषाविज्ञान के समान ही व्यतिरेकी भाषाविज्ञान का सम्बन्ध भी भाषा-शिक्षण से है लेकिन दोनों में एक महत्त्वपूर्ण अन्तर है, वह यह कि अनुप्रयुक्त भाषाविज्ञान सैद्धान्तिक भाषाविज्ञान के सिद्धान्तों के आधार पर भाषाविश्लेषण में प्रवृत्त होता है। उसमें दो भाषाओं की तुलना का अवसर नहीं होता। व्यतिरेकी भाषाविज्ञान का सम्बन्ध व्यक्ति को द्विभाषिक बनाने से है। इसलिए वह भाषा-तुलना पर आधारित होता है। भाषाओं में विद्यमान **असमानताओं** के आधार पर **भाषा अधिगम** में होनेवाली **समस्याओं का निराकरण** करना व्यतिरेकी भाषाविज्ञान की पद्धति है।

व्यतिरेकी भाषाविज्ञान का सम्बन्ध मनोविज्ञान एवं समाजविज्ञान से भी होता है। भाषा अधिगम की प्रक्रिया को सुकर एवं सफल बनाकर चलने का लक्ष्य होने के कारण इसे मनोवैज्ञानिक घटक की आवश्यकता होती है। भाषा के सामाजिक घटक के महत्त्व की पहचान होने के बाद से भाषा की सम्प्रेषणीयता पर अधिक बल दिया जाने लगा है। अतः भाषा में व्याकरणिक शुद्धता अथवा सुसंगठित वाक्य-रचना के साथ सामाजिक सन्दर्भों से सम्बन्धित बातों की चर्चा भी अनिवार्य हो गयी है। भाषा के सामाजिक पक्ष के प्रति यह जागरूकता व्यतिरेकी भाषाविज्ञान को समाजशास्त्र से भी जोड़ देती है। बोलने के समय सामाजिक मूल्य, सांस्कृतिक सन्दर्भ एवं इनसे सम्बद्ध अन्य विषयों का ज्ञान वक्ता को सफल भाषिक सम्प्रेषण में सहायता प्रदान करते हैं।

संगणक-भाषाविज्ञान

भाषा मानव जीवन तथा मानव समाज का अभिन्न अंग है। इसके द्वारा न केवल विचारों, सूचनाओं तथा भावों का सम्प्रेषण होता है अपितु तथ्यों के आकलन, चिन्तन एवं समस्त व्यवहार का आधार भी भाषा ही है। इसी बात पर बल देने के लिए भर्तृहरि ने कहा—

न सोऽस्ति प्रत्ययो लोके यो शब्दानुगमादृते।
अनुबिद्धमिव सर्वं ज्ञानं शब्देन भासते।।

वाक्यपदीय 1/114

अर्थात् संसार का कोई भी ज्ञान शब्दज्ञान के बिना सम्भव नहीं है। समस्त ज्ञान शब्द के माध्यम से ही उद्भासित होता है। यहाँ 'शब्द' का प्रयोग भाषा के लिए किया गया है। इस प्रकार भाषा ही वह एकमात्र साधन है जिसके द्वारा ज्ञान के सभी पक्ष प्रकाशित हो सकते हैं फिर वह चाहे चिन्तन हो या संकलन और आकलन अथवा अभिव्यंजन। मनुष्य की बुद्धि का यह अद्भुत व्यापार ही उसे संसार के अन्य प्राणियों से श्रेष्ठता प्रदान करता है। इस सन्दर्भ में सबसे महत्त्वपूर्ण और ध्यातव्य बात यह है कि मनुष्य की यह क्षमता प्रकृति-प्रदत्त है। शायद इसीलिए वह भाषिक प्रक्रिया की जटिलता पर कभी ध्यान ही नहीं देता। प्रकृति ने मानव को दो पैरों पर चलने की क्षमता प्रदान की है इसलिए जब वह दो पैरों पर चलना सीख लेता है तो कभी इस बात पर विचार नहीं करता कि वह कैसे चलता है अर्थात् चलने के लिए मस्तिष्क और मांसपेशियों में कौन-सी अवान्तर प्रक्रियाएँ होती हैं। पर जब यही क्रिया मशीन-मानव (robot) से करवानी होती है तो वैज्ञानिकों को प्रत्येक छोटी से छोटी अवान्तर क्रिया का विश्लेषण कर उसके अनुरूप यन्त्र बनाने पड़ते हैं। यही स्थिति भाषा की भी है।

संगणक-भाषाविज्ञान का चरम लक्ष्य है मानव बुद्धि की, भाषा-प्रयोग की, उस क्षमता को पकड़ पाना जिसके द्वारा वह भाषा के सभी कार्य निष्पादित करता है फिर वह चाहे अनुवाद हो या पाठ-सामग्री का विश्लेषण या प्रश्नों का उत्तर और वार्तालाप। यहाँ संगणक-भाषाविज्ञान के विषय में आगे कुछ भी कहने से पहले स्वयं संगणक एवं उसकी कार्य-प्रणाली का परिचय देना अनपेक्षित नहीं होगा। जैसा संगणक नाम से ही स्पष्ट होता है, यह एक ऐसा यन्त्र है जिसका आविष्कार गणित की प्रक्रिया को सुकर और क्षिप्र बनाने के लिए हुआ, पर उस आद्य संगणक से आज के संगणक ने न केवल

अपनी कार्यक्षमता अपितु कार्यक्षेत्र में भी इतनी आश्चर्यजनक प्रगति की है कि वह वैज्ञानिकों के उपयोग का यन्त्र न रहकर सामान्य मनुष्य के जीवन को प्रभावित करने वाला यन्त्र हो गया है। सन् 1940 के दशक के उत्तरार्ध में संगणक का सर्वप्रथम आविष्कार हुआ। तब यह यन्त्र आकार एवं खर्च, दोनों ही दृष्टियों से विशालकाय था। पर आज का संगणक आकार में छोटा, क्षमता में अधिक और सस्ता भी हो गया है। यह माइक्रोचिप के आविष्कार के कारण सम्भव हुआ जिसके अत्यधिक छोटे आकार में भी प्रभूत कार्यक्षमता भरी जा सकती है।

किसी भी संगणक के दो मुख्य **अवयव** होते हैं जिन्हें क्रमशः हार्डवेयर और सॉफ्टवेयर कहा जाता है। हार्डवेयर उसका अभियान्त्रिक पक्ष है जिसमें मॉनिटर, संसाधक (processor) कीबोर्ड आदि होते हैं और जिनके द्वारा कार्य-संचालन होता है। यह एक तरह से संगणक का शरीर पक्ष कहा जा सकता है। सॉफ्टवेयर के द्वारा संगणक में विभिन्न प्रकार के कार्यों को निष्पादित करने की क्षमता आती है। इसमें किसी भी कार्य को निष्पन्न करने के लिए चरणबद्ध निर्देश दिये होते हैं। इसे ही प्रोग्राम कहा जाता है। जिस कार्य के लिए प्रोग्राम बनाया जाता है, संगणक केवल उसी कार्य को निष्पादित करने में समर्थ होता है, अन्य किसी कार्य को नहीं। यह संगणक का बुद्धि-पक्ष कहा जा सकता है। यदि चरणबद्ध कार्य-निष्पादन की प्रक्रिया बनाने में कोई चूक हो जाये तो जो परिणाम संगणक से प्राप्त होंगे वे भी गलत होंगे। अतः संगणक से सही काम लिया जा सके, इसके लिए अनिवार्य है कि उसका प्रोग्राम सही बना हो। यहाँ एक बात और भी ध्यातव्य है कि अंकीय (digital) संगणक के समस्त व्यापार द्विचर (binary) अंकों (digit) पर आश्रित होते हैं। ये अंक हैं—0 और 1। 0 और 1 के ही विभिन्न प्रस्तार (permutation) और संयोग (combination) के माध्यम से संगणक की कार्य-प्रणाली निर्धारित की जाती है। अतः मानव-भाषा के संकेतों को सबसे पहले द्विचर अंकों में परिवर्तित किया जाता है और तब संगणक से द्विचर अंकों में प्राप्त निष्कर्षों को पुनः मानव-भाषा में रूपान्तरित करते हैं। यह सब संगणक की अभियान्त्रिक क्षमता के कारण इतनी तीव्र गति से होता है कि रूपान्तरण के इस क्रम का अनुभव प्रयोक्ता नहीं कर पाता।

आधुनिक व्यक्तिगत संगणक (personal computer) में तीन अवयव दिखायी पड़ते हैं—1. सेन्ट्रल प्रोसेसिंग यूनिट (केन्द्रीय संसाधक इकाई), 2. कीबोर्ड, और 3. मॉनिटर। कीबोर्ड आकृति में टाइपराइटर की तरह होता है जिसके माध्यम से प्रयोक्ता अपना सन्देश सेन्ट्रल प्रोसेसिंग यूनिट को देता है। वहाँ पर विद्यमान संसाधक (प्रोसेसर) कार्य निष्पादित करता है जिसका परिणाम मॉनिटर पर दिखायी पड़ता है। इस तरह प्रयोक्ता और संगणक के बीच निरन्तर आदान-प्रदान चलता रहता है। जिस कार्य के लिए चरणबद्ध तर्कसम्मत प्रोग्राम संगणक को नहीं दिया जाता, उसे करने में वह असमर्थ हो जाता है।

संगणक-भाषाविज्ञान के स्वरूप को समझने के लिए संगणक का यह संक्षिप्त

परिचय अनिवार्य है क्योंकि यह एक **संकर शास्त्र** है जिसमें एक ओर संगणक अभियन्ता की रुचि अभियान्त्रिक दृष्टि से है तो दूसरी ओर भाषावैज्ञानिक की रुचि भाषाविज्ञान की दृष्टि से। जैसा हम पहले ही कह चुके हैं, संगणक का आविष्कार गणितीय कार्य करने के लिए हुआ था। किन्तु जैसे ही वैज्ञानिकों का ध्यान इस ओर गया कि भाषा भी गणित के अंकों के समान एक प्रकार का संकेत (symbol) है, वैसे ही यह विचार भी उदित हुआ कि यदि इस यन्त्र से एक प्रकार के संकेतों (अंकों) का परिचालन किया जा सकता है तो दूसरे प्रकार के संकेतों (शब्दों) का भी परिचालन सम्भव होना चाहिए। सैद्धान्तिक दृष्टि से यह सर्वथा सही और सम्भव है, किन्तु व्यावहारिक स्तर पर अनेक प्रकार की कठिनाइयों का सामना करना पड़ता है। गणितीय कार्य करने के लिए चरणबद्ध नियम बनाना अपेक्षाकृत सरल है क्योंकि उसमें अंकों के पारस्परिक सम्बन्ध के अतिरिक्त दूसरा कोई बाह्य नियामक नहीं होता। जैसे 7+2−5=4 इस प्रक्रिया में केवल अंक ही एक दूसरे को प्रभावित कर रहे हैं। यदि सात में दो जोड़ा जाये तो फल होगा नौ और उसमें से पाँच घटाने पर फल आयेगा चार। अब संगणक से यही काम करवाने के लिए निम्न प्रकार के नियम बनाने पड़ते हैं। यदि अभी पढ़ा गया अंक 7 है और यदि x के स्थान पर 2 है तो जोड़ने की स्थिति में y के स्थान पर 9 रखिए। एक सामान्य व्यक्ति को इस प्रकार के नियम भी बड़े विचित्र मालूम पड़ सकते हैं क्योंकि वह इन नियमों को इस प्रकार आयत्त कर चुका होता है कि उनके प्रति वह सजग नहीं रहता किन्तु यह वैज्ञानिक का काम होता है कि वह किसी प्रक्रिया के अन्तर्निहित नियमों को उजागर करे।

भाषा में भी नियम होते हैं पर वे नियम अधिक जटिल होते हैं क्योंकि भाषा में प्रयुक्त संकेत अर्थात् शब्द मानव मस्तिष्क और बुद्धि से नियन्त्रित होते हैं। भाषा के प्रयोग के लिए केवल संरचनात्मक नियमों की ही आवश्यकता नहीं होती अपितु बाह्य संसार, समाज तथा अन्य अनेक प्रकार की अवान्तर वस्तुओं के ज्ञान की भी आवश्यकता होती है। जैसे, यदि कोई व्यक्ति कहता है 'माली पौधों को आग से सींचता है' तो संरचना की दृष्टि से यह वाक्य सही है किन्तु इससे अर्थ का सम्प्रेषण नहीं हो रहा क्योंकि सींचने की क्रिया जल से होती है, आग से नहीं। परन्तु यह जानने के लिए कि सींचने की क्रिया आग से नहीं हो सकती, व्यावहारिक अनुभव की आवश्यकता होती है। इसे हमारे यहाँ वाक्य में पदों की परस्पर योग्यता के रूप में बतलाया गया है। योग्यता का अर्थ है अन्वय में बाधा का अभाव। संरचनात्मक योग्यता भाषिक नियमों के ज्ञान से होती है जैसे यह ज्ञान कि हिन्दी में कर्ता पुंलिंग में होने पर क्रिया भी पुंलिंग में होगी अतः 'लड़का जाता है' वाक्य सही है, 'लड़का जाती है' नहीं। आर्थी योग्यता के लिए अनुभव का होना अनिवार्य है और यह अनुभव जीवन के विभिन्न सन्दर्भों का होता है। अनुभव के संसार को पूर्णतः नियमबद्ध कर शब्दों में व्यक्त करना, आयाम एवं स्वरूप दोनों ही दृष्टियों से दुष्कर है। संगणक द्वारा भाषा के सम्यक् परिचालन अर्थात् बोध एवं निष्पादन के लिए भाषा सम्बन्धी सभी प्रकार के नियमों का—संरचनात्मक

एवं अनुभवाश्रित—पूर्ण विश्लेषण और निबन्धन अनिवार्य है। यह एक ऐसी आदर्श स्थिति है जिसमें संगणक न केवल भाषा को समझने में समर्थ होगा बल्कि मनुष्य की भाँति भाषा के निष्पादन में भी समर्थ हो जायेगा। पर यह स्थिति तब सम्भव होगी जब संगणक मानव बुद्धि की क्षमता को प्राप्त कर ले। इस आदर्श स्थिति को मनुष्य निकट भविष्य में तो प्राप्त नहीं कर सकता, कभी कर पायेगा या नहीं, यह भी सन्दिग्ध है।

इतना होने पर भी संगणक का भाषा के सन्दर्भ में उपयोग है और उसके लिए विभिन्न क्षेत्र निर्धारित कर लिये गये हैं जो निम्न प्रकार से हैं—1. **सूचना का संचय** (storage) एवं **पुनः प्राप्ति** (retrieval); 2. **अनुवाद**; 3. **प्रश्नों का उत्तर देने की क्षमता**; 4. **भाषा प्रशिक्षण**।

सूचना का संचय : बीसवीं शताब्दी अनुसंधान एवं सूचना के क्षेत्र में अभूतपूर्व है। विज्ञान की प्रगति से संसार की भौगोलिक दूरियाँ ही नहीं, सम्प्रेषण की दूरियाँ भी कम हुई हैं। इसके कारण मानव मात्र में अधिकाधिक सूचना प्राप्त करने की इच्छा और आवश्यकता, दोनों का उदय हुआ है। संसार के विभिन्न देशों में ज्ञान के समस्त क्षेत्रों में जो नित-नूतन शोधकार्य हो रहे हैं, उनका परस्पर आदान-प्रदान आवश्यक ही नहीं, अनिवार्य हो गया है। सूचना के विकीर्णन (dissemination) से पुनरुक्ति से बचा जा सकता है अर्थात् इससे बचा जा सकता है कि एक ही समस्या पर अलग-अलग जगहों पर अलग-अलग लोग एक ही प्रकार का कार्य करते रहें। इतना ही नहीं, सूचना प्राप्त होने से जो काम हो चुके हैं उनसे आगे की दिशा निर्धारित करने में भी सहायता मिलती है।

अब प्रश्न है कि यह सूचना का **विकीर्णन** किस प्रकार से किया जाए ? पारम्परिक पद्धति में मुद्रित शब्दों के द्वारा ही यह कार्य सम्भव होता है, चाहे वह पुस्तकाकार हो या शोधपत्रिका के रूप में। सीमित सामग्री को पुस्तकाकार या शोधपत्रिका के रूप में प्रकाशित करना भी सरल है और पढ़ना भी। इतना ही नहीं, आवश्यकतानुसार सन्दर्भों को खोजना और पुनरावलोकन भी कठिन नहीं होता। पर आज जिस प्रकार सूचना का विस्फोट हो रहा है, उस भार को सँभालने में यह पद्धति बहुत कारगर नहीं हो पा रही। इसके कई कारण हैं—(1) मुद्रण में समय अधिक लगता है; (2) मुद्रित सामग्री के रख-रखाव के लिए स्थान बहुत अधिक चाहिए; (3) मुद्रित सामग्री को एक स्थान से दूसरे स्थान तक पहुँचाने में समय और खर्च, दोनों अधिक होते हैं; (4) अनन्त मुद्रित सामग्री में से काम की चीज़ निकालना समयसाध्य होता है। शोध के निष्कर्षों की सूचना मिलने में विलम्ब होने से अनेकशः कार्य का द्विगुणन होता है और ज्ञान के विस्तार में बाधा पड़ती है। संगणक के द्वारा सूचना का संचयन, पुनःप्राप्ति एवं विकीर्णन बहुत ही कम समय एवं स्थान में सम्भव हो पाता है। इसके लिए संगणक का प्रयोग अधिकाधिक होने लगा है। परन्तु इससे यह निष्कर्ष निकालना गलत होगा कि पुस्तकें या शोधपत्रिकाएँ आज व्यर्थ हो गयी हैं। ये तो स्थायी महत्त्व की वस्तु हैं। संगणक के प्रयोग से कार्य में गति और सुविधा भले ही हो जाती है, वह मुद्रित या लिखित शब्द का स्थान नहीं

ले सकता।

अनुवाद के क्षेत्र में संगणक के उपयोग का प्रयत्न कोई नया नहीं है। सन् 1946 में सर्वप्रथम इसके द्वारा भाषा को संसाधित करने की कोशिश की गयी। तत्कालीन राजनीतिक परिस्थितियों के कारण इस शोध का प्रमुख लक्ष्य था—रूसी भाषा से अंग्रेज़ी में अनुवाद। अमेरिका तथा ग्रेट ब्रिटेन में इस शोध पर काफ़ी धन व्यय किया गया और लगभग दो दशकों के शोध के बाद सिस्ट्रन (SYSTRAN) नामक प्रथम पद्धति प्रयोग में लायी गयी। किन्तु इस पद्धति तथा परवर्ती समय में इस जैसी अन्य पद्धतियों से विभिन्न भाषाओं में स्वचालित अनुवाद की सीमाएँ ही उजागर हुईं। इससे संरचनात्मक भाषाविज्ञान, सैद्धान्तिक भाषाविज्ञान, संगणक-भाषाविज्ञान आदि क्षेत्रों में नवीन शोध का मार्ग प्रशस्त हुआ। किन्तु जैसे-जैसे कार्य आगे बढ़ा, वैसे-वैसे ही समस्याएँ भी सामने आती गयी हैं, परिणाम यह है कि यद्यपि अनुवाद से सम्बन्धित कई पद्धतियाँ बाज़ार में उपलब्ध हैं फिर भी इनमें से कोई भी पद्धति पूर्णतः स्वचालित और सन्तोषजनक अनुवाद प्रस्तुत करने में समर्थ नहीं है। सभी में किसी न किसी स्तर पर मनुष्य के द्वारा सम्पादन अनिवार्य होता है, साथ ही मशीन द्वारा किया गया अनुवाद स्तरीय अनुवाद की कोटि में नहीं रखा जा सकता।

सूचना का संचय एवं उसकी पुनःप्राप्ति अपेक्षाकृत स्थूल कार्य हैं, इनसे सूक्ष्म कार्य है उपलब्ध सूचना में से प्रयोक्ता की आवश्यकतानुसार **सूचना का वर्गीकरण** कर उसका उपस्थापन अथवा किसी विषय के सम्बन्ध में प्रयोक्ता की जिज्ञासा के अनुसार **उत्तर देना**। इस कार्य के लिए यह आवश्यक होता है कि संगणक में संचित सामग्री का विषयानुसार वर्गीकरण किया गया हो। कभी-कभी ऐसी भी आवश्यकता होती है कि प्रयोक्ता अपने प्रश्न से सम्बन्धित पाठ-सामग्री देखना चाहता है। इसके लिए ज़रूरी है कि उपलब्ध सामग्री में से केवल प्रश्न से सम्बन्धित पाठ-सामग्री को अलग किया जाये। यह प्रक्रिया संगणक की प्रश्न 'समझने' की क्षमता तथा उसे समझकर पाठ-सामग्री का विश्लेषण करने की क्षमता पर आधारित होती है। उपर्युक्त दोनों प्रकार की आवश्यकताओं में पहली आवश्यकता पूरी करना अपेक्षाकृत सरल है क्योंकि संगणक में उपलब्ध सामग्री यदि विभिन्न शीर्षकों में वर्गीकृत कर दी जाती है तो जिस वर्ग की आवश्यकता हो उसकी सामग्री तत्काल प्राप्त की जा सकती है। इसी सिद्धान्त के आधार पर आज संगणक अलग-अलग विषयों की सामग्री प्रयोक्ता के समक्ष उपस्थापित करते हैं। उदाहरणस्वरूप 'संगणक-भाषाविज्ञान' शीर्षक के अन्तर्गत जो सामग्री संगणक में संचित है, प्रयोक्ता के जिज्ञासा करने पर वह सामग्री उसके समक्ष उपस्थापित कर दी जाती है। इसके लिए संगणक को प्रश्न में प्रयुक्त वर्गीकरण का आधार-शब्द पहचानने-भर की आवश्यकता होती है। लेकिन प्रयोक्ता का प्रश्न यदि ऐसा है जिसमें प्रश्न-सम्बन्धी भाषिक विश्लेषण की आवश्यकता हो तथा उत्तर देने के लिए पाठ-सामग्री का भाषिक विश्लेषण कर उत्तर के चयन की आवश्यकता हो तो संगणक उसमें समर्थ नहीं होता। इसका कारण यह है कि प्रथम स्थिति में जहाँ 'बोध' केवल शब्द की आकृति को

पहचानने तक सीमित है, वहीं दूसरी स्थिति में 'बोध' भाषिक बोध की क्षमता की अपेक्षा रखता है। इस क्षेत्र में अभी भी विकास तथा शोध की पर्याप्त आवश्यकता एवं सम्भावनाएँ हैं।

संगणक का प्रयोग **भाषा-प्रशिक्षण** के लिए भी किया जा सकता है। इस सन्दर्भ में यह प्रशिक्षु को नयी भाषा में अपेक्षाकृत कम समय में कुशलता तथा आत्मविश्वास प्रदान करने में सहायक होता है। यहाँ यह स्पष्ट कर देना आवश्यक है कि भाषा-प्रशिक्षण के लिए केवल संगणक का स्वतन्त्र रूप से प्रयोग उतना सफल और उपयुक्त नहीं है जितना प्रशिक्षण के अन्य साधनों के साथ सहायक के रूप में। इसके द्वारा (क) शब्दों का अभ्यास सुकरता से कराया जा सकता है, साथ ही प्रशिक्षु की आयत्त शब्दावली की शुद्धता अथवा अशुद्धता का परीक्षण भी तत्काल किया जा सकता है। किसी दूसरे व्यक्ति के सामने ग़लती करने की आशंका से मुक्त होने के कारण प्रशिक्षु में भाषिक आत्मविश्वास का संचार भी जल्दी होता है। (ख) संगणक के माध्यम से प्रशिक्षु के सामने नयी भाषिक सामग्री भी प्रस्तुत की जा सकती है जिससे उसके भाषा-बोध का विकास एवं परीक्षण हो सके। (ग) प्रशिक्षु को स्वयं नवीन प्रयोगों के लिए प्रेरित कर भाषा का अधिकाधिक अभ्यास कराया जा सकता है। और (घ) सीखी जानेवाली भाषा में पाठ-सामग्री लिखकर संगणक के माध्यम से उसे संशोधित और परिवर्तित करने की प्रक्रिया का अभ्यास भी कराया जा सकता है।

ये तो हुई भाषा-प्रशिक्षण में संगणक की उपयोगिता ! किन्तु इस उपयोग के पूर्व संगणक के लिए **भाषा-प्रशिक्षण का कार्यक्रम** तैयार करना कठिन प्रक्रिया है। इस दिशा में पहला कदम है, लक्ष्य का निर्धारण। आपाततः यह जितना सरल प्रतीत होता है, उतना ही कठिन होता है। जैसे यह निश्चित करना कि प्रशिक्षु किस सन्दर्भ में सीखी गयी भाषा का प्रयोग करेगा—तकनीकी क्षेत्र में, प्रौद्योगिकी के क्षेत्र में, राजनीतिक क्षेत्र में अथवा साहित्यिक सामाजिक क्षेत्र में, आदि। क्षेत्र का निर्धारण करने के बाद प्रशिक्षु के स्तर (वय एवं ज्ञान) के अनुसार प्रशिक्षण-सामग्री और पद्धति का निर्धारण करना पड़ता है। यहीं पर यह भी निश्चय करना होता है कि प्रशिक्षु से हम किस प्रकार की कुशलता की अपेक्षा रखते हैं—समझने की, बोलने की, पढ़ने की, लिखने की; इनमें से कुछ की या सबकी।

लक्ष्य का निर्धारण कर लेने के बाद प्रशिक्षण-सामग्री तैयार करने की प्रक्रिया आरम्भ होती है। इस स्तर पर भाषाविज्ञानी तथा संगणकविज्ञानी का परस्पर सहयोग अपेक्षित है। भाषाविज्ञानी के भाषाविषयक ज्ञान का उपयोग कर संगणकविज्ञानी संगणक के लिए प्रशिक्षण का प्रोग्राम तैयार करता है। अलग-अलग भाषाओं के लिए ये प्रोग्राम अलग-अलग प्रकार से बनाने होंगे क्योंकि भाषाओं की संरचना में तो भेद होता ही है, इनके अर्थ के क्षेत्र भी सामाजिक, भौगोलिक, ऐतिहासिक, आर्थिक आदि सन्दर्भों के आधार पर भिन्न-भिन्न हुआ करते हैं।

संगणक-भाषाविज्ञान में उपर्युक्त **प्रायोगिक** लक्ष्यों के आधार पर तो काम हो ही

रहा है पर इनके साथ ही कुछ विशुद्ध **वैज्ञानिक** लक्ष्य भी कार्य के प्रेरक हो सकते हैं। जैसे इसके माध्यम से सैद्धान्तिक भाषाविज्ञान के अन्तर्गत प्रस्तुत भाषा-सम्बन्धी सिद्धान्तों का परीक्षण किया जा सकता है। सैद्धान्तिक भाषाविज्ञान में किसी भाषा के सम्बन्ध में जो नियमावली प्रस्तुत की जाती है उसके आधार पर यदि संगणक कुछ वाक्यों का निष्पादन करता है तो वह नियमावली सफल मानी जायेगी अन्यथा उसमें और अधिक सुधार की अपेक्षा होगी। कभी-कभी यह सम्भव है कि नियमावली तो सही हो किन्तु व्याकरणेतर अन्य सन्दर्भों का विवरण ठीक से नहीं दिया गया हो और इस कारण संगणक से निष्पन्न वाक्य भाषा में स्वीकार्य न हो। पर इतना तो है ही कि संगणक पर भाषा-नियमों के परीक्षण से उनका पर्याप्त परिमार्जन करना सम्भव हो सकेगा।

संगणक-भाषाविज्ञान के अन्तर्गत जिस सर्वाधिक नवीन क्षेत्र ने अध्येताओं का ध्यान आकर्षित किया है वह है **वाक्-बोध** (speech recognition) का। इसके अन्तर्गत वैज्ञानिक ऐसी प्रणाली का विकास करने का प्रयत्न कर रहे हैं जिसमें संगणक उच्चरित वाक् को पहचान सके, साथ ही उसे 'समझ' कर समीचीन ध्वन्यात्मक वाक् निष्पादित कर सके। अत्यधिक सीमित रूप में बैंकिंग अथवा रेल और हवाई सेवाओं की पूछताछ सेवाओं में इसका उपयोग किया भी जाता है पर सामान्य रूप से वाग्बोध करने वाले संगणक का विकास अभी नहीं हो पाया है। इसका कारण है कि संगणक द्वारा वाग्बोध तथा वाक्-निष्पादन के लिए किसी भी भाषा की प्रत्येक ध्वनि का स्वतन्त्र विश्लेषण और विवरण ही आवश्यक नहीं है, यह भी आवश्यक है कि अन्य ध्वनियों के साहचर्य में जो प्रभाव किसी ध्वनि-विशेष पर पड़ता है उसका भी सर्वांगीण विवरण दिया जाये। इसके अतिरिक्त स्वराघात, बलाघात आदि का भी सन्दर्भ-मुक्त प्रभाव वर्णित करना अनिवार्य होगा। अभी इस क्षेत्र में किया जा रहा कार्य शैशव में है किन्तु इसकी महती सम्भावनाएँ हैं। इसमें भारतीय परम्परा में प्राप्त ध्वनिशास्त्र-विषयक शिक्षा और प्रातिशाख्य ग्रन्थ शोधकर्त्ताओं का मार्ग-प्रदर्शन कर सकते हैं।

पारिभाषिक शब्दावली-1

हिन्दी-अंग्रेज़ी

अक्षर syllable
अक्षरमूलक syllabic
अंक digit
अंकीय digital
अग्र-स्वर front vowel/bright vowel/palatal vowel/slender vowel
अघोष unvoiced/voiceless/surd/breathed
अधरोष्ठ lower lip
अधिगम learning
अधोहनु lower jaw
अध्याहार ellipsis
अनुकरण imitation / mimicking / mimicry
अनुकरण सिद्धान्त bow wow theory/onomatopoetic theory
अनुकूल परिवर्तन adaptive change
अनुक्रम hierarchy
अनुच्चरित silent
अनुदात्त स्वर grave accent
अनुनासिक nasal
अनुसर्ग postposition
अनुप्रयुक्त भाषाविज्ञान applied linguistics
अनुभव experience
अनेककालिक diachronic
अन्तप्रत्यय ending
अन्तः संरचना deep structure
अन्तःस्थ median (sound)
अन्तराक्षरिक intersyllabic
अन्तर्दृष्टि intuition
अन्तयोग suffix
अन्योन्य समीकरण reciprocal assimilation
अपभाषा slang
अपवर्जी exclusive
अपूर्ण अनुकरण imperfect imitation
अभियान्त्रिक engineering
अमूर्त प्रत्यय abstract concept
अभिश्रुति umlaut / vowel mutation
अभ्यास extrusion / reduplication
अयोगात्मक isolating
अवगम सिद्धान्त information theory
अवरोही falling/minuent
अवलोकन observation
अवश्रुति apophony / ablaut / metaphony/vowel gardation
अर्थादान semantic borrowing
अर्थादेश displacement of meaning
अर्थारोप metecemie

अर्थोत्कर्ष melioration/amelioration
अर्थविकार semantic change/semantic shift
अर्थविज्ञान semantics
अर्थविस्तार semantic extension / ecemic/extension of meaning
अर्थसूचक लिपि semasiography
अर्धविवृत half open
अर्धसंवृत half close
अलिजिह्वा uvula
अल्पप्राण unaspirated/nonaspirate
अल्पार्थक diminutive
अश्लिष्ट योगात्मक simple agglutinative
आकृतिमूलक वर्गीकरण morphological classification / syntactical classification
आगत शब्द/आदत्त शब्द/स्वीकृत शब्द borrowed word
आगम augment
आगम prothesis
आघात accent
आत्मनिरीक्षण introspection
आदिलोप aphesis
आदेश replacive / replacement / antique substitute/substitution
आद्य बलाघात initial stress
आधुनिक भारतीय आर्यभाषा New Indo-Aryan
आभ्यन्तर interior/internal
आभ्यन्तर प्रयत्न internal effort
आवृत्ति frequency
आवेग सिद्धान्त Puh puh theory
आरोही rising
आंगिक भाषा gesture language
आंशिक समीकरण accomodation
आर्ष archaic
इतिहासवाची काल historical tense
इंगित सिद्धान्त gesture theory
उच्च स्वर high vowel
उत्कर्ष apothesis
उत्क्षिप्त flapped
उत्थापन raising
उत्पादकी/प्रजनक generative
उत्पादन production
उदात्त स्वर acute accent
उद्दीपन stimulus
उपजिह्वा epiglottis
उपधा/उपान्त्य penultimate
उपपद article
उपरि संरचना surface structure
उपसर्ग prefix
ऊर्ध्व ओष्ठ upper lip
ऊर्ध्व हनु upper jaw/maxillary
ऊष्म sibilant
एककालिक synchronic
एकाक्षर monosyllablc
एकाक्षर भाषा monosyllabic language
एकोत्पत्ति सिद्धान्त monogenesis of speech
ऐतिहासिक भाषाविज्ञान historical liguistics/evolutionary linguistics/linguistic phylogeny
ओष्ठ्य labial
कठोर तालु hard palate
करण articulator
काकल larynx
काकलक uvula
कारक case
काल tense

कालक्रमिक व्याकरण diachronic grammar
कालानुक्रम chronology/sequence of time
कीलाक्षर cuniform
कूट बोली argot
कूट भाषा code language
कोमल तालु soft palate/velum
कोशविज्ञान lexicology
कोशार्थ lexical meaning
कृत्रिम भाषा artificial language
कंठ्य faucal/guttural/velar
कंठोष्ठ्य labiovelar
क्रम विपर्यय/प्रतिलोम क्रम inversion
क्रमिक successive
क्रिया verb
गति speed/motion/tempo
गतिविज्ञान dynamics
गुण attribute
गुणात्मक अवश्रुति qualitative gradation
ग्रहण reception
ग्रिम नियम Grimm's law
ग्रन्थि gland
घोष voice
घर्षण friction
घर्षी spirant/fricative/frictional
चित्रलिपि pictography/heiroglyphic writing
जाति type
जिह्वाग्र apex/tip of the tongue
जिह्वापश्च back of the tongue
जिह्वामध्य centre of the tongue
जिह्वोपाग्र front of the tongue
तद्रूप identical
तान tone
तारता pitch
तारांक asterisk
तालव्य palatal
तालु palate
तालुवर्त्स्य palato-alveolar
तीव्रता intensity
तुतलाना lisping
तुलनात्मक भाषाविज्ञान comparative linguistics
दन्तकूट tooth ridge
दन्तपाली gums
दन्तोष्ठ्य labio-dental
दन्त्य dental
दिव्योत्पत्ति सिद्धान्त theory of divine origin
दुष्प्रयोग malapropism
देशी शब्द indigenous word
देशीकृत शब्द naturalized word
देशीय भाषा native language
द्विचर binary
द्वयक्षर disyllabic
द्वयोष्ठ्य bilabial
ध्वनि नियम phonetic law
ध्वनि लिपि phonetic script/acoustic writing
ध्वन्यंकन recording
नाम पद्धति nomenclature
नाम भाषा nominal language/noun language
निपात particle/operator/ulluman
निम्न स्वर low vowel
निरवयव भाषा inorganic language
निष्पादन performance
नृजाति भाषाविज्ञान ethnolinguistics

नृविज्ञानभाषिकी anthropological linguistics
पदविज्ञान morphology
पदरूपांश morpheme
परिचालन manipulation
परिनिष्ठित भाषा / मानक भाषा standard language
परिवर्ती सम्भाव्यता transitional probability
पश्चगामी regressive / recessive/ retrogressive
पश्चजिह्वा dorsum
पश्चस्वर velar vowel/back vowel
पुनःप्राप्ति retrieval
प्रकार्य function
प्रकार्यात्मक भाषाविज्ञान functional linguistics
प्रत्यय suffix / affix / formative / concept
प्रत्यय प्रधान भाषा affixing language/ simple agglutinating language
प्रयत्न manner of articulation
प्रयत्नलाघव economy of effort
प्रश्लिष्ट incorporating/holophrastic/ polysynthetic/agglomerating
प्रस्तार permutation
प्राकृतिक लिंग natural gender
प्राचीन भारतीय आर्यभाषा Old Indo-Aryan
प्रातिपदिक stem/noun base/base
प्राथमिक बलाघात primary stress
प्रायोगिक ध्वनिविज्ञान practical phonetics
प्रायोगिक मनोविज्ञान applied psychology
पारिवारिक वर्गीकरण genealogical classification
पारोल parole
पार्श्विक lateral
पुरुष person
पुरः समीकरण progressive assimilation
पुरालेखविद्या palaeography
पूर्वयोग prefix
पूर्वसर्ग preposition / prepositional word
पूर्वान्तयोग prefix suffix
बल stress
बलाघात stress/stress accent/dynamic accent
बोलीक्षेत्र dialect area
भ्रान्त व्युत्पत्ति false etymology
भ्रामक शब्द/मिथ्या शब्द ghost word
भाषा एटलस linguistic atlas
भाषा-परिवार linguistic family / language family
भाषा-भूगोल linguistic geography
भाषिक समाजविज्ञान sociology of language
भाषिक नृविज्ञान linguistic anthropology
भेदकता timbre
भौतिक गुण physical quality
मध्य भारतीय आर्यभाषा Middle Indo-Aryan
मध्ययोग infix
मध्यवर्ती प्रक्रिया intermediary function
महाप्राण aspirate/aspirated
मात्रा duration/quantity/mora

मानस अवधारणा mental concept
मिथ्या सादृश्य false analogy
मिश्रित भाषा constructed language
मुख विवर buccal cavity/oral cavity/ vocal cavity
मूर्धा cerebrum
मूलज भाषा atomic language
मृत भाषा dead language
यान्त्रिक भाषा mechanical language
योगात्मक agglutinative / agglutinating
योग्यता competence
रणन सिद्धान्त pathogenic theory/ ding-dong theory
रूप परिवर्तन morphological change
रूपप्रक्रिया morphology/accidence
लिखित भाषा written language
लिंग gender
लोक व्युत्पत्ति/लौकिक व्युत्पत्ति folk etymology/popular etymology
लोप elision/ellipsis/loss/disappearance/omission
लौकिक classical
वचन number
वर्त्स alveolar / alveolus
वर्णनात्मक भाषाविज्ञान descriptive linguistics
वर्णमूलक alphabetic
वाक्-निष्पादन speech generation
वाक्यविज्ञान syntax
वाग्बोध speech recognition
वाचिक भाषा/उच्चरित भाषा exophasia
विकार mutation
विकीर्णन dissemination
विपरीत antipode
विपर्यय metathesis/transposition/ anastrophe
विभाषा/बोली/भाषिका dialect
विभाषाविज्ञान/बोलीविज्ञान/भाषिकाविज्ञान dialectology
विवरण circumlocution
विवार open
विशिष्ट/व्यावसायिक भाषा professional language
विशेष particular
विसंकेतन decode
विषमीकरण dissimilation
विस्थापित भाषा displaced speech/abstract speech
वृत्ति mood
वृहद् भाषाविज्ञान macrolinguistics
व्यक्ति बोली / विभाषिका / व्यक्ति-भाषा idiolect
व्यतिरेकी contrastive
व्यतिरेकी भाषाविज्ञान contrastive linguistics
व्यवहार demonstration
व्यवहारवादी मनोविज्ञान behavioural psychology
व्याकरणार्थ grammatical meaning
व्याकरणिक कोटि grammatical category
व्युत्पत्ति etymology
व्युत्पन्न शब्द derived word
व्यंग्य irony
व्यंजन consonant
शब्दार्थविज्ञान lexicology
श्लिष्ट inflectional
श्रमध्वनि सिद्धान्त yo-he-ho theory
श्रव्य भाषा auditory language

श्रुतिकटुत्व/दुःश्रव/असंवादिता dissonance
समभाषांश सीमा-रेखा isogloss
समभिहारिक frequentative
सम्पर्क भाषा link language
समाक्षरलोप haplology
समाजभाषाविज्ञान sociolinguistics
समावेशी inclusive
सम्भाव्यता probability
संकेतन encode
समीकरण assimilation
संकेत सिद्धान्त symbol theory
संगणक computer
संगणक-भाषाविज्ञान computational linguistics
संज्ञानात्मक cognitive
संचयन storage
संयोग combination
संवहन transmission
संवार closure
संसूचन communication
संसूचन सिद्धान्त information theory
सादृश्य analogy
सादृश्यमूलक व्युत्पत्ति back formation
सांकेतिक/रूढ़ conventional
सैद्धान्तिक भाषाविज्ञान theoretical linguistics
स्थान basis of articulation /point of articulation
स्पर्श mute
स्पर्श-संघर्षी affricate
स्वनविज्ञान/ध्वनिविज्ञान phonetics/acoustics
स्वर intonation/pitch
स्वर vowel
स्वर-गुण quality of vowel
स्वर-भक्ति anaptyxis
स्वराघात musical accent/pitch accent/tonic accent
स्वरित level
ज्ञानमीमांसा epistemology

पारिभाषिक शब्दावली-2

अंग्रेज़ी-हिन्दी

abstract concept अमूर्त प्रत्यय
accent आघात
accent affectif भावात्मक बल
accomodation आंशिक समीकरण
acoustic writing ध्वनिलिपि
acute accent उदात्त
adaptive change अनुकूल परिवर्तन
affix/formative प्रत्यय
affixing langauge / simple agglutinating language प्रत्यय-प्रधान भाषा
affricate स्पर्श-संघर्षी
agglutinative योगात्मक
alphabetic वर्णमूलक
alveolar/alveolus वर्त्स्य
analogy सादृश्य
anaptyxis स्वर-भक्ति
anthropological linguistics नृविज्ञान-भाषिकी
antipode विपरीत
apex/tip of the tongue जिह्वाग्र
aphesis आदिलोप
apophony / metaphony / vowel gradation/ablaut अवश्रुति
apothesis/crescendo उत्कर्ष
applied linguistics अनुप्रयुक्त भाषाविज्ञान
applied psychology प्रायोगिक मनोविज्ञान
archaic आर्ष
argot कूट बोली
article उपपद
articulator करण
artificial language कृत्रिम भाषा
aspirate/aspirated महाप्राण
assimilation समीकरण
asterisk तारांक
atomic language मूलज भाषा
attribute गुण
auditory language श्रव्य भाषा
augment आगम
back formation सादृश्यमूलक व्युत्पत्ति
back of the tongue जिह्वापश्च
basis of articulation/point of articulation स्थान
behavioural psychology व्यवहारवादी मनोविज्ञान
bilabial द्वयोष्ठ्य
binary द्विचर
borrowed word आगत शब्द/आदत्त शब्द/स्वीकृत शब्द

bow-wow theory/onomatopoetic theory अनुकरण सिद्धान्त
buccal cavity/oral cavity/
vocal cavity मुख-विवर
case कारक
centre of the tongue जिह्वामध्य
cerebrum मूर्धा
chronology / sequence of time कालानुक्रम
circumlocution विवरण
classical लौकिक
closure संवार
code language कूट भाषा
cognitive संज्ञानात्मक
combination संयोग
comparative linguistics तुलनात्मक भाषाविज्ञान
computer संगणक
computational linguistics संगणक-भाषाविज्ञान
communication संसूचन
competence योग्यता
consonant व्यंजन
constructed language मिश्रित भाषा
contrastive व्यतिरेकी
contrastive linguistics व्यतिरेकी भाषाविज्ञान
conventional सांकेतिक/रूढ़
cuniform कीलाक्षर
dead language मृत भाषा
decode विसंकेतन
deep structure अन्तःसंरचना
demonstration व्यवहार
dental दन्त्य
descriptive linguistics वर्णनात्मक भाषाविज्ञान
derived word व्युत्पन्न शब्द
diachronic अनेककालिक
diachronic grammar कालक्रमिक व्याकरण
dialect विभाषा/बोली/भाषिका
dialect area बोली-क्षेत्र
dialectology विभाषाविज्ञान बोलीविज्ञान/भाषिकाविज्ञान
digit अंक
digital अंकीय
diminutive अल्पार्थक
diphthong संध्यक्षर
displaced speech/abstract speech विस्थापित भाषा
displacement of meaning अर्थादेश
dissemination विकीर्णन
dissimilation विषमीकरण
dissonance श्रुतिकटुत्व/दुःश्रव/असंवादिता
disyllable द्व्यक्षर
dorsum पश्चजिह्वा
duration/quantity/mora मात्रा
dynamics गतिविज्ञान
economy of effort प्रयत्नलाघव
element तत्त्व
elision / ellipsis / disappearance / loss / omission लोप
ellipsis अध्याहार
encode संकेतन
ending अन्तप्रत्यय
engineering अभियान्त्रिक
epiglottis उपजिह्वा
epistemology ज्ञानमीमांसा
ethnolinguistics नृजातिभाषाविज्ञान
etymology व्युत्पत्ति

exclusive अपवर्जी
exophasia वाचिक भाषा/उच्चरित भाषा
experience अनुभव
extrusion/reduplication अभ्यास
falling/minuent अवरोही
false analogy मिथ्या सादृश्य
false etymology भ्रान्त व्युत्पत्ति
faucal/guttural/velar कंठ्य
flapped उत्क्षिप्त
folk etymology / popular etymology लोक व्युत्पत्ति / लौकिक व्युत्पत्ति
frequency आवृत्ति
frequentative समभिहारिक
friction घर्षण
front of the tongue जिह्वाग्र
front vowel/bright vowel/slender vowel/palatal vowel अग्रस्वर
function प्रकार्य
functional linguistics प्रकार्यात्मक भाषाविज्ञान
geneological classification पारिवारिक वर्गीकरण
gender लिंग
generative प्रजनक/उत्पादकी
genetic classification उत्पत्तिमूलक वर्गीकरण
gesture language आंगिक भाषा
gesture theory इंगित सिद्धान्त
ghost word भ्रामक शब्द/मिथ्या शब्द
gland ग्रन्थि
grammatical category व्याकरणिक कोटि
grammatical meaning व्याकरणार्थ
grave accent अनुदात्त स्वर
Grimm's law ग्रिम नियम
gums दंतपाली
half close अर्धसंवृत
half open अर्धविवृत
haplology समाक्षर लोप
hard palate कठोर तालु
hierarchy अनुक्रम
high vowel उच्च स्वर
historical linguistics / evolutionary linguistics / lingustic phylogery ऐतिहासिक भाषाविज्ञान
historical tense इतिहासवाची काल
identical तद्रूप
idiolect व्यक्ति बोली/विभाषिका व्यक्तिभाषा
imitation / mimicking / mimicry अनुकरण
imperfect imitation अपूर्ण अनुकरण
inclusive समावेशी
incorporating / holophrastic / polysynthetic / agglomerating प्रश्लिष्ट
indigenous word देशी शब्द
infix मध्ययोग
inflectional श्लिष्ट
information theory अवगम सिद्धान्त/संसूचन सिद्धान्त
initial stress आद्य बलाघात
intermediary function मध्यवर्ती प्रक्रिया
inorganic language निरवयव भाषा
intensity तीव्रता
interlinguistic अन्तरभाषाविज्ञान
interior/internal आभ्यन्तर
internal effort आभ्यन्तर प्रयत्न

intersyllabic अन्तराक्षरिक
intonation/pitch स्वर
introspection आत्मनिरीक्षण
intuition अन्तर्दृष्टि
inversion क्रम-विपर्यय/प्रतिलोम क्रम
irony व्यंग्य
isogloss समभाषांश सीमा-रेखा
isolating अयोगात्मक
labial ओष्ठ्य
lateral पार्श्विक
labiodental दन्तोष्ठ्य
labiovelar कंठोष्ठ्य
larynx काकल
learning अधिगम
level स्वरित
lexical meaning कोशार्थ
lexicology शब्दार्थविज्ञान
linguistic atlas भाषा एटलस
linguistic anthropology भाषिक नृविज्ञान
linguistic family/language family भाषा-परिवार
link language सम्पर्क भाषा
lisping तुतलाना
low vowel निम्न स्वर
lower jaw अधोहनु
lower lip अधरोष्ठ
macrolinguistics वृहद्भाषाविज्ञान
malapropism दुष्प्रयोग
manner of articulation प्रयत्न
manipulation परिचालन
mechanical language यान्त्रिक भाषा
median (sound) अंतःस्थ
melioration/amelioration अर्थोत्कर्ष
mental concept मानस अवधारणा
metathesis/transposition/anastrophe विपर्यय्
metesemie अर्थारोप
Middle Indo-Aryan मध्य भारतीय आर्य भाषा
monogenesis of speech एकोत्पत्ति सिद्धान्त
monosyllable एकाक्षर
monosyllabic language एकाक्षर भाषा
mood वृत्ति
morpheme पदरूपांश/पदिम
morphology पदविज्ञान
morphology/accidence रूपप्रक्रिया
morphological change रूप-परिवर्तन
morphological classification/syntactical classification आकृतिमूलक वर्गीकरण
musical accent/pitch accent/tonic accent स्वराघात
mutation विकार
mute स्पर्श
native language देशीय भाषा
natural gender प्राकृतिक लिंग
naturalized word देशीकृत शब्द
nasal अनुनासिक
neutral vowel उदासीन स्वर
New Indo-Aryan आधुनिक भारतीय आर्यभाषा
nomenclature नामपद्धति
nominal language/noun language नाम भाषा
number वचन
observation अवलोकन
Old Indo-Aryan प्राचीन भारतीय आर्यभाषा

open विवार
palaeography पुरालेखविद्या
palate तालु
palatal तालव्य
palato-alveolar तालुवर्त्स्य
parole पारोल
particle/operator/ullman निपात
particular विशेष
pathogenic theory/ding-dong theory रणन-सिद्धान्त
penultimate उपधा/उपान्त्य
performance निष्पादन
permutation प्रस्तार
person पुरुष
phonetics/acoustics ध्वनिविज्ञान/स्वरविज्ञान
phonetic law ध्वनिनियम
phonetic script ध्वनिलिपि
physical quality भौतिक गुण
pictography/heiroglyphic writing चित्रलिपि
pitch तारता
postposition अनुसर्ग
practical phonetics प्रायोगिक ध्वनि-विज्ञान
prefix उपसर्ग/पूर्वयोग
prefix suffix पूर्वान्तयोग
preposition/prepositional word पूर्वसर्ग
primary stress प्राथमिक बलाघात
probability सम्भाव्यता
production उत्पादन
professional language विशिष्ट व्यावसायिक भाषा
progressive assimilation पुरः समीकरण
prossemie / specialization of meaning अर्थसंकोच
prothesis आगम
puh-puh theory आवेग सिद्धान्त
quality of vowel स्वर-गुण
qualitative gradation गुणात्मक अवश्रुति
raising उत्थापन
reception ग्रहण
reciprocal assimilation अन्योन्य समीकरण
recording ध्वन्यंकन
regressive/recessive/retrogressive पश्चगामी
replacive / replacement / antique substitute/substitution आदेश
response अनुक्रिया
retrieval पुनःप्राप्ति
rising आरोही
semantics अर्थविज्ञान
semantic borrowing अर्थादान
semantic change/semantic shift अर्थविकार
semantic extension / ecemie / extension of meaning अर्थ विस्तार
semasiography अर्थसूचक लिपि
sibilant ऊष्म
silent अनुच्चरित
simple agglutinative अश्लिष्ट योगात्मक
slang अपभाषा
sociolinguistics समाजभाषाविज्ञान
sociology of language भाषिक समाज-विज्ञान
soft palate/velum कोमल तालु
speech generation वाक्निष्पादन

speech recognition वाग्बोध
speed/motion/tempo गति
spirant/fricative/frictional घर्षी
standard language परिनिष्ठित भाषा/मानक भाषा
stem/noun base/base प्रातिपदिक
stimulus उद्दीपन
storage संचयन
stress/stress accent/dynamic accent बलाघात
stress बल
successive क्रमिक
suffix अन्तयोग
surface structure उपरि-संरचना
symbol theory संकेत सिद्धान्त
synchronic एककालिक
syllable अक्षर
syllabic अक्षरमूलक
syntax वाक्यविज्ञान
tense काल
theoretical linguistics सैद्धान्तिक भाषा-विज्ञान
theory of divine origin दिव्योत्पत्ति सिद्धान्त
type जाति
timbre भेदकता
tone तान
tooth ridge दन्तकूट
transmission संवहन
transitional probability परिवर्ती सम्भाव्यता
umlaut/vowel mutation अभिश्रुति
unaspirated/non-aspirate अल्पप्राण
upper jaw/maxillary ऊर्ध्वहनु
upper lip ऊर्ध्व ओष्ठ
uvula काकलक
uvular अलिजिह्वा
verb क्रिया
velar vowel/back vowel पश्च-स्वर
voice घोष
voiceless/unvoiced/surd/breathed अघोष
vowel स्वर
written language लिखित भाषा
yo-he-ho theory श्रमध्वनि सिद्धान्त

ग्रन्थ-सूची

संस्कृत

अमरकोश	–	अमर सिंह
अष्टाध्यायी	–	पाणिनि
ऋग्वेद	–	सायणभाष्य
ऋग्वेद	–	सातवलेकर सम्पादित
काव्यप्रकाश	–	मम्मट
ध्वन्यालोक	–	आनन्दवर्धन
निरुक्त	–	यास्क
पाणिनीय शिक्षा	–	मनोमोहन घोष द्वारा सम्पादित, कलकत्ता वि. वि., 1938
बौद्धार्थबाह्यर्थपर्यालोचनम्	–	राजेन्द्र प्रसाद शर्मा; दर्शन विभाग, राजस्थान वि. वि., 1995
महाभाष्य	–	पतंजलि
वाक्यपदीय	–	भर्तृहरि
वैयाकरणभूषणसार	–	कौण्डभट्ट
वैयाकरण लघुमंजूषा	–	नागेश भट्ट
व्याकरण-दर्शन	–	रामाज्ञा पाण्डेय, सरस्वती-भवन, वाराणसी
शब्दशक्ति-प्रकाशिका	–	जगदीश
साहित्यदर्पण	–	विश्वनाथ
सिद्धान्तकौमुदी	–	भट्टोजि दीक्षित

हिन्दी

ध्वनि और संगीत–ललितकिशोर सिंह; भारतीय ज्ञानपीठ, 1955

प्राचीन लिपिमाला–गौरीशंकर हीराचन्द ओझा, 1959

भारतीय आर्यभाषा और हिन्दी–सुनीतिकुमार चाटुर्ज्या; राजकमल, 1954

भारतीय भाषाशास्त्रीय चिन्तन–सं. विद्यानिवास मिश्र, राजस्थान हिन्दी ग्रन्थ अकादमी, 1976

भारतीय भाषाशास्त्रीय चिन्तन—सं. पुष्पेन्द्र कुमार; नाग प्रकाशक, 1985
भारतीय भाषाशास्त्रीय चिन्तन की पीठिका—विद्यानिवास मिश्र; बिहार राष्ट्रभाषा परिषद्, 1978
भाषाविज्ञान की भारतीय परम्परा और पाणिनि—रामदेव त्रिपाठी; बिहार राष्ट्रभाषा परिषद्, 1977
भाषा-रहस्य—श्यामसुन्दर दास और पद्मनारायण आचार्य
भाषाशास्त्र की रूपरेखा—उदयनारायण तिवारी; भारती भंडार, सं. 2018
राष्ट्रभाषा हिन्दी : समस्याएँ और समाधान—देवेन्द्रनाथ शर्मा; राजकमल, 1965
व्यतिरेकी भाषाविज्ञान—विजयराघव रेड्डी; विनोद पुस्तक मन्दिर, 1986
सामान्य भाषाविज्ञान—बाबूराम सक्सेना; हि. सा. स., सं. 2013
हिन्दी भाषा का उद्भव और विकास—उदयनारायण तिवारी; भारती भंडार, सं. 2018
हिन्दी भाषा का इतिहास—धीरेन्द्र वर्मा; हिन्दुस्तानी एकेडमी, 1958
हिन्दी व्याकरण—कामताप्रसाद गुरु; ना. प्र. स., सं. 2014
हिन्दी शब्दानुशासन—किशोरीदास वाजपेयी; ना. प्र. स., सं. 2014

अंग्रेज़ी

Allen W.S. ; Phonetics in Ancient India; Oxford University Press, 1953.
Bhattacharya, B. ; A Study in Language and Meaning; Progressive Publishers, Calcutta, 1962.
Bloch, B. & Trager, G.L. ; Outline of Linguistic Analysis; Baltimore, 1942.
Block, B.; Malone, K. ; Emeneu, M.B. ; Hall, R.A. ; Special Publications of the Linguistic Society of America; Linguistic Society of America, 1942.
Bloomfield, L. ; Language; Allen & Unwin, 1950.
Borko, Harold ed.; Automated Language Processing, John Wiley & Sons Inc. N.Y. 1967
Breal, M. ; Semantics; English Translation. London, 1900.
Carroll, J.B. ; The Study of Language, Harvard University Press, 1953.
de Saussure, F. ; Cours de Linguistique Generale; Paris, 1949.
Dash, K.C. ed.; Sanskrit and Computer, Pratibha Prakashan, Delhi, 1985
Darid, Crystal; (a) A Dictionary of Linguistics and Phonetics, Basil Blackwell, Oxford, 1985
(b) What is Linguistics, Edward Arnold, 1985
Ducrot, Oswald & Todorov, Tzvetan; Encyclopeadic Dictionary of the Sciences of Language, Basil Blackwell, Oxford, 1981
Eisenson, J. ; The Psychology of Speech; George, Harrap & Co., London, 1938.

Encyclopaedia Britannica, Ed. 1961.
Fasold, Ralph; The Sociolinguistics of Society, Basil Blackwell, Oxford, 1985
Firth, J.R. ; The Tongues of Men; Watts & Co., England.
Gleason, H.A. ; Introduction to Descriptive Linguistics; Henry Holt & Company, 1955.
Goad, H. ; Language in History; Pelican Book, 1958.
Graff, W.L. ; Language and Languages; N.Y. and London, 1932.
Gray L.H. ; Foundations of Language; The Macmillan Co., 1939.
Greene, Judith; Psycholinguistics Penguin, 1974
Grishman, Ralph: Computational Linguistics; an introduction; Cambridge University Press, London, 1986
Gune, P.D. ; An Introduction to Comparative Philology; Poona.
Hainline, Douglas ed.; New Developments in Computer Assisted Language Learning; Croom Helm, London, 1987
Halliday, M.A.K.; An Introduction to Functional Grammer; Edward Arnold, London, 1985
Handelbaum. D.G. ; Selected Writings of Edward Sapir; University of California Press, 1958
Harris. Z.S. ; Methods in Structural Linguistics; University of Chicago Press, 1955.
Hayakawa, S.J. ; Language in Thought and Action; George Allen & Unwin Ltd., 1959.
Hockett, C.F. ; A Course in Modern Linguistics; The Macmillan Co., U. S. A., 1960.
Hudson, Richard; Word Grammar; Basil Blackwell, Oxford, 1984
Jacobson, Roman and Morris Halle; Fundamentals of Language; 's-Gravenhage, Mouton, 1956.
James, L.A. ; Our Spoken Language; Thomas Nelson & Sons Ltd. 1949.
Jespersen, O. ; Language—Its Nature, Development and Origin; George Allen & Unwin Ltd. 1949.
Jespersen, O. ; Mankind, Nation and Individual; George Allen and Unwin Ltd. 1946.
Jones, D. ; (a) An Outline of English Phonetics; Heffer & Sons, Cambridge, 1950.
(b) The Phoneme : Its Nature and Use; Heffer & Sons, Cambridge, 1962.
Jurafsky Daniel & Martin Jones H.; Speech and Language Processing; Prentice Hall, 2000

Kantner, C.E. & West, R. ; Phonetics; Harper & Brothers, New York, 1960
Laird, C. ; The Miracle of Language; Premier Book, 1960.
Lyons, John ed.; New Horizons in Linguistics Penguin Books, England, 1973
Manning Christopher D., Schutze Hienxich; Foundations of Statistical Natural Language Processing, MIT press 1999
Ogden, C.K. & Richards, I.A. ; The Meaning of Meaning; Routledge & Kegan Paul Ltd. , 1953.
Pedersen, H. ; Linguistic Science in the Nineteenth Century; Harvard University Press, 1931.
Pei, M. & Gaynor, F. ; Dictionary of Linguistics; Peter Owen Ltd., London.
Pei, M. ; The Story of Language; George Allen & Unwin, 1952.
Pei, M. ; Language for Everybody; Pocket Books Inc., U.S.A., 1958.
Pike, K.L. ; Phonetics; The University of Michigan Press, 1961.
Potter, S. ; Language in the Modern World; Pelican Book, 1960.
Potter, S. ; Modern Linguistics; Andre Deustch, 1957.
Potter, S. ; Our Language; Pelican Book, 1959.
Ritchie, Graeme, D.; Computational Grammar, The Harvester Press, Sussex, 1980
Robins, R.H.; (a) General Linguistics : An Introductory Survey; Longmans, London, 1964.
(b) A short History of Linguistics 2nd ed., Longman, London 1985
Taraporewala, I.J.S. ; Elements of the Science of Language; Calcutta University, 1951.
Sampson, Jeffrey; Schools of Linguistics : Competition and Evolution, Hutchinson & Co., London, 1985
Sturtevant, E.H. ; An Introduction to Linguistic Science; Yale University Press, 1960.
Sweet, H. ; The History of Language; J.M. Dent & Sons Ltd., 1930.
Vachek, J. ; A Prague School Reader in Linguistics; Indiana University Press, 1966.
Vendryes, J. ; Language : A Linguistic Introduction to History; Routledge & Kegan Paul Ltd., 1959.
Wardhaugh, Ronald; An Introduction to Sociolinguistics, Basil Blackwel, Oxford, 1986
Weightman, J.G. ; On Language and Writing; Sylvan Press, London, 1947.
Whatmough, J. ; Language—A modern Synthesis; Mentor Book, 1957.
Wilson, R.A. ; The Miraculous Birth of Language; J.M. Dent & Sons Ltd., 1949.

नामानुक्रमणिका

●●●